Die Werbeselbstkontrolle in Großbritannien

Europäische Hochschulschriften
Publications Universitaires Européennes
European University Studies

Reihe II
Rechtswissenschaft

Série II Series II
Droit
Law

Bd./Vol. 3702

PETER LANG
Frankfurt am Main · Berlin · Bern · Bruxelles · New York · Oxford · Wien

Maren Jergolla

Die Werbeselbstkontrolle in Großbritannien

Eine Gegenüberstellung der britischen Selbstkontrolle der Werbung am Beispiel der Advertising Standards Authority mit dem deutschen Werberecht

PETER LANG
Europäischer Verlag der Wissenschaften

Bibliografische Information Der Deutschen Bibliothek
Die Deutsche Bibliothek verzeichnet diese Publikation in der Deutschen Nationalbibliografie; detaillierte bibliografische Daten sind im Internet über <http://dnb.ddb.de> abrufbar.

Zugl.: Mannheim, Univ., Diss., 2003

D 180
ISSN 0531-7312
ISBN 3-631-51032-2

www.peterlang.de

Vorwort

Als Erstes möchte ich mich sehr herzlich bei Herrn Prof. Dr. Rolf Sack bedanken. Er hat mich auf das Thema dieser Arbeit aufmerksam gemacht und hatte während deren Entstehung jederzeit ein offenes Ohr für meine Fragen. Zudem hat die Beschäftigung als wissenschaftliche Mitarbeiterin an seinem Lehrstuhl mir ermöglicht, meine Dissertation unter optimalen Arbeitsbedingungen zu erstellen.

Auch Herrn Prof. Dr. Jochen Taupitz danke ich sehr für seine Zweitbegutachtung der Arbeit.

Schließlich gebührt mein besonderer Dank der Bezirksgruppe Südwest der Deutschen Vereinigung für gewerblichen Rechtsschutz und Urheberrecht, die die Entstehung dieses Buches durch die Gewährung eines Druckkostenzuschusses gefördert hat.

Vor der Drucklegung dieser Arbeit wurden die Regeln der britischen Werbeselbstkontrolle durch die Advertising Standards Authority novelliert. Aufgrund der Notwendigkeit, auf die bisher geltenden Vorschriften einzugehen, da auf diesen die im Hauptteil (4. Abschnitt) besprochenen Entscheidungen beruhen, um den Blick zugleich aber auch auf die künftig geltenden Bestimmungen zu lenken, wurde auf die vorgenommenen Änderungen jeweils hingewiesen. Zusätzlich wurden neben den bisherigen Regeln (Anhang 1) auch die neuen Vorschriften abgedruckt (Anhang 2).

Mannheim, im März 2003

Maren Jergolla

Inhaltsübersicht

Inhaltsverzeichnis

1. Abschnitt: Einführung

A. Ausgangspunkt der Untersuchung

Ein häufiges Fazit der Untersuchung des britischen Wettbewerbs- und speziell des Werberechts aus deutscher Sicht lautet, dieses weise erhebliche Lücken auf[1] bzw. sei fragmentarisch, da das Deliktsrecht, in Ermangelung einer Generalklausel, den Kläger auf die überkommenen Klageformen verweisen müsse und das Strafrecht den Grenzen des Bestimmtheitsgebots unterliege[2]. Als Hauptursache für diese Situation wird der Umstand angeführt, dass das englische Common-Law-Handelsrecht auf dem wirtschaftsliberalen „Laissez-faire"-Prinzip des 19. Jahrhunderts basiere; ein weiterer Grund für die auch heute noch vorherrschende Skepsis in der Wirtschaft gegenüber staatlichen Regelungen sei die im Vergleich zu kontinental-europäischen Maßstäben immer noch ausgeprägte Strenge der englischen Auslegungsregeln bezüglich Gesetzen[3]. Zwar wurden seit den 60er Jahren zahlreiche Verbraucherschutzgesetze erlassen, diese erfassen aber jeweils nur einzelne Bereiche und gewähren zudem in der Regel keinen Konkurrentenschutz, da an Stelle von zivilrechtlichen Klagemöglichkeiten zumeist nur strafrechtliche Sanktionen vorgesehen sind[4].

Dem britischen wird oft das deutsche Wettbewerbsrecht, welches teilweise sogar als das strengste, durchsetzungsfähigste und damit verbraucherfreundlichste Wettbewerbsrecht der EU bezeichnet wird[5], als zweite Extremposition gegenüber gestellt[6]. Dieses stellt sich angesichts der Reichweite der großen und der kleinen Generalklausel in §§ 1 und 3 sowie der weiteren speziellen Tatbestände des UWG im Vergleich mit dem englischen Recht in der Tat als umfassend und geschlossen dar; zudem werden wettbewerbsrechtliche Ansprüche hier häufig gerichtlich geltend gemacht[7]. Das teilweise behauptete gänzliche Fehlen einer

---

1 *Bodewig/Henning-Bodewig*, WRP 2000, 1341 (1350); *Ohly*, Richterrecht, S. 19, 44 ff.; nach *Schricker*, GRUR Int. 1990, 112 (118), ist es als juristische Disziplin gänzlich inexistent.

2 Schricker/*Ohly*, Rn 13.

3 Vgl. *Boyle*, WRP 1990, 159 (160); *Ohly*, Richterrecht, S. 59.

4 *Boyle*, WRP 1990, 159 (160 f.); *Ohly*, Richterrecht, S. 19 und 46 ff.; zu dem Charakter dieser Verbraucherschutzgesetze als teils strafrechtlich und teils markt- bzw. verwaltungsrechtlich vgl. Schricker/*Ohly*, Rn 28, 183.

5 *Pauly*, WRP 1997, 691 (695); s. auch *Kisseler*, WRP 1994, 1 (15).

6 Vgl. z. B. *Ohly/Spence*, GRUR Int. 1999, 681 (682); s. aber auch *Köhler*, BB 2001, 265 (269, Fn 29 a. E.), der die Aussage bestreitet, das deutsche Wettbewerbsrecht sei europaweit das strengste.

7 *Bodewig/Henning-Bodewig*, WRP 2000, 1341 (1344).

effektiven Selbstkontrolle der Werbewirtschaft in Deutschland[8] könnte zumindest auch mit dieser rechtlichen Situation erklärt werden[9].

Demgegenüber nehmen die Systeme der Selbstkontrolle der Werbewirtschaft in Großbritannien eine prominente Stellung ein[10]; teilweise wird im englischen Schrifttum bezüglich Werbung sogar festgestellt, diese unterliege (im Wesentlichen) der Selbstkontrolle[11], so dass beinahe der Eindruck entstehen könnte, es gäbe überhaupt kein die Werbung regulierendes staatliches Recht. Unterstützung erfuhr die Werbeselbstkontrolle selbst aus der Richterschaft, wie das folgende Zitat Justice *Hoffmannns* aus dem Urteil „*Director General of Fair Trading v. Tobyward Ltd. and Another*" belegt: „It is in my judgment desirable and in accordance with the public interest to which I must have regard that the courts should support the principle of self-regulation. (...)"[12]. Der Ablehnung einer wettbewerbsrechtlichen Generalklausel insbesondere durch die britische Rechtsprechung[13] steht, trotz des den kontinental-europäischen Wettbewerbsgesetzen einschließlich ihrer Generalklauseln sehr ähnlichen Charakters ihrer Codes[14], eine überwiegend bis dezidiert positive Haltung zu den Systemen der Selbstregulierung der britischen Werbewirtschaft gegenüber: Hervorgehoben werden insbesondere die Flexibilität und zugleich Detailliertheit ihrer Regeln, ihre Akzeptanz in der Werbewirtschaft, ihre Erfassung auch des rechtlich schwierig zu regelnden „grauen Bereichs", wie etwa der geschmacklosen Werbung, ihre hohe Befolgungsrate, die Effizienz sowie die Zügigkeit ihrer Arbeit und ihre Kosten-

---

8 S. etwa *Bodewig/Henning-Bodewig*, WRP 2000, 1341 (1344); *Schmid*, GRUR Int. 1998, 475 (491), Zitat *Schricker*: Die deutsche Werbeselbstkontrolle verdiene kaum den Namen, den sie trage; s. zur Werbeselbstkontrolle in Deutschland unten, 3. Abschnitt, C.

9 Vgl. *Reger*, S. 54.

10 Nach *Schricker*, GRUR Int. 1990, 112 (118), haben diese dort wohl den höchsten Entwicklungsstand.

11 *Blackshaw* [1993] Business Law Review 8 (8, 21); *Blackshaw/Hogg* [1992] Business Law Review 145 (145).

12 Entscheidung des High Court, Chancery Division, vom 17.11.1988, [1989] 1 W.L.R. 517 (522), auch abrufbar unter http://web.lexis-nexis.com/professional; auszugsweise übersetzt in GRUR Int. 1989, 846 (847).

13 Vgl. die häufig zitierte Feststellung von Lord Justice *Fry* im *Mogul*-Fall von 1889, [1889] 23 Ch. D. 598 (625 f.): „To draw a line between fair and unfair competition, between what is reasonable and unreasonable, passes the power of the courts."; s. hierzu auch *Schricker*, GRUR Int. 1990, 112 (118); vgl. auch *dens.*, GRUR Int. 1990, 771 (771 f. mit Fn 8); zur Entwicklung der Rechtsprechung sowie zu den Ansichten in der Literatur s. *Ohly*, Richterrecht, S. 74 ff.; vgl. auch *Mills* [1995] 3 E.I.P.R. 116 (128 f.).

14 *Ohly*, Richterrecht, S. 56; s. auch den Annual Report 1997 der Advertising Standards Authority (ASA), S. 12, unter www.asa.org.uk, wo sich u. a. die Aussage findet, die ASA arbeite gemeinsam mit der Industrie für die Förderung fairen Wettbewerbs.

günstigkeit für die Allgemeinheit[15]. Als Kritikpunkte werden die in der Regel fehlenden rechtlichen Sanktionsmöglichkeiten[16] sowie die nicht ausreichende Besetzung der Spitzenposten der Entscheidungsgremien mit Juristen genannt[17], weiterhin die fehlende Klagemöglichkeit für Verbraucher und Mitbewerber[18], ferner die Tatsache, dass die Gewerbetreibenden allein, unter Ausschluss der Verbraucher, die Codes abfassen[19], sowie zuletzt die fehlende Möglichkeit der Erfassung von Außenseitern[20]. Insgesamt betrachtet überwiegen aus britischer Sicht die Vorteile der Selbstkontrolle der Werbung deren Nachteile eindeutig; dies zeigt sich nicht zuletzt daran recht deutlich, dass Großbritannien infolge massiver Lobby-Arbeit seitens der Werbewirtschaft bei der Verabschiedung der EG-Richtlinie gegen irreführende Werbung durchsetzte, dass in deren Art. 5 neben Gerichts- oder Verwaltungsverfahren auch die Verfahren der freiwilligen Selbstkontrolle, die nach dem vorhergehenden Entwurf faktisch ausgehebelt worden wären, anerkannt werden[21].

Bezüglich der Regulierung des Wettbewerbs, speziell der Werbung, stehen sich in Großbritannien und in Deutschland mithin zwei sehr unterschiedliche Systeme gegenüber: im einen Fall ein lückenhafter zivilrechtlicher Konkurrentenschutz, ergänzt einerseits durch verschiedene strafrechtliche Verbraucherschutzgesetze, andererseits durch die Arbeit der Einrichtungen der Werbeselbstkontrolle, im anderen Fall ein umfassender zivilrechtlicher Schutz des lauteren Wettbewerbs, wenngleich ohne eine Klagemöglichkeit des einzelnen Verbrauchers, neben dem die Werbeselbstkontrolle nur eine untergeordnete Rolle spielt. Ausgehend von dem Gedanken der Funktionalität als Grundprinzip der Rechtsvergleichung[22] verfolgt die vorliegende Arbeit das Ziel herauszufinden, ob die Kontrolle der Werbung in Deutschland tatsächlich so viel strenger ist als die in Großbritannien[23], wobei im letzteren Fall primär die Tätigkeit der Selbstregulie-

---

15 Vgl. *Blackshaw* [1993] Business Law Review 8 (21); *Circus* [1990] Business Law Review 3 (5); *ders.* [2000] Business Law Review 82 (82); *Cornish*, GRUR Int. 1973, 679 (685); *Fitzgerald* [1997] 7 Entertainment Law Review 250 (250 und 251); *Lawson* [1991] Business Law Review 318 (318); *ders.* [1993] Solicitors Journal 366 (367); *Ohly*, Richterrecht, S. 58 f.

16 S. hierzu u. a. *Ohly*, Richterrecht, S. 59 f.

17 S. zu beiden Punkten *Circus* [2000] Business Law Review 82 (85).

18 *Fitzgerald* [1997] 7 Entertainment Law Review 250 (251).

19 *Cornish*, GRUR Int. 1973, 679 (686).

20 *Ohly*, Richterrecht, S. 59.

21 Vgl. *Circus* [1990] Business Law Review 3 (3); *Lawson* [1991] Business Law Review 318 (321); *Ohly*, Richterrecht, S. 54.

22 Vgl. *Zweigert/Kötz*, § 3 II, S. 33 ff.

23 In Zusammenhang mit der Grundidee dieses Anliegens kann etwa auf die Feststellung verwiesen werden, dass auch in Großbritannien „ergänzender Leistungsschutz“ gewährt werde, hier allerdings mittels eines Sonderschutzes, der weiter reiche als der deutsche, *Schmid*, GRUR Int. 1998, 475 (491).

rungseinrichtungen, und hier speziell der Advertising Standards Authority (ASA), in den Blick genommen wird. Gerade hinsichtlich eines an der Funktion orientierten Vergleichs des Wettbewerbsrechts in dem einen mit der Selbstkontrolle in dem anderen System kann etwa der Bereich der unsachlichen Werbung als exemplarisch angeführt werden: Während eine solche in Deutschland als Ausübung „psychologischen Kaufzwangs" oder als „übertriebenes Anlocken" unter § 1 UWG fallen kann[24], wird sie international überwiegend dem Aufgabengebiet der Werbeselbstkontrolle zugewiesen[25], insbesondere auch in Großbritannien[26].

Nicht zuletzt aufgrund der Bestrebungen in Richtung auf eine europäische Harmonisierung des Rechts des unlauteren Wettbewerbs[27], die durch EG-Richtlinien zumindest in diversen Teilbereichen seit längerem vorangetrieben wird, stellt sich die Frage, ob bzw. inwieweit das deutsche Wettbewerbsrecht, über die Aufhebung von Rabattgesetz und Zugabeverordnung vom 25.07.2001 hinaus, noch weitere Deregulierungen erfahren könnte bzw. sollte[28].

Die vorliegende Arbeit klammert das englische (staatliche) Recht zur Regulierung der Werbung bewusst aus; abgesehen von dem folgenden kurzen Überblick über das englische Werberecht sowie von einzelnen Aspekten, die im Rahmen der Gegenüberstellung der britischen Selbstkontrolle mit der Situation in Deutschland mit aufgenommen werden, beschränkt sie sich im Wesentlichen auf die Darstellung der Organisation, des Systems und der Entscheidungen bzw. Maßnahmen der Advertising Standards Authority (ASA) und des Committee of Advertising Practice (CAP), die seit ihrer letzten eingehenden Betrachtung von 1978[29] erhebliche Veränderungen erfahren haben.

---

24 Vgl. nur *Baumbach/Hefermehl*, § 1 UWG Rn 89 ff.

25 *Schricker*, GRUR Int. 1990, 112 (113).

26 Vgl. auch *Whincup* [1995] Consumer Law Journal CS23.

27 Vgl. hierzu etwa *Köhler/Bornkamm/Henning-Bodewig*, WRP 2002, 1317 (1317 ff.); *Micklitz/Keßler*, GRUR Int. 2002, 885 (886 ff.); *Schmid*, GRUR Int. 1998, 475 (478 ff.).

28 Hierzu (bezogen auf die alte Rechtslage) *Schricker*, GRUR Int. 1994, 586 (586 ff.).

29 *Brandmair*, Die freiwillige Selbstkontrolle der Werbung, S. 52 ff.

B. Überblick über das englische Werberecht[30]

I. Der zivilrechtliche Konkurrentenschutz: das Common Law

1. Passing off

Das Hauptinstitut des englischen Common Law betreffend Werbung, der Tatbestand des passing off, setzt, in der Auslegung durch Lord *Oliver* im „Jif Lemon"-Fall[31], einen Goodwill des Klägers, eine Täuschungshandlung („misrepresentation") durch den Beklagten, die zumindest eine Verwechslungsgefahr begründet, sowie mindestens die Wahrscheinlichkeit eines Schadens des Klägers voraus[32]. In subjektiver Hinsicht steht seit dem „Advocaat"-Fall fest, dass die Schädigung des klägerischen Goodwill nur eine vernünftigerweise vorhersehbare Folge des Verhaltens des Beklagten sein muss[33].

2. Malicious falsehood

Ein erfolgreicher Anspruch aus malicious falsehood[34] erfordert eine falsche Angabe durch den Beklagten über den Kläger, die dieser vorsätzlich oder grob fahrlässig aufgestellt haben muss („malice") und die, im Fall einer Schadensersatzklage, zu einer Schädigung des Klägers führt bzw., im Fall einer Unterlassungsverfügung, diesen wahrscheinlich schädigen wird[35].

3. Defamation

Der Tatbestand der Defamation, aufgeteilt in „libel" und „slander" für schriftliche bzw. mündliche Äußerungen, schützt gegen Verletzungen der persönlichen Ehre und ist deshalb im Zusammenhang mit Werbemaßnahmen weit seltener einschlägig als die beiden zuerst genannten Rechtsinstitute. Er verlangt eine

---

30 Aus Raumgründen wird hier auf eine eingehende Betrachtung des englischen Werberechts verzichtet; vgl. die umfassende Darstellung bei Schricker/*Ohly* sowie die (ältere) bei Ulmer/*von Westerholt*; s. auch *Boyle*, WRP 1990, 159.

31 *Reckitt & Colman v. Borden* [1990] R.P.C. 340 (499); vgl. auch die etwas detailliertere Aufzählung von Lord *Diplock* in *Erven Warnink v. Townend* [1980] R.P.C. 31 (93) („Advocaat"-Fall); beide Fälle sind auch zu finden unter http://web.lexis-nexis.com/professional.

32 Vgl. zum passing off eingehend *Kroher*, GRUR Int. 1982, 92; Schricker/*Ohly*, Rn 102 ff.; aus dem englischen Schrifttum s. etwa *Bainbridge*, S. 444 ff., und *Cornish*, 16-01 – 16-47.

33 Lord *Diplock*, a.a.O.

34 Häufig auch injurious falsehood genannt.

35 Vgl. Schricker/*Ohly*, Rn 64 ff., 75 ff.; s. auch *Cornish*, 16-48 bis 16-56.

durch den Beklagten veröffentlichte Äußerung, die den Kläger betreffen und geeignet sein muss, diesen in den Augen der Öffentlichkeit herabzuwürdigen[36].

II. Der strafrechtliche Verbraucherschutz: das Gesetzesrecht[37]

1. Ss. 1 und 14 Trade Descriptions Act 1968 (TDA)[38]

Ss. 1 und 14 TDA regeln spezielle Formen der irreführenden Werbung:

S. 1 stellt, ohne Verschuldenserfordernis („strict liability"), unter Strafe, im geschäftlichen Verkehr falsche geschäftliche Angaben für Waren zu verwenden, sowie derart beschriebene Waren zu liefern oder anzubieten[39]. Gemäß s. 14 wird bestraft, wer im Zuge eines Gewerbes oder Geschäfts in Bezug auf einen der in einem Katalog aufgelisteten Umstände in Zusammenhang mit einer Dienstleistung eine Angabe macht, von der er weiß, dass sie falsch ist, oder wer grob fahrlässig eine solche falsche Angabe macht[40].

2. S. 20 Consumer Protection Act 1987 (CPA)

a) Der Normtext

S. 20 CPA enthält das Verbot irreführender Preisangaben[41]. Nach s. 20 (1) macht sich einer Straftat schuldig, wer im Zusammenhang mit einem von ihm betriebenen Geschäft gegenüber einem Verbraucher (...) eine Angabe macht, die im Hinblick auf den Preis, zu dem irgendwelche Waren, Dienstleistungen, Unterkünfte oder Sachmittel erhältlich sind (...), irreführend ist. S. 20 (2) stellt klar, dass auch Angaben erfasst werden, die erst irreführend geworden sind, nachdem sie gemacht wurden, sofern vernünftigerweise davon auszugehen ist, dass einige oder alle dieser Verbraucher sich zu der Zeit, nachdem sie irreführend geworden ist, auf diese Angaben verlassen, und sofern die Person es unterlässt, alle vernünftigen Schritte zu unternehmen, um diese Verbraucher davor zu bewahren, sich auf die Angabe zu verlassen[42]. In den übrigen Vorschriften von s. 20 sowie in s. 21 CPA finden sich Konkretisierungen und Definitionen von Tatbestandsmerkmalen der Verbotsnorm.

---

36 Vgl. Schricker/*Ohly*, Rn 64 ff., 70 ff.

37 Britische statutes können unter http://www.hmso.gov.uk/acts.htm, statutes und regulations unter http://web.lexis-nexis.com/professional abgerufen werden.

38 Zu beiden Tatbeständen s. ausführlich *Dehlfing*, S. 57 ff. und 79 ff.; s. auch Schricker/*Ohly*, Rn 30 ff., 41 ff.; „s." steht für „section", „ss." für „sections".

39 Übersetzung nach *Dehlfing*, S. 57.

40 Übersetzung angelehnt an *Dehlfing*, S. 80.

41 Eingehend hierzu *Dehlfing*, S. 93 ff.; vgl. auch Schricker/*Ohly*, Rn 44 ff.

42 Übersetzung nach *Dehlfing*, S. 94.

b) Speziell: Der Code of Practice for Traders on Price Indications von 1988

Ein 1988 gemäß s. 25 (1) CPA erlassener „Code of Practice for Traders on Price Indications“ [43] erläutert und konkretisiert die Preisangabevorschriften in s. 20 CPA. Ihm kommt jedoch keine direkte rechtliche Wirkung zu, sondern seine Einhaltung bzw. Nichteinhaltung hat nur indiziellen Charakter, d. h. sie begründet eine gewisse Vermutung[44].

3. Sonstige Bestimmungen

Weitere Verbraucherschutzvorschriften u. a. zur Bekämpfung irreführender Werbung finden sich in zahlreichen waren- bzw. dienstleistungsspezifischen Sondertatbeständen wie etwa ss. 14 ff. Food Safety Act 1990, ss. 92 ff. Medicines Act 1968 und s. 45 Consumer Credit Act 1974[45].

---

43 Als PDF-Format auf der Internetseite mit der „Consumer Protection (Code of Practice for Traders on Price Indications) Approval Order 1988, Statutory Instrument 1988 No. 2078, http://www.hmso.gov.uk/si/si1988/Uksi_19882078_en_1.htm, abrufbar.

44 *Dehlfing*, S. 99; Schricker/*Ohly*, Rn 44.

45 Vgl. hierzu Schricker/*Ohly*, Rn 27, 147 ff.; eine Auflistung aller für die Werbewirtschaft potentiell einschlägigen statutes und regulations enthält clause (kurz „cl.“) 67 der British Codes of Advertising and Sales Promotion bzw. der letzte Abschnitt des neuen British Code of Advertising, Sales Promotion and Direct Marketing (zu beiden Regelwerken noch ausführlich unten, 3. Abschnitt, A.).

2. Abschnitt: Die britischen und europäischen Selbstkontrollorganisationen der Werbewirtschaft

A. Die Entstehung der Werbeselbstkontrolle in Großbritannien[46]

Nachdem die Werbewirtschaft bereits um 1900 einzelne jeweils branchenspezifische Selbstregulierungseinrichtungen geschaffen hatte[47], entstand in den frühen 60er Jahren das im Wesentlichen noch heute existierende System der Selbstkontrolle für einen Großteil der Werbeaktivitäten in Großbritannien; bezweckt wurde damit die Verhinderung staatlicher Regelungen des Verbraucherschutzes, denn mit deren Einführung wurde als Folge einer erwarteten entsprechenden Empfehlung eines 1959 durch das Handelsministerium zur Untersuchung der diesbezüglichen Gesetzessituation eingesetzten Ausschusses („*Molony* Committee", welches auch die bestehenden Selbstkontrollorganisationen in die Untersuchung mit einbezog) überwiegend gerechnet[48].

B. Die wichtigsten Selbstregulierungseinrichtungen

Von herausragender Bedeutung für die britische Werbewirtschaft sind die British Codes of Advertising and Sales Promotion[49] und damit das System des Committee of Advertising Practice (CAP) und der Advertising Standards Authority (ASA), auf welches die Untersuchung beschränkt werden soll. Dieses System erfasst heute den Großteil der Werbe- und Verkaufsförderungsaktivitäten mit Ausnahme der Bereiche, die durch die verschiedenen branchenspezifischen Selbstregulierungsorganisationen abgedeckt werden, wie etwa die Financial Services Authority, die für Beschwerden über Werbung für Geldanlagen und Anlagegeschäfte zuständig ist. Die Werbung in Rundfunk und Fernsehen unterliegt, im Rahmen gesetzlicher Vorgaben, der Kontrolle durch die Radio Authority bzw. die Independent Television Commission anhand eigener Codes[50].

---

46 Ausführlich hierzu *Brandmair*, S. 35 ff.

47 Vgl. *Brandmair*, S. 35 – 53.

48 *Brandmair*, S. 54 ff.; *Ohly*, Richterrecht, S. 55; Ulmer/*von Westerholt*, S. 79 f.

49 Bzw., seit dem 04.03.2003, der British Code of Advertising, Sales Promotion and Direct Marketing, s. hierzu noch ausführlich unten, 3. Abschnitt, A. II.

50 Einem White Paper der britischen Regierung („A New Future for Communications") zufolge wird über die Schaffung einer neuen Organisation (OFCOM) nachgedacht, die für die Kontrolle aller kommerziellen Kommunikationen außerhalb des von ASA und CAP geregelten Bereichs, ebenfalls mittels eines nicht-staatlichen Systems, zuständig sein soll (Quellen: ASA, Corporate News Release vom 06.01.2001, www.asa.org.uk,

I. Die Advertising Standards Authority (ASA) und das Committee of Advertising Practice (CAP)

In den Jahren 1961 bzw. 1962 entstanden das Committee of Advertising Practice (CAP) und die Advertising Standards Authority (ASA)[51], und der British Code of Advertising trat in seiner ersten Fassung in Kraft. Erst die grundsätzliche Neufassung des Code sowie organisatorische Umgestaltungen im Jahr 1974 infolge einer erneut drohenden gesetzgeberischen Initiative zum Verbraucherschutz brachten dem System von ASA und CAP die wiederholt angemahnte Durchsetzungskraft; 1975 kam schließlich der ergänzende Code of Sales Pomotion Practice hinzu[52]. Der British Code of Advertising wie auch der Code of Sales Promotion Practice hatten die entsprechenden Codes der International Chamber of Commerce zum Modell[53]. Diesen Codes unterliegt, wie unten noch ausführlich dargestellt wird, grundsätzlich jede Werbung oder Verkaufsförderungsmaßnahme mit Ausnahme von Radio- und Fernsehwerbung.

II. Die Independent Television Commission und die Radio Authority[54]

Für die Überwachung der Werbung in privaten Fernsehsendern (Werbung in öffentlich-rechtlichen Sendern verbietet die BBC Charta) ist gemäß dem Broadcasting Act 1990 die Independent Television Commission (ITC) zuständig, d. h. die Körperschaft, der zugleich die Sendelizenzvergabe obliegt[55]. Die ITC erließ im Januar 1991 einen Code of Advertising Standards and Practice[56], welcher stark an die Codes ihrer Vorgänger-Organisationen, der Independent Broadcasting Authority (IBA) und der Cable Authority, angelehnt ist und im Übrigen

---

und *Rogers*, Complaints Chaos At The ASA?, Pg. 22, November 8, 2001, http://web.lexis-nexis.com/professional).

51 Zu beiden Organisationen s. ausf. unten; speziell zur Entstehung der ASA s. *Lawson* [1991] Business Law Review 318 (320); *Shears* [1995] New Law Journal 1682 (1683).

52 Zur Entwicklung ausführlich *Brandmair*, S. 56 – 59; s. auch *Circus* [2000] Business Law Review 82 (82); Ulmer/*von Westerholt*, S. 79 f.

53 Den ICC International code of advertising practice, erste Fassung von 1937 und seither mehrfach geändert, in der aktuellen Auflage von 1997 zu finden unter www.iccwbo.org, bzw. den ICC International code of sales promotion, erste Auflage von 1973, in der aktuellen Fassung von 1987 unter derselben Adresse abrufbar.

54 Vgl. zum Folgenden *Blackshaw/Hogg* [1992] Media Law & Practice 294 (294 ff.); *dies.* [1992] International Media Law 44 (45); *Fitzgerald* [1997] 7 Entertainment Law Review 250 (251); *Lawson* [1991] Business Law Review 318 (318 f.).

55 Daneben existiert noch das Broadcast Advertising Clearance Centre (BACC), welches jedoch Fernsehwerbespots nur auf ihre Rechtmäßigkeit sowie darauf überprüft, ob sie einer Beurteilung in geschmacklicher Hinsicht standhält, s. www.bacc.org.uk.

56 Die aktuelle Fassung von Dezember 1998 ist unter www.itc.org.uk zu finden.

viele Gemeinsamkeiten mit dem British Code of Advertising aufweist[57]. Ein wesentlicher Faktor der Durchsetzung der Regeln des ITC-Code liegt in der Tatsache, dass die Fernsehgesellschaften für deren Einhaltung verantwortlich sind; die ITC kann diese Unternehmen anweisen, bestimmte Arten von Werbesendungen oder einzelne Werbespots, die gegen den Code verstoßen, nicht oder nur in veränderter Form auszustrahlen. Infolge ihrer institutionellen Absicherung im Broadcasting Act 1990 ist die ITC, gestützt auf diese Gesetz, ferner befugt, gegen ein Unternehmen Strafen zu verhängen oder seine Sendelizenz auszusetzen oder sogar zu widerrufen, wenn es sich einer solchen Anordnung widersetzt[58]. Es handelt sich hier mithin nicht um Selbstkontrolle in ihrer reinen Form, wie sie das System von ASA und CAP darstellt, welches nicht in dieser Weise gesetzlich verankert ist und daher auch nicht über derart scharfe Sanktionsmittel verfügt. Weitere Mittel zur Durchsetzung des ITC-Code sind zum einen die Überprüfung von Werbesendungen auf ihre Vereinbarkeit mit dem Code vor deren Ausstrahlung (sog. „pre-vetting"), deren Durchführung die ITC den Fernsehunternehmen vorschreibt, sowie zum anderen die Bearbeitung von Beschwerden über Werbesendungen durch die ITC, die hierüber in ihren „case reports" berichtet[59].

Nach demselben Prinzip wie die Fernsehwerbung wird auch die Radiowerbung kontrolliert. Ebenfalls als Nachfolgeorganisation der IBA entstand unter dem Broadcasting Act 1990 die Radio Authority (RA), die, wie die ITC im Bereich des Fernsehens, für die Vergabe von Lizenzen an Radiosender zuständig ist und zugleich die Einhaltung des RA-Codes[60] überwacht. Auch hier werden die Sendeunternehmen in der Weise in die Kontrolle einbezogen, dass sie die zu sendende Werbung auf Vereinbarkeit mit dem Code zu überprüfen haben und durch die RA angewiesen werden können, bestimmte Werbesendungen nicht bzw. nicht unverändert auszustrahlen, wobei der RA gleichfalls denen der ITC entsprechende Sanktionsmöglichkeiten gegen Rundfunkunternehmen zur Verfügung stehen, die einer solchen Anordnung zuwiderhandeln.

III. Die Cinema Advertising Association[61]

Als Selbstkontrollorganisation kontrolliert die Cinema Advertising Association (CAA) Kinowerbung anhand der British Codes of Advertising and Sales Promo-

---

57 *Lawson* [1991] Business Law Review 318 (318).

58 Vgl. *Fitzgerald* [1997] 7 Entertainment Law Review 250 (251).

59 Vgl. *Lawson* [1991] Business Law Review 318 (318).

60 Der RA-Code of Advertising Standards ist inhaltlich dem ITC-Code ähnlich; die aktuelle Fassung von März 2001 ist zu finden unter http://www.radioauthority.org.uk/Information/Publications/index.htm/.

61 S. zum Folgenden Schricker/*Ohly*, Rn 145 f.

tion[62]. Dies geschieht mittels Vorabkontrollen, bei denen auch entschieden wird, welche Werbung vor welcher Art von Film gezeigt wird. Aufgrund einer Übereinkunft mit Vertretern der Werbewirtschaft ist die für Alkoholwerbung verwendete Zeit begrenzt.

C. Werbeselbstkontrolle im europäischen Rahmen – die EASA[63]

Die European Advertising Standards Alliance (EASA) wurde 1992 durch europäische nationale Werbeselbstkontrollorganisationen als nicht gewinnerzielende Organisation mit Sitz in Brüssel gegründet. Ihre Ziele sind, neben der Interessenvertretung ihrer Mitglieder – der nationalen Werbeselbstkontrollorganisationen nicht nur in den Staaten der EU, sondern heute auch in einigen ost- und südosteuropäischen Ländern sowie in Russland, außerdem u. a. in den USA und Kanada[64] –, die Förderung und Unterstützung effektiver Selbstkontrolle, die Koordinierung der Behandlung von Beschwerden bei grenzüberschreitender Werbung und die Information über Werbeselbstregulierung in Europa. Dem letztgenannten Zweck dient die vierteljährlich erscheinende Publikation „Alliance Update", die u. a. regelmäßig Berichte von Beschwerden über grenzüberschreitende Werbeaktivitäten enthält und Interessierten auf Anfrage kostenlos zugesandt wird.

Die Hauptaufgabe der EASA ist die Zusammenarbeit mit den nationalen Selbstregulierungsorganisationen hinsichtlich Beschwerden über grenzüberschreitende Werbung. Das diesbezügliche Verfahren läuft folgendermaßen ab: Geht die Beschwerde etwa eines Verbrauchers in einem EASA-Mitgliedstaat bei seiner nationalen Selbstregulierungsorganisation über eine Werbung ein, die aus einem anderen EASA-Staat stammt, kontaktiert diese Organisation, vermittelt durch die EASA, die auch Vorschläge zur weiteren Vorgehensweise macht, die Selbstkontrollorganisation dieses anderen Staates, welche den Fall dann bearbeitet. (Es gilt demnach das unter Hinweis auf die Fernsehrichtlinie der EG von 1989 auch von der EASA so bezeichnete Herkunftslandprinzip[65].) Nach Abschluss des Verfahrens der Selbstkontrollorganisation des Herkunftslandes un-

---

62 Bzw., seit dem 04.03.2003, des British Code of Advertising, Sales Promotion and Direct Marketing, s. hierzu noch ausführlich unten, 3. Abschnitt, A. II.

63 Die folgenden Informationen zur EASA sind www.easa-alliance.org entnommen.

64 Die EASA hat gegenwärtig 28 Mitglieder in 25 Ländern, darunter vier außerhalb Europas; aus Deutschland sind der Deutsche Werberat sowie die Zentrale zur Bekämpfung unlauteren Wettbewerbs e. V. vertreten.

65 Dieses besagt im vorliegenden Zusammenhang, dass über Beschwerden über Werbung immer nach den Regeln des Herkunftslandes der Werbung (und auch in diesem Land) entschieden wird.

terrichtet diese, wiederum unter Einschaltung der EASA, die Organisation in dem Land des beschwerdeführenden Verbrauchers, welche schließlich Letzteren über den Ausgang des Falles informiert. Im Jahr 1999, als die EASA ihre Koordinationstätigkeit auf grenzüberschreitende Internet-Werbung ausgedehnt hatte, musste sie sich mit 79 Beschwerden befassen[66].

Seit 1994 besteht das sog. „Euro-Ad Alert"-System: Wenn ein werbendes Unternehmen nicht kontaktiert werden kann oder zwischen Standorten in mehreren Ländern wechselt und daher die Lösung eines Falles nicht möglich ist, kann die EASA, sofern es sich um offensichtlich unzulässige bzw. rechtswidrige Werbung handelt, wie im Fall von Anstößigkeit oder Irreführung, Euro-Ad Alerts versenden. Diese Warnungen, welche über die betreffende Werbemaßnahme, die diesbezügliche Beschwerde sowie alle von der EASA oder ihren Mitgliedern bereits getroffenen Maßnahmen informieren, werden u. a. an die EASA-Mitglieder, die europäische Werbewirtschaft, die europäischen Verbraucherverbände und die EG-Kommission versendet und dienen somit dem Zweck, zur Wachsamkeit diesem Werbenden gegenüber aufzurufen sowie die Verbraucher und zuständigen Stellen auch in anderen Staaten zu unterrichten. Insgesamt gab es bisher, in den Jahren 1995 und 1996, sieben solcher Euro-Ad Alerts, die in der Mehrzahl an Verbraucher gerichtete Direktwerbungen („direct mailings") betrafen.

Speziell hinsichtlich Direktwerbungen aus anderen europäischen Staaten nach Großbritannien zeigt sich jedoch, dass die oben beschriebene Zuständigkeitsabgrenzung zumindest durch die ASA und das CAP nicht beachtet wird[67]: Trotz der immerhin getroffenen Feststellung, dass die Reichweite der British Codes of Advertising and Sales Promotion in Bezug auf solche Kommunikationen „weniger klar" sei, wurde in einer Erhebung im Jahr 2001 ermittelt, dass neun in Großbritannien empfangene mailings aus dem Ausland stammten und alle „gegen diese Codes verstießen". Auch wird die Schwierigkeit beschrieben, Entscheidungen der ASA gegen aus dem Ausland werbende Unternehmen durchzusetzen; insofern stützten sich ASA und CAP primär auf die Zusammenarbeit mit anderen Stellen, darunter der Royal Mail, welche gegenüber hartnäckig die Codes verletzenden Unternehmen die Rabatte für Massensendungen aussetzen dürften. Die sich m. E. aufdrängende Frage, warum nach Ansicht der ASA und des CAP Aktivitäten ausländischer Unternehmen überhaupt den Regelungen der

---

66 So der Annual Report 1999 der ASA, die mit der EASA besonders eng verbunden ist, auf S. 27, www.asa.org.uk.

67 Vgl. ASA, Research, Compliance Report – Direct Marketing Survey 2001, Appendix 1, Mailings From Overseas, www.asa.org.uk.

freiwilligen Werbeselbstkontrolle der britischen Werbewirtschaft unterfallen, wird jedoch weder gestellt noch beantwortet[68].

---

68 S. hierzu auch unten, 3. Abschnitt, A. III. 1. a) (i).

3. Abschnitt: Die Organisation der ASA und des CAP und die British Codes of Advertising and Sales Promotion[69]

Die British Codes of Advertising and Sales Promotion (kurz: die Codes) wurden von dem Committee of Advertising Practice verfasst, welches sie auch überprüft und gegebenenfalls ergänzt und aktualisiert, wie zuletzt am 04.03.2003, als die Codes zu einem einheitlichen British Code of Advertising, Sales Promotion and Direct Marketing (kurz: CAP Code) zusammengefasst wurden. Das CAP ist außerdem für die Durchsetzung der Regeln des CAP Code zuständig. Die Mitglieder des CAP[70] sind die wichtigsten Verbände der Werbewirtschaft und der Medienunternehmen. Um Vertrauen in das Selbstkontrollsystem des CAP zu schaffen, wurde 1962 als von der Werbewirtschaft und der Regierung unabhängige und im öffentlichen Interesse tätige Gesellschaft die Advertising Standards Authority gegründet, der die Überwachung der Befolgung der Codes übertragen wurde. Während anfangs noch das CAP für Beschwerden von Konkurrenten zuständig war, bearbeitet die ASA heute alle Beschwerden. Die endgültige Entscheidung darüber, ob eine Werbemaßnahme gegen den CAP Code verstößt, trifft der ASA Council, der aktuell zwölf Mitglieder hat. Diese ernennt der ASA-Vorsitzende[71].

Das Selbstkontrollsystem wird durch die Erhebung von Zuschlägen in Höhe von 0,1 % auf Displaywerbeausgaben und von 0,2 % auf die Beförderungskosten für Direktwerbungen finanziert[72]. Diese Beiträge werden durch eine separate Gesellschaft, das Advertising Board of Finance (ASBOF), bei den Werbenden erhoben, was die Unabhängigkeit der ASA von der Werbewirtschaft unterstreicht, denn durch diese Konstruktion wird sichergestellt, dass die ASA keine Kenntnis von der Höhe der Beiträge der einzelnen Unternehmen hat[73]. Die Mitglieder des ASBOF sind, wie die des CAP, Vertreter der Werbewirtschaft[74]. Im Jahr 2001

---

69 Seit dem 04.03.2003: der British Code of Advertising, Sales Promotion and Direct Marketing (kurz: CAP Code), s. hierzu sogleich unter A. II; die alten Codes und der neue CAP Code sind als Anhang 1 und Anhang 2 auf S. 287 ff. bzw. 331 ff. zu finden und von den Websites von ASA und CAP, www.asa.org.uk bzw. www.cap.org.uk, jeweils unter „The CAP Code", abrufbar.

70 Gegenwärtig 19, s. ASA, Annual Report 2001, S. 15, unter www.asa.org.uk; 1999 hatte das CAP 21 Mitglieder, vgl. ASA, Annual Report 1999, S. 26, ebenfalls unter www.asa.org.uk.

71 Quelle: CAP, Self-regulation, www.cap.org.uk; vgl. zur ASA auch Klauseln (im Folgenden: „cl." für „clauses") 60.4 und 60.5 des CAP Code (s. Anhang 2, S. 367 f.).

72 ASA, Annual Report 2001, 40 years of effective self-regulation, S. 17, www.asa.org.uk.

73 ASA, Annual Report 2001, 40 years of effective self-regulation, S. 17, www.asa.org.uk.

74 Vgl. cl. 68.11 der Codes bzw. cl. 60.11 des CAP Code, Anhang 1 bzw. Anhang 2, S. 323 und 368.

nahmen ASA und CAP, über das ASBOF, knapp 4,3 Millionen Pfund inklusive Zinserträge ein, denen Ausgaben in beinahe derselben Höhe gegenüber standen, so dass ein Gewinn vor Steuern von 2.155 Pfund blieb; nach Abzug der Steuern ergab sich ein Verlust von knapp 1.120 Pfund[75].

A. Die Codes und der neue CAP Code

I. Die neuere Entwicklung der Codes

Die neunte Auflage der Codes, die im Februar 1995 in Kraft trat, brachte einige wesentliche Änderungen gegenüber der achten Auflage von 1988[76]. So wurden beide Codes erstmals zu den British Codes of Advertising and Sales Promotion zusammengefasst, worin der frühere Code of Advertising als Advertising Code, der frühere Code of Sales Promotion Practice als Sales Promotion Code erschien. Des Weiteren wurde der Anwendungsbereich der Codes auf Werbung in allen elektronischen Medien mit Ausnahme von Fernsehen und Rundfunk ausgeweitet, womit prinzipiell auch das Internet erfasst wird[77]; allerdings hat die ASA die Anwendbarkeit der Codes auf Online-Werbung später einschränkend präzisiert, worauf unten näher eingegangen wird. Ferner wurden die dem Advertising Code vorangestellten Prinzipien ergänzt[78], und es kamen u. a. neue Regeln zum Schutz von Kindern und Jugendlichen hinzu[79].

Die ebenfalls in dieser Fassung neu vorgenommene Einteilung der Codes in fünf Abschnitte[80], nämlich eine Einleitung, den Advertising Code, den Sales Promotion Code, einen Teil, der spezielle Regeln für verschiedene Werbesituationen enthält (Specific Rules), und den Cigarette Code, fand sich auch in der zehnten Auflage noch; allerdings wurden hier die Hinweise auf relevante Gesetze sowie die Erläuterung des Selbstkontrollsystems („How The System Works") in die Codes selbst integriert. In einem am 23.04.2000 angefügten „Addendum 1" wurde, für die Zeit bis zur Anpassung der betroffenen Klauseln der Codes, auf die Geltung der die EG-Richtlinie 97/55/EG zur vergleichenden Werbung umsetzenden Regulations verwiesen. Das CAP erließ diese zehnte Auflage der Codes im September 1999. Sie war zunächst auf alle Werbungen anwendbar, die

---

75 ASA, Annual Report 2001, S. 20, www.asa.org.uk.

76 Vgl. zum Folgenden Schricker/*Ohly*, Rn 187 ff.; *Whincup* [1995] Consumer Law Journal CS23.

77 Quelle: Office of Fair Trading, Health scams on the internet, Presseerklärung vom 11. September 1998, www.oft.gov.uk.

78 Vgl. Schricker/*Ohly*, Rn 18; die cl. 2.4 bis 2.7 wurden hinzugefügt (in der zehnten Auflage noch wörtlich, in der aktuellen elften Auflage zumindest noch inhaltlich übereinstimmend, s. Anhang 1 und Anhang 2, S. 289 f. und 336).

79 Vgl. *Whincup* [1995] Consumer Law Journal CS23.

80 Vgl. Schricker/*Ohly*, Rn 189.

nach dem 01.10.1999 produziert wurden, und trat am 31.01.2000 vollwirksam in Kraft[81]. Inhaltlich wurden neben einigen klarstellenden Neuformulierungen auch weitergehende Änderungen vorgenommen[82]: So wurde Wahlwerbung politischer Parteien gänzlich aus dem Anwendungsbereich der Codes ausgenommen (cl. 12), neu geregelt wurden ferner die Voraussetzungen für eine rechtmäßige Bezugnahme auf Mitglieder der königlichen Familie in Werbungen (cl. 13.4), und Preisangaben in an die Allgemeinheit gerichteten Anzeigen müssen nunmehr grundsätzlich alle zwingenden Steuern und Gebühren enthalten (cl. 15.2). Nach gesetzlichen Lockerungen hinsichtlich Spiel- und Wettveranstaltungen wurde den Codes ein diesbezüglicher Absatz hinzugefügt (cl. 56).

II. Der neue CAP Code

Wie bereits mehrfach kurz erwähnt, wurden die Regeln des Selbstkontrollsystems von ASA und CAP mit Wirkung vom 04.03.2003 novelliert. Über Beschwerden befindet die ASA allerdings noch bis zum 04.06.2003 auf Basis der zehnten Auflage der „Codes".

Als deutlichste Neuerung dieser elften gegenüber den vorigen Auflagen tritt die Zusammenfassung der in verschiedene Einzelcodes gegliederten „British Codes of Advertising and Sales Promotion" in einen einzigen „Code of Advertising, Sales Promotion and Direct Marketing" (CAP Code) hervor. Diesem wurde ein Vorwort und eine Auflistung der CAP-Mitglieder vorangestellt, und er schließt mit einem mit „History of self-regulation" überschriebenen Abschnitt über die Entwicklung des Werbeselbstkontrollsystems und, allerdings jetzt nur noch in der Online-Version, mit einer Liste der einschlägigen gesetzlichen Vorschriften („Legislation"). Aus dem bisherigen, nur für Werbung geltenden, Advertising Code wurden die General rules. Der Sales Promotion Code findet sich nun, in neuer Anordnung seiner Regeln, in den Sales promotion rules. Die im CAP Code neu eingeführten Direct marketing rules waren, mit teilweise abweichendem Inhalt, bereits Teil der Specific Rules der bisherigen Codes; im neuen CAP Code tauchen diese, inhaltlich noch weitgehend übereinstimmend, als Other specific rules wieder auf. Letztere enthalten auch Hinweise zur Tabakwerbung, für die in den bisher geltenden Codes noch im Cigarette Code strikte Regelungen vorgesehen waren. Von diesen Umstrukturierungen und von zahlreichen Umbenennungen und Neuformulierungen abgesehen sind die Regelungen weitgehend gleich geblieben; bedeutsame Änderungen wurden jedoch, aus Gründen der Anpassung an neue gesetzliche Vorschriften, in den Bereichen der vergleichenden

---

[81] Quelle: CAP, News, www.cap.org.uk; vgl. auch ASA, Annual Report 1999, S. 20, 22, www.asa.org.uk.

[82] Quelle: CAP, News, CAP launches new British Codes of Advertising and Sales Promotion, www.cap.org.uk; s. auch ASA, Annual Report 1999, S. 20, 22, www.asa.org.uk.

Werbung, des Fernabsatzes, des Umgangs mit Daten, der Werbung für Finanzprodukte und der Tabakwerbung vorgenommen.

Da derzeit mithin noch keine ASA-Entscheidungen (die im folgenden Abschnitt mit der deutschen Rechtsprechung verglichen werden) über Beschwerden aufgrund des neuen CAP Code vorliegen, andererseits aber künftig allein dieser maßgeblich sein wird, erscheint es erforderlich, im Folgenden sowohl auf den Inhalt der bisherigen Regelungen als auch auf den des neuen Code einzugehen.

III. Die Regelungen im Überblick

In den bislang geltenden Codes waren die Bezeichnungen von Marketingmaßnahmen als „advertisements" und bzw. oder als „promotions" nicht immer eindeutig. Im neuen CAP Code wurde daher und auch wegen der zunehmenden Bedeutung des Direktmarketing der Begriff der „marketing communications" eingeführt, der Werbung, Verkaufsförderung und Direktmarketing umfasst. Anstelle von „advertisements" bzw. „promotions", „advertisers" bzw. „promoters" und „advertising" verwendet der neue Code demnach (außer dort, wo Direktmarketing nicht erfasst sein soll) die Bezeichnungen „marketing communications", „marketers" und „marketing".

1. Die Einleitung, cl. 1[83]

Die einleitende cl. 1 (1.1 bis 1.3) legt zunächst den Anwendungsbereich der Regeln positiv (cl. 1.1) und negativ (cl. 1.2) fest und enthält des Weiteren Definitionen (cl. 1.3) sowie Maßstäbe für deren Anwendung (cl. 1.4).

a) *Der Anwendungsbereich*

(i) Allgemeiner Überblick

Der Anwendung der Regelungen unterliegt zunächst Werbung. Der offene Katalog in cl. 1.1 a) hinsichtlich der als Werbeträger erfassten Medien, der beispielhaft etwa Zeitschriften, Broschüren, Flugblätter, Direktwerbungen, Übermittlungen per Fax (im CAP Code auch per E-Mail und SMS) und darüber hinaus anderes elektronisches und gedrucktes Material aufführt, wird durch Poster und andere Mittel der Außenwerbung (cl. 1.1 b)) ergänzt. Erfasst werden ferner die Kino- und Videowerbung (cl. 1.1 c)) sowie, wie oben bereits erwähnt, Werbung in elektronischen Medien mit Ausnahme gesendeten Materials, d. h. Rundfunk- und Fernsehwerbung (s. cl. 1.1 d), die im CAP Code noch eigens Online-Werbung auf fremden Websites, wie Banner- und Pop-up-Werbung mit einbezieht). Des Weiteren sind die Regelungen u. a. auf Datenbanken mit persönli-

---

83 Sofern im Folgenden nichts Gegenteiliges angegeben wird, beziehen sich die Ausführungen sowohl auf die zehnte als auch auf die elfte Auflage.

chen Informationen über Verbraucher zu Marketingzwecken (cl. 1.1 f)) sowie Verkaufsförderungsmaßnahmen (sales promotions, cl. 1.1 g)) anwendbar. Die bisherigen Codes enthielten noch einen Hinweis auf den im CAP Code nicht mehr enthaltenen Cigarette Code (cl. 1.1 i)).

Der Reichweite der CAP-Regeln entzogen ist hingegen, neben den der ITC bzw. der RA unterliegenden Bereichen der Fernseh- und Rundfunkwerbung (cl. 1.2 a)) auch der Inhalt[84] sog. „premium rate"-Telefonanrufe (bzw. seit dem CAP Code „premium-rate"-Dienstleistungen generell)[85], für den eine besondere Kommission zuständig ist (cl. 1.2 b)).

Die Regeln erstrecken sich ferner nicht auf Werbung in ausländischen Medien (cl. 1.2 c)), womit die Bedeutung der EASA auch für Großbritannien deutlich wird. Im neuen CAP Code wird diese Aussage in derselben Klausel und insbesondere in cl. 61.13 folgendermaßen ergänzt: „Marketing communications" in ausländischen Medien und Direktwerbungen, die vom Ausland aus nach Großbritannien geschickt werden, unterfallen (ausschließlich) der Entscheidungsgewalt der Werbeselbstkontrollorganisationen der jeweiligen Herkunftsländer, sofern diese Organisationen Mitglieder der EASA[86] sind. Andernfalls, d. h. wenn eine entsprechende Koordination grenzüberschreitender Beschwerden gegen Werbemaßnahmen wie die durch die EASA gebotene nicht gewährleistet ist, ergreift die ASA die ihr möglichen Maßnahmen („the ASA will take what action it can"). Insbesondere streben ASA und CAP, obwohl die ausländischen Werbeselbstkontrollorganisationen „formal" für die Ausübung von Sanktionen zuständig sind, wann immer möglich eine „pragmatische" Lösung zum Schutz der Verbraucher an. Was damit ausgedrückt werden soll, zeigt sehr deutlich ein Blick auf die Spruchpraxis der ASA[87], in der sich immer wieder Beispiele für „Verurteilungen" ausländischer Werbender finden, ohne dass die Frage, wieso Unternehmen außerhalb Großbritanniens überhaupt den (freiwilligen!) Selbstkontrollregeln des Systems von ASA und CAP unterfallen sollten, obwohl sie keinem der im CAP zusammengeschlossenen Verbände angehören, auch nur aufgeworfen wird[88].

Gesundheitsbezogene Behauptungen, die ausschließlich an Vertreter medizinischer Berufe gerichtet werden, fallen ebenfalls nicht in den Anwendungsbereich

---

84 Nicht hingegen die Werbung für entsprechende Dienstleistungen.

85 Es handelt sich hierbei um die Inanspruchnahme von Diensten, für die eine höhere als die Standardgebühr verlangt wird.

86 Zur EASA s. o., 2. Abschnitt, C.

87 S. u., 4. Abschnitt.

88 Das CAP vertrat, ohne eine Begründung anzuführen, die Ansicht, dass auch von Unternehmen, die nicht Mitglied eines im CAP vertretenen Verbands sind, die Beachtung seiner Regeln sowie der Entscheidungen der ASA zu erwarten sei (Quelle: CAP, Selfregulation, www.cap.org.uk).

der Regelungen (cl. 1.2 d)). Zu erwähnen ist weiterhin der Ausschluss ihrer Anwendbarkeit für private Korrespondenz (cl. 1.2 h)), mündliche Kommunikationen einschließlich Telefonanrufen (cl. 1.2 i)), Presseerklärungen und sonstiges PR-Material (cl. 1.2 j)), den Inhalt von Büchern und redaktionellen Beiträgen (cl. 1.2 k)) und regelmäßige Preisausschreiben wie Kreuzworträtsel (cl. 1.2 l)). Schließlich erstrecken sich die Regeln auch nicht auf Verpackungen, Schutzumschläge, Etiketten und Preislisten, es sei denn, diese beziehen sich auf ein anderes Produkt oder eine Verkaufsförderungsmaßnahme, oder sie sind in einer Werbung zu sehen (cl. 1.2 n)), sowie auf sogenannte „point of sale displays", sofern nicht der Sales Promotion Code (im CAP Code: die Sales promotion rules) oder (bis zur zehnten Auflage) der Cigarette Code eingreifen (cl. 1.2 o)). Im CAP Code neu hinzugefügt wurden cl. 1.2 r), die Sponsoring (nicht aber Marketingmaßnahmen hierfür), und cl. 1.2 s), die sog. „customer charters" und Praxiskodizes von der Reichweite der Regeln ausnimmt.

(ii) Speziell: Werbung und Verkaufsförderung im Internet

Während hinsichtlich der Werbung in elektronischen Medien anfangs noch Unsicherheit dahingehend herrschte, ob damit auch jede Online-Werbung in den von den Codes abgedeckten Bereich fiel[89], hat die ASA (erst) im September 2000[90] die diesbezügliche Reichweite der Codes folgendermaßen eingegrenzt: Bezüglich Werbung gilt, dass diese nur erfasst wird, sofern der Werbende für ihr Erscheinen ein Entgelt zahlen muss, also etwa die balken- bzw. schlagzeilenartige sog. „Banner"-Werbung oder „Pop-up"-Fenster auf Websites anderer Unternehmen[91]; dagegen fällt Werbung auf der Website des werbenden Unternehmens selbst nicht in den Anwendungsbereich der Regelungen[92]. Begründet wird diese Begrenzung zum einen damit, dass Werbung auf der eigenen Website eines Unternehmens sich nicht, vergleichbar mit einem Poster oder einer Zeitungsanzeige, dem Betrachter gewissermaßen aufdränge, sondern von diesem, etwa durch das Anklicken eines Werbebanners oder das gezielte Zugreifen auf eine Website, aktiv gesucht werde (Differenzierung zwischen „pushed" und „pulled commercial communications")[93], und zum anderen unter Hinweis darauf, dass Werbung auf der unternehmenseigenen Website als Äquivalent zu Schaufensteraus-

---

89 Quelle: Office of Fair Trading, When all else fails, www.oft.gov.uk.

90 Obwohl die ASA bereits seit 1995 Beschwerden über Online-Werbung bearbeitet hat (Quelle: CAP, News, What do the Codes cover online?, www.cap.org.uk).

91 Typisch für diese Formen der Werbung ist, dass sie einen Link zu der Website des Unternehmens aufweisen, für welches geworben wird.

92 ASA, Annual Report 2000, Review of the Year, The ASA online, www.asa.org.uk; in cl. 1.1 d) i.V.m. cl. 1.2 q) des CAP Code wurde diese Lösung jetzt auch festgeschrieben.

93 ASA, Annual Report 2000, ebenda.

lagen betrachtet werden könne, welche die ASA ebenfalls nicht kontrolliere[94]. Des Weiteren wird vorgebracht, dass es eine zu weitgehende Reglementierung dieses Bereichs bedeutete, wenn die Regulierung nicht auf die von dem werbenden Unternehmen ausgehende Einleitung einer potentiellen Geschäftsbeziehung zu den Adressaten durch eine solche Online-Werbeschaltung beschränkt, sondern zusätzlich noch diese daraus folgende Beziehung erfasst würde, und zudem stieße eine effektive Durchsetzung hier auf unüberwindliche Schwierigkeiten[95]. Uneingeschränkt anwendbar sind die Regeln hingegen auf online geschaltete Maßnahmen der Verkaufsförderung, wo auch immer sie erscheinen, sowie auf Werbung und Verkaufsförderung in kommerziellen E-Mails[96].

Im November 1999 trat das Internet Advertising Bureau (UK and Ireland) (IAB) dem CAP bei[97]. Dieser Verband für interaktive Werbung, E-Commerce und Online-Marketing repräsentiert Unternehmen, die unter sich über 90 Prozent der Werbeflächen auf britischen Websites verkaufen, was die Bedeutung der IAB-Mitgliedschaft bei dem CAP für das System der Selbstkontrolle verdeutlicht.

Die Anzahl der Beschwerden bei der ASA über Internet-Werbung ist, obwohl insgesamt noch immer relativ gering, von acht im Jahr 1996 über 14 im Jahr 1997 auf 49 in 1998 angestiegen[98]; nach bereits 500 Beschwerden im Bereich der Online-Werbung im Jahr 2000 waren es im Jahr 2001 750[99].

Aufgrund der Tatsache, dass Online-Werbung, im Gegensatz zur konventionellen Methode, nicht auf die Zwischenschaltung von Medienunternehmen angewiesen ist, können auch die traditionellen Durchsetzungsmethoden des Systems, die insbesondere auf diesen Konstellationen beruhen[100], hier nicht eingesetzt werden[101]. Diese Situation veranlasste das CAP im Herbst 2000 dazu, das „admark"-System[102] zu starten, welches von der ASA sowie vom IAB und den anderen Wirtschaftsverbänden des CAP unterstützt wird. Es handelt sich dabei um ein Selbstregulierungsprojekt mit anfänglich 15, später 17 Gründungsmitglie-

---

94 Quelle: ASA, News Index, ASA Consumer Conference, Internet and New Media Advertising, www.asa.org.uk.

95 Quelle: CAP, die Ansicht der ASA zitierend, in News, What do the Codes cover online?, www.cap.org.uk.

96 ASA, Anual Report 2000, Review of the Year, The ASA online, a.a.O.

97 Quelle: CAP, News, CAP welcomes e-advertisers into self-regulatory system, www.cap.org.uk; vgl. hierzu und zum IAB auch die Website www.iabuk.net.

98 ASA, 1998 Statistics, Explanation of the Figures, www.asa.org.uk.

99 ASA, Annual Report 2001, S. 8, www.asa.org.uk.

100 Dazu ausführlich unten.

101 Vgl. ASA, Annual Report 2000, Review of the Year, The ASA online, a.a.O.; CAP, News, What do the Codes cover online?, a.a.O.

102 Die Informationen hierzu sind der Website von admark, www.admark.org.uk, sowie ASA, News, ASA Annual Report 2000 – 24/04/01, und ASA, Annual Report 2000, CAP Activity Review, admark – a „safe harbour" online, www.asa.org.uk, entnommen.

dern (darunter *British Telecommunications*, *IBM UK*, *Nestlé UK*, *Royal Mail* und *Unilever*) mit dem Ziel der Stärkung der Vertrauenswürdigkeit von Werbung im Internet. Dem System unterfallen alle Internet-Aktivitäten, die auch von den Codes erfasst werden. Im Einzelnen funktioniert admark folgendermaßen: Seine Mitglieder, die im Internet werben, Verkaufsförderungsmaßnahmen durchführen oder entsprechende E-Mails verschicken, solches Material verbreiten oder hierfür Flächen zur Verfügung stellen, verpflichten sich, die Regeln des CAP und Entscheidungen der ASA zu beachten. Zwar müssen die Mitglieder ihre Werbe- oder Verkaufsförderungsmaßnahmen nicht vorab überprüfen lassen, sie haben aber problematisches Material sofort zu korrigieren oder zurückzunehmen. Erfüllen sie diese Verpflichtung nicht, können sie aus dem System ausgeschlossen werden. Die Wirksamkeit dieser Sanktion beruht darauf, dass alle Mitglieder berechtigt sind, das admark-Logo auf ihren Websites, in Online-Werbungen, E-Mails und bei Online-Verkaufsförderungsmaßnahmen zu führen, denn der Verbraucher kann durch Anklicken des Symbols erfahren, was admark ist und welche Mitglieder es aktuell hat. Außerdem dürfen Mitglieder im Rahmen ihrer Online-Aktivitäten auch darüber hinaus auf ihre Selbstbindung zur Einhaltung der Regelungen des CAP hinweisen.

b) Definitionen und Maßstäbe bezüglich der Anwendung der Regeln

In cl. 1.3 finden sich neben Definitionen auch eine Aussage zum räumlichen Geltungsbereich (cl. 1.3 c)) sowie der Hinweis auf die Unterteilung des Regelwerks in nummerierte Klauseln („clauses“, cl. 1.3 e)). Beachtung verdienen jedoch primär die genannten Definitionen, darunter zunächst der extrem weite Begriff des „Produkts“, der gemäß cl. 1.3 a) nicht nur Waren, Dienstleistungen, Preise (Preis im Sinne von Gewinn) und Geschenke umfasst, sondern auch Gelegenheiten („opportunities“), „ideas“ und „causes“. Weiterhin wird der Begriff des Verbrauchers definiert als jeder, der wahrscheinlich die betreffende Werbung bzw. Verkaufsförderungsmaßnahme sieht (cl. 1.3 b)). Ferner stellt cl. 1.3 d) klar, dass eine Werbebehauptung („claim“) implizit oder direkt, schriftlich, mündlich[103] oder visuell aufgestellt werden kann. Neben drei neuen Definitionen (cl. 1.3 f) – h)) taucht in cl. 1.3 i) des neuen CAP Code auch die (in cl. 36.1 des bisherigen Sales Promotion Code enthaltene) Definition eines Kindes, als Person unter 16 Jahren, auf.

Cl. 1.4 enthält grundsätzliche Aussagen über die Arbeit der ASA und des CAP anhand der Regelungen:

---

[103] Diesbezüglich stellt sich die Frage, wie diese Aussage mit dem Umstand in Einklang zu bringen ist, dass cl. 1.2 i), wie oben erwähnt, mündliche Kommunikationen aus dem Anwendungsbereich der Regeln ausschließt.

Gemäß cl. 1.4 a) ist die Interpretation der Vorschriften durch den ASA Council endgültig.

Die Beurteilung, ob eine Werbung die Regeln einhält, beruht darauf, welche Wirkung ihr in Anbetracht ihres Zusammenhangs insgesamt betrachtet wahrscheinlich zukommt, was ebenso von dem medialen Werbeträger, dem Publikum und seiner zu erwartenden Reaktion, der Art des Produkts sowie etwaigem zusätzlich an Verbraucher verteiltem Material abhängt (cl. 1.4 b))[104].

Das Regelwerk ist insofern unteilbar, als Werbende alle einschlägigen Regeln einhalten müssen (cl. 1.4 c)).

Cl. 1.4 d) – f) betreffen das Verhältnis zwischen ASA und CAP und ihren Regeln einerseits und den Gerichten und dem staatlichen Recht andererseits. So wird klargestellt, dass den Codes (bzw. dem CAP Code) nicht die Bedeutung von Rechtssätzen zukommt, sondern dass die Anwendung der Codes (des CAP Code) und des Rechts nebeneinander herläuft, wobei Gerichtsentscheidungen auch Sachverhalte betreffen können, die zugleich durch die Codes (den CAP Code) geregelt werden (cl. 1.4 d)). In den anderen beiden Teilklauseln wird auf gegebenenfalls erforderliche Rechtsberatung hingewiesen, die in Aussagen der ASA oder des CAP nicht enthalten sei.

Nach cl. 1.4 g) sind die Regeln nicht anwendbar auf Allgemeine Geschäftsbedingungen, die Produkte selbst oder sonstige vertragliche Angelegenheiten. Der CAP Code hat dieser Teilklausel einige einschränkende Erläuterungen hinzugefügt.

Obwohl die Regeln angemessene Berücksichtigung etwaiger Sensibilitäten in der Öffentlichkeit voraussetzen, werden sie in der Hand der ASA nicht dazu benutzt, die Meinungsfreiheit einzuschränken (cl. 1.4 h)). In diesem Zusammenhang ist auf den folgenden Aspekt der jüngeren britischen Rechtsentwicklung hinzuweisen: Während Ende 1989 noch, entsprechend der generell überwiegenden Zustimmung zu dem System von ASA und CAP, auch in Bezug auf die Meinungsfreiheit der Werbenden in der Literatur die Ansicht vertreten wurde, die nötige Balance werde gewahrt[105], wird diese Frage seit dem Inkrafttreten des die Europäische Menschenrechtskonvention umsetzenden Human Rights Act 1998 am 02.10.2000 teilweise wesentlich kritischer betrachtet. Insbesondere werden erhebliche Zweifel daran geäußert, ob die Einschränkungen der kommerziellen Meinungsfreiheit („freedom of commercial expression") in Art. 10

---

104 In diesen Zusammenhang gehört systematisch auch cl. 68.31, Satz 1, 2. Halbsatz, der Codes (cl. 60.30, Satz 1, 2. Halbsatz, des CAP Code), nach dem die zu vermutende Wirkung bei denen und die Reaktion derer, die mit einer Werbung konfrontiert werden können, bei dieser Entscheidung berücksichtigt werden.

105 Speziell im Zusammenhang mit den Control of Misleading Advertisements Regulations 1988 etwa *Glass* [1989] New Law Journal 1643 (1644).

EMRK durch die Entscheidungen der ASA unter die in diesem Artikel genannten Rechtfertigungsgründe gefasst werden können[106].

Schließlich übernimmt die ASA bei im Widerstreit stehenden Ideologien nicht die Rolle eines Schiedsrichters (cl. 1.4 j) der Codes, cl. 1.4 i) des CAP Code).

2. Der Advertising Code, cl. 2 bis 23, bzw. die General rules, cl. 2 bis 24.1

a) Die Prinzipien in cl. 2

Die mit „Prinzipien“ überschriebene cl. 2 enthält in cl. 2.1 bis 2.8 allgemeine Regeln, die in den bisherigen Codes allein für Werbung galten (und daher in beinahe identischer Form entsprechend auch im Sales Promotion Code zu finden waren (cl. 27)), im neuen CAP Code hingegen für alle „marketing commuications“. Diese Regeln sind unterschiedlicher Natur: Während cl. 2.1 bis 2.4 lediglich inhaltliche Anforderungen an Werbung bzw. Marketingmaßnahmen aufstellen, betreffen cl. 2.5 und 2.6 zumindest auch, cl. 2.7 ausschließlich Verfahrensfragen, und cl. 2.8 spricht von der gebotenen Auslegung der Regeln. Zu den Vorschriften im Einzelnen[107]:

In cl. 2.1 findet sich die generalklauselartige Formulierung, jede Werbung sollte rechtmäßig („legal“), anständig („decent“), redlich („honest“) und wahr („truthful“) sein[108]. Jeder dieser Begriffe ist noch einmal Gegenstand einer jeweils eigenen ausführlichen Regelung, nämlich in cl. 4.1, 5, 6.1und 7.1.

Cl. 2.2 bestimmt, dass jede Werbung mit einem Sinn für Verantwortung gegenüber Verbrauchern wie der Gesellschaft konzipiert werden sollte[109]. Als Konkretisierungen dieser Vorschrift könnten cl. 9, 10 und 11.1 (s. u.) betrachtet werden. In Entscheidungen des ASA Council werden Beschwerden ferner nicht selten neben cl. 2.2 noch auf cl. 5 (s. u.) gestützt.

Etwas an § 1 UWG erinnert cl. 2.3, nach dem jede Werbung den im Wettbewerbsleben allgemein anerkannten Grundsätzen des fairen Wettbewerbs entsprechen sollte[110]. Auch der Kerngedanke dieser Regelung wird in verschiedenen Vorschriften nochmals aufgegriffen, etwa in cl. 19.2, 20, 21.1 und 22.1.

---

106 *Lawson* [2001] New Law Journal 526 (527); vgl. auch *dens.* [1997] Solicitors Journal 68 (69), zu Art. 10 EMRK direkt.

107 Die Übersetzungen werden weitgehend von Schricker/*Ohly*, Rn 188, übernommen.

108 Diese Regelung wurde identisch aus Art. 1 des ICC International code of advertising practice (im Folgenden ICC advertising code) entnommen; die Fassung von 1997 ist abrufbar unter www.iccwbo.org.

109 Vgl. ebenfalls Art. 1 ICC advertising code, a.a.O.

110 Diese Regelung findet sich gleichfalls bereits in Art. 1 ICC advertising code, a.a.O.

Gemäß cl. 2.4 sollte keine Werbung die Werbewirtschaft in Verruf bringen[111].

Cl. 2.5 schreibt die primäre Verantwortung des Werbenden für die Einhaltung der Regeln des CAP fest; daneben trifft jedoch auch die sonst an der Herstellung und Veröffentlichung Beteiligten die Verpflichtung zu deren Beachtung[112]. Diese Regelungen werden – systematisch wenig nachvollziehbar – erst in cl. 68.22, 68.23 der Codes (ähnlich cl. 60.21, 60.22 des CAP Code) näher erläutert. Cl. 68.22 enthält die Verpflichtung der Werbeagenturen, nur korrekte und dem Berufsethos entsprechende Werbungen und Verkaufsförderungen zu entwerfen, die (wohl nur beispielhaft genannt) nicht irreführend oder anstößig sind, und er hält Verleger und Medienunternehmen dazu an, nur mit den Regeln des CAP in Einklang stehende Werbeanzeigen zu verbreiten. Die Verpflichtung, nur mit diesen Regeln konforme Werbemaßnahmen herzustellen, in Verkehr zu bringen oder zu veröffentlichen, erstreckt sich auf alle an dem gesamten Werbegeschäft Beteiligten; sie haben die Entscheidungen des ASA Council als verbindlich zu akzeptieren, cl. 68.22, Sätze 4 und 5. Gemäß cl. 68.23, Satz 1, werden Werbeaussagen, die durch den ASA Council als Anstoß erregend oder nicht zu belegen beurteilt werden (vgl. cl. 5 und 3, was hier wohl ebenfalls als pars pro toto zu verstehen ist), als nicht vereinbar mit den Regelungen des CAP betrachtet, und gemäß cl. 68.23, Satz 2, wird jeder, der für die Auftragserteilung, die Produktion, das In-Verkehr-Bringen oder die Veröffentlichung einer solche Aussagen enthaltenden Werbe- oder Verkaufsförderungsmaßnahme verantwortlich ist, aufgefordert, die Maßnahme schnell zu korrigieren oder zurückzuziehen.

In cl. 2.6 ist die auch als Beweislastumkehr[113] bezeichnete Regelung enthalten, dass jede ungebührliche Verzögerung bei der Beantwortung von Nachfragen der ASA als Verletzung der Regeln des CAP betrachtet werden kann.

Cl. 2.7 betrifft privates und geheimes Material, das ASA und CAP auf Verlangen vertraulich behandeln, es sei denn, Gerichte oder Verwaltungsbehörden ordnen im Rahmen ihrer gesetzlichen Befugnisse dessen Offenlegung an.

Zuletzt bestimmt cl. 2.8, dass die Regeln des CAP ihrem Geist ebenso wie ihrem Wortlaut nach angewendet werden[114].

b) Die einzelnen Regeln, cl. 3 bis 23 (bzw. 24.1), im Überblick

Cl. 3 stellt, gemäß ihrer Überschrift, „Beweis" („Substantiation"), in cl. 3.1 die Anforderungen auf, die jeder Werbende vor Veröffentlichung einer Werbung zu dem Zweck, seine darin enthaltenen Behauptungen zu beweisen, einzuhalten

---

111 Auch diese Vorschrift ist Gegenstand des Art. 1 ICC advertising code, a.a.O.

112 Vgl. Art. 18 ICC advertising code, a.a.O.

113 So Schricker/*Ohly*, Rn 189.

114 Ebenso der erwähnte ICC advertising code, unter „Interpretation", a.a.O.

hat[115]. So müssen für alle objektiv beweisbaren Aussagen schriftliche Belege bereit gehalten und auf Verlangen umgehend zur ASA geschickt werden, womit die Bedeutung der bereits erwähnten cl. 2.6 („Beweislastumkehr") deutlich wird. Der CAP Code ergänzt diese Vorschriften insofern, als die werbenden Unternehmen der ASA oder dem CAP auf Verlangen ihren vollständigen Namen und ihre Unternehmensadresse angeben sollten. Gemäß cl. 8.1 unterfallen cl. 3.1 auch Aussagen im Rahmen von Vergleichen, die sich nicht auf subjektive Meinungsäußerungen beschränken. Cl. 3.2 bis 3.4 betreffen demgegenüber nicht diese Beweislast, sondern konkretisieren die in cl. 2.1 i.V.m. 7.1 geforderte Wahrheit der Werbung. In Entscheidungen des ASA Council fallen Beanstandungen nach cl. 3 und 7.1 sehr häufig zusammen.

In cl. 4.1 wird die primäre Verantwortlichkeit der Werbenden für die Rechtmäßigkeit ihrer Werbung bzw. „marketing communications" (vgl. cl. 2.1) betont; auch sollten diese Maßnahmen nicht zu rechtswidrigem Handeln verleiten. Allerdings stellt cl. 68.27 der Codes (cl. 60.26 des CAP Code) klar, dass die ASA keine Rechtsdurchsetzungskörperschaft ist, sondern dass vornehmlich rechtliche Konflikte grundsätzlich durch Behörden oder Gerichte zu lösen sind.

Cl. 5 greift das in cl. 2.1 genannte Gebot der „anständigen" Werbung auf[116].

Die in cl. 2.1 geforderte Redlichkeit der Werbung wird in cl. 6.1 näher konkretisiert[117].

Der in cl. 2.1 ebenfalls erwähnte Wahrheitsgrundsatz findet sich in cl. 7.1 wieder[118].

Cl. 8.1 befasst sich mit Meinungsäußerungen durch Werbende.

Cl. 9 regelt, dass keine Werbung grundlos Furcht oder Sorge hervorrufen sollte[119], sowie die Voraussetzungen, unter denen ein rechtfertigender Grund hierfür vorliegen kann.

Die mit „Sicherheit" überschriebene cl. 10 betrifft das Gebot, in Werbungen weitestgehend auf die Darstellung bzw. Förderung riskanten Verhaltens zu verzichten[120].

---

115 Vgl. die deutlich knapperen Bestimmungen des Art. 21 ICC advertising code, a.a.O.

116 Die ersichtlich als Vorbild für diese Regelung dienende Bestimmung des Art. 2 ICC advertising code, a.a.O., ist, im Gegensatz zu der britischen, auf einen knappen Satz beschränkt.

117 Diese Vorschrift entspricht sinngemäß der in Art. 3 ICC advertising code, a.a.O.

118 Der dieser Regelung entsprechende Art. 5 ICC advertising code, a.a.O., enthält verschiedene Einzelbestimmungen, die in unterschiedlichen Klauseln des Regelwerks des britischen CAP ebenfalls aufgegriffen werden.

119 Vgl. Art. 4 Nr. 2 ICC advertising code, a.a.O.

120 Ähnlich lautet die Regelung des Art. 13 ICC advertising code, a.a.O.

Cl. 11.1 richtet sich gegen die Duldung oder Provokation von Gewalt und sozialwidrigem Verhalten in der Werbung[121].

Die bereits erwähnte neu eingeführte Enthebung der Wahlwerbung durch politische Parteien von der Anwendung sämtlicher Vorschriften des Regelwerks findet sich in cl. 12; allerdings müssen die Werbenden ihre Identität offen legen[122]. Im Gegensatz dazu unterliegt die Werbung (bzw. „marketing communications") durch Regierungsstellen bzw. für Regierungspolitik allen Bestimmungen der Regeln des CAP (vgl. cl. 12.2).

Cl. 13 dient, neben dem Schutz vor beleidigenden Darstellungen, in erster Linie der Wahrung der Privatsphäre von Personen, wenn sie oder ihr Besitz in der Werbung zu sehen sind oder wenn auf sie oder ihre (behauptete) Zufriedenheit mit dem beworbenen Produkt Bezug genommen wird[123].

In cl. 14 sind detailliert die Voraussetzungen der Zulässigkeit der Verwendung von Empfehlungen, Untersuchungen und Tests in Werbungen geregelt[124].

Ebenfalls sehr differenziert sind die Regeln betreffend Preisangaben in cl. 15, die in cl. 16 der Codes zu Gratisangeboten[125] und die Vorschriften bezüglich der Vorrätigkeit der beworbenen Produkte in cl. 17 der Codes bzw. cl. 16 des CAP Code.

Cl. 18 der Codes (cl. 17 des CAP Code) befasst sich mit der Verwendung des Wortes „Garantie" und den Voraussetzungen für deren Zulässigkeit[126].

Cl. 19 der Codes enthält Bestimmungen über die vergleichende Werbung[127], die, worauf das Addendum 1 der Codes betreffend vergleichende Werbung ausdrücklich hinweist, zusammen mit diesem Addendum zu lesen sind[128]. Diese Ergänzung der Codes betrifft zwar nicht ausschließlich, aber doch primär den Advertising Code[129]. Das Addendum 1 gibt identisch die Bestimmungen der re-

---

121 Vgl. Art. 4 Nr. 3 ICC advertising code, a.a.O.

122 Diese letzte Verpflichtung entfällt im neuen CAP Code.

123 Vgl. Art. 9 ICC advertising code, a.a.O.

124 Wesentlich kürzer gefasst finden sich vergleichbare Bestimmungen in Art. 8 ICC advertising code, a.a.O.

125 Diese Vorschriften sind, mit kleineren Ergänzungen, nun in cl. 32.1 bis 32.3 des CAP Code zu finden (s. cl. 24.1 CAP Code).

126 Vgl. die ähnlich formulierten Vorschriften in Art. 15 ICC advertising code, a.a.O.

127 Modell für diese Regeln war erkennbar Art. 6 ICC advertising code, a.a.O.

128 Im CAP Code wurden die Vorschriften zur vergleichenden Werbung, in cl. 18, 19, 20.1 und 21.2, neu gefasst, und das Addendum 1 ist weggefallen.

129 In seinem zweiten Absatz listet das Addendum 1 alle Klauseln der Codes auf, bei deren Anwendung das Addendum von Bedeutung ist. Bereits an dieser Stelle soll jedoch darauf hingewiesen werden, dass der ASA Council selbst in seinen Entscheidungen bisher nie auf die dort festgeschriebenen Bestimmungen einging, sondern ausschließlich anhand der Klauseln der Codes urteilte.

gulation 4A (1) und (2) der Control of Misleading Advertisement (Amendment) Regulations 2000 wieder, welche die gleichnamigen Regulations von 1988 ergänzen und am 23. April 2000 in Kraft traten, und die ihrerseits, hinsichtlich der Regelungen bezüglich der Zulässigkeit vergleichender Werbung, annähernd exakt[130] dem Wortlaut von Art. 3a (1) und (2) der Richtlinie 97/55/EG folgen.

In cl. 20 der Codes (cl. 20.1 des CAP Code) finden sich Vorschriften zur Anschwärzung („denigration")[131].

Cl. 21.1 der Codes (cl. 20.2 des CAP Code) wendet sich in der Art einer Generalklausel gegen Rufausbeutung[132].

Vergleichbar generalklauselartigen Charakters ist cl. 22.1 der Codes (cl. 21.1 des CAP Code), welche den Tatbestand der Nachahmung („Imitation") von Werbung zum Gegenstand hat[133].

Cl. 23 der Codes (cl. 22 des CAP Code) befasst sich mit getarnter, insbesondere auch redaktioneller Werbung[134] und enthält zusätzliche Hinweispflichten.

3. Hinweise zum Sales Promotion Code, cl. 26 bis 43, bzw. zu den Sales promotion rules, cl. 27 bis 38

Die Vorschriften des Sales Promotion Code der bisherigen Codes sind für die vorliegende Untersuchung aus verschiedenen Gründen von nur geringer Relevanz[135]: Zunächst sind nicht wenige, entsprechend bezogen auf Verkaufsförderungsmaßnahmen, exakt oder zumindest weitgehend identisch mit Regelungen des Advertising Code. Des Weiteren enthält der Sales Promotion Code viele Regeln, die in Deutschland entweder überhaupt nicht (s. etwa cl. 34.1, Satz 3, wonach Verkaufsförderungsaktionen u. a. nicht zu exzessivem Konsum anregen sollen) oder zumindest nicht im Wettbewerbsrecht zu finden sind: So finden sich im Sales Promotion Code, insbesondere in cl. 37, 38 und 40, zahlreiche Vorschriften eher technischen Charakters, die etwa Informationspflichten bezüglich der Teilnahme an Verkaufsförderungsmaßnahmen oder Regeln hinsichtlich der Durchführung entsprechender Aktionen betreffen (s. etwa cl. 38.4, der eine Um-

---

130 Mit der Einschränkung, dass die Zulässigkeitskriterien explizit im Sinne eines Verbotskatalogs aufgeführt werden („... permitted only when the following conditions are met: ...") und dass die Regeln bezüglich Sonderangeboten nur verkürzt übernommen wurden.

131 Vgl. hierzu Art. 7 ICC advertising code, a.a.O.

132 Vorbild dieser Regelung war Art. 10 ICC advertising code, a.a.O.

133 Die dieser Bestimmung entsprechenden Vorschriften sind, etwas detaillierter, in Art. 11 ICC advertising code, a.a.O., zu finden.

134 Vgl. Art. 12 ICC advertising code, a.a.O., dessen Regelung jedoch knapper ist.

135 Die folgenden Aussagen gelten, mit Ausnahme der ersten, ebenso für die entsprechenden Bestimmungen der Sales promotion rules des neuen CAP Code; allerdings wird dessen cl. 32 im Zusammenhang mit Gratisangeboten noch anzusprechen sein.

tauschpflicht des Veranstalters im Fall der Lieferung beschädigter oder defekter Waren festschreibt). Daher wird hier für den Inhalt der Regelungen des Sales Promotion Code bzw. der Sales promotion rules auf die Anhänge[136] verwiesen.

4. Die Specific Rules, cl. 46 bis 56, bzw. die Direct marketing rules und die Other specific rules, cl. 41.1 bis 43 und cl. 46 bis 55

In den mit "Specific Rules" überschriebenen Regelungen der cl. 46 bis 56 (in der elften Auflage die Direct marketing rules und die Other specific rules, cl. 41.1 bis 43 und cl. 46 bis 55) finden sich spezielle Bestimmungen für Werbung und teilweise auch Verkaufsförderungsmaßnahmen bezüglich verschiedener Regelungsgegenstände, wobei teils nach den beworbenen Produkten bzw. Produktgruppen, teils nach dem Adressatenkreis, den Werbeinhalten, der Art und Weise des Vertriebs oder der Datenbeschaffung abgegrenzt wird.

Cl. 46 enthält detaillierte Regelungen bezüglich der Werbung für alkoholische Getränke.

In cl. 47 finden sich Vorschriften betreffend Werbungen oder Verkaufsförderungsmaßnahmen, die an Kinder gerichtet sind oder in denen Kinder auftreten[137].

Werbung für Kraftfahrzeuge ist Gegenstand der Bestimmungen in cl. 48.

Cl. 49 enthält Vorschriften über umweltbezogene Aussagen in der Werbung[138].

Cl. 50 regelt ausführlich die Werbung für Arzneimittel, Therapien und Schönheitsprodukte, während cl. 51 ebenfalls relativ detaillierte Vorschriften bezüglich der Werbung für Schlankheitsprodukte und -methoden enthält.

Viele Einzelheiten regelt auch cl. 52 der Codes (cl. 42 des CAP Code) hinsichtlich der Werbung für sowie die Durchführung des Vertriebs von Produkten im Wege des Fernabsatzes.

In cl. 53 der Codes (cl. 43 des CAP Code) sind die Pflichten aller Personen aufgeführt, die an der kommerziellen Nutzung von Datenbanken mit Informationen über Personen beteiligt sind.

Gegenstand von cl. 54 der Codes (cl. 52 des CAP Code) sind Stellenanzeigen und Ankündigungen sonstiger Arbeitsangebote.

---

136 Anhang 1, S. 296 bis 303, und Anhang 2, S. 343 bis 350.

137 Vgl. zu dieser Thematik auch Art. 5 des Vorschlags der EU-Kommission für eine Verordnung des Europäischen Parlaments und des Rates über Verkaufsförderung im Binnenmarkt, ABlEG Nr. C 075 E vom 26/03/2002 S. 0011 – 0016.

138 Vgl. hierzu die sehr detaillierten Regelungen des ICC International Code of Environmental Advertising von 1991, ebenfalls unter www.iccwbo.org einsehbar.

Bestimmungen über die Werbung für Finanzprodukte und -dienstleistungen finden sich in cl. 55 der Codes (cl. 53 des CAP Code).

Zuletzt behandelt cl. 56 der Codes (cl. 54 des CAP Code) Werbung und Verkaufsförderungsmaßnahmen mit Bezug auf Wetten und Gewinnspiele einschließlich der Werbung für Casinos.

5. Der Cigarette Code, cl. 66, bzw. cl. 55.1 der Other specific rules

Den letzten Teil der Codes bildete als cl. 66 der Cigarette Code, der strikte Regeln für Marketingmaßnahmen für Tabakprodukte enthielt. Der Cigarette Code wies in Bezug auf das Verfahren insofern eine Besonderheit auf, als jede Tabakwerbung für ihre Veröffentlichung einer vorherigen Überprüfung und Genehmigung durch das CAP bedurfte (cl. 66.9 bis 66.12 der Codes).

Infolge des Verbots von Werbung und Verkaufsförderung für Tabakprodukte mit Wirkung vom 14.02.2002 durch den Tobacco Advertising and Promotion Act 2002 wurde der Cigarette Code überflüssig und ist daher in dem neuen CAP Code nicht enthalten. In cl. 55.1 wird jedoch mit Blick auf die Lücken dieses gesetzlichen Verbots hinsichtlich der Werbung für Zigarettenpapier, Filter und bestimmte Tabakwerbemaßnahmen direkt am Verkaufsort die Erstellung diesbezüglicher neuer Selbstkontrollregelungen angekündigt, die, sobald sie fertiggestellt sind, auf der Website des CAP veröffentlicht werden sollen.

6. Ergänzung: Charakter der materiellen Vorschriften

Die soeben in Kürze dargestellten Regelungen enthalten nicht nur an die Werbenden gerichtete Gebote und Verbote, sondern es finden sich auch, teilweise bereits erwähnte, Bestimmungen darüber, welche Werbehandlungen zulässig sind.

So sind beispielsweise gemäß cl. 3.4 Advertising Code (bzw. General rules) offensichtliche Unwahrheiten oder Übertreibungen, die wahrscheinlich nicht irreführend sind, zufällige geringfügige Versehen und ungewöhnliche Schreibweisen erlaubt, sofern sie die genaue Aussage oder deren Wahrnehmung nicht wesentlich beeinträchtigen. In cl. 16.1 Advertising Code, cl. 39.2 Sales Promotion Code (cl. 32.1 CAP Code) wird das Abhängigmachen eines Gratisangebots von dem Kauf anderer Artikel für zulässig erklärt. Die meisten Vorschriften dieser Art sind in den Specific Rules (Other specific rules) und im bisherigen Cigarette Code enthalten. In dem Letzteren sei auf die Aussage in cl. 66.19 hingewiesen, dass die Wahl einer bestimmten Marke als Zeichen distinguierten Geschmacks dargestellt werden durfte; eine entsprechende Regelung findet sich auch in der alkoholische Getränke betreffenden cl. 46.9 der Specific Rules (Other specific rules). Desgleichen ist für Alkohol der behutsame Einsatz humorvoller Werbung erlaubt, sofern der Zweck der Regeln gewahrt bleibt (cl. 46.2 a. E.). Auch dürfen nach cl. 46.2 alkoholische Getränke als durststillend und ihr Genuss als geselliges Ereignis dargestellt werden.

7. Cl. 67 und 68 der Codes bzw. cl. 60 und 61 des CAP Code

In cl. 67 der Codes wird auf das für Werbende und Veranstalter von Verkaufsförderungsveranstaltungen relevante staatliche Recht hingewiesen, d. h. neben den einschlägigen Instituten des Common Law sind hier alle Statutes und Regulations aufgeführt, die für Werbemaßnahmen von Bedeutung sein können. Wie bereits kurz erwähnt, taucht diese Liste im neuen CAP Code, zudem ohne Klauselnummer, nur noch am Ende der Papier-, dagegen nicht mehr in der Online-Version auf.

Cl. 68 der Codes (cl. 60 und 61 des CAP Code) enthält unter der Überschrift „How The System Works“ (bzw. im CAP Code unter diesem und dem weiteren Titel „Sanctions“) eine Beschreibung davon, wie das System von CAP und ASA aufgebaut ist und wie es funktioniert. Dies soll im Folgenden dargestellt werden, wobei sogleich darauf hinzuweisen ist, dass die Erläuterungen der Funktionsweise des Systems in cl. 68 der Codes bei weitem nicht umfassend und in ihrem Aufbau zumindest nicht zwingend nachvollziehbar sind. Mit der Neufassung in cl. 60 und 61 des CAP Code wurden die bisherigen Regelungen teilweise aktualisiert und ergänzt.

B. Das Werbeselbstkontrollsystem von ASA und CAP im Einzelnen

Das CAP und die ASA, die zusammen 70 Mitarbeiter beschäftigen[139], haben mehr Aufgaben als, im einen Fall, die Abfassung und Anpassung der Regelungen und im anderen Fall die Bearbeitung von Beschwerden. Dabei haben diese zusätzlichen Aktivitäten beider Organisationen unterschiedliche Zielrichtungen. Die Maßnahmen des CAP dienen dazu, Verstöße gegen seine Regeln zu vermeiden, etwaige Sanktionen zu koordinieren sowie die Befolgung von Entscheidungen der ASA durch die betreffenden Unternehmen sicherzustellen. Demgegenüber erfüllt die ASA zum einen die Funktion, die tatsächliche Praxis der Werbetätigkeit zu verfolgen und mittels Entscheidungen über Beschwerden zu beurteilen, und zum anderen ist sie für den Kontakt zur Öffentlichkeit zuständig. Letz-

---

[139] Vgl. *Rogers*, Complaints Chaos At The ASA?, Pg. 22, November 8, 2001, unter http://web.lexis-nexis.com/professional.

terer hat zwei Aspekte: die Erforschung der öffentlichen Meinung und PR-Arbeit.

I. Organisation und Zusammensetzung von ASA und CAP

1. Das CAP

Die gegenwärtig 19 Mitglieder des CAP sind Wirtschafts- und Berufsverbände der Werbebranche im weitesten Sinn und der Medienunternehmen[140]. Sie unterstützen das Selbstkontrollsystem und führen Sanktionen zum Zweck der Durchsetzung der Regeln des CAP durch, und sie verlangen ihrerseits von ihren Mitgliedern, entweder als Bedingung für die Mitgliedschaft oder mittels vertraglicher Vereinbarung, die Einhaltung dieser Regeln sowie der Entscheidungen des ASA Council[141], des maßgeblichen Organs der ASA.

Vertreter des CAP bilden, zusammen mit je einem Mitglied[142] des ASA Council, zwei ständige Ausschüsse (sog. Panels), die für die Detailarbeit des CAP zuständig sind und regelmäßig zusammentreten: das General Media Panel und das Sales Promotion and Direct Response Panel. Letzteres befasst sich mit Verkaufsförderungsmaßnahmen, Direktmarketing und Versandhandel, während das General Media Panel für Werbung, Medien und sonstige Bereiche zuständig ist[143]. Die Panels erfüllen zum einen eine beratende Funktion gegenüber der ASA, dem ASBOF und dem CAP selbst, und zum anderen können sie an dem Entscheidungsfindungsprozess bezüglich Fällen vor dem ASA Council mitbeteiligt werden[144].

Den Vorsitzenden und den Vize-Vorsitzenden des CAP, die auf Teilzeitbasis beschäftigt sind, ernennt das ASBOF; seit 1999 wird der Vorsitzende für seine Tätigkeit entlohnt[145].

2. Die ASA

Als unabhängige, privatrechtliche, aber dennoch im öffentlichen Interesse tätige Gesellschaft verfügt die ASA über eine leicht schwankende Anzahl von Council-Mitgliedern[146] und über einen Director General.

---

140 Vgl. CAP in: ASA, Annual Report 2000, CAP Activity Review, sowie in ASA, Annual Report 2001, S. 15 und 17, beides unter www.asa.org.uk.

141 Vgl. CAP in : ASA, Annual Report 1999, S. 31, www.asa.org.uk.

142 Und zwar aus denen, die nicht mit der Werbewirtschaft in Verbindung stehen, s. CAP in: ASA, Annual Report 1999, S. 24, www.asa.org.uk, sowie sogleich unter 2.

143 Vgl. unter „How The System Works“ in cl. 68.17 der Codes (cl. 60.19 des CAP Code).

144 Vgl. cl. 68.17 (cl. 60.19 CAP Code).

145 Cl. 68.15 (cl. 60.15 CAP Code) und ASA, Annual Report 1999, S. 20, www.asa.org.uk.

Der ASA-Vorsitzende, der die Council-Mitglieder nach öffentlicher Werbung für höchstens sechs Jahre ernennt[147] und dabei ein möglichst breit gefächertes Erfahrungsspektrum anstrebt[148], wird selbst vom ASBOF berufen. Der Vorschlag, als Vorsitzenden, gemäß dem Vorbild anderer Länder, einen Richter zu ernennen, wurde von den Vertretern der Wirtschaft harsch zurückgewiesen[149]. So durchlief etwa der von 1995 bis 2000 amtierende Vorsitzende in erster Linie eine Karriere als Abgeordneter im Unterhaus und dann im House of Lords[150]. Demgegenüber hat sein Nachfolger, Lord *Borrie*, nicht nur politische Erfahrungen, sondern ist zudem Jurist (Rechtsprofessor und seit 1986 Queen's Counsel) und war von 1976 bis 1992 Director General des Office of Fair Trading[151]. Höchstens die Hälfte der Council-Mitglieder darf in der Werbewirtschaft tätig sein, während die anderen als sog. „unabhängige" oder „Laien-Mitglieder" mitwirken[152].

Das Ziel der Vielfältigkeit der beruflichen Qualifikationen und Tätigkeiten der Mitglieder des ASA Council wird, wie ihre Vorstellung etwa in den Annual Reports der ASA von 1999 und 2001 zeigt, offenkundig erreicht. Auffällig ist bereits die Tatsache, dass die beruflichen Erfahrungen der einzelnen Mitglieder selbst auch häufig sehr facettenreich sind, d. h. die wenigsten haben nur in einem Beruf oder in einem Bereich gearbeitet. So finden sich neben Unternehmern, in zwei Fällen zugleich Juristen, darunter eine Wirtschaftspublizistin und -beraterin und Richterin, eine Professorin für Medizin, der Direktor eines theologischen Universitätsinstituts, ein Professor für Sozialwissenschaften und Personen mit Erfahrungen im Wohltätigkeitssektor, im Rundfunk, in der parlamentarischen Arbeit, der Beamtenschaft und der Regierungsarbeit[153]. Die Council-Mitglieder repräsentieren jedoch nicht ihre jeweiligen Berufs- oder Interessen-

---

146 Gemäß cl. 68.5 (cl. 60.5 CAP Code) „gegenwärtig" 12 zuzüglich des ASA-Vorsitzenden, vgl. auch ASA, Annual Report 2001, S. 12 f.; bis Mai 1999 waren es noch 15 und bis August 1999 noch 14, vgl. ASA, Annual Report 1999, S. 12 f., www.asa.org.uk.

147 Vgl. ASA, Annual Report 1998, S. 3, www.asa.org.uk.

148 Quelle: CAP, Self-regulation, www.cap.org.uk.

149 Vgl. *Circus* [2000] Business Law Review 82 (85): Die Antwort lautete, Richter seien ungeeignet, denn man müsse ihnen erklären, was Cornflakes seien.

150 Vgl. ASA, Annual Report 1999, S. 12, www.asa.org.uk.

151 ASA, Annual Report 2001, S. 12, www.asa.org.uk.

152 Quelle: CAP, Self-regulation, www.cap.org.uk; seit 1998 war das Verhältnis von Mitgliedern aus der Wirtschaft zu denen aus der Gruppe der Verbraucher durchgehend vier zu acht, s. ASA, Annual Report 1998, S. 3, Annual Report 1999, S. 12 f., Annual Report 2000, Chairman's Report, und Annual Report 2001, S. 12 f., www.asa.org.uk.

153 Vgl. ASA, Annual Report 1999, S. 12 f., www.asa.org.uk.

gruppen, sondern entscheiden als Individuen[154]. Im Jahr 2001 erhielten die Mitglieder des ASA Council ein Jahreshonorar von 10.000 Pfund[155].

3. Das „Secretariat" (bzw. die „Executive") [156]

Das als gemeinsames „Secretariat" (im CAP Code „Executive") von ASA und CAP bezeichnete Organ des Selbstkontrollsystems erledigt die täglichen Angelegenheiten der Organisation, koordiniert die Arbeit von CAP und ASA und leitet deren Ergebnisse weiter, ferner ist es generell für die interne und externe Kommunikation zuständig, und zuletzt gibt es auch Beurteilungen zu Sachverhalten ab, mit denen sich das CAP oder der ASA Council zu befassen haben, wobei Letztere jedoch unabhängig von der Einschätzung des Secretariat (der Executive) ihre Entscheidungen treffen.

II. Die Funktionsweise des Systems

Die vielen Aufgaben des CAP und der ASA laufen häufig parallel, greifen ineinander und ergänzen sich. Ihr Funktionieren und Zusammenspiel lassen sich anhand der Frage darstellen, welche Überlegungen in einem Unternehmen, dessen Verband dem CAP angehört, und das eine bestimmte Werbemaßnahme starten möchte, angestellt werden müssen, und welche Hindernisse sich vor und nach der Veröffentlichung ergeben können.

1. Der Zeitraum vor Veröffentlichung der Werbemaßnahme

a) Good Advertising Checklist

Es ist vorstellbar, dass bei den für Werbung Verantwortlichen eines Unternehmens Unsicherheit darüber besteht, ob eine geplante Anzeige als solche, in dieser Form oder in diesem Medium unter den Regeln des CAP zulässig ist. Einen Überblick über die Vorschriften, mit denen die Werbenden am häufigsten in Konflikt geraten, bietet die Good Advertising Checklist, die auf der Website des CAP zu finden ist[157]. Allerdings können diese unvollständigen und äußerst kurzen Erläuterungen nur ein sehr grobes Bild von den Anforderungen vermitteln, welche die Regelungen des CAP an eine akzeptable Werbemaßnahme stellen.

---

154 Quelle: CAP, Self-regulation, www.cap.org.uk.

155 ASA, Annual Report 2001, S. 13, www.asa.org.uk.

156 Vgl. cl. 68.21 der Codes (cl. 60.20 CAP Code).

157 Vgl. auch CAP in: ASA, Annual Report 2001, S. 15, www.asa.org.uk.

b) Copy Advice

Finden Werbende in der genannten Checklist keine Antwort auf ihre Fragen, bietet sich eine Erkundigung bei dem Copy Advice team des CAP an[158]. Dieses Team[159] bietet Werbenden, Agenturen, Herausgebern und Medienunternehmen, die geplante Werbungen oder Verkaufsförderungsveranstaltungen auf Vereinbarkeit mit den Regeln des CAP überprüfen lassen möchten, Beratung an.

Eine im Vergleich zu den Beschwerden in diesen Bereichen außerordentlich große Zahl von Anfragen erreichte das Copy Advice team bisher in Bezug auf Werbung für Gesundheits- und Schönheitsprodukte sowie hinsichtlich Verkaufsförderungsmaßnahmen, was auf die detaillierten Regeln der Codes hierzu zurückgeführt wird[160].

Das aus sechs[161] Mitarbeitern bestehende Team bearbeitete 2001 88 Prozent der Anfragen innerhalb von 24 Stunden[162], während die Auskunft auf komplexere Fragen mehr Zeit erfordern kann, wobei umfassende Informationen seitens der um Auskunft Bittenden von Nutzen sind. Der Service ist kostenlos, und seine Inanspruchnahme wie die Bearbeitung werden, insbesondere gegenüber Mitbewerbern, vertraulich behandelt[163].

Bei der Auskunftserteilung stützt sich das Team im Wesentlichen auf Entscheidungen des ASA Council und auch auf seine eigenen Erfahrungen; allerdings betont das CAP, dass sich im Bereich der Werbung Standardbeurteilungen verböten, denn nicht nur sei keine Werbemaßnahme exakt wie die andere, sondern auch das Medium, in dem sie erscheine, der Adressatenkreis sowie die Zeit ihrer Veröffentlichung spielten eine wichtige Rolle, weshalb das Team alle seine Überlegungen mit dem gesunden Menschenverstand überprüfe[164]. Zusätzlich werde auch auf die Erfahrungen von ASA-Mitarbeitern zurückgegriffen, um herauszufinden, wie der ASA Council im Fall einer Beschwerde gegen die betreffende Werbemaßnahme wahrscheinlich entscheiden würde[165].

---

158 In den Jahren 2000 und 2001 waren über 4.500 schriftliche Anfragen zu beantworten, in 2000 zusätzlich mehr als 7.800 und 2001 über 9.800 telefonische, und in 2001 war ein deutlicher Anstieg von Erkundigungen per E-Mail festzustellen, s. CAP in: ASA, Annual Report 2000, CAP Activity Review, sowie in ASA, Annual Report 2001, S. 16 und 21, www.asa.org.uk.

159 Zum Copy Advice team s. CAP in: ASA, Annual Report 1998, S. 26, www.asa.org.uk; weitere Quellen: CAP, Self-regulation, How does the self-regulatory system work? und Where can I get help?, www.cap.org.uk, sowie ferner cl. 60.17 CAP Code.

160 CAP in: ASA, Annual Report 1998, S. 26, www.asa.org.uk.

161 Zahl von 1998, s. CAP in: ASA, Annual Report 1998, S. 26, www.asa.org.uk.

162 ASA, Annual Report 2001, S. 21, www.asa.org.uk.

163 ASA, Annual Report 2000, CAP Activity Review, Copy advice, www.asa.org.uk.

164 Vgl. CAP in: ASA, Annual Report 1998, S. 26, www.asa.org.uk.

165 Vgl. CAP in: ASA, Annual Report 2000, CAP Activity Review, www.asa.org.uk.

Allerdings hat der Copy Advice Service einen entscheidenden Nachteil, der sicherlich mit dem nur begrenzten Aussagegehalt vergangener ASA-Entscheidungen ebenso wie mit der Unabhängigkeit der ASA zu tun hat: Die Billigung durch das Copy Advice team (sog. „clearance") bedeutet keine „Rechtssicherheit" in dem Sinn, dass die ASA keine Beschwerden gegen die betreffende Maßnahme annehmen, bearbeiten und der ASA Council ihnen nicht gegebenenfalls stattgeben kann; die Tatsache, dass dieses Angebot dennoch so häufig in Anspruch genommen wird, ist Ausdruck der angestrebten wenigstens relativen Absicherung dahingehend, dass spätere Konflikte in Bezug auf die Regeln des CAP nach Erteilung einer solchen Billigung zumindest unwahrscheinlicher sind[166].

Wurde eine Auskunft auf eine Anfrage beim Copy Advice team von dem Sekretariat (bzw. der „Executive") an Stelle des CAP erteilt, ist jeder, der durch diese Auskunft direkt betroffen ist, berechtigt, bei dem zuständigen Panel des CAP eine Überprüfung zu beantragen; der Vorsitzende des Panels kann diese jedoch bei missbräuchlicher Antragstellung verweigern, cl. 68.17 (cl. 60.19 CAP Code), Absatz 3, Sätze 4 und 5. Obwohl das Copy Advice team keine Rechtsberatung anbietet, ist es doch oft in der Lage, gegebenenfalls auf Aspekte aufmerksam zu machen, wegen der eine solche angezeigt erscheint[167].

Seit Januar 2002 können Werbende, Werbeagenturen und Medienunternehmen den Copy Advice Service des CAP auch online in Anspruch nehmen[168]: Mit der Einrichtung von „AdviceOnline" hat das CAP ein Suchsystem mittels Schlagwörtern geschaffen, welches den Nutzern praktische Hinweise zu verschiedenen Aspekten des Werbegeschäfts gibt. Wie der offline angebotene Copy Advice Service ist auch dieses neue Auskunftsangebot im Internet kostenlos, jedoch nicht bindend für das CAP selbst, seine advisory panels und die ASA.

c) Help Notes

Eine weitere Möglichkeit, sich über die Zulässigkeit einer geplanten Werbemaßnahme zu informieren, besteht für Werbende, Agenturen und Medienunternehmen darin, die vom CAP verfassten und veröffentlichten Help Notes zu konsultieren, die auf dessen Website zu finden sind[169]. Hierbei handelt es sich um

---

166 ASA, Annual Report 1997, CAP Copy Advice, S. 26, www.asa.org.uk; weitere Quelle: CAP, Self-regulation, How does the self-regulatory system work?, www.cap.org.uk.

167 Quelle: CAP, Self-regulation, How does the self-regulatory system work?, www.cap.org.uk.

168 Unter derselben Webadresse des CAP, www.cap.org.uk, Quelle: ASA, News, Copy Advice Sevice – 17/01/02, www.asa.org.uk.

169 www.cap.org.uk; zu den Help Notes vgl. CAP in: ASA, Annual Report 1998, S. 28, www.asa.org.uk, und den Beginn jeder einzelnen Help Note; s. auch CAP in: ASA, Annual Report 1999, S. 23, www.asa.org.uk.

ein- bis etwa siebenseitige Dokumente, die einzelne Produkt- oder Werbe- bzw. Verkaufsförderungsarten oder Fragen des Selbstkontrollprozesses behandeln. Sie geben nicht nur alle Regeln des CAP wieder, die für den betreffenden Bereich in erster Linie von Bedeutung sind, sondern liefern zumeist zugleich eine Art Interpretation derselben, der die vorherrschende Auslegung dieser Regeln durch den ASA Council zugrunde liegt.

In den Help Notes wird jedoch ausdrücklich betont, dass diese zwar auf ASA-Fällen basieren, aber keine neuen Regeln darstellen und auch für den ASA Council nicht verbindlich sind. Damit dienen die Help Notes der Orientierung zwischen den einzelnen Regelungen des CAP sowie bei ihrer Auslegung, ihre Beachtung garantiert den am Erscheinen einer Werbemaßnahme Beteiligten aber ebenso wenig wie eine „clearance" durch das Copy Advice team, dass die ASA diese nicht aufgrund von Beschwerden beanstanden wird.

Produktbezogene Help Notes betreffen etwa Werbung für Geräte zur Behandlung von Asthma und Allergien, für kosmetische Chirurgie, für Reisen und bei Verpflichtung zum Abschluss einer Reiseversicherung, Werbung für Glücksbringer und für Bio-Nahrungsmittel. Unter den auf die Art der Werbemaßnahme bezogenen Help Notes finden sich solche über Angaben auf Briefumschlägen, „No Win – No Fee"-Werbung durch Anwälte, Angaben, die näherer Qualifizierung bedürfen, Beweiserfordernisse bei Gesundheits-, Schönheits- und Schlankheitsmittelwerbung, „Supermarkt-Einkaufswagen-Vergleiche", Niedrigstpreis-Behauptungen und -Versprechungen und Verkaufsförderungsveranstaltungen mit Gewinnen. Schließlich regelt eine Help Note zum System selbst den Einsatz von Sachverständigen durch die ASA und das CAP.

d) Vorabüberprüfungspflicht, sog. „Pre-Vetting"[170]

(i) Plakatwerbung[171]

Die Rate der Befolgung der Regeln des CAP speziell im Bereich der Plakatwerbung ist mit 98 % sehr hoch. Dennoch waren in den letzten Jahren einige Poster aufgetaucht, die in der Öffentlichkeit Anstoß erregten und daher dem Image der Branche Schaden zufügten. Um diesem Problem zu begegnen, einigten sich die Vertreter der Außenwerbewirtschaft mit dem CAP infolge einer Empfehlung im Juni 1998[172] auf ein besonderes Vorabprüfungsverfahren für Werbeplakate, die Poster Pre-Vetting Procedure. Dieses Verfahren läuft folgendermaßen ab:

---

170 Auf die bis zum Inkrafttreten des CAP Code bestehende Vorabüberprüfungspflicht auch für Tabakwerbung (vgl. cl. 66.2, 66.9 bis 66.12 und 68.13 der Codes) wird angesichts des vollständigen Wegfalls der Vorschriften des Cigarette Code hier nur hingewiesen.

171 Quelle: CAP, News, Poster Pre-Vetting Procedure, www.cap.org.uk.

172 Vgl. ASA, Annual Report 1998, S. 18, www.asa.org.uk.

Wenn der ASA Council einer Beschwerde gegen eine Plakatwerbung gemäß den Regeln gegen anstößige (cl. 5) oder sozial verantwortungslose (cl. 2.2, 2.4 und 11.1) Werbung stattgibt, können die Posterindustrie und das CAP gemeinsam beschließen, dass das CAP Copy Advice team für zwei Jahre alle für das betreffende Produkt werbenden Plakate dieses Unternehmens vor ihrem Einsatz überprüfen soll. Um sicherzustellen, dass die Werbenden dieser Pflicht zur Ermöglichung der Vorabüberprüfung auch nachkommen, wird die Plakatindustrie angehalten, sich vor Durchführung einer vorabprüfungspflichtigen Posterkampagne eines Unternehmens beim CAP Copy Advice team zu erkundigen, ob diese Überprüfung stattgefunden hat und die Werbung gebilligt wurde. Wenn der Werbende das Plakat nicht rechtzeitig zur Überprüfung eingereicht hat, und daher das Posterunternehmen den Auftrag nicht durchzuführen bereit ist, kann es von dem Werbenden eine Stornierungsgebühr verlangen. Jeweils kurz nach Veröffentlichung der ASA Council-Entscheidungen im Internet sendet das CAP den Vertretern der Plakatwirtschaft sog. „Poster Alerts", also Posterwarnungen, welche die relevanten Entscheidungen und eine aktualisierte Liste der zur Vorabüberprüfung verpflichteten Unternehmen enthalten.

Unter besonderen Umständen kann von diesem regelmäßigen Verfahrensverlauf abgewichen werden. Zugunsten des Werbenden können die Posterindustrie und das CAP sich darauf einigen, ausnahmsweise keine Vorabüberprüfungspflicht oder nur eine von kürzerer Dauer anzuordnen. Wenn dagegen die Vermutung besteht, dass andernfalls der Sinn des Verfahrens umgangen würde, können auch strengere Maßnahmen ergriffen werden: So kann die Überwachungsperiode auf über zwei Jahre festgesetzt werden, eine Überprüfungspflicht kann auch bei Verstößen gegen andere als die genannten Regeln des CAP angeordnet werden, und sie kann sogar auf die Plakatwerbung für sämtliche Waren und Dienstleistungen eines Unternehmens ausgedehnt werden.

1999 wurden zehn Unternehmen aufgefordert, jeweils für zwei Jahre ihre Werbeplakate vorab überprüfen zu lassen; wie nur zwei Beispiele belegen, handelte es sich bei den die Vorabüberprüfungspflicht auslösenden Postern um massiv anstößige Inhalte[173].

Eines der Poster, die im Jahr 2000 diese Sanktion auslösten, zeigte die auch in Deutschland, aber hier wohl nur als Zeitschriftenanzeige, erschienene Werbung für das Parfum „Opium" von Yves Saint Laurent[174]. Die ersten drei Unternehmen, denen die zweijährigen Vorabüberprüfungspflicht auferlegt worden war,

---

173 Vgl. ASA, Annual Report 1999, S. 24: Eines der Plakate habe als Billigung des Konsums von Drogen verstanden werden können, ein anderes, das für eine Fernsehshow warb, gab das Zitat wieder: "An ugly man with no money might as well cut off his penis."

174 Vgl. CAP in: ASA, Annual Report 2000, CAP Activity Review, www.asa.org.uk.

hatten im Jahr 2000 diese Zeit ohne Zwischenfälle hinter sich gebracht; Ende 2000 unterlagen aber noch 14 weiterhin dieser Pflicht zum „Pre-Vetting"; im Jahr 2001 kam mit *French Connection Group plc* wegen ihrer „fcuk"-Plakate noch ein Unternehmen hinzu[175].

Auch für dieses Verfahren gilt, wie für den Copy Advice Service und die Help Notes, dass die ASA nicht an die Beurteilung durch das Copy Advice team bezüglich der betreffenden Werbeaktion gebunden ist, d. h. sie ist insbesondere nicht gehindert, Beschwerden gegen dieselbe nachzugehen, und der ASA Council kann ihnen stattgeben, selbst wenn die Werbung in der Vorabüberprüfung als unbedenklich eingestuft wurde.

(ii) „Wiederholungstäter"

Seit Ende 1998 geht die ASA mit Hilfe eines speziellen Verfahrens gegen hartnäckig die Regeln des CAP verletzende Unternehmen vor[176].

1998 hatte sie zehn Unternehmen ausgemacht, die bereits öfter gegen die Codes verstoßen hatten[177]. Von diesen wurden fünf die Regeln der Codes vermutlich bewusst ignorierende Unternehmen aufgefordert, sich mit Mitarbeitern von ASA und CAP in Verbindung zu setzen. Von diesen wiederum gaben vier die Versicherung ab, alles künftige Werbematerial vor der Veröffentlichung durch das CAP Copy Advice team überprüfen zu lassen; nur das fünfte Unternehmen verbreitete seine von der ASA beanstandete Werbung unverändert weiter[178]. Im Jahr 2000 beugten sich von 18 „persistent offenders" 16 dem durch die ASA ausgeübten Druck, insbesondere der Androhung, das Verfahren an das Office of Fair Trading abzugeben[179]. Alle 14 Unternehmen, die 2001 als wiederholt die Regeln des CAP verletzend identifiziert wurden, erklärten sich zur Kooperation mit dem CAP Copy Advice team bereit, häufig durch die Einigung auf eine Vorabüberprüfung ihrer künftigen Werbemaßnahmen[180].

---

175 Vgl. CAP in: ASA, Annual Report 2001, S. 16, www.asa.org.uk; s. zu diesem Fall noch unten.

176 Vgl. ASA, Annual Report 1999, S. 16, www.asa.org.uk.

177 ASA, Annual Report 1998, S. 14, www.asa.org.uk.

178 Dieser Fall wurde gemäß den Vorschriften der Control of Misleading Advertisements Regulations 1988 an das Office of Fair Trading abgegeben, s. ASA, Annual Report 1998, S. 14, www.asa.org.uk.

179 Vgl. ASA, Annual Report 2000, Compliance, The ultimate sanction, www.asa.org.uk; zur Rolle des Office of Fair Trading s. u., 2. c) (v).

180 Vgl. CAP in: ASA, Annual Report 2001, S. 18, www.asa.org.uk.

e) Seminare und Vorträge[181]

Zusätzlich hält die ASA regelmäßig Seminare ab, bei denen die Werbenden über die neuesten Entwicklungen bei der Anwendung der Regeln des CAP auf verschiedene Produktarten informiert werden. Außerdem halten Mitarbeiter von ASA und CAP auch Vorträge im Rahmen von Lehrveranstaltungen und bei sonstigen industrieinternen Anlässen.

2. Der Zeitraum ab Veröffentlichung der Werbemaßnahme

a) Eigene Untersuchungen der ASA

Die ASA ist bei dem Einschreiten gegen eine die Regeln des CAP verletzende Werbung oder Verkaufsförderungsaktion nicht an das Vorliegen einer Beschwerde gebunden, sondern kann auch aufgrund ihrer eigenen Ermittlungen tätig werden.

Zu nennen sind hier zum einen systematische Erhebungen bezüglich der Befolgung der CAP-Vorschriften in unterschiedlichen Bereichen und zum anderen stichprobenartige Überprüfungen, die in großem Umfang täglich durchgeführt werden. Zudem überwacht die ASA auch die Werbemaßnahmen von solchen Unternehmen, die diese Regelungen wiederholt verletzen.

(i) Systematische Untersuchungen

Hierzu zählen etwa der National Advertising Review von 1998[182], eine Überprüfung der Werbung für Medikamente, Schönheitspflege- und Schlankheitsprodukte sowie Nahrungsmittel von 1998[183] und der Direct Marketing Survey 2001[184].

In dem Advertising Review von 1998 wurden 1060 Werbeanzeigen in Zeitungen und Zeitschriften überprüft, wobei sich eine Befolgungsrate von 97 Prozent ergab; von den nicht repräsentativ ausgewählten Plakaten verstieß keines gegen die Regeln des CAP, was als Bestätigung der Befolgungsrate von 98 Prozent in

---

181 Quelle: CAP, Self-regulation, Where can I get more information?, www.cap.org.uk.

182 ASA, Research, 1998, National Advertising Review, s. auch ASA, Annual Report 1998, S. 12, beides unter www.asa.org.uk, worin die Ergebnisse einer 1995 durchgeführten Überprüfung aktualisiert und weitgehend bestätigt wurden.

183 Health and Beauty Report – July 1998, unter ASA, Research, www.asa.org.uk.

184 ASA, Research, Compliance Report – Direct Marketing Survey 2001, www.asa.org.uk; dessen Ergebnisse waren zwar besser als die einer 1996 durchgeführten Untersuchung, doch ist ein direkter Vergleich aufgrund von Unterschieden im Umfang und in der Methode nicht möglich, s. ebenda.

der Untersuchung von 1995 betrachtet wurde[185]. Über Bereiche, in denen Probleme auftreten, informiert die ASA umgehend das CAP Copy Advice team, damit es gegebenenfalls bei seinen Beratungen auf diese Punkte intensiver eingeht[186]. Jedoch wendet sich die ASA aufgrund solcher Überprüfungen auch direkt an die Werbenden, deren Marketingmaßnahmen die Codes verletzen. So konnte in zwei im Jahr 1997 durchgeführten Untersuchungen der Arznei- und Schönheitsmittelwerbung zwar eine Steigerung der Beachtung der Regeln von 82 auf 93 Prozent festgestellt werden[187], jedoch wiesen etwa Anzeigen für Vitamine und Nahrungsergänzungsstoffe zu 35 Prozent deutliche Verstöße gegen die entsprechenden Vorschriften auf[188]. Jeder Werbende, der eine unter den Regeln des CAP zweifelhafte oder inakzeptable Anzeige veröffentlichen ließ, wurde von der ASA kontaktiert und über die Erfordernisse dieser Regeln informiert; darüber hinaus begann die ASA auch mit der Überwachung der weiteren Werbeanzeigen dieser Unternehmen, um die vergleichsweise niedrige Befolgungsrate auf diesem gesamten Gebiet anzuheben[189]. Desgleichen wurden auch im Bereich des Direktmarketing, in dem eine Befolgungsrate von 91 Prozent ermittelt worden war[190], alle Unternehmen, deren Direktwerbungen nicht mit den Regeln des CAP in Einklang standen, von der ASA angehalten, diese zu korrigieren oder zurückzuziehen[191].

(ii) Stichproben-Überprüfungen

Das ASA Research team bzw. seit 2000 das 1999 geschaffene[192] Compliance team des CAP (CAP Compliance team)[193] führt regelmäßig sog. „spot-checks" von Werbemaßnahmen durch, um die Beachtung der Regeln des CAP zu untersuchen. Über 10.000 Werbeanzeigen in Zeitungen und Zeitschriften wurden

---

185 ASA, Research, 1998, National Advertising Review, S. 1; eine spätere Untersuchung ergab sogar eine Befolgungsrate von 99 Prozent, Quelle: ASA, News: ASA Survey Into Poster Compliance – 24/10/2002; beides unter www.asa.org.uk.

186 Vgl. ASA, Annual Report 1998, S. 12, www.asa.org.uk.

187 Health and Beauty Report – July 1998, S. 9, unter ASA, Research, www.asa.org.uk.

188 Health and Beauty Report – July 1998, S. 17, ASA, Research, www.asa.org.uk.

189 Vgl. ASA, Annual Report 1998, S. 12, www.asa.org.uk.

190 Direct Marketing Survey 2001, S. 6; s. auch ASA, Annual Report 2001, S. 10, www.asa.org.uk.

191 Direct Marketing Survey 2001, S. 15, ebenda.

192 Vgl. CAP in: ASA, Annual Report 1999, S. 24, www.asa.org.uk.

193 Vgl. hierzu und zum Folgenden ASA, Annual Report 1999, S. 16, und Annual Report 2000, Compliance, Ensuring compliance with ASA decisions, und Taking immediate action, www.asa.org.uk, sowie cl. 60.18 CAP Code.

1999 pro Woche überprüft[194], von denen nur ein Prozent ein Einschreiten der ASA erforderten[195].

Die Überwachung der Code-Konformität bei Werbeplakaten erfolgt auf Ad-hoc-Basis. Wenn Werbeanzeigen entdeckt werden, die vor dem Hintergrund vergangener Entscheidungen des ASA Council zweifelhaft erscheinen, verlangt die ASA von den Werbenden entweder Beweise für die fraglichen Werbeaussagen oder die (Zusicherung der) Korrektur der Anzeigen, und sie haben schriftlich zu versichern, dass sie ähnliche Aussagen auch in Zukunft nicht wiederholen werden. Ferner wird den Unternehmen nahegelegt, sich zwecks Beratung bei der Konzipierung künftiger Werbeanzeigen an das CAP Copy Advice team zu wenden. Teams von ASA und CAP arbeiten in diesem Bereich eng zusammen, um sicherzustellen, dass keine widersprüchlichen Auskünfte erteilt werden und dass das CAP erforderlichenfalls schnell zu Sanktionsmaßnahmen greifen kann.

Bei 90 Prozent der im Jahr 2000 aufgrund dieser Ermittlungen angeschriebenen 218 Unternehmen erreichte das CAP Compliance team die sofortige Einstellung der beanstandeten Werbeanzeigen, während gegen die restlichen 20 Unternehmen Sanktionen verhängt werden mussten[196].

Im Jahr 2001 beanstandete das Compliance team 360 Werbemaßnahmen, und in nur 17 Fällen war mangels Kooperationsbereitschaft auf Seiten der Werbenden die Anwendung von Sanktionen erforderlich[197].

(iii) Überprüfung der Werbung von „Wiederholungstätern"

Das Verfahren der ASA gegen Unternehmen, die wiederholt die Regeln des CAP verletzen, bringt für diese nicht nur die eingeforderte Selbstverpflichtung zur Zusammenarbeit mit dem CAP Copy Advice team mit sich, sondern auch, zumindest seit 1999[198], eine gewissermaßen automatisch stattfindende Kontrolle ihrer Werbemaßnahmen durch die ASA[199]:

Ende 1999 waren es bereits 31 Werbende, die als „repeat offenders" identifiziert worden waren, wobei 17 als ernsthaft hartnäckig eingestuft wurden. Von Letzte-

---

194 Für das Jahr 2001 wird die Zahl der wöchentlich untersuchten Anzeigen mit etwa 6.000 angegeben, s. ASA, Annual Report 2001, 40 years of effective self-regulation, S. 17, www.asa.org.uk.

195 Im Jahr 2000 wurde bei wöchentlich 6000 untersuchten Werbeanzeigen sogar nur eine Codes-Verletzungsquote von 0,01 Prozent (entspricht 218 Anzeigen insgesamt) ermittelt, vgl. ASA, News, ASA Annual Report 2000 – 24/04/01, www.asa.org.uk.

196 Vgl. ASA, Annual Report 2000, Compliance, Taking immediate action, www.asa.org.uk; zu den in Betracht kommenden Sanktionsmitteln s. u. c).

197 Vgl. CAP in: ASA, Annual Report 2001, S. 18, www.asa.org.uk.

198 Im Annual Report der ASA von 1998, S. 14, www.asa.org.uk, wird diese Maßnahme nicht erwähnt.

199 Vgl. zum Folgenden ASA, Annual Report 1999, S. 16 f., www.asa.org.uk.

ren versicherten sechs Unternehmen schriftlich, künftig eng mit dem Copy Advice team zusammenzuarbeiten, elf wurden aufgefordert, an Treffen bei der ASA teilzunehmen, um Maßnahmen zur Vermeidung künftiger Verstöße gegen die Regeln des CAP zu vereinbaren. In allen Fällen wurde hier mittels eines elektronischen Meldesystems über das Internet die ASA sofort über jede neue Werbung der betreffenden Unternehmen informiert, so dass sie unverzüglich auf etwaige Probleme reagieren konnte.

Im Jahr 2001 waren nur 14 Werbende als „persistent offenders" aufgefallen, die sich auch alle verpflichteten, künftig die CAP-Regelungen stärker zu beachten; viele erklärten sich sogar zu einer Unterwerfung unter eine generelle Vorabüberprüfung ihrer Werbemaßnahmen durch das CAP Copy Advice team bereit[200].

b) Bearbeitung von Beschwerden durch die ASA

(i) Anzahl und Zielrichtung der Beschwerden

Etwa 12.000 Beschwerden über Werbungen oder Verkaufsförderungsveranstaltungen erreichen die ASA jedes Jahr[201]. Im Jahr 2000 zogen 8.547 Werbemaßnahmen 12.389 Beschwerden auf sich, und sehr ähnlich waren die Zahlen auch 1999 und 1998[202]. Während 2001 erstmals beinahe 10.000 Werbemaßnahmen Gegenstand von Beschwerden waren, stieg die Zahl der Beschwerden nur unwesentlich auf 12.600 an[203].

1998 bildeten Beschwerden gegen Anzeigen in der überregionalen Presse mit knapp 2.800 die Spitze, Direktwerbungen und Plakate riefen jeweils über 1.900 Beschwerden hervor und Anzeigen in Zeitschriften knapp 1.700[204]. In den Jahren 2000 und 1999 richteten sich die meisten (knapp 2.700 bzw. knapp 2.500) Beschwerden gegen Werbeplakate, gefolgt von Beschwerden über Anzeigen in der überregionalen Presse (in beiden Jahren um 2.200), Direktwerbungen (unter 2.060 bzw. knapp 2.200) und Anzeigen in Zeitschriften (ca. 1.200 bzw. knapp 1.400)[205]. Die große Anzahl von Beschwerden gegen Werbeplakate in den Jahren 1999 und 2000 erklärt sich daraus, dass sie jeweils überwiegend gegen einige wenige Plakate gerichtet waren, die zu den Werbemaßnahmen gehörten, wel-

---

200 Vgl. CAP in: ASA, Annual Report 2001, S. 18, www.asa.org.uk.

201 Quelle: CAP, Self-regulation, How does the self-regulatory system work?, www.cap.org.uk.

202 Vgl. ASA, Annual Report 2000, Complaints, Complaints Figures; ASA, Annual Report 1999, S. 8; ASA, Annual Report 1998, S. 18, alles unter www.asa.org.uk.

203 ASA, Annual Report 2001, S. 6, www.asa.org.uk.

204 Vgl. ASA, Annual Report 1998, S. 19, www.asa.org.uk.

205 Vgl. ASA, Annual Report 2000, Complaints, Complaints Figures, und Annual Report 1999, S. 10, www.asa.org.uk.

che die meisten Beschwerden auf sich zogen (sog. „Top 10 complaints")[206]. 2001 lagen etwa 3.100 Beschwerden gegen Direktwerbungen vor, jeweils über 1.700 gegen Anzeigen in der überregionalen Presse und gegen Plakate sowie knapp 1.300 gegen Annoncen in Zeitschriften[207].

Bezüglich der Produktgruppen riefen Werbemaßnahmen aus dem Freizeitbereich in den Jahren 2000 und 1999 die meisten Beschwerden hervor (knapp 2.200 bzw. knapp 2.800), 2000 gefolgt von dem Gesundheits- und Schönheitssektor (über 2.050), 1999 von dem Bereich des Verlagswesens (über 1.200) und an dritter Stelle in beiden Jahren von dem Computer- und Telekommunikationssektor (knapp 1.200 bzw. über 1.000); im Gesundheits- und Schönheitssektor lagen 1999 nur knapp 1.000 Beschwerden vor[208]. Auch hier ist der deutliche Anstieg von Beschwerden im Bereich Gesundheit und Schönheit im Jahr 2000 auf die Konzentration vieler Beschwerden auf wenige Anzeigen aus dem „Top 10"-Bereich zurückzuführen[209]. Die drei am häufigsten involvierten Produktgruppen im Jahr 2001 waren ebenfalls der Freizeitsektor mit über 2.900 Beschwerden, der Bereich Computer und Telekommunikation mit mehr als 1.700 Beschwerden und schließlich Gesundheits- und Schönheitsprodukte mit knapp 1.200 Beschwerden[210].

Bezüglich der Regeln des CAP, deren Verletzung gerügt wurde, ist für 1998 festzuhalten, dass die meisten Beschwerden (44 Prozent) den Wahrheitsgrundsatz betrafen, gefolgt von dem Gebot „anständiger" Werbung und dem des lauteren Wettbewerbs (37 bzw. 16 Prozent); auf die übrigen Regeln entfielen jeweils nur wenige Beschwerden[211]. 1999 bezog sich ein Viertel der Beschwerden auf den Bereich des anständigen Werbens, 22 Prozent auf den Wahrheitsgrundsatz und fünf Prozent auf das Gebot der Redlichkeit; die sonstigen Regeln spielten keine nennenswerte Rolle[212]. In den Jahren 2000 und 2001 bildeten, wie 1998, die Beschwerden bezüglich des Wahrheitsgebots die größte Gruppe, gefolgt von der damit eng zusammenhängenden Pflicht zum Beweis von Werbeaussagen und, mit Abstand, dem Bereich der Anständigkeit; ferner sind das Gebot der

---

206 Vgl. ASA, Annual Report 2000, Complaints, Complaints Figures, Complaints by media type, und Annual Report 1999, S. 10, www.asa.org.uk.

207 ASA, Annual Report 2001, S. 8, www.asa.org.uk.

208 Vgl. ASA, Annual Report 2000, Complaints, Complaints Figures, Complaints by sector, www.asa.org.uk.

209 Darunter auch die Werbung von Yves Saint Laurent für das Parfum „Opium", s. ASA, Annual Report 2000, Complaints, Complaints Figures, Complaints by sector, www.asa.org.uk.

210 ASA, Annual Report 2001, S. 8, www.asa.org.uk.

211 ASA, Annual Report 1998, S. 19, www.asa.org.uk.

212 ASA, Annual Report 1999, S. 11, www.asa.org.uk.

Redlichkeit und die Vorschriften über Werbevergleiche zu nennen; auf die übrigen Regeln stützten sich jeweils nur wenige Beschwerden[213].

(ii) Konsumenten- und Konkurrentenbeschwerden

Etwa zehn Prozent der Beschwerden werden von Seiten der Industrie eingelegt[214]. Grundsätzlich gibt es keine Unterschiede bei der Bearbeitung von Beschwerden von Verbrauchern und solchen aus der Wirtschaft[215]. Hinsichtlich des Verfahrens ist jedoch bei Gruppen von Beschwerdeführern und bei Konkurrenten für die Bearbeitung ihrer Beschwerden erforderlich, dass sie der Veröffentlichung ihrer Identität in jedem folgenden Fallbericht zustimmen[216]. Von Konkurrenten wird darüber hinaus eine detaillierte Erläuterung des Beschwerdegegenstands verlangt, um Beschwerden zum Zweck der Wettbewerbsbehinderung entgegenzuwirken[217].

Des Weiteren fordern die Regeln des CAP Beschwerdeführer aus der Wirtschaft auf, Differenzen soweit wie möglich intern bzw. mittels ihrer Berufsverbände zu lösen, cl. 68.31 (cl. 60.30 CAP Code), Satz 2. Von einzelnen Verbrauchern kann die ASA gegebenenfalls eine formale, schriftliche Bestätigung erbitten, dass sie mit ihrer Beschwerde kein kommerzielles oder sonstiges wirtschaftliches Interesse verfolgen; falls dies doch der Fall ist, wird es dem Werbenden mitgeteilt und in der Regel auch in dem Fallbericht veröffentlicht, cl. 68.32 (cl. 60.31 CAP Code).

(iii) Das Verfahren

Die Einlegung einer Beschwerde und ihre Bearbeitung sind gebührenfrei. Beschwerden sind, in der Regel innerhalb von drei Monaten nach Erscheinen der

---

213 ASA, Annual Report 2000, Complaints, Complaints Figures, und ASA, Annual Report 2001, S. 6, www.asa.org.uk.

214 Der Anteil schwankt zwischen neun und elf Prozent, vgl. ASA, Annual Report 2001, S. 9; ASA, Annual Report 2000, Complaints, Complaints Figures, Sources of complaints; ASA, Annual Report 1999, S. 11; ASA, Annual Report 1998, S. 19, jeweils unter www.asa.org.uk; der Begriff „Industrie“ umfasst dabei ersichtlich alle Beschwerdeführer, die keine individuellen Verbraucher sind, also neben Konkurrenten auch Verbraucher- und Lauterkeitsverbände (Quelle: CAP, Self-regulation, What about competitive complaints?, www.cap.org.uk).

215 Quelle: CAP, Self-regulation, What about competitive complaints?, www.cap.org.uk.

216 Cl. 68.30 (cl. 60.29 CAP Code) a. E.; weitere Quelle: CAP, Self-regulation, What about competitive complaints?, www.cap.org.uk; die Identität einzelner Verbraucher ist dagegen grundsätzlich auch dem Werbenden gegenüber geschützt, s. cl. 68.30 (cl. 60.29 CAP Code), Sätze 1 und 2.

217 Quelle: CAP, Self-regulation, What about competitive complaints?, www.cap.org.uk; s. auch cl. 60.30, Satz 3, CAP Code.

angegriffenen Werbemaßnahme, in Schriftform[218] einzureichen, und ein Exemplar der Werbeanzeige bzw. die Angabe, wann und wo die Werbemaßnahme erschien, soll beigefügt sein.[219]

Um die Untersuchung einer Marketingmaßnahme durch die ASA in Gang zu setzen, bedarf es nur einer einzigen gültigen Beschwerde[220]. Allerdings verfolgt die ASA in der Regel keine Beschwerden, deren Sachverhalte Gegenstand gleichzeitig stattfindender Gerichtsverfahren sind. Erscheint der ASA die Bearbeitung von Beschwerden durch andere Verbraucherschutzorganisationen angemessener, verweist sie die Beschwerdeführer an diese Stellen, cl. 68.33 (cl. 60.32 CAP Code).

Das Verfahren vor der ASA läuft folgendermaßen ab:

(a) Erledigung von Beschwerden ohne formale Untersuchung[221]

Als Erstes befasst sich die „Executive“ (bisher: das „Secretariat“) mit allen eingehenden Beschwerden. Sie prüft zunächst, ob die einzelnen Beschwerden eine formale Untersuchung erfordern oder ob von vornherein keine Ermittlungen nötig sind bzw. ob eine Beilegung ohne förmliches Verfahren möglich und ausreichend ist.

Grundsätzlich hält sich die ASA bei der Bearbeitung von Beschwerden strikt an ein formales Verfahrensschema; wenn Beschwerden sich jedoch gegen eine Werbemaßnahme richten, die ohne weiteres erkennbare, aber nur geringfügige Verstöße gegen die Regeln des CAP aufweisen, geht die ASA, wo immer es möglich ist, ohne förmliches Verfahren vor, d. h. das betreffende Unternehmen erklärt sich bereit, auch ohne formale Untersuchung die erforderlichen kleineren Änderungen vorzunehmen, bevor die Werbung wieder erscheinen darf[222].

Eine formgerechte Untersuchung ist auch entbehrlich, wenn der ASA Council entscheidet, dass die Durchführung einer solchen „nicht gerechtfertigt“ ist, d. h. in Fällen, in denen der ASA Council ohne weitere Ermittlungen festzustellen imstande ist, dass keine Verstöße gegen die CAP-Vorschriften vorliegen[223]. Hier wird das werbende Unternehmen lediglich über die Beschwerde informiert.

---

218 Ausreichend ist hierfür auch eine Beschwerde per E-Mail über das Online-Beschwerdeformular auf der Website der ASA oder per Fax, vgl. ASA, Annual Report 2001, S. 21, www.asa.org.uk.

219 S. cl. 68.29 der Codes (cl. 60.28 CAP Code).

220 Quelle: CAP, Self-regulation, How does the self-regulatory system work?, www.cap.org.uk.

221 Quelle für das Folgende: CAP, Self-regulation, What happens if the ASA needs to investigate my advertisement?, www.cap.org.uk.

222 Quelle: CAP, Self-regulation, How does the self-regulatory system work?, www.cap.org.uk.

223 Vgl. ASA, Annual Report 1999, S. 8 mit Fußnote.

Weiterhin entfällt die Notwendigkeit einer förmlichen Untersuchung, wenn der Beschwerdegegenstand außerhalb des Anwendungsbereichs des Regelwerks liegt[224], ferner freilich, wenn die Beschwerde zurückgenommen wurde, und schließlich dann, wenn die Beschwerde offensichtlich keine Aussicht auf Erfolg hat[225]. Es lässt sich nur vermuten, dass mit dem Letzteren die Fälle gemeint sind, bei denen gemäß einer in cl. 68.34, Satz 2 (cl. 60.33, Satz 1, CAP Code), genannten Fallgruppe der Beschwerdeführer die Werbemaßnahme oder die CAP-Vorschriften anders interpretiert als die ASA.

Zuletzt wird nach cl. 68.34, Satz 3 (cl. 60.33, Satz 2, CAP Code), der Beschwerdeführer, wenn der ASA Council bereits über die angegriffene oder eine ähnliche Werbung oder Verkaufsförderungsveranstaltung entschieden hat, lediglich hierüber informiert.

Von den etwa 12.000 Beschwerden, welche die ASA jedes Jahr erreichten, wurden von 1998 bis 2000 regelmäßig um die 7.000 bis knapp 8.000 ohne förmliche Untersuchung erledigt, d. h. nur etwa ein Viertel bis ein Drittel aller Beschwerden durchliefen überhaupt das formale Verfahren[226]; von den 12.600 Beschwerden des Jahres 2001 wurden nur knapp 2.800 förmlich untersucht, während über 9.000 Fälle informell gelöst wurden[227].

(b) Das förmliche Verfahren

Sofern eine Beschwerde die Durchführung einer förmlichen Untersuchung erfordert, gibt die ASA dem betreffenden Unternehmen zugleich mit der Übersendung einer Zusammenfassung der Beschwerde Gelegenheit zur Stellungnahme bzw. verlangt gegebenenfalls Belege für angegriffene Werbeaussagen[228].

Die Aufgabe der Tatsachenermittlung fällt, wie bereits die Eingangsprüfung, ebenfalls der „Executive" (bisher: dem „Secretariat") zu, wobei drei Verfahrenstypen zu unterscheiden sind: Gemäß cl. 60.34, Satz 1, CAP Code werden die meisten Beschwerden innerhalb von sechs bis zwölf Wochen bearbeitet, einige werden in einem Schnellverfahren binnen 48 Stunden behandelt, und wieder anderen wird Priorität eingeräumt – nach cl. 68.34, Satz 1, der bisherigen Codes

---

224 Vgl. cl. 68.34, Satz 2, der Codes (cl. 60.33, Satz 1, des CAP Code).

225 Diese Fallgruppe („no case to answer under the Codes") wird von der unterschieden, bei welcher der ASA Council eine Untersuchung als nicht gerechtfertigt („not justified") einstuft, s. etwa die Statistik in ASA, Annual Report 1999, S. 9, www.asa.org.uk.

226 Die Differenz bilden die Fälle, die erst im jeweils folgenden Jahr abgeschlossen wurden, s. zum Ganzen die Statistiken in ASA, Annual Report 2000, Complaints, Complaints Figures, Annual Report 1999, S. 9, und Annual Report 1998, S. 18, www.asa.org.uk.

227 ASA, Annual Report 2001, S. 7, www.asa.org.uk.

228 Quelle hierfür und für das Folgende: CAP, Self-regulation, What happens if the ASA needs to investigate my advertisement?, www.cap.org.uk.

solchen Beschwerden, deren Gegenstand offensichtlich gegen die Regeln des CAP verstößt –, wobei nicht ersichtlich ist, wie lange das Verfahren bei dieser letzten Gruppe von Beschwerden dauert.

In ihre Untersuchung bezieht die „Executive" neben dem werbenden Unternehmen und dessen Werbeagentur auch den Beschwerdeführer und gegebenenfalls den Herausgeber mit ein, wobei alle Informationen vertraulich behandelt werden. Wesentliche Bedeutung bei diesen Ermittlungen kommt regelmäßig der Überprüfung der von den Unternehmen bereit zu haltenden Belege für die in ihrer Marketingmaßnahme enthaltenen Behauptungen (s. cl. 3.1) zu. Hierbei zieht die „Executive", falls erforderlich, externe Experten zu Rate, cl. 68.35 (cl. 60.34 CAP Code), Satz 2. Den Abschluss der Arbeit der „Executive" bildet ihr zu jeder Beschwerde verfasster Bericht für den ASA Council über das Ergebnis der Ermittlungen, in welchem sie diesem entweder die Stattgabe oder die Verwerfung der Beschwerde empfiehlt, cl. 68.35 (cl. 60.34 CAP Code), Satz 2. Zunächst wird dieses Votum, das ebenfalls vertraulich behandelt wird, allen in die Ermittlungen einbezogenen Parteien zugesandt. Bevor der ASA Council abschließend über den Fall entscheidet, können sowohl die „Executive" selbst als auch die Betroffenen von dem zuständigen CAP Panel eine Überprüfung der Einschätzung der „Executive" verlangen. Der ASA Council nimmt die Stellungnahme des CAP Panel zu Kenntnis, allein seine Entscheidung ist jedoch letztlich maßgebend, cl. 68.17 (cl. 60.19 CAP Code), Absatz 3, Sätze 1 bis 3, und cl. 68.35 (cl. 60.34 CAP Code), Sätze 3 bis 5.

Wohl nicht zuletzt veranlasst durch häufig geäußerte Kritik an der langen Dauer ihrer Verfahren[229] hat die ASA ab dem 01.07.2001 diese insofern beschleunigt, als sie die Fristen, innerhalb derer sich die werbenden Unternehmen und die Beschwerdeführer zu den Beschwerden bzw. den Entscheidungsentwürfen der „Executive" äußern können, von ein bis zwei Wochen auf fünf Arbeitstage verkürzt hat, bei anstößiger oder sozial unverantwortlicher Werbung sogar auf drei Arbeitstage[230]. Im Jahr 2001 konnte die durchschnittliche Dauer der Beschwerdenbearbeitung durch die ASA um zehn Tage gesenkt werden, so dass bei förmlichen Verfahren ein Schnitt von 62 Tagen, bei informell gelösten Fällen von 30 Tagen erreicht wurde[231].

Noch während der Ermittlungen durch die „Executive" kann als vorläufige Maßnahme die sofortige Änderung oder Zurücknahme der Werbung bzw. Verkaufsförderungsveranstaltung von dem betroffenen Unternehmen verlangt werden,

---

229 Wiedergegeben bei *Rogers*, Complaints Chaos At The ASA?, Pg. 22, November 8, 2001, unter http://web.lexis-nexis.com/professional.

230 Quelle: ASA, News & Events, News, Fewer delays at the ASA – 20/07/01, www.asa.org.uk.

231 ASA, Annual Report 2001, S. 6, www.asa.org.uk.

wenn es sich ersichtlich um einen gravierenden Verstoß gegen die Regeln des CAP handelt, wie insbesondere im Fall von Anstößigkeit oder Irreführung[232].

(iv) Die Entscheidung durch den ASA Council

(a) Aufbau, Inhalt und Folgekommunikation, Veröffentlichung und Grundlagen der Entscheidungen

Über die Beschwerden, die eine förmliche Untersuchung erfordern, entscheidet der ASA Council auf der Grundlage des jeweiligen Ermittlungsergebnisses und der Empfehlung der „Executive“ sowie gegebenenfalls der Stellungnahme eines der CAP Panels.

Diese Entscheidungen sind in der Weise aufgebaut, dass nach der Nennung u. a. des werbenden Unternehmens im Titel, des Entscheidungstermins und der Angabe, ob es sich um eine (mehrere) Beschwerde(n) von Industrie- oder von privater Seite handelt, zunächst die Beschwerde bzw. die Beschwerden gegen die betreffende Werbemaßnahme – bzw. Einzelmaßnahmen innerhalb derselben Werbekampagne – wiedergegeben werden. Hierbei werden die Argumente der Beschwerdeführer, teilweise sehr ausführlich, dargestellt. Daran schließt sich dann, nach Zitierung der einschlägigen Klausel(n) der CAP-Regeln, die eigentliche Entscheidung, überschrieben mit „Adjudication“ oder „Decision“, an.

Stellt der ASA Council in seiner Entscheidung fest, dass die angegriffene Werbemaßnahme gegen die Regeln des CAP verstößt, gibt er der Beschwerde statt; gelangt er zu dem Ergebnis, dass keine Verletzung dieser Regelungen vorliegt, lehnt er die Beschwerde ab. Auffällig ist in diesem Zusammenhang, dass der ASA Council in diesen Entscheidungen der Wiedergabe der Argumentation des werbenden Unternehmens sehr viel Raum einräumt, während die Begründung des Council selbst für sein gefundenes Ergebnis oftmals erstaunlich knapp ausfällt, und zwar auch dann, wenn er der Beschwerde stattgibt. Es lässt sich teilweise nur vermuten, dass er in diesen Fällen wohl den Argumenten der Beschwerdeführer folgt, ohne dass er dies aber explizit ausdrückt.

Mehrere Beschwerden auch verschiedener Beschwerdeführer gegen dieselbe Werbemaßnahme fasst der ASA Council in einer Entscheidung zusammen. Einzelne Beschwerden zu verschiedenen Aspekten einer Werbung oder hinsichtlich unterschiedlicher Klauseln des Regelwerks werden jedoch, soweit erforderlich, innerhalb der Entscheidung getrennt behandelt, so dass dann mehrere Einzelentscheidungen vorliegen. Das Ergebnis der einzelnen Beschwerden wird am An-

---

232 Neben der „Executive“ (vgl. cl. 68.36 der Codes (die noch vom „Secretariat“ spricht) und cl. 60.35 CAP Code) ist auch das 1999 geschaffene CAP Compliance team zur Anordnung dieser vorläufigen Maßnahmen befugt, s. ASA, Annual Report 2000, Compliance, Taking immediate action, und ASA, Research, Compliance Report – Direct Marketing Survey 2001, S. 17, beides unter www.asa.org.uk.

fang jeder Einzelentscheidung festgehalten („Complaint(s) upheld" bzw. „Complaint(s) not upheld"). Auch in allen diesen Fällen wird die Entscheidung zunächst den Parteien mitgeteilt; wurde einer Beschwerde stattgegeben, hält die ASA das Unternehmen zugleich dazu an, die Werbemaßnahme zu korrigieren, zurückzunehmen und bzw. oder in Zukunft zu unterlassen. Diese Aufforderungen durch die ASA an die Werbenden werden auch in den Veröffentlichungen der jeweiligen Entscheidungen am Ende mitgeteilt; hat das Unternehmen bereits reagiert und die Kampagne abgesetzt oder eine Unterlassungserklärung abgegeben, teilt die ASA dies ebenfalls an dieser Stelle mit.

Früher trat der ASA Council einmal monatlich zusammen, um seine Entscheidungen zu fällen, welche dann in den Monthly Reports der ASA veröffentlicht wurden[233]. Diese Monthly Reports, mit detaillierten Berichten über Entscheidungen des ASA Council unter Angabe der Namen der werbenden Unternehmen, der Werbeagenturen und der eingesetzten Medien, wurden an Journalisten, Ministerien und andere Regierungsstellen, Werbeagenturen, die Werbewirtschaft und Privatpersonen gesandt[234]. Seit Mitte Januar 2001 sind anstelle dieser Monthly Reports wöchentlich aktuelle Entscheidungen auf der Website der ASA zu finden, wozu, ebenfalls neu seit diesem Zeitpunkt, auch die Fälle zählen, die durch informelle Einigung mit dem Werbenden geregelt wurden[235].

Die ASA betont wiederholt, dass sie ihre Aufgabe nicht in „social engineering" sieht, d. h. ihr Bestreben ist es nicht, die überwiegenden Ansichten in der Wirtschaft und in der Öffentlichkeit zu ändern, sondern vielmehr diese in ihrem Handeln widerzuspiegeln[236]. Der ASA Council legt bei seinen Entscheidungen immer die Perspektive und das Verständnis zugrunde, die bei den Teilen der Bevölkerung, die mit der jeweilige Werbemaßnahme konfrontiert werden, allgemein zu vermuten sind. Hierbei spielen auch das gewählte Medium, das be-

---

233 Quelle: CAP, Self-regulation, What happens if the ASA needs to investigate my advertisement?, www.cap.org.uk.

234 Der Monthly Report der ASA hatte etwa 4.000 Abonnenten und wurde auf Anfrage auch an alle sonstigen Interessenten geschickt, vgl. Justice *Laws* in *„R v Advertising Standards Authority Ltd, ex parte Vernons Organisation Ltd"*, Queen's Bench Division, 1992, zu finden unter http://web.lexis-nexis.com/professional.

235 Quelle: ASA, News, ASA Corporate News Releases, Message from the ASA's Director General – 10/01/00, www.asa.org.uk, s. auch cl. 60.34 CAP Code a. E.; demnach tritt der ASA Council seither vermutlich (mindestens) einmal wöchentlich zusammen. Bisher wurden in den letztgenannten Fällen die Entscheidungen des ASA Council nur den Beteiligten mitgeteilt, aber nicht veröffentlicht (s. ASA, Annual Report 1999, S. 8, Fußnote, www.asa.org.uk), was für die Beschwerden, die keine Aussicht auf Erfolg haben bzw. deren Gegenstand nicht den Codes unterfällt („no case to answer" bzw. „outside remit"), wohl heute noch zutrifft.

236 Vgl. etwa ASA, Annual Report 1998, S. 4 (hier in Bezug auf Schlankheitsmittelwerbung), www.asa.org.uk.

worbene Produkt, der Zusammenhang sowie etwaige Stellungnahmen im Zuge der Ermittlungen eine Rolle[237].

Seine Kenntnisse über die überwiegenden Ansichten in der Bevölkerung gewinnt der ASA Council einerseits mittels von der ASA in Auftrag gegebener, von unabhängiger Seite durchgeführter Erhebungen, d. h. Umfragen bei Verbrauchern zu speziellen Aspekten der Werbung und deren Kontrolle, sowie andererseits durch alljährlich stattfindende Verbraucher-Konferenzen[238]. Eine Verbraucherumfrage von 1998, die eine solche von 1996 aktualisierte, befasste sich mit dem Thema „Geschmack und Anständigkeit"[239] in der Werbung sowie mit der Arbeit der ASA[240]. Während der siebten ASA Consumer Conference im Juni 2001 in Birmingham[241] fanden neben einer Umfrage unter den Teilnehmern über die ASA auch zwei Workshops statt, in welchen den Delegierten Sachverhalte von ASA-Entscheidungen, d. h. die jeweilige Werbung und die Beschwerde mit Begründung, zu den Bereichen „Irreführende Werbung" und „Anstößige Werbung" zur Entscheidung vorgelegt wurden, ohne dass ihnen die Beurteilung durch den ASA Council bekannt war; zumeist kamen die Konferenzteilnehmer zu demselben Ergebnis wie der ASA Council. Während der oft intensiven Diskussionen konnten die Mitarbeiter der ASA sich ein Bild von den vorherrschenden Ansichten der Teilnehmer machen. Ein interessanter Aspekt dieser Verbraucher-Konferenz ist die Auswahl ihrer Delegierten: Neben individuellen Teilnehmern aus der Verbraucherschaft waren auch Vertreter von Verbraucherorganisationen, Erziehungs- und Lehranstalten sowie religiösen Gruppen (darunter auch die Church of Scientology) zugegen[242].

---

237 Quelle: CAP, Self-regulation, How does the ASA know what the public think?, www.cap.org.uk; s. auch cl. 1.4 b) i.V.m. cl. 68.31 (cl. 60.30 CAP Code), Satz 1, 2. Halbsatz.

238 Quelle: CAP, Self-regulation, How does the ASA know what the public think?, www.cap.org.uk.

239 Interessanterweise wird der Regelungsgegenstand von cl. 5 in Veröffentlichungen der ASA durchgehend mit „taste and decency" bezeichnet, s. etwa ASA, Annual Report 1999, S. 5, und Annual Report 1998, S. 15, www.asa.org.uk; obwohl man aus cl. 5.2 das Gegenteil zu entnehmen versucht sein könnte, erfasst diese Vorschrift also auch geschmacklose Werbung, sofern sie i.S.v. cl. 5.1 Anstoß erregt.

240 Vgl. ASA, Annual Report 1998, S. 15, www.asa.org.uk.

241 Quelle, auch für die Ergebnisse: ASA, News & Events, Events, ASA Consumer Conference, www.asa.org.uk.

242 Quellen: ASA, News & Events, Events, ASA Consumer Conference, und News, ASA Editorials, Editorial: Keeping in Touch – ASA Consumer Conference – 13/09/01, www.asa.org.uk.

(b) Interne Überprüfung durch den Independent Reviewer

Bis zur neunten Auflage der Codes von 1995 gab es keine ASA-interne Möglichkeit, eine Entscheidung des ASA Council überprüfen zu lassen[243], was Gegenstand oft geäußerter Kritik an dem Verfahren der ASA war[244]. In den Codes von 1995 wurde Beschwerdeführern wie Werbenden das Recht auf Beantragung einer Art „Berufung" gegen Entscheidungen des ASA Council eingeräumt; dieses Verfahren stellte sich aber deshalb als nur begrenzt zufriedenstellend dar, weil die Überprüfung unmittelbar durch den Vorsitzenden der ASA selbst vorgenommen wurde[245].

Im Jahr 1999 wurde diese missliche Situation zumindest verbessert (aus Sicht der ASA wurde das Problem wohl sogar gelöst), indem eine von der Tätigkeit der ASA, d. h. der Ermittlung und Beurteilung von Beschwerden, vollständig losgelöste, unabhängige Person, der Independent Reviewer, in den Überprüfungsprozess eingeschaltet wurde[246]. Der im April 1999 ernannte erste Independent Reviewer nahm sogleich, gemäß einem Verfahren, das auch in der zehnten Auflage der Codes vom Oktober 1999 in cl. 68.36 beschrieben wird[247], in einem räumlich vom Sitz der ASA getrennten Büro seine Arbeit auf. In formeller Hinsicht verlangt cl. 68.36, Absatz 2, schriftliche Antragstellung durch den Beschwerdeführer oder dessen Vertreter bzw. durch einen Vertreter des werbenden Unternehmens binnen 14 (seit dem CAP Code in der Regel 21, s. cl. 60.38, Absatz 1 a. E.) Tagen ab Mitteilung der Entscheidung des ASA Council.

Der Independent Reviewer entscheidet, beraten durch den Vorsitzenden des ASBOF und den ASA-Vorsitzenden, jedoch nur über die Frage, ob eine Überprüfung der Entscheidung überhaupt durchgeführt wird, was nur unter zwei alternativen Bedingungen der Fall ist: Entweder es ist zusätzliches für den Fall bedeutsames Beweismaterial aufgetaucht, das zuvor nicht verfügbar war, oder es wird ein wesentlicher Formfehler der ASA-Entscheidung dargelegt, cl. 68.36, Absätze 2 und 3. Erachtet der Independent Reviewer keine dieser beiden Voraussetzungen als erfüllt, lehnt er den Antrag ab, andernfalls überprüft er die gesamte Akte und sendet sein Untersuchungsergebnis in Form einer Empfehlung zusammen mit einem Bericht an den ASA Council, cl. 68.36, Absatz 5. Es ist nämlich der ASA Council selbst, der die abschließende Entscheidung über den Antrag trifft, cl. 68.36 Absatz 6, d. h. das Gremium, das die angegriffene Ausgangsentscheidung gefällt hat, befindet auch darüber, ob diese abzuändern ist.

---

243 Vgl. ASA, Annual Report 1999, S. 2, www.asa.org.uk.

244 Wiedergegeben in *Circus* [1990] Business Law Review 3 (5).

245 Vgl. ASA, Annual Report 1999, S. 2, www.asa.org.uk.

246 Vgl. ASA, Annual Report 2000, Review of the Year, Independent Reviewer, www.asa.org.uk, auch zum Folgenden.

247 Cl. 60.38 der elften Auflage ist inhaltlich weitgehend identisch.

Von 107 Anträgen, die der Independent Reviewer von April 1999 bis Ende 2000 erhielt, erfüllten nur 36 die Voraussetzungen für die Überprüfung des Verfahrens; hiervon wurde in vier Fällen die ursprüngliche Entscheidung aufgehoben, zehn Entscheidungen wurden neu formuliert, fünf Anträge führten zu der Einschätzung, dass die ASA das Verfahren wiedereröffnen sollte, und in 17 Fällen wurde die Ausgangsentscheidung bestätigt[248]. Von den 37 im Jahr 2001 gestellten Anträgen auf Überprüfung von ASA-Entscheidungen genügten elf den formellen Annahmevoraussetzungen; vom diesen erreichten vier die Aufhebung der Entscheidung, fünf Entscheidungssprüche wurden neu formuliert, ein Verfahren wurde wiedereröffnet und nur in einem Fall wurde die ursprüngliche Council-Entscheidung bestätigt[249].

40 Prozent der an den Independent Reviewer gerichteten Anträge beziehen sich auf Entscheidungen, die aufgrund von Beschwerden von Gewerbetreibenden ergangen sind, und in den restlichen Fällen kommen zwei Drittel der Anträge auf interne Überprüfung von den angegriffenen Werbenden[250].

(c) Gerichtliche Überprüfung

Ursprünglich fehlte in dem System von ASA und CAP nicht nur eine interne Überprüfungsmöglichkeit, sondern es war auch unklar, ob der von einer Entscheidung des ASA Council Betroffene diese einer gerichtlichen „Revision“ unterziehen konnte.

Unzweifelhaft war und ist, dass ein solcher „judicial review“ jedem offen steht, gegen den eine verwaltungsbehördliche, gerichtliche oder quasigerichtliche Entscheidung – sofern die betreffende Stelle öffentlich-rechtlich legitimiert ist – getroffen wurde[251]. Im Unterschied zu einem „appeal“ überprüft in einem „judicial review“ der High Court, sofern er den Antrag annimmt, was in seinem Ermessen liegt, nur, ob die Entscheidung ordnungsgemäß zustande gekommen ist; der Antrag ist begründet, wenn die betreffende Stelle sich bei der Entscheidungsfindung rechtswidrig verhalten hat, wenn die Entscheidung wegen Irrationalität von keinem vernünftigen Organ hätte getroffen werden können oder wenn ein Verfahrensfehler vorliegt[252].

Die diesbezügliche Situation von Entscheidungen des ASA Council war deshalb unsicher, weil das entscheidunggebende Organ hier nicht mit öffentlich-rechtlichen Befugnissen ausgestattet ist, sondern gewissermaßen neben dem Recht, aufgrund freiwilliger Selbstbindung der Wirtschaft, agiert. In dem Fall *R*

---

248 Vgl. ASA, Annual Report 2000, Review of the Year, Independent Reviewer, www.asa.org.uk.

249 ASA, Annual Report 2001, S. 11, www.asa.org.uk.

250 ASA, Annual Report 2001, S. 11, www.asa.org.uk.

251 Vgl. etwa *Newell* [1989] New Law Journal 1161 (1161).

252 Vgl. *Newell* [1989] New Law Journal 1161 (1161).

v Advertising Standards Authority, ex parte The Insurance Service plc des High Court vom 06.07.1989[253] stellte das Gericht klar, dass die ASA eine öffentlich-rechtliche Funktion ausübe, die, gäbe es die ASA nicht, zweifellos durch den Director General of Fair Trading wahrgenommen würde. Dies wurde in Hinblick auf die (damals noch) gänzlich fehlende Möglichkeit einer Überprüfung von ASA-Entscheidungen, die Bedeutung der ASA in Bezug auf irreführende Werbung nach der Umsetzung der diesbezüglichen EG-Richtlinie (worauf noch einzugehen sein wird) und insbesondere das Urteil des Court of Appeal im *Datafin*-Fall[254], das als Präzedenzfall betrachtet wurde, als ausreichend dafür angesehen, die Entscheidungen des ASA Council als einer gerichtlichen Überprüfung zugänglich zu erklären.

Bezüglich der Frage, ob in diesem Fall die Entscheidung des ASA Council aufzuheben war, stellte Lord Justice *Glidewell* zunächst fest, dass der Tatsachenermittlungs- und der Entscheidungsfindungsprozess der ASA, sofern korrekt gehandhabt, grundsätzlich nicht zu beanstanden und völlig zufriedenstellend sei. Im vorliegenden Fall hatte das Secretariat dem ASA Council jedoch keinen zutreffenden Tatsachenbericht übermittelt, weshalb dieser bei seiner Entscheidung in einem entscheidenden Punkt von einer unrichtigen Sachlage ausging. Daher hob das Gericht – Justice *Tucker* stimmte Lord Justice *Glidewell* zu – die Entscheidung des ASA Council auf.

Auf die damit festgestellte gerichtliche Überprüfbarkeit von Entscheidungen des ASA Council reagierte das Schrifttum teilweise mit Ablehnung, da hierdurch die Möglichkeit übermäßigen gerichtlichen Eingreifens in den Selbstkontrollprozess und damit der Schmälerung von dessen Glaubwürdigkeit eröffnet würde, und zugleich mit der Erwartung, dass von dieser Möglichkeit nicht häufig Gebrauch gemacht werde[255], teilweise aber auch insofern positiv, als darauf verwiesen wurde, dass die Tatsache eines offenkundig bestehenden Bedürfnisses nach gerichtlicher Nachprüfung dieser Entscheidungen zeige, wie ernst diese in der Wirtschaft genommen würden, denn andernfalls würde kein Unternehmen freiwillig die Kosten und Mühen eines Rechtsstreits über sie auf sich nehmen[256]. Tatsächlich hat es seither, soweit ersichtlich, nur wenige entsprechende Verfahren vor dem High Court gegeben, was möglicherweise auch damit zusammenhängt, dass nach der genannten ersten in keiner weiteren Entscheidung der Kläger, in allen Fällen das werbende Unternehmen, Erfolg hatte.

---

253 Zu finden unter http://web.lexis-nexis.com/professional; s. auch *Circus* [1990] Business Law Review 3 (4 f.); *Lawson* [1990] Business Law Review 180 (193 f.); *ders.* [1991] Business Law Review 318 (320 f.); *ders.* [1993] Solicitors Journal 366 (366 f.); *Newell* [1989] New Law Journal 1161 (1161 f.).

254 *R v Panel on Take-Overs and Mergers, ex parte Datafin PLC & Anr* [1987] QB 815.

255 *Newell* [1989] New Law Journal 1161 (1162).

256 So *Circus* [1990] Business Law Review 3 (5).

Im Fall *R v Advertising Standards Authority Ltd, ex parte Vernons Organisation Ltd* des High Court vom 09.09.1992[257] beantragte das Unternehmen, über dessen Werbung der ASA Council nachteilig entschieden hatte, die Aussetzung der beabsichtigten Veröffentlichung dieser Entscheidung im Monthly Report der ASA bis zu dem Vorliegen des Ergebnisses seiner beantragten und zugelassenen gerichtlichen Überprüfung. Um dieselbe Frage, nämlich einen Antrag auf Erlass einer einstweiligen Verfügung gegen die Veröffentlichung einer Entscheidung des ASA Council ging es in dem Fall *R v Advertising Standards Authority, ex parte Matthias Rath Ltd* des High Court vom 06.12.2000[258], wobei das Unternehmen hier das Erste war, das mit seinem „judicial review" nicht die Ausgangsentscheidung selbst, sondern die Entscheidung des Independent Reviewer, die interne Überprüfung des Spruchs des ASA Council nicht zuzulassen, angriff; dieser Antrag auf gerichtliche Überprüfung wurde jedoch abgelehnt. In beiden Fällen wurden die Anträge aufgrund des Grundsatzes der Meinungsfreiheit, der auch schon vor der Umsetzung des Art. 10 EMRK in britisches Recht im Jahr 1998 im Common Law verankert war und auch öffentlichen Stellen, die Funktionen im Allgemeininteresse ausüben, zusteht, abgewiesen. Die Meinungsfreiheit – hier die der ASA – könne nur ausnahmsweise aus dringenden Gründen eingeschränkt werden, und ein solcher liege nicht in der Tatsache, dass eine zu veröffentlichende Entscheidung noch einer Überprüfung auf Rechtsfehler unterliege, zumal ein Verbot dieser Veröffentlichung die ASA an der Wahrnehmung ihrer normalen Verpflichtungen hindern würde[259].

Die Meinungsfreiheit des werbenden Unternehmens war Gegenstand eines weiteren zulässigen, aber unbegründeten Antrags auf gerichtliche Überprüfung einer Entscheidung des ASA Council vor dem High Court, *R v Advertising Standards Authority, ex parte City Trading Ltd*, vom 01.11.1996[260]. Der Eingriff in die Meinungsfreiheit wurde als Folge einer angemessenen Reaktion auf die Anstoß erregende Werbung des Antragstellers und damit als gerechtfertigt erachtet, und die Rüge, der ASA Council habe die entsprechende Regel der Codes unkorrekt angewendet, wurde, wenn ihre unvollständige Wiedergabe in der Entscheidung auch bedauerlich sei, als nicht begründet zurückgewiesen.

---

257 [1993] 2 All ER 202, [1992] 1 WLR 1289, sowie unter http://web.lexis-nexis.com/professional; s. hierzu auch *Lawson* [1993] Solicitors Journal 366 (367); *ders.* [2001] New Law Journal 526 (526).

258 Wiedergegeben und kommentiert bei *Lawson* [2001] New Law Journal 526 (526 f.); weitere Quelle: ASA, News & Events, News, Corporate News Release, ASA Welcomes High Court Decision – 06/12/00, www.asa.org.uk.

259 Vgl. die angegebenen Fundstellen.

260 Zu finden unter http://web.lexis-nexis.com/professional; auch wiedergegeben in *Lawson* [1997] Solicitors Journal 68 (69).

Eine ganze Reihe von Verfahrensrügen wurden in dem Fall *R v Advertising Standards Authority, ex parte DSG Retail Ltd; Same ex parte DSG Retail Ltd (t/a Currys)* des High Court vom 04.12.1996[261] geltend gemacht, das Gericht wies jedoch alle zurück. Es stellte fest, dass es kein Recht des werbenden Unternehmens auf Durchführung einer mündlichen Anhörung bei der ASA gebe, ferner sei die ASA nicht verpflichtet gewesen, den Antragsteller auf eine kurz zuvor ergangene einschlägige Entscheidung des ASA Council hinzuweisen, denn diese sei bereits in dem auch ihm zugänglichen Monthly Report der ASA veröffentlicht worden. Des Weiteren brauchte die ASA den Antragsteller auch nicht auf ihre Sichtweise bezüglich des Inhalts seiner Werbeaussage („garantiert günstigste Preise") dahingehend, dass die angebotenen Preise nicht nur genauso niedrig wie die der Mitbewerber, sondern niedriger als diese sein müssten, hinzuweisen, denn zu der Schlussfolgerung, dass diese Aussage andernfalls unkorrekt sei, könne man auch ohne einen solchen Hinweis gelangen. Den Umstand, dass dem ASA Council vor seiner Entscheidung auch Mitteilung über frühere Beschwerden gegen das Unternehmen gemacht wurde, bezeichnete das Gericht zwar als bedauerlich, jedoch habe sich dies nicht auf das Ergebnis der Entscheidung ausgewirkt. Zuletzt trug der Antragsteller auch vergeblich vor, der ASA habe nicht der gesamte Werbeprospekt vorgelegen, denn die fehlende Seite habe nichts enthalten, was nicht auch auf den anderen Seiten aufgetaucht wäre. Da die ASA sämtliche Werbeaussagen berücksichtigt habe, könne ihr schließlich auch keine Irrationalität bei der Entscheidungsfindung vorgeworfen werden[262]. Die zweite Entscheidung des ASA Council, die in diesem Verfahren gerichtlich überprüft wurde, betraf ebenfalls eine Werbekampagne. Das betreffende Unternehmen machte geltend, bis zum Erhalt des Ermittlungsberichts des Sekretariats sei es über die von seinem Verständnis seiner Werbeaussagen abweichende Ansicht der ASA nicht informiert worden. Diese Rüge wies das Gericht mit dem Hinweis zurück, dass der Antragsteller nach dieser Mitteilung noch genug Zeit gehabt habe, hierzu Stellung zu nehmen; im Übrigen sei die Auffassung der ASA auch vernünftig gewesen.

In einem Fall des High Court vom 04.11.1999[263] wurde für das Unternehmen zur Begründung des Antrags auf gerichtliche Überprüfung zum einen vorgetragen, nicht die ASA, sondern das Gericht habe die Entscheidung darüber zu treffen, ob ein als redaktioneller Beitrag, in einer Zeitung direkt neben einer Werbe-

261 Abrufbar unter http://web.lexis-nexis.com/professional; ebenfalls dargestellt bei *Lawson* [1997] Solicitors Journal 259 (260 f.).

262 Die ASA hatte in der gerichtlichen Verhandlung, durch das Gericht gebilligt, vorgebracht, es sei nicht ausreichend, zuerst eine irreführende Angabe zu machen und diese anschließend im Kleingedruckten zu präzisieren.

263 *R v Advertising Standards Authority*, wiedergegeben bei *Lawson* [1999] Solicitors Journal 1192 (1193).

anzeige erscheinender Text ein Teil der Werbung sei oder nicht, und zum zweiten, dass die ASA den Text zu Unrecht als Bestandteil der Anzeige betrachtet habe. Das Gericht wies das Vorbringen zu beiden Punkten zurück und lehnte damit die Stattgabe des Antrags ab.

Über den bislang letzten Antrag auf gerichtliche Überprüfung einer Entscheidung des ASA Council entschied der High Court am 17.01.2001 in dem Fall *SmithKline Beecham plc v Advertising Standards Authority*[264]. Das Unternehmen wandte sich, nach erfolglosem Verfahren vor dem Independent Reviewer, gegen die Stattgabe von Beschwerden wegen Irreführung durch den ASA Council maßgeblich mit dem Argument, dieser habe sich bei seiner Entscheidung primär auf die Einschätzung eines Sachverständigen gestützt, der im Vorfeld öffentlich eine der Beschwerden gegen die in Rede stehende Werbung für ein Erfrischungsgetränk („Ribena Tooth Kind") unterstützt hatte und daher befangen sei. Das Gericht wies sowohl das Vorbringen zurück, der Experte sei voreingenommen gewesen, als auch die Behauptung, dass der Council seiner Entscheidung in erster Linie dessen Gutachten zugrunde gelegt habe; der Sachverständige habe die Werbung nicht insgesamt für irreführend gehalten, sondern teilweise als korrekt akzeptiert, ferner sei der Council ihm nicht in allen seinen Kritikpunkten gefolgt, und schließlich hätten alle zu Rate gezogenen Fachleute die im Vordergrund der Entscheidung stehende Aussage in der Werbeanzeige, das Produkt begünstige nicht die Kariesbildung, einhellig als irreführend bezeichnet. Nach Ansicht des Gerichts sei der ASA Council, gestützt auf die Gutachten aller Sachverständigen sowie seine eigene Einschätzung, nicht nur berechtigt, sondern sogar verpflichtet gewesen, diese Entscheidung zu treffen. Das letzte Argument des Klägers, das sich auf seine kommerzielle Meinungsfreiheit bezog, wies das Gericht unter Hinweis darauf zurück, dass es ihm unbenommen sei, Werbung zu veröffentlichen, die nicht irreführend sei; da der ASA Council im vorliegenden Fall unter korrekter Anwendung der Codes zu der Überzeugung gelangt sei, dass die aufgestellte Werbebehauptung irreführend sei, habe er bei seiner Entscheidung keinen Ermessensspielraum gehabt. Daher blieb der Antrag auf gerichtliche Überprüfung insgesamt ohne Erfolg.

Wie ersichtlich erstmals der Fall *R v Committee of Advertising Practice, ex parte The Bradford Exchange* des High Court vom 31.07.1990[265] zeigte, gab es nicht nur die eben vorgestellten Anträge auf gerichtliche Überprüfung von Ent-

---

264 Abrufbar unter http://web.lexis-nexis.com/professional; s. auch *Lawson* [2001] New Law Journal 526 (527); vgl. ferner Annual Report 2000, Review of the Year, Self-regulation in court, www.asa.org.uk; weitere Quelle: ASA, News & Events, News, Corporate News Release, ASA Welcomes High Court Victory - 17/01/01, www.asa.org.uk.

265 Zu finden unter http://web.lexis-nexis.com/professional; zusammengefasst auch bei *Lawson* [1993] Solicitors Journal 366 (367).

scheidungen des ASA Council, sondern auch Anträge von Unternehmen auf Nachprüfung von Entscheidungen des CAP, in denen es ihm im Rahmen des Copy Advice Service vorgelegten Werbemaßnahmen seine Billigung („clearance“) versagte. Das Gericht stellte in dieser Entscheidung zwar fest, dass auch diese Entscheidungen des CAP dem Rechtsbehelf des „judicial review“ unterliegen, wies jedoch die vorgebrachten Rügen zurück: Weder habe das CAP seine Befugnisse unter den Codes überschritten, noch sei angesichts der Offenheit und Gesprächsbereitschaft des CAP an der Fairness des Verfahrens zu zweifeln. Den weiteren Punkt des Vorbringens dahingehend, dass das CAP seine eigenen Codes falsch interpretiert habe, untersuchte das Gericht in Hinblick darauf nicht, dass es sich bei dem vorliegenden Verfahren nicht um eine Berufung handele, in dem der Fall auch in materieller Hinsicht neu verhandelt werde; hier sei daher diesbezüglich ausreichend, dass festgestellt werden konnte, dass das CAP nicht außerhalb seiner Kompetenzen agiert habe[266].

c) Das Sanktionssystem

Die Mittel, die der ASA und dem CAP gegen Unternehmen zur Verfügung stehen, welche die Regeln des CAP oder sogar Entscheidungen des ASA Council nicht beachten, sind naturgemäß nicht vergleichbar mit rechtlichen Sanktionen, so dass man fast versucht sein könnte, den Begriff der Sanktion in Zusammenhang mit dem System von ASA und CAP, wenn überhaupt, nur in Anführungszeichen zu verwenden. Andererseits belegen zum einen die extrem hohen Befolgungsraten von 97 Prozent der Werbung in Printmedien und 98 bzw. 99 Prozent der Plakatwerbung und zum anderen auch das durchaus bestehende Interesse der Werbenden an der internen wie der gerichtlichen Überprüfung von ASA-Entscheidungen den hohen Stellenwert, den die meisten Unternehmen diesen einräumen. In cl.68.39 und 68.40 der Codes (ausführlicher hierzu cl. 61 CAP Code) werden kurz die Konsequenzen erwähnt, die ein Unternehmen unter Umständen gewärtigen muss, das die Regeln der Codes oder eine Entscheidung des ASA Council ignoriert.

(i) Berichterstattung über Entscheidungen des ASA Council

Bereits die Veröffentlichung von Entscheidungen des ASA Council, heute auf der Website der ASA, die feststellen, dass ein Unternehmen gegen die Regeln des CAP verstoßen hat, ist sicherlich dessen gutem Ruf abträglich. Darüber hinaus wird über solche durch die ASA veröffentlichten Entscheidungen aber auch

---

266 Der Annual Report 2001 der ASA, www.asa.org.uk, berichtet auf S. 15 von einem weiteren Fall, in dem ein solcher Antrag eines Unternehmens, *Tensor Marketing Ltd*, auf gerichtliche Überprüfung, hier durch Justice *Kay*, abgelehnt wurde.

ausführlich in den Medien berichtet[267], was die imageschädigende Wirkung noch erheblich verstärkt. Insbesondere seitdem die ASA-Entscheidungen wöchentlich im Internet veröffentlicht werden, hat sich die Anzahl der Beiträge über diese Entscheidungen um 65 Prozent erhöht[268].

Wie etwa die bislang zwei Fälle, in denen die vor der ASA unterlegenen Unternehmen beim High Court (erfolglos) eine einstweilige Verfügung gegen die Veröffentlichung von Entscheidungen des ASA Council beantragt hatten, gezeigt haben, sehen Werbende schon in dieser Publizierung eine Beeinträchtigung ihres Ansehens. Einer von der ASA in Auftrag gegebenen Untersuchung ihrer eigenen Bekanntheit und der Beurteilung ihrer Arbeit durch Unternehmen wie private Beschwerdeführer[269] zufolge antworteten von 97 Beschwerdeführern aus der Bevölkerung 47 Prozent auf die Frage, woher sie die ASA als für Beschwerden über Werbemaßnahmen zuständige Stelle kannten, die ASA sei ihnen schon vorher bekannt gewesen, 20 Prozent waren durch eine Zeitungs- bzw. Zeitschriftenanzeige der ASA auf diese aufmerksam geworden, 18 Prozent waren von einer anderen Organisation an die ASA verwiesen worden, und 11 Prozent war die ASA aufgrund von Medienberichten über ihre Entscheidungen ein Begriff. Die Veröffentlichung der Entscheidungen des ASA Council durch die ASA sowie die darauf folgende Berichterstattung in den Medien werden folgerichtig von ASA und CAP[270], auch in cl. 68.39 der Codes (s. cl. 61.4 CAP Code), als ein nicht unwichtiges Sanktions- bzw. Abschreckungsmittel bezeichnet.

(ii) Weiterverfolgung durch das CAP Compliance team[271]

Die Aktivitäten von ASA und CAP im Fall einer erfolgreichen Beschwerde gegen eine Werbemaßnahme erschöpfen sich nicht in dem Erlass und der Veröffentlichung der Entscheidung, verbunden mit der Aufforderung an das Unternehmen, die Werbung umgehend zu korrigieren oder zurückzunehmen bzw. eine entsprechende Verpflichtungserklärung abzugeben, sondern die Befolgung des Spruchs des ASA Council wird auch kontrolliert.

Das CAP Compliance team fragt bei Unternehmen, deren Werbung auch weiterhin unverändert erscheint, nach, welche Maßnahmen sie bisher ergriffen ha-

---

267 Vgl. ASA, Annual Report 1999, S. 30, www.asa.org.uk; weitere Quelle: CAP, Self-regulation, Can I be forced to change my advertisement?, www.cap.org.uk.

268 In den Monaten Februar bis April 2001 fanden sich in der Regionalpresse 551 entsprechende Artikel gegenüber 333 im Vorjahr (Quelle: Lord *Borrie*, Self Regulation of Advertising in the Regional and Local Press, in: ASA, News, Self-regulation in the regional and local press – 17/05/01, www.asa.org.uk).

269 Customer Satisfaction Survey, zu finden unter ASA, Research, Customer Satisfaction Report and Analysis – September 1999, S. 6 und 9, www.asa.org.uk.

270 S. die angegebenen Fundstellen; s. auch *Boyle*, WRP 1990, 159 ff., 160; *Reger*, S. 56 f.

271 Vgl. hierzu auch die neue cl. 60.18 des CAP Code.

ben, um der Entscheidung gerecht zu werden; im Jahr 1998 bestätigten 98 Prozent der kontaktierten Unternehmen, dass die betreffende Werbung modifiziert oder zurückgenommen worden sei, und 1999 war in allen 240 weiterverfolgten Fällen die Werbung entweder bereits geändert oder zurückgezogen worden, oder es wurde in einer schriftlichen Erklärung die Vereinbarkeit aller gegenwärtigen und künftigen Werbemaßnahmen mit den Regeln des CAP zugesichert[272]. Im Jahr 2001 hatten 106 Unternehmen der ASA zunächst nicht zugesichert, dass sie ihre Werbemaßnahmen ändern würden, doch das Compliance team konnte 92 dieser Werbenden überzeugen, sich an die Regeln des CAP und die Entscheidungen des ASA Council zu halten[273].

Als weitere Maßnahmen des CAP Compliance team zur Durchsetzung der Entscheidungen des ASA Council sind die bereits behandelten Anordnungen, künftige Werbeaktivitäten in den genannten Fällen vorab überprüfen zu lassen („pre-vetting"), sowie die ebenfalls schon erwähnte Überwachung der Werbung von „Wiederholungstätern" zu nennen.

Ein Beispiel dafür, wie wichtig jedoch gerade auch die Überprüfung einer von dem betreffenden werbenden Unternehmen zugesicherten Korrektur einer durch den ASA Council beanstandeten Werbemaßnahme sein kann, liefert der Fall *Mercury Records Ltd* vom 16.01.2002. Der ASA Council hielt eine Beschwerde gegen ein Plakat aufrecht, mit dem für das Debütalbum eines Rocksängers geworben wurde. Dieses zeigte eine Nahaufnahme des Musikers, dem Blut aus der Nase über Mund, Hals und T-Shirt strömte. Das Poster hielt den Anforderungen der Regelungen des CAP wegen seiner Anstößigkeit (cl. 5.1) sowie seiner unnötig furchteinflößenden Aufmachung (cl. 9.1), insbesondere mit Blick auf Kinder (cl. 47.1), nicht stand. Ob aber die von den Werbenden in Aussicht genommene „Korrektur" des Plakats im Sinne der ASA und des CAP ist, erscheint in höchstem Maße zweifelhaft: Geplant war nämlich, zumindest laut einer veröffentlichten entsprechenden Absichtsbekundung, das Blut auf Nase und Mund mittels einer Art Aufkleber zu verdecken[274].

(iii) Die „Pförtnerfunktion" der Medienunternehmen – Ad Alerts

In den Fällen, in denen ein Unternehmen auch nach Entscheidungsveröffentlichung und Aufforderung durch die ASA, seine Werbeaktivitäten an der Entscheidung auszurichten, nicht zur Zusammenarbeit mit den Selbstkontrolleinrichtungen bereit ist, was 1998 bei zwei Prozent der angeschriebenen Werbenden, im Jahr 2000 bei 21 von 329 und im Jahr 2001 bei 14 von 106 kontaktierten

---

272 Vgl. ASA, Annual Report 1998, S. 14, und Annual Report 1999, S. 16, www.asa.org.uk.

273 ASA, Annual Report 2001, S. 10, www.asa.org.uk.

274 Quelle: NME.Com News, Andrew WK album cover to be censored, unter: wysiwyg://3/http://nme.com/news/100451.htm.

Unternehmen festgestellt werden musste[275], sendet das CAP Compliance team häufig Warnungen, sog. „Ad Alerts“, an die im CAP vertretenen Medienunternehmen. Sinn dieser Maßnahme ist es, die Medieninhaber über die betreffenden Werbemaßnahmen zu unterrichten, so dass sie, die sich ja alle durch vertragliche Vereinbarung mit den sie im CAP repräsentierenden Medienverbänden verpflichtet haben, nur den Regeln des CAP entsprechende Werbungen zu veröffentlichen, die Bereitstellung von Anzeigenplatz verweigern oder gegebenenfalls vor einer Veröffentlichung das CAP Compliance team kontaktieren können[276]. 1999 wurden 68 Ad Alerts versendet, im Jahr 2001 waren es 49[277]. Nach Ansicht des gegenwärtigen ASA-Vorsitzenden, Lord *Borrie*, kommt die von ihm als die effektivste Sanktion in Bezug auf Werbeanzeigen bezeichnete Versendung von Ad Alerts häufig deshalb nicht zum Tragen, weil diese von Medienunternehmen viel zu oft nicht beachtet würden[278].

Wie cl. 68.39 der Codes (cl. 61.6 CAP Code) entnommen werden kann, ist diese „gatekeeper“-Funktion nicht auf die Printmedien beschränkt, sondern Diensteanbieter generell könnten dazu angehalten werden, bestimmten Werbenden ihre Leistungen zu versagen bzw. keine Anzeigenflächen zu überlassen.

(iv) Handelssanktionen und sonstige wirtschaftliche Nachteile

Die Wirtschafts- bzw. Berufsverbände der werbenden Unternehmen sowie ihrer Werbeagenturen können, wenn eine von diesen in Auftrag gegebene bzw. produzierte Werbemaßnahme die Regeln des CAP verletzt, ihnen die mit der Mitgliedschaft in dem jeweiligen Verband verbundenen finanziellen und sonstigen Vorteile entziehen und ihre Mitgliedschaft selbst in Frage stellen (cl. 68.39 der Codes, cl. 61.7 CAP Code), was dazu führen kann, dass die Kosten für die betreffende Werbekampagne derart ansteigen, dass ihre Durchführung insgesamt gefährdet wird[279]. Jede Werbung, die gegen die Regeln des CAP verstößt oder gegen die erfolgreich Beschwerde eingelegt wurde, wird außerdem von allen

---

275 Vgl. ASA, Annual Report 1998, S. 14, Annual Report 2000, Compliance, Ensuring compliance with ASA decisions, und Annual Report 2001, S. 10, www.asa.org.uk.

276 Vgl. ASA, Annual Report 1998, S. 29, zu dieser Funktion als „gatekeepers“, ferner Annual Report 2000, Compliance, Ensuring compliance with ASA decisions, und Annual Report 1999, S. 30, alles unter www.asa.org.uk; s. auch die neue cl. 61.6 CAP Code.

277 ASA, Annual Report 1999, S. 24, und CAP in: ASA, Annual Report 2001, S. 18, www.asa.org.uk.

278 Quelle: Lord *Borrie*, Self Regulation of Advertising in the Regional and Local Press, in: ASA, News, Self-regulation in the regional and local press – 17/05/01, www.asa.org.uk.

279 Vgl. ASA, Annual Report 1999, S. 30, www.asa.org.uk; weitere Quelle: CAP, Self-regulation, Can I be forced to change my advertisement?, www.cap.org.uk.

größeren, mit finanziellen Anreizen verbundenen Werbe- und Medienpreisverleihungen ausgeschlossen[280].

(v) Abgabe an das Office of Fair Trading

Handelt es sich um irreführende oder, seit April 2000, unzulässige vergleichende Werbung, bleibt der ASA als ultima ratio gegenüber Unternehmen, die gegen sie erlassene Entscheidungen hartnäckig ignorieren, die Möglichkeit, den Fall an das Office of Fair Trading abzugeben.

Die Zuständigkeitsbereiche beider Stellen sind in der Weise miteinander verbunden, dass der Director General of Fair Trading sein Tätigwerden aufgrund einer Beschwerde[281] gemäß regulation (reg.) 4 (3) der Control of Misleading Advertisements Regulations (CMA Regs) 1988, ergänzt durch CMA Regs 2000, welche die Richtlinie 97/55/EG zur vergleichenden Werbung umsetzten[282], davon abhängig machen kann, dass der Beschwerdeführer bereits ernsthaft, aber erfolglos diejenigen anerkannten Einrichtungen zur Befassung mit Beschwerden dieser Art eingeschaltet hat, die ihm – dem Director General – geeignet erscheinen. Damit sind etwa die örtlichen Trading Standards Departments sowie insbesondere Selbstkontrollorganisationen wie die ASA gemeint[283]. Dies wird durch reg. 4 (4) CMA Regs 1988 bestätigt, wonach der Director General bei der Ausübung seiner Befugnisse die Interessen aller Beteiligten und speziell das öffentliche Interesse zu berücksichtigen hat, insbesondere auch das an der Unterstützung der Werbeselbstkontrolle. Hält es der Director General für geboten einzuschreiten, fordert er das betreffende Unternehmen (oder auch die Werbeagentur oder den Verlag) zunächst auf, eine informelle Zusicherung abzugeben, die beanstandete Werbung zurückzuziehen (cl. 68.40, Satz 2, der Codes bzw. cl 61.10, Satz 3, des CAP Code)[284]. Wenn diese Erklärung nicht abgegeben oder nicht befolgt wird, kann der Director General beim High Court den Erlass einer Unterlassungsverfügung beantragen, was im Erfolgsfall zur Folge hat, dass jeder Verstoß gegen die erlassene gerichtliche Verfügung als „contempt of court" strafbar ist, cl. 68.40, Sätze 3 und 4, der Codes (cl. 61.10, Sätze 4 und 5 des

---

280 Quelle: CAP, Self-regulation, Can I be forced to change my advertisement?, www.cap.org.uk; s. auch cl. 68.39 der Codes a. E. (cl. 61.7 CAP Code).

281 Anders als die ASA kann der Director General of Fair Trading nicht von sich aus, sondern nur auf eine Beschwerde hin gegen eine unzulässige Werbemaßnahme vorgehen.

282 Abrufbar unter http://web.lexis-nexis.com/professional.

283 Vgl. *Boyle*, WRP 1990, 159 (163); *Glass* [1989] New Law Journal 1643 (1644); *Ohly*, Richterrecht, S. 52.

284 Vgl. auch Office of Fair Trading, When all else fails, www.oft.gov.uk.

CAP Code). Allerdings heißt es in reg. 5 (1) CMA Regs 1988, der Director General könne diesen Antrag stellen, wenn es ihm angemessen erscheine[285].

Häufig genügt schon die Androhung durch den Director General, eine Unterlassungsverfügung beim High Court zu beantragen, noch öfter ist bereits die bloße Ankündigung durch die ASA, den Fall an das Office of Fair Trading zu verweisen, ausreichend, um das Unternehmen zu der Rücknahme der beanstandeten Werbung zu veranlassen; so gab etwa im Juli 2000, nachdem im selben Monat die ASA den Fall an das Office of Fair Trading verwiesen hatte, das Unternehmen *Clockwork Orange Ltd* diesem gegenüber eine Unterlassungserklärung bezüglich der von der ASA beanstandeten irreführenden Werbeaussagen ab[286].

Der erste Fall, in dem eine Verbotsverfügung beantragt und gewährt wurde, war die Entscheidung *Director General of Fair Trading v. Tobyward Ltd. and Another* des High Court vom 17.11.1988[287]. Die ASA hatte versucht, das Unternehmen zur Einstellung seiner Werbung für ein Schlankheitsprodukt („Speedslim") zu bewegen, weil sie Angaben in dieser als irreführend ansah. Da das Unternehmen sich nicht kooperationsbereit zeigte und statt dessen fortfuhr, auf diese Weise zu werben, gab sie den Fall an das Office of Fair Trading ab. Die dem Director General of Fair Trading gegenüber gemachten Zusicherungen sah dieser nicht als ausreichend an, weshalb er beim High Court eine einstweilige Verfügung gegen das Unternehmen beantragte.

Im Rahmen seiner Ermessensentscheidung darüber, ob die Verbotsverfügung erlassen werden sollte, bei der das Gericht gemäß reg. 6 (1) CMA Regs 1988 alle involvierten Interessen und insbesondere das öffentliche Interesse in den Blick zu nehmen hat, drückte Justice *Hoffmann* seine bereits eingangs[288] erwähnte Anerkennung der Berücksichtigung der Unterstützung des Prinzips der Selbstkontrolle durch die Gerichte als wünschenswert und im öffentlichen Interesse liegend aus; er denke, dass Werbende eher geneigt wären, die Entscheidungen ihrer Selbstkontrollorganisationen zu akzeptieren, wenn allgemein bekannt wäre, dass in Fällen, in denen deren Verfahren erschöpft seien und der Werbende noch immer in einer Weise werbe, die dem Gericht prima facie irreführend erscheine, in der Regel eine Verbotsverfügung erlassen werde[289]. Da der

285 Was *Schricker*, GRUR Int. 1994, 586 (587), im europäischen Vergleich als „Maximum an Diskretion" bezeichnet; in drei Jahren sei dieser Fall zweimal eingetreten; vgl. auch *Dehlfing*, S. 106.

286 Vgl. Office of Fair Trading, When all else fails, www.oft.gov.uk; ASA, Annual Report 2000, Compliance, The ultimate sanction, www.asa.org.uk.

287 [1989] 1 W.L.R. 517; [1989] 2 All ER 266; auch abrufbar unter http://web.lexis-nexis.com/professional; auszugsweise übersetzt in GRUR Int. 1989, 846 (847); s. auch *Boyle*, WRP 1990, 159 (163 f.); *Schricker*, GRUR Int. 1990, 112 (119).

288 S. o., 1. Abschnitt, A., S. 2.

289 [1989] 1 W.L.R. 517 (522).

Richter die Ablehnung der Unterlassungserklärungen des Unternehmens durch den Director General als vernünftig akzeptierte und zudem die Gewährung der begehrten Verfügung bis zum Abschluss des Hauptsacheverfahrens im Interesse des Verbraucherschutzes als geboten betrachtete, erließ er die beantragte Verbotsverfügung[290].

III. Annäherung und Angleichung an das Recht

Wie gesehen verleiht das staatliche Rechts- und Gerichtssystem der Werbeselbstkontrolle in zweierlei Hinsicht ein nicht unerhebliches Maß an Autorität und Schlagkraft, nämlich zum einen durch die Anerkennung der Möglichkeit einer gerichtlichen Überprüfung von Entscheidungen des ASA Council und zum anderen mit der infolge der CMA Regs 1988 eingeführten Abgabemöglichkeit an das Office of Fair Trading. In Hinblick auf Letzteres wurde die Erwartung geäußert, in einer solchen Zusammenarbeit mit staatlichen Stellen liege die Zukunft der Werbeselbstkontrolle[291]. In Bezug auf Radio- und Fernsehwerbung ist der Gesetzesbegründung für den Entwurf des „Communications Bill" zu entnehmen, dass die Regierung eine Stärkung der existierenden Kombination aus Staats- und Selbstkontrolle („co-regulation") anstrebt[292].

Darüber hinaus wird darauf hingewiesen, dass ein Werbeselbstkontrollsystem sich mit fortschreitender Entwicklung mehr und mehr dem Recht angleiche, wodurch es immer effektiver werde[293]; diese Einschätzung überrascht freilich etwas, da üblicherweise als Vorteile der Selbstkontrolle gerade deren Unterschiede gegenüber dem staatlichen Recht herausgestellt werden.

C. Zur Gegenüberstellung: die Werbeselbstkontrolle in Deutschland im Überblick[294]

Die selbstdisziplinäre Kontrolle der Werbung durch die Werbewirtschaft hat in Deutschland, in erster Linie bedingt durch die hier schon früh und umfassend

---

290 Zu weiteren Fällen s. Bericht in OFT, Annual Report 1999: Action against misleading advertisements, unter www.oft.gov.uk, sowie ASA, News & Events, News, unter www.asa.org.uk, für jeweils aktuelle Fälle.

291 So *Circus* [2000] Business Law Review 82 (82); s. auch *Lawson* [1991] Business Law Review 318 (321), der darauf hinweist, dass die Kontrolle des Wettbewerbshandelns in Großbritannien durch eine Mischung aus Selbstregulierung und staatlichem Recht bewerkstelligt wird, und zugleich vor einer Ausweitung der gesetzlichen Regeln warnt.

292 Quelle: ASA, News, ASA Response To Draft Communications Bill - 20/05/2002, www.asa.org.uk; s. auch *Micklitz/Keßler*, GRUR Int. 2002, 885 (895).

293 *Thomas*, zitiert bei *Circus* [2000] Business Law Review 82 (85).

294 Zur Selbstkontrolle der Werbung in Deutschland s. *Brandmair*, S. 185 ff.

vorgenommene gesetzliche Regelung des Wettbewerbsverhaltens[295], keine so lange Tradition wie in Großbritannien, sie hat daher auch kein derart hoch entwickeltes System hervorgebracht wie in Großbritannien speziell die ASA und das CAP, und sie spielt auch, wie bereits eingangs erwähnt, eine wesentlich geringere Rolle als die britische. Zuletzt definiert die deutsche Werbeselbstkontrolle ihre Aufgaben auch teilweise anders als ASA und CAP.

I. Die wichtigsten Selbstkontrollorgane

Die zentralen Organisationen der deutschen Werbeselbstkontrolle sind der Zentralverband der deutschen Werbewirtschaft e. V. (ZAW) und der Deutsche Werberat.

Zwar ist, neben dem Deutschen Werberat, auch die Zentrale zur Bekämpfung unlauteren Wettbewerbs e. V. Mitglied in dem bereits vorgestellten europäischen System der EASA[296], und nach ihrem Selbstverständnis ist sie auch eine Selbstkontrollorganisation[297]. Allerdings verfolgt die „Wettbewerbszentrale" nur solche Werbemaßnahmen, die gegen wettbewerbsrechtliche Vorschriften verstoßen, d. h. es handelt sich bei ihr (im Unterschied zu der britischen ASA und auch dem Deutschen Werberat) um eine Rechtsdurchsetzungsorganisation. Dennoch kann sie nicht als reiner „Klageverband" bezeichnet werden, denn aufgrund von Beschwerden – aus Industrie und Handel, von Verbrauchern und Behörden – bemüht sich die Wettbewerbszentrale, zumeist erfolgreich, um eine gütliche Einigung mit den Werbenden, und zwar entweder mittels einer Abmahnung oder durch die Einschaltung der Einigungsstellen zur Beilegung von Wettbewerbsstreitigkeiten bei den Industrie- und Handelskammern[298]; nur wenn dieser Versuch fehlschlägt, führt die Wettbewerbszentrale eine gerichtliche Klärung herbei[299]. Diese Verbindung zwischen nicht-staatlicher Kontrolle und gerichtlicher Entscheidungsgewalt, die im britischen System in ähnlicher Form mittels Einschaltung des Director General of Fair Trading ausschließlich in Fällen irreführender und unzulässiger vergleichender Werbung besteht, macht mithin das Wesen der Tätigkeit der Wettbewerbszentrale insgesamt aus.

Die beiden zuerst genannten Organisationen kommen demgegenüber in ihren Funktionen denen von ASA und CAP etwas näher[300]:

---

295 Vgl. hierzu auch *Hörle*, WRP 1982, 504 (504 f.).

296 Vgl. www.easa-alliance.org, About EASA, SRO Members.

297 S. Interview mit Hauptgeschäftsführer *Münker*, Markenartikel 1996, 88 (88).

298 § 27 a UWG.

299 *Münker* im Interview in Markenartikel 1996, 88 (88 f.).

300 Näher zum ZAW und zum Deutschen Werberat *Hörle*, WRP 1982, 504 (505 ff.).

1. Die Organisation des ZAW und des Deutschen Werberats

In dem 1949 gegründeten ZAW als Dachverband sind alle zur Werbewirtschaft gehörenden Gruppen, momentan 41 Organisationen der werbenden Wirtschaft, der Werbung Durchführenden (d. h. der Medien) und Werbemittelhersteller, der Werbeagenturen, der Werbeberufe und der Markt- und Sozialforschung, zusammengeschlossen[301]. Der ZAW vertritt die Interessen seiner Mitglieder und verfolgt zudem insbesondere auch das Anliegen, durch die Anregung von Selbstdisziplin in der Werbewirtschaft auf „lautere und vorbildliche Werbung hinzuwirken, um Auswüchse und Missbräuche zu vermeiden“[302].

Der ZAW gründete 1972 den Deutschen Werberat[303], um die freiwillige Selbstkontrolle der Werbewirtschaft zu verwirklichen. Diesem gehören gegenwärtig[304] vier Delegierte der werbenden Wirtschaft, drei der Werbung durchführenden Medien, zwei der Werbeagenturen, ein Delegierter der Werbeberufe und drei weitere Personen an, die alle auch im ZAW-Präsidium vertreten sein müssen[305].

2. Die Tätigkeit des Deutschen Werberats

Zu den Aufgaben dieses Gremiums[306] gehören die Weiterentwicklung der Werbung und die Feststellung und Beseitigung von Missständen, die Entwicklung von Leitlinien selbstdisziplinären Charakters, die Ermittlung von Grauzonen im Vorfeld der gesetzlichen Grenzen und das Abstellen von anstößigen oder unzuträglichen Darstellungen.

Der Weberat befasst sich ausschließlich mit Wirtschaftwerbung (s. Art. 2 (1) der Verfahrensordnung des Deutschen Werberats vom 24.09.1979[307]), dies aber in allen Medien, d. h. es wird neben Online-Werbung auch Fernseh- und Radiowerbung erfasst, wobei jedoch Erstere nur in den Zuständigkeitsbereich des Werberats fällt, wenn sie in deutscher Sprache erscheint[308]. Gemäß seiner Verfahrensordnung kann der Deutsche Werberat sowohl aufgrund von Beschwerden (von jedermann) als auch von sich aus ein – kostenloses, Art. 5 – Verfahren gegen eine Werbemaßnahme einleiten (Art. 1).

---

301 Vgl. Website des Deutschen Werberats, www.interverband.com:8080/u-img/69392.

302 Zitat bei *Hörle*, WRP 1982, 504 (506).

303 Zunächst noch „Präsidialausschuß für Verbraucherwerbung“ genannt, vgl. *Brandmair*, S. 188.

304 Stand Januar 2003, s. Jahrbuch Deutscher Werberat 2003, S. 24.

305 Vgl. Arbeitsgrundsätze des Deutschen Werberats, Fassung von 1979, unter 3., www.interverband.com:8080/u-img/69392.

306 Zu finden unter www.interverband.com:8080/u-img/69392.

307 Abrufbar unter www.interverband.com:8080/u-img/69392.

308 Vgl. Deutscher Werberat und das Beschwerdeverfahren zur Online-Werbung, Fassung von 1997, Zuständigkeit, www.interverband.com:8080/u-img/69392.

Im Fall von offensichtlichen Gesetzesverstößen kann er die Sache an die Zentrale zur Bekämpfung unlauteren Wettbewerbs weiterleiten, und Konkurrenten-Beschwerdeführer können bei geltend gemachten Gesetzesverletzungen auf die gerichtliche Rechtsdurchsetzung verwiesen werden (Art. 2 (3) und (4)). Dies ist in Zusammenhang damit zu sehen, dass der Werberat „bestimmungsgemäß" keine Rechtsverletzungen verfolgt und sich daher außerstande sieht, Beanstandungen wegen der Verletzung gesetzlicher Bestimmungen nachzugehen[309].

Vorprüfungen von Werbemaßnahmen, wie sie in Großbritannien das CAP Compliance team durchführen kann, nimmt der Deutsche Werberat nicht vor (Art. 2 (5)). Im Übrigen ähnelt das Beschwerdeverfahren aber stark dem von ASA und CAP: Offensichtlich unbegründet erscheinende Beschwerden werden, mit Einspruchmöglichkeit des Beschwerdeführers, zurückgewiesen (Art. 6), ansonsten werden Werbender und bzw. oder Werbeagentur zu einer Stellungnahme aufgefordert (Art. 7 (1)). Wird von Seiten der Werbenden erklärt, dass die Werbung geändert bzw. eingestellt werde, wird hierüber in der Regel nur der Beschwerdeführer informiert, das Verfahren an sich ist erledigt (s. Art. 8). In Ermangelung einer solchen Erklärung hat der Werberat eine Entscheidung zu treffen (Art. 9 (1)). Hierbei unterliegen seine Mitglieder keinen Weisungen[310]; sie haben sich bei der Entscheidungsfindung an vier zentralen Maßstäben zu orientieren[311]: Neben den allgemeinen Gesetzen sind die speziell werberechtlichen Vorschriften, also insbesondere das Wettbewerbsrecht, zugrunde zu legen[312], ferner die Verhaltensregeln, die der Deutsche Werberat selbst zu einigen Spezialbereichen erlassen hat[313], und zuletzt die gegenwärtig herrschende Auffassung in der Gesellschaft zu „Sitte, Anstand und Moral", welche sich auch in den Inhalten der redaktionellen Beiträge in den Medien manifestiere[314].

---

309 Quelle: Verlautbarung des Deutschen Werberats zur Werbung mit Politikern vom Januar 2000, www.interverband.com:8080/u-img/69392.

310 Vgl. Arbeitsgrundsätze des Deutschen Werberats, Nr. 8, unter www.interverband.com:8080/u-img/69392.

311 So die Aussage auf der Website des Werberats, Grundlagen der Entscheidungen, www.interverband.com:8080/u-img/69392; zumindest etwas anders formuliert ist die entsprechende Passage in seinen Arbeitsgrundsätzen unter Nr. 8, a.a.O.

312 Wobei m. E. unklar ist, wie sich diese rechtlichen Beurteilungsmaßstäbe mit der gleichzeitig betonten Unzuständigkeit des Werberats für Rechtsverstöße vereinbaren lassen.

313 Diese werden im Folgenden, unter 3., kurz dargestellt.

314 Gemäß Nr. 8 der Arbeitsgrundsätze zählen zu den Entscheidungsgrundlagen darüber hinaus die Richtlinien des ZAW – darunter beispielsweise die für redaktionell gestaltete Anzeigen vom 09.04.1964, neugefasst 1991, abgedruckt in *Baumbach/Hefermehl*, Anhang zu § 3 UWG, X. – sowie die internationalen Verhaltensregeln für die Werbepraxis, soweit sie im Rahmen der deutschen Rechtsordnung verwendbar sind; mit Letzterem dürften wohl insbesondere die Regeln der ICC angesprochen sein.

Im Fall der Zurückweisung der Beschwerde informiert der Werberat alle Verfahrensbeteiligten hierüber (Art. 10). Beanstandet er die Werbemaßnahme hingegen, fordert er den Werbenden und bzw. oder die Werbeagentur auf, mitzuteilen, ob diese geändert oder eingestellt wird; wenn eine entsprechende Zusicherung abgegeben wird, teilt der Werberat dies dem Beschwerdeführer mit, andernfalls unterrichtet er diesen von seiner Entscheidung gegen den Werbenden (Art. 11). Im letzteren Fall, wenn also eine Änderung oder Einstellung der Werbung nicht zugesagt wird, kann der Werberat, worauf er vorher ausdrücklich hinweisen muss, seine Beanstandung der betreffenden Werbung öffentlich bekannt machen (Art. 12 (2), die sog. „öffentliche Rüge"). In Art. 13 der Verfahrensordnung sind schließlich die Einspruchsmöglichkeiten der Beteiligten geregelt; über Einsprüche entscheidet der Deutsche Werberat selbst.

3. Die Regelwerke des Deutschen Werberats

Als die selbstdisziplinären Leitlinien für die Werbewirtschaft in Deutschland werden die Verhaltensregeln und Richtlinien des Deutschen Werberats bezeichnet; sie dienen zum einen dazu, Moral und Ethik in der Werbung aufrecht zu halten und zum anderen das Ansehen der Werbung in der Bevölkerung zu stärken[315].

Verhaltensregeln hat der Werberat für die Werbung mit und vor Kindern in Hörfunk- und Fernsehen[316] und über die Werbung und das Teleshopping für alkoholische Getränke (Fassung von 1998) erlassen.

Daneben bestehen noch diverse Verlautbarungen, die lediglich Empfehlungen enthalten[317]: eine zur Herabwürdigung und Diskriminierung von Personen von 1991, eine zur Werbung mit unfallriskanten Bildmotiven vom Oktober 1974, eine weitere zur Reifenwerbung vom November 1974, die bereits erwähnte zur Werbung mit Politikern vom Januar 2000 und eine letzte zum verantwortungsvollen Umgang mit Verkehrsgeräuschen in der Hörfunkwerbung vom September 2000.

Im Vergleich mit den Regeln des Systems von ASA und CAP lässt sich bereits daraus entnehmen, dass die Tätigkeit des Deutschen Werberats sich zwar auch, im Gegensatz zu der von ASA und CAP, auf Rundfunk- und Fernsehwerbung erstreckt, dass der Werberat aber in wesentlich geringerem Umfang, als in den Vorschriften des britischen CAP geschehen, Regelungen für das Verhalten der

---

315 Vgl. Deutscher Werberat, Regelwerke der Werbewirtschaft, unter www.interverband.com:8080/u-img/69392.

316 Aktuell in der Fassung von 1998, wie auch die folgenden Verhaltensregeln und Verlautbarungen abrufbar unter www.interverband.com:8080/u-img/69392.

317 Vgl. *Baumbach/Hefermehl*, Einl UWG Rn 34.

Werbewirtschaft aufgestellt hat, anhand derer sich die Werbenden orientieren können und er selbst seine Entscheidungen treffen kann.

In Bezug auf den Inhalt der Regeln ist Folgendes festzuhalten: Die deutschen und die britischen Vorschriften zur Werbung mit und vor Kindern sowie die zur Alkoholwerbung sind in ihrer Tendenz und in ihren Aussagen zumeist ähnlich, allerdings sind die britischen Selbstkontrollregelungen des CAP, insbesondere die zur Kinderwerbung, noch detaillierter als die des Werberats. Die Verlautbarungen des Werberats enthalten demgegenüber keine konkreten Verhaltensanweisungen, sondern behandeln die jeweiligen Themen eher allgemein; nur teilweise finden sich Beispiele für zu vermeidende Verhaltensweisen in der Werbung, wie etwa in der Verlautbarung zur Reifenwerbung.

4. Beschwerden vor dem Deutschen Werberat

Die jährliche Anzahl der an den Werberat gerichteten Beschwerden schwankte von 1993 bis 1999 zwischen 513 (1993) und 306 (1998) und lag im Schnitt bei 350. Im Jahr 2000 waren es ca. 1.140. Diese Zahl war primär auf einige Werbemaßnahmen zurückzuführen, die besonders viele Beschwerden ausgelöst hatten, sowie auf kritikwürdige bis aggressive Online-Werbung[318]; zudem wurden Proteste gegen Werbung auch häufig in Form von Unterschriftenlisten eingereicht[319]. Die knapp 700 Beschwerden des Jahres 2001 betrafen 421 Werbemaßnahmen[320]. In 116 Fällen war der Werberat jedoch nicht zuständig bzw. verwies den Beschwerdeführer auf den Rechtsweg, so dass er noch über 305 Werbeaktivitäten zu entscheiden hatte. Von diesen sah der Werberat 206 als nicht zu beanstanden an; in 91 Fällen versicherten die Werbenden, die Werbung werde eingestellt bzw., in fünf Fällen, geändert, und eine öffentliche Rüge musste nur wegen drei Werbemaßnahmen ausgesprochen werden. Mit einer solchen Rüge ist zugleich eine Aufforderung an die Medien – 23 Organisationen der Medien sind Mitträger des Werberats – verbunden, die kritisierte Werbemaßnahme nicht mehr zu schalten[321].

Inhaltlich betreffen die Beschwerden, allerdings mit rückläufiger Tendenz, noch immer überwiegend unterstellte Erniedrigungen bzw. Diskriminierungen von Frauen, gefolgt von Beanstandungen wegen der Darstellung von Gewalt bzw. der Verletzung religiöser Gefühle; die vierte größere Gruppe bildeten 2001 Be-

---

318 Quelle: Deutscher Werberat, Rücksichtslose Werbung rechnet sich nicht, Pressemeldung Nr. 1, 27. März 2001, www.interverband.com:8080/u-img/69392.

319 Jahrbuch Deutscher Werberat 2002, S. 23.

320 Diese wie die folgenden Zahlen aus dem Jahr 2001 sind dem Jahrbuch Deutscher Werberat 2002, S. 23, entnommen. Im Unterschied zu den Jahresberichten der britischen ASA beziehen sich die Jahrbücher des Werberats eines Jahres jeweils auf das Vorjahr.

321 Quelle: Deutscher Werberat, Rücksichtslose Werbung rechnet sich nicht, Pressemeldung Nr. 1, 27. März 2001, www.interverband.com:8080/u-img/69392.

schwerden aufgrund der unterstellten Gefährdung von Kindern und Jugendlichen bzw. wegen der behaupteten Verletzung der Regeln des Werberats bezüglich der Werbung vor und mit Kindern in Hörfunk und Fernsehen[322]. Von den 305 im Jahr 2001 vom Werberat zu entscheidenden Fällen betrafen knapp 95 Zeitschriften- bzw. Zeitungsanzeigen, 65 Beschwerden kritisierten Fernsehspots, und knapp 60 bezogen sich auf Plakate, während Online- und E-Mail-Werbung nur in sehr geringer Anzahl beanstandet wurden[323].

II. Sonstige Selbstkontrollsysteme

Neben dem System des ZAW und des Deutschen Werberats existieren zahlreiche verbandsinterne und branchenspezifische Regelwerke, die ebenfalls das Werbe- sowie insgesamt das Wettbewerbsverhalten der jeweiligen Gruppen von Unternehmen im Sinne eines lauteren und wirksamen leistungsgerechten Wettbewerbs beeinflussen sollen (vgl. § 24 II GWB).

Die Regelungen, die gemäß §§ 24 III, 26 I, II, 48 GWB durch das Bundeskartellamt bzw. die Landeskartellbehörden anerkannt wurden, sind in den Tätigkeitsberichten des Bundeskartellamts aufgelistet[324]. Zu diesen Verhaltensregelungen gehören etwa die Wettbewerbsregeln des Markenverbandes von 1976[325]. Daneben sind auch noch die Wettbewerbsrichtlinien der Versicherungswirtschaft vom 15.12.1977[326] zu erwähnen, die durch die Verbände der Versicherungsunternehmen aufgestellt wurden. Speziell mit Blick auf die Wettbewerbsregeln nach § 24 II GWB wurde in der Literatur festgestellt, angesichts der hier in der Regel fehlenden besonderen Kontrollgremien oder einer sonstigen Überwachung der Einhaltung der Verhaltensregeln durch die Vereinsorgane handle es sich bei diesen Regelwerken weniger um selbstdisziplinäre Maßnahmen als eher um politische oder verbandsinterne Absichterklärungen[327].

III. Fazit

Zusammenfassend ist demnach festzuhalten, dass die deutsche Werbeselbstkontrolle, wie sie insbesondere durch den Deutschen Werberat praktiziert wird, in

---

322 Jahrbuch Deutscher Werberat 2002, S. 33.

323 Jahrbuch Deutscher Werberat 2002, S. 36.

324 Der Tätigkeitsbericht 1999/2000 ist in der BT-Drs. 14/6300 enthalten, ebenfalls abrufbar bei www.bundeskartellamt.de unter Publikationen, Tätigkeitsbericht, wo auch die beiden vorausgegangen Tätigkeitsberichte zu finden sind.

325 Abgedruckt in *Baumbach/Hefermehl*, § 1 UWG Rn 911; s. auch Beschluss des Bundeskartellamts zur Eintragung dieser Regeln nach § 28 GWB a. F. in WRP 1976, 576 (576 ff.).

326 Ebenfalls abgedruckt in *Baumbach/Hefermehl*, Anhang zu § 3 UWG, XII.

327 So *Brandmair*, S. 226.

erster Linie im Vorfeld von Gesetzesverletzungen und damit auch in den Grauzonen zwischen noch erlaubtem und schon unerlaubtem Wettbewerbsverhalten tätig wird, um Werbeaktivitäten, die dem Wettbewerbsleben unzuträglich erscheinen, auch in dem Bereich unterhalb der Schwelle zur Illegalität erfassen zu können. Die Selbstkontrolle fungiert mithin, soweit sie überhaupt zum Tragen kommt, als Ergänzung des Rechts, primär des Wettbewerbsrechts, aber auch des Arbeitsschutzrechts sowie der allgemeinen Gesetze.

Demgegenüber könnte man die Situation in Großbritannien beinahe umgekehrt so charakterisieren, dass das Recht ergänzend neben die Selbstkontrolle der Werbung durch die ASA und das CAP anhand der CAP-Regeln tritt. Dies ist sicherlich nicht zuletzt darauf zurückzuführen, dass, abgesehen von den traditionellen Rechtsinstituten des Common Law wie etwa passing off, defamation oder malicious falsehood, die weiteren Grundlagen für ein Einschreiten gegen Werbemaßnahmen durch die Gerichte, nämlich die zum Verbraucherschutz erlassenen Straf- bzw. Verwaltungsgesetze, erst nach der Entstehung und zum Teil auch erst nach der festen Etablierung des Systems von ASA und CAP sowie dem Aufstellen ihrer umfassenden Werbeselbstkontrollregeln erlassen wurden.

Abschließend soll noch auf eine geplante Änderung der Situation der deutschen Werbeselbstkontrolle hingewiesen werden, gegen die der ZAW sich dezidiert ausspricht: Es handelt sich um den Entwurf eines Staatsvertrags der Bundesländer über den Schutz der Menschenwürde und den Jugendschutz in Rundfunk und Telemedien (JMStV)[328]: Im Kern sieht dieser Entwurf vor, dass Organe der freiwilligen Selbstkontrolle, auch in Hinblick auf ihre Spruchpraxis, unter die Aufsicht einer Behörde gestellt werden und dass darüber hinaus bisher freiwillige Verhaltensregeln der Werbewirtschaft in den Staatsvertrag aufgenommen werden, was der ZAW als die Selbstkontrolle der Werbung desavouierend und ihren Sinn insgesamt in Frage stellend sowie als Einstieg in verfassungsrechtlich bedenkliche Werbezensur kritisiert[329].

---

328 Quelle: Bericht der Organisation Werbungtreibende im Markenverband (OWM), Werberat vor dem Aus?, unter www.owm.de.

329 Vgl. OWM, Werberat vor dem Aus?, a.a.O.

4. Abschnitt: Die Entscheidungspraxis der ASA im Vergleich mit der jeweils entsprechenden Behandlung des Werbeverhaltens in Deutschland

Die folgende Darstellung von exemplarisch ausgewählten aktuelleren Entscheidungen der ASA dient dem Ziel, die Anwendung der Regeln des CAP zu illustrieren. Dabei wird jeweils auch auf die (etwaige) Behandlung der entsprechenden Probleme in Deutschland, und zwar sowohl, in weit überwiegendem Maße, mittels des Wettbewerbsrechts als auch durch die Werbeselbstkontrolle, hier von Ausnahmen abgesehen stellvertretend den Deutschen Werberat, hingewiesen. Zu einzelnen Fragestellungen wird hierbei auch auf Probleme bzw. Lösungen in den eingangs genannten zentralen Tatbeständen des englischen Rechts hingewiesen.

Leitfaden der Untersuchung sind die vom CAP verfassten und bereits kurz vorgestellten Codes in ihrer zehnten Auflage, teilweise werden auch ASA-Fälle zu der neunten Auflage der Codes herangezogen. Wie bereits erwähnt wurde, entscheidet der ASA Council noch bis zum 04.06.2003 anhand der bisherigen Codes, weshalb in der folgenden Gegenüberstellung noch keine Entscheidungen zu dem neuen CAP Code zu finden sind. Es wird jedoch jeweils auf etwaige Änderungen in den künftig zu beachtenden Vorschriften hingewiesen.

Den ASA-Entscheidungen kann nicht immer eindeutig entnommen werden, auf welche Klauseln der Codes sie sich stützen; so kommt es beispielsweise nicht selten vor, dass in einer Entscheidung mehrere Klauseln als für den Fall relevant aufgeführt werden, dass davon aber dennoch einige nicht oder zumindest nicht eindeutig erkennbar dem Spruch des ASA Council zugrunde gelegt werden, zugleich aber ebenfalls nicht als nicht einschlägig bezeichnet werden.

Generell fällt, wie bereits erwähnt, oftmals ein deutliches Argumentationsdefizit auf, welches teilweise so weit geht, dass ein Verstoß gegen eine bestimmte Klausel oder sogar gegen „die Codes", in diesen Fällen offenbar bezogen auf alle vor dem Entscheidungsspruch aufgelisteten Klauseln, ohne jede Begründung bejaht wird.

In der folgenden Darstellung wird aufgrund des soeben aufgezeigten Umstandes der Schwerpunkt so weit wie möglich auf die instruktiveren Entscheidungen gelegt. Sofern zu einem Aspekt nur eine Entscheidung angegeben wird, sind entweder weitere nicht verfügbar oder diese entbehren jeder Aussagekraft.

A. Die Einleitung der Codes, cl. 1

I. Zum Anwendungsbereich der Codes

1. Anwendbarkeit auf „advertisements“, cl. 1.1

Gemäß cl. 1.1 der Codes[330] finden diese insbesondere Anwendung auf Werbung. Die folgenden Beispiele zeigen Versuche von Unternehmen auf, die Anwendbarkeit der Codes mit Blick auf diesen Aspekt abzuwenden.

a) Fehlende Gewinnerzielungsabsicht

(i) Die Spruchpraxis des ASA Council

Die Codes enthalten keine Definition des Begriffs des „advertisement“ (vgl. cl. 1.3). Im Unterschied zu der Wahlwerbung politischer Parteien, die nach cl. 12.1 ausdrücklich von dem Anwendungsbereich der Codes ausgenommen wird, treffen diese keine explizite Aussage hinsichtlich der Erfassung von Werbung für gemeinnützige Einrichtungen.

In dem Fall *NottingJam.com* von Februar 2000[331] argumentierten die Beschwerdegegner, die Aussagen auf ihrer Website bezögen sich auf Dienste einer gemeinnützigen Einrichtung, seien damit keine Werbung und mithin nicht von den Codes erfasst[332].

Ein Hinweis in Richtung auf die Erstreckung des Advertising Code (künftig der General rules des neuen CAP Code) auch auf solche Äußerungen wie in dem zitierten Fall kann jedoch zumindest indirekt cl. 42.1 des Sales Promotion Code (cl. 37.1 CAP Code) entnommen werden, die Regelungen bezüglich Verkaufsförderungsveranstaltungen zugunsten von Wohltätigkeitsorganisationen enthält, denn daraus könnte man schließen, dass auch Werbung solcher Organisationen durch den Advertising Code abgedeckt wird. Die Anwendbarkeit auch des Ad-

---

330 S. o., 3. Abschnitt, A. III. 1. a) (i), und Anhang 1, S. 287, und Anhang 2, S. 333; auf die Regelungen des neuen CAP Code wird nur näher eingegangen, wenn und soweit diese im jeweiligen Zusammenhang relevante Änderungen gegenüber den Vorschriften der bisher geltenden Codes aufweisen.

331 Auf der Homepage der ASA sind unter „adjudications“ gegenwärtig noch alle Entscheidungen ab 01.01.1998 abrufbar, wobei u. a. nach den Namen der werbenden Unternehmen oder nach den einschlägigen Klauseln der Codes sortiert oder auch mittels Schlagworten nach einzelnen Entscheidungen gesucht werden kann. Auf Nachfrage bei der ASA wurde mir mitgeteilt, dass mir nach Deutschland keine der älteren Entscheidungen übermittelt werden könnten; für diese Arbeit bestand daher nur Zugriff auf die veröffentlichten Entscheidungen ab dem 01.01.1996.

332 Auf den Umstand, dass seit September 2000 aufgrund einer Klarstellung durch die ASA Äußerungen auf Websites der betreffenden Unternehmen selbst nicht mehr als von den Codes erfasst anzusehen sind, wurde bereits hingewiesen (vgl. jetzt cl. 1.1 d) und 1.2 q) des CAP Code).

vertising Code (und damit auch der Generals rules des neuen CAP Code) auf Werbeaktivitäten für gemeinnützige Institutionen ergibt sich aber jedenfalls eindeutig, wenn auch etwas versteckt, aus der Help Note des CAP für Werbemaßnahmen gemeinnütziger Einrichtungen[333].

Der ASA Council bejahte in der zitierten Entscheidung, ohne ein Wort der Begründung, den Werbecharakter des Inhalts der Website, womit die Anwendbarkeit des Advertising Code geklärt war.

(ii) Hinweis auf Aspekte des englischen Rechts

(a) Die Tatbestände des Common Law

Eine erfolgreiche Klage aus passing off erfordert, dass sowohl auf Täter- wie auch auf Opferseite Gewerbetreibende („trader") stehen[334]; allerdings steht hier, wenn sich insofern überhaupt ein Problem ergibt, typischerweise die Eigenschaft des Gewerbetreibenden auf Seiten des Anspruchstellers in Frage, wobei jedoch festgehalten werden kann, dass dem Begriff des „trader" eine weite Definition zugrunde liegt[335] und dass auch nicht-gewinnerzielenden Organisationen ein Anspruch aus passing off zustehen kann[336].

Keine entsprechenden Einschränkungen, weder auf Anspruchsteller- noch auf Anspruchsgegnerseite, sieht dagegen der Tatbestand der malicious falsehood vor[337].

(b) Das Gesetzesrecht

S. 1 sowie s. 14 TDA, die strafrechtlichen Verbotstatbestände gegen falsche Angaben über Waren (s. 1) bzw. Dienstleistungen (s. 14)[338], setzen, jeweils in subs. 1, ein Handeln einer Person „im Zuge eines Gewerbes oder Geschäfts"[339] („in the course of a/any trade or business") voraus. Während „trade" als An- und Verkauf von Waren mit Gewinnerzielungsabsicht definiert ist[340], umschreibt

---

333 Help Note For Voluntary Sector Advertisers, zu finden unter www.cap.org.uk.

334 Zu den einzelnen Merkmalen des passing off s. o., 1. Abschnitt, B. I. 1.

335 Vgl. *Harrods v. Harrod* [1924] 41 R.P.C. 74.

336 Society of Accountants v. Goodway [1907] 1 Ch. 489.

337 Für die Voraussetzungen der malicious falsehood s. o., 1. Abschnitt, B. I. 2.

338 Zu beiden Tatbeständen s. o., 1. Abschnitt, B. II. 1.

339 Übersetzung nach *Dehlfing*, S. 80.

340 Vgl. Lord *Davey* in dem Urteil des House of Lords *Grainger and Son v. Gough* [1896] AC 325, auch zu finden unter http://web.lexis-nexis.com/professional; Ulmer/*von Westerholt*, S. 213; mit diesem Begriff befasst sich allerdings, soweit ersichtlich, keines der zu diesem Tatbestand ergangenen Urteile.

„business“, überwiegend als Oberbegriff betrachtet[341], jede Art geschäftsmäßiger Tätigkeit ohne erforderliche Gewinnerzielungsabsicht[342].

S. 20 CPA[343], der die Angabe irreführender Preise unter Strafe stellt, verlangt in subss. 1 und 2 ein Handeln „im Zusammenhang mit einem von ihm betriebenen Geschäft“[344] („in the course of any business of his“). In Zusammenhang mit diesem Tatbestand gegen irreführende Preisangaben ist es kaum vorstellbar, dass ein Unternehmen vorbringt, es fehle ihm an der Absicht, Gewinne zu erzielen. Thematisiert wird diesbezüglich daher auch nicht diese Frage, sondern, aufgrund des Wortlauts der Vorschrift, die nach der Person des Handelnden; das House of Lords entschied im Dezember 1992, dass nur ein Geschäfts- oder Anteilseigner im Rahmen „seines“ Geschäftsbetriebs handeln könne[345].

(iii) Die Situation in Deutschland

(a) Das Wettbewerbsrecht

Im deutschen Recht setzen § 1 (und damit auch § 2), § 3 und weitere Vorschriften des UWG ein Handeln „im geschäftlichen Verkehr“ voraus. Dieses weit auszulegende Merkmal umfasst auch ein Handeln ohne Gewinnerzielung sowie ohne eine entsprechende Absicht[346].

Des Weiteren verlangen § 1 (und § 2), § 3 und eine Reihe weiterer Normen des UWG ein Handeln „zu Zwecken des Wettbewerbs“. Ein solches erfordert nach ständiger Rechtsprechung des BGH objektiv ein Tun, das geeignet ist, den Absatz oder Bezug einer Person zum Nachteil desjenigen einer anderen Person zu fördern, und subjektiv die Absicht, den eigenen oder fremden Wettbewerb zum Nachteil eines anderen zu fördern, sofern diese Absicht nicht völlig hinter die eigentlichen Beweggründe zurücktritt[347]. Auch diese Voraussetzung scheitert nicht an der fehlenden Absicht, Gewinn zu erzielen, sondern es genügt bereits die konkrete Zielsetzung, sich am Wettbewerb zu beteiligen[348].

---

341 *Dehlfing*, S. 58, 80; s. auch Ulmer/*von Westerholt*, S. 213.

342 *Dehlfing*, S. 58, 80; Ulmer/*von Westerholt*, S. 213.

343 S. hierzu oben, 1. Abschnitt, B. II. 2.

344 So übersetzt bei *Dehlfing*, S. 94.

345 Lord *Roskill* in *Warwickshire County Council v. Johnson* [1993] 1 All ER 299, übersetzt in GRUR Int. 1993, 880 (881 f.), auch abrufbar unter http://web.lexis-nexis.com/professional.

346 BGH, GRUR 1962, 254 (255) – Fußball-Programmheft; BGH, GRUR 1982, 425 (430) – Brillen-Selbstabgabestellen; ebenso etwa *Baumbach/Hefermehl*, Einl UWG Rn 208.

347 BGH, GRUR 1981, 658 (659 f.) – Preisvergleich; BGH, GRUR 1992, 707 (707) – Erdgassteuer; s. auch *Baumbach/Hefermehl*, Einl UWG Rn 215, 232.

348 BGH, GRUR 1982, 425 (430) – Brillen-Selbstabgabestellen; *Köhler/Piper*, Einf Rn 215.

(b) Der Deutsche Werberat

Gemäß Art. 2 (1), (2) der Verfahrensordnung des Deutschen Werberats ist dessen Zuständigkeit auf den Bereich der Wirtschaftswerbung, mit Ausnahme der Heilmittelwerbung, die der Kontrolle durch den Verein für unlautere Heilmittelwerbung unterliegt, beschränkt. Demnach werden Werbeaktivitäten außerhalb der werbenden Wirtschaft, also etwa solche politischer Parteien, staatlicher Instanzen, der Kirchen, der Gewerkschaften oder sozialer Einrichtungen, nicht erfasst[349]. Es kommt hier mithin auf eine Gewinnerzielungsabsicht an.

b) Ausschluss von PR-Material, cl. 1.2 j)

Zu den unter cl. 1.2[350] aufgeführten nicht von den Codes erfassten Bereichen gehören nach cl. 1.2 j) Pressemitteilungen und sonstiges PR-Material.

(i) Die Spruchpraxis des ASA Council

In der Entscheidung *North Western Trains Company Ltd t/a First North Western*[351] vom 21.02.2001 berief sich das werbende Eisenbahnunternehmen auf cl. 1.2 j) und verneinte den Werbecharakter seines mit einer Beschwerde angegriffenen Handzettels, welcher die Aussage enthielt, dass das Unternehmen während der gesamten Dauer der kürzlich aufgetretenen Treibstoffknappheit trotz der sich daraus ergebenden Schwierigkeiten in der Lage gewesen sei, einen vollständigen Fahrplan aufrechtzuerhalten. Der Handzettel stelle lediglich ein Dankesschreiben an seine regelmäßigen Passagiere dar, der die Unannehmlichkeiten anerkenne, die dadurch entstanden seien, dass infolge der Treibstoffkrise viele Züge überfüllt waren. Der ASA Council befand – ohne eine Begründung anzuführen –, dass es sich bei dem Handzettel um Werbung handelte. Damit fanden die Codes Anwendung.

(ii) Hinweise zum englischen Recht

In der passing off-Klage des englischen Rechts taucht dieses Problem deshalb in dieser Form nicht auf, weil der Tatbestand einerseits in seinem Anwendungsbereich nicht auf Werbung (und Verkaufsförderung) beschränkt ist und andererseits bereits selbst eine qualifizierte, mitbewerberbezogene Verletzungshandlung („misrepresentation“[352]) verlangt; allerdings ist keine Irreführungsabsicht erforderlich, sondern die Erfüllung des Tatbestands ist von der Bewusstseinslage des betreffenden Unternehmers unabhängig[353].

---

349 Vgl. Jahrbuch Deutscher Werberat 2002, S. 22.

350 S. o., 3. Abschnitt, A. III. 1. a) (i), und Anhang 1, S. 288, und Anhang 2, S. 333 f.

351 Die Abkürzung „t/a“ steht für „trading as“.

352 Eine solche lag in dem von der ASA entschiedenen Fall ersichtlich nicht vor.

353 Justice *Blackburne* in *Gillette v. Edenwest* [1994] R.P.C. 279.

Für einen Schadensersatz- bzw., im Wege einer Verfügung („injunction"), einen Unterlassungsanspruch wegen malicious falsehood spielt es hingegen keine Rolle, in welcher Art Verlautbarung die erforderliche falsche Tatsachenbehauptung sich findet.

Die Tatbestände der ss. 1 und 14 TDA sowie von s. 20 CPA greifen ihrem Wortlaut und ihrer Zielrichtung entsprechend bei reinem PR-Material ohne produktbeschreibende Aussagen bzw. ohne Preisangaben nicht ein.

(iii) Die Situation in Deutschland

Im deutschen Wettbewerbsrecht stellt sich eine vergleichbare Frage wieder in Zusammenhang mit dem bereits oben angesprochenen Handeln „zu Zwecken des Wettbewerbs". Bei Wirtschaftsunternehmen kann bezüglich einer auf den Wettbewerb bezogenen Handlung im Sinne einer widerleglichen Vermutung in der Regel auf eine entsprechende Absicht zur Förderung des Wettbewerbs geschlossen werden[354].

Infolge der Beschränkung der Kontrollfunktion des Deutschen Werberats auf Werbemaßnahmen der Wirtschaft wird auch hier PR-Material ohne Werbecharakter nicht erfasst.

c) Eingeschränkte Anwendbarkeit auf „Point-of-Sale"-Material, cl. 1.2 o)

Cl. 1.2 o) nimmt aus dem Anwendungsbereich der Codes sog. „point of sale displays" heraus, d. h. Material, das direkt an Verkaufsstellen zu finden ist, es sei denn, es unterfällt dem Sales Promotion Code oder dem Cigarette Code (im CAP Code nur noch den Sales promotion rules).

(i) Die Spruchpraxis des ASA Council

Der Entscheidung *Reemtsma GmbH* vom 09.02.2000 lag eine Beschwerde gegen ein Poster im Schaufenster eines Geschäfts wegen Verstoßes gegen eine Klausel des Cigarette Code zugrunde. Das Unternehmen machte u. a. Zweifel an der Anwendbarkeit der Codes geltend, da die Beschwerde gegen „Point-of-sale"-Material gerichtet sei. (Der ASA Council stellte sich, wie offenkundig auch der Beschwerdegegner selbst, nicht die Frage, ob die Anwendbarkeit der Codes möglicherweise deshalb ausgeschlossen sein könnte, weil als Sitz des Unternehmens eine Hamburger Adresse angegeben wurde, woraus wohl zu entnehmen sein wird, dass dieses keinem der im britischen CAP repräsentierten Verbände angehörte; hier, wie im Übrigen in zahlreichen anderen Entscheidungen auch, kommt ersichtlich die bereits zuvor zitierte Einschätzung der ASA und des CAP zum Tragen, dass sich auch Unternehmen, deren Verbände nicht

---

354 BGH, GRUR 1997, 761 (763) – Politikerschelte; s. auch *Baumbach/Hefermehl*, Einl UWG Rn 235 f.

dem CAP angehören, an die Codes und an die Entscheidungen des ASA Council zu halten haben[355].) Dem Einwand des werbenden Unternehmens hielt der ASA Council entgegen, dass das Poster gegen cl. 66.26 des Cigarette Code verstoße und damit nicht gemäß cl. 1.2 o) der Anwendung der Codes entzogen sei.

In einer anderen Entscheidung, *Friskies Petcare (UK) Ltd* vom 14.06.2000, gingen jedoch weder die Beschwerdegegner noch der ASA Council auf cl. 1.2 o) ein, obwohl die Entscheidung den Werbeträger selbst als „Point-of-Sale"-Material bezeichnete und offensichtlich weder eine Verletzung des Sales Promotion Code noch des Cigarette Code in Betracht kam.

(ii) Die Situation in Deutschland

Eine vergleichbare Einschränkung in Bezug auf den Ort, an dem potentiell wettbewerbsrelevantes Material von der Marktgegenseite wahrgenommen werden kann, findet sich weder im deutschen Recht noch im System des Deutschen Werberats.

d) Fazit der Gegenüberstellungen

In Hinblick darauf, welches wettbewerbsbezogene Verhalten von den jeweiligen Regelungen erfasst wird, werden die sich in Großbritannien wie in Deutschland in gleicher Weise stellenden Fragen im Wesentlichen identisch beantwortet; allerdings gelangt der ASA Council zu seinen Ergebnissen, wie gesehen, ohne jeden Begründungssaufwand und teilweise schlicht unter Ignorierung des manchmal sogar entgegenstehenden Wortlauts der Codes.

2. Erfassung von Werbung im Internet, cl. 1.1 d)[356]

a) Die Spruchpraxis des ASA Council

Wie im Zusammenhang mit dem Fall *NottingJam.com* nochmals erwähnt, betrachtet die ASA Werbung auf einer unternehmenseigenen Website heute nicht mehr als von den Regeln des CAP erfasst. Ein Beispiel für eine gemäß der diesbezüglichen Klarstellung durch die ASA vom September 2000 diesen Regelungen unterfallende, da entgeltliche, Online-Werbung enthält der Fall *888 Casino* vom 09.01.2002. Die Beschwerdegegner hatten eine sog. Banner-Werbung auf der Website von *British Telecom* platziert. Diese stellte ein Fenster dar, das, mittels des darin zu lesenden Hinweises „downloading ..." sowie aufblinkenden Markierungen, die ein scheinbares Fortschreiten des Prozesses signalisierten, den unrichtigen Eindruck erweckte, dass soeben eine Datei heruntergeladen würde. Über einer vorgeblichen „Cancel"-Taste erschien ein Cursor. Bei Ankli-

---

355 Quelle: CAP, Self-regulation, Who writes the Codes?, www.cap.org.uk, s. o., 3. Abschnitt, A. III. 1. a) (i).

356 S. o., 3. Abschnitt, A. III. 1. a) (ii), und Anhang 1, S. 287, bzw. Anhang 2, S. 333.

cken dieser Taste gelangten die Internetnutzer augenblicklich zu der Website der Beschwerdegegner. Der ASA Council gab der Beschwerde statt[357].

b) Die Situation in Deutschland

Eine solche Beschränkung in Bezug auf Angaben auf unternehmenseigenen Websites kennen weder das deutsche Recht noch die Regeln des Deutschen Werberats[358].

c) Fazit der Gegenüberstellung

Bezüglich dieses Aspekts ist demnach festzustellen, dass der ASA Council hier in der Reichweite seiner Entscheidungsbefugnis hinter dem deutschen Recht sowie dem Deutschen Werberat zurückbleibt.

II. Grundsätze der Anwendung der Codes: Die Beurteilung von Werbematerial

1. Cl. 1.4 b)

Cl. 1.4 b) legt, wie bereits oben kurz dargelegt[359], die Kriterien fest, anhand derer der ASA Council die Vereinbarkeit von Werbung mit den Codes feststellt. Dabei kommt es maßgeblich auf den Gesamtzusammenhang an, in dem die beanstandete Äußerung steht. Entscheidender Maßstab ist die wahrscheinliche Wirkung auf das Publikum[360].

a) Die Spruchpraxis des ASA Council

Unter den gegenwärtig verfügbaren ASA-Entscheidungen ist die zu der zweiten Beschwerde in dem Fall *British Airways plc* vom 12.07.2000 diejenige, welche sich (u. a.) mit diesem Aspekt noch am instruktivsten befasst. Der ihm zugrunde liegende Sachverhalt betraf die Beschwerde einer Verbraucherin gegen eine Direktwerbung („direct mailing“), in dem das Unternehmen einen freien Flug, mit Ausnahme von Steuern und Gebühren, für eine Begleitperson anbot. Auf der ersten Seite fand sich die Aufforderung an die Empfängerin des Schreibens, ihr „Companion Ticket“ vor dem 30. September 1999 zu buchen. Umseitig war u. a. zu lesen: „Sie haben nur bis zum 30. September 1999 Zeit, Ihre bevorzugte Begleitperson zu einem unserer Reiseziele in 87 Ländern weltweit kostenlos mitzunehmen.“, und in einer Fußnote fand sich ein Hinweis auf die anfallenden

---

357 Zu den „materiellen“ Erwägungen s. u., B. VII. 6.

358 Zu Letzteren vgl. Deutscher Werberat und das Beschwerdeverfahren zur Online-Werbung, Fassung von 1997, unter www.interverband.com:8080/u-img/69392.

359 3. Abschnitt, A. III. 1. b), und Anhang 1, S. 289, bzw. Anhang 2, 335.

360 S. o., 3. Abschnitt, B. II. 2. b) (iv) (a).

Kosten. Da der Beschwerdeführerin mitgeteilt wurde, dass sie die Reise nicht nach dem 30. September 1999 antreten durfte, beanstandete sie, das Schreiben erwecke den Eindruck, dass lediglich die Buchung bis zum 30. September 1999 vorgenommen werden müsse. Die in der Entscheidung wiedergegebene Argumentation der Beschwerdegegner ging dahin, dass die Aussage auf der ersten Seite nicht das Angebot darstelle, sondern dass vielmehr das gesamte Schreiben in den Blick genommen werden müsse. In den sich anschließenden Erwägungen des ASA Council stellte dieser zunächst fest, dass, wenn man das Schreiben als Ganzes lese[361], aus ihm klar hervorgehe, dass die Reisen bis zum 30. September unternommen, nicht lediglich gebucht werden müssten. Allerdings wies er anschließend auf den Umstand hin, dass die Worte „buchen" und „mitnehmen" auf zwei verschiedenen Seiten des Schreibens unterschiedliche Bedeutungen hätten, was die Verbraucher verwirre; das Schreiben sei mithin aufgrund dieser Zweideutigkeit irreführend. Damit gab der ASA Council der Beschwerde im Ergebnis statt und wies die Werbenden an sicherzustellen, dass Angebotskonditionen in künftigem Werbematerial klar und unzweideutig angegeben würden.

b) Das deutsche Wettbewerbsrecht

Im deutschen Recht richtet sich die wettbewerbsrechtliche Beurteilung etwa nach der jeweiligen Fallgruppe des § 1 UWG bzw. im Rahmen der §§ 2 und 3 UWG insbesondere auch nach europäischen Vorgaben, d. h. es gibt keine allgemein gültigen Kriterien für die Beurteilung wettbewerbswidriger Sachverhalte. Demgemäß werden die diesbezüglichen Aussagen jeweils im entsprechenden Zusammenhang behandelt.

2. Beurteilung anstößiger Werbung

Während die Kriterien der Entscheidungsfindung nur in dieser einen der abrufbaren ASA-Entscheidungen überhaupt, wenn auch nur in der beschriebenen indirekten Weise, angesprochen werden, findet sich ein weiterer diesbezüglicher Hinweis, allerdings beschränkt auf Beschwerden wegen anstößiger Werbung gemäß cl. 5 des Advertising Code, im ASA-Jahresbericht von 1999[362]. Danach ist insofern nicht ausschlaggebend, wie viele Beschwerden die betreffende Werbemaßnahme auf sich gezogen hat, sondern der ASA Council stellt maßgeblich auf die Kombination aus drei Faktoren ab[363]: Zum einen prüft er, ob die Mehrzahl der Personen, die die Werbung sehen, an dieser wahrscheinlich Anstoß

---

[361] Diese Ausgangsüberlegung ist wohl, ohne dass dies jedoch klargestellt würde, der Grund für die Zitierung von cl. 1.4 b) bei den für die Entscheidung relevanten Klauseln.

[362] ASA, Annual Report 1999, S. 5, www.asa.org.uk.

[363] Allerdings sind in Entscheidungen zu cl. 5 allenfalls Hinweise auf den ersten dieser drei Faktoren zu finden, was vermuten lässt, dass die anderen zwei Aspekte wohl nur in den Vorüberlegungen eine Rolle spielen.

nimmt, zum anderen fragt er, ob sie bei einer Minderheit in so starkem Maße Anstoß erregt, dass es vernünftig erscheint, deren Interessen vor dem Recht auf freie Meinungsäußerung des Werbenden den Vorzug zu geben, und schließlich ob die Mehrheit, die an der Werbung keinen Anstoß nimmt, davon abgehalten werden sollte, diese zu sehen. Darüber hinaus ist eine Werbung auch in Hinblick auf das Medium, in dem sie erscheint, zu beurteilen, was etwa bedeutet, dass Werbeposter eine ganz andere Wirkung haben können als Anzeigen in Zeitschriften mit sorgfältig bestimmter Zielleserschaft[364].

B. Der Advertising Code, cl. 2 bis 23[365]

I. Verantwortungsbewusstsein in der Werbung, cl. 2.2

Cl. 2.2 schreibt das Erfordernis des verantwortungsbewussten Werbens fest[366].

1. Die Spruchpraxis des ASA Council

Nur in den seltensten Fällen sind ASA-Entscheidungen ausschließlich auf cl. 2.2 gestützt. Sofern einer Entscheidung neben cl. 2.2 noch eine oder mehrere andere Klauseln zugrunde liegen, beruht der Spruch des ASA Council in der Regel in erster Linie auf diesen anderen Klauseln, d. h. die Feststellung, ob eine Werbung verantwortungslos ist oder nicht, hängt allein davon ab, ob sie gegen diese weiteren Klauseln verstößt; insofern wird eine Werbung beispielsweise etwa deshalb als unverantwortlich beurteilt, weil sie cl. 4.1, 5.1 oder 10.1 verletzt. Daher wird in der folgenden Vorstellung der Spruchpraxis des ASA Council zu cl. 2.2 nur auf einige der wenigen Entscheidungen eingegangen, die allein diese Klausel zum Gegenstand haben.

Der Fall *The Accident Group* vom 30.05.2001 betraf ein Werbeplakat für Dienstleistungen in Bezug auf Unfallschadensersatz mit der Überschrift „Hatten Sie in den letzten 3 Jahren einen Unfall, den Sie nicht verschuldet haben?“ Der Text lautete: „Rufen Sie jetzt an ... Es kostet Sie keinen Penny herauszufinden, ob Sie klagen können – aber es könnte Ihnen ein Vermögen einbringen.“ („... it could earn you a fortune“). Der Beschwerdeführer wandte sich gegen die Verwendung der Worte „earn“ und „fortune“ im Zusammenhang mit der Erlangung von Schadensersatz für erlittene Verletzungen. Die Werbenden verwiesen auf

---

364 ASA, a.a.O., www.aasa.org.uk.

365 Im CAP Code die General rules, cl. 2 bis 24.1, die für alle „marketing communications“ gelten; im Folgenden wird nicht bei jeder einzelnen Klausel auf die Änderung des Begriffs „advertisement“ in „marketing communication“, entsprechend von „advertiser“ in „marketer“ und von „advertising“ in „marketing“ hingewiesen, womit künftig Werbung, Verkausförderung und Direktmarketing erfasst werden sollen.

366 S. o., 3. Abschnitt, A. III. 2. a), und Anhang 1, S. 289, bzw. Anhang 2, S. 336.

die lexikalischen Bedeutungen beider Begriffe und bekräftigten die Aussage, die der Werbetext ihrer Auffassung nach hatte, nämlich dass demjenigen Schadensersatz zustehe, der durch von anderen fahrlässig verursachte Unfälle Verletzungen erlitten habe. Zudem sei das Verständnis dessen, was ein Vermögen sei, subjektiv und einkommensabhängig. Der ASA Council schloss sich dieser Einschätzung an: Obwohl das Wort „earn“ nicht in der konventionellen Bedeutung gebraucht werde, sei der Sinn klar, und die Definition eines „Vermögens“ sei subjektiv. Daher sei es unwahrscheinlich, dass die Mehrzahl der Leser des Plakats dieses als zur Ausnutzung von Unfällen zur persönlichen Bereicherung oder zu unverantwortlichem Verhalten ermutigend oder solches billigend verstehe, weshalb der Beschwerde nicht stattgegeben wurde.

In der Entscheidung *Karrimor International Ltd* vom 13.01.1999 bezogen sich die Beschwerden auf die in zwei Zeitungsanzeigen erscheinende Aufforderung, anzurufen und sich krank zu melden („PHONE IN SICK“), jeweils über der Zeile „Karrimor. The Great British Mountain Company“. In einer der Anzeigen war ein Bergkletterer beim Erklimmen einer Felswand zu sehen. Die Beschwerdeführer sahen in beiden Anzeigen eine unverantwortliche Ermutigung an Angestellte, von ihrem Arbeitsplatz fern zu bleiben. Der ASA Council akzeptierte die Argumentation der Beschwerdegegner nicht, die ihnen vorgeworfene Ermutigung sei nicht bezweckt gewesen, sondern ihre Intention sei es gewesen, Verbraucher zu einer Verlagerung ihrer Prioritäten weg von beruflichen und hin zu Freizeitaktivitäten zu ermuntern; er folgte hier der Ansicht der Beschwerdeführer und gab den Werbenden auf, in zukünftigen Werbungen diesen Ansatz nicht mehr zu verfolgen.

Die letzte hier zu erwähnende Entscheidung, *SmithKline Beecham plc* vom 24.01.2001, betraf eine Werbung des gleichnamigen Unternehmens, die auf Benzinzapfpistolen an Tankstellen zu sehen war. Sie enthielt die Zeile „Schnell Wachsamkeit. Kämpfe gegen deine Augenlider“ sowie das Bild einer Getränkedose mit der Aufschrift „Solstis – Schnelle Stimulation für Körper und Geist“. Der Beschwerdeführer beanstandete, die Werbung fördere riskantes Autofahren, indem sie Fahrer dazu ermutige, trotz Müdigkeit weiterzufahren. Das Unternehmen brachte vor, das beworbene Produkt der „Solstis“-Marke erhöhe erwiesenermaßen schnell die Wachsamkeit und die Konzentration, was die Werbung klar ausdrücke. Die Werbenden reichten auch Material ein, das ihrer Ansicht nach diese Eigenschaften belegte. Der ASA Council schloss sich, m. E. nicht nachvollziehbar, der Auffassung der Beschwerdegegner an, dass die Werbung nicht nahe lege, Autofahrer sollten das Getränk zu sich nehmen und dann weiterfahren, wenn sie müde seien, sondern sie drücke nur aus, dass das Produkt die

Wachsamkeit verbessern könne. Daher sei es unwahrscheinlich, dass die Werbung gefährliches Fahren fördere, weshalb der Beschwerde nicht stattgegeben wurde.

2. Die Situation in Deutschland

Weder im deutschen Recht noch in den Regeln des Deutschen Werberats findet sich ein entsprechendes Gebot verantwortungsbewussten Werbens.

II. Die Grundsätze des fairen Wettbewerbs, cl. 2.3

In der gegenwärtig einsehbaren Entscheidungssammlung der ASA findet sich kein Fall, dem ausschließlich cl. 2.3 des Advertising Code, wonach jede Werbung den im Wettbewerbsleben allgemein anerkannten Grundsätzen des fairen Wettbewerbs entsprechen sollte[367], zugrunde liegt, sondern cl. 2.3 kommt nur in Zusammenhang mit Werbevergleichen (cl. 19), Anschwärzung (cl. 20) und Rufausbeutung (cl. 21.1)[368] vor. Die Regelung in cl. 2.3 ist demnach, soweit ersichtlich, nicht eigenständig anwendbar, sondern spielt nur in (wenn auch nicht in allen) solchen Fällen eine Rolle, die die genannten Spezialfälle unfairen Wettbewerbsverhaltens zum Gegenstand haben. Daher wird auch erst bei der Behandlung dieser Regelungen auf cl. 2.3 eingegangen.

III. Die Werbewirtschaft in Verruf bringende Werbung, cl. 2.4

Cl. 2.4 wendet sich gegen Werbung, die die Werbewirtschaft in Verruf bringt.

1. Die Spruchpraxis des ASA Council

Wie cl. 2.3 stellt sich auch cl. 2.4 lediglich als unselbständige allgemeine Regelung dar, die ersichtlich nur in Verbindung mit anderen spezielleren Klauseln zur Anwendung gelangt. Darüber hinaus erscheint die Klausel zumeist nur in der Aufzählung der relevanten Vorschriften, taucht aber in dem Entscheidungsspruch selbst nicht auf. Dies ist vermutlich auch hier so zu verstehen, dass ein Verstoß gegen diese Vorschrift gegebenenfalls deshalb angenommen wird, weil eine bzw. mehrere andere Klauseln verletzt sind.

Unter allen Entscheidungen des ASA Council ab 1996 findet sich bisher nur eine, in der explizit festgestellt wird, die betreffende Werbung bringe die Werbewirtschaft in Verruf; diese erging am 04.04.2001 in dem Fall *French Connection Group plc*.

---

367 S. o., 3. Abschnitt, A. III. 2. a).

368 Die soeben zitierten Klauseln sind die der zehnten Auflage der Codes.

Die Beschwerden[369] richteten sich gegen ein Poster mit der Inschrift „fcukinkybugger.com", welches als grob anstößig und wegen der Möglichkeit, dass Kinder es sehen könnten, als unpassend betrachtet wurde. Der Auffassung der Werbenden, „fc" beziehe sich eindeutig auf *French Connection*, und „kinky" (etwa „spleenig") und „bugger" („Kerl") seien als relativ milde Ausdrücke Bestandteil der Alltagssprache, schloss sich der ASA Council nicht an. In der Weise, wie die Worte hier zusammen verwendet worden seien, könnten sie als „fuck kinky bugger.com" oder „fucking kinky bugger.com" gelesen werden. Er erinnerte die Werbenden daran, dass er sie bereits zuvor aufgefordert hatte, „fcuk" dann nicht in Werbematerial aufzunehmen, wenn es wie „fuck" aufgefasst werden könne. Nicht zuletzt weil auch Kinder das Poster sehen könnten, urteilte der ASA Council, das Poster sei unverantwortlich (cl. 2.2), errege mit Wahrscheinlichkeit ernsthaft oder weitverbreitet Anstoß (cl. 5.1) und bringe die Werbewirtschaft in Verruf (cl. 2.4). Die ASA kam mit dem Unternehmen überein, dass dieses ab April 2001 zwei Jahre lang jedes künftige „fcuk"-Werbeplakat vor seiner Veröffentlichung von dem CAP Copy Advice team überprüfen lassen sollte[370].

2. Die Situation in Deutschland

In Deutschland findet sich weder im Wettbewerbsrecht noch im Bereich der Werbeselbstkontrolle ein entsprechender Tatbestand wie der in cl. 2.4 der Regeln des CAP.

IV. Die Verantwortung für die Einhaltung der Regeln der Codes, cl. 2.5 i.V.m. cl. 68.22, 68.23[371]

1. Die Praxis des ASA Council und des CAP

Zwar schreibt, wie bereits erwähnt, cl. 2.5 des Advertising Code[372] neben der primären Verantwortlichkeit des Werbenden auch die Verpflichtung der sonstigen an der Herstellung und Veröffentlichung von Werbematerial Beteiligten zur Beachtung der Codes fest, welche in cl. 68.22 der Codes, auch bezogen auf Maßnahmen der Verkaufsförderung, noch näher konkretisiert wird, jedoch macht bereits cl. 68.23, Satz 2, deutlich, inwiefern diese Verantwortlichkeit der sonstigen Beteiligten als eine nur „sekundäre" bezeichnet werden könnte. Denn obwohl sich diese Regel ihrem Wortlaut nach nur auf anstößige und nicht be-

---

369 Es waren 142 Beschwerden, die zweithöchste Zahl aller im Jahr 2001 beanstandeten Werbungen, s. ASA, Annual Report 2001, S. 6, www.asa.org.uk.

370 ASA, Annual Report 2001, S. 16, www.asa.org.uk.

371 Im CAP Code cl. 2.5 i.V.m. cl. 60.21, 60.22; s. zum Folgenden Anhang 1, S. 289 und 324, bzw. Anhang 2, S. 336 und 370 f.

372 Ebenso cl. 2.5 der General rules des CAP Code, s. o., 3. Abschnitt, A. III. 2. a).

wiesene Behauptungen bezieht, kann ihr die generelle Vorgehensweise von ASA und CAP diesen im weiteren Sinn Beteiligten gegenüber entnommen werden, die im Wesentlichen darin besteht, diese aufzufordern, die betreffende Maßnahme zu korrigieren oder zurückzuziehen. Beschwerden sowie Entscheidungen des ASA Council über das Verhalten dieser Beteiligten sind hingegen nicht möglich und damit zugleich auch nicht die Verhängung der oben[373] beschriebenen Sanktionen, die ASA und CAP gegen die Werbenden zur Verfügung stehen.

2. Hinweise zum englischen Recht

a) Die Tatbestände des Common Law

(i) Passing off

Der Tatbestand des passing off verlangt in Hinblick auf den hier interessierenden Aspekt, gemäß den von Lord *Diplock* im „Advocaat"-Fall[374] aufgestellten Voraussetzungen, dass die von einem Gewerbetreibenden im Rahmen seines Gewerbes begangene „Täuschungshandlung" („misrepresentation") vernünftigerweise vorhersehbar die Verletzung des Geschäfts oder des Goodwill eines anderen Gewerbetreibenden nach sich zieht.

Wie weit der Kreis der hiernach Verantwortlichen gezogen wird, zeigt sich etwa in der Entscheidung *British Telecommunications and others v. One in a Million*[375] des Court of Appeal. Die im Ausgangsverfahren Beklagten hatten sich Domainnamen registrieren lassen, die auf bekannte britische Unternehmen hinwiesen, darunter auch die Namen *„bt.org"* und *„marksandspencer.com"*. Lord Justice *Aldous* bejahte hier das Vorliegen der Voraussetzungen eines passing off-Anspruchs nicht nur bereits aufgrund der Registrierung, da Internet-Nutzer daraus auf eine Verbindung der Anmelder mit den Inhabern des Goodwill der betreffenden Unternehmensbezeichnungen schließen würden, sowie wegen Verwässerung der Exklusivität dieses Goodwill, sondern auch gestützt darauf, dass die Registrierungen in der Absicht erwirkt wurden, den Unternehmen mit dem unlauteren Gebrauch der Domains durch etwaige Käufer zu drohen. Bezüglich des letzten Aspekts seien die registrierten Namen „instruments of fraud", und die beabsichtigte Drohung des Verkaufs an andere Unbefugte zwecks irreführender Nutzung, d. h. passing off, der Namen durch diese, rechtfertigte, neben der Registrierung als solcher, die Gewährung einstweiligen Rechtsschutzes gegen die Beklagten.

---

[373] 3. Abschnitt, B. II. 2. c).

[374] *Erven Warnink v. Townend* [1980] R.P.C. 31 (93); auch zu finden unter http://web.lexis-nexis.com/professional.

[375] [1998] 4 All ER 476; auch abrufbar unter http://web.lexis-nexis.com/professional.

(ii) Malicious falsehood

Im Rahmen eines Schadensersatzanspruchs aus malicious falsehood basiert die Eingrenzung möglicher Anspruchsgegner im Wesentlichen auf der Erfüllung des subjektiven Erfordernisses dieser Rechtsfigur, nämlich des Vorsatzes („malice")[376]; eine Haftung Dritter aus diesem Rechtsinstitut, die den nötigen Vorsatz nicht haben, kommt ersichtlich nicht in Betracht.

b) Das Gesetzesrecht

Bezüglich der Straftatbestände der ss. 1 und 14 TDA sowie s. 20 CPA kann für die vorliegende Frage auf die Ausführungen zu dem Aspekt der fehlenden Gewinnerzielungsabsicht verwiesen werden[377]. Darüber hinaus ergibt sich für den Kreis möglicher gemäß diesen Tatbeständen zu verurteilenden Personen sowie für die Rechtsfolgen Folgendes:

(i) Der Trade Descriptions Act 1968

Zunächst ist zu erwähnen, dass der Trade Descriptions Act grundsätzlich von einer (strafrechtlichen!) Verantwortung auch für das Fehlverhalten von Hilfspersonen ausgeht. Dies ergibt sich über einen Rückschluss aus s. 24 (1) und (2) dieses Gesetzes: S. 24 (1) (a) und (b) sieht – unter den einschränkenden Verfahrensvoraussetzungen in s. 24 (2) – eine Exkulpationsmöglichkeit (sog. „due-diligence-defence"[378]) für die Fälle vor, in denen die verfolgte Person darlegen kann, dass die Begehung eines Verstoßes gegen dieses Gesetz die Folge eines Fehlers, des Vertrauens auf ihr überlassene Informationen, einer Handlung oder des Fehlverhaltens einer anderen Person[379], eines Unfalls oder einer anderen Ursache jenseits ihrer Kontrolle war (a) und dass sie alle vernünftigen Vorsichtsmaßnahmen ergriffen und sich hinreichend sorgfältig verhalten hat, um die Begehung der Tat durch sie selbst oder eine unter ihrer Kontrolle stehende andere Person zu vermeiden (b)[380].

Auf der im britischen Recht generell anerkannten strafrechtlichen Verantwortlichkeit juristischer Personen[381] basiert s. 20, deren subs. 1 neben einer gegebenen Strafbarkeit der Körperschaft auch die ihrer Geschäftsführer im weitesten

---

376 Auf diesen Aspekt wird unten näher eingegangen.

377 S. o., unter A. I. 1. a) (ii).

378 Vgl. *Dehlfing*, S. 92.

379 Seit der Entscheidung des House of Lords in *Tesco Supermarkets Ltd. v. Nattrass* ([1971] 2 All ER 127 sowie unter http://web.lexis-nexis.com/professional) kann nach der Rechtsprechung diese „andere Person" auch ein Mitarbeiter des betreffenden Unternehmens selbst, allerdings nicht in der Geschäftsführung, sein; zu der Kritik an dieser Entscheidung s. *Dehlfing*, S. 92, mit weit. Nachw.

380 Übersetzung nach *Dehlfing*, S. 90.

381 Vgl. nur *Dehlfing*, S. 101.

Sinn[382] anordnet, wenn nachgewiesen wird, dass diese die Begehung der Tat entweder gebilligt haben oder diesbezüglich fahrlässig waren[383].

Schließlich sieht s. 23, als „by-pass-provision“ bezeichnet[384], eine Verantwortlichkeit der Personen vor, deren Verhalten ursächlich[385] für die Tatbegehung durch eine andere Person ist, unabhängig davon, ob auch die Letztere verfolgt wird. Die primäre Bedeutung dieser Norm besteht darin, dass sie die Erfassung von Privatpersonen ermöglicht – welche folglich einem strengen Haftungsmaßstab unterliegen – , denn sofern ein Handeln „in the course of a trade or business“ vorliegt, greift in der Regel bereits s. 1 ein[386].

Im Gegensatz zu s. 1[387] verlangt zudem s. 14 TDA in subs. (1) (a) und (b) in subjektiver Hinsicht Kenntnis oder grob fahrlässige Unkenntnis in Bezug auf die Unrichtigkeit der Angabe.

Darüber hinaus ergibt sich die Reichweite der hier relevanten Tatbestände aus verschiedenen weiteren Entlastungsvorschriften: In den Fällen von s. 1 (1) (b), also bezüglich der Lieferung von Waren, für die eine falsche Angabe gemacht wurde, entlastet die verfolgte Person gemäß s. 24 (3) der Nachweis, dass sie ohne Fahrlässigkeit keine Kenntnis von der Angabe oder von deren Unrichtigkeit hatte. Ferner können sich Angehörige der Medienbranche nach s. 25 mit der Darlegung exkulpieren, dass sie bezüglich Werbeanzeigen, die sie im normalen Geschäftslauf zur Veröffentlichung erhalten haben, weder wussten noch Anlass zu der Annahme hatten, dass die Veröffentlichung nach diesem Gesetz strafbar sein würde[388]. In diesem Zusammenhang ist auch auf s. 39 (2) hinzuweisen, nach der geschäftliche Angaben oder Aussagen, die in den Medien veröffentlicht oder gesendet werden, nur dann den Normen dieses Gesetzes unterfallen, wenn sie Inhalt oder Teil einer Werbemaßnahme sind.

(ii) Der Consumer Protection Act 1987

Die Reichweite der Vorschriften von s. 20 CPA entspricht weitgehend der des Trade Descriptions Act:

---

382 „... any director, manager, secretary or other similar officer of the body corporate, or any person who was purporting to act in any such capacity ...“.

383 Zu einer im Rahmen der s. 14 vorzunehmenden Milderung des Haftungsmaßstabs aus s. 20 vgl. Ulmer/*von Westerholt*, Rn 359.

384 Vgl. Ulmer/*von Westerholt*, Rn 360.

385 Vgl. zu dem Erfordernis einer kausalen Verbindung *Dehlfing*, S. 103.

386 Vgl. *Dehlfing*, S. 103, auch zur Kritik an dieser strikten Haftung Privater; Ulmer/*von Westerholt*, Rn 360.

387 Nach allgemeiner Meinung ein Tatbestand der „strict liability“, der jedoch durch die sogleich zu nennenden Entlastungsmöglichkeiten abgemildert wird, vgl. etwa *Dehlfing*, S. 74.

388 Genaue Übersetzung bei *Dehlfing*, S. 91.

Die akzessorische und damit mittelbare verschuldensabhängige Haftung der Geschäftsleiter einer juristischen Person ist in s. 40 (2) CPA ebenso geregelt wie in s. 20 (1) TDA.

Abgesehen von s. 24 (1) CPA, die eine Entlastung von einem Vorwurf aufgrund von s. 20 (1) oder (2) mittels der Darlegung durch den Werbenden ermöglicht, sein Verhalten sei gemäß einer ministeriellen Verordnung nach s. 26 gestattet, und von s. 24 (4), die solchen nach s. 20 (1) Verfolgten, die eine Preisempfehlung abgegeben haben, an die sich Dritte, wie etwa Einzelhändler, nicht gehalten haben, ohne dass damit vernünftigerweise zu rechnen war, eine Exkulpationsmöglichkeit bietet, entsprechen die Entlastungstatbestände dieses Gesetzes im Wesentlichen den aus dem Trade Descriptions Act vorgestellten[389]: S. 24 (2) und (3) CPA korrespondieren s. 39 (2) bzw. s. 25 TDA, und der allgemeine Exkulpationstatbestand in s. 39 CPA, der allerdings gemäß s. 39 (5) im Rahmen von s. 20 nicht auf deren subs. 2, sondern nur auf subs. 1 anwendbar ist, stellt in etwa dieselben Voraussetzungen auf wie s. 24 (1) TDA.

Schließlich weist auch der Consumer Protection Act in s. 40 (1) eine „by-pass"-Regelung auf. Nach dieser ist die Person, deren Verhalten im Rahmen eines von ihr betriebenen Geschäfts ursächlich für die Begehung einer Tat durch eine andere Person war, auf welche der Entlastungstatbestand der s. 39 anwendbar ist, strafrechtlich verantwortlich, unabhängig davon, ob die andere Person verfolgt wird oder nicht.

Infolge des Satzbaus dieser Norm wurde in der bereits oben[390] erwähnten Entscheidung *Warwickshire County Council v. Johnson*[391] die Frage aufgeworfen, ob sich das Erfordernis des eigenen Geschäfts („any business of his") hier auf das Verhalten der ursächlich wirkenden Person oder auf die Tatbegehung durch die andere Person bezog. Gegen die Annahme, es beziehe sich auf die Tatbegehung durch die andere Person, wandte sich Lord *Roskill* mit grammatikalischen und systematischen Argumenten, so dass im Rahmen von s. 40 (1) im Ergebnis ebenso wie in s. 20 (1)[392] gilt, dass eine Haftung von Angestellten nicht in Betracht kommt.

(iii) Die Sanktionen

(a) Geld- und Freiheitsstrafen

Gemäß s. 18 (a) TDA i.V.m. s. 37 (2) des Criminal Justice Act 1982, geändert durch s. 17 (1) des Criminal Justice Act 1991, kann bei Verstößen gegen dieses

---

389 Vgl. *Dehlfing*, S. 100; allein s. 24 (3) TDA hat hier keine Entsprechung.

390 S. o., A. I. 1. a) (ii) (b).

391 [1993] 1 All ER 299, übersetzt in GRUR Int. 1993, 880, auch abrufbar unter http://web.lexis-nexis.com/professional.

392 S. ebenfalls unter A. I. 1. a) (ii) (b).

Gesetz in summarischen Verfahren maximal eine Geldstrafe in Höhe von 5.000 Pfund verhängt werden; eine Verurteilung in einem Hauptverfahren aufgrund einer formellen Anklageschrift kann nach s. 18 (b) TDA eine Geldstrafe in unbegrenzter Höhe, eine Freiheitsstrafe von höchstens zwei Jahren oder beides nach sich ziehen.

Prinzipiell dasselbe gilt gemäß s. 20 (4) (a) und (b) CPA für Verstöße gegen s. 20 (1) und (2) dieses Gesetzes, mit dem einzigen Unterschied, dass hier keine Freiheitsstrafen verhängt werden können.

(b) Unterlassungsansprüche

Im Fall der Verletzung der genannten Vorschriften kommen auch Unterlassungsansprüche in Betracht, die mittels einer Verfügung, auch einer einstweiligen Verfügung im Eilverfahren, durchgesetzt werden können[393].

(c) Entschädigungsansprüche

Gemäß ss. 130 bis 134 des Powers of Criminal Courts (Sentencing) Act 2000 können die Magistrates' Courts und die Crown Courts im Fall einer Verurteilung wegen eines Delikts, entweder zusätzlich zu einer Strafe oder anstatt einer solchen, auch eine Entschädigung des Opfers[394] für alle durch die Tat verursachten Schädigungen anordnen[395].

Welche Bedeutung derartige "compensation orders" haben, zeigt sich an zwei Regelungen dieses Gesetzes: Zum einen bestimmt s. 130 (3), dass ein Gericht, das aufgrund dieser Vorschrift befugt ist, eine solche Entschädigungsanordnung zu erlassen, von dieser Befugnis aber keinen Gebrauch macht, diese Unterlassung begründen soll, und zum anderen soll das Gericht gemäß s. 130 (12), sofern es die Verhängung einer Geldstrafe und den Erlass einer Entschädigungsanordnung für angemessen hält, der Beschuldigte aber nicht über ausreichende Mittel verfügt, beides zu bezahlen, der Entschädigung den Vorzug geben.

Bei der Entscheidung der Frage, ob eine Entschädigungsanordnung ausgesprochen werden soll, und gegebenenfalls der nach der Höhe, hat sich das Gericht an den Einkommensverhältnissen des Beschuldigten zu orientieren, soweit ihm diese bekannt sind, s. 130 (11). Daneben bestimmt s. 130 (4), dass das Gericht die Entschädigung in der Höhe festzusetzen hat, die ihm angemessen erscheint, wobei es alle Beweise und Stellungnahmen seitens des Beschuldigten und der Verfolgungsbehörde berücksichtigen soll. Im Fall einer Verurteilung durch einen

---

393 Vgl. *Dehlfing*, S. 104.

394 In Fällen irreführender Werbung sind dies meist irregeführte Verbraucher, nicht die geschädigten Konkurrenten, vgl. Schricker/*Ohly*, Rn 179.

395 Vgl. für die hier interessierenden Fälle s. 130 (1) (a) des Gesetzes.

Magistrates' Court soll die festzusetzende Summe jedoch den Betrag von 5.000 Pfund nicht überschreiten, s. 131 (1).

Schließlich trifft s. 134 Regelungen für den Fall, dass das Opfer einer Straftat, zu dessen Gunsten ein Gericht aufgrund der Vorschriften dieses Gesetzes eine Entschädigungsanordnung ausgesprochen hat, auch vor einem Zivilgericht auf Schadensersatz klagt: Nach s. 134 (2) soll die Höhe des Schadensersatzes zwar unabhängig von der Entschädigungsanordung bestimmt werden, jedoch darf dem Kläger als Schadensersatz höchstens der Betrag, um den der Schadensersatz die Entschädigung übersteigt, und zusätzlich gegebenenfalls der Teil der Entschädigungssumme, den er nicht zu erlangen vermag, zugesprochen werden; bezüglich des zuletzt genannten Betrags ist eine Vollstreckung jedoch nur mit Genehmigung des Gerichts zulässig.

3. Die Situation in Deutschland

Die neuere wettbewerbsrechtliche Rechtsprechung unterscheidet zwischen dem Täter (bzw. Teilnehmer) eines Wettbewerbsverstoßes und dem Störer, welcher lediglich an dem Wettbewerbsverstoß eines Dritten mitwirkt[396].

a) Das Wettbewerbsrecht

(i) Haftung auf Unterlassung bzw. Schadensersatz

(a) Die Verantwortlichkeit des Täters

Der Begriff des Täters wird weit ausgelegt; ein Wettbewerbsverstoß kann nicht nur durch positives Tun begangen werden, sondern etwa auch durch Unterlassen: Dies erfordert die Verletzung einer Erfolgsabwendungspflicht, die sich etwa aus Gesetz oder aus vorangegangenem gefährdenden Tun ergeben kann[397]. Die Begründung mit der Verletzung eines Duldungsverbots im Fall eines Zahnarztes, konkret des Verbots, zu dulden, dass Dritte anpreisend für ihn werben[398], erklärte das BVerfG wegen Verstoßes gegen Art. 12 I GG für verfassungswidrig[399].

Als wettbewerbsrechtlich in diesem Sinne passivlegitimiert ist – für einen Unterlassungsanspruch – dementsprechend jeder anzusehen, von dem ernstlich zu be-

---

396 Vgl. z.B. BGH, WRP 2002, 532 – Meißner Dekor, und BGH, GRUR 1997, 313 (314 und 315) – Architektenwettbewerb; nach der älteren Terminologie umfasst der Begriff des Störers auch den Täter, und der Störer wird als Mitstörer bezeichnet, s. *Baumbach/Hefermehl*, Einl UWG Rn 325 f., 327.

397 BGH, WRP 2000, 1263 (1266) – Neu in Bielefeld I; *Baumbach/Hefermehl*, Einl UWG Rn 353; *Köhler/Piper*, Einf Rn 210 a.

398 So BGH, WRP 1999, 501 (504) – Implantatbehandlungen.

399 BVerfG, NJW 2000, 2734 (2734 f.).

fürchten ist, dass er durch sein Tun oder Unterlassen einen Wettbewerbsverstoß begeht, sei es, dass er dies durch einen anderen tut oder einen anderen zu einem wettbewerbswidrigen Verhalten veranlasst, dieses fördert oder für sich ausnutzt[400]. Im Zusammenhang mit Werbeanzeigen in der Presse ist davon auszugehen, dass die Redakteure bei deren Veröffentlichung, bei Abwesenheit von ausnahmsweise eine andere Beurteilung erfordernden Umständen, immer auch in Wettbewerbsförderungsabsicht handeln[401]. Die Verantwortlichkeit der Verleger und Redakteure ist jedoch folgendermaßen begrenzt: Bei der Entgegennahme von Anzeigenaufträgen sind sie zwar verpflichtet zu prüfen, ob die Veröffentlichung der Anzeige gesetzlichen Vorschriften zuwiderläuft, und sie sind auch gehalten, Anzeigen mit gesetzwidrigem Inhalt abzulehnen, in Hinblick auf die Pressefreiheit aus Art. 5 I GG beschränkt sich diese Prüfungspflicht jedoch auf grobe, unschwer zu erkennende Verstöße[402]. Voraussetzung für die Haftung eines Herstellers für von selbständigen Händlern begangene Wettbewerbsverstöße ist, dass dieser nach den jeweiligen Umständen damit rechnen musste, dass sein eigenes Verhalten eine bestimmte rechtlich unzulässige Handlungsweise der Händler zur Folge haben würde[403].

Ansprüche auf Schadensersatz können sich – nur für Gewerbetreibende, nicht aber für Verbraucher – primär aus wettbewerbsrechtlichen Vorschriften, hier insbesondere § 1 UWG, sowie ergänzend auch aus den allgemeinen Tatbeständen des Deliktsrechts des BGB, d. h. §§ 823, 824 und 826 BGB ergeben[404]. § 823 I BGB greift jedoch wegen der Verletzung des Rechts am eingerichteten und ausgeübten Gewerbebetrieb als Auffangtatbestand nur dort ein, wo das Wettbewerbsrecht lückenhaft ist[405].

(b) Die Verantwortlichkeit des Störers

Die Störerhaftung basiert auf den Vorschriften über die Besitz- und die Eigentumsstörung in §§ 862 und 1004 BGB und wird dementsprechend auf die jeweils verletzte wettbewerbsrechtliche Vorschrift i.V.m. § 1004 BGB analog ge-

---

400 *Baumbach/Hefermehl*, Einl UWG Rn 326 mit Nachw. zur älteren Rechtsprechung zu §§ 1004, 823 BGB.

401 S. etwa BGH, GRUR 1990, 1012 (1013) – Pressehaftung I; BGH, GRUR 1995, 595 (597) – Kinderarbeit; *Köhler/Piper*, Einf Rn 223, 254, mit weit. Nachw.

402 Ständige Rechtsprechung, s. nur BGH, GRUR 1992, 618 (619) – Pressehaftung II; s. auch *Köhler/Piper*, Einf Rn 254, mit weit. Nachw.

403 BGH, GRUR 1973, 370 (371) – Tabac; *Baumbach/Hefermehl*, Einl UWG Rn 326 b.

404 Auch im Wettbewerbsrecht setzt ein Schadensersatzanspruch grundsätzlich Verschulden voraus, auch wenn dies, wie § 1 UWG, nicht allen Tatbeständen zu entnehmen ist, s. etwa BGH, GRUR 1990, 1012 (1014) – Pressehaftung.

405 Vgl. nur BGH, GRUR 1983, 467 (468) – Photokina; ebenso, jeweils mit weit. Nachw. *Baumbach/Hefermehl*, Allg Rn 129, und *Köhler/Piper*, Einf Rn 41.

stützt; sie begründet folglich lediglich Abwehr-, jedoch keine Schadensersatzansprüche[406].

Definiert wird das Verhalten des Störers durch die willentliche[407] und adäquat kausale Mitwirkung an dem Wettbewerbsverstoß durch einen anderen, wobei auch die Unterstützung oder Ausnutzung der Handlung eines eigenverantwortlich handelnden Dritten genügen kann, sofern der in Anspruch Genommene die rechtliche Möglichkeit zur Verhinderung dieser Handlung hatte[408]. Dies bedingt zweierlei:

Zum einen setzt die Störerhaftung zwingend voraus, dass ein wettbewerbswidriges Verhalten eines Dritten vorliegt, zu dem die betreffende Person beigetragen hat[409], und zum anderen braucht der Störer, der ja gerade nicht Täter oder Teilnehmer des Wettbewerbsverstoßes ist, auch weder über die im UWG öfter geforderte Wettbewerbsförderungsabsicht[410] noch über möglicherweise vorausgesetzte Täterqualitäten, wie etwa die besondere Pflichten begründende Stellung als Arzt oder Architekt, zu verfügen[411].

Um eine ausufernde Störerhaftung unbeteiligter Dritter, die nicht Adressaten der verletzten Norm sind, zu vermeiden, hat die Rechtsprechung, ausgehend von der Feststellung, dass die Bejahung der Störerhaftung unvermeidlich die Verletzung von Prüfungspflichten voraussetze, dem als Störer in Anspruch Genommenen zu seiner Verteidigung ausnahmsweise den Einwand zugebilligt, dass ihm im konkreten Fall eine Prüfungspflicht – etwa weil der Störungszustand für ihn nicht ohne weiteres oder nur mit unverhältnismäßigem Aufwand erkennbar war – nicht oder nur eingeschränkt zuzumuten sei[412].

---

406 BGH, WRP 1998, 48 (50) – Restaurantführer; BGH, WRP 2000, 1263 (1266) – Neu in Bielefeld I; BGH, WRP 2002, 532 (533) – Meißner Dekor; im Gegensatz zu der Ansicht des BGH kommt nach *Köhler/Piper*, Einf Rn 248, jedoch, bei Vorliegen der Voraussetzungen, eine Schadensersatzhaftung gemäß §§ 823 I, II und 826 BGB in Betracht.

407 Dies bedeutet jedoch kein Vorsatzerfordernis, s. BGH, GRUR 1997, 313 (315) – Architektenwettbewerb, und auch BGH, GRUR 1996, 905 (907) – GmbH-Werbung für ambulante ärztliche Leistungen; nach *Köhler/Piper*, Vor § 13 Rn 70, soll dieser Formulierung gleichwohl die Notwendigkeit einer vorsätzlichen Mitwirkung zu entnehmen sein.

408 S. nur BGH, GRUR 1997, 313 (315) – Architektenwettbewerb; *Baumbach/Hefermehl*, Einl UWG Rn 327, mit weit. Nachw.; krit. gegenüber der weitgehenden Störerhaftung etwa *Baumbach/Hefermehl*, Einl UWG Rn 327 d, und *Köhler*, WRP 1997, 897 (898 ff.).

409 Akzessorietätserfordernis, s. BGH, WRP 2000, 506 (509) – Klinik Sanssouci; *Köhler/Piper*, Einf Rn 247, mit weit. Nachw.; in BGH, GRUR 1997, 313 (315) – Architektenwettbewerb, wurde offengelassen, ob es ausreicht, dass die Handlung des Störers einen Wettbewerbsverstoß lediglich befürchten lässt.

410 BGH, WRP 1997, 1059 (1061) – Branchenbuch-Nomenklatur.

411 BGH, GRUR 1997, 313 (315 f.) – Architektenwettbewerb.

412 BGH, GRUR 1997, 313 (316) – Architektenwettbewerb, dem *Köhler*, WRP 1997, 897 (900), i. E. zustimmt; BGH, WRP 1997, 1059 (1061) – Branchenbuch-Nomenklatur.

(ii) Strafrechtliche Haftung

Eine Geld- oder Freiheitsstrafe sieht das UWG nur in den Fällen der öffentlichen Bekanntmachung unwahrer und zur Irreführung geeigneter Angaben über geschäftliche Verhältnisse, § 4, der progressiven Kundenwerbung, § 6 c, der geschäftlichen Verleumdung, § 15, sowie von Taten in Zusammenhang mit Geheimnisverrat, §§ 17, 18, vor.

b) Der Deutsche Werberat

Die Verfahrensordnung des Deutschen Werberats enthält, im Unterschied zu den Codes des britischen CAP, keine explizite Aussage darüber, welche der an der Entwicklung und Veröffentlichung einer Werbemaßnahme Beteiligten der Kontrolle durch den Werberat unterliegen; allerdings nennen Art. 7 (1), 8 (1), 9 (1), 10, 11, 12 und 13 (2) der Verfahrensordnung, welche das Verfahren nach Eingang einer Beschwerde regeln, jeweils zusammen mit dem Werbenden, alternativ oder kumulativ, auch die Werbeagentur. Daraus lässt sich entnehmen, dass neben den Werbenden selbst auch die Werbeagenturen der Spruchpraxis des Werberats unterworfen sind. Darüber hinaus ist in den – seltenen – Fällen einer öffentlichen Rüge gemäß Art. 12 (2) der Verfahrensordnung mit dieser zugleich die Aufforderung an die Medien verbunden, die weitere Verbreitung der entsprechenden Werbemaßnahme einzustellen[413]. Im Ergebnis kommen mithin der Kreis der hiernach Verantwortlichen sowie der Inhalt dieser Verantwortlichkeit der Situation unter den Regeln des britischen CAP relativ nahe.

4. Fazit der Gegenüberstellung

Aus der Gegenüberstellung dieser im Verhältnis zueinander sehr unterschiedlichen Bestimmungen darüber, wer überhaupt für einen Verstoß gegen Werbung reglementierende Tatbestände haftbar gemacht werden kann, unter welchen Bedingungen bzw. unter Anwendung welcher Ausnahmen und mit der möglichen Konsequenz welcher Rechtsfolgen, lässt sich für die Situation in Großbritannien und in Deutschland Folgendes festhalten:

In Großbritannien ansässige Werbende müssen die Vorschriften der Regeln des CAP, welche, wie im Einzelnen noch zu zeigen sein wird, Werbeverhalten relativ umfassend regeln, im Gegensatz zu den nur im weitesten Sinn Beteiligten, nicht nur beachten, sondern im Fall eines Verstoßes auch die Sanktionen fürchten, die eine „Verurteilung“ durch den ASA Council nach sich ziehen kann.

Sofern die speziellen Voraussetzungen des Common law–Anspruchs des passing off vorliegen, wird der Kreis der hiernach auf Schadensersatz und Unterlassung haftenden Personen recht weit gezogen; die Reichweite des Schadensersatztat-

---

413 S. bereits oben, 3. Abschnitt, C. I. 4.

bestands der malicious falsehood wird insbesondere durch das Vorsatzerfordernis eingeschränkt. Die Straftatbestände der ss. 1, 14 TDA erfassen, unter den genannten unterschiedlichen subjektiven Voraussetzungen der beiden Tatbestände, das Verhalten der werbenden Personen, auch von Hilfspersonen, für deren Verhalten zusätzlich eine Geschäftsherrenhaftung besteht, ferner sind juristische Personen sowie die Geschäftsleitung und auch gegebenenfalls Private verantwortlich; allerdings existieren verschiedene Entlastungsmöglichkeiten, etwa für Vertreter der Medienbranche, sowie häufig bei Nachweis fehlenden Verschuldens. Für s. 20 CPA gilt im Wesentlichen dasselbe, mit dem Unterschied, dass eine Angestelltenhaftung hier ausgeschlossen ist und dass hier noch weitere Entlastungstatbestände bestehen.

Die in Großbritannien denkbaren Sanktionen für den Fall einer im weitesten Sinn regelwidrigen Werbeaktion sind demnach die oben beschriebenen durch die ASA einzuleitenden Maßnahmen gegen die Werbenden, ferner, für alle genannten Beteiligten, gegebenenfalls eine zivilrechtliche Haftung auf Schadensersatz und Unterlassung sowie eine mögliche Strafbarkeit, die ebenfalls mit Unterlassungs- und Entschädigungspflichten verbunden sein kann.

Dieser Situation stehen in Deutschland die relativ weit greifende Haftung als Täter eines Wettbewerbsverstoßes auf Unterlassung und, bei Verschulden, auf Schadensersatz sowie die grundsätzlich verschuldensunabhängige, auf Unterlassung beschränkte Verantwortlichkeit als Störer gegenüber; strafrechtliche Konsequenzen sehen im UWG nur einzelne Sondertatbestände vor. Der Deutsche Werberat, dessen Maßnahmen im Vergleich zu diesen rechtlichen Sanktionsmöglichkeiten eine wesentlich geringere Bedeutung zukommt, nimmt ersichtlich sowohl die Werbenden als auch ihre Werbeagenturen in die Pflicht; die Medienvertreter werden auch hier nur zu Zwecken der Durchsetzung von Entscheidungen des Werberats gegen die Werbenden in Anspruch genommen.

Der Großteil der Fälle, welche in Deutschland die §§ 1, 3, gegebenenfalls auch § 2 UWG abdecken, werden in Großbritannien durch die ASA und das CAP anhand ihrer Regeln beurteilt; das britische Werberecht verfügt hingegen nicht über eine wettbewerbsrechtliche Generalklausel, sondern statt dessen über verschiedene relativ spezielle Tatbestände unterschiedlichen Charakters. Dies bedeutet für die Fragen, welche der an der Entwicklung und Verbreitung einer vorschriftswidrigen Werbemaßnahme beteiligten Personen in welcher Weise und unter welchen Bedingungen in Anspruch genommen werden, dass die Vorschriften des CAP, welche die übrigen Beteiligten, wie festgestellt, weitgehend verschonen, für Werbende in Großbritannien ein besonders wichtiger Maßstab sind, während Werbende und mit diesen zusammenarbeitende Personen in

Deutschland sich in erster Linie an den Bestimmungen des UWG, hier insbesondere der großen und der kleinen Generalklausel der §§ 1 und 3, zu orientieren haben. Die CAP-Regeln auf der einen und die Vorschriften der §§ 1 und 3 UWG auf der anderen Seite weisen beide, im Unterschied zu den sonstigen Regelungen des jeweiligen Gesamtsystems, eine beträchtliche Reichweite auf und sind in weiten Teilen sogar vergleichbar. In Anbetracht ihrer erheblich voneinander abweichenden Sanktionen bzw. der sehr unterschiedlichen Intensität der Durchsetzung derselben kann man insoweit zwar von einem Aspekt sprechen, der die Gesamtsituation der Werbewirtschaft in beiden Ländern deutlich verschieden erscheinen lässt, bei Einbeziehung der tatsächlich sehr hohen Befolgungsrate der ASA-Entscheidungen lässt sich jedoch der Schluss ziehen, dass in Bezug auf die Unterlassungspflichten in beiden Ländern im Ergebnis nur geringe Unterschiede auch in der Durchsetzung der jeweiligen Vorschriften bestehen; ein zusätzlicher Anspruch, den die britischen Selbstkontrollregeln nicht gewähren, ist allerdings in Deutschland der Schadensersatzanspruch im Fall eines schuldhaften Wettbewerbsverstoßes.

V. Die „Beweislastumkehr" gemäß cl. 2.6

1. Die diesbezüglichen Entscheidungsarten des ASA Council

In Entscheidungen des ASA Council taucht cl. 2.6, wonach jede ungebührliche Verzögerung bei der Beantwortung von Nachfragen der ASA als Verletzung der Codes betrachtet werden kann, in verschiedenen Konstellationen auf.

Teilweise gibt er Beschwerden allein wegen Verstoßes gegen diese Klausel statt, ohne auf die anderen angegebenen Klauseln überhaupt noch einzugehen. Ein Beispiel für einen solchen Fall ist die Entscheidung *Moss Imports* vom 12.01.2000. Sie betraf eine Direktwerbung für Geräte, mittels derer man Radarkameras im Straßenverkehr entkommen konnte. Ohne dass der ASA Council in seinem Entscheidungsspruch die Beschwerdepunkte (Ermutigung von Autofahrern, gesetzwidrig zu handeln und zu schnell zu fahren) sowie die weiteren aufgelisteten Klauseln ansprach, stellte er lediglich fest, dass die Werbenden auf das Auskunftsersuchen der ASA nicht geantwortet hätten, was er als einen bedenklichen Mangel an Kooperationsbereitschaft und damit als Verstoß gegen „die Codes" (vgl. cl. 2.6) wertete.

Im Ergebnis ebenfalls allein auf cl. 2.6 gestützt wurde die Entscheidung *Sisley* vom 12.04.1999. Hier ging es um drei Werbeplakate für Oberbekleidung; sie zeigten u. a. sehr freizügig gekleidete weibliche Models. Die Beschwerdeführer hielten die Plakate für Anstoß erregend (cl. 5.1). Die Werbenden reagierten in diesem Fall zwar auf die Mitteilung der Beschwerden durch die ASA, unterließen es jedoch, trotz wiederholter Aufforderungen, dieser Exemplare der beanstandeten Poster zuzusenden. Der ASA Council war im Besitz von Photographien von Bildern, die denen auf den Postern ähnlich waren; er hielt diese zwar nicht für wahrscheinlich ernsthaft oder weitverbreitet Anstoß erregend, konnte aber dennoch nicht zufriedenstellend über die Plakate urteilen, da ihm diese nicht vorlagen. Demnach schloss die Entscheidung mit der Feststellung, die ungebührliche Verzögerung der Zusendung der Poster verletze die Codes, sowie mit der Ermahnung der Werbenden, sich künftig an die Regeln der Codes zu halten.

Sofern es sich um Fälle handelt, die die Wahrheit von Werbeaussagen zum Gegenstand haben[414], stellt sich naturgemäß in der Mehrzahl der Entscheidungen auch die Frage nach der Einhaltung der Voraussetzungen von cl. 3, insbesondere cl. 3.1, die bestimmt, dass die Werbenden für alle objektiv nachprüfbaren Werbeaussagen schriftliches Beweismaterial bereit halten und der ASA auf Verlangen vorlegen müssen[415]. Antwortet das betreffende Unternehmen in einem solchen Fall, in dem es um die Frage der Beweise für seine Äußerungen geht, nicht auf die Nachfragen der ASA, kann der entsprechenden Beschwerde nicht nur aufgrund von cl. 2.6 stattgegeben werden, sondern es ist infolgedessen notwendig (zumindest) auch cl. 3.1 verletzt. In dem Fall des spanischen Beschwerdegegners *Andalucia Trails* vom 13.01.1999 betreffend eine Anzeige in einer Fachzeitschrift für Reiterferien mit der Aussage „Spaniens führender Reiterferienanbieter“ reagierte dieser in keiner Weise auf die Mitteilung der Beschwerde. Der ASA Council äußerte in seiner Entscheidung Besorgnis über die mangelnde Kooperationsbereitschaft des Unternehmens sowie über seine offensichtliche Missachtung der Codes und forderte es demzufolge dazu auf, die Anzeige zurückzuziehen. Weitere Beispiele für eine solche zwangsläufige Verletzung von cl. 3.1, 7.1 infolge eines Verstoßes gegen die Mitwirkungsobliegenheit aus cl. 2.6 finden sich etwa in den beiden Entscheidungen *Autos Abroad* vom 08.12.1999 bzw. vom 08.03.2000 sowie in dem Fall *Associated Funeral Directors Ltd t/a Alan Duckworth* vom 08.12.1999.

Dasselbe Problem in Bezug auf cl. 3.1 tauchte ebenfalls, wenn auch in Zusammenhang mit cl. 51, in der Entscheidung *Nostalgia.Co.UK* vom 13.09.2000 auf. Hier war allerdings noch zusätzlich cl. 68.38 einschlägig, die bestimmt, dass das urkundliche Beweismaterial, das Werbende gemäß den Codes bereitzuhalten haben, in englischer Sprache sein muss. In dem zitierten Fall nahm der ASA Council neben einer Verletzung von cl. 3.1 i.V.m. cl. 51 (hiervon verschiedene

---

[414] Cl. 7.1, wird unten näher behandelt.

[415] Auf cl. 3 wird ebenfalls unten eingegangen.

Unterabsätze) deshalb einen Verstoß gegen die Codes gemäß cl. 2.6 an, weil das Unternehmen lediglich darauf verwies, es habe Beweismaterial auf Deutsch, jedoch der Aufforderung der ASA, ihr eine Übersetzung davon zu schicken, nicht nachkam.

Relativ häufig nimmt der ASA Council auch, unabhängig von der auf cl. 2.6 gestützten Feststellung, die mangelnde Mitwirkungsbereitschaft der Beschwerdegegner stelle eine Verletzung der Codes dar, zusätzlich einen Verstoß gegen weitere Klauseln (abgesehen von cl. 3.1 i.V.m. 7.1) an. Als Beispiel hierfür lässt sich etwa der Fall *Ayisha* vom 10.05.2000 betreffend einen Werbehandzettel für eine Geistheilerin anführen, in dem die Stattgabe der Beschwerde neben cl. 2.6 noch auf einer Verletzung von cl. 6.1 (Redlichkeit) basierte. Entsprechend gab der ASA Council der Beschwerde in dem Fall *Carnoisseurs* vom 09.08.2000 nicht nur gestützt auf cl. 2.6, sondern zudem auch auf cl. 7.1 (hier ohne ein Beweisproblem gemäß cl. 3.1) statt, weil in der beanstandeten Anzeige für Autorücklichter in einem Katalog, wie dem Beschwerdeführer auf Anfrage mitgeteilt wurde, versehentlich ein wesentlich niedrigerer Preis angegeben worden sei, ohne dass die Verbraucher auf diesen Irrtum rechtzeitig aufmerksam gemacht worden wären. Aus welchen Gründen der ASA Council in manchen Fällen seine stattgebenden Entscheidungen allein auf cl. 2.6 stützt, ohne auf die weiteren angesprochenen Klauseln der Codes einzugehen, wie eingangs beschrieben, und demgegenüber in anderen Fällen seinem Spruch zusätzlich noch andere Aspekte zugrunde legt, lässt sich seinen Entscheidungsgründen nicht entnehmen.

Zuletzt sollen noch die Fälle erwähnt werden, in denen der ASA Council seine Entscheidung trotz Verletzung der Obliegenheit aus cl. 2.6, wenn auch nur dadurch, dass die Antwort auf die Nachforschungen der ASA nicht schriftlich gegeben wurde, nicht auf cl. 2.6 stützte. In der Entscheidung *Alu-Plas Ltd* vom 10.05.2000 war dieser Umstand noch insofern ohne Einfluss auf das Ergebnis, als cl. 2.6 zwar als relevante Vorschrift aufgeführt wurde und dann nicht in dem Entscheidungsspruch auftauchte, jedoch daneben eine Verletzung der cl. 3.1, 7.1 und 18.1 wegen irreführender Angaben hinsichtlich einer Garantie für Glaserarbeiten in einer Zeitungsanzeige angenommen wurde.

Anders lag hingegen der Fall *Lutwyche Bespoke* vom 04.07.2001. Er hatte eine Werbebeilage im „Economist“ sowie eine Direktwerbung für eine Maßschneiderei zum Gegenstand, jeweils in der Form einer achtseitigen Broschüre, die in einer Art Bildergeschichte den Aufstieg eines Obdachlosen in die gehobene Gesellschaft dank seiner maßgeschneiderten Anzüge erzählte. Auf die Beschwerden wegen Anstößigkeit (cl. 5.1), da die Werbung sich über Obdachlose lustig mache, antworteten die Werbenden nicht in schriftlicher Form, äußerten sich aber mündlich dazu: Die Broschüre sei humorvoll und vermittle ein positives Bild von Obdachlosen. Zudem sei ihre Zielgruppe die der berufstätigen Großstadtbewohner gewesen. Der ASA Council nahm die Auffassung der Beschwerdeführer zur Kenntnis, befand jedoch, dass die Bilder auch in einem positiven Sinn interpretiert werden könnten; die Mehrzahl der Empfänger würde durch die Werbung zum Nachdenken angeregt, nicht verletzt. Obwohl der ASA Council Besorgnis darüber äußerte, dass die Beschwerdegegner nicht schriftlich geantwortet hatten (cl. 2.6 taucht im Übrigen unter den relevanten Klauseln des Falles, im Unterschied zu anderen Fällen, in denen keine schriftliche Antwort vorlag, überhaupt nicht auf), urteilte er abschließend, dass die Erregung ernsthaften oder verbreiteten Anstoßes durch die Broschüre bei der Empfängerzielgruppe unwahrscheinlich sei.

Zusammenfassend lässt sich bezüglich der Anwendung von cl. 2.6 des Advertising Code durch den ASA Council zunächst festhalten, dass die Charakterisierung dieser Klausel als Regel der Beweislastumkehr zu allgemein ist, denn sofern zugleich cl. 3.1 i.V.m. 7.1 verletzt sind, folgt die Stattgabe der Beschwerde bereits aus diesen Vorschriften. Gerechtfertigt erscheint diese Bezeichnung hingegen in den Fällen, in denen sich der ASA Council entweder mangels Einsendung des beanstandeten Werbematerials nicht in der Lage sieht, dieses zu beurteilen, was, wie gesehen, dazu führt, dass der Beschwerde stattgegeben wird, oder in denen er die übrigen einschlägigen Klauseln gar nicht mehr prüft und dem Unternehmen pauschal eine „offensichtliche Missachtung“ der Codes vorwirft (wobei in letzteren Beispielen zumeist die Vermutung nahe liegt, dass es sich zumindest prima facie um eine gegen die Codes verstoßende Werbemaßnahme handelt). Des Weiteren ist nicht zu übersehen, dass der ASA Council cl. 2.6 zumeist ohne Begründung in einigen Fällen sehr streng und in anderen weniger stringent, teilweise auch überhaupt nicht anwendet.

Während cl. 2.6 dem Beschwerdegegner demnach umfangreiche und (gegebenenfalls) scharf sanktionierte Mitwirkungspflichten auferlegt, verlangen die Codes in cl. 68.29 von dem Beschwerdeführer lediglich, seine Beschwerde schriftlich und im Regelfall binnen drei Monaten einzureichen, wobei ein Exemplar der beanstandeten Werbung beigelegt oder angegeben werden „sollte“, wann und wo sie zu sehen war.

2. Hinweis: Beweislastfragen im englischen Recht

Im englischen Zivilverfahren und damit auch bei passing off-Klagen und Ansprüchen wegen malicious falsehood bestehen mit der „discovery“[416] umfang-

---

[416] Vgl. hierzu auch *Cornish*, 2-59 bis 2-61.

reiche Informationspflichten für beide Parteien[417], d. h. es muss in der Regel dem Gegner wie dem Gericht das gesamte für den Streitgegenstand relevante und damit auch das für das eigene Verfahrensziel ungünstige Beweismaterial zugänglich gemacht werden[418].

Das Gericht beurteilt Fragen wie die nach dem Vorliegen einer Verwechslungsgefahr in passing off-Fällen oftmals gestützt auf seine eigene Sachkunde[419]. Den Kläger trifft jedoch grundsätzlich die Beweislast dafür, dass er eine wesentliche Schädigung seines Goodwill erlitten hat oder erleiden wird; sofern es, insbesondere im Verfahren des einstweiligen Rechtsschutzes, nicht möglich ist, einen tatsächlichen Schaden darzutun, muss der Antragsteller das Gericht davon überzeugen, dass im Verkehr eine Verwechslungsgefahr besteht[420].

Ein Anspruch aus malicious falsehood setzt den Nachweis eines konkreten monetären Schadens („special damage“) voraus, es sei denn, die Vermögensschädigung ist die vorhersehbare und wahrscheinliche Folge der rechtswidrigen Handlung, und die Äußerungen wurden entweder perpetuiert oder betrafen die ausgeübte gewerbliche oder berufliche Tätigkeit des Anspruchstellers[421].

In den bereits oben angesprochenen Vorschriften der ss. 1 und 14 TDA sowie s. 20 CPA zur Erfassung falscher Werbeangaben bzw. irreführender Preisangaben, liegt die Beweislast – bedingt durch ihren Charakter als Strafnormen – mit Ausnahme der Entlastungstatbestände bei den Verfolgungsbehörden[422].

3. Das deutsche Wettbewerbsrecht

Da in der Verfahrensordnung des Deutschen Werberats hinsichtlich der Beweislastverteilung keine Festlegungen zu finden sind, beschränkt sich die Betrachtung auf die Rechtslage in Deutschland. Diese stellt sich insoweit folgendermaßen dar: Der Grundsatz, dass der Kläger alle klagebegründenden Tatsachen darlegen und beweisen muss, gilt auch im Rahmen von Klagen aus §§ 1 und 3 UWG[423].

Allerdings hat die Rechtsprechung für bestimmte Fallgestaltungen Darlegungs- und Beweiserleichterungen für den Kläger entwickelt, nämlich in Bezug auf

---

417 Falls es überhaupt zu einem Hauptsacheverfahren kommt (was in passing off-Fällen nur selten ist, vgl. Schricker/*Ohly*, Rn 174) und nicht schon vorher eine einstweilige Verfügung ergeht.

418 Schricker/*Ohly*, Rn 170.

419 Schricker/*Ohly*, Rn 170.

420 *Bainbridge*, S. 465.

421 Vgl. *Cornish*, 16-49 und 16-51.

422 Vgl. *Dehlfing*, S. 104.

423 BGH, GRUR 1985, 140 (142) – Größtes Teppichhaus der Welt; BGH, GRUR 1991, 848 (849) – Rheumalind II; BGH, WRP 2000, 724 (727) – Space Fidelity Peep-Show; *Köhler/Piper*, Vor § 13 Rn 335.

Tatsachen, die in den Verantwortungsbereich des Beklagten fallen, weshalb diesen diesbezüglich eine prozessuale Erklärungspflicht trifft, vorausgesetzt, dass der Kläger – über bloße Verdachtsmomente hinaus – die für eine Wettbewerbswidrigkeit bzw. Irreführung sprechenden Tatsachen dargetan und unter Beweis gestellt hat[424]. Eine solche Erklärungspflicht wurde in Fällen der Allein- oder Spitzenstellungswerbung[425] sowie der Maßgeblichkeit innerbetrieblicher Vorgänge für die Beurteilung der Werbeangaben[426] angenommen.

Bei der Werbung mit einer fachlich umstrittenen Meinung ohne Erwähnung der Gegenmeinung übernimmt der Werbende nach Ansicht der Rechtsprechung die Verantwortung für ihre Richtigkeit, d. h. hier erfolgt sogar, bei gleichbleibender Darlegungslast, eine Umkehr der diesbezüglichen Beweislast[427]. Dieselben Grundsätze sollen auch in Hinblick auf Klagen gegen vergleichende Werbung gemäß § 2 UWG gelten[428].

4. Fazit der Gegenüberstellung

Die Regeln der britischen Werbeselbstkontrolle betreffend die Darlegungs- und Beweispflicht sind mithin aus der Sicht der werbenden Unternehmen deutlich strenger als die Grundsätze des englischen und des deutschen Rechts. Die Situation für die Werbewirtschaft ist demnach in Großbritannien in diesem Punkt, funktionell betrachtet, schwieriger als in Deutschland.

VI. Anwendung der Codes nach ihrem Sinn und ihrem Wortlaut, cl. 2.8

Cl. 2.8 des Advertising Code, dergemäß die Codes ihrem Geist ebenso wie ihrem Wortlaut nach angewendet werden, erinnert seinem Wortlaut nach an die wichtige Auslegungsregel des deutschen Rechts, dass Gesetze gemäß ihrem Zweck auszulegen sind.

Allerdings entsteht bei der Lektüre der ASA-Entscheidungen, in denen diese Klausel zur Anwendung kommt, ausnahmslos der Eindruck, dass es weniger die jeweils anzuwendenden Klauseln der Codes sind, die der ASA Council auf ihren „Geist“ hin überprüft, als vielmehr die beanstandeten Werbemaßnahmen selbst.

---

424 BGH, GRUR 1997, 229 (230) – Beratungskompetenz; BGH, WRP 2000, 724 (727) – Space Fidelity Peep-Show; s. auch *Köhler/Piper*, Vor § 13 Rn 335.

425 Vgl. nur BGH, GRUR 1985, 140 (142) – Größtes Teppichhaus der Welt; zust. etwa *Köhler/Piper*, Vor § 13 Rn 338.

426 BGH, GRUR 1963, 270 (271) – Bärenfang; BGH, GRUR 1975, 78 (79) – Preisgegenüberstellung I; gl. A. *Köhler/Piper*, Vor § 13 Rn 336.

427 Vgl. nur BGH, GRUR 1991, 848 (849) – Rheumalind II; ebenso *Köhler/Piper*, Vor § 13 Rn 339.

428 *Köhler/Piper*, § 2 Rn 63 und Vor § 13 Rn 340.

Insofern haben die entsprechenden Erwägungen in diesen Entscheidungen Ähnlichkeit mit Ausführungen des ASA Council unter cl. 1.4 b)[429]. Auch hier verhält es sich im Übrigen so, dass die Überlegungen in Bezug auf diesen Aspekt nicht immer deutlich erkennbar sind. Aus den verfügbaren Entscheidungen, die cl. 2.8 zumindest zitieren, sollen drei Beispiele zeigen, in welcher Weise der ASA Council sich dieser Vorschrift bedient.

Teilweise führt sie dazu, dass die gerügte Verletzung von Klauseln der Codes nicht bestätigt wird, wie etwa in der Entscheidung *DC Thomson & Company Ltd* vom Juni 1998. Sie betraf eine Werbung für „Kellogg's" Cornflakes in einem Comic-Heft für Kinder, die selbst ebenfalls in der Form eines Comics gestaltet war. Sie war mit einer geraden farbigen Linie umrahmt, trug die Überschrift „ADVERTISEMENT", und links oben waren das „Kellogg's"-Logo sowie die Abbildung einer „Kellogg's" Cornflakes-Packung zu sehen. Titelfigur des Streifens war der „Kellogg's"-Hahn. Auf das Beschwerdevorbringen, trotz der Überschrift seien Kinder nicht in der Lage, die Werbung von dem redaktionellen Inhalt des Heftes zu unterscheiden (vgl. cl. 23.1, 47.1 und 47.3), verwiesen die Werbenden auf die verschiedenen von ihnen zur Abgrenzung verwendeten Mittel sowie darauf, dass die Figur des Hahns eindeutig der Marke „Kellogg's" zuzuordnen sei. Der ASA Council schloss sich, wohl unter Anwendung von cl. 2.8 in der oben beschriebenen Weise, dieser Argumentation an und befand, Kinder würden die Werbung als solche begreifen und wären vermutlich in der Lage, diese von dem sonstigen Inhalt des Heftes zu trennen.

Auch in dem Fall *Holsten UK Ltd* vom August 1997 entschied der ASA Council im Sinne der Beschwerdegegner. Hier handelte es sich um eine Zeitungsanzeige, die am Tag nach den Parlamentswahlen erschienen war. Sie zeigte eine Photographie von Tony und Cherie Blair mit der Textzeile „THE ALL NEW HOLSTEN PILS". Das Bild war dergestalt retouchiert worden, dass Frau Blair eine Flasche Holsten Pils an die Lippen hob. Über Herrn Blair war in einer Sprechblase zu lesen: „All change then darling ...", worauf als ihre Antwort erschien: „Yes dear, smoother, cleaner and surprisingly easy to drink." Die Beschwerdeführer beanstandeten, die Anzeige impliziere, dass die Blairs gerne tränken, insbesondere Holsten Pils[430]. Die Werbenden erwiderten, die Anzeige habe nicht andeuten sollen, dass Frau Blair gerne Holsten Pils trinke; vielmehr handle es sich um eine Reklameparodie, welche, die Stimmung am Tag nach der Wahl einfangend, als witzig und thematisch aktuell erscheinen sollte. Nach Ansicht des ASA Council würde die Anzeige, zumal sie nur an diesem Tag er-

---

429 S. o., A. III. 1. a), und Anhang 1, S. 289, bzw. Anhang 2, S. 335.

430 Die gerügte Vorschrift war cl. 13.2 der neunten Auflage der Codes, nach der Personen der Zeitgeschichte, deren Einwilligung nicht eingeholt worden war, nicht in anstößiger oder nachteiliger Weise dargestellt werden durften. Außerdem sollte keine Werbung eine Unterstützung behaupten oder implizieren, die nicht existiert.

schien, nicht generell als Unterstützung der Blairs für dieses Bier, sondern als Parodie betrachtet.

Am deutlichsten wird die Anwendung von cl. 2.8 durch den ASA Council dergestalt, dass nicht die Codes, sondern die Werbeaussagen selbst auf ihren wirklichen Gehalt hin überprüft werden, in der Entscheidung *Luxury Associated Resort Services* vom 05.04.2000. Ihr Gegenstand war eine Direktwerbung mit einem Schreiben des Inhalts, die Empfänger seien für einen einwöchigen Luxusurlaub für bis zu vier Personen ausgewählt worden; sie wurden zur Übergabe ihrer Unterlagen in ein Hotel in Cardiff eingeladen. Nach der Versicherung, es handle sich um ein ganz echtes Urlaubsangebot („a totally genuine holiday promotion") und die Empfänger seien ausgewählt worden, weil sie das Angebot mit größter Wahrscheinlichkeit schätzen würden, hieß es in dem Schreiben (sogar zweimal), dies sei kein Timesharing-Angebot. Allerdings machte der Brief deutlich, dass dieses Urlaubsangebot allen Paaren zwischen 27 und 62 Jahren offen stand, die ein Haus besäßen und deren gemeinsames Jahreseinkommen 17.000 Pfund überstieg. Die Beschwerde richtete sich gegen den durch die zweimalige Versicherung in dem Schreiben, es handle sich nicht um Timesharing, hervorgerufenen irreführenden Eindruck, es sei ebenso wenig ein Angebot für Grundstückskäufe, die dem Timesharing ähnlich seien; als einschlägige Klauseln waren cl. 27.2, 32.1 und 37.1 des Sales Promotion Code genannt. In seiner Stellungnahme bestand das Unternehmen darauf, dass es sich bei dem Angebot nicht um ein solches für Timesharing handle. Dies war tatsächlich insofern zutreffend, als diese Grundstücksarrangements nicht den Timeshare Regulations 1997 unterfielen, da das Unternehmen Urlaube für zwei Jahre und 364 Tage anbot. Obwohl die beanstandete Aussage in dem Werbeschreiben demnach richtig war, ging der ASA Council davon aus, dass die Empfänger den technischen Unterschied zwischen dem Inhalt des Angebots und einem Timesharing-Vertrag nach dem Gesetz nicht kennen würden; daher nähmen sie wahrscheinlich an, nicht an einer Verkaufsveranstaltung für Urlaube in Häusern außerhalb Großbritanniens auf der Basis einer dem Timesharing ähnlichen Vereinbarung teilzunehmen. Aus diesem Grund forderte der ASA Council die Werbenden auf, diese Aussage aus dem Schreiben zu entfernen.

VII. Die allgemeinen Irreführungsvorschriften in cl. 3, 6.1 und 7.1

Die Klauseln 3, 6.1 und 7.1 des Advertising Code[431], in etwa entsprechend cl. 29.1, 31.1 und 32.1 des Sales Promotion Code, enthalten die allgemeinen Regeln der Codes bezüglich Irreführungen.

---

431 S. o., 3. Abschnitt, A. III. 2. b), und Anhang 1, S. 290 und 291, bzw. Anhang 2, S. 336 f. und 337.

Daneben finden sich in den Specific Rules, unter anderem, spezielle Irreführungsbestimmungen, etwa für den Bereich der Schönheits- und Gesundheitswerbung oder die Werbung für Mittel zur Gewichtsreduzierung.

Wie bereits oben dargestellt, besteht im Bereich der irreführenden Werbung die Möglichkeit der ASA, Fälle an das Office of Fair Trading abzugeben, wenn ASA Council-Entscheidungen missachtet werden[432].

1. Der „Grundtatbestand" der cl. 3.1, 7.1

Cl. 3.1 i.V.m. 7.1 sind dann verletzt, wenn in Werbematerial objektiv nachprüfbare Aussagen enthalten sind, die Werbenden aber nicht willens oder in der Lage sind, der ASA auf ihre Anfrage hin schriftliches Beweismaterial zuzusenden, welches die Behauptungen nach Überzeugung des ASA Council belegt. Die Äußerungen werden dann aus diesem Grund als irreführend eingestuft.

Die Spruchpraxis zu cl. 3.1 i.V.m. 7.1 wird im Folgenden anhand von verschiedenen Fallgruppen dargestellt, die sich aus der ASA-Entscheidungssammlung herausfiltern lassen.

a) Allein- oder Spitzenstellungswerbung

(i) Die Spruchpraxis des ASA Council

Die CAP-Vorschriften enthalten zu dieser Art der Werbung keine speziellen Regeln; dennoch gibt es natürlich auch in Großbritannien Fälle von Werbung, die unter die in Deutschland übliche Definition der Alleinstellungs- oder Spitzenstellungswerbung fallen, nach welcher der Werbende in bestimmter Hinsicht oder auch allgemein einen Vorrang bzw. eine Spitzenstellung vor seinen Mitbewerbern auf dem Markt in Anspruch nimmt[433]. Der ASA Council sieht in derartigen Werbebehauptungen, sofern sie den strengen Beweisvorschriften in cl. 3.1 nicht genügen, eine Irreführung i.S.v. cl. 7.1.

Der Entscheidung *Friskies Petcare (UK) Ltd* vom 14.06.2000 lag eine Beschwerde der Werbeagentur der Hersteller von „Whiskas"-Katzenfutter gegen eine Werbung für das Katzenfutter „Felix" der Beschwerdegegner zugrunde, welche sich gegen die dort aufgestellten Behauptungen „THE BEST SELLING CAT TREATS RANGE", „THE UK'S BEST SELLING CAT FOOD" und „MAKE WAY FOR No. 1" wandte, weil die Marke der Beschwerdegegner nicht die am meisten verkaufte sei. Die von den Werbenden vorgelegten Verkaufszahlen und Marktanteilsangaben bezüglich ihrer und der „Whiskas"-

---

432 3. Abschnitt, B. II. 2. c) (v), dort auch zu dem sehr zurückhaltenden Gebrauch des Director General of Fair Trading von dem Recht, eine gerichtliche Verfügung zu beantragen.

433 Vgl. nur *Köhler/Piper*, § 3 Rn 425.

Produkte für den Zeitraum des vergangenen Jahres stimmten deshalb nicht mit denen der Beschwerdeführer überein, weil jeweils unterschiedliche Kriterien herangezogen, verschiedene Produkte einbezogen und andere Monate berücksichtigt wurden. Da der ASA Council aus dem gesamten ihm vorliegenden Material entnahm, dass weder das eine noch das andere Produkt eindeutig und nachhaltig bessere Verkaufszahlen erzielt hatte, befand er, dass die beanstandeten Aussagen nicht bewiesen und damit irreführend seien.

Nicht um Verkaufszahlen, sondern um die Wirksamkeit der beworbenen Produkte ging es in den, im Ergebnis wie der soeben beschriebene Fall entschiedenen, Entscheidungen *Elida Fabergé Ltd* und *Procter & Gamble UK*, hier die zweite Beschwerde, jeweils vom 08.11.2000. Beide Unternehmen warben für ihre Deodorant-Cremes, das erste u. a. mit der Aussage: „der stärkste Schutz überhaupt gegen Nässe und Geruch", und das zweite u. a. mit den Worten: „der trockenste, wirksamste Schutz, den eine Frau bekommen kann" und „trockenster, wirksamster Schutz überhaupt", und beide Unternehmen legten gegen die Werbung des jeweils anderen Beschwerde ein. Da der ASA Council sich hier nicht imstande sah, die von den Werbenden und den Beschwerdeführern vorgelegten klinischen Studien selbst auszuwerten, nahm er für beide Fälle die Hilfe von externen Sachverständigen in Anspruch. Da nach deren Einschätzung in dem einen wie im anderen Fall sowohl die von den Werbenden als auch die von den Beschwerdeführern vorgelegten Tests den insoweit aufgestellten Maßstäben bezüglich ihrer Durchführung[434] entsprachen, die Resultate sich jedoch in beiden Fällen diametral widersprachen, entschied der ASA Council, dass weder das eine noch das andere Unternehmen seine Spitzenstellung auf die von ihm vorgelegten Beweise stützen konnte und gab damit beiden Beschwerden statt.

Auch in dem Fall *BT Cellnet* vom 15.08.2001 gelang dem werbenden Unternehmen nicht der Beweis für seine Aussage auf einem Plakat: „THE BIGGEST NETWORK", welche der Konkurrent *Vodafone* in einer Beschwerde mit der Begründung beanstandet hatte, er decke mehr Länder ab als die Werbenden. Da diese Behauptung in unmittelbarer Nähe zu den Worten „COVERAGE IN 120 COUNTRIES" stand, konnten Leser des Plakats nach Ansicht des ASA Council davon ausgehen, dass das Unternehmen mehr Länder erfasse als seine Konkurrenten. Dem von den Werbenden eingesandten Material entnahm der ASA Council, dass dieser nur im Oktober 2000 mehr Länder erreicht hatte als *Voda-*

434 Was diese Maßstäbe konkret besagen, ist, von einzelnen, teilweise in Entscheidungen genannten Aspekten, sowie von den speziellen Regeln, die sich etwa in cl. 50.1, 50.26 und 51.1 der Codes finden, diesbezüglich aber keine Details enthalten, abgesehen, soweit ersichtlich auch dem sonstigen verfügbaren Material von ASA und CAP nicht zu entnehmen; die „Help Note On The Use Of Experts By The ASA And CAP" bezieht sich lediglich auf die Frage, in welchen Fällen Sachverständige herangezogen werden, und auf deren Auswahl und ihr Tätigwerden.

fone, im September sogar weniger und von November 2000 bis Februar 2001 gleich viele. Diese Daten belegten die kritisierte Aussage demnach nicht, weshalb die Werbenden zu deren Unterlassung aufgefordert wurden.

Eine Beschwerde in dem Fall *Boeing Commercial Airplane Group* vom 14.02.2001 gegen die Boeing-Gruppe (mit Sitz in den USA) bezog sich auf deren Behauptung in einer Zeitschriftenanzeige, sie bauten die umweltfreundlichsten Flugzeuge der Welt. Die Werbenden äußerten gegenüber der ASA, die Aussage sei auf ihre eigenen früheren Produkte bezogen; mangels Einblicks in die entsprechenden Produktionsdaten ihrer Konkurrenten seien sie außerstande, die Umweltfreundlichkeit von ihren und deren Flugzeugen zu vergleichen. Da der ASA Council befand, dass die beanstandete Aussage als auf alle anderen kommerziellen Flugzeuge bezogen verstanden werde, die Werbenden aber nicht bewiesen hatten, dass ihre Maschinen die umweltfreundlichsten der Welt seien, gab er ihnen auf, diese Behauptung nicht zu wiederholen.

Auch in der Entscheidung *Financial Times Business* vom 16.01.2002 lag der Schwerpunkt auf der zutreffenden Auslegung der beanstandeten Werbebehauptung. Ein Konkurrent wandte sich in seiner Beschwerde gegen die Aussage auf dem Umschlag einer Direktwerbung der Werbenden, ihr Produkt sei „der führende Titel für europäische Pensionen und Kapitalanlagen", denn er meinte, die von ihm veröffentlichte Zeitschrift über europäische Renten und Kapitalanlagen habe eine höhere Auflagenzahl. Die Werbenden bestritten, dass ihre beanstandete Aussage impliziere, ihre Zeitschrift habe die höchste Auflagenzahl; vielmehr beziehe sie sich auf ihre Überlegenheit in Bezug auf die redaktionelle Qualität und die gelieferten Nachrichten, was sie mit mehreren Beispielen verdeutlichten. Sie wiesen auch auf die höhere Zahl von Abonnenten ihrer Zeitschrift hin, die zudem für diese auch mehr bezahlten, was belege, dass ihr Produkt für die Verbraucher wertvoller sei. Aus dem zusätzlich vorgelegten Material ergab sich, dass das Heft der Beschwerdeführer in größerer Auflage erschien als das der Werbenden. Der ASA Council ging davon aus, dass die Empfänger der Werbung aus der Behauptung „der führende Titel" schließen würden, dass die beworbene Zeitschrift mehr Leser habe als die der Konkurrenz. Da dies nicht zutraf, gab er der Beschwerde statt und forderte das Unternehmen auf, diese Aussage zu korrigieren.

Ein Fall, in welchem dem werbenden Unternehmen der Beweis für die Richtigkeit seiner Werbebehauptung gelang, war *Marks and Spencer plc* vom 16.01.2002. Der Beschwerdeführer wandte sich gegen die Aussage in einer Zeitschriftenanzeige: „The one and only machine washable suit ...", da er auch von anderen Angeboten für maschinenwaschbare Anzüge wüsste. Die Beschwerdegegner erklärten, bei der Entwicklung des Anzugs, einer Gemeinschaftsproduktion zwischen ihnen und ihrem Lieferanten, seien umfangreiche Vergleichsstudien durchgeführt worden. Der einzige Anzug, der laut Herstellerangabe uneingeschränkt maschinenwaschbar war, habe ihren Tests, im Gegensatz zu dem von ihnen entwickelten, nicht standgehalten. Daher sei ihr Anzug im Zeitpunkt des Erscheinens der Anzeige der einzige wirklich maschinenwaschbare Anzug gewesen. Der ASA Council akzeptierte diese Ausführungen und gab der Beschwerde daher nicht statt.

Im Ergebnis ebenfalls abgelehnt wurde eine Konkurrenten-Beschwerde gegen *Procter & Gamble UK* am 07.07.1999. Das Unternehmen warb in verschiedenen Medien für zwei Sorten seiner „Pampers"-Windeln mit der Behauptung, diese seien die trockensten. Die Beschwerdeführer gaben an, gemäß ihren Tests seien ihre Windeln trockener. Obwohl bezüglich der geeignetsten Testmethode unter den Herstellern keine Einigkeit herrschte und der ASA Council in vergangenen Entscheidungen beiden Unternehmen aufgegeben hatte, bis zum Erreichen eines Konsenses hierüber nicht ihre Spitzenstellung zu behaupten, gelangte er hier, gestützt auf Sachverständigengutachten, zu der Überzeugung, dass die Alleinstellungsbehauptungen der Werbenden zu der Zeit, in der sie aufgestellt wurden, gerechtfertigt waren.

(ii) Hinweis auf Aspekte des englischen Rechts

Da es im englischen Recht keine Generalklausel gegen irreführende Werbung entsprechend cl. 3.1, 7.1 der britischen Codes oder § 3 UWG gibt, ist es vor dortigen Gerichten wesentlich schwieriger als vor dem ASA Council oder vor deutschen Gerichten[435], gegen Spitzenstellungswerbungen vorzugehen. Soweit ersichtlich, wurden entsprechende Klagen bisher – wohl ausnahmslos erfolglos – nur auf malicious falsehood und defamation gestützt. Die Konsequenz, dass mittels dieser Tatbestände Werbung mit einer Spitzenstellung nur in einem sehr eingegrenzten Rahmen bekämpft werden kann, ergibt sich bereits aus der Zielrichtung dieser Rechtsinstitute selbst, die in dem Schutz des Klägers vor einer Herabsetzung seiner Produkte bzw. seiner Person liegt.

In dem Fall *White v. Mellin* des House of Lords aus dem Jahr 1895[436] hatte der Kläger mit seiner begehrten Unterlassungsverfügung, die er auf malicious falsehood[437] stützte, keinen Erfolg. Der Entscheidung lag der folgende Sachverhalt zugrunde: Der Beklagte, ein Drogist, verkaufte neben der Säuglingsnahrung des Klägers auch ein weiteres ähnliches Produkt, an dem er ein Verwertungsrecht hatte. Für dieses letztgenannte Produkt warb er in der Weise, dass er an der Ver-

---

435 Zur deutschen Rechtslage s. u., unter (iii).

436 [1895] AC 154, auch unter http://web.lexis-nexis.com/professional.

437 Damals noch als „slander of goods" bezeichnet, s. House of Lords, a.a.O.; auch haben sich die einzelnen Voraussetzungen inzwischen teilweise verändert.

packung unter anderem der klägerischen Ware, „Mellin's Infants' Food", ein Schildchen mit der Aufschrift befestigte: „Den Kunden wird empfohlen, Dr. Vance's Prepared Food for Infants or Invalids auszuprobieren, da dieses weit nahrhafter und gesünder ist als alle Präparate, die je angeboten wurden." Malicious falsehood setzte, neben der Verursachung eines konkreten Vermögensschadens, eine falsche, die Waren des Klägers herabsetzende Behauptung voraus. Lord *Watson* lehnte bereits eine Herabsetzung der klägerischen Produkte mit der Begründung ab, die Werbeinschrift nehme überhaupt nicht auf diese Bezug, sondern sei lediglich eine auffällige Lobpreisung des Konkurrenzprodukts[438]. Aufgrund des durch den Kläger vorgelegten Beweismaterials stand fest, dass die Nahrung des Klägers für Kinder bis zum Alter von sechs Monaten geeigneter war als die des Beklagten, ab diesem Alter war es umgekehrt. Dieser Umstand vermochte jedoch nicht, das Gericht davon zu überzeugen, dass die angegriffene Aussage des Beklagten unrichtig war[439]. Mit Blick auf das zusätzliche Merkmal der „malice" bemerkte Lord *Herschell*, es lägen keine Beweise dahingehend vor, dass der Beklagte ein anderes Ziel als das gehabt hätte, seine eigenen Waren marktschreierisch anzupreisen und zu verkaufen, und des Weiteren sei durch nichts belegt, dass er nicht selbst an die Überlegenheit seiner Nahrung gegenüber jeder anderen geglaubt habe[440].

In der Entscheidung *Jupiter Unit Managers Trust Ltd v. Johnson Fry Asset Managers plc* des High Court vom 19.04.2000[441] scheiterte der Kläger bei seinem Vorgehen gegen zwei Werbeanzeigen für eine bestimmte von der Regierung geförderte Anlageform des beklagten Konkurrenzunternehmens sowohl unter dem Gesichtspunkt der defamation als auch unter dem der malicious falsehood. Beide Anzeigen enthielten unter anderem die Aussagen, die Werbenden seien in ihrem Gebiet die Gruppe mit der Spitzenleistung, und sie schlügen beständig die Konkurrenz, und zugleich wurden die Leistungen des Klägers negativ dargestellt. Nur diese Bezugnahmen auf den Kläger spielten in der Entscheidung eine Rolle, denn das bloße werbemäßig-übertreibende Anpreisen der eigenen Produkte sei jedem Unternehmer erlaubt. Hier war das Gericht der Auffassung, dass der Beklagte im Rahmen der Anpreisung seines eigenen Produkts die Grenze der zulässigen Herabsetzung des klägerischen Produkts nicht überschritten habe, weshalb ein vernünftiger Leser die Behauptung nicht ernst nehmen würde. Im Zuge seiner Argumentation verwies das Gericht auch auf die Entscheidung *De Beers Abrasive Products Ltd v. International General Electric Co of New York*

---

438 A.a.O., http://web.lexis-nexis.com/professional, S. 7; ebenso Lord *Herschell*, auf S. 5: „... die einzige Herabsetzung durch den Beklagten besteht in der Rühmung der Überlegenheit seiner eigenen Waren."

439 Vgl. Lord *Herschell*, a.a.O., S. 3, und Lord *Watson*, a.a.O., S. 7.

440 A.a.O., S. 4.

441 Abrufbar unter http://web.lexis-nexis.com/professional.

Ltd des High Court vom 25.03.1975[442]. Diese hatte zwar keine Spitzenstellungswerbung zum Gegenstand, machte aber dennoch die Sicht entsprechender Behauptungen durch englische Richter deutlich. Es findet sich dort etwa die Feststellung, von drei Schneidern mit nebeneinander liegenden Geschäften, die in ihren Schaufenstern Schilder mit den Aufschriften „Der beste Schneider in der Welt", „Der beste Schneider in dieser Stadt" bzw. „Der beste Schneider in dieser Straße" aufgestellt hätten, könne gegen keinen der drei gerichtlich vorgegangen werden, da die erlaubte Anpreisung der eigenen Waren zwangsläufig die Herabsetzung der Konkurrenzprodukte zur Folge habe. Zudem würden vernünftige Personen dann, wenn sie ein gewisses Maß an Übertreibung erwarteten, entsprechende Produktbeschreibungen generell nicht für bare Münze nehmen. Eine auf malicious falsehood gestützte Klage hätte demnach nur dann Erfolg, wenn eine vernünftige Person die beanstandete Werbebehauptung ernst nähme.

(iii) Das deutsche Wettbewerbsrecht

Nach dem deutschen Recht ist eine Allein- oder Spitzenstellungswerbung zulässig, sofern der Werbende in der Hinsicht, in der die Spitzenstellung behauptet wird, einen deutlichen Vorsprung bzw. eine herausragende Stellung gegenüber seinen Mitbewerbern hat und dieser Vorsprung die Aussicht auf eine gewisse Stetigkeit bietet[443]; andernfalls verstößt sie gegen § 3 UWG.

Entsprechendes wie bei der Spitzenstellungswerbung gilt auch für die Werbung mit einer Spitzengruppenstellung, wie etwa für die Anpreisung als „Spitzenerzeugnis"[444]. Auch die Werbung mit dem durch die Stiftung Warentest vergebenen Qualitätsurteil „Gut" sah der BGH als Behauptung einer Spitzengruppenstellung an, die im konkreten Fall als irreführend eingestuft wurde, weil das beworbene Produkt mit dieser Note tatsächlich unter dem Durchschnitt lag[445].

Wesentliche Bedeutung kommt im Zusammenhang mit Spitzenstellungswerbung der Frage zu, welche Vorstellungen der angesprochene Verkehr mit der jeweiligen Behauptung verbindet. So ging der BGH in dem Urteil „Der meistge-

---

442 [1975] 2 All ER 599 = [1975] 1 WLR 972, auch abrufbar unter http://web.lexis-nexis.com/professional.

443 BGH, GRUR 1991, 850 (851) – Spielzeug-Autorennbahn; BGH, GRUR 1991, 680 (682) – Porzellanmanufaktur; BGH, GRUR 1996, 910 (911) – Der meistverkaufte Europas; ebenso *Baumbach/Hefermehl*, § 3 UWG Rn 75; Großkomm./*Lindacher*, § 3 UWG Rn 209, 212.

444 Vgl. etwa BGH, GRUR 1961, 538 (540) – Feldstecher; gl. A. *Köhler/Piper*, § 3 Rn 435; ähnlich auch Großkomm./*Lindacher*, § 3 UWG Rn 214.

445 BGH, GRUR 1982, 437 (437 f.) – Test Gut; es handelte sich um eine Irreführung mit wahren Angaben, s. hierzu sowie zu weiteren Fällen *Sack* in: FS Trinkner, S. 293 (297 ff.) = (aktualisiert) GRUR 1996, 461 (462 ff.).

kaufte der Welt“ [446] noch davon aus, dass die – ebenfalls objektiv richtige – Behauptung einer Spitzenstellung in der Welt von dem angesprochenen Publikum im Sinne einer Spitzenstellung auch auf dem deutschen Markt verstanden würde, rückte von dieser Position – unter Berufung auf einen Wandel des Verkehrsverständnisses – jedoch in der Entscheidung „Der meistverkaufte Europas“[447] wieder ab.

Des Weiteren kommt es in jedem Fall entscheidend darauf an, ob die angesprochenen Verkehrskreise die Werbebehauptung als überhaupt objektiv nachprüfbare Aussage auffassen, sowie darauf, wie in dem jeweiligen Marktsegment generell geworben wird: Sehen etwa die angesprochenen Verbraucher die Behauptung als eine rein subjektive Wertung, die von der persönlichen Auffassung oder dem Geschmack abhängt, oder bzw. und ist der Verkehr in diesem Bereich an die Werbung mit Superlativen gewöhnt, so dass seine Vorstellung von vornherein relativiert ist, liegt keine gemäß § 3 UWG irreführende Werbung vor[448].

(iv) Fazit der Gegenüberstellung

Stellt man die Gesamtsituation bezüglich der Spitzenstellungswerbung in Großbritannien der in Deutschland gegenüber, ergibt sich aus dem Gesagten, dass sich sowohl britische als auch deutsche Werbende mit rigorosen Regeln konfrontiert sehen.

Zwar sind in Großbritannien zumindest die erwähnten Regelungen des Common Law insofern nicht dazu geeignet, gegen derartige Werbeaussagen vorzugehen, als sie zwingend auf eine Herabsetzung des Klägers, d. h. seiner Produkte oder seiner Person, abstellen, eine solche aber mit einer Spitzenstellungswerbung häufig überhaupt nicht verbunden ist. Diese Lücke wird jedoch durch die Regeln des CAP geschlossen:

Während cl. 3.1 von den Werbenden strikt den Beweis für ihre Spitzenstellungsbehauptung verlangt, legt ihnen das deutsche Recht, wie oben im Rahmen der Beweislastfragen erwähnt, für die genannten Zulässigkeitsvoraussetzungen einer solchen Behauptung nur eine prozessuale Erklärungspflicht auf, was im Ergebnis einer Beweislastumkehr zwar nahe-, jedoch nicht gleichkommt. Zudem wendet der ASA Council cl. 3.4, die eine Ausnahmemöglichkeit von dem strikten Beweisgebot in cl. 3.1 für alle Werbebehauptungen in Fällen offenkundiger Unrichtigkeiten oder Übertreibungen vorsieht, nur sehr selten an, wie unten

---

[446] BGH, GRUR 1972, 129 (130), mit abl. Anm. *von Falck*; a. A. ebenfalls *Doepner*, in RWW 3.0 Rn 271, Fn 234; Großkomm./*Lindacher*, § 3 UWG Rn 176, 215, 269.

[447] BGH, GRUR 1996, 910 (912 f.), mit zust. Anm. *Doepner*; krit. zu der Argumentation des BGH *Pauly*, WRP 1997, 691 (694 f.).

[448] BGH, GRUR 1965, 363 (364 f.) – Fertigbrei; OLG Köln, GRUR 1983, 135 (136 f.) – König-Pilsener; *Köhler/Piper*, § 3 Rn 426; s. auch Großkomm./*Lindacher*, § 3 UWG Rn 216, 217.

noch zu zeigen sein wird. Auch ein etwaiger Gewöhnungseffekt des Verkehrs in Bereichen, in denen Werbung mit Superlativen an der Tagesordnung ist, wird, anders als in der deutschen Rechtsprechung, nicht berücksichtigt.

Insgesamt kann mithin als Ergebnis festgehalten werden, dass die Situation werbender Unternehmen in Bezug auf Spitzenstellungswerbung in Großbritannien in den meisten Fällen schwieriger ist als die in Deutschland:

Die deutsche Rechtsprechung stellt zwar zunächst strenge Zulässigkeitserfordernisse auf, berücksichtigt jedoch bezüglich des im Rahmen des § 3 UWG zugrunde zu legenden maßgeblichen Verkehrsverständnisses in wesentlich höherem Maße auch solche Faktoren, die dem Werbenden zugute kommen können, während der ASA Council im Regelfall strikt dem Beweisgebot der cl. 3.1 folgt.

b) Speziell: „Niedrigste Preise" – Garantien und Versprechen

(i) Die CAP Help Note und Beispielsfälle der ASA

Bezüglich Werbung mit niedrigsten Preisen erscheint es geboten, auf die entsprechende, sehr instruktive Help Note des CAP hinzuweisen[449], denn darin finden sich verschiedene wichtige Grundsätze der Anwendung von cl. 3.1, 7.1 und teilweise auch 19.2 (Regelungen der Codes zur vergleichenden Werbung) durch den ASA Council in diesem Zusammenhang, die allein durch die Lektüre diesbezüglicher Entscheidungen nicht so deutlich hervortreten.

So wird zunächst unterschieden zwischen Niedrigstpreisbehauptungen („lowest price" claims) und Preisversprechen (price promises)[450]:

Unter Erstere fällt die Behauptung, die niedrigsten Preise zu bieten, während unter die zweite Kategorie das Versprechen (das auch durch gewisse Bedingungen eingeschränkt werden kann) zu fassen ist, dann, wenn ein Kunde nachweist, dass ein Produkt bei einem Mitbewerber günstiger ist, dessen Preisangebot zu unterbieten.

Je nachdem, ob es sich um eine Niedrigstpreisbehauptung oder um ein Preisversprechen handelt, treffen den Werbenden unterschiedliche Pflichten:

Im ersten Fall muss er zunächst in der Lage sein, die Richtigkeit seiner Behauptung zu beweisen (vgl. cl. 3.1 i.V.m. 7.1)[451]. Dabei ist festzuhalten, dass es im Fall von Werbeaussagen wie „the lowest prices" oder „the best prices" nicht ausreicht, Produkte nur ebenso günstig anzubieten wie die Konkurrenz, sondern die eigenen Preise müssen niedriger sein (Help Note, 4.2). Falls sich nicht aus

---

449 Help Note On Lowest Price Claims And Promises vom Dezember 2001, unter www.cap.org.uk.

450 S. die Help Note, unter 5.1.

451 Help Note, 4.1.

der Werbung etwas anderes ergibt, sollte sich die Aussage auf alle angebotenen Produkte beziehen (Help Note, 4.3). Nur in Fällen des eindeutig erkennbaren Eigenpreisvergleichs ist es zulässig, diese Behauptung auch auf Produkte zu beziehen, die ausschließlich der Werbende selbst anbietet (Help Note, 4.3). Der Werbende muss ferner in jedem Fall sicherstellen, dass seine Behauptung im Zeitpunkt des Erscheinens der Werbung noch korrekt ist bzw. war, was auch die Notwendigkeit umfangreicher Marktüberwachungsmaßnahmen einschließen kann (Help Note, 4.5 bis 4.9).

Im zweiten Fall, dem des Preisversprechens, besteht die Hauptverpflichtung des Werbenden darin, etwaige an das Versprechen geknüpfte Bedingungen diesem deutlich sichtbar hinzuzufügen, wie etwa das Erfordernis von Beweisen für niedrigere Preise bei anderen Anbietern, zeitliche, lokale oder regionale Begrenzungen, die Außerachtlassung von Bearbeitungs- oder Lieferkosten sowie die Frage, ob sich das Preisversprechen nur auf solche Konkurrentenpreise bezieht, für die geworben wurde (Help Note, 5.2). Außerdem sollten auch Anbieter, die mit Preisversprechen werben, die Preise der Konkurrenz grundsätzlich unterbieten, sofern nicht spezielle anderslautende Angebote, wie etwa die zweifache Differenz abzuziehen, gemacht werden (Help Note, 5.3).

Als Faustregel für die insbesondere bei Verwendung des Wortes „guarantee" schwierige Unterscheidung, ob es sich um eine Niedrigstpreisbehauptung oder ein Preisversprechen handelt, soll gelten, dass die Verwendung des Wortes in Verbform (zum Beispiel „lowest prices guaranteed" und „we guarantee the lowest prices") für eine Niedrigstpreisbehauptung spricht, während es als Nomen (etwa „we offer a lowest price guarantee") eher wie ein Preisversprechen aufgefasst wird (Help Note, 6.1).

Wenn ein werbendes Unternehmen nicht damit wirbt, die Preise seiner Konkurrenten zu unterbieten, sondern lediglich nicht mehr als jene zu verlangen, muss es, hinsichtlich Niedrigstpreisbehauptungen und Preisversprechen gleichermaßen, den Eindruck vermeiden, dass es die Konkurrenzpreise unterbiete. Hier werden etwa die Formulierungen „no one beats our prices", „unbeatable low prices" bzw. „unbeatable price guarantee" als zulässig erachtet (Help Note, 7.1).

In ASA-Entscheidungen bezüglich derartiger Werbeaussagen finden sich diese Grundsätze zumindest teilweise wieder:

(a) Niedrigstpreisbehauptungen

In den drei hier vorzustellenden Entscheidungen betreffend „price claims", also Niedrigstpreisbehauptungen, gab der ASA Council den Beschwerden statt.

Die erste Beschwerde in dem Fall *Buy.com Ltd* vom 09.08.2000 richtete sich gegen die Aussage, in einer Zeitungsanzeige für Computer und Software, „buy.com at the lowest uk prices. guaranteed“, mit der Begründung, sie sei irreführend, denn das beschwerdeführende Konkurrenzunternehmen meinte, seine Preise für einige Produkte seien niedriger als die der Werbenden. Im Gegensatz zu den Beschwerdeführern, die der ASA schriftliches Beweismaterial für ihre Beschwerdebehauptung schickten, lieferten die Beschwerdegegner keine Belege für ihre Erwiderung, sie überprüften täglich die Preise von über 700 Computern und 500 Softwareprodukten sowohl auf den Websites als auch in den Geschäften ihrer Mitbewerber und senkten sofort ihren Preis, wenn sie ein günstigeres Konkurrenzangebot fänden. Infolgedessen forderte der ASA Council die Werbenden auf, diese Behauptung so lange nicht aufzustellen, wie sie nicht über schriftliche Beweise für ihre Richtigkeit verfügten.

Die beanstandete Aussage in dem Fall *0700 2 Insure* vom 11.08.1999 fand sich in einer Anzeige für Kraftfahrzeugversicherungen in einem Branchenverzeichnis und lautete: „LOWEST QUOTE GUARANTEED or your money back“. Der von dem Beschwerdeführer erbetene Kostenvoranschlag erwies sich als über 300 Pfund höher als der eines Konkurrenzunternehmens. Die Werbenden trugen vor, sie garantierten, dass kein Kunde für denselben oder einen ähnlichen Versicherungsschutz bei einem anderen Unternehmen geringere Prämien zahlen müsse; falls aber ein Kunde nachträglich einen günstigeren Tarif entdecke, erstatteten sie die gesamte Prämie oder mindestens die Differenzsumme. Allerdings lieferten sie hierfür keine Beweise. Der ASA Council stellte zunächst fest, dass Leser der Werbeaussage diese wahrscheinlich so interpretierten, dass die Werbenden immer niedrigere Preise böten als die Konkurrenzunternehmen (d. h. dass es sich um eine Niedrigstpreisbehauptung handelte und nicht um ein Preisversprechen). Da die Beschwerdegegner weder diese Behauptung noch die Aussage, dass sie gegebenenfalls Erstattungen leisteten, beweisen konnten, gab der ASA Council den Beschwerdeführern auf, diese Behauptung aus der Anzeige zu entfernen.

Der Fall *ATS Euromaster* vom 06.03.2002 behandelte zwei Anzeigen für Autoteile; in der einen war zu lesen: „We guarantee our prices can't be beaten“ und „PERMANENT PRICE CHECK“, und die andere war überschrieben mit: „WE CHECK THAT NO-ONE'S CHEAPER. THEN TAKE OFF AN EXTRA 10 %. PERMANENT PRICE CHECK“, und im Werbetext hieß es, das Unternehmen überprüfe bis zu 500 überregionale Konkurrenzunternehmen pro Woche. Die Beschwerdeführer, die günstigere Angebote von kleinen Unternehmen erhalten hatten, beanstandeten, dass die Werbenden in irreführender Weise behaupteten, sie böten die niedrigsten Preise. Die Beschwerdegegner brachten unter anderem vor, sie beschränkten ihren wöchentlichen Preisvergleich auf Warenangebote von überregionalen und bedeutenden, unabhängigen regionalen Unternehmen, weil nur diese vergleichbare Qualität böten. Die eingesandten Preisvergleichsstudien zeigten nach Auffassung des ASA Council, dass die Werbenden für einige Produkte niedrigere Preise verlangten, nicht jedoch für alle. Zwar schloss sich der ASA Council nicht der Ansicht der Beschwerdeführer an, dass die Werbeaussage ausdrücke, das Unternehmen behaupte, die Preise seiner Mitbewerber zu unterbieten, sondern meinte, Verbraucher würden die Behauptung so verstehen, dass es nur nicht mehr verlange als die Konkurrenzunternehmen; der ASA Council urteilte jedoch, die Behauptungen „We check that no-one's cheaper" bzw. „We guarantee our prices can't be beaten" ständen im Widerspruch zu dem Umstand, dass die Werbenden nur die Preise größerer Unternehmen überprüften, weshalb die Aussagen irreführend seien. Er forderte die Beschwerdegegner daher auf, diese nicht zu wiederholen.

(b) Preisversprechen

Von drei Beschwerden gegen „price promises", die hier dargestellt werden sollen, gab der ASA Council nur einer statt.

Diese lag der Entscheidung *Phones 4 U Ltd* vom 09.01.2002 zugrunde. In der beanstandeten Zeitungsanzeige für Mobiltelefone wurde mit der Aussicht auf sieben Monate ohne die Pflicht zur Zahlung der Grundgebühr geworben. Diesbezüglich hieß es weiterhin: „PRICE MATCH PROMISE – IF YOU FIND A BETTER DEAL WITHIN 14 DAYS OF ORDERING FROM US WE'LL MATCH IT AND DOUBLE THE DIFFERENCE!". Einer Fußnote war zu entnehmen, dass diese sieben grundgebührfreien Monate nach 15 Monaten in Anspruch genommen werden könnten. Gegenüber dem Beschwerdeführer weigerten sich die Werbenden zunächst, das von ihm vorgelegte Konkurrenzangebot anzuerkennen. Dieses sah, bei mit denen der Werbenden identischen Preisen, die Gewährung von sieben grundgebührfreien Monaten schon nach zwölf Monaten vor. Demnach mussten Kunden des werbenden Unternehmens für drei Monate länger die Grundgebühr von 13,99 Pfund zahlen, um drei „kostenlose" Monate in Anspruch nehmen zu können. Die ursprüngliche Intention der Werbenden bei ihrem Preisversprechen war es, nur günstigere Tarife, nicht jedoch günstigere Geschäfte („deals") allgemein, anzuerkennen. Aus diesem Grund sah der ASA Council die Aussage „If you find a better deal" als mehrdeutig und irreführend an. Den Werbenden wurde daher aufgegeben, dieses Preisversprechen mit Hilfe des CAP Copy Advice team zu korrigieren.

Die Entscheidung *Lifesearch* vom 23.01.2002 betraf eine Direktwerbung für Lebensversicherungen. In dieser stand, unter der Überschrift „PRICE PROMISE“, der Text: „IF YOU FIND A CHEAPER QUOTE FOR THE SAME COVER WE’LL BEAT IT - GUARANTEED“. Ferner war zu lesen, dass das Unternehmen seine Einnahmen um bis zu 100 % kürze, um günstigere Konkurrenzangebote zu unterbieten. Die Werbenden akzeptierten auch hier nicht das ihnen von der Beschwerdeführerin vorgelegte Konkurrenzangebot. Sie reichten bei der ASA umfangreiches Beweismaterial ein. Dieses belegte nach Ansicht des ASA Council, dass die Werbenden tatsächlich ihre Kommission opferten, um ihr Preisversprechen einzuhalten. Daher, und nur mit dem kurzen Hinweis darauf, die Umstände in dem Fall der Beschwerdeführerin seien ungewöhnlich, befand der ASA Council, dass die Werbeaussagen nicht zu beanstanden seien.

Noch weniger nachvollziehbar erscheint die Beurteilung des ASA Council in dem Fall *Cable and Wireless Communications* vom 12.04.1999. In einer Zeitungsanzeige war zu lesen: „Wherever in the world you call, we promise you lower phone bills – or double the difference back ... We promise that whatever BT discount schemes you have now – and wherever in the world you call – we’ll save you money on your phone bill ...“. Dem Beschwerdeführer wurde auf seine Anfrage mitgeteilt, ihm könnten keine Ersparnisse garantiert werden, da diese von seinem Anrufverhalten und von seinem Wohnort abhingen. Die Werbenden betonten zunächst, dass ihr Preisversprechen garantiert sei, unabhängig von Wohnort und Telefonierverhalten der Kunden. Zugleich machten sie jedoch deutlich, dass Kunden, die außerhalb ihres Franchise-Gebiets wohnten und selten überregionale Gespräche und Auslandstelefonate führten, möglicherweise nicht genug sparen könnten, um ihre monatliche Zusatzgebühr abzudecken. Sie verwiesen weiterhin auf ihre Allgemeinen Geschäftsbedingungen, in denen die Einzelheiten ihres Angebots verdeutlicht würden. Mit den Erwägungen, dass die Werbenden nach einer Methode der Ersparnisberechnung vorgingen, die in ihren Allgemeinen Geschäftsbedingungen dargelegt sei, dass sie in der Lage seien, unter gewissen Umständen Ersparnisse zu bieten, sowie dass sie andernfalls bereit seien, Kunden ihr Geld zurückzuzahlen, akzeptierte der ASA Council dieses Preisversprechen. Nicht zuletzt auch in Anbetracht seiner sonstigen diesbezüglichen Spruchpraxis hätte es m. E. näher gelegen, den – dem Preisversprechen selbst zudem ersichtlich nicht zu entnehmenden – Verweis auf die Allgemeinen Geschäftsbedingungen nicht als ausreichend zu akzeptieren und daher diese Werbung als irreführend anzusehen.

(ii) Hinweise auf das englische Recht

Preisbehauptungen und -versprechen wie die eben beschriebenen fallen in Großbritannien neben den Codes auch in den Anwendungsbereich von s. 20 CPA.

In der bereits erwähnten Entscheidung *R. v. Warwickshire County Council, Ex parte Johnson* des House of Lords[452] wurde festgestellt, dass eine Preisangabe auch dann i.S.v. s. 20 (1) CPA irreführend ist, wenn Angaben über die Erhältlichkeit von Produkten und ihre Preise auf einem Schild im Geschäftsraum zunächst nicht irreführend sind, der Beklagte sich jedoch bei einer konkreten Gelegenheit weigert, zu den dort genannten Bedingungen einen Vertrag zu schließen, auch wenn keine Beweise für eine generelle Praxis oder Absicht vorliegen, diese Bedingungen nicht einzuhalten.

Der High Court stellte im Fall *DSG Retail Ltd v. Oxfordshire County Council*[453], in Abgrenzung zu dem eben genannten Urteil, fest, dass der Beweis für eine irreführende Preisangabe auch ohne die Darlegung einer Verwendung der Angabe für bestimmte, zu einem bestimmten Preis erhältliche Waren geführt werden kann[454].

(iii) Das deutsche Wettbewerbsrecht

Preisgarantie-Werbung, d. h. die Werbung mit der Gewährung eines Rücktrittsrechts für den Fall des Nachweises eines billigeren Konkurrenzangebots innerhalb einer bestimmten Frist, ist in Deutschland grundsätzlich als „wirksame Hilfe für den preisbewussten Verbraucher" zulässig; weder die Tatsache, dass die angesprochenen Interessenten zu einem Preisvergleich aufgefordert würden, noch die Form dieser Aufforderung begründe einen Wettbewerbsverstoß[455]. Allerdings hat die Rechtsprechung verschiedene Bedingungen an die Umstände geknüpft, unter denen eine solche Werbung erlaubt ist.

(a) § 1 UWG

Eine Preisgarantie- bzw. „Geld-zurück-Garantie"-Werbung verstößt dann gegen § 1 UWG unter dem Aspekt des übertriebenen Anlockens, wenn keine ausreichende Möglichkeit des Preisvergleichs besteht. Allerdings ist hierfür nicht erforderlich, dass der Kunde das derart beworbene Produkt bei einem nahegelegenen Konkurrenzunternehmen „wiederfinden" kann, sondern es genügt, dass er überhaupt in die Lage versetzt wird, ein Vergleichsangebot einzuholen, wenn

---

452 [1993] 1 All ER 299, [1993] 2 WLR 1, auch abzurufen unter http://web.lexis-nexis.com/professional.

453 [2001] 1 WLR 1765, auch zu finden unter http://web.lexis-nexis.com/professional.

454 A.a.O., 1773.

455 BGH, GRUR 1975, 553 (554) – Preisgarantie I; ebenso etwa *Köhler/Piper*, § 1 Rn 222.

auch erst nach längerem Suchen; nicht ausreichend ist hingegen die Möglichkeit, ein solches nur zufällig oder ausnahmsweise zu finden[456].

(b) § 3 UWG

Irreführend ist eine Preisgarantie-Werbung zum einen immer dann, wenn sie sich auf Exklusivangebote des Werbenden bezieht[457], und zum anderen, wie bezüglich § 1 UWG, wenn keine ausreichende Preisvergleichsmöglichkeit besteht[458]. Zudem ist von einer Irreführung bereits dann auszugehen, wenn ein Konkurrenzangebot nicht als günstiger akzeptiert wird, das nur hinsichtlich einer einzelnen Leistung günstiger ist, selbst wenn das beworbene Angebot in anderen Punkten oder insgesamt gesehen vorteilhafter ist[459].

(iv) Fazit der Gegenüberstellung

Die Situation hinsichtlich Werbung mit Preisgarantien stellt sich in Großbritannien und in Deutschland als etwa gleich dar:

Zwar enthält speziell die diesbezügliche Help Note des CAP sehr strenge Voraussetzungen für die Zulässigkeit derartiger Werbeangaben, wie gesehen urteilt der ASA Council in seinen Entscheidungen aber, wenn auch nicht immer ganz nachvollziehbar, zumindest teilweise milder als nach der Help Note zu erwarten wäre.

c) Werbung für Bio- bzw. Öko-Nahrungsmittel

(i) Die Spruchpraxis des ASA Council

Besonders gut lässt sich das Zusammenspiel von cl. 3.1 und 7.1 anhand der Fälle verdeutlichen, die Werbeangaben bezüglich sogenannter Bio- oder Öko-Lebensmittel („organic food") zum Gegenstand haben. In *Gerber Foods Soft Drinks Ltd t/a Libbys* vom 09.08.2000 enthielt die beanstandete Werbeanzeige für Fruchtsaft die Aussage, H_2O sei die einzige Chemikalie, die auf ihren Früchten erlaubt sei; ferner war zu lesen: „Fresh air, sunshine and rain. That's all you'll find around the fruit that goes into Libby's Organic pure fruit juice. No pesticides, no herbicides, no chemicals at all." Der Beschwerdeführer bezweifelte, ob das Unternehmen beweisen könne, dass seine Früchte tatsächlich ohne den Einsatz von Chemikalien angebaut würden, da im anerkannten Bio- bzw. Öko-Anbau die Verwendung bestimmter nicht-synthetischer Chemikalien zuge-

456 BGH, GRUR 1994, 57 (58 f.) – Geld-zurück-Garantie; gl. A. *Köhler/Piper*, § 1 Rn 223.

457 BGH, GRUR 1994, 57 (58) – Geld-zurück-Garantie; gl. A. *Baumbach/Hefermehl*, § 1 UWG Rn 388; s. auch Großkomm./*Brandner/Bergmann*, § 1 Abschn. A Rn 136.

458 BGH, GRUR 1975, 553 (554) – Preisgarantie I, mit zust. Anm. *Klaka*.

459 BGH,WRP 1991, 564 (566) – Preisgarantie II, mit zust. Anm. *Marx*; gl. A. *Baumbach/Hefermehl*, § 1 UWG Rn 388; *Köhler/Piper*, § 1 Rn 224.

lassen sei. Die Beschwerdegegner trugen vor, die Anzeige habe lediglich auf die Natürlichkeit von Öko-Früchten hinweisen sollen, die ohne den Einsatz künstlich hergestellter Chemikalien angebaut würden; sie gestanden jedoch ein, dass die Anzeige die Art und Weise des Anbaus ihrer Öko-Früchte nicht vollständig erläuterte. Da das Unternehmen nicht bewiesen hatte, dass die für den Saft verwendeten Früchte ohne Chemikalien angebaut würden, gab der ASA Council der Beschwerde statt und forderte die Verantwortlichen auf, vor ihrer nächsten Werbeaktion das CAP Copy Advice team zu konsultieren.

Vergleichbar streng urteilte der ASA Council auch in der Entscheidung *Organix Brands plc t/a Baby Organics* vom 21.02.2001. Eine Anzeige für Öko-Babynahrung in einer Zeitschrift trug den Titel: „For 100 % Organic, choose Organix" und enthielt die Aussage: „Baby Organix bietet Ihrem Baby 43 köstliche Babymahlzeiten, Müslis und Snacks, die einzigartig zu 100 % rein und zu 100 % ökologisch sind." Da auf den Verpackungen einiger Produkte der Werbenden die Aussage zu lesen war: „99 % unserer Inhaltsstoffe sind zu 100 % als ökologisch anerkannt", hielten die Beschwerdeführer die Anzeige für irreführend. Aus der Liste der 56 Babynahrungsprodukte, die das Unternehmen übersandt hatte, ging hervor, dass vier davon Inhaltsstoffe aufwiesen, die nicht ökologisch waren, und dass elf eine Substanz enthielten, die nicht als ökologisch anerkannt war. Der ASA Council gestand den Werbenden zu, dass sie ihre Produkte korrekterweise als „ökologisch" etikettiert hatten, denn sie hatten zum einen nachgewiesen, über eine entsprechende behördliche Erlaubnis zu verfügen, sowie zum anderen auf das EU-Recht verwiesen, wonach ein Anteil an ökologischen Inhaltsstoffen von 95 bis 100 % die Bezeichnung „ökologisch" rechtfertige. Da jedoch die Überschrift der Anzeige implizierte, dass jedes Produkt aus der Auswahl des Unternehmens an Babynahrung zu 100 % ökologische Inhaltsstoffe enthalte, was nicht der Fall war, erachtete der ASA Council diese Aussage in der Überschrift als irreführend, weshalb er die Werbenden aufforderte, diese mit Hilfe des CAP Copy Advice teams zu ändern.

Die letzte in diesem Zusammenhang vorzustellende Entscheidung, *Soil Association* vom 12.07.2000, betraf einen Handzettel, der überschrieben war mit: „5 reasons to eat organic ..." Die Beschwerden gegen die Aussagen: 1. „You can taste the difference", 2. „It's healthy", 3. „It's better for the environment" 4. „It's GMO free" (= ohne gentechnisch veränderte Inhaltsstoffe) und 5. „Organic means healthy happy animals", wurden damit begründet, dass diese Behauptungen weder für alle Öko-Lebensmittel noch ausschließlich für solche zuträfen. Lediglich die Beanstandung der vierten Aussage hielt der ASA Council nicht aufrecht, da in der ökologischen Nahrungsmittelherstellung gentechnisch veränderte Organismen verboten seien. Für die vier übrigen Behauptungen blieben die Werbenden die vom ASA Council verlangten Beweise schuldig: Die erste Äußerung suchten sie mittels des Ergebnisses einer Verbraucherumfrage sowie der Bekundung eines Chefkochs, ökologisch hergestellte Nahrungsmittel schmeckten besser als konventionell produzierte, zu belegen, die der ASA Council jedoch nicht als ausreichende Beweise akzeptierte; erforderlich seien vielmehr „blinde" Geschmackstests, d. h. solche ohne jegliche Vorgaben. Zum Beweis der zweiten Behauptung legten die Werbenden eine Studie vor, die belegte, dass ökologisch produzierte Nahrungsmittel mehr Nährstoffe enthielten. Der ASA Council, der die beanstandete Aussage in ihrem Kontext so verstand, dass ökologisch hergestellte Lebensmittel gesünder seien als solche aus nicht-ökologischer Herstellung, war allerdings der Ansicht, ob eine Ernährung gesund sei, hänge mehr von ihrer Zusammensetzung als von der Herstellungsmethode der einzelnen Bestandteile ab. Zum Beweis ihrer Aussage hätten die Beschwerdegegner demnach durch klinische Untersuchungen nachweisen müssen, dass eine Ernährung aus ökologisch hergestellten Produkten gesünder ist als dieselbe Ernährung ohne Öko-Produkte. In Ermangelung dessen forderte der ASA Council das Unternehmen auf, auch diese Behauptung nicht mehr aufzustellen. In Bezug auf die dritte und die fünfte Aussage entnahm der ASA Council zwar dem ihm vorgelegten Material, dass die Richtlinien für ökologische Landwirtschaft vorschreiben, die Umwelt zu schützen und Tiere gemäß ihren Bedürfnissen zu behandeln, fand aber keine Belege dafür, dass diese Vorgaben auch wirklich eingehalten würden. An dieser Entscheidung wird besonders deutlich, mit welcher Strenge der ASA Council gegen Werbeäußerungen vorgeht, deren Inhalte ihm objektiv nachprüfbar scheinen.

(ii) Das deutsche Werberecht

Im deutschen Werberecht sind für den hier interessierenden Bereich die speziellen Vorschriften in § 17 I Nr. 4 und 5 LMBG sowie die allgemeinen Bestimmungen der §§ 1 und 3 UWG einschlägig.

In dem Verfahren einer einstweiligen Verfügung des OLG München, „Öko-Pilsner"[460], hatte der Antragsteller mit seinem auf § 3 UWG und § 17 I Nr. 4 und 5 b) LMBG gestützten Unterlassungsbegehren gegen die von der Antragsgegnerin für die von ihr vertriebenen Biere verwendeten Bezeichnungen „Öko-Pilsner" und „Bierspezialität aus ökologischem Landbau" keinen Erfolg[461]: Das Gericht stellte fest, dass die geltend gemachten Tatbestände nur erfüllt wären, wenn nicht unbeachtliche Teile des Verkehrs mit diesen Angaben Erwartungen in Bezug auf ein naturreines, schadstofffreies, uneingeschränkt gesundes Endergebnis der Bemühungen um „Ökologie" verbinde. Es sei jedoch keinesfalls

---

460 WRP 1990, 194.

461 OLG München, WRP 1990, 194 (195 f.).

zwingend, dass der Verkehr diesen Werbeaussagen etwas anderes als den Hinweis entnehme, dass sich der Hersteller darum bemühe, ein so weit wie möglich schadstoffreines Lebensmittel herzustellen, und ihre insoweit nachhaltigen Bemühungen habe die Antragsgegnerin glaubhaft gemacht. Da eine Untersagung der beanstandeten Werbeangaben ohne Feststellung der Verbrauchererwartung nicht sachgerecht wäre, diese aber eine im Verfügungsverfahren nicht durchführbare Verkehrsumfrage erforderte, wies das Gericht den Antrag ab.

In seiner „Naturkind"-Entscheidung[462] wies der BGH die auf § 1 UWG i.V.m. § 17 I Nr. 4 LMBG gestützte Klage ebenfalls im Ergebnis aufgrund der maßgeblichen Verkehrsauffassung ab. Die Klägerin begehrte Unterlassung der Verwendung der Bezeichnung „Naturkind" auf den Packungen zweier von der Beklagten, der *Naturkind L.-GmbH*, vertriebenen Teesorten, auf welchen sich zusätzlich noch die Hinweise „Aus kontrolliert ökologischem Anbau" bzw. „Aus ökologischem Landbau" fanden, die jedoch nicht beanstandet wurden. Nach Ansicht der Klägerin werde der Begriff „Naturkind" vom Verkehr dahingehend verstanden, dass die Waren i.S.v. § 17 I Nr. 4 LMBG frei von Schadstoffen seinen, was tatsächlich nicht der Fall war. Das Gericht stellte zunächst fest, dass es im Rahmen der zitierten Vorschrift weder auf die Menge noch auf die Herkunft der festgestellten Schadstoffe ankomme und dass diese, im Unterschied zu dem Irreführungstatbestand des § 17 I Nr. 5 LMBG, keine Verbrauchertäuschung verlange; eine Verwendung der dort aufgeführten Reinheitsbezeichnungen sei nur bei völliger Rückstandsfreiheit zulässig[463]. Es gelangte jedoch im vorliegenden Fall zu der Auffassung, dass die Bezeichnung „Naturkind" keine Angabe sei, die i.S.d. § 17 I Nr. 4 LMBG auf Schadstofffreiheit hindeute[464]. Angesichts der vielfältigen Möglichkeiten naturbezogener Werbeaussagen müsse nach der normativen, nicht nach der umgangssprachlichen („natürlich" im Sinne von „Kind der Natur") Bedeutung der Angabe gefragt werden, d. h. danach, ob relevante Teile des Verkehrs mit ihr die Vorstellung vollständiger Rückstands- und Schadstofffreiheit verbänden. Sofern der Verkehr die Bezeichnung „Naturkind" überhaupt als zumindest auch produktbeschreibend und nicht lediglich als Unternehmens- oder markenmäßige Kennzeichnung verstehe, was aufgrund des Hinweises auf die ökologische Anbaumethode in Bezug auf die Art der Erzeugung möglich sei, schließe dieses Verständnis nicht die Vorstellung völliger Rückstandsfreiheit ein[465]: Neben dem Umstand, dass es zum allgemeinen Erfahrungswissen gehöre, dass nahezu überall Schadstoffe anzutreffen seien, die auch zu Belastungen füh-

---

462 BGH, GRUR 1997, 306 – Naturkind.

463 BGH, GRUR 1997, 306 (307) – Naturkind.

464 BGH, a.a.O., S. 307 f.; ebenso *Baumbach/Hefermehl*, Anhang zu § 3 UWG, III., zu § 17 I Nr. 4 LMBG.

465 BGH, a.a.O., S. 308; gl. A. *Baumbach/Hefermehl*, Anhang zu § 3 UWG, III., zu § 17 I Nr. 4 LMBG; *Köhler/Piper*, § 1 Rn 362.

ren könnten, deute auch die konkrete Art der Verwendung der Bezeichnung, nämlich in dekorativer Form auf den Teepackungen, allenfalls auf eine allgemeine Produktbeschreibung hin, nicht aber auf eine besondere Reinheitsangabe, was auch eine von der Beklagten vorgelegte Meinungsumfrage bestätigte.

Noch weiter ging das OLG Köln in seiner Entscheidung „naturrein“[466]. Sie behandelte, soweit relevant, den folgenden Sachverhalt: Die Beklagte vertrieb unter der Marke „d'arbo Naturrein“ eine Erdbeerkonfitüre, die sehr geringe Rückstände von Cadmium und Blei sowie von Pestiziden enthielt, und der, was auch der Zutatenliste auf dem Etikett entnommen werden konnte, das natürliche Geliermittel Pektin zugesetzt war. Der Kläger begründete seinen Antrag auf Unterlassung der Bezeichnung „Naturrein“ für diese Konfitüre im Wesentlichen damit, dass der Verbraucher ihretwegen nicht mit dem Zusatz von Pektin rechne, sowie damit, dass sie deswegen irreführend sei, weil sowohl das Erdreich als auch die Luft mit Schadstoffen belastet seien. Er stützte seine Klage auf § 1 UWG i.V.m. § 17 I Nr. 4 und 5 LMBG, § 3 UWG sowie auf die Vorschriften der Verordnung EWG Nr. 2092/91 („ÖkoVO“). Auf die Vorlagefrage des Gerichts, ob die Anwendung der Angabe „naturrein“ auf die genannte Konfitüre gegen Art. 2 I lit. i) der Richtlinie 79/112/EWG („Etikettierungsrichtlinie“, Vorläufer der Richtlinie 2000/13/EG vom 20.03.2000) verstoße, welcher den Schutz von Käufern vor irreführenden Angaben bezüglich Lebensmitteleigenschaften vorsah, entschied der EuGH, dass dies nicht der Fall sei[467]. In seiner Entscheidung stellte der Senat des OLG Köln zwar zunächst fest, dass § 17 I Nr. 4 LMBG seinem Wortlaut nach erfüllt wäre, befand jedoch, insoweit abweichend von dem BGH in der Entscheidung „Naturkind“, dass diese Norm denselben Zweck verfolge wie die Etikettierungsrichtlinie, nämlich den Verbraucher vor Täuschungen zu schützen, und dass die Vorschrift mithin, als harmonisiertes Recht, unter Berücksichtigung dieser Richtlinie auszulegen sei[468]. Gemäß der Vorgabe des EuGH, dass die Verwendung von Pektin nicht von vornherein der Bezeichnung „Naturrein“ entgegenstehe, führte das Gericht aus, dass ein Verstoß gegen § 17 I Nr. 4 LMBG nur dann vorläge, wenn der Verbraucher wegen dieses Begriffs den Zusatz von Pektin nicht erwartete, was nicht der Fall sei. Nicht nur die Verbraucher, die vor dem Kauf die Zutatenliste läsen, würden nicht irregeführt, sondern auch die anderen, da „naturrein“ nach dem allgemeinen Sprachverständnis nur besage, dass die natürlichen Bestandteile des betreffenden Lebensmittels als solche unverändert belassen worden seien, nicht jedoch, dass keine natürlichen Zusatzstoffe verwendet würden[469]. Hinsichtlich der

466 OLG Köln, ZLR 2001, 168 – naturrein, mit zust. Anm. *Sosnitza.*

467 EuGH, WRP 2000, 489 (491 f.) – Adolf Darbo AG („naturrein“); grundsätzlich zust. *Leible/Sosnitza*, WRP 2000, 610 (616).

468 OLG Köln, a.a.O., S. 174.

469 OLG Köln, a.a.O., S. 175 f.

Schwermetall- und Pestizidrückstände entschied der Senat, gleichfalls gestützt auf die Vorabentscheidung des EuGH, wonach die Bezeichnung als „naturrein“ nicht die völlige Schadstofffreiheit des Lebensmittels erfordere, dass eine diesbezügliche Irreführung der Verbraucher nur in Betracht käme, wenn die Rückstände in besonders hohen Konzentrationen festzustellen wären, wohingegen die Werte vorliegend sehr niedrig seien[470]. Ohne die Frage zu klären, ob § 17 I Nr. 5 neben § 17 I Nr. 4 LMBG überhaupt noch anwendbar wäre, stellte das Gericht fest, dass es aus denselben Gründen wie zu dieser Vorschrift festgestellt auch bei jener an einer Irreführung fehle[471]. Art. 5 V a lit. c) der ÖkoVO schließlich sei nicht einschlägig, da die Konfitüre nicht als aus ökologischem Landbau stammend gekennzeichnet sei, denn der Begriff „naturrein“ sei aus der maßgeblichen Sicht des durchschnittlichen Verbrauchers nicht gleichbedeutend mit „ökologisch“, was der Senat aufgrund eigener Sachkunde beurteilen könne[472]: Eine Verbraucherumfrage sei deshalb nicht erforderlich, weil es sich bei dem hier verwendeten Wort, im Unterschied zu dem Phantasiewort „Naturkind“, um einen geläufigen Begriff der deutschen Sprache, zumal in Bezug auf naturbelassen verarbeitete Lebensmittel, handle. Zuletzt lasse sich die Klage auch nicht unter dem Aspekt der Werbung mit Selbstverständlichkeiten auf § 17 I Nr. 5 b) LMBG bzw. §§ 1, 3 UWG stützen, da auch solche Konfitüren angeboten würden, die, im Gegensatz zu der von der Beklagten vertriebenen, bestimmte Konservierungsstoffe enthielten und daher nicht als „naturrein“ bezeichnet werden dürften.

(iii) Fazit der Gegenüberstellung

Die Behandlung der Werbung für „Öko“-Lebensmittel zeigt sehr deutlich, dass in diesem Bereich die Kontrolle durch das deutsche Recht wesentlich weniger stringent ist als die mittels der Werbeselbstregulierung durch ASA und CAP in Großbritannien. Während Letztere rigoros darauf abstellt, ob die jeweilige Werbebehauptung den strengen Beweisvorschriften in cl. 3.1 genügt, kommt es bei der Beurteilung einer solchen gemäß den Vorgaben des deutschen (und auch europäischen) Rechts maßgeblich darauf an, wie die relevanten Verkehrskreise die Aussage verstehen. Da diese Verkehrsauffassung nicht nur von dem jeweiligen Erfahrungswissen, sondern zudem zumindest auch davon bestimmt werden kann, was rechtlich zulässig ist, wovon sich der ASA Council in seinen Entscheidungen, wie gesehen, ausdrücklich nicht leiten lässt, wird hier eine Öko-Werbeangabe für Nahrungsmittel viel eher zulässig sein als unter den britischen Regeln des CAP.

---

470 OLG Köln, a.a.O., S. 176 ff.
471 OLG Köln, a.a.O., S. 178.
472 OLG Köln, a.a.O., S. 179 f.

d) Blickfangwerbung

(i) Die Spruchpraxis des ASA Council

Unter obigen Begriff des deutschen Wettbewerbsrechts könnte man die auf cl. 3.1, 7.1 gestützte Entscheidung des ASA Council im Fall *1A Abbot Services* vom 08.12.1999 als ein Beispiel für dessen generelle diesbezügliche Spruchpraxis fassen.

Sie hatte die Anzeige eines Installateurbetriebs in einem Branchenverzeichnis mit der Aussage „Free Call-out Charge" zum Gegenstand. Kleingedruckt am unteren Rand fand sich der Hinweis, dass alle ausgeführten Arbeiten sowie jede Beratung in Rechnung gestellt würden. Den Beschwerdeführern wurde nach dem nur zehnminütigen Aufenthalt eines der Installateure der Werbenden, während dessen dieser keine Reparaturen durchführte, eine Rechnung über 41,13 Pfund ausgestellt, woraufhin sie die Werbeaussage in der Anzeige beanstandeten.

Der Betrieb verwies gegenüber der ASA nicht nur auf die kleingedruckte Klarstellung in der Anzeige selbst, sondern zudem darauf, dass Kunden, die aufgrund dieser anriefen, darüber aufgeklärt würden, dass auch Beratungsleistungen kostenpflichtig seien. Dennoch urteilte der ASA Council, dass das Kleingedruckte zum einen zu klein war, um leicht erkennbar zu sein, und zum anderen nicht mit der „free call-out"-Behauptung verbunden war. Kunden würden diese Aussage so verstehen, dass nur Reparaturarbeiten berechnet würden. Folglich verlangte der ASA Council von den Werbenden, diese Behauptung in künftigen Anzeigen nicht mehr aufzustellen.

(ii) Das deutsche Wettbewerbsrecht

Nach ständiger Rechtsprechung des BGH ist es, je nach Lage des Falles, nach § 1 UWG unter dem Aspekt des übertriebenen Anlockens oder wegen Irreführung gemäß § 3 UWG grundsätzlich unzulässig, in einer Werbung einen irreführenden Blickfang herauszustellen, selbst wenn dieser durch den übrigen Inhalt des Werbematerials richtig gestellt wird: Der Blickfang solle Interessenten anlocken und den flüchtigen Betrachter zum Lesen des Werbematerials veranlassen, und bereits hierdurch verschaffe sich der auf diese Weise Werbende einen unzulässigen Werbevorteil[473]. Eine gemäß § 3 UWG relevante Irreführung liege schon dann vor, wenn der Verkehr durch den – den falschen Eindruck erweckenden – Blickfang veranlasst werde, sich mit dem Angebot näher zu beschäftigen[474]. Es

---

[473] So etwa BGH, GRUR 1971, 516 (516) – Brockhaus Enzyklopädie; s. auch Großkomm./*Lindacher*, § 3 UWG Rn 142 f.; krit. gegenüber der Erfassung durch beide Vorschriften *Vogel*, GRUR 1979, 511 (511 f.).

[474] Z. B. BGH, GRUR 2000, 911 (914) – Computerwerbung I; gl. A. *Baumbach/Hefermehl*, § 3 UWG Rn 38, 89 a; *Köhler/Piper*, § 3 Rn 131.

sei hierbei von dem Erfahrungssatz auszugehen, dass Werbeankündigungen vom Durchschnittspublikum in der Regel nur oberflächlich nach ihrem Gesamteindruck, insbesondere nach dem so genannten Blickfang, beurteilt würden, und dass unauffällig angebrachte Hinweise daher in der Regel ungeeignet seien, einen durch den Blickfang vermittelten unrichtigen Eindruck zu korrigieren[475].

Anders könnten jedoch solche Fälle zu beurteilen sein, in denen der Werbende in nicht zu übersehender Weise, etwa durch einen Sternchenhinweis, wenn dieser am Blickfang teilhabe und dadurch eine Zuordnung zu den herausgestellten Angaben bewahrt bleibe, auf die bestehenden Einschränkungen der Aussage aufmerksam mache[476].

(iii) Fazit der Gegenüberstellung

In Bezug auf Blickfangwerbung stellt sich die Situation unter den Vorschriften des Regelwerks des CAP mithin im Wesentlichen ebenso dar wie die unter dem deutschen Wettbewerbsrecht.

e) Weitere Fälle des ASA Council

Die Entscheidung *British Telecommunications plc* vom 10.03.1999 behandelte eine Direktwerbung. In dieser befand sich außer der Auflistung der Beträge, die der jeweilige Empfänger zuletzt gespart hatte, eine Anleitung, wie er noch mehr sparen könne, die genau passend für ihn anhand seines jüngsten Telefonverhaltens ermittelt worden sei; es wurden verschiedene Produkte zum Gebührensparen aufgeführt. Der Beschwerdeführer bezweifelte die Richtigkeit dieser Aussagen, denn er meinte, seine Telefonrechnung würde steigen, wenn er die angebotenen Produkte nutzte. Den Äußerungen des Unternehmens gegenüber der ASA war zu entnehmen, dass der Beschwerdeführer, bei seinem gegenwärtigen Telefonverhalten, durch Nutzung der angebotenen Produkte keine Ersparnisse erzielen könnte, denn die Empfehlungen basierten tatsächlich nicht auf einer Auswertung seiner letzten Telefonrechnung. Daher forderte der ASA Council die Beschwerdegegner auf, diese Werbung zu korrigieren.

Der Fall *1st Call ABC Maintenance Services* vom 05.04.2000 betraf ebenfalls die Anzeige eines Installateurbetriebs in einem Branchenverzeichnis, deren Text lautete: „Probleme mit der Waschmaschine? Wir bieten einen 24-Stunden-Notfall-Service, 7 Tage in der Woche, 365 Tage im Jahr." Die Werbenden waren jedoch nicht imstande, den Anruf des Beschwerdeführers zu beantworten. Sie verteidigten sich damit, dass sie nur einen Waschmaschinentechniker hätten,

---

[475] BGH, GRUR 1986, 318 (320) – Verkaufsfahrten; BGH, GRUR 1987, 45 (47) – Sommerpreiswerbung; BGH, GRUR 1989, 434 (436) – Gewinnspiel; ebenso Großkomm./*Lindacher*, § 3 UWG Rn 143; *Köhler/Piper*, § 3 Rn 132.

[476] S. etwa BGH, GRUR 2000, 911 (913) – Computerwerbung I; BGH, GRUR 2003, 249 (249) – Preis ohne Monitor; *Köhler/Piper*, § 3 Rn 132.

der beschäftigt gewesen sei, als der Beschwerdeführer seine Mitteilung hinterlassen habe. Ferner hätten sie ihr Anrufbeantwortungssystem inzwischen verbessert, sie seien aber als kleiner Betrieb nicht in der Lage, schriftliche Beweise dafür zu liefern, dass sie einen Notfall-Service rund um die Uhr böten. Der ASA Council gab ihnen daraufhin auf, diese Behauptung so lange zu unterlassen, bis sie zur Erbringung dieses Beweises in der Lage seien.

Zuletzt soll noch auf die Entscheidung *Mars UK Ltd* vom 14.06.2000 hingewiesen werden. Hier warb das Unternehmen in zwei Fachzeitschriften für Speiseeis mit der Aussage, jetzt hätten sich die Regeln geändert und Exklusivverträge für Kühltruhen der Beschwerdeführer seien aufgehoben worden. Mittels einer „Vorher"-„Nachher"-Darstellung zeigten sie, dass Einzelhändler nun, im Gegensatz zu früher, in diesen Kühltruhen nicht mehr nur das Eis der Beschwerdeführer anbieten dürften, sondern die Bestseller-Marken aller Hersteller, wodurch sie ihre Eisverkäufe um bis zu 37 % steigern könnten. Tatsächlich waren jedoch vertragliche Exklusivbindungen im Zeitpunkt des Erscheinens der Anzeige noch nicht aufgehoben worden, sondern dies würde erst, voraussichtlich, zwei Monate später geschehen. Da der ASA Council davon ausging, dass Leser der Anzeige annehmen würden, dass Exklusivitätsvereinbarungen für Kühltruhen nicht mehr gälten und dass Einzelhändler mithin ab sofort Speiseeis aller Marken darin anbieten könnten, beurteilte er die Werbung als irreführend und gab der gegen diese Anzeige gerichteten Beschwerde statt.

2. Fachlich umstrittene Behauptungen, cl. 3.2

Die Regelung in cl. 3.2[477] ist ebenso kurz wie eindeutig: Sofern bezüglich irgendwelcher Werbeaussagen die Meinungen in Fachkreisen in relevanter Weise geteilt sind, sollten diese Behauptungen nicht als allgemein anerkannt dargestellt werden.

a) Die Spruchpraxis des ASA Council

In den ASA-Fällen, in denen cl. 3.2 eine Rolle spielt, sind immer zugleich auch cl. 3.1 und 7.1 einschlägig, da cl. 3.2 nur eine spezielle Ausprägung des allgemeinen Irreführungstatbestands darstellt.

In dem Fall *Red Bull Company Ltd* vom 24.01.2001 wandten sich die Beschwerdeführer unter anderem gegen die Werbeaussagen des Unternehmens in Bezug auf das Getränk „Red Bull", dieses verbessere die Konzentrationsfähigkeit und verkürze die Reaktionszeit. Da die seitens der Werbenden vorgelegten Untersuchungen der Wirkung des in dem Getränk enthaltenen Koffeins den Maßstäben der ASA nicht genügten, holte sie Sachverständigenrat ein. Daraus

---

477 S. Anhang 1, S. 290, bzw. Anhang 2, S. 336; vgl. auch cl. 49.3, die als Spezialvorschrift für umweltbezogene Werbeangaben denselben Aspekt behandelt.

ergab sich, dass die Frage nach den Umständen, unter denen die behaupteten Wirkungen von Koffein eintreten würden, im Zeitpunkt der Veröffentlichung der Werbungen unter Fachleuten umstritten war: Einige meinten, Koffein habe eine stärkende Wirkung, andere glaubten, die Wirkungen träten unabhängig von den sonstigen Umständen ein, und schließlich gab es auch wissenschaftliche Untersuchungen, die keine Wirkungen erkennen ließen. Der ASA Council zog daraus den Schluss, dass Koffein bei jedem einzelnen, auch abhängig von dem sonstigen Koffeinkonsum, unterschiedlich wirken könnte. Daher befand er, dass die Werbenden im Moment der Verbreitung der Werbebehauptungen nicht bewiesen hatten, dass das Getränk bei der überwiegenden Mehrheit der Leser unabhängig von den sonstigen Umständen die Konzentrationsfähigkeit verbessern und die Reaktionszeit reduzieren würde, d. h. in dieser allgemeinen Form fehle es den genannten Behauptungen an dem erforderlichen Beweis.

Die Entscheidung *Unipath Ltd* vom 15.09.1999 hatte eine Zeitungsanzeige für eine Verhütungsmethode zum Gegenstand. Die darin enthaltene Aussage, die Methode sei zu 94 % sicher, war Anlass für eine Beschwerde durch die ASA selbst. Diese hielt der ASA Council jedoch nicht aufrecht: Zwar entnahm er den durch die Werbenden vorgelegten Testergebnissen und Berichten über Expertenmeinungen zu diesen, dass die Fachleute bezüglich der behaupteten 94-prozentigen Sicherheit geteilter Auffassung waren, da jedoch die Untersuchung der Werbenden in einer Fachzeitschrift veröffentlicht wurde und da der überwiegende Teil der Experten die Behauptung der 94-prozentigen Sicherheit unterstützte, akzeptierte sie auch der ASA Council.

In dem Fall *Monsanto* vom 11.08.1999 betrafen zwei Beschwerden ebenfalls den hier interessierenden Aspekt. Sie richteten sich gegen Werbeaussagen zugunsten von gentechnisch veränderten Nahrungsmitteln. Eine der beanstandeten Anzeigen war mit der Zeile überschrieben: „Wir glauben, beim Anbau von Nahrungsmitteln sollten weniger Pestizide verwendet werden". In dem Anzeigentext wurde u. a. erklärt, dass Tomaten ein in der Natur vorkommendes Gen eingesetzt werde, welches sie resistent gegen Insekten mache, was zur Folge habe, dass ein Landwirt erheblich weniger Insektizide auf seine Felder sprühen müsse. Das Resultat sei, dass Nahrungsmittel in einer umweltschonenderen Weise erzeugt würden. Diese letzte Aussage war Gegenstand einer der Beschwerden. Die von Seiten der Werbenden eingesandten Dokumente stützten ausnahmslos die beanstandete Behauptung. Der ASA Council holte Auskunft von Sachverständigen ein, nach welcher der Anbau genetisch modifizierter Pflanzen möglicherweise zu einer umwelterhaltenden Entwicklung beitragen könnte, wobei jedoch diese potentielle Nützlichkeit für verschiedene landwirtschaftliche Systeme, insbesondere in Entwicklungsländern, noch nicht erwiesen sei. Zudem wurde auf diverse mögliche mit dem Anbau solcher Pflanzen verbundene Risiken für die Umwelt hingewiesen. Der ASA Council stellte fest, dass die Expertenmeinungen zu der beanstandeten Behauptung divergierten, akzeptierte deren Aufstellung durch die Werbenden aber dennoch: Zum einen hätten sie genug Beweismaterial vorgelegt, welches die Aussage stützte, und zum anderen – hier wohl das tragende Argument – wiesen sowohl die Überschrift als auch der Werbetext darauf hin, dass die Werbenden lediglich ihre Meinung wiedergäben. Die zweite im hier interessierenden Zusammenhang vorgebrachte Beschwerde richtete sich gegen die Behauptung der Werbenden, die von ihnen verwendeten Methoden der Gentechnologie und die damit gewonnenen Produkte seien nichts anderes als eine Ausdehnung der traditionellen Kreuzungsmethoden. Da sich auch hier dem eingeholten Sachverständigenrat entnehmen ließ, dass diese Frage in Fachkreisen umstritten war, gab der ASA Council dieser Beschwerde statt und gab den Werbenden auf, diese Aussage künftig nur als ihre Meinung, nicht als akzeptierte Tatsache darzustellen.

b) Das deutsche Wettbewerbsrecht

Wie in Großbritannien aufgrund von cl. 3.2 darf auch in Deutschland eine fachlich umstrittene Auffassung nicht als gesichert hingestellt werden[478].

Die Rechtsprechung erreicht diese Ergebnis, wie bereits kurz erwähnt wurde, durch eine Beweislastumkehr im Rahmen des § 3 UWG; die Argumentation lautet wie folgt: Werbe ein Wettbewerber mit einer fachlich umstrittenen Behauptung, indem er sich eine der vertretbaren Ansichten zu eigen mache, ohne die abweichende Ansicht zu erwähnen, verschweige er mithin den Verbrauchern die Tatsache des Meinungsstreits, so übernehme er mit seiner einseitigen Stellungnahme die Verantwortung für ihre objektive Richtigkeit und müsse diese daher selbst beweisen, denn die Belassung der Beweislast beim Kläger sei unbillig, da eine Beweisführung diesem so möglicherweise unmöglich gemacht werden könne[479]. Diese Grundsätze gälten besonders in Bezug auf Mittel der Gesundheitspflege[480].

---

478 S. etwa BGH, GRUR 1965, 368 (373) – Kaffee C; *Köhler/Piper*, Vor § 13 Rn 339.

479 BGH, GRUR 1958, 485 (486) – Odol; BGH, GRUR 1971, 153 (155) – Tampax; BGH, GRUR 1991, 848 (849) – Rheumalind II; entsprechend für die Glaubhaftmachungslast im Verfahren der einstweiligen Verfügung OLG Karlsruhe, NJWE-WettbR 1997, 174 (175) – Slim-Line-Ohrringe; gl. A. etwa *Baumbach/Hefermehl*, § 3 UWG Rn 120.

480 BGH, GRUR 1958, 485 (486) – Odol; BGH, GRUR 1971, 153 (155) – Tampax; ebenso *Baumbach/Hefermehl*, § 1 UWG Rn 28 a. E.; Großkomm./*Lindacher*, § 3 UWG Rn 503; zur gesundheitsbezogenen Werbung s. u., D. V. 2. a).

c) Fazit der Gegenüberstellung

Mit der beschriebenen Verlagerung der Beweislast auf den Beklagten im Rahmen des Irreführungstatbestands des § 3 UWG wird in den Fällen der Werbung mit fachlich umstrittenen Aussagen die Situation erreicht, die im Rahmen der britischen Selbstkontrolle für alle objektiv beweisbaren Werbebehauptungen gemäß cl. 3.1 generell gilt, dass sich nämlich der Werbende entlasten muss. Abgesehen von den unterschiedlichen Sanktionsmöglichkeiten sind sich demnach die Vorschriften der CAP-Regeln in Großbritannien und die Rechtssätze in Deutschland hinsichtlich dieses Aspekts sehr ähnlich.

3. Werbung für Ratgeber-Werke, cl. 3.3

Cl. 3.3 untersagt übertriebene Darstellungen des Wertes, der Genauigkeit, der wissenschaftlichen Stichhaltigkeit und des praktischen Nutzens von Sachbüchern sowie Ratgebern in anderen Medien.

a) Die Spruchpraxis des ASA Council

Auch cl. 3.3 taucht in ASA-Entscheidungen immer zusammen mit cl. 3.1, fast immer mit cl. 7.1 und teilweise auch mit cl. 6.1 (Redlichkeit) auf. Der ASA Council gibt diesbezüglichen Beschwerden zumeist statt, stellt allerdings nie die Frage, ob die jeweiligen, häufig marktschreierischen Aussagen überhaupt einen objektiv nachprüfbaren Inhalt haben bzw. ob der angesprochene Verkehr sie ernst nimmt.

In einer der, durch die ASA selbst, in dem Fall *Richard Mark* vom 11.02.1999 beanstandeten Anzeigen für ein Anleitungsbuch zum regelmäßigen Gewinnen in der Lotterie lautete der Text: „In den meisten Wochen gewinne ich mindestens 600 Pfund, und ich wäre enttäuscht, wenn es diese Woche weniger wäre. Binnen 18 Monaten bin ich in ein freistehendes Haus im Wert von 100.000+ Pfund gezogen und habe einen Land Rover Discovery bar bezahlt!! Zudem habe ich jetzt so viel Geld auf der Bank, dass ich nicht weiß, was ich damit anfangen soll, und so könnte es Ihnen auch gehen. Mein Programm ist schnell, einfach und bringt verblüffende Gewinne (...)“. Strikt nach cl. 3.1, 3.3 vorgehend befand der ASA Council, der Werbende habe weder die Wirksamkeit seines Programms bewiesen, noch die behaupteten Gewinne gemacht, weshalb er diesem aufgab, die Anzeige zurückzuziehen.

In der Entscheidung *R & W Heap (Publishing) Company Ltd* vom 12.05.1999 stellten die Werbenden in einer Anzeige für ein Buch unter anderem die Behauptung auf: „Sie können Namen, Gesichter, Fakten, Zahlen und Fremdsprachen schneller lernen, als Sie es je für möglich hielten. Ganze Bücher und Theaterstücke werden Ihnen nach einem einzigen Durchlesen unauslöschlich im Gedächtnis eingeprägt sein. (...)“. Für weitere in dem Buch enthaltene geradezu abenteuerlich klingende Leitfäden warb das Unternehmen mit den Worten: „Sie werden erfolgreicher in Ihrem Studium und in Ihren Prüfungen sein ... Sie werden bei allem, was sie tun, gelassener und selbstsicherer sein ... WAS DIESES BUCH IHNEN ZEIGEN WIRD ... (...) ... Wie man mehr verdient – ergreifen Sie einen besseren Beruf! ... Wie man schneller Geld verdient! ... Wie man sich konzentriert und geistige Abwesenheit überwindet! ... Wie man seine persönliche Effizienz erhöht! ... Wie man ohne Notizen flüssig spricht! ... Wie man Erfolg in Prüfungen hat!“ Ebenso wie im zuerst genannten Fall gab der ASA Council auch hier den Beschwerden gegen die zitierten Behauptungen aufgrund fehlender Beweise statt.

In dem Fall *Heritage UK* vom 12.05.1999 ging es u. a. um eine Wurfsendung mit dem Angebot eines kostenlosen Exemplars eines Buches im Wert von 12 Pfund mit dem Titel „Wie man in 10 Minuten 150 Pfund erwirbt“, welches den Empfängern 1.000 Pfund einbringen könne. Nicht nur die behaupteten Gewinnerzielungsmöglichkeiten wurden, auch hier mangels Beweisen, erfolgreich angegriffen, sondern auch die Aussage, es handle sich bei dem versprochenen freien Exemplar um ein Buch im Wert von 12 Pfund: Dieses war nämlich kein Buch, sondern eine aus sechs getippten DIN A 4-Seiten bestehende Druckschrift mit Vorschlägen zur Veranstaltung von Verkäufen von gebrauchten Sachen auf dem eigenen Grundstück, und es lagen auch keine Beweise für den Wert von 12 Pfund vor. Da die Anzeige demnach hinsichtlich Größe und Wert der Schrift übertrieben hatten, forderte der ASA Council die Werbenden auf, diese nicht mehr als Buch und nicht mit diesem Wert zu beschreiben.

Ein Fall, in dem zumindest einer Beschwerde nicht stattgegeben wurde, war *Nightingale-Conant Corporation* vom 10.03.1999. Die betreffende Direktwerbung pries ein Sprachlernsystem unter anderem mit Kassetten und Lernbüchern mit der Behauptung an, man könne mit diesem System eine Sprache in weniger als 30 Tagen lernen, und sie enthielt Beispiele wie das einer Schülergruppe, welche die Arbeit von zwei Jahren in drei Monaten bewerkstelligt habe, sowie das einer Gruppe von Angestellten, die ihre Fremdsprachenkenntnisse zehnmal schneller verbessert hätten als mit anderen Methoden. Da die Werbenden ihre Aussagen substantiiert beweisen konnten, akzeptierte sie der ASA Council.

b) Hinweis zum deutschen Wettbewerbsrecht

Im deutschen Recht gibt es keine speziellen Regeln für die Beurteilung übertreibender Werbebehauptungen bezüglich Ratgeber-Werken. Daher kann hinsichtlich dieser auf die folgenden Ausführungen zu der Behandlung offensichtlicher Übertreibungen und Unrichtigkeiten verwiesen werden.

4. Offensichtliche Übertreibungen und Unrichtigkeiten, cl. 3.4

Cl. 3.4 bestimmt, wann eine Werbeaussage nicht dem Irreführungsverbot der (cl. 3.1 i.V.m.) cl. 7.1 unterfällt: Danach sind offenkundige Unrichtigkeiten oder Übertreibungen, die wahrscheinlich nicht irreführen, sowie geringfügige Fehler und unübliche Schreibweisen zulässig, sofern sie die Genauigkeit oder die Wahrnehmung der Werbung nicht wesentlich beeinträchtigen.

a) Die Spruchpraxis des ASA Council

Eine nach dieser Vorschrift erlaubte offensichtliche Unrichtigkeit war Gegenstand der Entscheidung *Matthew Clarke Brands* vom 12.01.2000. Eine Beschwerde richtete sich mit dem Vorwurf der Irreführung gegen ein Werbeplakat für Apfelwein, auf dem zu lesen war: „Blackthorn – offizieller Sponsor der Sonnenfinsternis am 11. August 1999", da ein natürliches Ereignis nicht gesponsert werden könne (tatsächlich fand überhaupt kein Sponsoring statt). Der ASA Council akzeptierte die Aussage als eine offenkundige Unrichtigkeit, durch welche die Leser des Plakats nicht irregeführt würden.

Der Fall *Miele Company Ltd* vom 14.06.2000 betraf unter anderem die Behauptung in einer Wurfsendungsreklame für einen Staubsauger, dieser „springe die Treppen hinauf". Die Beschwerdeführer hielten diese Aussage für irreführend, da sie meinten, man müsse den Staubsauger Stufen von Hand hinauftragen. Die Werbenden verteidigten sich damit, dass ein wörtliches Verständnis dieser Behauptung durch den Verkehr nicht beabsichtigt gewesen sei; sie sollte lediglich ausdrücken, dass der Staubsauger auf Treppen einfach zu benutzen sei. Der ASA Council urteilte, dass Leser der Werbeschrift diese in genau dem von den Werbenden intendierten Sinn verstehen würden, und nicht in der durch die Beschwerdeführer zugrundegelegten wörtlichen Bedeutung. Damit wies der ASA Council auch diese Beschwerden zurück.

Auch in dem Fall *Mongoose Communications Ltd* vom 12.07.2000 akzeptierte der ASA Council die angegriffene Werbebehauptung unter Berufung auf cl. 3.4. Der Beschwerdeführer wandte sich gegen die Anzeige der Werbenden in einer gewerblichen Fachzeitschrift mit dem Inahlt: „Mongoose. THERE IS ONLY

ONE COMPANY IN THE UK WHICH WILL MAKE A REAL DIFFERENCE TO ADVERTISING SALES IN YOUR MAGAZINE OR YOUR WEBSITE ...", denn er war der Auffassung, dass Dutzende Unternehmen „einen wirklichen Unterschied" machen könnten. Die Werbenden verteidigten sich damit, dass der gewählte Stil und die Sprache denen ihrer Konkurrenten entsprächen, und zudem würden die Leser diese Aussage nicht ungeprüft hinnehmen, sondern sich vor der Entscheidung für ihre Dienste sorgfältig informieren. Der ASA Council wies darauf hin, dass die Zielgruppe der Anzeige, Vertreter der Werbe- und Medienbranche, die Behauptung wahrscheinlich als werbemäßige Übertreibung betrachten und daher nicht irregeführt würden.

b) Das deutsche Wettbewerbsrecht

(i) § 3 UWG

Der Irreführungstatbestand des § 3 UWG verlangt das Aufstellen einer irreführenden Angabe über geschäftliche Verhältnisse. Unter den – weit auszulegenden – Begriff der „Angabe" in § 3 UWG fällt jede Aussage, die in Bezug auf ihren Inhalt, d. h. die Bedeutung, die ein nicht unerheblicher Teil der angesprochenen Verkehrskreise der Aussage in ungezwungener Betrachtung beilegt, dem Beweis zugänglich ist, nicht hingegen reine, vom Verkehr nicht als Tatsachenbehauptungen aufgefasste Werturteile[481]. Maßgeblich ist danach, ob die Äußerung bei den Verbrauchern eine nachprüfbare Vorstellung über eines der im Gesetz genannten Verhältnisse hervorruft[482].

Im Einzelfall kann eine solche objektiv nachweisbare Aussage auch in allgemeinen Wendungen liegen, wie etwa „unschlagbar" zu sein, wenn diese die Vorstellung erwecken, der Werbende beziehe sich damit auf anerkannte Leistungsmerkmale seines Produkts; dann spricht die Rechtsprechung davon, dass die Aussage in ihrem Kern eine konkret fassbare und einer Nachprüfung zugängliche Tatsachenbehauptung enthalte[483]. Die Frage, ob die relevanten Verkehrskreise eine solche Werbebehauptung ausnahmsweise als subjektives Werturteil erkennen und daher auch nicht ernst nehmen, hängt nach dem BGH maßgeblich davon ab, welche Position das werbende Unternehmen, in den Augen des Verkehrs, am Markt innehat: So könne der Umstand, dass eine Werbung von einem angesehenen, seriösen Unternehmen ausgehe, oder die Gütevorstellung, die der Verkehr mit den Erzeugnissen eines Unternehmens verbinde, die Annahme einer

---

481 BGH, GRUR 1963, 482 (483) – Hollywood Duftschaumbad; entsprechend für §§ 1, 14 UWG vgl. BGH, GRUR 1988, 402 (403) – Mit Verlogenheit zum Geld; *Baumbach/Hefermehl*, § 3 UWG Rn 12; *Köhler/Piper*, § 3 Rn 89 ff.

482 BGH, GRUR 1963, 482 (483 f.) – Hollywood Duftschaumbad.

483 BGH, GRUR 1975, 141 (142) – Unschlagbar; s. auch BGH, GRUR 1965, 363 (364) – Fertigbrei; ebenso *Baumbach/Hefermehl*, § 3 UWG Rn 14; Großkomm./*Lindacher*, § 3 UWG Rn 82 a. E.

nicht ernst gemeinten Übertreibung ausschließen, was um so mehr gelten müsse, wenn die Behauptung nach bestimmten Merkmalen objektiv überprüfbar sei[484].

Eine Angabe über geschäftliche Verhältnisse verneinte der BGH etwa bei dem als Kaufaufforderung formulierten Werbespruch „den und keinen anderen" für eine Waschmaschine[485]. Ebenfalls keine Angabe i.S.d. § 3 UWG, auch nicht als verdeckte objektiv nachprüfbare Aussage, konnte das OLG München[486] in dem Fall einer Werbeanzeige für ein Nahrungsergänzungsmittel ausmachen: Unter der Überschrift „Was das Leben wirklich besser macht! Japans Forscher fanden neuen, erfolgreichen Weg!" wurde dargelegt, dass Asiaten länger lebten und im Alter auch aktiver, frischer, wacher und gesünder seien und dass japanische Forscher jetzt glaubten, den Schlüssel zum „Asien-Geheimnis" für ein besseres Leben gefunden zu haben, nämlich die richtige Ernährung, zu der auch die beworbene Substanz gehöre. Das Gericht wertete diese Aussagen als groteske Übertreibungen, die nicht auf ihre objektive Richtigkeit überprüft werden könnten und die der Verkehr auch als reklamehafte Übertreibungen werte. Aufgrund des schon aus der Überschrift ersichtlichen marktschreierischen Charakters der Anzeige sei diese Übertreibung als nicht zur Irreführung geeignet hinzunehmen[487]. Im Wesentlichen gestützt auf die gleiche Argumentation verneinte das Gericht auch einen Verstoß gegen das Irreführungsverbot im Bereich der Werbung für Lebensmittel gemäß § 17 I Nr. 5 a) LMBG.

Den Fall eines bloßen Werturteils betraf die Entscheidung „Fertigbrei" des BGH[488], in der er den Werbespruch „Mutti gibt mir immer nur das Beste" für eine Kindernahrung auf einem Plakat mit einem lachenden Kleinkind seinem objektiven Aussagegehalt nach darauf reduzierte, dass das Produkt zur Spitzenklasse gehöre, was unbestritten war.

(ii) § 1 UWG

Sofern es an einer Angabe (oder einem sonstigen Merkmal) i.S.d. § 3 UWG fehlt, kann die betreffende Werbung allerdings unter dem Aspekt der unlauteren Kundenwerbung als wettbewerbswidrige Irreführung gemäß § 1 UWG unzulässig sein, wenn das täuschende Verhalten i.S. von § 1 UWG sittenwidrig ist[489],

---

[484] BGH, GRUR 1965, 365 (367) – Lavamat II; BGH, GRUR 1970, 425 (426) – Melitta-Kaffee; gl. A. Großkomm./*Lindacher*, § 3 UWG Rn 82; *Köhler/Piper*, § 3 Rn 93.

[485] BGH, GRUR 1965, 365 (367) – Lavamat II; gl. A. etwa *Köhler/Piper*, § 3 Rn 90.

[486] OLG München, NJWE-WettbR 1999, 254 (255).

[487] OLG München, a.a.O.

[488] BGH, GRUR 1965, 363 (364 f.) – Fertigbrei; zust. etwa *Baumbach/Hefermehl*, § 3 UWG Rn 15; Großkomm./*Lindacher*, § 3 UWG Rn 83.

[489] Nach BGH, GRUR 1967, 596 (597) – Kuppelmuffenverbindung, ist hierfür nicht erforderlich, dass der Werbende die irreführende Wirkung seiner Werbebehauptung erkannt oder als möglich in Kauf genommen hat.

denn nach allgemeiner Auffassung gilt der Wahrheitsgrundsatz im gesamten Wettbewerbsrecht[490]. § 1 UWG kommt insofern eine ergänzende Funktion zu[491]. Für die Frage einer unter § 1 UWG zu beurteilenden Irreführung ist im Übrigen auf die zu § 3 UWG entwickelten Grundsätze zurückzugreifen[492].

c) Fazit der Gegenüberstellung

Wie nicht nur diese letzte Gegenüberstellung, sondern insbesondere auch die jeweiligen Ausgangspunkte und Entscheidungskriterien des ASA Council einerseits und der deutschen Rechtsprechung andererseits bezüglich der Werbung für Öko-Produkte sowie die ASA-Entscheidungen in den Fällen der Werbung für Ratgeber-Werke zeigen, ist es deutlich schwieriger, als werbendes Unternehmen mit übertreibenden Behauptungen vor dem Irreführungsverbot der cl. 3.1-3 i.V.m. cl. 7.1 des Regelwerks des britischen CAP zu bestehen als vor den deutschen §§ 1 und 3 UWG. Die Hauptursache hierfür liegt in den unterschiedlichen Beurteilungsmaßstäben in beiden Systemen:

Die strikte Regelung der cl. 3.1 verlangt, dass die Werbenden jede Behauptung beweisen, die objektiv nachweisbar ist[493], wobei der ASA Council auch marktschreierische Anpreisungen und extreme Übertreibungen als objektiv nachweisbar einstuft, zumeist ohne danach zu fragen, ob die Adressaten der Werbung diese überhaupt ernst nehmen. Demgegenüber trifft im Rahmen der §§ 1 und 3 UWG nicht nur, zumindest grundsätzlich, den Kläger die Beweislast für alle klagebegründenden Umstände, sondern zudem ist das hier maßgebliche Entscheidungskriterium, neben der in § 3 UWG, im Unterschied zu den Regeln des CAP, verlangten Angabe über geschäftliche Verhältnisse, die Frage einer Irreführung bzw. einer Irreführungsgefahr der relevanten Verkehrskreise. Bezüglich des tatsächlichen oder erwarteten Verständnisses der Werbung durch den Verkehr gelangen die deutschen Gerichte deutlich eher zu der Einschätzung, dass eine Werbebehauptung keinen nachprüfbaren Inhalt habe bzw. vom Verkehr nicht ernst genommen werde, als der ASA Council in seinen Entscheidungen. Zwar enthalten auch die Vorschriften des CAP in cl. 3.4 eine Bestimmung, nach der offenkundige Unrichtigkeiten und Übertreibungen erlaubt sein können, doch wendet der ASA Council, wie gesehen, diese Vorschrift nur sehr zurückhaltend und längst nicht in allen Fällen an, die ihr ein Leser mit einem durch das deutsche Recht geprägten Vorverständnis zuordnen würde.

---

490 BGH, GRUR 1995, 744 (747) – Feuer, Eis & Dynamit I; *Baumbach/Hefermehl*, § 1 UWG Rn 5, 9; *Bork*, GRUR 1988, 264 (271); *Köhler/Piper*, § 1 Rn 12 f.

491 S. etwa *Baumbach/Hefermehl*, § 1 UWG Rn 9, § 3 UWG Rn 22; zu den Fallgruppen und zu Rechtsprechungsnachweisen vgl. *Baumbach/Hefermehl*, § 1 UWG Rn 10 ff.

492 OLG Karlsruhe, WRP 1994, 194 (195) – Physikalische Wasserbehandlung.

493 Auf cl. 8.1, welche die Zulässigkeit reiner Meinungsäußerungen festschreibt, wird unten, unter 7. a), eingegangen.

5. Redlichkeit („exploitation of the vulnerable"), cl. 6.1

Im Unterschied zu Irreführungsfällen nach cl. 3 i.V.m. 7.1 ohne cl. 6.1 betreffen die Entscheidungen zu cl. 6.1 solche Fälle, in denen es um den Schutz besonders leichtgläubiger Personen geht: Die Regelung, die den Werbenden ihrem Wortlaut nach aufgibt, nicht die Leichtgläubigkeit, Unwissenheit oder Unerfahrenheit der Verbraucher auszunützen, wird häufig als das Verbot der Ausbeutung Schutzbedürftiger („exploitation of the vulnerable") zusammengefasst.

a) Die Spruchpraxis des ASA Council

In Entscheidungen des ASA Council zu cl. 6.1, dem Gebot der redlichen Werbung, wird, neben möglichen weiteren Vorschriften, immer auch die den Wahrheitsgrundsatz enthaltende cl. 7.1 zitiert, teilweise auch cl. 3.1.

Ein Beispiel für diese Fälle ist die schon oben[494] dargestellte Entscheidung *Richard Mark*, in welcher der ASA Council der Beschwerde gegen die Wirksamkeitsbehauptung des beworbenen Lotterie-Gewinnsystems stattgab.

Ein weiterer Fall ist *Melvin Banks* vom 08.12.1999. Eine an Haushalte verteilte Werbeschrift pries einen Wunderheiler, indem sie beschrieb, wie ehemals Kranke infolge der Gebete in Gottesdiensten des Priesters für immer, durch die Kraft Gottes, auf wunderbare Weise geheilt worden seien, darunter Personen, die an Arthritis, Depressionen, Parkinson oder Multipler Sklerose gelitten hätten; die Tauben hätten gehört und die Lahmen seien gegangen. Der Beschwerdeführer meinte u. a., die Werbung stelle eine Ausbeutung schutzbedürftiger Personen dar. Die Werbenden betonten, alle in der Schrift enthaltenen Aussagen seien korrekt, sie legten aber, was der ASA Council monierte, keine schriftlichen Beweise für diese vor (wobei sich m. E. die Frage aufdrängt, aus welcher Überlegung heraus in einem solchen Fall ernsthaft nach Beweisen gefragt werden kann). Der ASA Council entschied mithin, diesbezüglich gestützt auf cl. 3.1 i.V.m. 6.1 und 7.1, dass die Werbeschrift mangels Beweisen für die in ihr aufgestellten Behauptungen schutzbedürftige Personen ausbeute.

Den cl. 6.1 und 7.1 unterfiel eine Beschwerde in dem Fall *AstroForce Ltd t/a Maria Duval* vom 08.12.1999. Die angegriffene Direktwerbung für ein Büchlein war überschrieben mit: „Maria Duval. Hellseherin und Geistermedium"; im Text hieß es, „nachdem ich Ihre Akte gelesen habe, werde ich Ihnen Ihre ‚GEHEIMEN ANWEISUNGEN' senden – die Chance, alle Ihre gegenwärtigen Probleme und Schwierigkeiten zu lösen." Weiter wurde der Empfängerin, sofern sie die „Geheimen Anweisungen" gewissenhaft befolge, bald ihr Traumpartner oder das Zurückgewinnen einer lange verlorenen Liebe versprochen, ferner

---

[494] S.o., unter 3. a).

Glück und ein brandneuer, besser bezahlter Job bzw. eine unerwartete Beförderung. Die Beschwerdeführerin wandte sich gegen die Behauptung, dass die Befolgung der in dem Büchlein enthaltenen Ratschläge einen positiven Einfluss auf Leben, Liebe und Finanzen haben könne. Der ASA Council erachtete es, etwas kryptisch, aber dennoch ersichtlich gestützt auf cl. 6.1 und 7.1, als inakzeptabel, zu behaupten, dass das Leben der Leser durch das Auffüllen ihrer „Glücksreserven" und die Befolgung der Ratschläge in dem Büchlein – Formeln für Wohlstand, Anleitungen zum Gewinnen in Glücksspielen und geheime Liebesinstruktionen – emotional und finanziell erfüllter würde.

Die Entscheidung *Barclays Bank plc t/a Barclaycard* vom 09.06.1999 beruhte ebenfalls auf cl. 6.1 und 7.1. Sie betraf eine Direktwerbung, die den Empfängern, als ausgezeichnete Barclaycard-Kunden hierfür ausgewählt, einen vorab genehmigten Kredit im Rahmen von 500 bis 7.000 Pfund versprach. Das Geld warte auf sie – alles, was sie tun müssten, sei, den Kredit zu beantragen. Auffällig war, dass der Werbetext alle wesentlichen Merkmale des Angebots mehrfach wiederholte, insbesondere die vorab erfolgte Genehmigung. Der Beschwerdeführer beanstandete die Aussage, dass Empfänger, um einen Kredit zu erhalten, diesen nur beantragen müssten, denn seinen Antrag hatten die Werbenden abgelehnt. Diese erläuterten gegenüber der ASA, dass die Kreditgewährung nur verweigert würde, wenn sich die Verhältnisse eines Kunden nach seiner Auswahl für das Angebot verändert hätten. Der ASA Council entnahm der Werbeschrift zwar, dass das Kreditangebot unter der Bedingung gleichbleibender Umstände stand, befand jedoch, dass die Empfänger nicht zwangsläufig wissen würden, ob sich ihre Verhältnisse gemäß den Kriterien des Unternehmens geändert hätten. Da die Werbung impliziere, dass allen Adressaten der Werbung, als sie diese erhielten, auf ihren Antrag ein Kredit gewährt werden würde, was nicht der Fall war, forderte der ASA Council die Werbenden zur Korrektur ihrer Werbung auf und gab damit der Beschwerde statt.

In dem Fall *The Sherlock Holmes Ltd t/a The Sherlock Holmes Museum* vom 11.08.1999 wies der ASA Council die auf cl. 6.1 und 7.1 gestützte Beschwerde ab. Der Beschwerdeführer beanstandete eine Anzeige in einem Londoner Veranstaltungsmagazin, die mit einer Darstellung der Figuren Sherlock Holmes und Doctor Watson und dem Text warb: „Besuchen Sie die sorgfältig bewahrten Räume des legendären Detektivs Sherlock Holmes und seines Kollegen Doctor Watson", denn er hielt die Anzeige für irreführend, da sie impliziere, die Räume seien einst von Sherlock Holmes bewohnt worden. Der ASA Council entschied, dass die breite Mehrheit der Leser der Anzeige nicht irregeführt würde, da die meisten Leute wüssten, dass Sherlock Holmes eine erfundene Gestalt war, worauf auch das Wort „legendär“ in der Anzeige hindeute.

b) Das deutsche Wettbewerbsrecht

(i) § 3 UWG

Hinsichtlich der von cl. 6.1 der britischen Codes erfassten typischen Fälle von Werbeaussagen, die nur besonders unkritische Personen ernst nehmen, kann für die deutsche Rechtslage zunächst auf die Ausführungen zu offensichtlich übertreibenden Angaben verwiesen werden[495]. Zudem ist hier generell das zugrunde zu legende Beurteilungsvermögen der maßgeblichen Verkehrskreise bei der Frage nach einer Irreführung i.S.d. § 3 UWG bedeutsam. Grundsätzlich ist bezüglich der Aufmerksamkeit, Begabung, Erfahrung und Sachkunde ein Durchschnittsmaßstab anzulegen[496]. Allerdings wird ausnahmsweise auch berücksichtigt, dass die Kritikfähigkeit in bestimmten Situationen, etwa von Kranken gegenüber Werbung für Heilmittel, deutlich herabgesetzt sein kann[497].

(ii) § 1 UWG

Auch nach § 1 UWG kann eine Werbemaßnahme der hier interessierenden Art unzulässig sein, nämlich unter dem Aspekt der Ausnutzung der rechtlichen oder geschäftlichen Unerfahrenheit potentieller Kunden zur Verschaffung eines Wettbewerbsvorteils. Ein Beispiel für eine solche bewusste Ausnutzung liefert eine Entscheidung des BGH, deren Gegenstand eine Verkaufsveranstaltung u. a. für Kochtöpfe in einem Übergangswohnheim für Aussiedler war[498].

c) Fazit der Gegenüberstellung

Hinsichtlich des Schutzes besonders leichtgläubiger Personen erscheint die Spruchpraxis des ASA Council, insbesondere unter Einbeziehung der Gegenüberstellungen in den Bereichen der Werbung für Ratgeber-Werke und der übertreibenden Werbeangaben[499], gegenüber den Werbenden strenger als die Rechtsprechung der deutschen Gerichte.

---

495 S.o., unter 4. b).

496 Vgl. *Baumbach/Hefermehl*, § 3 UWG Rn 32.

497 *Köhler/Piper*, § 3 Rn 129; zu Fällen von Erfolgsgarantien s. u., XX. 2. b).

498 BGH, WRP 1998, 1068 (1069 f.) – Verkaufsveranstaltung in Aussiedlerwohnheim; gl. A. etwa *Köhler/Piper*, § 1 Rn 371; s. auch *Köhler*, GRUR 2001, 1067 (1074).

499 S.o., unter 3. und 4.

6. Der Wahrheitsgrundsatz, cl. 7.1

Cl. 7.1 bestimmt, dass Werbung nicht durch Ungenauigkeit, Mehrdeutigkeit, Übertreibungen, Auslassungen oder in sonstiger Weise irreführen sollte[500].

a) Die Spruchpraxis des ASA Council

Einige ASA-Entscheidungen, die wegen Irreführung beanstandete Werbeangaben zum Gegenstand haben, beruhen, neben etwaigen anderen Klauseln, nur auf cl. 7.1, ohne dass cl. 3 auch nur erwähnt wird, obwohl es sich in diesen Fällen nicht selten um Aussagen handelt, die durchaus einem Beweis zugänglich sind. Warum der ASA Council seine Beurteilungen hier allein auf cl. 7.1 und nicht auf cl. 3, insbesondere 3.1 stützt, geht aus seinen Entscheidungsbegründungen jedoch nicht hervor.

Ein solcher Fall ist *SmithKline Beecham plc* vom 12.06.2000[501]. Das Unternehmen warb hier auf einem Poster und in Anzeigen für ein Fruchtsaftgetränk ohne Zuckerzusatz („Ribena Tooth Kind", wörtlich: „Ribena Zahnfreundlich") zum einen mit dem Bild einer Zahnbürste, deren Borsten aus Flaschen des beworbenen Getränks bestanden, und zum anderen mit der Aussage: „Ribena Tooth Kind begünstigt nicht den Abbau von Zahnschmelz". Die erste Beschwerde richtete sich gegen das Bild, da dieses impliziere, dass das Getränk die Gesundheit der Zähne fördere. Die Ausführungen der Werbenden, infolge des fehlenden Zuckerzusatzes und der Beigabe von Kalzium werde das Risiko vermindert, dass der Zahnschmelz angegriffen werde, überzeugte den ASA Council nicht. Der Auskunft von Sachverständigen entnahm er nur, dass die Wahl dieses Getränks statt anderer Fruchtsäfte oder kohlensäurehaltiger Getränke für die Zahngesundheit vorteilhaft war, nicht aber, dass mit dessen Genuss ein wirklicher Nutzen verbunden war. Da das beanstandete Bild ohne jede diesbezüglich klarstellende Angabe aber gerade diesen Eindruck erweckte, forderte der ASA Council das Unternehmen auf, diesen Eindruck künftig zu vermeiden. Zur Verteidigung gegenüber der gegen die zitierte Aussage gerichteten Beschwerde legten die Werbenden Untersuchungsergebnisse vor, nach denen ihr Getränk leicht säurehaltig sei und ein niedriges entmineralisierendes Potential habe. Den eingeholten Expertengutachten entnahm der ASA Council diesbezüglich, dass das beworbene Getränk zwar weniger, aber nicht gar keine Kohlenhydrate enthalte; daher stelle es nur im Vergleich mit anderen Getränken, die mehr Kohlenhydrate enthielten, eine geringere Gefahr für den Zahnschmelz dar. Da die beanstandete Aussage in der Anzeige jedoch absolut, nicht relativ formuliert war, stufte der ASA Council sie mithin als irreführend ein und forderte das Unternehmen auf, auch diese Behauptung zu entfernen.

---

500 Nach der Neufassung im CAP Code genügt bereits eine wahrscheinliche Irreführung.

501 S. zu diesem Fall bereits oben, unter 3. Abschnitt, B. II. 2. b) (iv) (c).

Ein weiteres Beispiel liefert der bereits oben[502] erwähnte Fall *888 Casino* vom 09.01.2002. In der dort behandelten Banner-Werbung mit dem Hinweis „downloading ...“ sowie aufblinkenden Markierungen, die das gerade erfolgende Herunterladen einer Datei vortäuschten, war über einer angeblichen „Cancel“-Taste ein Cursor zu sehen, und ein Anklicken dieser Taste führte den Internetnutzer augenblicklich auf die Website des werbenden Unternehmens. Eine Beschwerde richtete sich unter dem Aspekt der Irreführung gegen diese Täuschung. Die Werbenden führten der ASA gegenüber aus, dass Banner-Werbungen heute weit verbreitet seien und dass Internetnutzer relativ erfahren seien und eine solche Werbung daher erkennen würden. Da diese zudem mit einer Vielzahl verschiedener Online-Werbemethoden konfrontiert seien, die teilweise dreister seien als die in den traditionellen Medien, und aufgrund der Flüchtigkeit dieses Mediums sei attraktive und Aufmerksamkeit erregende Werbung unerlässlich für das geschäftliche Überleben. Der ASA Council war der Ansicht, dass Internetnutzer zwar, wie die Beschwerdegegner meinten, wahrscheinlich ein erfahrenes Publikum seien, aber dennoch sei nicht anzunehmen, dass sie verstehen würden, dass sie auf die Website der Beschwerdegegner gelangen würden, wenn sie den „Cancel“-Knopf anklickten; daher hielt der ASA Council diese Werbung für irreführend und gab der Beschwerde statt.

Die Entscheidung *British Communications plc* vom 23.05.2001 ist insofern interessant, als sie eine Irreführung durch Unterlassen zum Gegenstand hat. Es handelte sich um eine Einlage in Telefonrechnungen, in der für ein bestimmtes Sparmodell geworben wurde. Die Beschwerden richteten sich dagegen, dass der Werbetext nicht darauf hinwies, dass weder Leser, die ein Mobiltelefon hätten, noch Personen, in deren Haushalten noch die Leistungen eines weiteren Telefonanbieters genutzt würden, das Modell wählen konnten. Die Werbenden wiesen darauf hin, dass an das Sparmodell noch weit mehr Bedingungen geknüpft seien, die alle aufzuzählen jedoch ohne die Anfügung von viel Kleingedrucktem nicht angemessen erschienen sei. Der ASA Council erachtete die Unterlassung der Erwähnung der beiden genannten Ausschlussgründe sowie weiterer wesentlicher Bedingungen für die Inanspruchnahme des Sparmodells als irreführend (cl. 7.1) und gab den Werbenden daher auf, in künftigem Werbematerial auf diese Voraussetzungen hinzuweisen.

b) Das deutsche Wettbewerbsrecht

(i) § 3 UWG

Im Unterschied zu cl. 7.1 der britischen Regelung, die einen umfassenden Schutz vor Täuschungen gewährt, wird es in Deutschland nicht als Aufgabe des

---

502 Unter A. I. 2. a).

Wettbewerbsrechts betrachtet, den Verbraucher vor jedweder Fehlvorstellung zu schützen; vielmehr dient das Verbot irreführender Werbung gemäß § 3 UWG allein der Wahrung schützenswerter Interessen der Verbraucher oder der Mitbewerber[503]:

Zusätzlich zu dem Erfordernis einer Angabe über geschäftliche Verhältnisse, welches, wie bereits erwähnt, von den Regeln des CAP nicht aufgestellt wird, verlangt der BGH in ständiger Rechtsprechung zu § 3 UWG – und ihm zustimmen auch die Literatur[504] – zudem noch, dass diese Angabe in dem Punkt und in dem Umfang, in dem sie von der Wahrheit abweicht, bei ungezwungener Auffassung geeignet ist, die Kaufentscheidung des Publikums im Sinne einer allgemeinen Wertschätzung zu beeinflussen, wobei auch ein durch die Täuschung erreichtes, noch vor dem Kaufentschluss liegendes Anlocken ausreicht[505].

(ii) § 1 UWG

Sofern es an einer solchen Eignung oder an einer Angabe i.S.d. § 3 UWG fehlt, kann die betreffende Werbung aber, wie bereits oben[506] erwähnt, als wettbewerbswidrige Irreführung gemäß § 1 UWG unzulässig sein[507].

Zudem kann in einigen Fällen, etwa einem solchen wie in der ASA-Entscheidung *888 Casino*, ein Verstoß gegen § 1 UWG unter dem Aspekt der Belästigung in Betracht kommen.

c) Fazit der Gegenüberstellung

Das einzige Tatbestandsmerkmal, welches das Irreführungsverbot in cl. 7.1 der CAP-Regeln enthält, ist das Vorliegen einer Irreführung bzw., gemäß der Spruchpraxis des ASA Council (und der Neuregelung im CAP Code), einer Irre-

---

503 So etwa BGH, GRUR 1991, 852 (855) – Aquavit; BGH, GRUR 1998, 949 (951) – D-Netz-Handtelefon; BGH, GRUR 2000, 239 (241) – Last-Minute-Reise; ebenso *Köhler/Piper*, § 3 Rn 374.

504 Vgl. etwa Großkomm./*Lindacher*, § 3 UWG Rn 118 ff.; *Köhler/Piper*, § 3 Rn 202 ff.; *Sack*, GRUR Int. 1998, 263 (264); *ders.*, WRP 2001, 327 (340 f.).

505 Sog. wettbewerbsrechtliche Relevanz, s. z. B. BGH, GRUR 1981, 71 (73) – Lübecker Marzipan; BGH, GRUR 1992, 70 (72) – 40 % weniger Fett; BGH, GRUR 1995, 125 (126) – Editorial; anders EuGH, Slg. 1992, I-131 Rn 16 – Nissan, wo eine konkrete Irreführung einer erheblichen Zahl von Verbrauchern verlangt wird; krit. zu dieser Entscheidung etwa *Kisseler*, WRP 1994, 1 (4), und *Piper*, WRP 1992, 685 (691); *Sack*, GRUR Int. 1998, 263 (265 ff., 269), legt allerdings dar, dass die Mitgliedstaaten außerhalb irreführender vergleichender Werbung über die in der Richtlinie 84/450/EWG, geändert durch die Richtlinie 97/55/EG, festgeschriebenen Mindeststandards hinausgehen können.

506 4. b) (ii).

507 BGH, GRUR 1967, 596 (597) – Kuppelmuffenverbindung; *Baumbach/Hefermehl*, § 1 UWG Rn 9, 10 ff., § 3 UWG Rn 22.

führungswahrscheinlichkeit; es kommt mithin weder auf eine geschäftsbezogene Angabe sowie auf eine Eignung zur Beeinflussung der Kaufentscheidung an wie im Rahmen des § 3 UWG, noch wird, wie in dem ergänzenden § 1 UWG, eine Sittenwidrigkeit gefordert.

Damit ist ein Verstoß gegen cl. 7.1 der Regeln des CAP leichter zu begründen als eine unlautere Irreführung gemäß §§ 3 oder 1 UWG.

7. Ergänzung: Werturteile gemäß cl. 8.1

Cl. 8.1 stellt klar, dass Werbende frei sind, ihre Meinung zu äußern, auch über die Vorzüge ihrer Produkte und darüber, wie begehrenswert diese sind, vorausgesetzt, sie machen deutlich, dass es sich nicht um eine Tatsachenbehauptung, sondern um eine Meinungsäußerung handelt.

a) Die Spruchpraxis des ASA Council

Wie etwa der bereits oben[508] dargestellten Entscheidung *Monsanto* (in der cl. 8.1 noch nicht einmal als für den Fall relevante Vorschrift aufgeführt wird) entnommen werden kann, legt der ASA Council das Erfordernis, dass das Moment des subjektiven Meinens klar hervortreten muss, nicht so strikt aus, wie es der Wortlaut erwarten lässt.

Verdeutlichen lässt sich diese Spruchpraxis noch anhand zweier weiterer Entscheidungen, in denen der Erfolg der auf cl. 3.1, 7.1 gestützten Beschwerden an der Anwendung von cl. 8.1 scheiterte.

Der Fall *ITV Network Limited* vom 11.10.2000 beruhte auf Beschwerden der *BBC* gegen mehrere Zeitungsanzeigen für die Nachrichtenprogramme der Werbenden. Diese waren sämtlich überschrieben mit: „Nobody Does News Better“, und in einer hieß es: „ITV News – the top stories; the best reporters; the UK's favourite newscasters.“, wogegen sich die Beschwerdeführer, unter Vorlage umfangreichen Beweismaterials, mit der Begründung wehrten, die Werbenden könnten ihre Behauptungen nicht belegen, denn sie selbst seien ihnen in mehreren wesentlichen Aspekten überlegen. Da die Werbenden denen der Beschwerdeführer gleichwertige, ihnen im Ergebnis aber widersprechende Beweise vorlegten, zog sich der ASA Council auf die Feststellung zurück, die Aussagen „Nobody Does News Better“ und „the top stories“ würden als bloße Meinungsäußerungen der Werbenden aufgefasst, weshalb er sie akzeptierte.

In der Entscheidung *Environment Agency* vom 06.06.2001 richtete sich die Beschwerde gegen eine Stellenanzeige in einer Zeitung, in der zu lesen war: „The Environment Agency is one of the most powerful environmental regulators in

---

[508] S. o., unter 2. a).

the world.", mit dem Argument, die Werbenden hätten bei einem größeren Zwischenfall nicht effektiv reagiert. Der ASA Council stellte zunächst fest, dass die Werbenden keine Spitzenstellung, sondern nur eine Spitzengruppenstellung für sich in Anspruch genommen hätten, weshalb ihre Leistung in einem Fall diese Aussage nicht entwerte; maßgeblich stellte der ASA Council jedoch darauf ab, dass die Behauptung allgemein als subjektive Einschätzung der Werbenden bezüglich ihrer Position betrachtet würde.

b) Das deutsche Wettbewerbsrecht

Hier kann auf die Ausführungen betreffend die Abgrenzung von unter den Begriff der „Angaben" in § 3 UWG fallenden Werbebehauptungen und reinen Werturteilen verwiesen werden[509].

c) Fazit der Gegenüberstellung

In den Fällen, in denen der ASA Council cl. 8.1 zur Anwendung bringt, legt er ihre Anforderungen an die deutliche Erkennbarkeit des Umstandes, dass es sich bei der betreffenden Werbeaussage um eine Meinungsäußerung handelt, relativ großzügig aus; wie jedoch insbesondere bereits die Gegenüberstellungen der ASA-Spruchpraxis mit der deutschen Rechtsprechung bezüglich Öko-Werbung, übertreibender Werbebehauptungen sowie der Behandlung von besonders leichtgläubigen Personen verdeutlicht hat, gelangt der ASA Council weitaus seltener als deutsche Gerichte zu der Einschätzung, eine Werbeaussage werde vom Verkehr nicht als objektiv nachprüfbare Tatsachenbehauptung, sondern als bloßes Werturteil aufgefasst.

8. Gesamtergebnis der Gegenüberstellung zur Irreführung

Die Vergleiche der jeweils untersuchten Einzelaspekte haben gezeigt, dass zwar nicht, soweit auf sie eingegangen wurde, die Vorschriften des englischen Rechts, wohl aber die entsprechenden Bestimmungen des Regelwerks des CAP entweder strenger oder der deutschen Rechtslage vergleichbar sind.

Außer Acht gelassen wurden hinsichtlich des deutschen Rechts dabei der spezielle Straftatbestand des § 4 UWG sowie das an dessen Verletzung geknüpfte Rücktrittsrecht der durch eine strafbare Werbeangabe zu der Abnahme der angebotenen Leistung bestimmten Verbraucher in § 13 a UWG, weil der Anwendungsbereich von § 4 UWG aufgrund von sehr strengen Voraussetzungen der bisherigen Rechtsprechung relativ eingeschränkt war und zudem § 13 a UWG häufig infolge der Rechtsbehelfe des bürgerlichen Rechts überflüssig erscheint[510]. Die Zurückhaltung der Rechtsprechung hinsichtlich § 4 UWG könnte

---

[509] S. o., unter 4. b).

[510] S. nur *Köhler/Piper*, § 4 Rn 4 ff. und § 13 a Rn 1.

sich jedoch mit dem jüngsten diesbezüglichen Urteil des BGH ändern, in dem er das bewusst unwahre und irreführende Versprechen eines „leckeren Mittagessens“ sowie der Aushändigung eines angeblichen „Topgewinns“ an die Teilnehmer einer Verkaufsfahrt für von § 4 UWG erfasst erklärte[511].

VIII. Verleitung zu Rechtsverstößen, cl. 4.1

Gemäß cl. 4.1 sollte Werbung zum einen selbst rechtmäßig sein und zum anderen niemanden zu rechtswidrigem Verhalten verleiten.

Betrachtet man die Entscheidungen des ASA Council betreffend diese Klausel, wird deutlich, dass der Schwerpunkt hier eindeutig auf dem zweiten Aspekt, nämlich dem der Verleitung zu Rechtsverstößen, liegt. Das Gebot, dass Werbung selbst rechtmäßig („legal“) sein sollte, interpretiert der ASA Council in der Weise, dass in Werbematerial kein rechtswidriges Verhalten dargestellt werden soll, damit – und das ist entscheidend – dieses nicht zur Nachahmung anreizt.

1. Die Spruchpraxis des ASA Council

Die Entscheidung *Accession UK* vom 12.04.1999 betraf eine Werbeanzeige für ein Buch mit dem Titel „VERBOTENES WISSEN“, als dessen „faszinierende Themen“ unter anderem Gaunermethoden, Diebstähle, die Kunst des Einbrechens, die Umgehung von Sicherungssystemen, Telefon- und Computer-Hacking aufgeführt wurden. Der Beschwerdeführer hielt die Anzeige, gestützt auf cl. 2.2 i.V.m. 4.1, für unverantwortlich, da sie zu Rechtsverletzungen einlade. Die Verteidigung der Werbenden, die Werbung zähle die in dem Buch behandelten Themen lediglich auf, ohne ins Detail zugehen, sowie der Hinweis, dass sie in der Anzeige mit dem Satz „dieses Buch wird ausschließlich zu Informations- und Unterhaltungszwecken geliefert“ eine eigene Verantwortung ausdrücklich abgelehnt hatten, akzeptierte der ASA Council nicht. Er befand, dass Leser durch die in der Anzeige aufgeführten kriminelle Aktivitäten wahrscheinlich zu Rechtsbrüchen verleitet würden, und gab den Werbenden daher auf, künftige Werbungen durch das Copy Advice team überprüfen zu lassen.

Die beanstandete Werbeanzeige in dem Fall *Fittapart* vom 11.02.1999 pries 100-Watt-Autoscheinwerfer mit den Worten an, diese seien „So hell, sie sind noch nicht einmal im Straßenverkehr erlaubt!“. Die Beschwerde richtete sich gegen eine Ermunterung zu illegalem und gefährlichem Verhalten durch diese Anzeige. Die Werbenden trugen vor, die zitierte Feststellung solle verbotenes Verhalten gerade verhindern. Der ASA Council urteilte, dass die Werbenden zwar – korrekterweise – angegeben hätten, dass die Scheinwerfer nicht legal sei-

---

[511] BGH, NJW 2002, 3415 (3415 ff.).

en, die Art und Weise, in der diese Aussage erfolgt sei, war seiner Ansicht nach jedoch eher geeignet, zu unerlaubtem Gebrauch zu ermuntern als von solchem abzuhalten, weshalb er dem Unternehmen aufgab, die beanstandete Aussage durch eine neutral formulierte Wiedergabe der Fakten zu ersetzen.

In dem Fall *Nikon UK Ltd* vom 08.12.1999 gab der ASA Council der u. a. auf cl. 4.1 gestützten Beschwerde nicht statt. Sie war gegen einen Kinowerbespot für einen Photoapparat gerichtet, der zwei Touristen zeigte, die eine Frau baten, sie zu photographieren. Diese nahm die Kamera, ging langsam rückwärts, und als sich ein LKW zwischen ihr und den Touristen befand, nutzte sie diese Chance, mit dem Photoapparat zu entkommen; die beiden sahen sie nur noch davonlaufen. Die Werbenden traten der Ansicht des Beschwerdeführers, der Spot ermutige u. a. zu illegalem Verhalten, mit der Erläuterung entgegen, die Werbung stelle auf unbeschwerte Art in einem Sketch dar, wie begehrenswert die Kamera sei; für ein Kinopublikum sei diese Art der Werbung die richtige. Auch seien im Rahmen einer Umfrage zu dem Spot keine negativen Kommentare gefallen. Die Cinema Advertising Association teilte mit, sie habe keine Beschwerden erhalten, und sie gehe davon aus, dass die Codes nicht verletzt worden seien, da sie meinte, das Publikum identifiziere sich mit den Touristen und nicht mit der Diebin, wodurch es nicht zu kriminellem Verhalten angestiftet, sondern im Gegenteil sein Sinn für Moral angesprochen werde. Der ASA Council akzeptierte diese Erläuterungen der Werbenden sowie die Ansicht der Cinema Advertising Association und ließ den Spot daher unbeanstandet.

2. Die Situation in Deutschland

a) Das deutsche Wettbewerbsrecht

In der deutschen Rechtsprechung und Literatur bezüglich eines Verstoßes gegen die guten Sitten gemäß § 1 UWG wird in Bezug auf Gesetzesverstöße nach wertbezogenen und wertneutralen Bestimmungen unterschieden[512]. Die Verletzung wertbezogener Normen zieht danach in der Regel, ohne das Erfordernis des Vorliegens weiterer Umstände, auch einen Wettbewerbsverstoß gemäß § 1 UWG nach sich. Im Fall eines Verstoßes gegen wertneutrale, d. h. nicht wettbewerbs- oder wertbezogene Vorschriften ist demgegenüber für die Feststellung einer Verletzung des § 1 UWG im Regelfall zusätzlich zu verlangen, dass besondere Umstände hinzutreten, die das gesetzwidrige Verhalten aus wettbewerblicher Sicht anstößig erscheinen lassen[513]. Damit wird jedoch bereits deutlich, dass es hier nicht, wie in cl. 4.1 der Regeln des CAP, um die zur Nachah-

---

512 Für die Literatur vgl. zum Ganzen nur *Baumbach/Hefermehl*, § 1 UWG Rn 609 ff., 613 ff., 630 ff.; *Köhler/Piper*, § 1 Rn 726 ff., 745 ff., 785 ff.

513 BGH, GRUR 1995, 427 – Zollangaben.

mung anleitende Darstellung rechtswidrigen Verhaltens in der Werbung geht, sondern um Rechtsverstöße, die in der Verwendung der Werbung selbst liegen.

b) Die Regeln des Deutschen Werberats

Die Verhaltensregeln des Deutschen Werberats weisen kein cl. 4.1 der CAP-Vorschriften entsprechendes allgemeines Gebot der Einhaltung des Rechts auf, sondern sie enthalten in dieser Hinsicht nur speziell auf besondere Werbesituationen zugeschnittene Vorgaben. So verlangen etwa die Verhaltensregeln für die Werbung mit und vor Kindern in Hörfunk und Fernsehen von 1998 unter Nr. 6, strafbare Handlungen oder sonstiges Fehlverhalten, durch das Personen gefährdet werden können, nicht als nachahmens- oder billigenswert darzustellen. Den Verhaltensregeln über die Werbung und das Teleshopping für alkoholische Getränke von 1998 sind als Ziele unter anderem vorangestellt, den lauteren und wirksamen leistungsgerechten Wettbewerb zu schützen und zu fördern sowie die Einhaltung der diesbezüglich relevanten gesetzlichen Bestimmungen, insbesondere des UWG und des Lebensmittelrechts, sicherzustellen, und in den Nummern 6 und 7 dieser Regeln finden sich Vorschriften über das Führen von Kraftfahrzeugen sowie bezüglich Sicherheitsbestimmungen. Zuletzt enthält die Verlautbarung zur Werbung mit unfallriskanten Bildmotiven vom Oktober 1974 die Aufforderung, in der Werbung für Maschinen, Arbeitsgeräte und Ähnliches keine den Unfallverhütungsvorschriften widersprechenden Situationen darzustellen, es sei denn, es soll vor derartigen Situationen gerade gewarnt werden.

3. Fazit der Gegenüberstellung

Cl. 4.1 der CAP-Regeln in der Interpretation des ASA Council, wonach diese sich allein gegen die Darstellung rechtswidriger Verhaltensweisen, zudem nur im Zusammenhang mit dem weiteren Gebot, nicht zur Nachahmung dieser Handlungen zu verleiten, findet allenfalls in den Vorschriften des Deutschen Werberats, wenn auch nur hinsichtlich einzelner Aspekte, eine Entsprechung. Das deutsche Wettbewerbsrecht richtet sich demgegenüber, wie dargestellt, nicht gegen die Verleitung zu rechtswidrigem Verhalten, sondern – unter den genannten Voraussetzungen – gegen Rechtsverstöße durch die Werbung selbst.

IX. Das Gebot „anständiger“ Werbung, cl. 5

Die wichtigsten diesbezüglichen Grundsätze finden sich in cl. 5.1. Danach sollte Werbung nichts enthalten, was wahrscheinlich schweren oder weitverbreiteten Anstoß erregt, insbesondere aus Gründen der Rasse, der Religion, des Geschlechts, der sexuellen Orientierung oder von Behinderungen. Werbung wird unter diesem Aspekt entsprechend ihres Zusammenhangs, des eingesetzten Mediums, des Publikums, des jeweiligen Produkts sowie des vorherrschenden Maßstabs darüber, was anständig ist, beurteilt.

1. Die Spruchpraxis des ASA Council

Nur selten erwähnen Entscheidungen des ASA Council neben der primären Vorschrift cl. 5.1 auch cl. 5.2, nach der geschmacklose Werbung nicht zwingend gegen cl. 5.1 verstößt, die jedoch zugleich den Werbenden dringend nahe legt, vor der Verwendung potentiell anstößigen Materials Empfindlichkeiten der Öffentlichkeit zu berücksichtigen. Der klarstellenden cl. 5.3 kommt in ASA-Entscheidungen noch weniger Bedeutung zu.

a) Erniedrigung von bzw. Tolerierung von Gewalt gegen Frauen

Sehr viele an die ASA gerichtete Beschwerden richten sich gegen Werbungen, die, zumindest nach Ansicht der Beschwerdeführer, Frauen herabwürdigen oder den Eindruck erwecken, dass Gewalt gegen Frauen akzeptabel sei.

Das prominenteste Beispiel für diese Fälle ist die Entscheidung *Yves Saint Laurent Beauté Ltd* vom 10.01.2001, die Beschwerden gegen ein für das Parfüm „Opium" werbende Plakat – dasselbe Bild erschien auch in Deutschland, hier jedoch ersichtlich nur als Zeitschriftenanzeige, nicht als Plakat – zum Gegenstand hatte. Es zeigte eine blasse, rothaarige nackte Frau, die, geschminkt, mit Perlenschmuck und hochhackigen Sandalen, den Kopf zurückgelegt, die Augen geschlossen, die Lippen geöffnet und die Beine aufgestellt, die linke Hand auf die linke Brust gelegt, vor einem dunklen Vorhang auf einem samtenen dunkelblauen Tuch lag. In der unteren rechten Ecke stand: „OPIUM – der Duft von YVES SAINT LAURENT". Die Beschwerdeführer beanstandeten das Poster als anstößig und Frauen erniedrigend, und sie meinten, es sei nicht angemessen, diese Werbung auf Plakaten zu zeigen. Die Werbenden brachten vor, das ihrer Ansicht nach sinnliche und ästhetische Bild solle als Kunstwerk den Geist ihres am meisten verkauften Parfüms widerspiegeln. Der ASA Council gab den gegen das Plakat gerichteten Beschwerden statt, da er dieses wegen seines sexuellen Aussagegehalts als anstößig bewertete. Diesbezüglich betonte die ASA, dass das Bild zwar in geeigneten Zeitschriften, nicht jedoch auf Straßenplakaten akzeptabel sei[514].

Die beiden Entscheidungen *i d Technology Group plc* vom 29.08.2001 und *Saxon Homes* vom 06.12.2000 weisen die Gemeinsamkeit auf, dass die verwendeten Frauendarstellungen in keinem Zusammenhang zu den beworbenen Produkten stehen. Die Erste betraf die Anzeige eines Sicherheitsdienstes mit der Über-

---

514 ASA, Annual Report 2001, 40 years of effective self-regulation, S. 8, www.asa.org.uk.

schrift: „Wir haben die Sicherheit – fest verschnürt“ und darunter der Rückenansicht einer nackten Frau, deren Hände hinten mit Handschellen gefesselt waren. Die in dem zweiten Fall behandelte Anzeige eines Vermögensanlageunternehmens zeigte unter den Worten „Inspirierte Investition“ eine Frau in BH mit einem diamantenbesetzten Hundehalsband um den Hals, an dem eine ebensolche Leine befestigt war, was die Beschwerdeführerin als anstößig beanstandete, da sie meinte, die Werbung vergleiche Frauen mit Hunden und suggeriere zudem, sie seien wie Investitionen. In beiden Fällen gab der ASA Council den Beschwerden gestützt auf cl. 5.1 statt; im ersten wegen der Darstellung einer nackten Frau in Handschellen, und im zweiten Fall insbesondere unter Hinweis darauf, dass für Vermögensanlageleistungen geworben wurde.

Demgegenüber bestand in dem Fall *Heaven or Hell Corsetry* vom 10.05.2000 ein Bezug zwischen der Darstellung und der beworbenen Ware: Ein Wäschehersteller warb in einer Zeitungsanzeige unter der Überschrift „Schlüpfer runter“ mit dem Bild einer Frau, die, mit einem Bein nach oben und angewinkelt gehalten sitzend, nur mit einem kurzen Pelzmantel, einem Slip und Strümpfen bekleidet war. Gegen den Vorwurf der Anstößigkeit der Beschwerde verteidigten sich die Werbenden damit, sie hätten ein Wortspiel verwendet, um auf ihren Januar-Schlussverkauf aufmerksam zu machen, und die Abbildung sei erforderlich gewesen, um die preisreduzierte Ware zu zeigen. Die Zeitungsherausgeber ergänzten, 90 % ihrer Leser seien über 25 Jahre alt, die Anzeige sei auf einer Seite mit allgemeinen Nachrichten erschienen, und bei ihnen sei nur eine Beschwerde gegen die Werbung eingegangen. Der ASA Council schloss sich der Meinung an, dass die Anzeige, obwohl sie bei der Beschwerdeführerin Anstoß erregt hatte, als Werbung für Wäsche akzeptabel war.

Ebenfalls unbeanstandet ließ der ASA Council die Werbewurfsendung eines Mobilfunkunternehmens in der Entscheidung *1st line Mobile Communications plc* vom 14.06.2000. Die Beschwerden basierten darauf, dass in der Werbung ein Mann im Anzug und eine Frau im Bikini dargestellt waren, was als sexistisch und daher anstößig erachtet wurde. Die Werbenden erklärten, die beiden Personen erschienen identisch in einer Strandszene in ihrer Fernsehwerbung, und diese sei vom Broadcast Advertising Clearance Centre genehmigt worden. Auch der ASA Council beurteilte die Werbung nicht als sexistisch.

b) Werbung mit sexuellen Anspielungen

Zu diesem Komplex existiert ebenfalls eine Fülle von Entscheidungen des ASA Council.

Der Fall *Logo 69* vom 19.09.2001 betraf ein Poster des gleichnamigen Schuhherstellers, auf dem unter der Überschrift „You can ‚69' Me" eine Frau zu sehen war, die, mit einem roten Bikini und roten Stiefeletten bekleidet, mit angewinkelten Beinen und über den Kopf ausgestreckten Armen auf dem Rücken zwischen lauter gleichen roten Stiefeletten lag. In der rechten oberen Ecke stand: „Logo 69". Der ASA Council akzeptierte nicht die Erläuterungen der Werbenden, die auf die Mehrdeutigkeit der Aussage in Bezug auf ihren Namen hinwiesen, sondern vertrat die Ansicht, dass die Haltung der Frau, zusammen mit der Überschrift, wahrscheinlich als Aufforderung zum Oralverkehr verstanden und die Werbung als Plakat daher wahrscheinlich ernsthaften oder weitverbreiteten Anstoß erregen würde. Er gab den Werbenden nicht nur auf, derartige Ansätze künftig nicht mehr zu verwenden, sondern zusätzlich vor jeder geplanten Plakatwerbung Rat beim CAP Copy Advice team einzuholen.

Ebenfalls stattgegeben hat der ASA Council den Beschwerden gegen zwei Werbeplakate für Damenunterwäsche in dem Fall *Gossard (UK) Ltd* vom 08.11.2000. Das eine Poster zeigte im Hintergrund leicht verschwommen den Kopf und den rechten Arm einer Frau, die auf einem Bett lag und sich mit der Hand am oberen Rand des Bettgestells festhielt. Auf dem Fußboden im Vordergrund, im Unterschied zu der Frau scharf zu erkennen, waren einzelne Kleidungsstücke verstreut, u. a. ein roter BH und ein roter Slip. Darunter war zu lesen: „If he's late, you can always start without him." Das andere Poster war sehr ähnlich; abgesehen von geringfügig veränderten Details war anders als in dem zuerst genannten Plakat hier die im Bildhintergrund auf dem Bett liegende nackte Frau bis zur Taille, auch hier leicht verschwommen, zu sehen, und die Bildunterschrift lautete: „Bring him to his knees." Unter beiden Bildern fand sich die identische Zeile: „Gossard. Find your G spot". Aufgrund des Ergebnisses einer von den Werbenden durchgeführten Untersuchung akzeptierte der ASA Council zwar, dass die Werbungen zwar wahrscheinlich von ihrer Zielgruppe, Frauen zwischen 18 und 45 Jahren, nicht als anstößig empfunden würden, befand aber, dass sie wegen ihrer Anspielung auf Selbstbefriedigung bzw. Oralverkehr als Plakate nicht hinzunehmen seien.

Anders fiel die Entscheidung des ASA Council in dem Fall *Queercompany t/a queercompany.com* vom 17.01.2001 aus. Das Werbeplakat[515] für eine Lifestyle-Website mit der Überschrift „Thank God for women" zeigte zwei sich küssende Frauen, die mit weißen Tops und Slips bekleidet auf einem Bett lagen. Dem Vorwurf der Anstößigkeit und der Ungeeignetheit des Bildes für ein Medium, das auch Kindern zugänglich sei, entgegneten die Werbenden, die Zielgruppe ihres nur einmal in London, Soho, gezeigten Plakats seien Homosexuelle, die in

---

515 Mit 100 Beschwerden war es die Werbung, die 2001 an vierthäufigster Stelle beanstandet wurde, s. ASA, Annual Report 2001, S. 6, www.asa.org.uk.

Großbritannien, mit der höchsten Konzentration in großen Städten, insbesondere London, ein Zehntel der Bevölkerung ausmachten; in Soho seien bekanntermaßen regelmäßig viele homosexuelle Besucher, und es befinde sich keine Schule in der Nähe. Das Poster solle das sehr negative Image Homosexueller verbessern und für mehr Verständnis und Toleranz werben. Aufgrund des Fehlens eindeutiger sexueller Inhalte sowie der nur einmaligen Platzierung des Plakats im Zentrum Londons akzeptierte es der ASA Council.

Nicht aufrecht erhalten wurden auch die Beschwerden in dem Fall *Habitat UK Ltd* vom 06.12.2000. Die beanstandete Werbung eines Einrichtungshauses erschien in zwei überregionalen Zeitungen und auf Postern und zeigte, unter der Überschrift „habitat. It's hometime." am unteren Bildrand einen Teppich, über welchem stand: „What you want is a good shag.". „Shag" bezeichnet nicht nur einen rauen hochflorigen Teppich, sondern ist auch ein umgangssprachlicher Ausdruck für Geschlechtsverkehr. Die Beschwerdeführer begründeten die in ihren Augen vorliegende Anstößigkeit der Werbung primär damit, dass sie in für kleine Kinder zugänglichen Medien gezeigt worden sei. Die Werbenden trugen vor, sie hätten zum einen Tageszeitungen ausgewählt, die seltener von Kindern und Jugendlichen gelesen würden, zudem hätten sie in der Werbung gedeckte und nicht grelle, ins Auge springende Farben verwendet, und zuletzt sei es Erwachsenen auch möglich, Kindern auf Fragen nach der Bedeutung des Werbespruchs ehrliche und zugleich unverfängliche Antworten zu geben. Ähnlich äußerten sich auch die Zeitungsherausgeber. Der ASA Council stimmte dieser Argumentation zu, zumal das Wort „shag" weithin als Bezeichnung einer bestimmten Art Teppich verstanden werde und die Werbenden auf diese Bedeutung durch die Abbildung auch deutlich hingewiesen hätten.

c) Nationalistische bzw. rassistische Tendenzen in der Werbung

Auch gegen (angeblich) nationalistische oder rassistische Werbungen richten sich viele die ASA erreichende Beschwerden.

In dem Fall *Sega Europe Ltd* vom 06.12.2000 gab der ASA Council der auf cl. 5.1 gestützten Beschwerde statt. Sie richtete sich gegen ein Werbeplakat für ein Computer-Spiel im Internet mit der Überschrift: „SPANK JOHNNY FOREIGNER ONLINE" („spank" lässt sich mit „verhauen" übersetzen), worunter Stereotypen eines Deutschen, eines Franzosen und eines Spaniers vor Teilen ihrer jeweiligen Flaggen abgebildet und die Worte „PLAY ONLINE" zu lesen waren. Der ASA Council gestand den Werbenden zwar zu, dass das Plakat mit ihrem angegebenen Ziel, spielerische Rivalität zwischen Teilnehmern in verschiedenen europäischen Ländern zu fördern, in Einklang stand, teilte jedoch nicht deren Auffassung, dass die Werbung lediglich zu spielerischer und „freundlicher“ Rivalität ermuntere, sondern meinte, dass sie auch als Billigung von Gewalt gegen Ausländer verstanden werden könne und daher wahrscheinlich ernsthaften oder weitverbreiteten Anstoß erregen werde.

Weniger nachvollziehbar ist m. E. die ebenfalls stattgebende Entscheidung des ASA Council in dem Fall *Coral Racing Ltd* vom 08.11.2000. Der Beschwerdeführer war der Ansicht, die Anzeige eines Buchmachers im „Daily Mirror“ mit dem Text: „NOW DO YOU HATE THE GERMANS?“ sowie der Aufforderung, bei den Werbenden auf den Sieg Englands in der Europameisterschaft 2000 zu setzen, verbunden mit dem Versprechen, dass der eingesetzte Betrag erstattet werde, wenn Deutschland das Tournier gewinne, ermuntere die Leser dazu, die Deutschen nicht zu mögen. Der ASA Council akzeptierte weder den Hinweis sowohl der Werbenden als auch des Zeitungsherausgebers, dass die Anzeige in scherzhafter Weise auf die weltbekannte Rivalität zwischen den englischen und den deutschen Fußballteams anspiele, noch das Argument, dass sie aufgrund des in ihr enthaltenen Angebots umgekehrt die Leser gerade dazu auffordere, die deutsche Mannschaft zu unterstützen, sobald England nicht weiterkomme. Er vertrat vielmehr die Meinung, die Werbung basiere auf einer übertriebenen Stereotypisierung des Verhältnisses zwischen englischen und deutschen Fußballfans, und mit dem Wort „hassen“ werde dieses Verhältnis auf eine aggressive Art und Weise beschrieben, weshalb der ASA Council befand, dass die Anzeige die Leser dazu ermuntern könne, Deutsche nicht zu mögen, und dass sie daher i.S.v. cl. 5.1 mit Wahrscheinlichkeit Anstoß errege.

In der Thematik ähnlich, m. E. sogar wesentlich heikler, jedoch in der Entscheidung genau entgegengesetzt stellt sich der Fall *Shepherd Neame Ltd* vom 21.11.2001 dar. In der hier behandelten Anzeige für „Spitfire“-Bier im Sportteil des „Daily Telegraph“ lautete die Überschrift: “Germany defeated. Now on to Japan“, und darunter war die Frage formuliert: „Sound familiar?“. Unten, neben dem Bild einer „Spitfire“-Bierpumpe, stand „The BOTTLE of BRITAIN“. Die Beschwerdeführer richteten sich wegen der Anspielung auf Feindschaften während des Zweiten Weltkriegs gegen die als anstößig empfundene Fremdenfeindlichkeit der Anzeige. Die Werbenden erklärten, dass die Anzeige einmal erschienen sei, und zwar nachdem England Deutschland in einem Qualifikationsspiel, neun Monate vor der Weltmeisterschaft in Japan, besiegt hatte. Eine Anstößigkeit verneinten sie mit der Begründung, dass die Weltkriegsfeindschaften heute für die meisten Leser Geschichte seien. Vielmehr handle es sich um eine humorvolle Anspielung auf die internationalen Fußballrivalitäten, die nichts mit Fremdenfeindlichkeit, sondern mit Teamanhänglichkeit zu tun hätten. Diese Begründung wurde durch den ASA Council anerkannt: Die meisten Leser betrachteten die Anzeige wahrscheinlich als scherzhafte Anspielung auf internationale Fußballrivalitäten, daher sei sie nicht Anstoß erregend.

Dasselbe Qualifikationsspiel war auch der Anlass für die Werbewurfsendung für Schleifmittel, die Gegenstand des Falles *DRONCO Abrasives UK Ltd* vom 24.10.2001 war. Sie zeigte die Photographie einer Szene eines Fußballspiels zwischen den Textzeilen „The krauts are coming" und „with unbeatable quality"; neben dem Unternehmenslogo und drei Schmirgelscheiben fand sich die Ankündigung einer Rabattaktion. Der Beschwerdeführer hielt das Wort „krauts" für rassistisch und die Überschrift daher für anstößig. Die Werbenden lieferten verschiedene Argumente zu ihrer Verteidigung, darunter das, die Bezeichnung „krauts" sei humorvoll und nicht deutschenfeindlich. Diese Ansicht teilte der ASA Council und lehnte einen Verstoß gegen cl. 5.1 daher ab.

d) Herabwürdigung aufgrund des Alters

Nicht selten sind auch Fälle, in denen es um herabsetzende Äußerungen gegenüber älteren Personen geht.

Einer dieser Fälle war *Paddy Power* vom 06.06.2001. Auf dem beanstandeten Werbeplakat[516] eines irischen Wettbüros waren im Vordergrund zwei alte Frauen zu sehen, die an einem Zebrastreifen eine Straße überquerten. Die vordere war über ein Gehgestell gebeugt, die zweite schob einen Einkaufstrolley. Aus dem Hintergrund fuhr ein Lastwagen auf die Kreuzung zu. Neben der hinteren Frau stand in einem Kreis „2/1", neben der vorderen stand „EVENS". Unter dem Bild stand: „Let's make things more interesting. PaddyPower – IRELAND'S BIGGEST BOOKMAKER". Die Beschwerdeführer hielten das Plakat deshalb für Anstoß erregend, weil sie davon ausgingen, dass die angegebenen Wettquoten sich auf die Wahrscheinlichkeit bezogen, mit der die beiden Frauen entweder von dem Fahrzeug erfasst oder sicher die andere Straßenseite erreichen würden. Die Werbenden versuchten sich mit dem Hinweis zu verteidigen, die Wettquoten bezögen sich darauf, welche der beiden Frauen als Erste die andere Seite erreichen würde. Der ASA Council befand zunächst, dass die Darstellung alter und gebrechlicher Menschen als Teilnehmer eines Wettrennens über die Straße deren eingeschränkte Beweglichkeit lächerlich mache und daher i.S.v. cl. 5.1 anstößig sei. Des Weiteren meinte er, dass wahrscheinlich viele Betrachter die Wette so verstehen würden wie die Beschwerdeführer, was ebenfalls zu einem Verstoß gegen cl. 5.1 führe. Er gab den Werbenden auf, das Pos-

---

516 Es zog 49 Beschwerden auf sich und nahm so unter den Top 10 der Werbungen mit den meisten Beschwerden den siebten Platz ein, vgl. ASA, Annual Report 2001, S. 7, www.asa.org.uk.

ter zu entfernen und künftige Werbung zunächst dem Copy Advice team vorzulegen.

Ein weiteres Beispiel ist der Fall *Mehl Enterprises Ltd t/a Daniel Christian* vom 06.12.2000. Er betraf einen Werbezettel für Designerkleidung mit dem Angebot: „buy a Daniel Christian shirt or a pair of jeans AND THE BAG COMES FREE“[517]. Darunter war eine alte Frau abgebildet. Über dem kleinen Bild eines Rucksacks in einer Ecke stand: „This one – unless you're really weird“ (= etwa: sonderbar, verrückt). Die Werbenden erläuterten, ihre Zielgruppe seien junge Männer zwischen 16 und 25 Jahren, deren Sinn für Humor die Werbung treffe. Der ASA Council vertrat jedoch die Ansicht, dass der Werbezettel wahrscheinlich schweren oder weitverbreiteten Anstoß erregen würde, da er alte Frauen als unerwünschte Objekte darstelle.

Als nicht Anstoß erregend erachtete der ASA Council das beanstandete Bushaltestellen-Plakat für einen Tequila in der Entscheidung *United Distillers & Vintners UK* vom 10.05.2000 mit der Überschrift: „Nicht 'runterstoßen“. Darunter war auf einer Photographie ein Ringer zu sehen, der eine ältere Dame über seiner Schulter hielt und im Begriff war, sie zu Boden zu werfen. Der Text lautete: „Verlockend. Aber Jose Cuervo Gold ist durch langes Lagern schön reif geworden. Ihn herumzustoßen bringt nicht wirklich seine besten Seiten zum Vorschein. Ihn mit einem Tropfen Orangensaft oder trockenem Gingerale zu behandeln hingegen schon.“ Die Beschwerdeführer beanstandeten, das Poster suggeriere, dass Gewalt gegen alte Menschen lustig sei. Das Unternehmen brachte vor, die Werbung sei nicht wörtlich zu nehmen; das Bild solle lediglich etwas Wertvolles zeigen, das nicht „'runterzustoßen“ sei. Dieser Meinung folgte der ASA Council und ließ das Plakat daher unbeanstandet.

e) Verletzung religiöser Gefühle

Ein weiterer Aspekt von cl. 5.1, unter dem regelmäßig nicht wenige Beschwerden die ASA erreichen, ist Anstößigkeit in Bezug auf religiöse Themen.

Die Anzeige in der „Times“, die Gegenstand der Entscheidung *Times Newspapers Ltd t/a Times* vom 13.01.1999 war, rief mit 142 die drittgrößte Zahl an Beschwerden im Jahr 1998 hervor[518]. Sie warb für eine Photoserie im Magazin der „Sunday Times“ mit Arbeiten von Terry O'Neill und zeigte deren ersten Teil, die Photographie einer gebräunten Frau mit dem Äußeren eines Models, die, mit einem Lederbikini bekleidet, an ein Holzkreuz gebunden war. Die Beschwerdeführer fanden die Anzeige geschmacklos, provokativ und blasphemisch. Die Werbenden erklärten, das Bild habe nur auf das Werk des Künstlers aufmerksam machen sollen, der ausdrücken wollte, dass das Frauenideal in den 60er Jahren

---

517 „Bag“ bedeutet neben „Tasche“ auch „Schlampe“ bzw. „Nutte“.

518 S. ASA, unter www.asa.org.uk/statistics/1998/top10/index.asp.

„gekreuzigt" worden sei, da Frauen nur noch wegen ihrer Sexualität geschätzt würden. Zudem stelle das Kreuz auch außerhalb des christlichen Glaubens ein Symbol für Märtyrertum dar. Der ASA Council meinte, dass den meisten Lesern der Ursprung und die Aussage der Photographie nicht bewusst seien, weshalb er die Anzeige als i.S.v. cl. 5.1 Anstoß erregend einstufte.

Ebenfalls (u. a.) wegen Verletzung ihres religiösen Empfindens als Christen wandten sich die Beschwerdeführer[519] in dem Fall *Britvic Soft Drinks Ltd* vom 12.05.1999 gegen drei Poster für das Fruchtsaftgetränk „Tango Orange", die in der zweiten Dezemberwoche erschienen. Das erste Poster stellte, wie die beiden anderen auch, eine Zeichnung im Kinderbuchstil der 30er Jahre dar und zeigte zwei Kinder, die abends aus ihrem Kinderzimmerfenster zu einem hellen Stern blickten; die Überschrift darüber lautete: „Please Lord Let It Be Tango". Auf dem zweiten Plakat war ein kleiner Junge zu sehen, der betend neben seinem Bett kniete, die Überschrift hierzu lautete: „And Let The Poor Children Have Tango Too". Das letzte Poster stellte zwei Kinder dar, denen eine Frau unter einem hellen Stern vorlas; hier stand die Überschrift „And Then There Was Tango For Everyone." Die Beschwerdeführer beanstandeten, die Plakate trivialisierten den Akt des Gebets und nutzten die wahre Bedeutung von Weihnachten für ihre kommerziellen Ziele aus. Die Werbenden betonten zum einen, dass in den Bildern nicht der Stern von Bethlehem, sondern der Polarstern zu sehen sei, und zum anderen sollten die Poster zu den üblichen Werbungen in der Vorweihnachtszeit etwas Humor hinzufügen. Der ASA Council schloss sich dieser Ansicht an und verneinte daher eine Anstößigkeit i.S.v. cl. 5.1.

Nicht aufrechterhalten wurden auch die Beschwerden gegen ein für Reifen werbendes Plakat, das Gegenstand der Entscheidung *Pirelli Tyres Ltd* vom 12.05.1999 war. Es zeigte den damals für Inter Mailand spielenden brasilianischen Fußballspieler Ronaldo, der mit ausgestreckten Armen oberhalb Rio de Janeiros stand. Die Beanstandungen wurden mit der Ähnlichkeit seiner Position und Haltung mit der Christus-Skulptur in Rio begründet. Seitens des werbenden Unternehmens, Sponsor von Inter Mailand, wurde vorgetragen, die Art und Weise Ronaldos, seine Tore zu feiern, wie in dem Poster dargestellt, sei unter Fußballfans wohlbekannt, und der Bezug zu Rio ergebe sich daraus, dass dies seine Heimatstadt sei. Zudem weise seine Darstellung erhebliche Unterschiede zu der Christus-Statue auf; unter anderem trage Ronaldo ein Fußballtrikot, Jesus eine Robe, Jesus strecke die Hände aus, Ronaldo nur die Zeigefinger, und dieser balanciere im Gegensatz zu Jesus auf einem Bein. Der ASA Council war zwar der Auffassung, dass diese Unterschiede nicht maßgeblich ins Gewicht fielen,

---

519 Mit 108 Beschwerden nahm diese Werbekampagne unter den Top 10 des Jahres 1999 den fünften Platz ein, vgl. ASA, unter www.asa.org.uk/statistics/1999/top10/index.asp.

befand jedoch, dass das Plakat in scherzhafter Weise Ronaldos heldengleichen Status herausstellte und daher nicht gegen cl. 5.1 verstieß.

f) Sprachlich anstößige Werbung

Auch als unanständig oder unangemessen empfundene Sprache in der Werbung ist relativ häufig Anlass für Beschwerden wegen Anstößigkeit.

Im Jahr 2000 führte die ASA eine Untersuchung[520] der Akzeptanz von Schimpfwörtern in der Werbung durch, deren Ergebnis Aufschluss darüber gibt, welche Ausdrücke das Publikum toleriert und welche nicht.

Wie jedoch etwa der im Folgenden dargestellte Fall zeigt, genügt es für ein Bestehen vor cl. 5.1 nicht, wenn nur die Verwendung der in dem dortigen Bericht genannten inakzeptablen Worte vermieden wird.

Die Entscheidung *Virgin Mobile* vom 29.08.2001 betraf die Werbebeilage eines Mobilfunkunternehmens in Zeitungen und Zeitschriften, die in der Form eines handgeschriebenen Briefes gestaltet war[521]. Darin teilte ein angeblicher Mobilfunkkunde seinem Anbieter mit, dass er seinen Vertrag kündige und zu dem werbenden Unternehmen wechsle. In extrem derber und aggressiver Sprache und einem ebensolchen Stil, unter Verwendung einfacher, doppelt oder dreifach gesetzter Ausrufezeichen wurden darin die Vorteile des Angebots der Werbenden heraus- und dem des gedachten Konkurrenzunternehmens gegenübergestellt. Die Beschwerdeführer beanstandeten die Werbebeilage u. a. wegen Anstößigkeit. Ihr Vorbringen, dass sie bewusst keines der 28 Worte, die in dem genannten Untersuchungsbericht als nicht akzeptabel aufgeführt waren, verwendet hätten, half den Werbenden vor dem ASA Council nicht, denn dieser vertrat die Ansicht, da die Aufmachung des Werbezettels den Eindruck eines handschriftlichen Briefes erwecke und der Text in einem aggressiven Ton abgefasst sei, werde die Werbung wahrscheinlich i.S.v. cl. 5.1 Anstoß erregen.

In dem Fall *Brookman Lawyers* vom 12.09.2001 gab der ASA Council der u. a. auf cl. 5.1 gestützten Beschwerde dagegen nicht statt. Sie richtete sich gegen Plakate eines Scheidungsanwaltsbüros in den Herrentoiletten von Londoner Innenstadtkneipen, auf denen über einer Tasche die Aufforderung „Ditch the Bitch!“ (etwa: „Gib der Schlampe den Laufpass!“) zu lesen war. Der Beschwerde hielten die Werbenden entgegen, das Poster sei humorvoll und habe keinen Anstoß erregen sollen, und ihre Untersuchungen unter Mitgliedern der Zielgruppe hätten dies bestätigt. Der ASA Council schloss sich der Meinung an, dass die

---

520 Abrufbar auf der Website der ASA, www.asa.org.uk, unter Research, Delete Expletives? – December 2000.

521 Dieses Werbeblatt belegte unter den Top 10 der im Jahr 2001 mit den meisten Beschwerden belegten Werbungen mit 125 Beschwerden den dritten Platz, vgl. ASA, Annual Report 2001, S. 6, unter www.asa.org.uk.

männlichen Besucher von Gaststätten der Londoner Innenstadt wahrscheinlich an dem Plakat keinen Anstoß nehmen würden.

g) Schockwerbung

Häufig wenden sich Beschwerdeführer auch gegen schockierende Werbung. In diesen Fällen ist jedoch zumeist auch cl. 9.1 einschlägig, die ersichtlich für Schockwerbung die speziellere Bestimmung ist, weshalb die darunter erörterten Fälle erst dort behandelt werden[522].

h) Sonstige Fälle

Unter cl. 5 werden über die genannten Fallgruppen hinaus die verschiedensten Werbeansätze behandelt.

So zeigte etwa die in dem Fall *365 Corporation plc t/a eckoh* vom 16.01.2002 beanstandete Zeitschriftenanzeige eines Telekommunikationsunternehmens zwei Männer in zerfetzter und schmutziger Kleidung sowie das kleine Bild eines ordentlich aussehenden, lächelnden Mannes mit dem Titel „Unser verrückter Bruder". Im Text hieß es, er sei einfach nicht mehr so wie der Rest der Familie, sondern er sei ein „Freak"[523], da er, wo er auch sei, per Telefon seine E-Mails abrufe und einfach mündlich beantworte. Es sei „abnormal". Der Beschwerdeführer meinte, die Anzeige ermuntere dazu, sich über Behinderte lustig zu machen, und sie fördere Vorurteile ihnen gegenüber ebenso wie die Verwendung von Worten wie „abnormal" und „Freak". Hierauf wandten die Werbenden ein, die Anzeige sei humorvoll, und die Leser des Magazins, in der Mehrzahl Kunststudenten, würde von ihr vielleicht peinlich berührt, wahrscheinlich aber nicht an ihr Anstoß nehmen. Dies ließ der ASA Council jedoch nicht gelten, sondern urteilte, ohne eine Begründung anzuführen, dass die Anzeige sich über geistig behinderte Menschen lustig mache, sie ausbeute und Vorurteile ihnen gegenüber bestärke, weshalb sie gegen cl. 5.1 verstoße.

Eine Verletzung von cl. 5.1 lag nach dem ASA Council auch in dem Fall *Diesel (London) Ltd* vom 11.02.1999 vor. Der hier beanstandete Kinowerbespot für Jeans begann mit dem Titel: „Christmas Day 1917" und zeigte, wie einer der Soldaten in einem Schützengraben des Ersten Weltkriegs eine Jeans geschenkt bekam und diese anzog, wobei er einen seiner Kameraden derart reizte, dass dieser aufstand, worauf er von hinten erschossen wurde. Am Ende des Spots stand die Zeile: „For successful living". Die Beschwerdeführer kritisierten, die Werbung trivialisiere den Ersten Weltkrieg und den Tod so vieler Menschen, was insbesondere in der Zeit um den Volkstrauertag Anstoß erregend sei. Die Werbenden brachten vor, ihre Werbung basiere immer auf unkonventioneller Ironie

---

522 S. u., XI. 1.

523 „Freak" bedeutet ebenso „Missgeburt" wie „Narr" oder „Fanatiker".

und irrealen Situationen; das Erscheinen dieses Spots auch an dem Wochenende des Volkstrauertags hätten sie nicht mehr verhindern können. Zwar sah die Cinema Advertising Association keinen Verstoß gegen cl. 5.1, und sie hatte auch keine Beschwerden erhalten, der ASA Council vertrat jedoch die Meinung, die Werbenden hätten bedenken sollen, dass im Jahr 1998 das Ende des Ersten Weltkriegs genau 80 Jahre her sei, und insbesondere in der Zeit des Volkstrauertags sei der Spot daher wahrscheinlich Anstoß erregend i.S.v. cl. 5.1, weshalb er sofort einzustellen sei.

Erfolg hatte auch die Beschwerde, die zu der Entscheidung *Patrick Cox* vom 10.03.1999 führte. Auf einer Seite der beanstandeten Zeitschriftenanzeige für die Herbst/Winter-Kollektion eines Schuhherstellers waren die Beine und Füße eines Mannes zu sehen, der sich offenbar erhängt hatte. Die Verteidigung der Werbenden, das Bild solle auf das kalte Klima hinweisen, in dem die Schuhe getragen werden sollten, rechtfertigte nach Ansicht des ASA Council nicht die Abbildung eines Selbstmordopfers, weshalb er der Beschwerde stattgab.

Keinen Erfolg hatten hingegen die Beschwerdeführer in dem Fall *British United Provident Association t/a BUPA* vom 08.11.2000. Sie wandten sich gegen eine Anzeige in verschiedenen Frauenzeitschriften für ein Institut für kosmetische Chirurgie. Auf dieser war eine Birne zu sehen, an der ein Schildchen befestigt war mit der Aufschrift: „Want to change your shape? BUPA Cosmetic Surgery“. Der Werbetext begann mit den Worten, es gebe viele Gründe, warum die Leserin möglicherweise ihr Aussehen verändern wolle, von einem Fehler, der sie schon immer gestört habe, bis zu dem Wunsch, nach der Geburt von Kindern ihr früheres Äußeres zurückzuerlangen. Am Ende hieß es: „The first step to a new you is picking up the phone and calling ...“. In den auf cl. 2.2 und 5.1 gestützten Beschwerden wurde beanstandet, die Anzeige suggeriere, dass ein wie eine Birne geformter Körper falsch sei, und sie fördere ein negatives Körpergefühl, indem sie sich weibliche Unsicherheiten zunutze mache. Die Verteidigung der Werbenden ging dahin, sie redeten den Leserinnen keineswegs ein, sie sollten ihre Figur verändern, sondern sie nähmen lediglich zur Kenntnis, dass einige mit ihrem Körper unzufrieden seien und ihn mittels kosmetischer Chirurgie verschönern wollten. Die Birne hätten sie ausgewählt, weil sie in ins Auge springender Weise den Aspekt von Form vermittle, was es ihnen ermöglicht habe, über das sensible Thema der kosmetischen Chirurgie zu sprechen, ohne einen menschlichen Körper zu zeigen. Diese Ausführungen akzeptierte der ASA Council und wies die Beschwerden daher zurück.

2. Die Situation in Deutschland

Der Bereich des Geschmacks und des Anstands in der Werbung gehört in Deutschland weniger zur Zuständigkeit des Rechts als zum Aufgabenfeld der Werbeselbstkontrolle.

a) Das Wettbewerbsrecht

Im Unterschied zur schockierenden sowie allgemein zur gefühlsbetonten Werbung gibt es in Hinblick auf geschmacklose Werbeformen nur sehr wenige Urteile deutscher Gerichte. Dies beruht darauf, dass nach allgemeiner Ansicht der hier allein in Betracht kommende § 1 UWG nicht den Zwecken einer Geschmackszensur dient[524]. Sittenwidrig i.S. dieser Vorschrift ist danach ein Wettbewerbsverhalten, das dem Anstandsgefühl der beteiligten Verkehrskreise widerspricht oder von der Allgemeinheit missbilligt und für untragbar angesehen wird[525]. Die erforderliche sittlich-rechtliche Wertung sei dabei im Blick auf die Funktion des § 1 UWG im Wettbewerb vorzunehmen, weshalb es nicht genüge, sich allein an allgemeinen ethischen Moralvorstellungen zu orientieren, sondern es sei auf die Wertvorstellungen der beteiligten Verkehrskreise abzustellen, wobei deren Relevanz für die Beurteilung des betreffenden Verhaltens aufgrund einer umfassenden Interessenabwägung sowie unter Berücksichtigung des Schutzzwecks des UWG zu ermitteln sei[526].

Die gegebenenfalls auch vorzunehmenden verfassungsrechtlichen Bewertungen[527] hat das BVerfG kürzlich insbesondere in seinem Urteil zu der Benetton-Rechtsprechung des BGH[528] sowie in den Beschlüssen „Therapeutische Äquivalenz“ und „Tierfreundliche Mode“[529] verdeutlicht: Danach umfasst die durch Art. 5 I 1 GG geschützte Meinungsfreiheit, und damit auch die Pressefrei-

---

524 BGH, GRUR 1970, 557 (558) – Erotik in der Ehe; BGH, GRUR 1995, 592 (594) – Busengrapscher; BGH, GRUR 1995, 595 (596) – Kinderarbeit; BGH, GRUR 1997, 761 (764) – Politikerschelte; BGH, WRP 2002, 434 (437) – H.I.V. POSITIVE II; *Baumbach/Hefermehl*, § 1 UWG Rn 84; *Henning-Bodewig*, WRP 1992, 533 (538); *dies.*, GRUR 1997, 180 (186); *Köhler/Piper*, § 1 Rn 352.

525 BGH, GRUR 1995, 592 (594) – Busengrapscher; s. auch BGH, GRUR 1988, 614 (615) – Btx-Werbung; *Baumbach/Hefermehl*, § 1 UWG Rn 84.

526 BGH, GRUR 1995, 592 (594) – Busengrapscher; vgl. zur gebotenen wettbewerbsbezogenen Auslegung etwa auch BGH, GRUR 2001, 1178 (1180) – Gewinn-Zertifikat; s. hierzu auch *Henning-Bodewig*, GRUR 1997, 180 (187 ff.).

527 Vgl. BGH, a.a.O.

528 BVerfG, WRP 2001, 129 – Benetton; s. hierzu noch unten, XI. 2.

529 BVerfG, AfP 2001, 380, und BVerfG, WRP 2002, 430.

heit gemäß Art. 5 I 2 GG, auch kommerzielle Meinungsäußerungen sowie reine Wirtschaftswerbung, die einen wertenden, meinungsbildenden Inhalt hat[530].

Gemäß seinen Kriterien stufte der BGH, in Übereinstimmung mit der Vorinstanz, das unaufgeforderte Mitschicken eines Werbezettels für ein sexuelles Aufklärungsbuch mit anderen angeforderten Prospekten, auf dem u. a. zu lesen war: „Wer in der Ehe glücklich leben will, muss dieses Buch gelesen haben!“, nicht als ein beleidigendes Eindringen in die Privatsphäre der Empfänger zu Geschäftszwecken bzw. als anreißerische Lästigkeitswerbung und damit als sittenwidrig i.S.d. § 1 UWG, sondern lediglich als hinzunehmende Taktlosigkeit ein[531]. Anders beurteilte er jedoch Etikettierungen von Miniatur-Likörflaschen mit den Bezeichnungen „Busengrapscher“ bzw. „Schlüpferstürmer“ über entsprechend unmissverständlich-derben Zeichnungen[532]: Die Bezeichnungen und die Bilder vermittelten in obszöner Weise den Eindruck, Frauen seien, insbesondere durch die Wirkung der beworbenen Getränke, in sexueller Hinsicht frei verfügbar. Damit würden sie herabgesetzt und diskriminiert, was in Zusammenhang mit der Förderung des eigenen Warenabsatzes als ärgerniserregend und belästigend und damit als sittenwidrig i.S.d. § 1 UWG zu beurteilen sei. Insbesondere mit Blick darauf, dass die Waren im normalen Vertriebsweg angeboten und damit auch Frauen und Kinder mit ihnen konfrontiert würden, erblickte der BGH in diesen Warenaufmachungen eine Verletzung der Menschenwürde von Frauen. Demgegenüber könne sich der beklagte Spirituosenhersteller nicht auf das Grundrecht der Meinungsfreiheit berufen, weil die Flaschenetiketten keinerlei Aussagebedürfnisse befriedigten, sondern allein der Förderung des Absatzes der Waren dienen sollten. Ein solches ausschließlich kommerzielles Interesse müsse bei der gebotenen Güterabwägung hinter den schützenswerten Interessen anderer, hier neben den Frauen auch der sich lauterer Werbeformen bedienenden Mitbewerber, zurücktreten.

b) Der Deutsche Werberat

Die (im Vergleich mit den Codes des CAP wenigen) punktuell eingreifenden Verhaltensregeln des Deutschen Werberats enthalten zwar keine cl. 5 der britischen Codes entsprechenden Vorschriften, in dieselbe Richtung gehende Grundsätze betreffend Diskriminierungen von bestimmten Personen oder Personen-

---

530 BVerfG, WRP 2001, 129 (133) – Benetton; BVerfG, AfP 2001, 380 (380) – Therapeutische Äquivalenz; auf die in dem Benetton-Urteil aufgestellten verfassungsrechtlichen Anforderungen an die wettbewerbsrechtliche Beurteilung sowie das „H.I.V. POSITIVE II“-Urteil des BGH wird unten, unter XI. 2., eingegangen.

531 BGH, GRUR 1970, 557 (558) – Erotik in der Ehe; zust. *Baumbach/Hefermehl*, § 1 UWG Rn 84.

532 S. zum Folgenden BGH, GRUR 1995, 592 (594 f.) – Busengrapscher; gl. A. *Baumbach/Hefermehl*, § 1 UWG Rn 84, und *Köhler/Piper*, § 1 Rn 353.

gruppen, insbesondere Frauen, sind jedoch in der „Verlautbarung des Deutschen Werberats zum Thema Herabwürdigung und Diskriminierung von Personen“[533] in der Fassung von 1991 enthalten. Diese Verlautbarung wendet sich gegen die Menschenwürde sowie das allgemeine Anstandsgefühl verletzende Werbeinhalte, ferner gegen Herabsetzungen, willkürliche Ungleichbehandlungen und speziell gegen sexuell aufreizende Abbildungen oder Texte. Als Beurteilungsmaßstab gilt danach der Eindruck eines verständigen Durchschnittsbetrachters. Der Werberat appelliert an die Werbewirtschaft, diese Prinzipien zu beachten.

Auch im Jahr 2001 betrafen noch die meisten an den Werberat gerichteten Beschwerden, nämlich 35 Prozent, den Vorwurf der Herabwürdigung von Frauen[534] – wie oben gesehen eine Thematik, die auch die ASA im Rahmen von cl. 5 der CAP-Regeln in erheblichem Maße beschäftigt; nur in 30 Prozent dieser Fälle gab der Werberat jedoch den Beschwerden statt[535]: In zwölf Prozent aller Beschwerden rügten die Beschwerdeführer die Verletzung religiöser Gefühle[536], und nur jeweils drei Prozent entfielen auf allgemein diskriminierende Werbung[537] sowie auf Diskriminierungen aufgrund der Rasse[538].

Unter Berücksichtigung des Umstandes, dass der Deutsche Werberat, im Gegensatz zur ASA, auch für Fernseh- und Rundfunkwerbung zuständig ist, wobei auf die Erstere die meisten Beanstandungen entfielen[539], erscheint die Spruchpraxis des Werberats in den gerade genannten Bereichen der des ASA Council sehr ähnlich[540]. Insbesondere lässt sich auch der teilweise in den Medien[541] beschriebene Gegensatz zwischen der Behandlung der bereits oben erwähnten „Opium“-Werbung von Yves Saint Laurent durch die britische Selbstkontrolle einerseits und die deutsche andererseits nicht feststellen: Nach Ansicht des Werberats degradierte das Bild Frauen nicht zum Objekt männlicher Lust, sondern es sei als künstlerische und ästhetische Darstellung des Images des „Opium“-Parfums zu sehen, und daher diene die Nacktheit des Models hier nicht allein als Blickfang. Daher ließ der Werberat die Werbung unbeanstandet. Da diese jedoch in

---

533 Abrufbar unter www.interverband.com:8080/u-img/69392.

534 Diesbezügliche Fälle des Werberats stellt *Steinbeck*, ZRP 2002, 435 (437 f.), dar; s. auch die Beispiele im Jahrbuch Deutscher Werberat 2003, S. 35, 37, 38 f., 40, 42, 43 f.

535 Vgl. Jahrbuch Deutscher Werberat 2002, S. 32 f.; zum Folgenden s. S. 33.

536 Beispielsfälle in Jahrbuch Deutscher Werberat 2002, S. 40, und 2003, S. 36 f.

537 Beispielsfälle finden sich im Jahrbuch Deutscher Werberat 2002, S. 40 f., 44 f. und 46.

538 Ein Beispielsfall ist im Jahrbuch Deutscher Werberat 2002, S. 39 f., wiedergegeben.

539 S. Jahrbuch Deutscher Werberat 2003, S. 32.

540 Vgl. etwa die Beispielsfälle in Jahrbuch Deutscher Werberat 2002, S. 28 ff. und 32 ff., und in Jahrbuch Deutscher Werberat 2003, S. 28 ff. und 35 ff.; die vom Werberat entschiedenen Fälle können auch auf dessen Website, www.interverband.com:8080/u-img/69392, unter „Fälle vor dem Werberat“ abgerufen werden.

541 Vgl. etwa DER SPIEGEL 13/2002, S. 78 (80), sowie SPIEGEL ONLINE vom 19.03.2002, unter www.spiegel.de/panorama/0,1518,187837,00.html.

Deutschland ersichtlich nicht als Plakat erschien, zeigt sich, dass ein Unterschied zu der Beurteilung derselben Werbung durch den ASA Council nicht besteht, denn dieser beanstandete ja ausdrücklich nur die entsprechenden Plakate, wandte sich aber nicht auch gegen Zeitschriftenanzeigen mit demselben Bild[542].

3. Fazit der Gegenüberstellung

Cl. 5, insbesondere cl. 5.1, der Regeln des CAP ist, auch wenn cl. 5.2 genau das Gegenteil auszudrücken scheint, gegen geschmacklose Werbung gerichtet. Aus dem Wortlaut von cl. 5.2 („(...) may be distasteful without *necessarily* conflicting with cl. 5.1 (...)") sowie aus der genaueren Betrachtung der diesbezüglichen Entscheidungen des ASA Council lässt sich der Schluss ziehen, dass es sich hier maßgeblich um eine Frage des Grades, der Intensität der Geschmacklosigkeit handelt: Je größer die Wahrscheinlichkeit ist, dass weite Teile der Betrachter der betreffenden Werbung diese als gegen ihr Anstandsgefühl verstoßend betrachten, umso eher wird der ASA Council den jeweiligen Beschwerden stattgeben. Infolge des Umstands, dass unter dem deutschen Wettbewerbsrecht, d. h. hier nach § 1 UWG, demgegenüber gerade keine Geschmackszensur vorgenommen wird, bleibt dieses Gebiet in Deutschland folglich, wie in Großbritannien, primär der Werbeselbstkontrolle überlassen. Allerdings ist die jeweilige Reichweite der britischen ASA einerseits und des Deutschen Werberats andererseits sehr unterschiedlich: Bedingt durch die umfassende und zugleich detaillierte Regelung der „anständigen" Werbung in cl. 5 des britischen Regelwerks sowie zudem durch die große Anzahl von Beschwerden, die jedes Jahr auch hinsichtlich dieses Aspekts an die ASA gerichtet werden, ist die Bandbreite der verschiedenen von dieser Bestimmung erfassten Werbemethoden sehr groß. Im Gegensatz dazu beschränkt sich die Spruchpraxis des Deutschen Werberats, die sich zudem auf weit weniger Fälle bezieht, im Wesentlichen[543] auf Werbungen, die wegen Frauen erniedrigender oder religiöse Gefühle verletzender Inhalte gerügt werden; sonstige potentiell Anstoß erregende Texte oder Darstellungen spielen nur eine marginale Rolle.

X. Angst erregende Werbung, cl. 9.1, Satz 1, cl. 9.2

Gemäß cl. 9.1, Satz 1, sollte Werbung nicht unnötig Angst oder Sorge hervorrufen. Cl. 9.2 erlaubt Werbung mit einem Anklang von Furcht, wenn sie zum Zweck der Vorsichtserziehung eingesetzt wird und nicht unverhältnismäßig ist.

---

542 S. o., unter 1. a).

543 S. noch unten, unter XIII. 2., zur Gewaltdarstellung.

1. Die Spruchpraxis des ASA Council

Ein typisches Beispiel der cl. 9.1 betreffenden Entscheidungen des ASA Council ist der Fall *Digimask Ltd* (= *Kiwilogic.com Ltd*) vom 29.08.2001. Er hatte eine Direktwerbung für Software zum Gegenstand, die an Geschäftsadressen versandt wurde. Deren Umschlag und Inhalt deuteten darauf hin, dass es sich um die Übersendung eines offiziellen ärztlichen Befundes handelte; sie enthielt das angebliche Röntgenbild eines menschlichen Kopfes, und in ein scheinbares medizinisches Begleitformular zu der Aufnahme waren Produktinformationen eingetragen. Neben der Hervorrufung des Eindrucks, dass es sich wirklich um Ergebnisse einer Röntgenaufnahme handelte, beanstandete der Beschwerdeführer auch, dass die Werbung bei den Empfängern unnötig Angst erzeuge. Die Werbenden trugen vor, dass die Empfänger erkennen würden, dass es sich um Werbematerial handle und nicht um einen echten ärztlichen Befund, weil das Schreiben ausschließlich an Geschäftsadressen geschickt worden sei, ferner weil es auf keine existierende Gesundheitsbehörde hinweise und schließlich aufgrund der verwendeten laienhaften medizinischen Sprache. Der ASA Council war jedoch gegenteiliger Auffassung, da sich möglicherweise nicht jeder Patient ärztliche Berichte an seine Privatadresse schicken lasse und da die Werbenden ihre Identität auf dem Umschlag nicht kenntlich gemacht hätten; daher sei es denkbar, dass die Empfänger nicht sofort realisieren würden, dass es sich um Werbung handelte, woraus der ASA Council den Schluss zog, dass das Schreiben wahrscheinlich unnötig Furcht und Sorge hervorrufen würde.

Ein Fall, in dem der ASA Council ein unnötiges Erregen von Angst i.S.v. cl. 9.1, Satz 1, verneinte, ist *The Law Society* vom 11.08.1999. In den drei beanstandeten Zeitungsanzeigen wurden die Schicksale eines zu Unrecht inhaftierten Schwarzen, einer jungen Frau, die von ihrem Partner misshandelt wurde, und einer Frau, die infolge eines von ihrem Arbeitgeber verschuldeten Unfalls gelähmt war, dargestellt. Unter dem Stempelaufdruck „GERECHTIGKEIT VERWEIGERT“ wiesen sie jeweils auf eine gerade im Gesetzgebungsverfahren befindliche Neuregelung des Zugangs zu den Gerichten hin, welche diesen erheblich erschwere. Ferner enthielten alle Anzeigen die Aussage, dass dieses Gesetz die Ärmsten und Schutzbedürftigsten treffe, also gerade diejenigen, die Prozesskostenhilfe brauchten. Auf die Beschwerden wegen des unnötigen Hervorrufens von Furcht reagierten die Werbenden mit einer detaillierten Darlegung des Inhalts und der Auswirkungen des geplanten Gesetzes, womit sie verdeutlichten, weshalb der Zugang zu zivilgerichtlichem Rechtsschutz ihrer Ansicht nach wesentlich erschwert würde. Sie trugen ferner vor, die Anzeigen sollten lediglich über das Gesetzesvorhaben informieren und eine öffentliche Diskussion darüber anregen. Insbesondere diese letzten Argumente überzeugten den ASA Council davon, dass die Anzeigen nicht grundlos Angst schürten.

Unbeanstandet ließ der ASA Council auch die in dem Fall *European Environmental Controls Ltd* vom 12.05.1999 gerügten Werbezettel für Einbruchsicherungssysteme. Darin war u. a., unter Angabe der Quelle des Innenministeriums, zu lesen: „ALLE 24 STUNDEN WERDEN DURCHSCHNITTLICH 650 LEUTE KÖRPERLICH ANGEGRIFFEN ... IN 1.640 HÄUSER WIRD EINGEBROCHEN (...)“. Den Vorwurf des grundlosen Angsteinflößens hielt der ASA Council nicht für gerechtfertigt, sondern erachtete die Aussagen in Hinblick auf cl. 9.2 im Zusammenhang mit Einbruchsicherheit als akzeptabel.

2. Das deutsche Werberecht

a) § 1 UWG

Unter der Fallgruppe der Werbung mit der Angst werden in Deutschland solche Aussagen als gemäß § 1 UWG sittenwidrig eingestuft, die beim Kunden besondere Angstgefühle hervorrufen oder bereits bestehende verstärken, um dadurch den Warenabsatz zu steigern[544]. So urteilte etwa das OLG Saarbrücken[545], es spreche viel dafür, die Werbeaussage: „Damit Mensch und Natur eine Chance haben“ für Reinigungs- und Pflegemittel als gemäß § 1 UWG unzulässige Angstwerbung einzustufen, denn gerade aufgrund des heute allgemein geschärften Umweltbewusstseins seien bei den Verbrauchern unterschwellige Angst vor (weiterer) Umweltzerstörung und ein daraus resultierendes schlechtes Gewissen, bei Nichtverwendung des beworbenen Produkts für diese Umweltzerstörung zumindest mitverantwortlich zu sein, vorhanden, und dies machten sich die Beklagten ganz bewusst zunutze. Eine unzulässige Werbung mit der Angst sah auch das OLG Köln in der Gestaltung des Umschlags einer Direktwerbung für ein Ratgeber-Buch für Unternehmer[546]: Unter dem in roter Farbe als „Warnung“ gekennzeichneten Hinweis, dass fast 50 Prozent aller Selbständigen mit ihren neugegründeten Unternehmen in den ersten drei kritischen Jahren scheiterten, und der Frage: „Sind Sie der Nächste?“ waren zwei durchgestrichene und als „erloschen“ gekennzeichnete Klingelschilder neben einem mit dem Namen des Adressaten dargestellt, der rot eingekreist und mit einem Fragezeichen versehen war. Auf der Rückseite des Umschlags wurde auf die Möglichkeit hingewiesen, zu vermeiden, „der Nächste“ zu sein, nämlich durch die richtigen Informationen

---

[544] *Baumbach/Hefermehl*, § 1 UWG Rn 176 a; *Girth/Sack*, WRP 1974, 181 (182); *Köhler/Piper*, § 1 Rn 342; *Schnorbus*, GRUR 1994, 15 (16).

[545] OLG Saarbrücken, WRP 1992, 510 (511 f.) – Umweltwerbung; s. auch *Köhler/Piper*, § 1 Rn 342.

[546] OLG Köln, WRP 1997, 869 – Sind Sie der Nächste?; gl. A. *Baumbach/Hefermehl*, § 1 UWG Rn 176 b; s. auch *Köhler/Piper*, § 1 Rn 342.

und die notwendige Unterstützung, „die gerade SIE jetzt in Ihrer kritischen Phase als Gründer brauchen ...". Die Unlauterkeit dieser Art der Werbung begründete das Gericht (u. a.) damit, dass der Verlag durch den Text auf dem Briefumschlag bei dem Empfänger Angst schüre und diese zur Bewerbung seines Produkts ausnutze, denn der Empfänger werde verängstigt und eingeschüchtert und so veranlasst, sich mit dem Angebot des Verlags zu befassen.

Allerdings ist zu beachten, dass nicht jeder sachliche Hinweis etwa auf eine künftige Preissteigerung oder Rohstoffverknappung wettbewerbswidrig ist; unzulässig ist es jedoch, Kaufpsychosen hervorrufen, diese planmäßig für sich ausnutzen und dadurch die Persönlichkeitssphäre der Umworbenen zu verletzen und die öffentliche Ordnung zu gefährden[547]. Maßgeblich für die Beurteilung sind dabei immer Form und Inhalt der Aussage sowie die Gesamtgestaltung der Werbung[548]. So ist etwa im Zusammenhang mit der Werbung mit der Geldentwertung nicht jeder Hinweis auf einen Kaufkraftschwund sittenwidrig, sondern es ist maßgeblich, wie die fortschreitende Geldentwertung dem Verbraucher vor Augen geführt wird: Es sei demnach nicht zu beanstanden, wenn in einer Werbung der Vorzug der angepriesenen Ware und nicht das Gefühl der Sicherung vor einer drohenden Geldentwertung im Vordergrund stehe[549]. Ebenfalls für zulässig erachtete der BGH die Werbung: „Erkältung und grippale Infekte überrollen Berlin. Sofort besorgen!" für die Kräuteressenz „Klosterfrau Melissengeist"[550], da er die Bedrohung durch die genannten Erkrankungen nicht für geeignet hielt, ernsthafte Angstgefühle zu erzeugen[551].

b) § 18 I Nr. 6 LMBG und § 11 Nr. 7 HWG

Speziell im Bereich der Lebensmittelwerbung verbietet § 18 I Nr. 6 LMBG, ebenso wie der entsprechende § 11 Nr. 7 HWG für die Heilmittelwerbung, Werbung mit Aussagen, die geeignet sind, Angstgefühle hervorzurufen oder auszunutzen, wofür das Ansprechen einer allgemeinen Ängstlichkeit und Sorge um die Gesundheit nach dem BGH nicht ausreicht, sondern vielmehr zu verlangen ist, dass erhebliche Angstgefühle geweckt werden können, die durch drohende Gefahren, insbesondere durch die Gefahr einer Besorgnis erregenden Krankheit, hervorgerufen werden[552]. Demgemäß könne allein die Nennung bestimmter Er-

---

547 *Baumbach/Hefermehl*, § 1 UWG Rn 176 a; ähnl. *Köhler/Piper*, § 1 Rn 342; s. auch *Schnorbus*, GRUR 1994, 15 (17 f.).

548 *Girth/Sack*, WRP 1974, 181 (182); *Köhler/Piper*, § 1 Rn 342.

549 So etwa OLG Hamm, GRUR 1975, 318 – Mensch sei Fuchs; krit. *Schnorbus*, GRUR 1994, 15 (22).

550 BGH, GRUR 1986, 902 (903) – Angstwerbung, zu § 1 UWG, der auch dann eingreife, wenn die engeren Voraussetzungen des speziellen § 11 Nr. 7 HWG nicht erfüllt seien; s. zur Gesundheitswerbung noch unten, unter D. V. 2. a).

551 Krit. hierzu *Schnorbus*, GRUR 1994, 15 (19).

552 BGH, GRUR 1999, 1007 (1008) – Vitalkost.

krankungen im Rahmen einer sachlichen Diätinformation nicht als unzulässig gewertet werden[553].

3. Fazit der Gegenüberstellung

Cl. 9.1, Satz 1, der Regeln des CAP, die sich gegen Angst erregende Werbung wendet, und § 1 UWG in der Fallgruppe der unzulässigen Angstwerbung haben, trotz der Gemeinsamkeit, dass sich beide gegen die Erzeugung von Furcht und Sorge wenden, unterschiedliche Zielrichtungen: Während die Klausel des britischen Regelwerks, wie insbesondere der dargestellte Fall *Digimask Ltd* deutlich macht, sich allein gegen das Hervorrufen von Angst als solches richtet, zielt das Verbot der Werbung mit der Angst gemäß § 1 UWG darauf ab, die Wettbewerbswidrigkeit zu unterbinden, die darin liegt, dass die Kunden mit wettbewerbsfremden Mitteln, nämlich der Erzeugung von Furcht, zum Erwerb der beworbenen Produkte veranlasst werden sollen. Daher unterfallen dem Verbot der britischen Vorschriften weit mehr Fälle als § 1 UWG unter dem Aspekt der Angstwerbung. In den Fällen, die von den Regeln beider Systeme erfasst werden, d. h. wenn die potentiell erzeugte Angst gerade zu dem Kauf des beworbenen Produkts führen soll, werden jedoch hier wie dort insofern ähnliche Ergebnisse erreicht, als die bloße Wiedergabe sachlicher Informationen immer erlaubt ist; nach der Spruchpraxis des ASA Council wie auch der deutschen Gerichte kommt es diesbezüglich maßgeblich auf die Art und Weise an, in der die möglicherweise Angst erregenden Hinweise formuliert werden.

XI. Schockwerbung, cl. 9.1, 5.1

Gemäß cl. 9.1, Satz 2, des Advertising Code sollten Werbende keine schockierenden Aussagen oder Bilder mit dem ausschließlichen Ziel der Erregung von Aufmerksamkeit verwenden. Seine Entscheidungen stützt der ASA Council zumeist auf cl. 9.1, Sätze 2 und 1, sowie auf die allgemeinen Regeln in cl. 5.1.

1. Die Spruchpraxis des ASA Council

Die zahlreichen Beschwerden über schockierende Werbung betreffen zu einem großen Teil eindeutig oder zumindest sehr wahrscheinlich unangemessen erschreckende Inhalte.

Ein solcher Fall ist etwa *Sony Computer Entertainment (UK)* vom 11.02.1999. Auf dem beanstandeten Poster für ein „Sony" PlayStation-Spiel war ein größtenteils von einem Leichentuch bedeckter, zerstückelter Leichnam zu sehen. Darüber stand neben dem PlayStation-Logo: „DO NOT UNDERESTIMATE

---

[553] BGH, GRUR 1999, 1007 (1009) – Vitalkost; zust. *Köhler/Piper*, § 1 Rn 344.

THE POWER OF PLAYSTATION“. Die zu ihrer Verteidigung vorgebrachten Argumente der Werbenden, das Plakat zeige eine irreale Situation gleich einer Katastrophensituation in einem Cartoon, zumal ohne Blut und sonstige Zeichen von Gewalt, und es weise eindeutig darauf hin, dass es für ein Spiel werbe, akzeptierte der ASA Council nicht. Er folgte der Ansicht der Beschwerdeführer, indem er das Bild als sehr realistisch und makaber und daher als Anstoß erregend einstufte und den Werbenden mithin aufgab, es zu entfernen.

Sehr drastisch ist auch die Zeitschriftenanzeige für Jeans, die Gegenstand der Entscheidung *Blink Hard Core Supplies BV t/a Blink Jeans Company* vom 15.09.1999 war. In ihr waren drei Packungen zu sehen, die scheinbar abgepacktes Fleisch enthielten. Eines von ihnen zeigte das Gesicht einer Frau, in dem ein Auge fehlte, und ein anderes das eines Mannes, jeweils scheinbar von Gehirnmasse und rohem Fleisch umgeben und mit den Schildchen „Menschliches Gesicht weiblich“ bzw. „Menschliches Gesicht männlich“ versehen. Das dritte, mit „Menschliche Hände männlich“ beschriebene Paket enthielt zwei Hände und rohes Fleisch bei den Handgelenken. Unter Hinweis auf die Gebote in cl. 9.1, nicht unnötig Angst hervorzurufen und nicht zum alleinigen Zweck der Erregung von Aufmerksamkeit schockierende Inhalte zu verwenden, sowie unter Berufung auf cl. 5.1 gab der ASA Council den Beschwerden statt.

Eine letzte Entscheidung, in welcher der ASA Council die beanstandete Werbung als unzulässig schockierend einstufte, ist *Benetton Group SpA t/a Sisley* vom 08.12.1999. Diese betraf die Zeitschriftenanzeige eines Bekleidungsherstellers, in dem auf der einen Seite ein unbekleideter Mann hinter einem auf den Hinterbeinen stehenden Schaf stand und auf dessen zweiter Seite eine Frau saß, die ein Lamm auf dem Schoß hielt. Während der Beschwerdeführer der Ansicht war, dass auf der linken Seite Unzucht dargestellt würde und auf der rechten eine menstruierende Frau zu sehen sei, trugen die Werbenden vor, die Szene mit dem Mann sei offensichtlich gespielt und voller Ironie, und die Frau sei nicht menstruierend dargestellt, sondern trage rosafarbene Unterwäsche. Des Weiteren sei die Anzeige nur einmal und zudem in einem Avantgarde-Magazin erschienen. Der ASA Council widersprach diesen Ausführungen und befand, mit der Darstellung von Sodomie und einer menstruierenden Frau hätten die Werbenden schockierende Bilder zu dem alleinigen Zweck der Erregung von Aufmerksamkeit verwendet und i.S.v. cl. 5.1 Anstoß erregt.

Der ASA Council akzeptiert schockierende Werbeinhalte hingegen, zwar nicht ausschließlich, aber insbesondere dann, wenn sie in einem Zusammenhang zu dem beworbenen Gegenstand stehen und dieser ihre Verwendung rechtfertigt.

Ein Beispiel hierfür ist die Entscheidung *Help the Aged* vom 11.02.1999. In der hier beanstandeten Zeitungsanzeige einer Wohltätigkeitsorganisation, in der sie um Spenden bat, waren sechs Paar Füße mit Todeskärtchen zu sehen; auf den Kärtchen waren als Todesursachen Unterkühlung, Lungenentzündung, Bronchitis und „unbekannt" vermerkt. Der Text lautete: „Tausende ältere Menschen werden diesen Winter die Kälte nicht mehr spüren.". Der ASA Council akzeptierte das den auf cl. 9.1 und cl. 5.1 gestützten Beschwerden entgegengehaltene Beweismaterial, das die hohe kältebedingte Sterblichkeitsrate alter Menschen belegte und befand, dass die Werbung gerechtfertigt war, um eine schockierende Tatsache in einer gleichermaßen schockierenden Weise zu schildern, weshalb er den Beschwerden nicht stattgab.

In die gleiche Richtung weisen die beiden *Barnardo's*-Entscheidungen vom 05.04.2000 und vom 04.07.2001. Beide betrafen verschiedene Zeitungsanzeigen, die auf die Tätigkeit des gleichnamigen Wohltätigkeitsinstituts für Kinder aufmerksam machten. Der erste Fall behandelte das Bild eines Babys, das allein in einem schmutzigen, verwahrlosten Raum saß, sich anscheinend den rechten Oberarm abgebunden hatte und in der linken Hand eine Heroinspritze hielt. Unter der Überschrift „John Donaldson Age 23" war zu lesen: „Da er als Kind misshandelt wurde, war es immer denkbar, dass John zu Drogen greifen würde. Mit Barnardo's Hilfe muss Kindesmisshandlung nicht zu einer trostlosen Zukunft führen. (...)". In der zweiten Entscheidung waren vier sehr ähnliche Anzeigen zu beurteilen: Sie zeigten jeweils, relativ drastisch, junge Menschen, die Selbstmord begangen hatten oder sonst gewaltsam ihr Leben verloren hatten. In der Überschrift war jeweils der Name der Person und die Angabe zu lesen, dass sie bereits als kleine Kinder „gestorben" seien. Im Text fand sich jeweils die Schilderung, dass und inwiefern die Personen als Kinder misshandelt worden seien und daher ihr Leben eigentlich schon dann zu Ende gewesen sei. Im ersten Fall unter ausdrücklicher Anerkennung der von der Organisation durchgeführten Umfrage bei Mitgliedern der Zielgruppe und deren positiven Ergebnisses und in Bezug auf alle Anzeigen ausgehend von dem Gedanken, dass das Mittel des Schockierens hier nicht als Selbstzweck eingesetzt wurde, sondern mit dem Ziel, die öffentliche Wahrnehmung der dargestellten Probleme sowie das Wissen um die Methoden zu deren Bekämpfung zu verbessern, lehnte der ASA Council in allen Fällen eine unnötige Erzeugung von Furcht sowie eine unangemessen schockierende Darstellung und damit auch eine Anstößigkeit i.S.v. cl. 5.1 ab.

Die letzte hier vorzustellende, eine unangemessen erschreckende Darstellung verneinende Entscheidung des ASA Council, *Benetton (UK) Ltd* vom 14.06.2000, betraf eine als Poster und Zeitungsanzeigen erschienene Reklame aus der Reihe der Benetton-Schockwerbungen. Auf diesem war unter der Überschrift „SENTENCED TO DEATH“ das Gesicht eines Mannes, anscheinend im Todestrakt eines Gefängnisses, sein Name, Geburtsdatum und -ort, das von ihm begangene Verbrechen und die gegen ihm verhängte Todesstrafe sowie die Internetadresse „www.benetton.com/deathrow“ zu sehen. Auf die Begründung der Beschwerdeführer für ihre Beanstandung dieser Werbung, die Verwendung dieses Bildes zu kommerziellen Zwecken trivialisiere die Todesstrafe, erwiderten die Werbenden, die Werbung solle durch die Darstellung eines Gefangenen im Todestrakt die Realität der Todesstrafe verdeutlichen und die Öffentlichkeit daran erinnern, dass Gefangene trotz der Schwere der von ihnen begangenen Verbrechen Menschenrechte hätten. Sie hofften, durch diese Werbung die Todesstrafe, die für die meisten Leute ein entferntes Problem sei, zum Gegenstand der öffentlichen Debatte zu machen. Ihrer Auffassung nach errege die Werbung weder Sorge noch Anstoß, da sie eine soziale Aussage mache. Dieser Argumentation schloss sich der ASA Council an: Zwar wirke die Werbung durch die Thematisierung der Todesstrafe stark emotionalisierend, jedoch hätten die Werbenden den Tod von zum Tode verurteilten Mördern nicht trivialisiert und hätten mithin nicht grundlos Furcht erzeugt.

2. Das deutsche Wettbewerbsrecht

Da Schockwerbungen, soweit ersichtlich, nicht in nennenswertem Umfang Gegenstand der Fälle des Deutschen Werberats sind[554], kommt auch in diesem Bereich dem Wettbewerbsrecht maßgebliche Bedeutung zu. Die Rechtslage in Deutschland bezüglich schockierender Werbung stellt sich allerdings momentan insofern als problematisch dar, als das BVerfG die Urteile des BGH, in denen er die Verbote der Benetton-Schockwerbung bestätigt hatte, aufgehoben, dieser aber in seiner „H.I.V. POSITIVE“ II-Entscheidung erneut zugunsten der Klägerseite entschieden hat[555]. In den Entscheidungen „Kinderarbeit“ und „Ölverschmutzte Ente“ hatte der BGH die Sittenwidrigkeit des Verhaltens, im ersten Fall des Zeitschriftenverlags, im zweiten Fall des Textilunternehmens *Benetton*, d. h. die Veröffentlichung bzw. die Schaltung von Anzeigen mit der Photographie schwer arbeitender Kinder in der Dritten Welt bzw. dem Bild einer ölverschmierten, auf einem Ölteppich schwimmenden Ente, jeweils am unteren Rand mit der Zeile „United Colors of Benetton“ versehen, im Wesentlichen damit begründet, dass das Unternehmen mit dieser Darstellung sowie dem Hinweis allein auf sich selbst als Publizierenden bei einem nicht unerheblichen Teil der Verbraucher Gefühle des Mitleids und der Ohnmacht geweckt, sich dabei als gleichermaßen betroffen dargestellt und damit eine Solidarisierung der Einstel-

---

554 S. für das Jahr 2001 das Jahrbuch Deutscher Werberat 2002, S. 33.

555 Auch dieses Urteil hat das BVerfG durch Beschluss vom 11.03.2003 (Aktenzeichen: 1 BvR 426/02) aufgehoben und an den BGH zurück verwiesen.

lung dieser Verbraucher mit seinem Namen und seiner Geschäftstätigkeit herbeigeführt habe[556]. Das Grundrecht der Meinungsäußerungsfreiheit aus Art. 5 I S. 1 GG stand dieser Beurteilung nach Auffassung des BGH deshalb nicht entgegen, weil die Äußerungen zur Auseinandersetzung über das aufgezeigte Elend nichts Wesentliches beigetragen, sondern allein kommerziellen Zwecken gedient hätten[557]. In der Entscheidung „H.I.V. POSITIVE" I stellte der BGH zusätzlich zu den Argumenten aus den beiden anderen Fällen maßgeblich darauf ab, dass eine Werbeanzeige mit der Abbildung eines nackten menschlichen Gesäßes mit dem blauen Stempelaufdruck „H.I.V. POSITIVE" darauf gegen die Menschenwürde AIDS-Kranker verstoße, da diese dadurch als „abgestempelt" und ausgegrenzt dargestellt würden[558]. Das BVerfG hob auf die Verfassungsbeschwerden des Verlags die Urteile „Kinderarbeit" und „H.I.V. POSITIVE" I auf und verwies die Rechtssachen an den BGH zurück[559]; im ersten Fall war für das Gericht ausschlaggebend, dass der BGH die Bedeutung des Grundrechts aus Art. 5 I S. 1 GG insofern verkannt habe, als dieses auch das bloße Anprangern eines Missstandes, im gesellschaftlichen oder politischen Bereich sogar in besonderem Maße, schütze[560], und im zweiten Fall habe der BGH seinem Urteil nicht, wie geboten, eine – zudem als wesentlich näher liegend betrachtete – Auslegung der Anzeige zugrunde gelegt, nach der diese nicht gegen die Menschenwürde verstoße, nämlich die, wonach sie stattfindende Diskriminierungen und Ausgrenzungen AIDS-Kranker gerade kritisieren solle[561]. In seinem „H.I.V. POSITIVE" II-Urteil folgte der BGH diesen Vorgaben des BVerfG jedoch nicht, sondern ging erneut davon aus, dass die Anzeige selbst überhaupt keine Aussage mache; vielmehr dränge sich, da es sich um Wirtschaftswerbung handle, „handgreiflich" auf, dass sie als Aufmerksamkeitswerbung zu betrachten sei, und als solche sei sie zynisch und verletze die Menschenwürde von AIDS-Kranken[562].

---

556 BGH, GRUR 1995, 595 (596) – Kinderarbeit, wo es um beide genannten Anzeigen ging, und BGH, GRUR 1995, 598 (599) – Ölverschmutzte Ente; beiden Entscheidungen zust. *Baumbach/Hefermehl*, § 1 Rn 188; krit. zu beiden Entscheidungen etwa *Henning-Bodewig*, GRUR 1997, 180 (185 f.); *Kort*, WRP 1997, 526 (528).

557 BGH, GRUR 1995, 595 (597) – Kinderarbeit.

558 BGH, GRUR 1995, 600 (601) – „H.I.V. POSITIVE" I; gl. A. *Baumbach/Hefermehl*, § 1 Rn 188; *Kort*, WRP 1997, 526 (531).

559 BVerfG, WRP 2001, 129 (136 f.) – Benetton; zust. z. B. *Kießling/Kling*, WRP 2002, 615 (617 ff.); abl. gegenüber den wettbewerbsrechtlichen Ausführungen etwa *Köhler/Piper*, § 1 Rn 351.

560 BVerfG, WRP 2001, 129 (135 f.) – Benetton.

561 BVerfG, WRP 2001, 129 (136 f.) – Benetton.

562 BGH, WRP 2002, 434 (439 f.) – „H.I.V. POSITIVE" II; zust. *Köhler/Piper*, § 1 Rn 351; krit. etwa *Ruess/Voigt*, WRP 2002, 171 (176); *Ruess*, WRP 2002, 1376 (1376 ff.); das BVerfG hob das Urteil in dem o. g. Beschluss wegen Verletzung der Pressefreiheit auf.

3. Fazit der Gegenüberstellung

Von ihrem Ausgangspunkt her ist die Maxime aus cl. 9.1, Satz 2, der Regeln des CAP und damit des ASA Council, solche Werbung zu unterbinden, die ausschließlich zu dem Zweck der Erringung von Aufmerksamkeit schockiert, der in seinen Benetton-Urteilen vertretenen Ansicht des BGH sehr ähnlich; gerade hinsichtlich der Benetton-Reklame (wenn auch gegenüber unterschiedlichen Anzeigen) widersprechen sich die Beurteilungen des ASA Council und die des BGH jedoch diametral: Während Letzterer in diesen Schock-Anzeigen nichts anderes als eine (zynische) Methode der Aufmerksamkeitswerbung sah, nahm der ASA Council, zumindest in dem Fall mit dem zum Todes verurteilten Häftling, die Erläuterungen des Unternehmens bezüglich seines sozial-politischen Engagements ernst und akzeptierte dieses daher als Rechtfertigung für schockierende Inhalte. Im Ergebnis gleich, wenn auch argumentativ auf den grundrechtlichen Schutz der Meinungsfreiheit gestützt, stellt sich die Ansicht des BVerfG dar. Mangels erkennbarer meinungsbildender Inhalte in den oben beschriebenen Fällen *Sony Computer Entertainment (UK)* und *Blink Hard Core Supplies BV t/a Blink Jeans Company* ist jedoch davon auszugehen, dass auch das BVerfG in einer gerichtlichen Untersagung der dort behandelten Werbungen keine Grundrechtsverletzung erblicken würde.

XII. Die Darstellung oder Förderung riskanten Verhaltens, cl. 10.1

Gemäß cl. 10.1 (cl. 10.2 spielt in den Entscheidungen des ASA Council ersichtlich keine nennenswerte Rolle) sollte Werbung, sofern sie nicht gerade für Sicherheit wirbt, keine gefährlichen Verhaltensweisen darstellen oder fördern[563], was insbesondere in Bezug auf Kinder zu beachten ist.

Cl. 10.1 betreffende Entscheidungen werden, soweit ersichtlich, immer unter zusätzlicher Heranziehung von zumindest cl. 2.2 (Gebot des verantwortungsbewussten Werbens) getroffen.

1. Der „Grundtatbestand" gemäß cl. 2.2, 10.1

a) Die Spruchpraxis des ASA Council

Einen Verstoß gegen diese Klauseln erblickte der ASA Council etwa in einer Zeitungsanzeige für Mobiltelefone mit Freisprechanlage für die Nutzung im Auto in dem Fall *The Carphone Warehouse Ltd* vom 08.12.1999. Darin stellte er, neben Warnungen etwa vor Telefonaten in schwierigen Verkehrssituationen, maßgeblich darauf ab, dass man beim Autofahren die Hände frei haben müsse

---

563 Die Neufassung in cl. 10.1 des CAP Code enthält nur geringfügige Änderungen.

und daher mit einer Freisprechanlage sicher fahren könne. Unter Hinweis auf den britischen Highway Code urteilte der ASA Council, da Telefonieren während des Autofahrens in jedem Fall ablenkend wirke und daher riskant sei, die Anzeige jedoch den gegenteiligen Eindruck erweckte, sei diese unzulässig.

Ein weiteres Beispiel liefert die Entscheidung *Channel Four Television Corporation* vom 21.02.2001, in der es um ein Plakat für eine Fernsehdokumentation über den Extremsport „base jumping", das Fallschirmspringen von hohen Gebäuden, ging. Es zeigte unter der Überschrift „Seconds to Impact" (etwa: Sekunden bis zum Aufprall) die nur noch mit der hinteren Hälfte auf dem Dach eines sehr hohen Gebäudes stehenden Füße einer Person und den Blick hinunter auf die Straße; daneben stand in großen weißen Buchstaben: „Go on. Jump". Die Beschwerdeführer beanstandeten, dass das Plakat als Aufforderung zum Selbstmord verstanden werden könnte. Dieser Auffassung folgte der ASA Council unter ausdrücklichem Verweis auf cl. 10.1.

b) Die Situation in Deutschland

(i) Das Wettbewerbsrecht

In der deutschen Rechtsprechung findet sich, soweit ersichtlich, nur ein Fall, der die vorliegende Thematik zum Gegenstand hat. Das KG hatte eine Zeitschriftenanzeige für Kraftfahrzeugscheinwerfer zu beurteilen, in der auf der linken Seite die untere Fläche eines Düsenflugzeugs und auf der rechten Seite ein BMW auf einer nassen Fahrbahn mit eingeschaltetem Abblendlicht und Nebelscheinwerfern zu sehen waren; über dem Flugzeug stand: „Was für mehr als doppelte Schallgeschwindigkeit gut ist ...", und über dem BMW war als Blickfang die Zeile zu lesen: „... ist auch für mehr als 150 km/h sicher genug"[564]. Das Gericht sah in dieser Werbung einen gemäß § 1 UWG unzulässigen Appell an das Unbewusste, durch den bei dem angesprochenen Verkehr sachfremde Kaufimpulse hervorgerufen würde, um diese zur Förderung des Absatzes auszunutzen: Bei einem nicht unbeachtlichen Teil der Leser werde unbewusst das Gefühl hervorgerufen, mit diesen Scheinwerfern könne man mit einem Kraftfahrzeug auch bei einer Geschwindigkeit von mehr als 150 km/h, gegebenenfalls auch auf nasser Fahrbahn, hinreichend sicher fahren; zumindest werde gefühlsmäßig ein gewisses Vertrauen auf die Erzeugnisse der Werbenden bei höheren Geschwindigkeiten geweckt, was unter Umständen den einzelnen Fahrer zu leichtsinnigerer Fahrweise als sonst veranlassen könnte[565]. Abschließend, nach längeren technischen Ausführungen, stellte das Gericht fest, die angegriffene Werbung biete einen nicht zu billigenden Anreiz zum Fahren mit einer in der gegebenen Situa-

---

[564] KG, WRP 1981, 146.

[565] KG, WRP 1981, 146 (147); zust. *Baumbach/Hefermehl*, § 1 UWG Rn 192.

tion (Dunkelheit und Nässe) zu hohen Geschwindigkeit; diese Wirkung sei aber von der Rechtsordnung nicht hinzunehmen[566].

(ii) Der Deutsche Werberat

Eine Entsprechung dieser Bestimmungen des britischen Regelwerks weisen die Vorschriften des Deutschen Werberats nur bezüglich des Teilbereichs der Werbung für Maschinen und Arbeitsgeräte auf: Gemäß der Verlautbarung vom Oktober 1974 zur Werbung mit unfallriskanten Bildmotiven sollen hier keine Situationen oder Verhaltensweisen dargestellt werden, die den Unfallverhütungsvorschriften widersprechen, es sei denn, es handelt sich um Warnungen.

2. Speziell: Anspielungen auf den Konsum von Drogen

Relativ häufig sind auch Fälle, die sich mit unterstellten oder tatsächlichen Hinweisen auf illegalen Drogenkonsum in der Werbung befassen. Zu deren Beurteilung zieht der ASA Council zumeist cl. 10.1, 11.1 und (u. a.) 2.2 und bzw. oder 5.1 heran. In der überwiegenden Mehrzahl gibt er den diesbezüglichen Beschwerden statt.

Ein solcher Fall ist *The Cinnamon Club* vom 18.07.2001, der eine Zeitschriftenanzeige für das als Restaurant und „Private Members Club" bezeichnete gleichnamige Lokal betraf, in der vor einem schwarzen Hintergrund ein zimtfarbenes Pulver in zwei parallelen Linien zu sehen war. Der ASA Council folgte der Ansicht der Werbenden nicht, die Anzeige sei als scherzhafte Anspielung auf die süchtig machende Wirkung des dargestellten Curry-Pulvers eine Werbung für ihre Speisen, nicht hingegen ein Hinweis darauf, dass in ihrem Lokal Drogenkonsum toleriert werde; er gab den Beschwerden daher statt.

Die Entscheidung *IPC Magazines* vom 07.07.1999 liefert ein weiteres Beispiel: Sie hatte Poster für eine neue Zeitschrift zum Gegenstand. Die Überschrift des einen lautete: „GET SOME COKE FOR JAMIE'S PARTY", und darunter waren als Alternativen zum Ankreuzen „1 Gramm" und „2 Liter" angegeben. Das zweite Plakat war mit „GRASS" überschrieben, und die Ankreuzmöglichkeiten waren hier „Mähe es" und „Rauche es". Unter beiden Postern stand neben dem Namen der Zeitschrift: „A magazine for men who are growing up". Die Erklärungsversuche der Werbenden, sie hätten es den Lesern freigestellt, die „unreife" oder die reife, „grown up", Entscheidung zu treffen, überzeugten den ASA Council nicht, da den Plakaten hinsichtlich der Ankreuzalternativen keine Wertung entnommen werden könne, weshalb diese wahrscheinlich als dem Konsum von Drogen gleichgültig bis positiv gegenüberstehend aufgefasst würden. Der

---

[566] KG, WRP 1981, 146 (148).

ASA Council forderte die Werbenden auf, künftige Werbeplakate durch das Copy Advice team vorab überprüfen zu lassen.

3. Fazit der Gegenüberstellung

Das System von ASA und CAP erfasst bezüglich der Darstellung oder Förderung gefährlichen Verhaltens weit mehr Fälle als das deutsche Recht und der Deutsche Werberat. Letzterer hat, wie gesehen, nur einen kleinen Teilbereich mittels einer Verlautbarung abgedeckt. In Bezug auf das Wettbewerbsrecht zeigt sich auch hier wieder der wesentliche Unterschied zwischen diesem und den britischen Regeln: Um etwa, in einem Fall wie oben, einen Verstoß gegen § 1 UWG zu begründen, bedarf es zwingend eines durch die betreffende Werbung hervorgerufenen Kaufimpulses, was, wie die äußerst bemühte Argumentation in der zitierten Entscheidung des KG zeigt, oft nicht leicht zu begründen ist. Demgegenüber genügt für einen Verstoß gegen cl. 10.1 des britischen Regelwerks schon die bloße ungerechtfertigte Darstellung oder Förderung riskanten Verhaltens ohne das Erfordernis einer damit bewirkten oder beabsichtigten Absatzsteigerung: Cl. 10.1 bezweckt den Schutz der Gesundheit und der körperlichen Unversehrtheit, § 1 UWG hingegen den des lauteren Wettbewerbs.

XIII. Gewalt und sozialwidriges Verhalten, cl. 11.1

In der Werbung sollten nach cl. 11.1 Gewalt und sozialwidriges Verhalten weder toleriert noch provoziert werden.

1. Die Spruchpraxis des ASA Council

Diese Bestimmung wendet der ASA Council, soweit ersichtlich, ausschließlich in Verbindung mit weiteren Klauseln, insbesondere cl. 2.2, 5.1, 10.1 sowie Regelungen der Specific Rules[567] an.

Als Beispiel kann aus der Vielzahl der Fälle *Channel Four Television Corporation t/a FilmFour* vom 12.04.1999 dienen. Die Beschwerden richteten sich hier gegen eine Werbebeilage in verschiedenen Zeitungen für einen neuen Spielfilm-Fernsehkanal. Diese enthielt zwei Bilder, in denen Pistolen auf den Kopf einer Person gerichtet waren, in einem zielte ein Mann mit einer Waffe auf den Leser, und in einer Schussszene in dem letzten Bild lag ein Mann in einer Blutlache auf dem Boden. Obwohl es sich bei den Bildern um bereits zuvor häufig verwendete Standbilder aus den beworbenen Filmen handelte und die Werbung Zeitungen beigefügt war, die sich nicht an Kinder richteten, befand der ASA Council dennoch, dass sie auch von Kindern und anderen Personen außerhalb ihrer Ziel-

---

[567] Im CAP Code: Other specific rules.

gruppe gesehen würde, weshalb er den Beschwerden, gestützt auf cl. 5.1, 11.1 und 47.1 (spezieller Schutz für Kinder), stattgab.

2. Der Deutsche Werberat

Der Deutsche Werberat hat zwar keine Verhaltensregeln betreffend die Darstellung von Gewalt in der Werbung aufgestellt, dennoch bezogen sich etwa im Jahr 2001 13 Prozent aller vom Werberat zu entscheidenden Fälle auf solche Gewaltdarstellungen und betrafen damit 40 Werbungen[568].

3. Fazit der Gegenüberstellung

Auch im Bereich der Gewaltdarstellung in der Werbung, die auf Seiten des Deutschen Werberats nicht durch Verhaltensvorschriften geregelt wird, zeigt sich die Überlegenheit des Selbstkontrollsystems von ASA und CAP, welches anhand von relativ umfassenden Regelungen und aufgrund seiner Durchsetzung im Bewusstsein der Werbenden wie der Verbraucher eine wesentlich wichtigere Rolle im Wirtschaftsleben spielt als der Deutsche Werberat.

XIV. Politische Werbung, cl. 12

Wie bereits erwähnt, nimmt cl. 12.1 seit der zehnten Auflage vom Herbst 1999 die Wahlwerbung politischer Parteien von dem Anwendungsbereich aller Klauseln des CAP-Regelwerks aus, nachdem sie zuvor[569] sämtlichen Bestimmungen mit Ausnahme von cl. 3.1, 7.1, 14.3, 19.2 und 20.1 unterfielen.

Ein Beispiel dafür, welche Werbungen, im Unterschied zu heute, bis zum Inkrafttreten der zehnten Auflage der Codes noch durch die ASA auf ihre Vereinbarkeit mit deren Vorschriften überprüft wurden, liefert der Fall *Conservative Party* vom Oktober 1996. In diesem hatte der ASA Council über Beschwerden wegen Anstößigkeit sowie wegen beleidigender Darstellung einer Person des öffentlichen Lebens (cl. 5.1 und 13.2 der neunten Auflage) zu entscheiden. In der beanstandeten Zeitungsanzeige war eine Photographie des lächelnden Tony Blair vor einem schwarzen Hintergrund zu sehen; auf Höhe der Augen war ein Streifen des Bildes herausgerissen, um dahinter rote, dämonisch aussehende und von Dunkelheit umgebene Augen zu zeigen. Darunter stand in großen roten Buchstaben: „NEW LABOUR, NEW DANGER" und das Zitat einer Labour-Abgeordneten, die vor gefährlichen dunklen Mächten hinter Tony Blair warnte. Während der ASA Council der auf cl. 5.1 gestützten Beschwerde wegen Anstößigkeit nicht stattgab, hielt er die Beanstandung wegen herabsetzender Darstel-

---

568 Jahrbuch Deutscher Werberat 2002, S. 33 und 34, ein Beispielsfall findet sich auf S. 45.

569 Vgl. die neunte Auflage der Codes bei Schricker/*Ohly*, Anhang, 12., S. 179 (182 f.).

lung von Tony Blair als düster und unehrlich für gerechtfertigt und forderte die Werbenden daher auf, diese Anzeige nicht mehr zu verwenden.

XV. „Persönlichkeitsrechtlicher" Schutz, cl. 13

Die mit „Protection of privacy" überschriebene cl. 13[570] untersagt in cl. 13.1, Satz 1, zunächst, Personen in der Werbung in nachteiliger oder beleidigender Weise darzustellen. Ferner sollen Werbende bezüglich der Reklame mit Personen oder ihres identifizierbaren Besitzes, ebenso mit Personen des öffentlichen Lebens sowie im Fall von Behauptungen der Zufriedenheit bestimmter Personen mit dem beworbenen Produkt grundsätzlich deren vorherige schriftliche Zustimmung einholen (cl. 13.1 a) bis c)). Gemäß cl. 13.2 kann eine vorherige Erlaubnis entbehrlich sein, wenn die Aussage in der Werbung den Ansichten der dargestellten Person nicht widerspricht. Cl. 13.3 sowie cl. 13.4 und 13.5 spielen in der Spruchpraxis des ASA Council ersichtlich keine nennenswerte Rolle.

1. Die Spruchpraxis des ASA Council

a) Beleidigende Darstellungen von (prominenten) Personen

Die in etwa den heutigen Regelungen in cl. 13.1, Satz 1, und cl. 13.1 b) entsprechende Bestimmung in cl. 13.2, Satz 1, der (allerdings auf Personen des öffentlichen Lebens beschränkten) neunten Auflage der Codes war ein Aspekt, unter dem der ASA Council die dem Fall *EMAP Metro Ltd t/a Heat* vom 08.03.2000 zugrunde liegende Werbebeilage für ein Zusatzheft einer Zeitschrift mit dem Titel „Celebrity Sex" zu beurteilen hatte. In der Beilage fanden sich die Überschriften „Mit wem war Robbie letzte Nacht zusammen?" und „Mit wie vielen Kerlen hat Zoe geschlafen?". Die ASA beanstandete, diese Zeilen stellten ein unlauteres Eindringen in die Privatsphäre der betroffenen Prominenten Robbie Williams und Zoe Ball dar. Die Werbenden gestanden zwar ein, dass sie nicht deren Erlaubnis eingeholt hatten, Zoe Ball habe aber in ihrer Radiosendung ihre Partner selbst häufig erwähnt, und in einem Interview nach dem Start der Werbekampagne habe sie nicht gesagt, dass diese sie beleidigt habe. Hinsichtlich der Zeile über Robbie Williams meinten die Werbenden, dass sie mild genug formuliert war, um, je nach Alter und Ansichten der Leser, unterschiedlich interpretiert zu werden. Dieser Meinung folgte der ASA Council unter Hinweis darauf, dass die Werbung nicht in die Privatsphäre eindringe, sondern den Inhalt des beworbenen Sonderhefts widerspiegle.

---

[570] S. Anhang 1, S. 292, bzw. Anhang 2, S. 338 f.

b) Bezugnahme auf bzw. Darstellungen von Privatpersonen oder ihres Eigentums

Der heutigen Regelung in cl. 13.1 a) unterfiele die Zeitungsanzeige für Hausisolierungen, die der Entscheidung *Basildon District Council* vom 09.06.1999 zugrunde lag: Die Anzeige zeigte das Haus des Beschwerdeführers, und der Text lautete: „Basildon District Council und Eaga Services haben sich zusammengetan, um Hauseigentümern in der Region die Chance auf günstige Isolierungsarbeiten zu bieten". Da die Werbenden das Haus des Beschwerdeführers, welches neu und nicht durch diese isoliert worden war, ohne dessen Einwilligung abgebildet hatten, gab der ASA Council dieser Beschwerde statt.

c) Behauptungen der Zufriedenheit von (prominenten) Personen

Ein Fall von cl. 13.1 b) und c) der zehnten Auflage der Codes[571] wäre die in der Entscheidung *Mars Confectionery* vom 08.03.2000 untersuchte Zeitungsanzeige für ein von *Mars* veranstaltetes Preisausschreiben. Diese warb dafür unter der Überschrift: „(...) Mars MAKE IT HAPPEN! A Winner a Day until 2000" unter anderem mit der Aussicht auf die Chance, ein VIP-Ticket für ein Konzert von Robbie Williams zu gewinnen. Unter einem großen Photo des Sängers stand „See Robbie live". Eine seiner gegen diese Werbung gerichteten Beschwerden beruhte darauf, dass das Photo ohne seine Erlaubnis verwendet worden sei und dass es, in Zusammenhang mit den versprochenen VIP-Tickets für sein Konzert, den Eindruck erwecke, er bevorzuge Produkte von *Mars*. Zwar erinnerte der ASA Council die Werbenden in diesem Fall an ihre Verpflichtung, vor der Veröffentlichung von Photos die schriftliche Erlaubnis der abgebildeten Personen einzuholen, wies die Beschwerde aber dennoch ab: Er schloss sich der Argumentation der Werbenden an, dass der Umstand, dass die potentiellen Teilnehmer des Preisausschreibens möglicherweise Tickets für ein Konzert des Sängers gewinnen wollten, nicht impliziere, dass Robbie Williams den Produkten der Werbenden gegenüber positiv eingestellt sei.

Bezüglich des Aspekts angeblicher Zufriedenheit mit dem beworbenen Gegenstand entschied der ASA Council in dem Fall *Key 103 & Magic 1152* vom 09.06.1999 anders. Auf dem zu beurteilenden Werbeplakat für einen Radiosender waren die Köpfe der bekannten Fußballspieler Jamie Redknapp und David Beckham in einer Photomontage über sehr muskulösen Körpern abgebildet, und die Leser wurden aufgefordert, über die beiden abzustimmen. Jamie Redknapp erhob Beschwerde gegen das Plakat, da es eine positive Haltung seinerseits gegenüber dem Radiosender suggeriere, was eine Beeinträchtigung seines Rufs und damit seiner Chancen auf künftige Einkünfte für echte Unterstützungen von

---

[571] Ebenso von cl. 13.1 b) und c) des CAP Code.

Produkten zu Werbezwecken zur Folge habe. Dieser Argumentation schloss sich der ASA Council an und gab der Beschwerde daher statt.

2. Hinweise auf das englische Recht

a) Right to privacy

Bis vor kurzem stand im englischen Recht noch außer Zweifel, dass ein genereller Schutz der persönlichen Privatsphäre („right to privacy“) nicht anerkannt war[572], was besonders in der in diesem Zusammenhang immer wieder zitierten Entscheidung *Kaye v. Robertson and another* des Court of Appeal[573] in einem Verfahren des einstweiligen Rechtsschutzes deutlich wurde: Der Kläger, ein bekannter Schauspieler, lag nach einem Unfall schwer verletzt im Krankenhaus. Zwei Mitarbeiter des beklagten Verlegers einer Boulevard-Sportzeitung drangen in sein Klinikzimmer ein, versicherten sich seines aufgrund seines Zustands unwirksamen Einverständnisses und führten ein Interview mit ihm durch. Der Kläger begehrte die Untersagung der Veröffentlichung des Interviews und der Photos. Lord Justice *Glidewell*, der den Umstand des Fehlens eines allgemeinen Schutzes der Privatsphäre eigens herausstellte und insbesondere angesichts dieses Falles bedauerte[574], begründete, warum sich die begehrte Verfügung weder auf defamation, noch auf Körperverletzung („trespass to the person“) oder passing off stützen ließ, gewährte sie aber unter Rückgriff auf malicious falsehood: Dem Beklagten konnte nicht verborgen geblieben sein, dass das Einverständnis des Klägers unwirksam war, und dessen Recht zum erstmaligen Verkauf seiner Geschichte, durch die er beträchtliche Einkünfte erzielen könnte, würde infolge einer Veröffentlichung des angekündigten Bildberichts des Beklagten deutlich entwertet. Nur aufgrund der Tatsache, dass die Voraussetzungen dieses vermögensrechtlichen Instituts hier (zufällig) erfüllt waren, konnte der Kläger mithin mit seinem Antrag durchdringen; allein infolge der Verletzung seiner Privatsphäre wäre ihm dies nicht möglich gewesen.

Seit der Entscheidung *Douglas and others v. Hello! Ltd* des Court of Appeal vom 21.12.2000[575] stellt sich die Situation jedoch insofern anders dar, als darin ein Recht auf Wahrung der Privatsphäre zum ersten Mal (nicht nur in einem obiter dictum) ausdrücklich anerkannt wurde, und zwar unter Ausdehnung des In-

---

572 S. etwa *Cornish*, 8-02.

573 [1991] FSR 62.

574 Lord Justice *Glidewell*, a.a.O., 66.

575 [2001] 2 All ER 289, auch abrufbar unter http://web.lexis-nexis.com/professional, auszugsweise abgedruckt in GRUR Int. 2002, 627 mit Anm. *Hoppe*; die Entscheidung wurde unter anderem durch den High Court in *Mills v. News Group Newspapers Ltd*, [2001] N.L.J. 136, auch zu finden unter http://web.lexis-nexis.com/professional, bestätigt.

stituts des breach of confidence[576]. In diesem Verfahren des einstweiligen Rechtsschutzes suchten die Schauspieler Michael Douglas und Frau Zeta-Jones, die einer Zeitschrift das exklusive Recht eingeräumt hatten, Bilder von ihrer Hochzeit zu veröffentlichen, die Veröffentlichung von Photos durch ein Konkurrenzblatt untersagen zu lassen, die möglicherweise von einem Eindringling aufgenommen worden waren. Dieser letzte Aspekt war deshalb relevant, weil die geladenen Gäste verpflichtet worden waren, keine Photos zu machen. Daher stellte sich die Frage, ob sich die Kläger auf breach of confidence stützen konnten, obwohl die streitgegenständlichen Bilder (möglicherweise) nicht unter Verletzung einer Geheimhaltungspflicht aufgenommen worden waren, was bisher für einen solchen Anspruch erforderlich war. Insbesondere Lord Justice *Sedley* begründete den gebotenen Verzicht auf diese Voraussetzung und damit die Ausdehnung des Rechtsinstituts des breach of confidence in Richtung auf einen allgemeinen Anspruch auf Schutz der Privatsphäre sehr ausführlich[577]: Für ausschlaggebend erklärte er zunächst den Human Rights Act 1998, der am 02.10.2000 in Kraft trat und unter anderem die Gerichte verpflichte, in ihren Entscheidungen nicht Art. 8 EMRK zuwiderzuhandeln[578], und des Weiteren wies er auf die jüngere Entwicklung des Rechts des breach of confidence hin, die diese Ausdehnung bereits andeutete[579]. Im konkreten Fall wurde die begehrte Verfügung jedoch nicht gewährt, da sich die Kläger mit dem Verkauf der Exklusivrechte an eine Zeitschrift ihres Rechts auf Achtung ihrer Privatsphäre bereits größtenteils selbst entäußert hätten, weshalb eine Unterlassungsverfügung, neben einem möglichen Schadensersatz wegen der Beeinträchtigung der involvierten kommerziellen Interessen, nicht geboten sei[580]. Soweit erkennbar, wurde dieses hiermit anerkannte Institut des „right to privacy" allerdings bisher noch nicht auf Fälle seiner Verletzung durch Wirtschaftswerbung angewendet.

Hingewiesen werden soll allerdings noch auf den Fall *Irvine and others v. Talksport Ltd*[581], in dem Justice *Laddie* Eddie Irvine einen auf passing off gestützten Schadensersatzanspruch, berechnet nach der Lizenzanalogiemethode, für die Verwendung seines Bildes für eine angebliche Empfehlung von ihm für ein Radioprogramm zusprach.

---

576 Vgl. hierzu auch den Fall *A v. B (a company) and another* des Court of Appeal vom 11.03.2002, [2002] 2 All ER 545, auch unter http://web.lexis-nexis.com/professional, dem jedoch entnommen werden kann, dass dieser Schutz der Privatsphäre nicht zu großzügig gewährt wird.

577 Lord Justice *Sedley*, a.a.O., Nrn 109 bis 137 der Entscheidung.

578 A.a.O., Nr. 111.

579 A.a.O., Nrn 113 bis 127.

580 Lord Justice *Sedley*, a.a.O., Nrn 138 bis 144.

581 Entscheidungen vom 13.03.2002, [2002] 2 All ER 414, und vom 25.03.2002, beide abrufbar unter http://web.lexis-nexis.com/professional; s. hierzu auch *Michaels* [2002] E.I.P.R. 448.

b) Defamation

Soweit in einer Werbung wahrheitswidrig der Eindruck erweckt wird, eine Person werbe für das betreffende Produkt, kommt ein auf defamation gestützter Schadensersatzanspruch in Betracht[582].

3. Das deutsche Recht

a) Die Verwendung von Persönlichkeitsmerkmalen zu Werbezwecken und speziell das Recht am eigenen Bild und das Namensrecht

Es entspricht der ständigen Rechtsprechung, dass Verletzungen des allgemeinen Persönlichkeitsrechts aus Artt. 1, 2 I GG sowie des in §§ 22, 23 KunstUrhG geregelten Rechts am eigenen Bild und des Namensrechts als dessen besondere Ausprägungen nach § 823 I BGB („sonstiges Recht") neben Unterlassungsansprüchen Schadensersatzansprüche und auch, in Fällen schwerer Schuld oder bei erheblich ins Gewicht fallenden Persönlichkeitsrechtsbeeinträchtigungen, gemäß § 823 I (zunächst noch i.V.m. § 847 I a. F.) BGB Ansprüche auf Ausgleich in Geld für immaterielle Schäden nach sich ziehen können[583].

Für die Persönlichkeitsverletzung stellte der BGH im „Ginseng-Wurzel"-Fall darauf ab, dass die Werbung wahrheitswidrig eine Verbindung zwischen Forschungen des Klägers, eines Jura-Professors, und dem beworbenen wissenschaftlich umstrittenen Produkt, das u. a. als potenzsteigernd angepriesen wurde, konstruiere, wodurch der Kläger in der Gesellschaft lächerlich gemacht und sein wissenschaftlicher Ruf gemindert werden könnten[584]. Im Fall „Caterina Valente" wurde die Persönlichkeitsverletzung unabhängig davon begründet, ob die streitgegenständliche Werbeanzeige für Produkte für Zahnprothesen den Eindruck erweckte, dass die Klägerin willentlich darin mitgewirkt habe; ausreichend sei, dass die Reklame unwillkürlich Gedankenverbindungen zwischen der Klägerin und den hier beworbenen Produkten herstelle, was zu einem Ansehensverlust führen könne[585]. Wie insbesondere die Fälle „Herrenreiter" und „Ginseng-Wurzel" deutlich zeigen, wird ein Anspruch auf Schmerzensgeld insbesondere

---

582 Vgl. das Urteil *Tolley v. Fry & Sons Ltd* des House of Lords, [1931] A.C. 333.

583 BGHZ 20, 345 (352 f.) – Paul Dahlke, hier lehnte der BGH einen Ersatz für immaterielle Schäden allerdings noch ab; BGHZ 26, 349 (354 ff.) – Herrenreiter; BGHZ 30, 7 (10 ff.) – Caterina Valente; BGHZ 35, 363 (367 ff.) – Ginseng-Wurzel; BGHZ 80, 75 (80 ff.) – Carrera, hier wurde der Anspruch jedoch auf § 812 BGB gestützt; der Rechtsprechung zust. Jauernig/*Teichmann*, § 823 Rn 65 f.; krit. gegenüber der Anerkennung eines umfassend verstandenen allgemeinen Persönlichkeitsrechts *Baumbach/Hefermehl*, Allg Rn 142; MünchKomm/*Mertens*, § 823 Rn 124; Soergel/*Zeuner*, § 823 Rn 72; s. speziell zum Schutz des Namens auch *Sack*, WRP 1984, 521 (521 ff.).

584 BGHZ 35 363 (365) – Ginseng-Wurzel; gl. A. etwa *Sack*, WRP 1984, 521 (523).

585 BGHZ 30, 7 (13) – Caterina Valente; vgl. auch *Sack*, WRP 1984, 521 (521 f., 523).

dann zuerkannt, wenn, wie typischerweise in Fällen der Ehrverletzung, sich ein materieller Schaden nur sehr schwer oder gar nicht ermitteln lässt, und bzw. oder bei leichtfertigen Eingriffen in das Persönlichkeitsrecht eines anderen zu Zwecken der eigenen kommerziellen Werbung[586].

Nach dem Grundsatz in § 22 S. 1 KunstUrhG dürfen Bildnisse nur mit Einwilligung des Abgebildeten veröffentlichet werden, wobei es für diese Einwilligung im Fall der Verwendung zu Werbezwecken nicht genügt, wenn der Abgebildete sich zwar mit der Aufnahme einverstanden erklärt hat, hierbei aber nicht darüber aufgeklärt war, dass das Bildmaterial für einen Werbekatalog bestimmt war[587]. Ausnahmen von diesem Einwilligungserfordernis sieht, vorbehaltlich berechtigter Interessen, § 23 KunstUrhG vor, darunter für Bildnisse aus dem Bereich der Zeitgeschichte sowie für Bilder, in denen nicht die Personen, sondern die jeweilige Örtlichkeit im Mittelpunkt steht. Auf Antrag sind Verstöße gegen §§ 22, 23 KunstUrhG gemäß § 33 KunstUrhG auch strafbar.

Wie der BGH speziell in dem neueren „Marlene Dietrich"-Urteil unter Berufung auf die Entscheidungen „Paul Dahlke" und „Carrera"[588] betont hat, schützt § 823 I BGB in der Ausformung u. a. des Rechts am eigenen Bild und des Namensrechts neben ideellen besonders auch die kommerziellen Interessen an der Persönlichkeit, wie die Möglichkeit, die eigene Popularität durch die entgeltliche Gestattung gegenüber Dritten, Abbildungen in der Werbung einzusetzen, wirtschaftlich zu verwerten[589].

b) Die gewerbliche Verwertung von Aufnahmen von Gebäuden

Soweit ersichtlich betrafen die Entscheidungen, die die kommerzielle Nutzung von Photographien privaten Eigentums zum Gegenstand hatten, bislang ausschließlich Gebäude. Nachdem der BGH in dem Fall der Nachbildung einer nicht mehr urheberrechtlich geschützten Skulptur zwar betont hatte, dass die Eigentumsordnung des bürgerlichen Rechts nur dem Schutz der Sachherrschaft über einen körperlichen Gegenstand diene, aber dennoch ausdrücklich offen ließ, ob das Photographieren einer Sache gegen den Willen des Eigentümers für

---

586 BGHZ 26, 349 (354 ff.) – Herrenreiter; BGHZ 35, 363 (369) - Ginseng-Wurzel; zu Ansprüchen auf Ersatz des materiellen und des immateriellen Schadens in derartigen Fällen s. auch *Sack*, WRP 1984, 521 (526 ff.).

587 OLG Frankfurt, WRP 1986, 686 (687).

588 BGHZ 20, 345 (352 ff.) – Paul Dahlke, wo der BGH neben einem Schadensersatzanspruch gemäß § 823 I BGB auch einen Bereicherungsanspruch bejahte; BGHZ 80, 75 (81 f.) – Carrera.

589 BGH, WRP 2000, 746 (750) – Marlene Dietrich; zust. *Baumbach/Hefermehl*, Allg Rn 142; speziell zum wettbewerbsrechtlichen Schutz vor dem Gebrauch des Namens verstorbener Persönlichkeiten zu Wettbewerbszwecken s. *Sack*, WRP 1982, 615 (615 ff.).

diesen Abwehransprüche aus §§ 903, 1004 BGB begründen könne[590], entschied er diese Frage in dem Urteil „Schloß Tegel“ ebenfalls nicht, sondern stellte hier maßgeblich auf die gewerbliche Verwertung der Aufnahmen ab[591]. Diesbezüglich differenzierte er danach, ob das betreffende Gebäude ohne oder nur unter Betreten des Privatgrundstücks, auf dem es steht, photographiert werden kann: Während der BGH den ersten Fall offen ließ, diesbezüglich aber mit Blick auf § 59 UrhG Zweifel an einer Eigentumsstörung gemäß §§ 903, 1004 BGB äußerte, gelangte er für den zweiten Fall zu der Auffassung, dass es hier dem Eigentümer grundsätzlich frei stehe, den Zutritt nur unter der Bedingung zu gewähren, dass dort nicht photographiert werde, es sei denn, etwas anderes ergebe sich aus der Sozialbindung des Eigentums[592]. Selbst wenn, wie möglicherweise im Streitfall, eine ausdrückliche Erlaubnis zum Photographieren erteilt worden sei, so ergebe sich aus dieser in Fällen wie dem vorliegenden – die Klägerin war Eigentümerin eines von Schinkel erbauten, denkmalgeschützten Schlosses in Berlin und verkaufte von diesem Postkarten an Besucher, die das Äußere des Schlosses und den umgebenden Park gegen ein Entgelt besichtigen konnten – eine konkludente Einschränkung dahingehend, dass die gewerbliche Verwertung des Schlosses allein dem Eigentümer zustehe[593].

In der Literatur[594] ist diese Entscheidung auf Ablehnung gestoßen, da in ihr sowohl der Begriff der Eigentumsbeeinträchtigung als auch die Reichweite des Unterlassungsanspruchs unangemessen überdehnt werde. Für anwendbar wird hier vielmehr § 1 UWG erklärt, wobei das Bestehen eines Wettbewerbsverhältnisses bejaht, ein sittenwidriges Verhalten in der Form der Ausnutzung eines Vertrauensbruchs jedoch bezweifelt bzw. verneint wird[595].

In der „Friesenhaus“-Entscheidung, in welcher der Kläger nur als Privatperson betroffen war und daher wettbewerbsrechtliche Ansprüche nicht in Betracht kamen, verneinte der BGH, in Übereinstimmung mit der Vorinstanz[596], eine Eigentumsbeeinträchtigung nach §§ 903, 1004 BGB durch das Photographieren einer fremden Sache von einer öffentlichen Straße aus[597]. Folgerichtig, und insofern im Ergebnis in Einklang mit den bereits zitierten Literaturstimmen, lehnte er auch eine Eigentumsstörung durch die nachfolgende gewerbliche Verwertung der Photographien ab, da diese weder die rechtliche noch die tatsächliche Herrschaftsmacht des Eigentümers berühre, und zudem folgerte er dieses Ergebnis

---

590 BGHZ 44, 288 (293) – Apfel-Madonna.

591 BGH, GRUR 1975, 500 (501) – Schloß Tegel.

592 BGH, GRUR 1975, 500 (501f.) – Schloß Tegel.

593 BGH, GRUR 1975, 500 (502) – Schloß Tegel.

594 S. etwa die Anmerkungen von *Löhr*, WRP 1975, 523, und *Schmieder*, NJW 1975, 1164.

595 *Löhr*, WRP 1975, 523 (525); *Schmieder*, NJW 1975, 1164 (1164).

596 OLG Bremen, NJW 1987, 1420 (1420).

597 BGH, GRUR 1990, 390 (390 f.) – Friesenhaus.

auch aus einem wertenden Vergleich mit § 59 UrhG[598]. Auf § 823 I BGB gestützte Zahlungsansprüche wegen Eigentumsverletzung lehnte der BGH konsequenterweise ebenfalls ab, ferner, mangels substantiierten Klägervortrags, solche wegen Verletzung des allgemeinen Persönlichkeitsrechts, sowie, in Ermangelung eines Eingriffs in den Zuweisungsgehalt des Eigentumsrechts, ebenso konsequent einen Bereicherungsanspruch[599].

In dem Fall „Haus auf Teneriffa" gewährte der BGH dem Kläger gegen die Verwendung von Photographien seines von ihm selbst erbauten Hauses auf Teneriffa in Werbeprospekten, in denen die Beklagte den Eindruck erweckte, dass sie das Haus errichtet habe, einen auf § 823 I BGB gestützten Unterlassungsanspruch wegen Verletzung seines Persönlichkeitsrechts[600].

4. Fazit der Gegenüberstellung

Die Voraussetzungen, unter denen der ASA Council (und wohl auch die neuere englische Rechtsprechung zum Persönlichkeitsschutz[601]) einerseits und die deutschen Gerichte andererseits gegen Werbungen, in denen Abbildungen oder Namen von Personen verwendet werden, Schutz gewähren, sind sich, wie aus dem Gesagten zu entnehmen ist, sehr ähnlich. Auch speziell in Bezug auf ehrverletzende Darstellungen weisen die Situation in Großbritannien und die in Deutschland, zumindest was die „Tatbestandsseite" der jeweiligen Regelungen betrifft, keine wesentlichen Unterschiede auf.

Im Unterschied zu cl. 13.1 a) der Regeln des CAP ist das deutsche Recht bezüglich der kommerziellen Verwertung von Aufnahmen privaten Eigentums, bei Abwesenheit eines Wettbewerbsverhältnisses, insofern restriktiver, als – zumindest nach der Rechtsprechung des BGH – zwar wegen Eigentumsverletzung Unterlassungsansprüche gegeben sein können, allerdings nur dann, wenn für die Herstellung der Bilder des betreffenden Gebäudes ein Betreten des Privatgrundstücks nötig ist, und ausnahmsweise kommt bei irreführenden Veröffentlichungen auch ein auf Verletzung des Persönlichkeitsrechts beruhender Unterlassungsanspruch in Betracht.

Im Übrigen bleibt freilich auch hier auf die unterschiedlichen Konsequenzen hinzuweisen, die Verletzungen der jeweiligen Regelungen nach sich ziehen:

---

598 BGH, GRUR 1990, 390 (391) – Friesenhaus; ebenso OLG Bremen, NJW 1987, 1420 (1420); der Erst-recht-Schluss aus § 59 UrhG findet sich auch in OLG Düsseldorf, AfP 1991, 424 (435 f.) und in LG Freiburg, GRUR 1985, 544 (544 f.) – Fachwerkhaus.

599 BGH, GRUR 1990, 390 (391 f.) – Friesenhaus.

600 BGH, GRUR 1971, 417 mit abl. Anm. *von Falck*; zu der Aufnahme der Abbildung eines Hausgrundstücks in eine Datenbank vgl. LG Waldshut-Tiengen, ZMR 2000, 522.

601 In den zum Human Rights Act 1998 i.V.m. Art. 8 EMRK entschiedenen Fällen ging es, wie bereits erwähnt, bislang ersichtlich noch nicht um die Veröffentlichung von Abbildungen zu Werbezwecken.

Während der ASA Council nur, mittels seiner oben beschriebenen Sanktionsmöglichkeiten, auf die Einstellung zu beanstandender Werbungen hinwirken kann, liegt der Schwerpunkt im deutschen Recht eindeutig bei der finanziellen Entschädigung, sei es für immaterielle Schäden, sei es für Beeinträchtigungen der kommerziellen Verwertungsmöglichkeiten der eigenen Persönlichkeitsmerkmale wie des eigenen Bildes oder Namens.

XVI. Empfehlungen und Untersuchungsergebnisse, cl. 14[602]

Die Regelungen in cl. 14.1 bis 14.4 stellen sich als spezielle Ausprägung des Wahrheitsgrundsatzes in cl. 3.1, 7.1 dar, indem sie vorschreiben, dass Werbende in der Lage sein sollten, für die Richtigkeit verwendeter Empfehlungsaussagen mit Datum und Unterschrift versehenes Beweismaterial vorzulegen (cl. 14.1, Satz 1), dass Empfehlungen sich auf das beworbene Produkt beziehen müssen (cl. 14.2) und dass erfundene Empfehlungen nicht als wirkliche präsentiert werden sollten (cl. 14.4). Cl. 14.3 stellt klar, dass Empfehlungen allein noch nicht für den in cl. 3.1 geforderten Beweis für die Korrektheit von Werbebehauptungen ausreichen. Eher persönlichkeitsbezogen erscheint demgegenüber cl. 14.1, Satz 2, nach dem Empfehlungen, die nicht bereits veröffentlicht sind, nur mit schriftlicher Erlaubnis des Empfehlenden verwendet werden dürfen, was cl. 14.5, Satz 1, ebenso für Ergebnisse von Tests, wissenschaftlichen Untersuchungen sowie für positive Produktbeurteilungen durch Fachleute vorschreibt[603]. Sofern solche Tests etc. nicht aus der EU stammen, sollte dies angegeben werden (cl. 14.5, Satz 2). Cl. 14.5, Satz 3, bestimmt nur, dass jede in einer solchen Werbung erwähnte Stelle der direkten Überwachung durch entsprechend geschultes Fachpersonal unterliegen sollte[604].

1. Die Spruchpraxis des ASA Council

Der ASA Council zeigt sich bei der Beurteilung, ob eine angebliche Kundenempfehlung für ein beworbenes Produkt vom Verkehr als echt aufgefasst wird, obwohl sie es nicht ist, relativ zurückhaltend, weshalb er auf diesen Aspekt gestützte Beschwerden nicht selten zurückweist. Auf Verstößen gegen den Erlaubnisvorbehalt für Testergebnisse etc. gemäß cl. 14.5 beruhenden Beschwerden gibt er hingegen überwiegend statt.

---

602 Zu der entsprechenden Regelung speziell für Medikamente in cl. 50.17 s. u., unter D. V.

603 In der Neufassung von cl. 14.5, Satz 1, des CAP Code wird dieses Erfordernis jedoch auf Aussagen beschränkt, die nicht einer veröffentlichten Quelle entnommen sind.

604 Cl. 14.5, Sätze 2 und 3, sind in dem neuen CAP Code nicht mehr enthalten; dafür untersagt eine neue cl. 14.6, in „marketing communications“ auf Beratung durch das CAP Bezug zu nehmen oder eine Empfehlung durch die ASA oder das CAP anzudeuten.

Cl. 14.1 und 14.4 waren Beurteilungsmaßstab für eine Beschwerde in dem Fall *British Sky Broadcasting Ltd* vom 05.04.2000. Mit dieser wandte sich der Beschwerdeführer, ein älterer Mann, gegen eine Direktwerbung für ein Satelliten-Telekommunikationssystem, in der neben anderen sein Photo zu sehen war. Über seinem Kopf war zu lesen: „Die letzten 30 Jahre habe ich jeden Tag an meine Schwester in Neuseeland geschrieben. Da der Weg zum Briefkasten mir etwas zu viel wurde, schicke ich ihr jetzt zweimal am Tag eine E-Mail. Es ist wunderbar." Zur Begründung trug er vor, er erinnere sich nicht, seine Genehmigung für diese Bildveröffentlichung gegeben zu haben, und die ihm zugeschriebene Empfehlung habe er nicht gemacht, weshalb ihm die Werbung unangenehm sei, insbesondere weil er keine Schwester in Neuseeland habe. Die Werbenden legten eine schriftlich erteilte Genehmigung zur Verwendung des Photos des Beschwerdeführers in ihrem Werbematerial vor, die der ASA Council akzeptierte. Auch im Übrigen folgte er der Argumentation der Werbenden, die Aussage über dem Bild des Beschwerdeführers sei eine allgemeine Feststellung der Vorteile der E-Mail-Kommunikation, nicht eine Empfehlung für ein bestimmtes Produkt oder eine bestimmte Dienstleistung; er befand abschließend, dass die Aussage wahrscheinlich nicht als echte Empfehlung seitens des Beschwerdeführers aufgefasst werde. Dennoch begrüßte der ASA Council ausdrücklich die erklärte Bereitschaft der Werbenden, künftig verstärkt darauf zu achten, dass verwendete Aussagen nicht als von bestimmten Personen stammend verstanden werden könnten.

Keinen Erfolg hatte auch die in dem Fall *Barclays Bank plc t/a Barclaycard* vom 08.12.1999 gegen einen Werbezettel für eine Bankkarte gerichtete, auf cl. 7.1 und 14.4 gestützte Beschwerde. In der Werbung waren Berichte von Personen abgedruckt, die angeblich ihre Karten für eine Vielzahl von Dienstleistungen verwendet hatten. Darunter war die Geschichte eines „Kevin Jones", der von seiner Nervosität vor einem Fußball-Endspiel mit seinem Lieblingsverein erzählte, und der, da sein Fernseher kurz vor dem Spiel kaputt gegangen sei, das Gerät dank der kostenlosen erweiterten Garantie der Barclaycard noch rechtzeitig reparieren lassen konnte. Auch hier schloss sich der ASA Council der Ansicht der Werbenden an, wonach es sich hier offenkundig nicht um wirkliche, sondern um erfundene Empfehlungen handle; diese basierten jedoch auf Berichten ihrer Kunden. Der ASA Coucil ließ diese Reklame demnach unbeanstandet, da er meinte, die „Berichte" würden wahrscheinlich als sich lediglich an Kundenmeinungen orientierende Werbeaussagen verstanden.

Anders entschied der ASA Council in dem Fall *Beauty & The Beast Gym & Fitness Centre* vom 10.03.1999. Dieser betraf zwei Werbezettel für zwei Fitnessstudios in zwei verschiedenen Städten, auf denen identische Photos der Innenräume, Beschreibungen der Ausstattung und der Leistungen sowie fünf ebenfalls auf beiden Zetteln identische Empfehlungen von Mitgliedern abgedruckt waren; die beiden Werbezettel unterschieden sich allein dadurch, dass neben den Empfehlungen andere Namen standen. Hier genügte dem ASA Council nicht die Erklärung, die als Empfehlungen wiedergegebenen Aussagen entstammten regelmäßig geäußerten Kommentaren ihrer Mitglieder in beiden Studios, sondern er forderte die Werbenden auf, in Ermangelung von Beweismaterial gemäß cl. 14.1 die Empfehlungen aus den Werbungen zu entfernen.

Die Entscheidung *Thames Water* vom 28.02.2001 betraf u. a. cl. 14.5. Hier wandte sich die Consumers' Association gegen die Bezugnahme in einer Zeitungsanzeige auf ihren Bericht über eine Umfrage bezüglich des Geschmacks von Leitungswasser im Vergleich zu abgefülltem Wasser, wonach das Leitungswasser der Werbenden den Spitzenplatz einnahm. Die Werbenden verwiesen auf eine Pressemitteilung über den Bericht durch die Beschwerdeführerin selbst, weshalb sie meinten, diesen Bericht auch in ihrer Werbung benutzen zu dürfen. Demgegenüber erklärte der ASA Council die Praxis der Beschwerdeführerin für maßgeblich, die Verwendung ihres Namens und ihrer Forschungsergebnisse zu Werbezwecken nicht zu gestatten. Da die Werbenden für ihre Erwähnung des Umfrageberichts der Beschwerdeführerin nicht deren Erlaubnis eingeholt hatten, verletze diese Anzeige mithin cl. 14.5 des Advertising Code[605].

2. Die Situation in Deutschland

a) Das Werberecht

Entsprechend cl. 14.1, Satz 1, und cl. 14.4 der britischen Selbstkontrollregeln ist auch nach dem deutschen Recht zur Unterbindung fingierter Empfehlungen zu verlangen, dass der mit lobenden Äußerungen Dritter Werbende auf Aufforderung deren Namen und Adressen angibt[606]. Ebenfalls analog den Bestimmungen des Regelwerks des CAP, hier in cl. 14.1, Satz 2, wird auch in der deutschen Rechtsordnung die Verwendung einer Äußerung der Anerkennung oder Empfehlung durch einen Dritten dann als gemäß § 3 UWG irreführend und, mit dem Argument, niemand brauche sich gegen seinen Willen das Einspannen in eine fremde Werbung gefallen zu lassen, auch als nach § 1 UWG sittenwidrig eingestuft, wenn hierfür keine Einwilligung des Äußernden eingeholt wurde[607]. Eine

---

605 Infolge der erwähnten Einschränkung von cl. 14.5, Satz 1, im neuen CAP Code wird der ASA Council Beschwerden in derartigen Fällen künftig nicht mehr stattgeben können.

606 *Baumbach/Hefermehl*, § 3 UWG Rn 84: Die Veröffentlichung fingierter Zuschriften sei stets sittenwidrig; *Semler*, WRP 1979, 524 (526).

607 S. *Baumbach/Hefermehl*, § 3 UWG Rn 84, für einen Verstoß gegen § 1 UWG; BGH, GRUR 1986, 550 (551) – Fußballschuh-Werbung, für eine Verletzung des § 3 UWG.

Irreführung gemäß § 3 UWG schloss der BGH auch in dem Fall eines Kraftfahrzeugsachverständigen nicht aus, der in seinen Geschäftspapieren angab, er sei von zwei Berufsverbänden „anerkannt", und zwar für den Fall, dass der Verkehr mit dieser Aussage eine, durch eine Prüfung nachgewiesene, deutlich überragende Qualifikation verbinde, während der Beklagte tatsächlich nur gewöhnliche mitgliedschaftliche Anforderungen erfüllen musste[608].

Darüber hinaus stellt das deutsche Recht noch weitere Voraussetzungen für die Umstände des Zustandekommens sowohl von Äußerungen von Kunden als auch von Sachverständigengutachten auf: So sah der BGH in der Werbung mit Kundenäußerungen im Rahmen einer Befragungsaktion, bei der den Kunden zuvor jeweils zwei 100-Gramm-Gläser des beworbenen löslichen Kaffees zugesandt worden waren, als irreführend i.S.d. § 3 UWG an, da der Verkehr erwarte, dass die Teilnehmer ihre Beurteilung frei und unbeeinflusst abgegeben hätten, was hier jedoch nicht der Fall gewesen sei[609]. Desgleichen wurde in der Rechtsprechung auch ein Verstoß gegen § 1 UWG in der Veröffentlichung wissenschaftlicher Gutachten in der Werbung erblickt, wenn diese Werbung den Anschein eines unabhängig zustande gekommenen Urteils eines Unbeteiligten erwecke, während es sich tatsächlich um eine Auftragsarbeit handelte[610]. Entsprechend gab das OLG Frankfurt, gestützt auf §§ 1 und 3 UWG, einem Eilbegehren statt, das gegen die Verleihung eines „Gütesiegels" durch die Antragsgegnerin gerichtet war, denn diese erfolgte auf die Überprüfung durch einen von ihr beauftragten Steuerberater hin, und für das Führen des „Gütesiegels" mussten die Unternehmen an die Antragsgegnerin eine Lizenzgebühr zahlen; der Verkehr gehe jedoch von einer Begutachtung der betreffenden Unternehmen durch einen fachkundigen und unbeteiligten Dritten aus[611]. Ferner ist in der Rechtsprechung auch anerkannt, dass Werbende, die Äußerungen Dritter, auch wissenschaftliche Abhandlungen oder Zeitungsberichte, in der Werbung verwenden, diese wie eigene Aussagen zu vertreten haben[612].

Für die Werbung mit Testergebnissen hat die Stiftung Warentest detaillierte Empfehlungen aufgestellt[613], die der BGH etwa in der Entscheidung „Fundstellenangabe" – im Rahmen der Begründung der Wettbewerbswidrigkeit gemäß §

608 BGH, GRUR 1984, 740 (740 f.) – Anerkannter Kfz-Sachverständiger.

609 BGH, GRUR 1979, 246 (248) – 100-Gramm Gläser; gl. A. *Baumbach/Hefermehl*, § 3 UWG Rn 84.

610 BGH, GRUR 1961, 189 (191) – Rippenstreckmetall.

611 OLG Frankfurt, GRUR 1994, 523 – Touristik-Gütesiegel; ebenso *Baumbach/Hefermehl*, § 3 UWG Rn 84.

612 BGH, GRUR 1962, 45 (49) – Betonzusatzmittel; BGH, GRUR 1966, 92 (94) – Bleistiftabsätze; ebenso *Baumbach/Hefermehl*, § 3 UWG Rn 84; *Köhler/Piper*, § 3 Rn 195.

613 Empfehlungen der Stiftung Warentest zur „Werbung mit Testergebnissen" (Oktober 1982), abgedruckt in *Baumbach/Hefermehl*, § 1 UWG Rn 425.

1 UWG einer Werbung mit Testergebnissen der Stiftung Warentest ohne Angabe der Fundstelle von deren Veröffentlichung – mit berücksichtigt hat[614]. Als Verstoß gegen § 3 UWG wertete die Rechtsprechung die Werbung mit einem Ergebnis der Stiftung Warentest, dessen Veröffentlichung schon zwei Jahre zurücklag, für ein elektronisches Folienschweißgerät, d. h. ein Produkt, bei dem weite Teile der Verbraucher von nicht zu seltenen Qualitätssteigerungen ausgingen[615]. Ebenfalls als gemäß § 3 UWG unzulässig betrachtete das OLG Köln die Werbung für eine Waschmaschine mit dem Hinweis auf die Bewertung „sehr gut" durch die Stiftung Warentest, ohne dass deutlich hervorgehoben wurde, dass nicht das beworbene, sondern ein äußerlich ähnliches, technisch baugleiches Produkt mit einem anderen Namen getestet worden war[616].

Für die Heilmittelwerbung[617] bestimmt § 11 Nr. 1, Nr. 2 und Nr. 11 HWG[618], dass außerhalb der Fachkreise die Verwendung von Gutachten und wissenschaftlichen Veröffentlichungen, von Hinweisen auf ärztliche oder sonst fachliche Empfehlungen oder Anwendungen sowie von Dank-, Anerkennungs- oder Empfehlungsschreiben unzulässig ist[619].

b) Die Werbeselbstkontrolle

Der Deutsche Werberat hat zu den vorliegenden Fragen keine Regeln erlassen. Solche finden sich aber in den Wettbewerbsrichtlinien der Versicherungswirtschaft[620]: Nr. 33 untersagt die Veröffentlichung von Empfehlungsschreiben oder

---

614 BGH, GRUR 1991, 679 (679) – Fundstellenangabe; zust. *Köhler/Piper*, § 2 Rn 79; die Frage offen lassend, ob die Einschränkungen in diesen Empfehlungen Bedingungen im Rechtssinn sind, BGH, GRUR 1982, 437 (478) – Test Gut; die Frage verneinte das OLG Frankfurt, WRP 1985, 495 (497).

615 OLG Düsseldorf, GRUR 1981, 750 (751) – Folienschweißgerät; anders der BGH hinsichtlich einer Werbung mit fünf bis acht Jahre alten Testergebnissen, in welcher jedoch der Zeitpunkt der Veröffentlichung erkennbar gemacht wurde, die getesteten und die angebotenen Waren gleich und nicht durch neuere Entwicklungen überholt waren und keine neueren Testergebnisse vorlagen, in dem Fall „Veralteter Test", GRUR 1985, 932 (933 f.).

616 OLG Köln, GRUR 1988, 556 (556 f.) – Waschmaschine; zu dem Urteil „Test Gut" des BGH (GRUR 1982, 473) s. o. im Zusammenhang mit der Spitzenstellungswerbung unter VII. 1. a) (iii).

617 S. allgemein zur Gesundheitswerbung unten, unter D. V. 2. a).

618 Das Heilmittelwerbegesetz ist abgedruckt in *Baumbach/Hefermehl*, Anhang zu § 3 UWG, I.

619 S. hierzu BGH, GRUR 1991, 701 (701 ff.) – Fachliche Empfehlung I; BGH, GRUR 1991, 929 (930) – Fachliche Empfehlung II; BGH, GRUR 1995, 612 (615) – Sauerstoff-Mehrschritt-Therapie; BGH, GRUR 1997, 936 (937) – Naturheilmittel; BGH, GRUR 1998, 498 (499 f.) – Fachliche Empfehlung III; BGH, WRP 1998, 181 (183 f.) – Warentest für Arzneimittel; BGH, GRUR 1998, 495 (497) – Lebertran II.

620 Abgedruckt in *Baumbach/Hefermehl*, Anhang zu § 3 UWG, XII.

Danksagungen, und Nr. 34 erlaubt die Veröffentlichung oder Erwähnung von Gutachten nur, wenn sie von wissenschaftlich oder sachlich hierzu berufenen Personen erstattet worden sind, deren Identität zugleich offen zu legen ist.

3. Fazit der Gegenüberstellung

Das deutsche Werberecht stellt hinsichtlich der Werbung mit Empfehlungen sowie Untersuchungs- und Warentestergebnissen mehr Beschränkungen auf als die britischen Selbstkontrollregeln; speziell die Grundsätze zur Beurteilung der Werbung mit den Ergebnissen von Warentests sowie der Arzneimittelwerbung mit Gutachten und Anerkennungsschreiben im deutschen Recht finden in den britischen Regeln (cl. 14.5, Sätze 2 und 3, sowie cl. 50, s. u.) kein Pendant. Soweit diese jedoch diesbezügliche Vorschriften enthalten, entsprechen ihre Bestimmungen zumeist im Wesentlichen den durch das deutsche Recht und – teilweise – die deutsche Werbeselbstkontrolle aufgestellten Anforderungen.

XVII. Die Angabe von Preisen und Kosten

1. Die Spruchpraxis des ASA Council

Der ASA Council beurteilt Fälle, in denen es um unklare oder unkorrekte Preis- oder Kostenangaben geht, nach cl. 15 (Preisangaben)[621] und nach cl. 7.1 i.V.m. cl. 55.2 (Angabe der Zahlungspflichten bei Finanzierungsangeboten)[622]. Cl. 48.7[623], der für die Kraftfahrzeugwerbung die allgemeine Regelung in cl. 15.1 konkretisiert, wird nur sehr selten zitiert; vielmehr wendet der ASA Council auch bezüglich Werbung für Kraftfahrzeuge cl. 15.1 statt cl. 48.7 an.

a) Das Gebot der klaren Angabe von Preisen bzw. involvierten Kosten, cl. 15.1 und cl. 7.1 i.V.m. cl. 55.2

Dem in cl 15.1, Satz 1, 1. Halbsatz, ausgedrückten Gebot der Preisklarheit kommt in ASA-Entscheidungen ersichtlich kein eigenes Gewicht zu; es erscheint mehr wie ein übergeordnetes Prinzip, welches erst in den folgenden Bestimmungen seine Ausformung erfährt.

Demgegenüber stützte der ASA Council die Beanstandung mehrerer Zeitungsanzeigen für Autos wegen unklarer Angaben der erforderlichen finanziellen Verpflichtungen auf cl. 7.1 i.V.m. cl. 55.2 (künftig cl. 53.2 CAP Code):

---

621 S. Anhang 1, S. 293, bzw. Anhang 2, S. 340; der neue CAP Code enthält, in cl. 15.5, eine zusätzliche Bestimmung, die sich mit dem „recommended retail price (RRP)“, d. h. mit der in Deutschland als „unverbindliche Preisempfehlung“ üblichen Angabe befasst.

622 Im neuen CAP Code cl. 53.2, s. Anhang 1, S. 316, bzw. Anhang 2, S. 365.

623 S. Anhang 1, S. 307, bzw. Anhang 2, S. 358.

Die Entscheidungen *Chrysler Jeep Imports UK* vom 15.09.1999, *Mercedes-Benz (United Kingdom) Ltd*, *MG Sports Cars* und *Ford Motor Company Ltd*, jeweils vom 11.08.1999, liefen im Wesentlichen parallel: Die Autohersteller hatten in ihren Anzeigen jeweils als Blickfang die monatlichen Raten herausgestellt (beispielsweise: „199 Pfund pro Monat“) und entweder im folgenden kleiner gedruckten Text oder in einer durch einen Sternchenhinweis mit der Überschrift verbundenen Fußnote erwähnt, dass das Angebot darüber hinaus eine – beträchtliche – Anzahlung bzw., für den Fall der Entscheidung für den Erwerb des Fahrzeugs, die Zahlung eines hohen Endbetrags oder beides erforderte. In allen Fällen urteilte der ASA Council, dadurch, dass in den Anzeigen nur die niedrigen monatlichen Raten hervorgehoben würden, nicht aber die zusätzlichen Zahlungsverpflichtungen, entstehe der irreführende Eindruck, dass der betreffende Wagen allein durch die Zahlung der Raten erworben werden könne, woran auch der Einwand der Beschwerdegegner in dem *Mercedes-Benz*-Fall nichts zu ändern vermochte, dass Kunden sich bei dem Kauf eines Autos nicht allein auf eine Werbeanzeige verließen und daher wahrscheinlich nicht irregeführt würden. In allen Fällen gab der ASA Council den Werbenden demnach auf, auch die übrigen zum Erwerb erforderlichen Zahlungen deutlicher hervorzuheben.

b) Das Gebot, zu den beworbenen Produkten die passenden Preise anzugeben, cl. 15.1

Nach cl. 15.1, Satz 1, 2. Halbsatz, sollten Preisangaben sich immer auf die beworbenen Produkten beziehen. Zusätzlich bestimmt cl. 15.1, Satz 2, dass Preisangaben immer zu den in einer Werbung abgebildeten Produkten passen sollten.

Ein Beispiel zu cl. 15.1, Satz 1, 2. Halbsatz, liefert der Fall *British Airways plc* vom 08.03.2000. In einer Zeitungsanzeige waren mit Preisangaben versehene Flugziele angegeben; in einer Fußnote wurde darauf hingewiesen, dass die Angebote von der Verfügbarkeit und dem gewünschten Termin abhingen. Der Beschwerdeführer bezweifelte, dass Flüge zu den angegebenen Preisen verfügbar waren. Die Werbenden erwiderten, dies sei, wenn auch teilweise nur an Wochentagen, bei weniger ausgelasteten Flügen der Fall. Die Anzeige solle zum Nachfragen anregen, da nicht alle Beschränkungen der Angebote in der Werbung aufgeführt werden könnten; sie würden interessierten Kunden aber auf ihre Erkundigungen hin mitgeteilt. Mit Blick auf die Fußnote in der Anzeige und den Umstand, dass die angebotenen Flüge tatsächlich zu den angegebenen Preisen verfügbar waren, akzeptierte der ASA Council diese Werbung.

Die folgenden Entscheidungen betreffen alle cl. 15.1, Satz 2:

In dem Fall *Tiny Computers Ltd* vom 20.06.2001 richtete sich eine Beschwerde gegen eine Zeitungsanzeige für Computersysteme, in der unter der Nennung dreier verschiedener PC-Modelle, jeweils mit Preisangabe, das Bild eines Computersystems zu sehen war, welches neben dem Rechner selbst, Monitor, Tastatur und Maus auch zwei Lautsprecher, einen Drucker und einen Scanner enthielt. Die letzten vier Teile waren jedoch nicht in den Angeboten enthalten. Zwar hatten die Werbenden seitlich neben der Abbildung den Hinweis gedruckt, diese diene nur der Illustration, der ASA Council meinte aber, die Leser der Anzeige würden daraus nicht entnehmen, dass nicht alle gezeigten Produkte zu den Angeboten gehörten. Aufgrund von cl. 15.1 gab der ASA Council daher den Werbenden auf, solche Anzeigen künftig nicht mehr zu schalten.

Zwei Autowerbungen betreffende Entscheidungen, *Daihatsu (UK) Ltd* vom 13.01.1999 und *Mazda Cars (UK) Ltd* vom 24.10.2001, traf der ASA Council ebenfalls auf der Basis von cl. 15.1 bzw. cl. 7.1 i.V.m. cl. 15.1 und nicht gestützt auf die eigentlich naheliegenden speziellen Vorschriften in cl. 48.7:

Gegenstand des ersten Falles war eine Anzeige, in welcher der Preis eines „Daihatsu Terios" angegeben und ein solcher Wagen abgebildet war. Da es sich bei dem gezeigten Fahrzeug aber um das um 2.000 Pfund teurere der beiden Modelle dieser Bezeichnung handelte, entschied der ASA Council im Sinne des Beschwerdeführers, dass die Anzeige gegen cl. 15.1 verstoße.

Sehr ähnlich lag der zweite Fall: Hier lautete der Haupttext der Anzeige: „The Mazda 626 1.8 5 door GXi. On the road 12,995 pounds", worunter ein Mazda abgebildet war. Kleingedruckt am unteren Rand der Anzeige stand, dass das abgebildete Modell ein „Mazda 626 2.0 GSi" für 14.495 Pfund sei. Die Werbenden verwiesen nicht nur auf die kleingedruckte Erläuterung, sondern auch darauf, dass es in der Branche gängige Praxis sei, bei der Werbung für eine Serie in der Überschrift den Preis des billigsten Wagens der Serie zu nennen, dazu aber einen aus der oberen Preisklasse abzubilden. Der ASA Council entschied jedoch strikt nach cl. 15.1, Satz 2, dass angegebene Preise zu den abgebildeten Produkten passen müssten, weshalb die vorliegende Anzeige irreführend sei.

c) Mehrwertsteuer und sonstige Steuern und Gebühren, cl. 15.2

Grundsätzlich sind in an die Öffentlichkeit gerichteten Werbungen gemäß cl. 15.2, Satz 1, Preise inklusive Mehrwertsteuer sowie aller sonstigen zwingend zu zahlenden Steuern und Gebühren anzugeben, wovon gemäß Satz 2 bezüglich der Mehrwertsteuer bei primär an Geschäftskunden gerichteter Reklame ausnahmsweise abgesehen werden kann; auch in diesen Fällen muss ein eventuell zusätzlich zu zahlender Betrag jedoch deutlich hervorgehoben werden.

Hinsichtlich der Regelungen zur Angabe der Mehrwertsteuer gilt nach der Spruchpraxis des ASA Council Folgendes[624]: Auch wenn eine Werbung von Verbrauchern gelesen wird, ist es ausnahmsweise zulässig, neben den Preisen mit auch die ohne Einrechnung der Mehrwertsteuer anzugeben, wobei die Ersteren jedoch stärker hervorzuheben sind. In Fällen, in denen eine Werbung zwar sowohl von Verbrauchern als auch von Gewerbetreibenden gelesen wird, das beworbene Produkt aber offensichtlich nur die Letzteren interessiert, darf sich die Preisangabe an cl. 15.2, Satz 2, orientieren.

Bezüglich sonstiger Zahlungsverpflichtungen ist insbesondere auf die Angabe von Flugpreisen hinzuweisen[625]: Diese sind inklusive sämtlicher im Inland oder Ausland erhobenen Steuern und Gebühren zu nennen. Sind zwar nicht beim Kauf des Flugtickets, aber bei Ankunft am Zielort weitere Gebühren zu entrichten, ist hierauf, allerdings ohne Angabe des zu zahlenden Betrags, ebenfalls hinzuweisen. Ferner ist es zwar zulässig, zusätzlich auch den reinen Flugpreis anzugeben, jedoch muss dann der sämtliche weitere Abgaben enthaltende Preis deutlicher hervorgehoben werden als der reine Flugpreis.

d) Kopplungsangebote, cl. 15.3

Cl. 15.3 schreibt vor, dass Werbeangebote, die für den Kauf des beworbenen Produkts zu dem angegebenen Preis den Erwerb weiterer Produkte verlangen, alle Zahlungsverpflichtungen des Verbrauchers deutlich machen sollten[626].

Ein eindeutig unter diese Bestimmung fallendes Beispiel liefert die Entscheidung *Online Direct* vom 13.10.1999. Sie betraf eine Werbebeilage einer Zeitung, die einen brandneuen PC („a brand-new, full multi-media computer") im Wert von 448,99 Pfund für nur 299,99 Pfund „ohne versteckte Zusatzkosten" anpries. Auf seine telefonische Erkundigung hin wurde dem Beschwerdeführer mitgeteilt, er müsse eine Garantie für 30 Pfund kaufen, für ein Jahr den Internet-Service der Werbenden verwenden, monatlich für mindestens zehn Stunden Online-Gebühren entrichten und die Anlieferung des Computers bezahlen, weshalb er, gestützt auf cl. 3.1, 7.1, 15.3, die Werbung beanstandete. Der ASA Council gab der Beschwerde statt.

Ebenfalls cl. 15.3, aber auch cl. 15.4[627], war der Beurteilungsmaßstab in dem Fall *Joseph Turner* vom 13.09.2000. Gegenstand war hier die Aufforderung auf der Vorderseite einer Werbebroschüre für Herrenbekleidung, beim Kauf von Baumwollhemden ab 29,60 Pfund bis zu 20 Prozent zu sparen. Im Inneren der Broschüre wurde das Angebot dahingehend konkretisiert, dass der Preis eines

---

624 Zum Folgenden vgl. CAP, Help Note on VAT Price Quotations, unter www.cap.org.uk.

625 S. hierzu Help Note on Travel Advertisements, S. 2, unter www.cap.org.uk.

626 Im neuen CAP Code heißt es nicht mehr „should", sondern „must".

627 S. hierzu sogleich, unter e).

Hemdes bei Bestellung eines Stücks 37 Pfund, bei Bestellung von zwei Stücken 33,30 Pfund, und bei Bestellung von drei oder mehr Stücken 29,60 Pfund betrug. Die Beschwerde gründete sich darauf, dass die Aussage auf der Vorderseite den unrichtigen Eindruck erweckte, dass es möglich sei, ein Hemd zum Preis von 29,60 Pfund zu erwerben. Der ASA Council hielt in Übereinstimmung mit der Ansicht des Beschwerdeführers, (wohl) wegen Verstoßes gegen cl. 15.3 und 15.4, die Werbung für irreführend gemäß cl. 7.1.

e) Werbung mit Anfangspreisen, cl. 15.4

Cl. 15.4 untersagt es Werbenden, bei Preisankündigungen unter Verwendung von Formulierungen wie „bis zu“ oder „ab“ die wahrscheinliche Verfügbarkeit der angepriesenen Vorteile für die Verbraucher übertrieben darzustellen. Sehr häufig hat der ASA Council über Werbungen zu urteilen, in denen nur eine verschwindend geringe Zahl, manchmal sogar nur eines, der beworbenen Produkte zu dem herausgestellten Anfangspreis („from ...“ bzw. „save up to ...“) erworben werden kann, demgegenüber für die meisten angebotenen Produkte aber zumeist ein deutlich höherer Preis verlangt wird.

Zur Illustrierung kann die Entscheidung *Thomson Travel Group t/a Thomson* vom 09.05.2001herangezogen werden. Die Beschwerde eines Konkurrenzunternehmens richtete sich hier gegen die Broschüre eines Reiseveranstalters für Sommerreisen, auf deren Vorderseite die Überschrift ankündigte: „PRICE BREAKERS – Prices from 99 pounds“. Am unteren Rand stand im Kleindruck „see page 2“. Aus dem Text auf Seite 2 der Broschüre war zu entnehmen, dass für 99 Pfund nur eine einzige Pauschalreise – Flug ab London, eine Woche Selbstverpflegung für vier Erwachsene in einem Apartment an der Costa Brava zu drei möglichen Terminen im Oktober – angeboten wurde. Da die Broschüre Angebote für eine sehr große Anzahl Pauschalreisen enthielt, befand der ASA Council, dass die Überschrift die Zahl der Urlaubsreisen für 99 Pfund weit größer erscheinen ließ, als sie war, weshalb er der Beschwerde stattgab.

Ohne dass dies, soweit ersichtlich, in Entscheidungen des ASA Council zum Ausdruck kommt, gilt für die Anwendung von cl. 15.4 durch den ASA Council als Faustregel, dass grundsätzlich zumindest zehn Prozent der beworbenen Produkte zu dem hervorgehobenen Anfangspreis zu erwerben sein sollen[628].

2. Hinweise zum Code of Practice for Traders on Price Indications

Der bereits erwähnte, s. 20 CPA ergänzende Code of Practice for Traders on Price Indications[629] enthält in ss. 2.1 und 2.2[630] teilweise mit den Vorschriften in

---

628 Quelle: CAP, www.cap.org.uk, unter „online-advice“, Stichwort „Prices“.

629 S. o., 1. Abschnitt, B. II. 2. b).

630 Part 2: Actual price to consumer, Seiten 14 bis 18 des Code of Practice.

cl. 15 der Regeln des CAP annähernd identische Regelungen, wobei diese jedoch insgesamt, ihrem Zweck entsprechend, praxisbezogener und damit konkreter, d. h. weniger quasi-rechtlich und abstrakt formuliert sind.

3. Das deutsche Wettbewerbsrecht

Preisangaben unterliegen zum einen dem allgemeinen Irreführungsverbot des § 3 UWG (Grundsatz der Preiswahrheit) und zum anderen den Vorschriften der Preisangabenverordnung, deren § 1 V die Grundsätze der Preisklarheit und Preiswahrheit betont und konkretisiert. Da es sich bei den Bestimmungen der Preisangabenverordnung aber nach ständiger Rechtsprechung des BGH um wertneutrale Normen handelt[631], stellt deren Verletzung erst dann, in der Form des Vorsprungs durch Rechtsbruch, einen Verstoß gegen § 1 UWG dar, wenn sich ein Wettbewerber bewusst und planmäßig über diese Bestimmungen hinwegsetzt, obwohl für ihn erkennbar ist, dass er dadurch einen Vorsprung vor gesetzestreuen Mitbewerbern erlangen kann[632].

a) Irreführende Preisangaben gemäß § 3 UWG

(i) Teilzahlungswerbung[633]

Im Fall der Herausstellung der Barpreise in einer Anzeige für Möbel und den jeweils darunter befindlichen Hinweisen auf die Zahl und die Höhe der monatlichen Ratenzahlungen bei einem „Finanzkauf" ging der BGH von einer Irreführungseignung i.S.d. § 3 UWG aus, da hierdurch bei einem nicht unerheblichen Teil der angesprochenen Verbraucher der unzutreffende Eindruck erweckt werde, dass der deutlich hervorgehobene Kaufpreis dem bei einem „Finanzkauf" der beworbenen Art zu zahlenden Betrag entspreche[634]. Der Umstand, dass die Verbraucher die tatsächliche finanzielle Belastung bei einem Ratenzahlungskauf durch Nachrechnen ermitteln und so den durch die Gestaltung der Anzeige vermittelten unrichtigen Eindruck korrigieren könnten, stehe einer relevanten Irreführung nicht entgegen[635].

---

631 BGH, GRUR 1983, 443 (445) – Kfz-Endpreis; BGH, GRUR 1988, 699 (700) – qm-Preisangaben II; BGH, GRUR 1991, 845 (846) – Nebenkosten; BGH, GRUR 1994, 311 (312) – Finanzkaufpreis ohne Mehrkosten; gl. A. *Baumbach/Hefermehl*, § 1 UWG Rn 634; *Köhler/Piper*, § 1 Rn 795; a. A. OLG Frankfurt, GRUR 1988, 49 (50) – Reisebuchung.

632 S. z. B. BGH, GRUR 1983, 443 (445) – Kfz-Endpreis.

633 Spezielle Regelungen für Kredite enthält § 6 PAngVO.

634 BGH, GRUR 1993, 127 (127) – Teilzahlungspreis II; zust. *Baumbach/Hefermehl*, § 3 UWG Rn 291 a. E.; *Köhler/Piper*, § 3 Rn 483.

635 BGH, GRUR 1993, 127 (127 f.) – Teilzahlungspreis II; vgl. auch BGH, GRUR 1989, 855 (856 a. E.) – Teilzahlungskauf II; ebenso etwa *Baumbach/Hefermehl*, § 3 UWG Rn 89 a; *Köhler/Piper*, § 3 Rn 107.

(ii) Exaktheit der Beschreibung der beworbenen Produkte

In diesem Zusammenhang beschäftigten sich zahlreiche oberlandesgerichtliche Entscheidungen mit der Frage, ob es bei der Werbung für Elektrogeräte zur Vermeidung einer Irreführung gemäß § 3 UWG und teilweise auch eines Verstoßes gegen § 1 I PAngVO erforderlich ist, die Typenbezeichnungen der Hersteller der beworbenen Geräte mit anzugeben. Während das OLG Köln dies betreffend § 3 UWG in einem, soweit ersichtlich, vereinzelt gebliebenen Urteil bejaht hat[636], wurde in anderen Entscheidungen eine solche Verpflichtung grundsätzlich abgelehnt und nur ausnahmsweise dann angenommen, wenn die Geräte nicht mittels anderer technischer Daten ausreichend beschrieben seien[637].

(iii) Irreführung über den Umfang des Angebots

Eine weitere Gruppe von § 3 UWG erfasster Fälle ist die der Werbung mit Begriffen bzw. unter Verwendung von Aufmachungen, welche suggerieren, dass das jeweilige Angebot mehr Produkte umfasst, als tatsächlich zutreffend ist.

So erachtete das OLG Hamm die Werbung eines Bestattungsinstituts mit der Angabe „Beerdigungs-Endpreis ... DM 1800,-" als irreführend, da dieser Preis nicht alle Grablegungskosten umfasste[638]. Desgleichen kann auf ein Urteil des OLG Hamm hingewiesen werden, wonach die Preisangabe „komplett 2600,- DM" neben der Abbildung eines vollständig eingerichteten Schlafzimmers einschließlich Lattenrost, Matratzen und Bettdecke zur Irreführung geeignet sei, da sie, trotz des sehr klein gedruckten Hinweises, dass diese Gegenstände nicht von dem Angebot erfasst seien, den unzutreffenden Eindruck hervorrufen könne, sie seien darin enthalten[639].

(iv) Fehlende oder versteckte Hinweise auf zusätzliche Zahlungspflichten

Als irreführend werden ferner auch Werbeangaben angesehen, die zusätzlich zu dem herausgestellten Preis zu zahlende weitere Kosten verschweigen oder nur versteckt angeben. Hierzu zählen die Werbung mit der Angabe von Endpreisen für Kraftfahrzeuge, denen der Hinweis darauf fehlt, dass die Überführungskos-

---

636 OLG Köln, WRP 1981, 118; klarstellend, diese Frage aber offen lassend OLG Köln, WRP 1984, 107 (109); ebenfalls für geboten betrachtet diese Angabe *Booz*, WRP 1982, 313 (315), allerdings im Unterschied zum OLG Köln nicht aufgrund von § 3 UWG, sondern gestützt auf § 1 I S. 2 PAngVO a. F.

637 OLG Frankfurt, WRP 1982, 98 (99); OLG Koblenz, WRP 1982, 657 (657 f.); OLG Saarbrücken, WRP 1982, 358 (359); KG, GRUR 1984, 135 (136 f.); OLG Stuttgart, WRP 1984, 356 (356 f.); Großkomm./*Lindacher*, § 3 UWG Rn 925; ähnlich *Nacken*, WRP 1981, 79 (81 f.); anders lagen die Fälle des OLG Hamm, WRP 1982, 41 und 43.

638 OLG Hamm, GRUR 1987, 921 (921 f.) – Beerdigungs-Endpreis; zust. *Baumbach/Hefermehl*, § 3 UWG Rn 276 d; *Köhler/Piper*, § 3 Rn 380.

639 OLG Hamm, GRUR 1991, 636 (nur Leitsätze).

ten noch nicht eingerechnet sind[640], sowie der sehr ähnliche Fall eines als „Inclusiv-Preis“ im Fettdruck angegebenen Betrags und eines kleingedruckten Hinweises auf die zusätzlich anfallenden Transportkosten, wo ausgeführt wurde, dass dieser Hinweis so deutlich und eindeutig sein müsse, dass sich eine Vorstellung, bei dem angebotenen „Inclusiv-Preis“ handle es sich um den Endpreis, gar nicht erst bilden könne[641].

Entsprechendes gilt auch für die Fälle von Immobilienanzeigen, aus denen nicht zum Ausdruck kommt, dass sie von einem Makler – in seiner Eigenschaft als solcher und nicht bei einem provisionsfreien Angebot[642] – stammen und folglich bei Vertragsschluss eine Maklerprovision zu zahlen ist[643].

Schließlich fällt hierunter auch die Angabe von Preisen ohne Mehrwertsteuer, wenn der hierauf hinweisende Satz leicht übersehen werden kann[644].

(v) Angaben zu der Inkludierung der Mehrwertsteuer

Unter dem Aspekt der Werbung mit einer Selbstverständlichkeit wurden in der Rechtsprechung Fälle beurteilt, in denen Preisangaben in der Werbung mit dem Hinweis „incl. MWSt.“ versehen waren. Eine Werbung mit einer Selbstverständlichkeit verstößt trotz der objektiven Richtigkeit der in ihr enthaltenen Angabe gegen § 3 UWG, wenn dem Publikum nicht bekannt ist, dass die betonte Eigenschaft der beworbenen Ware oder Leistung zu ihrem Wesen gehört oder gesetzlich vorgeschrieben ist, und wenn das Publikum deshalb annimmt, dass mit der Werbung ein Vorzug gegenüber anderen Erzeugnissen gleicher Gattung und den Angeboten von Mitbewerbern hervorgehoben wird[645].

Für irreführend erachteten die Gerichte danach eine solche Werbung dann, wenn die angesprochenen Verkehrskreise dem Hinweis auf den Einschluss der Mehrwertsteuer eine über einen lediglich erläuternden Zusatz hinausgehende, die Wa-

---

640 BGH, GRUR 1989, 606 (608) – Unverb. Preisempfehlung; gl. A. *Baumbach/Hefermehl*, § 3 UWG Rn 276 d; *Köhler/Piper*, § 3 Rn 380.

641 OLG Frankfurt, WRP 1985, 497 (497 f.), unter Hinweis auf zwei Entscheidungen des BGH zu § 1 I PAngVO a. F. in GRUR 1983, 443 (445) – Kfz-Endpreis, und GRUR 1983, 658 (661) – Herstellerpreisempfehlung in Kfz-Händlerwerbung; s. hierzu noch unter b).

642 Vgl. hierzu BGH, GRUR 1993, 760 (760 f.) – Provisionsfreies Maklerangebot; BGH, GRUR 1993, 761 (762) – Makler-Privatangebot.

643 BGH, GRUR 1990, 377 (377) – RDM; BGH, GRUR 1991, 324 (325) – Finanz- und Vermögensberater; zust. Großkomm./*Lindacher*, § 3 UWG Rn 924.

644 OLG Karlsruhe, WRP 1977, 420 (421), auch zu § 7 PAngVO a. F.; zu der Werbung mit dem Einschluss der Mehrwertsteuer s. sogleich.

645 Vgl. etwa BGH, GRUR 1990, 1027 (1028) – incl. MWSt. I; *Baumbach/Hefermehl*, § 3 UWG Rn 53; Großkomm./*Lindacher*, § 3 UWG Rn 167; *Köhler/Piper*, § 3 Rn 180.

re des Werbenden auszeichnende Bedeutung beimäßen, was nur der Fall sei, wenn der Hinweis in der Textgestaltung besonders hervorgehoben würde[646].

Im Ausgangspunkt ähnlich, aber tendenziell zurückhaltender in Bezug auf eine Irreführung sind einzelne Ansichten in der Literatur: So wurde festgestellt, der bloße Zusatz „inkl. MWSt.“ wirke für sich allein noch nicht irreführend, sondern dieser müsse etwa durch Fettdruck, Großschreibung oder Unterstreichung hervorgehoben oder in sonstiger Weise vom übrigen Text abgesetzt sein, um eine Irreführung zu begründen[647]. In seiner Anmerkung zu den „incl. MwSt.“-Entscheidungen I bis III des BGH kritisierte *Doepner* insbesondere die zweite, eine Irreführung bejahende, in materiell- und verfahrensrechtlicher Hinsicht[648].

(vi) Kopplungsangebote

In Bezug auf Kopplungsangebote gilt nach der Rechtsprechung des BGH generell die Verpflichtung, Preise einheitlich zu bewerben: Wettbewerbswidrig ist es danach insbesondere, in der Werbung allein das Versprechen unentgeltlicher Teilleistungen oder den günstigen Preis einer Teilleistung herauszustellen, ohne zugleich in klarer Zuordnung leicht erkennbar und deutlich lesbar auf das für den anderen Teil des Kopplungsangebots zu zahlende Entgelt hinzuweisen; gegenüber dem herausgestellten Hinweis auf die günstige Teilleistung dürfen die Angaben, aus denen sich die wirtschaftliche Belastung des Verbrauchers ergibt, nicht vollständig in den Hintergrund treten[649].

---

646 BGH, GRUR 1990, 1027 (1028) – incl. MWSt. I; BGH, GRUR 1990, 1028 (1029) – incl. MwSt. II, wo ein Verstoß gegen § 3 UWG bejaht wurde; BGH, GRUR 1990, 1029 (1030) – incl. MwSt. III; BGH, GRUR 1991, 323 – incl. MwSt. IV; ebenso OLG Stuttgart, WRP 682 (684); s. auch OLG Karlsruhe, WRP 1989, 264 (264 f.), das auf der Basis derselben rechtlichen Grundsätze wie in der „incl. MwSt. I“-Entscheidung des BGH einen ähnlichen Sachverhalt in tatsächlicher Hinsicht anders beurteilte; der Rechtsprechung zust. *Baumbach/Hefermehl*, § 3 UWG Rn 276 c; *Köhler/Piper*, § 3 Rn 181 f.

647 Etwa *Haller*, WRP 1989, 5 (10), im Gegensatz zu dem zitierten Urteil des OLG Karlsruhe, WRP 1989, 264 (264 f.); ähnl. Großkomm./*Lindacher*, § 3 UWG Rn 922.

648 *Doepner*, GRUR 1990, 1030 (1031 f.); s. auch Großkomm./*Lindacher*, § 3 UWG Rn 922 a. E.

649 So, gestützt auf §§ 1, 3 UWG und § 1 V S. 2 PAngVO, BGH, WRP 2002, 1259 (1262) – Kopplungsangebot II; ähnl. BGH, WRP 2002, 1256 (1259) – Kopplungsangebot I; s. auch BGH, GRUR 1999, 261 (264) – Handy-Endpreis; BGH, GRUR 1999, 264 (267) – Handy für 0,00 DM; BGH, GRUR 2001, 446 (447) – 1-Pfennig-Farbbild.

(vii) Werbung mit „Ab-Preisen"

Wie cl 15.4 des Advertising Code untersagt auch § 3 UWG das Werben mit „Ab-Preisen" für Waren, die üblicherweise in größerer Zahl angeboten werden, wenn nur wenige Stücke der niedrigsten Preislage vorhanden sind[650].

(viii) Mehrdeutige oder sonst irreführende Angaben

Der BGH untersagte die Gegenüberstellung des eigenen Preises mit „ca.-Preis lt. Test" bzw. „Preis lt. Test" aus einem Testbericht der Stiftung Warentest wegen Mehrdeutigkeit und Irreführungsgefahr, da diese Angaben bei den angesprochenen Verkehrskreisen unterschiedliche Vorstellungen hervorrufen könnten, gerade der in Bezug genommene „ca.-Preis" jedoch weder den allgemeinen noch den niedrigsten ermittelten Konkurrenzpreis anzeige[651]. Als irreführend wurde auch die Werbung mit „Netto-Preisen" beurteilt, weil dieser mehrdeutige Begriff darauf hindeute, dass die verlangten Preise im Vergleich zu anderen („Brutto"-) Preisen um irgendeinen Faktor gekürzt und deshalb vorteilhafter als diese seien, ohne dass der Verbraucher aber feststellen könne, ob dies tatsächlich zutreffe; allein aufgrund des Eindrucks einer besonderen Preisgünstigkeit werde ein nicht unerheblicher Teil der angesprochenen Verkehrskreise eher geneigt sein, bei der Beklagten zu kaufen[652].

Für irreführend erklärte der BGH ferner die blickfangmäßige Werbung mit „Sommerpreisen" für Ski-Ausrüstung, in der nicht ebenso deutlich darauf hingewiesen wurde, dass die Artikel nicht nur wegen ihrer Saisongebundenheit im Sommer günstig angeboten wurden, was das Schlagwort „Sommerpreise" impliziere, sondern auch, weil es sich durchweg um Auslaufmodelle handelte[653].

b) Verstöße gegen § 1 PAngVO

Der BGH hat in zwei Entscheidungen klargestellt, dass die Angabe von Quadratmeterpreisen in der Immobilienwerbung eine Preisangabe i.S.d. § 1 I S. 1 PAngVO ist und dass daher die Angabe eines Endpreises zu verlangen ist, und

---

650 *Baumbach/Hefermehl*, § 3 UWG Rn 280 und 281; Großkomm./*Lindacher*, § 3 UWG Rn 920; die beiden Entscheidungen des BGH, GRUR 1991, 847 (848) – Kilopreise II, und des OLG Stuttgart, WRP 1983, 51 (52), zu „Von ... bis"-Preisen betrafen allein § 1 PAngVO unter dem Aspekt der Preisklarheit.

651 BGH, GRUR 1981, 654 (655) – Testpreiswerbung; zust. *Baumbach/Hefermehl*, § 3 UWG Rn 321; *Köhler/Piper*, § 3 Rn 378.

652 OLG Köln, WRP 1981, 44 (45); gl. A. *Baumbach/Hefermehl*, § 3 UWG Rn 276 b; krit. Großkomm./*Lindacher*, § 3 UWG Rn 921.

653 BGH, GRUR 1987, 45 (47) – Sommerpreiswerbung; zust. *Baumbach/Hefermehl*, § 3 UWG Rn 274; *Köhler/Piper*, § 3 Rn 379.

zwar unabhängig davon, ob die Werbung die für die Ermittlung des Endpreises außerdem erforderlichen Angaben enthält oder nicht[654].

Darüber hinaus stellt sich bei Fällen, wie sie im Zusammenhang mit fehlenden oder versteckten Hinweisen auf zusätzliche Zahlungspflichten im Rahmen des § 3 UWG vorgestellt wurden[655], zumeist auch die Frage nach einer Verletzung von § 1 I S. 1 PAngVO, der u. a. bei der Werbung unter Angabe von Preisen die Angabe der Endpreise verlangt, i.V.m. § 1 V PAngVO (§ 1 VI PAngVO a. F.)[656]. Eine solche sah der BGH in der Entscheidung „Luxus-Ferienhäuser"[657] im Fall einer Werbung mit der Preisangabe „DM ... + Mwst." für gegeben an, desgleichen in dem Urteil „Flughafengebühr"[658], das eine Werbung in einem Reiseprospekt betraf, in der Flugpreise ohne die – gesondert aufgeführten – Flughafengebühren angegeben wurden, sowie in dem bereits zitierten „Kfz-Endpreis"-Fall[659], der eine Kfz-Werbung zum Gegenstand hatte, in der die Kosten für die Überführung, Umrüstung und TÜV-Abnahme von Wagen aus anderen EG-Staaten nicht in den Endpreis aufgenommen worden waren. Ebenso entschied der BGH auch in Bezug auf Prospekte einer Reiseveranstalterin, in denen diese obligatorische Nebenkosten für Ferienwohnungen extra aufgeführt, aber nicht in die angegebenen Mietpreise eingerechnet hatte[660]. Demgegenüber stellte das OLG Stuttgart klar, dass ein Verstoß gegen § 1 I S. 1 PAngVO nicht vorliege, wenn in einer Werbung für Neuwagen die Preise ohne Frachtkosten angegeben würden, zugleich aber unmissverständlich auf deren gesonderte Berechnung hingewiesen werde, was insbesondere dann gelte, wenn die Frachtkosten bei den verschiedenen Niederlassungen in unterschiedlicher Höhe anfielen, da deren Einbeziehung nicht ohne Verstoß gegen das Gebot der Preisklarheit gemäß § 1 V PAngVO (§ 1 VI PAngVO a. F.) möglich sei[661].

In Bezug auf Teilzahlungen hat der BGH festgestellt, dass § 1 I S. 1 PAngVO nur den Anbietenden oder Werbenden zur Angabe des Endpreises verpflichtet,

---

654 BGH, GRUR 1983, 665 (666) – qm-Preisangaben I; BGH, GRUR 1988, 699 (699 f.) – qm-Preisangaben II; ebenso OLG München, WRP 1982, 358; zust. auch *Jacobs*, GRUR 1983, 619 (623).

655 S. o., unter a) (iv).

656 Wie eingangs festgestellt, gegebenenfalls mit der Folge eines Verstoßes gegen § 1 UWG unter dem Aspekt des Vorsprungs durch Rechtsbruch.

657 BGH, GRUR 1979, 553 (553 f.) – Luxus-Ferienhäuser, mit zust. Anm. *Gaedertz*.

658 BGH, GRUR 1981, 140 (141) – Flughafengebühr; s. zu ähnlichen Sachverhalten auch BGH, NJW-RR 2001, 1693, und OLG Düsseldorf, NJWE-WettbR 1998, 104 (104).

659 BGH, GRUR 1983, 443 (444 f.) – Kfz-Endpreis; s. auch OLG Düsseldorf, WRP 1995, 732 (734).

660 BGH, GRUR 1991, 845 (846) – Nebenkosten.

661 OLG Stuttgart, NJWE-WettbR 1998, 78 (79 f.); s. hierzu bereits BGH, GRUR 1983, 443 (445) – Kfz-Endpreis, und BGH, GRUR 1989, 606 (608) – Unverb. Preisempfehlung.

der den Preis gegenüber dem Verbraucher festsetzt oder von ihm fordert, nicht dagegen einen Kfz-Händler, der für den fremdfinanzierten Erwerb von PKW wirbt; dieser sei lediglich gemäß § 4 I PAngVO (a. F., § 6 PAngVO n. F.) zur Angabe des effektiven Jahreszinses verpflichtet, woran sich auch dadurch nichts ändere, dass die angesprochenen Verbraucher den Verkäufer und das finanzierende Kreditinstitut wirtschaftlich als Einheit betrachteten[662].

4. Fazit der Gegenüberstellung

Die in cl. 15 des Regelwerks des CAP enthaltenen Bestimmungen finden sämtlich eine, wenn nicht identische, so doch zumindest weitgehende Entsprechung im deutschen Wettbewerbsrecht. Allerdings bietet das Letztere über das auch in cl. 15 der Codes ausgedrückte spezielle Irreführungsverbot bzw. Transparenzgebot hinaus mit der Fallgruppe des übertriebenen Anlockens i.S.d. § 1 UWG auch eine Handhabe gegen unsachliche Beeinflussung der angesprochenen Verkehrskreise, insbesondere durch das Herausstellen besonders günstiger Teile von Kopplungsangeboten.

Seit der Abschaffung von Rabattgesetz und Zugabeverordnung ist diesbezüglich jedoch noch nicht ganz klar, wie weit dieser Schutz heute reicht[663]: Während der BGH die Ansicht vertritt, im Sinne einer Art Missbrauchskontrolle gemäß §§ 1 und 3 UWG sowie § 1 PAngVO müsse neben einem Transparenzgebot auch das Verbot von solchen Kopplungsangeboten gelten, von denen eine so starke Anlockwirkung ausgehe, dass auch bei einem verständigen Verbraucher ausnahmsweise die Rationalität der Nachfrageentscheidung vollständig in den Hintergrund trete[664], hat nach Auffassung des OLG Karlsruhe das Unlauterkeitskriterium des übertriebenen Anlockens grundsätzlich ausgedient; wettbewerbsrechtlich unzulässig seien nur noch die Ausnahmefälle, in denen ein besonders krasses Missverhältnis zwischen dem gewährten Vorteil und der entgeltlichen Leistung bestehe, so dass das eingesetzte Lockmittel eine unsachliche Beeinflussung der angesprochenen Verkehrskreise in besonderem Maße befürchten lasse[665], was zumindest graduell liberaler erscheint als die Meinung des BGH. Un-

---

662 BGH, GRUR 1994, 224 (225 f.) – Teilzahlungspreis III, unter Hinweis auf BGH, GRUR 1992, 857 – Teilzahlungspreis I.

663 Zur bisherigen Rechtslage s. etwa BGH, GRUR 1996, 363 (364) – Saustarke Angebote; BGH, GRUR 1999, 261 (263) – Handy-Endpreis, mit zust. Anm. *Ackermann*, BB 1998, 2544 (2544 f.); BGH, GRUR 1999, 264 (266) – Handy für 0,00 DM, jeweils mit weit. Nachw.

664 BGH, WRP 2002, 1256 (1258) – Kopplungsangebot I, mit teilw. krit. Bespr. *Pluskat*, WRP 2002, 1381 (1383 ff.); BGH, WRP 2002, 1259 (1262) – Kopplungsangebot II.

665 OLG Karlsruhe, GRUR-RR 2002, 168 (168) – Zwei Knaller; ähnl. *Berlit*, WRP 2001, 349 (352 f.); s. zu derselben Problematik auch OLG Karlsruhe, WRP 2001, 1238 (1240 ff.) – „Jetzt schlägt's PUNTO!“, und OLG Köln, GRUR-RR 2002, 115 (115 ff.) – Miles & More-Prämien.

abhängig davon, wie derartige Fälle im deutschen Recht künftig im Einzelnen behandelt werden, bleibt festzuhalten, dass dieses insofern, bezogen auf Kopplungsangebote, strenger ist als die britischen Selbstkontrollregeln, weil es neben der Gefahr von Irreführungen zumindest prinzipiell auch die unsachlicher Beeinflussungen erfasst.

XVIII. Gratisangebote, cl. 16[666]

Cl. 16.1 (cl. 32.1 CAP Code) stellt zunächst klar, dass es zulässig ist, ein Gratisangebot unter die Bedingung des Erwerbs weiterer Produkte zu stellen. Die Zahlungspflichten der Verbraucher, die nicht mehr als Porto-[667], Transport- oder die eigenen Reisekosten, insbesondere keine Verpackungs- und Bearbeitungsgebühr, umfassen dürfen, sollten in jeder das Angebot anpreisenden Werbung klar herausgestellt werden. Gemäß cl.16.2 (cl. 32.2 CAP Code) dürfen Werbende weder die Qualität oder Beschaffenheit der Produkte herabsetzen, die für den Erhalt einer Gratisleistung erworben werden müssen, noch deren Preise erhöhen, um ihre Kosten zu decken. Nach cl. 32.3 des neuen CAP Code sollte zudem ein Bestandteil eines „Pakets" aus mehreren Produkten nicht als „gratis" bezeichnet werden, wenn seine Kosten im Preis des Gesamtpakets enthalten sind. Der Begriff „free trial" sollte gemäß cl. 32.4 nicht für „Satisfaction or your money back"-, „Buy one get one free"- oder sonstige Angebote verwendet werden, die einen nicht erstattungsfähigen Kauf verlangen. Im Fall von „Free trial"-Angeboten sollte gegebenenfalls eine prompte Erstattung erfolgen.

1. Die Spruchpraxis des ASA Council

Die ASA-Entscheidungen *Diners Club International t/a Diners Club UK Ltd* und *The Royal Bank of Scotland Group t/a RBS Advanta*, beide vom 01.08.2001, betrafen die Angebote so genannter „Thank You Gifts" zum Firmenjubiläum, die den Kunden zusammen mit ihren Kreditkartenabrechnungen zugeschickt wurden. Im ersten Fall sollten die Kunden für jedes der von ihnen ausgewählten Geschenke 3,97 Pfund für Versand und Bearbeitung zahlen, im zweiten 3,95 Pfund für Porto und Verpackung. Ausgehend von der Verbrauchererwartung dahingehend, dass ein Geschenk umsonst sei, befand der ASA Council, da die Zahlungspflichten im ersten Fall die Kosten der Geschenke selbst (ca. 1,31 Pfund) enthielten, und im zweiten Fall mit den Verpackungskosten mehr von den Kunden verlangt wurde, als zulässig war, dass die Bezeichnung als „Geschenk" nicht akzeptabel sei.

---

666 Im neuen CAP Code finden sich die diesbezüglichen Vorschriften, u. a. ergänzt um Bestimmungen zu kostenlosen Testangeboten, unter „Free offers and free trials" in cl. 32.

667 Hier wurden die Regeln im neuen CAP Code in Bezug auf moderne Kommunikationsmittel ergänzt.

Der Fall *Landround Marketing Ltd* vom 08.11.2000 betraf eine Anzeige in einer Zeitschrift für Gewerbetreibende, die eine Gutscheinaktion für kostenlose Flüge mit den Worten „Fly the world for free! – Buy and Fly!, the exciting new consumer travel reward (...)" anpries. Die Beschwerde hiergegen stützte sich darauf, dass die Verbraucher nicht von den Flughafengebühren befreit waren. Entgegen der Ansicht der Vertreter des Unternehmens, es handle sich vorliegend nicht um Werbung, da sie nicht direkt Flüge an Verbraucher, sondern nur ihre Gutscheine an Unternehmen verkauften, die diese ihren Kunden oder ihren Mitarbeitern anbieten könnten, stellte der ASA Council (ohne Begründung) fest, dass es sich bei der Anzeige um Werbung handle. Der weiter vorgebrachte Hinweis, dass alle Teilnehmer der Aktion die Allgemeinen Geschäftsbedingungen erhielten und damit über die Pflicht zur Zahlung der Flughafengebühren informiert würden, änderte nichts daran, dass der ASA Council die Aussage „fly the world for free" wegen der Gebührenbelastung für irreführend hielt (cl. 7.1, 16.1) und den Werbenden daher aufgab, künftig in den Anzeigen auf diese Zahlungspflicht der Teilnehmer hinzuweisen.

Unter cl. 16.2 hatte der ASA Council den Fall *First Choice Flights & Holidays* vom 22.08.2001 zu beurteilen. Hier ging es um das Angebot in einem Reiseprospekt, im Rahmen eines Pauschalurlaubs kostenlos für fünf bzw. zwölf Tage ein Auto zu mieten, wobei die Kosten für Benzin, Versicherung und Steuern von den Reisenden zu tragen waren. Da der Beschwerdeführerin für Versicherung und Steuern 123 Pfund in Rechnung gestellt wurden, beanstandete sie die Anzeige gemäß cl. 16.2, denn sie meinte, diese Kosten seien künstlich erhöht worden, um die Kosten der Fahrzeugbenutzung abzudecken. Da die Werbenden ihre Rechtfertigung, die Kosten seien angemessen kalkuliert, nicht schriftlich belegen konnten, gab der ASA Council der Beschwerde statt.

2. Das deutsche Wettbewerbsrecht

a) § 3 UWG

Es entspricht allgemeiner Auffassung, dass Werbung für „kostenlose" bzw. „Gratis"-Angebote nur zulässig ist, wenn überhaupt keine Kosten, auch nicht für Verpackung, Werbung und Versand, berechnet werden; andernfalls verstößt die Werbung gegen § 3 UWG[668]. Gemäß den allgemeinen Regeln zur Blickfangwerbung ist es auch im vorliegenden Zusammenhang unzulässig, ein großgedrucktes „Gratis" später im Kleindruck einzuschränken[669]. In eine ähnliche Richtung weist etwa die Entscheidung des OLG Karlsruhe, in der es eine Wer-

---

668 *Köhler/Piper*, § 3 Rn 387; streitig ist insoweit nur, ob dies auch für an Geschäftsleute gerichtete Werbung gilt; verneinend *Baumbach/Hefermehl*, § 3 UWG Rn 338; bejahend Großkomm./*Lindacher*, § 3 UWG Rn 853.

669 *Baumbach/Hefermehl*, § 3 UWG Rn 338.

beaktion als nach § 3 UWG unzulässig irreführend erklärte, in der in einem eindeutig als Geschenkgutschein gestalteten „Anforderungs-Scheck" für den vierzehntägigen Bezug einer Tageszeitung eine zahlungspflichtige Bestellung der Zeitung eingefügt war: Mangels einer Mitteilung innerhalb des Probezeitraums, die Zeitung nicht weiterlesen zu wollen, ging danach der Bezug in ein Jahresabonnement über[670].

Weiterhin gilt grundsätzlich, dass das Versprechen einer Gratisleistung nicht dadurch umgangen werden darf, dass an anderer Stelle ein Entgelt in den vom Kunden zu zahlenden Preis mit einkalkuliert wird, so etwa, wenn ein mit der Angabe „Keine Provision" werbender Makler die Provision in den Kaufpreis des zu vermittelnden Objekts mit einrechnet[671]. Die oberlandesgerichtliche Rechtsprechung legte diesbezüglich zunächst sehr strenge Maßstäbe an, welche der BGH später etwas auflockerte: So beurteilte das OLG Stuttgart[672] die Ankündigung, eine illustrierte Wochenendbeilage im Rahmen des Abonnements einer Tageszeitung „ohne jeden Preisaufschlag" abzugeben, noch als irreführend gemäß §§ 1, 3 UWG, da die Kunden daraus den unzutreffenden Schluss zögen, dass der Preis der Beilage nicht in den Gesamtpreis des Abonnements einkalkuliert werde, sondern dass diese umsonst sei. Desgleichen erachtete das KG den Werbehinweis „Kostenlose Beratung" eines Verkäufers von Gardinen und Teppichböden als nach § 3 UWG irreführend, da hierdurch der fälschliche Eindruck besonderer Preiswürdigkeit des Angebots erweckt werde, weil ein Teil der Leistung angeblich unentgeltlich erbracht werde; in Wirklichkeit würden die für die Beratung anfallenden Personalkosten aber bei der Preiskalkulation berücksichtigt[673]. Schließlich gab das OLG Koblenz einer Unterlassungsklage gegen die Werbung für ein Aqua-Bett in einem Warenhaus mit dem Hinweis, bei Anlieferung werde dieses kostenlos aufgebaut, gefüllt und angeschlossen, u. a. gestützt auf § 3 UWG statt, da es sich hierbei um handelsübliche Nebenleistungen gehandelt habe, die wahrheitswidrig als unentgeltlich bezeichnet worden seien[674]. In seiner Entscheidung „Gratis-Sehtest" verneinte der BGH demgegenüber eine Irreführung gemäß § 3 UWG als Werbung mit einer als Besonderheit herausgestellten Selbstverständlichkeit durch die Werbung eines Optikers mit der Ankündigung „GRATIS-SEHTEST", obwohl gleichartige Sehtest von allen Optikerfachgeschäften der Umgebung freiwillig und kostenlos vorgenommen wurden: Zum einen handle es sich gerade aufgrund dieser Freiwilligkeit nicht um eine Selbstverständlichkeit, und zum anderen, und entscheidend, solle der Ver-

---

670 OLG Karlsruhe, WRP 1988, 322 (322 f.); gl. A. *Baumbach/Hefermehl*, § 3 UWG Rn 338.

671 *Köhler/Piper*, § 3 Rn 387; ebenso Großkomm./*Lindacher*, § 3 UWG Rn 852.

672 NJW 1954, 925 (926 f.); zust. *Baumbach/Hefermehl*, § 3 UWG Rn 338.

673 KG, BB 1980, 905; a. A. Großkomm./*Lindacher*, § 3 UWG Rn 856.

674 OLG Koblenz, WRP 1986, 422 (423); a. A. Großkomm./*Lindacher*, § 3 UWG Rn 854.

kehr hier nicht zu einem wirtschaftlich riskanten Verhalten, sondern gerade nur zu der Inanspruchnahme einer kostenlosen Dienstleistung im Interesse der eigenen Gesundheit veranlasst werden[675]. Ebenfalls für nicht irreführend i.S.d. § 3 UWG erklärte der BGH die Werbeaussage „Keine Bearbeitungsgebühr" in Bezug auf einen Konsumentenkredit eines Bankinstituts; es handle sich vielmehr um eine der Preistransparenz und der sachlichen Information der Verbraucher dienende Angabe, denn der Verkehr beziehe den ihm bekannten Begriff der Bearbeitungsgebühr nicht auf allgemeine Verwaltungskosten, die sich in den Zinsen niederschlügen[676]. Zuletzt lehnte der BGH eine Irreführung nach § 3 UWG auch in dem Fall „Null-Tarif" ab, der unter der Überschrift „K. bleibt beim Null-Tarif" die Aussage in einer Anzeige für Brillen betraf, für Mitglieder gesetzlicher Krankenkassen sei bei Verordnung von zwei Brillengläsern eine Brillenfassung aus dem Null-Tarif-Sortiment im Festbetrag enthalten: Die angesprochenen Versicherten könnten ohne weiteres erkennen, dass die Beklagte den Festbetrag in diesen Fällen bei ihrer Kalkulation insgesamt für ausreichend halte und daher auf eine Zuzahlung für das Gestell verzichte[677].

b) § 1 UWG

Über den Aspekt der Irreführung hinaus kann eine Werbung für Gratisangebote in Deutschland auch, unter verschiedenen Gesichtspunkten, gegen § 1 UWG verstoßen. Grundsätzlich gilt jedoch nach der Rechtsprechung des BGH als Ausgangspunkt, dass die unentgeltliche Vergabe von Waren oder gewerblichen Leistungen nicht schlechthin wettbewerbswidrig i.S.d. § 1 UWG ist; es müssen demnach im Einzelfall konkrete Umstände hinzutreten, welche die unentgeltliche Vergabe als sittenwidrig erscheinen lassen[678]. Hier kommt zunächst unzulässiges übertriebenes Anlocken (bzw. unsachliche Beeinflussung)[679] in Betracht – wobei allerdings zu beachten ist, dass es nicht als wettbewerbswidrig angesehen wird, die Vorteilhaftigkeit des eigenen Angebots herauszustellen, denn die

---

675 BGH, GRUR 1987, 916 (917) – Gratis-Sehtest, mit krit. Anm. *Schulze zur Wiesche*; zust. Großkomm./*Lindacher*, § 3 UWG Rn 856.

676 BGH, GRUR 1989, 611 (612) – Bearbeitungsgebühr; gl. A. Großkomm./*Lindacher*, § 3 UWG Rn 855; *Köhler/Piper*, § 3 Rn 387.

677 BGH, GRUR 2000, 918 (920) – Null-Tarif; zust. *Köhler/Piper*, § 3 Rn 387.

678 S. etwa BGH, GRUR 1990, 44 (45) – Annoncen-Avis; BGH, GRUR 1991, 616 (617) – Motorboot-Fachzeitschrift; BGH, GRUR 1993, 774 (776) – Hotelgutschein; BGH, GRUR 2001, 80 (80) – ad-hoc-Meldung; gl. A. *Baumbach/Hefermehl*, § 1 UWG Rn 93; *Köhler/Piper*, § 1 Rn 193.

679 Bejaht etwa in BGH, GRUR 1998, 475 (476 f.) – Erstcoloration; OLG Karlsruhe, NJWE-WettbR 1996, 272 (272 f.) – Geschenküberlassung bei Versandhandel-Testbestellung; OLG Frankfurt, WRP 2002, 109 (109 ff.) – Traumreise beim Kauf einer Küche; verneint in BGH, GRUR 1998, 1037 (1038 f.) – Schmuck-Set; BGH, GRUR 2000, 918 (919 f.) – Null-Tarif.

durch ein attraktives Angebot verursachte Anlockwirkung sei gerade gewollte Folge des Leistungswettbewerbs[680]. Bei dieser Fallgruppe kommt es, insbesondere in den Fällen der kostenlosen Beigabe zu einer entgeltlichen Leistung, darauf an, ob die Art und der Umfang der unentgeltlichen Leistung den Empfänger in unsachlicher Weise zum Abschluss entgeltlicher Verträge veranlassen oder ihn derart an die kostenlos abgegebene Leistung gewöhnen, dass er davon absieht, Leistungsangebote anderer Mitbewerber auf Güte und Wirtschaftlichkeit zu überprüfen[681], bzw. ob der Kunde „gleichsam magnetisch" angezogen und davon abgehalten wird, sich mit dem Angebot der Mitbewerber zu befassen[682]. Hierbei ist nicht allein der Wert des Geschenks von Bedeutung, sondern für maßgeblich erklärt werden vielmehr die Intensität und die Werbewirkung der Gratisvergabe[683]. Darüber hinaus können auch psychologischer Kaufzwang[684], Behinderungswettbewerb, d. h. eine individuelle Behinderung von Mitbewerbern sowie eine allgemeine Marktbehinderung[685], unlautere Kundenabwerbung[686] sowie Verstöße gegen die Grundsätze der Telefonwerbung und die der Laienwerbung[687] eine entsprechende Maßnahme sittenwidrig erscheinen lassen.

3. Fazit der Gegenüberstellung

Hinsichtlich der Verhaltensweisen, die cl. 16 der Regeln des CAP für unzulässig erklärt, finden sich im deutschen Recht entsprechende unter § 3 UWG entwickelte Grundsätze. Ähnlich wie bei der Werbung für Kopplungsangebote fällt allerdings auch im Zusammenhang mit der Werbung für Gratisangebote auf, dass das deutsche Wettbewerbsrecht im Gegensatz zu den britischen Regeln nicht bei dem Schutz vor Irreführung stehen bleibt, sondern darüber hinaus, über § 1 UWG, auch eine Handhabe gegen weitere Wirkungen bietet, die mit einer „Gratis"-Werbung verbunden sein können, wie etwa die einer unsachlichen Beeinflussung oder der Behinderung der Mitbewerber bzw. des Marktes. Insofern ist demnach das deutsche Recht strenger als die britischen Selbstkontrollregeln.

---

680 S. z. B. BGH, GRUR 1999, 264 (266) – Handy für 0,00 DM; gl. A. etwa *Köhler/Piper*, § 1 Rn 194 a.

681 BGH, GRUR 1990, 44 (45) – Annoncen-Avis; BGH, GRUR 1993, 774 (776) – Hotelgutschein; ähnl. BGH, GRUR 1991, 616 (617) – Motorboot-Fachzeitschrift.

682 So etwa BGH, GRUR 1998, 1037 (1038) – Schmuck-Set.

683 S. etwa BGH, GRUR 1998, 475 (476) – Erstcoloration.

684 Verneint etwa in BGH, GRUR 1994, 639 (640) – Pinguin-Apotheke; bejaht in BGH, GRUR 1998, 475 (476 f.) – Erstcoloration.

685 S. hierzu BGH, GRUR 1991, 616 (617 f.) – Motorboot-Fachzeitschrift; BGH, GRUR 2001, 80 (81 f.) – ad-hoc-Meldung.

686 Eine solche ablehnend BGH, WRP 2002, 524 (525 f.) – Mietwagenkostenersatz.

687 Beides verneinend BGH in dem Fall „Werbefinanzierte Telefongespräche", WRP 2002, 676 (677 f.).

XIX. Vorrätigkeit der beworbenen Produkte, cl. 17[688]

Cl. 17.1 bestimmt, dass Werbende zum einen klarstellen müssen, wenn ein Angebot limitiert ist, und zum anderen Produkte nur dann bewerben dürfen, wenn sie nachweisen können, dass sie vernünftigerweise damit rechnen können, dass sie die Nachfrage zu bedienen imstande sein werden. Auch eine, soweit möglich, schnelle Reaktion auf nachträgliche Versorgungsengpässe, notfalls die Einstellung der Werbung, haben die Werbenden nachzuweisen.

Gemäß cl. 17.2 sollten nicht verfügbare Produkte zu Zwecken der Nachfrageerforschung in der Regel nur beworben werden, wenn dieses Ziel in der Werbung deutlich gemacht wird.

Cl. 17.3 verbietet die Methode, bei der die Verkäufer den Kunden das beworbene Produkt zugunsten einer teureren Ware auszureden versuchen (sog. „switch selling"). Desgleichen sollten die Werbenden den Kauf oder die prompte Lieferung des beworbenen Produkts nicht behindern.

1. Die Spruchpraxis des ASA Council

Nach cl. 17.1 zu beurteilen war der Fall *J Sainsbury plc* vom 05.04.2000. In Zeitungsanzeigen der Supermarktkette wurde für eine bestimmte Weinsorte geworben, die, mit der Fußnote „so lange der Vorrat reicht", zum halben Preis angeboten wurde. Die Beschwerde hiergegen beruhte darauf, dass eine Filiale bereits drei Tage nach dem Erscheinen der Werbung keine Vorräte des Weins mehr hatte. Die Vertreter des Unternehmens legten der ASA schriftliche Beweise dafür vor, dass sie angesichts ihrer üblichen Verkaufszahlen bei Wein sowie der deutlich geringeren Nachfrage bei einer zuvor durchgeführten Preisnachlassaktion von 33 Prozent nicht mit dem hier gewärtigten extrem gesteigerten Kaufinteresse rechnen konnten und dass sie bei Erkennbarwerden der zu großen Nachfrage die Werbung sofort eingestellt hätten; zudem verwiesen sie darauf, dass in der Werbung selbst auf die Abhängigkeit des Angebots von der Vorrätigkeit der Waren hingewiesen worden sei. Diese Erklärungen akzeptierte der ASA Council und gab der Beschwerde daher nicht statt.

Entscheidungen, in denen cl. 17.2 nicht lediglich zitiert, sondern auch angewendet wird, sind äußerst selten; ein zumindest ansatzweise anhand dieser Regelung entschiedener Fall ist *Aztech UK Ltd* vom Juli 1996. Darin wurde eine Beschwerde gegen eine Anzeige in einer Fachzeitschrift für zwei Multimedia-Kommunikationssysteme geprüft, die sich darauf stützte, dass die Werbenden dem Beschwerdeführer mitgeteilt hatten, die Produkte seien nicht verfügbar, sie registrierten aber alle Interessenten, die sie verständigen würden, sobald die Wa-

688 Die Vorschriften zur Vorrätigkeit finden sich im neuen CAP Code, von der generellen neuen Terminologie abgesehen unverändert, in cl. 16.

ren lieferbar seien. Die Werbenden trugen vor, sie hätten technische Schwierigkeiten gehabt, belegten dies aber nicht mittels schriftlicher Unterlagen. Der ASA Council befand, das Unternehmen hätte die Werbung nicht schalten sollen, solange die Belieferung von Kunden nicht gesichert war.

Beinahe ebenso selten sind ASA-Fälle, in denen über cl. 17.3 entschieden wird. Ein Beispiel liefert die Entscheidung *Hyper Group t/a Hyperfi* vom 12.06.2002. Am Tag der Veröffentlichung einer Anzeige für Stereoanlagen in einer Zeitschrift, in der unter anderem drei Produkte zu einem um jeweils über 100 Pfund reduzierten Preis angeboten wurden, teilte das Verkaufspersonal des werbenden Unternehmens dem Beschwerdeführer mit, dass die drei Artikel nicht verfügbar waren; statt dessen bot ihm das Verkaufspersonal teurere Anlagen an. Da die Werbenden keine Beweise dafür vorlegten, dass sie die Geräte bereits zum Zeitpunkt des Erscheinens der Anzeige vorrätig gehabt hatten oder zumindest mit der baldigen Verfügbarkeit hätten rechnen können, gab der ASA Council auch in diesem Fall der Beschwerde statt.

2. Das deutsche Wettbewerbsrecht

Nach ständiger Rechtsprechung ist eine Werbung grundsätzlich als irreführend i.S.d. § 3 UWG anzusehen, wenn eine in der Publikumswerbung angebotene Ware zu dem angekündigten oder nach den Umständen zu erwartenden Zeitpunkt nicht oder nicht in ausreichender Menge vorhanden ist, wobei die Verkehrsauffassung darüber entscheidet, ob die Werbung irreführende Angaben über einen ausreichenden Vorrat der angebotenen Waren enthält[689]. Für die Feststellung der Zeitdauer, während der der Verkehr mit dem Vorhandensein der Waren rechnet, sind danach die Umstände des Einzelfalls maßgeblich; eine schematische Beurteilung sei nicht möglich[690]. Dennoch billigte der BGH als mit seiner Auffassung in Einklang stehend die Annahme bezüglich des Beginns dieses Zeitraums, bei der Werbung durch Zeitungsbeilagen erwarte der Verkehr in der Regel die Vorrätigkeit der beworbenen Ware ab dem Zeitpunkt des Erscheinens der Beilage, es sei denn, die Ware könne aufgrund von höherer Gewalt oder sonst ohne Verschulden des Werbenden nicht verkauft werden[691]. Für

---

689 S. nur BGH, GRUR 1988, 311 (312) – Beilagen-Werbung, mit weit. Nachw.; gl. A. *Baumbach/Hefermehl*, § 3 UWG Rn 360; Großkomm./*Lindacher*, § 3 UWG Rn 758; *Köhler/Piper*, § 3 Rn 419.

690 BGH, GRUR 1989, 609 (619) – Fotoapparate, mit weit. Nachw.; demgegenüber wirft *von Gierke*, GRUR 1996, 579 (583 f.), dem BGH gerade vor, mittels der undifferenzierten Übernahme von Regelerwartungen im Rahmen von Fallgruppen eine normativ zu bestimmende Unrichtigkeit zu etablieren.

691 BGH, GRUR 1988, 311 (312) – Beilagen-Werbung; für Werbung generell BGH, GRUR 1996, 800 (801) – EDV-Geräte, mit weit. Nachw.; ebenso Großkomm./*Lindacher*, § 3 UWG Rn 762, 779.

den Bereich der Werbung, als Anzeige oder Beilage, für viele verschiedene Waren im Lebensmitteleinzelhandel geht die diesbezügliche Verkehrsauffassung nach Ansicht des BGH dahin, dass angesichts der Vielzahl der geführten Produkte einzelne Fehlleistungen fast unvermeidlich seien, weshalb der Verkehr einer entsprechenden Werbung nicht die generelle Aussage entnehme, dass einzelne Fehlleistungen ausgeschlossen seien[692]. In Bezug auf den EDV-Markt stellte das Gericht fest, es entspreche nicht der Lebenserfahrung, dass Verbraucher in jedem Fall erwarteten, etwa individuell zu konfigurierende Computer am Tag des Erscheinens der Werbung in dem Geschäft zur sofortigen Mitnahme vorzufinden[693]. Für rechtsfehlerfrei festgestellt erachtete der BGH eine solche Erwartung jedoch in dem Fall einer Anzeigenwerbung für einen genau beschriebenen Notebook zu einem günstigen Preis, von dem in dem Geschäft nicht einmal ein Vorführgerät vorhanden war[694]. Ebenso entschied das Gericht im Fall einer Blickfangwerbung für einen PC, wo es auch den Grundsatz wiederholte, dass ein Hinweis auf den Ausschluss einer Mitnahmegarantie in der Fußzeile einer Werbung nur dann die Irrtumsgefahr ausschließen könne, wenn dieser Hinweis an dem Blickfang teilhabe und dadurch eine Zuordnung zu den herausgestellten Angaben bewahrt bleibe[695]. Hinsichtlich der Dauer, während der der Verkehr von der sofortigen Lieferbarkeit ausgeht, stellte der BGH fest, dass diese nach der allgemeinen Lebenserfahrung bei Werbebeilagen grundsätzlich länger zu bemessen sei als bei der Anzeigenwerbung in Tageszeitungen, der nur ein kurzer Aufmerksamkeitswert zukomme; im EDV-Bereich ging er hier von einer vom Verkehr erwarteten sofortigen Lieferbarkeit innerhalb einer Woche nach Erscheinen der Werbebeilage aus[696]. Schließlich entschied das Gericht bezüglich dieser Verkehrserwartung, dass es, außer im Fall eines besonders attraktiven beworbenen Preises, erfahrungswidrig sei anzunehmen, diese schließe die Vorstellung ein, gewerbliche Wiederverkäufer kauften bei Unternehmen der gleichen Handelsstufe[697]. Desgleichen stellte er fest, der angesprochene Personenkreis erwarte grundsätzlich nicht, dass Testkäufer gemäß ihren Wünschen belie-

---

692 BGH, GRUR 1987, 52 (53 f.) – Tomatenmark; BGH, GRUR 1987, 371 (372) - Kabinettwein; zust. *Baumbach/Hefermehl*, § 3 UWG Rn 363 d; *Köhler/Piper*, § 3 Rn 424; entsprechend auch für die Schallplattenwerbung eines Warenhauses BGH, GRUR 1988, 311 (312) – Beilagen-Werbung.

693 BGH, WRP 1999, 421 (424) – Vorratslücken; so für jede Art von Waren *Baumbach/Hefermehl*, § 3 UWG Rn 363 c a. E., etwas einschränkend in Rn 361.

694 BGH, GRUR 1996, 800 (802) – EDV-Geräte; zust. *Baumbach/Hefermehl*, § 3 UWG Rn 361; *Köhler/Piper*, § 3 Rn 420 a. E.

695 BGH, GRUR 2000, 911 (913 f.) – Computerwerbung I; gl. A. *Köhler/Piper*, § 3 Rn 420 a; s. in Abgrenzung hierzu auch BGH, WRP 2002, 273 (275) – Computerwerbung II.

696 BGH, WRP 1999, 924 (925 f.) – Werbebeilage.

697 BGH, GRUR 1989, 609 (611) – Fotoapparate; gl. A. *Baumbach/Hefermehl*, § 3 UWG Rn 362; *Köhler/Piper*, § 3 Rn 421.

fert würden, andernfalls wäre eine diesbezügliche Täuschung zumindest wettbewerblich irrelevant[698], und es könne von einem Unternehmen vernünftigerweise auch nicht verlangt werden, in seine Vorratskalkulation Testkäufe einzubeziehen[699].

Als unzulässige Lockvogelwerbung wird auch in Deutschland, mittels § 3 UWG, das gemäß cl. 17.3 des Advertising Code als „switch selling"-Methode verbotene Anlocken von Kunden in ein Geschäft und der anschließende Versuch, statt der angebotenen Ware eine andere zu verkaufen, verboten[700].

3. Fazit der Gegenüberstellung

Die Grundregeln bezüglich der Vorrätigkeit von beworbenen Waren in den Vorschriften des CAP und gemäß § 3 UWG sind relativ ähnlich: Eine Irreführung wird grundsätzlich angenommen, wenn die angepriesenen Produkte entgegen der Verkehrserwartung nicht zur sofortigen Mitnahme bereit stehen, es sei denn, den Werbenden trifft hieran kein Verschulden. Die Tatsache, dass auch im Rahmen der britischen Regeln die Verkehrsauffassung maßgeblich für die Beurteilung von Werbemaßnahmen ist, folgt bereits aus cl. 1.4 b) der Einleitung, und gemäß cl. 17.1, Satz 1, können sich Werbende hier ebenso wie unter dem deutschen Recht mit dem Nachweis entlasten, dass sie vernünftigerweise annehmen durften, die zu erwartende Nachfrage befriedigen zu können. Auch das „switch selling" ist hier wie dort untersagt, und die – selten angewendete – Regelung in cl. 17.2 der CAP-Vorschriften findet sich in dem allgemeinen Irreführungsverbot des § 3 UWG ebenfalls wieder. Ein deutlicher Unterschied liegt, wie häufig, darin, dass die Regeln des deutschen Rechts wesentlich detaillierter sind als die Bestimmungen des britischen Selbstkontrollregelwerks sowie die darauf beruhende Spruchpraxis des ASA Council. Im Einzelfall werden sich in beiden Systemen daher insofern differierende Beurteilungen ergeben, als der ASA Council im Zweifel auf die allgemeine Beweiserbringungspflicht der Werbenden gemäß cl. 3.1 abstellt, die deutsche Rechtsprechung dagegen ihren im Rahmen des § 3 UWG diesbezüglich gebildeten Fallgruppen folgt bzw. neue Fallgruppen bildet. Im Wesentlichen gelangen beide Systeme, wenn auch über unterschiedliche Wege im Einzelnen, hinsichtlich der vorliegenden Fragestellungen zu vergleichbaren Ergebnissen.

---

698 BGH, GRUR 1987, 835 (837) – Lieferbereitschaft, mit abl. Anm. *Fritze*.

699 BGH, GRUR 1989, 609 (611) – Fotoapparate; ebenso *Baumbach/Hefermehl*, § 3 UWG Rn 362; *Köhler/Piper*, § 3 Rn 421.

700 *Baumbach/Hefermehl*, § 3 UWG Rn 280.

XX. Garantien, cl. 18[701]

Die Bestimmungen in cl. 18[702] konkretisieren inhaltlich den Irreführungsschutz gemäß cl. 3.1, 7.1 sowie 6.1 und legen den Werbenden daher in erster Linie Informationspflichten auf: Zunächst soll Werbung mit einer Garantie die Verbraucher nicht über ihre Befugnisse aufgrund des staatlichen Rechts irreführen. Wesentliche Einschränkungen sollen in der Werbung deutlich gemacht werden, und vor jeder vertraglichen Bindung sollen Verbraucher die Möglichkeit haben, die vollständigen Bedingungen der Garantie zu erhalten (cl. 18.1).

Cl. 18.2 enthält weitere Informationspflichten hinsichtlich der zusätzlichen durch die Garantie gewährten Rechte und ihrer Durchsetzung.

1. Die Spruchpraxis des ASA Council

Ein Beispiel für die Anwendung der Regelungen in cl. 18.1, hier Satz 2, enthält die Entscheidung *Simply Computers Ltd* vom 12.05.1999. Diese betraf ein „hieb- und stichfest garantiertes" Preisversprechen[703] in einer Zeitschriftenbeilagewerbung für Computer. Auf deren zweiter Seite waren diese Garantie und auf deren dritter Seite die Allgemeinen Geschäftsbedingungen abgedruckt, welche die Einschränkung enthielten, dass das Unternehmen Konkurrentenpreise, die unter ihren Selbstkosten lägen, nicht zu unterbieten bereit sei. Aufgrund dieser Begrenzung des Versprechens beanstandete der Beschwerdeführer die Werbung als irreführend. Trotz des Einwands der Werbenden, es sei unmöglich, jede in der Werbung enthaltene Garantie mit einem Sternchenhinweis auf die Bedingungen zu versehen, befand der ASA Council, dass die auf die Geltung der Allgemeinen Geschäftsbedingungen hinweisende Fußnote leicht übersehen werden könne und dass die darin enthaltene Einschränkung das „garantierte" Preisversprechen entwerte. Damit gab er der Beschwerde statt.

Die Entscheidung *MPS* vom 08.03.2000 betraf den Fall einer Herstellergarantie. In einer Broschüre für Motorrad-Ersatzteile wurde eine „lebenslange Garantie" für Auspuff-Zubehörstücke versprochen. Die Beschwerde beruhte darauf, dass die Bedingung für die Geltung dieser Garantie, eine halbjährlich durchzuführende Wartung des Auspuffs durch die Werbenden zum Preis von 25 Pfund, der Broschüre nicht entnommen werden konnte. Ihr Vorbringen, sie hätten diese Bedingung des Herstellers selbst nicht gekannt, entlastete die Werbenden vor dem ASA Council nicht; dieser beanstandete, dass die Voraussetzungen für die

---

[701] Abgesehen von der Umbenennung in cl. 17, dem Zusatz, dass Garantien für die sie Gewährenden rechtlich verbindlich sein dürfen, und der Anordnung einer Erstattung bei Geld-zurück-Garantien in der neuen cl. 17.3 ändert sich hier im CAP Code nichts.

[702] S. Anhang 1, S. 294, bzw. (für cl. 17 CAP Code) Anhang 2, S. 340 f.

[703] S. hierzu oben, unter VII. 1. b) (i).

Inanspruchnahme der Garantie entgegen cl. 18.1 in der Werbung nicht deutlich gemacht wurden, und gab daher der Beschwerde statt.

Eine Beschwerde in dem Fall *Personal Computer Science Ltd t/a Target Computers* vom 10.03.1999 richtete sich gegen die Ankündigung einer kostenlosen „Fünf-Jahre-Garantie" in einer Zeitungsanzeige für Computer. Eine Fußnote konkretisierte diese Aussage dahingehend, dass die angepriesene Garantie nur im ersten Jahr die Ersatzteil- und die Arbeitskosten umfasste, dass die Kunden in den restlichen vier Jahren jedoch für die Kosten etwaiger Ersatzteile selbst aufkommen müssten. Der ASA Council befand, dass der Hinweis in der Fußnote zu leicht zu übersehen sei, und auch das Argument der Werbenden, dass Kunden vor dem Erwerb eines Computers die Allgemeinen Geschäftsbedingungen einsehen könnten, änderte nichts an dem Urteil, dass viele Leser der Anzeige von einer umfassenden Garantie für fünf Jahre ausgehen würden und der Anzeigentext daher entsprechend zu präzisieren sei.

Ein Fall, der, neben cl. 3.1, 7.1, unter cl. 18.2 zu beurteilen war, ist *The Post Office t/a Parcelforce Worldwide* vom 06.12.2000. In einer Anzeige in einem Branchenverzeichnis warb ein Paketzustelldienst mit der Zeile: „Guaranteed Delivery Services Throughout the UK and Worldwide". Der Umstand, dass die Werbenden nicht in der Lage waren, die Zustellung zu garantieren, und fehlende Gegenstände nur suchten, wenn ein Kunde binnen zehn Tagen nach der Aufgabe das Ausbleiben der Zustellung meldete, gab Anlass zu der vorliegenden Beschwerde. Die Werbenden erläuterten, sie verstünden den Begriff der „garantierten Zustellung" in der Weise, dass Kunden im Fall des Verlusts, der Beschädigung oder der verspäteten Auslieferung angemessenen Schadensersatz erhielten, sofern sie ihre Ansprüche binnen der ausgewiesenen Frist geltend machten. Der ASA Council vertrat die Ansicht, dass der Begriff bestenfalls zweideutig sei, jedoch mit großer Wahrscheinlichkeit dahingehend verstanden würde, dass die Werbenden die erfolgreiche Zustellung der Pakete garantierten. Da dies nicht der Fall war, gab der ASA Council dem Unternehmen auf klarzustellen, was Inhalt seiner hier gegebenen Garantie war.

Die Entscheidung *CAM Rider Training* vom 14.06.2000 hatte eine Erfolgsgarantie zum Gegenstand: Zu beurteilen war die Anzeige einer Motorrad-Fahrschule in einem Branchenverzeichnis, in der es hieß, das Bestehen der Prüfung werde garantiert ("Guaranteed Pass"). Hiergegen wandten sich die Beschwerdeführer mit dem Argument, das erfolgreiche Absolvieren der Fahrprüfung könne nicht garantiert werden. Die Werbenden verteidigten sich mit dem Hinweis darauf, dass sie ihren Kunden unbegrenzt Ausbildungsstunden sowie im Fall des Scheiterns die Erstattung sämtlicher Kosten anböten, was ihrer Auffassung nach die

Verwendung der beanstandeten Aussage rechtfertigte. Der ASA Council vertrat jedoch die Ansicht, die Behauptung impliziere, dass die Fahrschule garantiere, jeder Kursteilnehmer werde die Prüfung bestehen, weshalb er den Werbenden aufgab, diese nicht weiter zu verwenden.

2. Das deutsche Wettbewerbsrecht

Bezüglich der Werbung mit Garantien hat die deutsche Rechtsprechung einige, teilweise umstrittene, Regeln aufgestellt, die weit über die in cl. 18 der CAP-Regelungen enthaltene und durch die Spruchpraxis des ASA Council konkretisierte spezielle Ausformung des allgemeinen Wahrheitsgebots hinausgehen.

a) Hersteller- und Händlergarantien

Diesbezüglich kann zunächst als allgemeiner Konsens festgehalten werden, dass eine langjährige Garantieübernahme grundsätzlich wettbewerbsrechtlich zulässig ist, wenn sich die Gewährleistung auf die Haltbarkeit des Materials oder Werks bezieht, das bei normaler Abnutzung eine entsprechend lange Lebensdauer hat, und die Garantiezusage für den Besteller nicht praktisch bedeutungslos ist[704]; unterschiedlich wurde jedoch die Frage beantwortet, wann von einer praktischen Wertlosigkeit der Garantie auszugehen ist: Während der BGH diese sowohl in dem Fall einer 25-jährigen Garantie für eine Matratze[705] als auch für eine 15-jährige Garantie auf Schornsteinisolierungen[706] verneinte, plädierten Stimmen der Literatur in diesen Fällen für die Bejahung einer Irreführung mit der Erwägung, dass diese Zusagen nach so langer Zeit rein tatsächlich nicht mehr durchsetzbar seien[707].

Verschiedene Urteile befassten sich mit dem inhaltlichen und bzw. oder dem gegenständlichen Umfang einer in der Werbung versprochenen Garantie sowie mit der wettbewerbsrechtlichen Relevanz einer entsprechenden Irreführung.

So hielt das OLG Köln eine Garantieankündigung für Teppichböden in einem Werbefachblatt für irreführend, weil dieser nicht zu entnehmen war, dass die Garantie nur unter der Voraussetzung gewährt wurde, dass der Einsatzbereich des jeweiligen Teppichbodens dem in einem Garantie-Zertifikat vorgesehenen entsprach[708]. Diese Irreführung sei auch relevant, denn die Garantieankündigung könne einen nicht unerheblichen Teil des angesprochenen Verkehrs veranlassen, sich näher mit dem Angebot der Beklagten zu befassen, wie umgekehrt die

---

704 BGH, GRUR 1958, 455 (457) – Federkernmatratzen; BGH, GRUR 1976, 146 (147) – Kaminisolierung; *Baumbach/Hefermehl*, § 3 UWG Rn 153 a; *Köhler/Piper*, § 3 Rn 253.

705 BGH, GRUR 1958, 455 (457) – Federkernmatratzen.

706 BGH, GRUR 1976, 146 (147) – Kaminisolierung.

707 *Schwanhäusser*, GRUR 1976, 147 (148); *Seydel*, GRUR 1958, 457 (458).

708 OLG Köln, WRP 1982, 47 (48); zust. *Baumbach/Hefermehl*, § 3 UWG Rn 153 a; a. A. Großkomm./*Lindacher*, § 3 UWG Rn 946.

Kenntnis von der Einschränkung der Garantie einen nicht unerheblichen Teil der Verbraucher von dem Aufsuchen des Geschäfts der Beklagten abhalten würde[709].

Desgleichen bestätigte das OLG Köln die auf § 3 UWG gestützte Untersagung einer Werbung für Polstermöbel mit der Zeile: „5 Jahre VOLLGARANTIE auf Polstermöbel", da die Garantiezusage ausweislich der Allgemeinen Geschäftsbedingungen der Beklagten sowohl gegenständlich als auch inhaltlich beschränkt war, indem zum einen sog. Mitnahmeartikel nicht von der Garantie umfasst waren und zum anderen nur solche Mängel den Garantiefall auslösten, die bei normalem Gebrauch und sachgemäßer Behandlung nicht auftreten durften, womit die gebotene Garantie im Wesentlichen kaum über die gesetzlichen Sachmängelgewährleistungsansprüche hinausging und damit der Verbrauchererwartung zuwiderlief, die Polstermöbel würden für die Dauer von fünf Jahren keine Verschleißerscheinungen zeigen[710].

In der Entscheidung „Herstellergarantie" erklärte der BGH die Garantien eines Importeurs für neue Kraftfahrzeuge ebenfalls wegen inhaltlicher Beschränkungen für irreführend, denn aus einem Garantie-Informationsschreiben für die Kunden ging hervor, dass Ansprüche auf Wandelung und Minderung gegen den Hersteller, auch bei fehlgeschlagener Nachbesserung, ausgeschlossen waren; allerdings zog das Gericht hier die erforderliche Relevanz der Irreführung für die Kaufentscheidung der Verbraucher mit dem Argument in Zweifel, die Herstellergarantie trete nur als freiwillige Erweiterung der gesetzlichen Haftung, hier des Herstellers, neben die kaufrechtliche Gewährleistung des Händlers, auf welche in dem Schreiben ausdrücklich hingewiesen wurde, weshalb zu untersuchen sei, ob der Verkehr überhaupt damit rechne, dass ein Fall eintrete, in dem die Herstellergarantie bedeutsam werde – was im Wesentlichen erst nach dem Ablauf der Gewährleistungsverpflichtung des Verkäufers der Fall sei, und zudem nur wenn sich dann ein irreparabler Fehler des Fahrzeugs zeige[711].

Um eine zeitlich verkürzte Herstellergarantie für fabrikneue Fahrzeuge aus dem EU-Ausland ging es in der Entscheidung „EG-Neuwagen I" des BGH[712]: Hier nahm das Gericht eine Aufklärungspflicht des Händlers gegenüber potentiellen

---

709 OLG Köln, WRP 1982, 47 (48).

710 OLG Köln, WRP 1980, 648 (649); zust. *Baumbach/Hefermehl*, § 3 UWG Rn 153 a; Großkomm./*Lindacher*, § 3 UWG Rn 942.

711 BGH, GRUR 1997, 929 (930) – Herstellergarantie; nach *Mischke*, BB 1998, 447, der der Entscheidung zustimmt, hätte der BGH anders entscheiden müssen, wenn der Beklagte nicht in der Garantie-Information auf die Verkäufergewährleistung hingewiesen hätte; ebenso *Baumbach/Hefermehl*, § 3 UWG Rn 153 a a. E.

712 Zu der Beurteilung irreführender Werbung für Importfahrzeuge aus EG-Staaten durch den EuGH und durch deutsche Gerichte nach europäischem Recht s. *Sack*, WRP 2000, 23 (23 ff.).

Käufern über den Umstand an, dass die Garantiezeit bereits mit der ersten Zulassung im Ausland zu laufen beginnt, sofern dieser Zeitpunkt über zwei Wochen her ist; der Sternchenhinweis in der betreffenden Anzeige sei missverständlich und daher nicht ausreichend[713].

Umstritten ist die Frage, ob in der Werbung mit einer „Vollgarantie" eine Aussage (nur) zu dem Umfang der Garantie oder zu der Person des Garantierenden getroffen wird. Während teilweise angenommen wird, eine solche Ankündigung deute auf eine Herstellergarantie hin und sei daher in wettbewerbsrechtlich relevanter Weise irreführend, wenn tatsächlich nur eine Händlergarantie angeboten werde[714], geht die Gegenauffassung dahin, in der Ankündigung einer Vollgarantie lediglich, in Abgrenzung zu einer Teilgarantie, einen Hinweis darauf zu sehen, dass eine umfassende, vollständige Garantie geboten werde, d. h. inklusive aller Kosten für Ersatzteile, Arbeit und sonstigen Aufwand[715].

Das OLG Köln entschied, die Ankündigung „mit Garantiekarte" in einer Werbung für Gebrauchtwagen verstoße gegen § 3 UWG, weil sie geeignet sei, einen nicht unerheblichen Teil des angesprochenen Verkehrs zu der Annahme zu verleiten, es werde zumindest auch eine Herstellergarantie und nicht, was tatsächlich der Fall war, nur eine Händlergarantie geboten[716].

Schließlich hielt der BGH in der Entscheidung „Zielfernrohr" die Werbung mit einer unbefristeten Garantie für irreführend, weil deren Durchsetzung nach über 30 Jahren wegen Verstoßes gegen das Verbot des rechtsgeschäftlichen Ausschlusses der Verjährung (§ 225 S. 1 BGB a. F., vgl. § 202 II BGB n. F.) nicht möglich sei und eine entsprechende unbefristete Garantieverpflichtung daher nicht wirksam eingegangen werden könne[717].

b) Erfolgsgarantien

Um die Frage einer Erfolgsgarantie ging es in der Entscheidung „Nachhilfeunterricht" des BGH[718]: Ein Institut für Nachhilfeunterricht warb in einer Anzeige

---

713 BGH, GRUR 1999, 1122 (1123 f.) – EG-Neuwagen I; zust. *Köhler/Piper*, § 3 Rn 254; *Sack*, WRP 2000, 23 (30 f.).

714 OLG Düsseldorf, WRP 1977, 193 (194 f.); ebenso das Gutachten 2/1979 des Gutachterausschusses für Wettbewerbsfragen, WRP 1982, 669 (669).

715 So KG, WRP 1981, 99 (99 f.); s. ferner *Baumbach/Hefermehl*, § 3 UWG Rn 153 a; ähnl. Großkomm./*Lindacher*, § 3 UWG Rn 944, allerdings mit Ausnahme des Kfz-Neugeschäfts.

716 OLG Köln, WRP 1979, 887 (887); ebenso *Baumbach/Hefermehl*, § 3 UWG Rn 153 a; a. A. Großkomm./*Lindacher*, § 3 UWG Rn 944.

717 BGH, GRUR 1994, 830 (830 f.) – Zielfernrohr; ebenso *Baumbach/Hefermehl*, § 3 UWG Rn 153 a; *Köhler/Piper*, § 3 Rn 253.

718 BGH, GRUR 1983, 254 – Nachhilfeunterricht; zust. *Baumbach/Hefermehl*, § 3 UWG Rn 153 b; *Köhler/Piper*, § 3 Rn 254.

für Kurse zur Vorbereitung auf die Nachprüfung nicht versetzter Schüler mit dem Versprechen: „Bei Misserfolg Geld zurück!“. Die Klägerin beantragte, gestützt auf § 3 UWG, die Unterlassung dieser Ankündigung, da sie in ihr eine Werbung mit einer Erfolgsgarantie sah, eine nachträgliche Versetzung aber nicht garantiert werden könne. Das seitens der Beklagten zu ihrer Verteidigung vorgebrachte Argument, es handle sich nicht um eine Erfolgsgarantie, da sie den Fall des Misserfolgs in der Anzeige sogar ausdrücklich erwähnt und mit ihrer Rückzahlungszusage lediglich den betroffenen Kunden das finanzielle Risiko einer Teilnahme an dem Kurs abgenommen habe[719], akzeptierte der BGH ebenso wenig wie die Vorinstanzen: Das Publikum gehe bei Ankündigungen der vorliegenden Art davon aus, dass der Erfolg der beworbenen Leistung besonders sicher sei, da es sich kein Institutsinhaber leisten könne, das Risiko der Rückerstattung des Entgelts an eine Vielzahl von Kunden zu tragen; der angesprochene Personenkreis aus Schülern und Eltern sei daher, insbesondere da es diesen allein auf das Bestehen der Nachprüfung ankomme und sie die Werbung daher unter diesem Aspekt und nicht unter dem der Kosten betrachteten, bereit zu glauben, dass sich der Werbende seines Erfolgs, von Einzelfällen abgesehen, völlig sicher sei[720]. Dem Einwand der Beklagten, den angesprochenen Verkehrskreisen sei bekannt, dass es für Unterrichtsleistungen naturgemäß keine Erfolgsgarantie geben könne, hielt der BGH entgegen, das Berufungsgericht habe rechtsfehlerfrei festgestellt, dass ein nicht unerheblicher Teil der Leser von einem sicheren Erfolg der Kurse der Beklagten ausgehe. Zuletzt sei die Werbung auch geeignet, die angesprochenen Verkehrskreise in ihren wirtschaftlichen Entschlüssen zu beeinflussen, da diese sich zur Erreichung ihres alleinigen Zwecks des Bestehens der Wiederholungsprüfung vorwiegend an Institute wendeten, die den Erfolg als sicher darstellten[721].

3. Fazit der Gegenüberstellung

Aus der Gegenüberstellung der Praxis des ASA Council anhand von (u. a.) cl. 18 der Regeln des CAP und der entsprechenden Rechtsprechung zu § 3 UWG wird ersichtlich, dass sich in beiden Systemen trotz der größeren Detaildichte des zu § 3 UWG entwickelten Richterrechts durchaus Gemeinsamkeiten erkennen lassen: So folgt schon aus dem Wortlaut von cl. 18.1, Satz 1, und cl. 18.2, dass eine Garantie begriffsnotwendig ein Mehr an Rechten gegenüber den ohnehin bestehenden (gesetzes-)rechtlich begründeten Ansprüchen voraussetzt – ein Grundsatz, der auch im deutschen Recht gilt. Desgleichen wird hier wie dort erhebliche Bedeutung der klaren Erkennbarkeit etwaiger die angekündigte Garantie einschränkender bzw. entwertender Bedingungen in der Werbung selbst

719 Ebenso auch Großkomm./*Lindacher*, § 3 UWG Rn 947.
720 BGH, GRUR 1983, 254 (255) – Nachhilfeunterricht.
721 BGH, a.a.O.

beigemessen. Zuletzt entsprechen sich nicht nur die Beurteilungen von Erfolgsgarantien in Bereichen wie dem des Lernens, bei denen das Erreichen des angestrebten Ziels nicht gewährleistet werden kann, sondern auch die Einschätzung, wann eine Aussage überhaupt als Erfolgsgarantie aufzufassen ist. Obwohl die diesbezügliche richterrechtliche Ausgestaltung in Deutschland wesentlich differenzierter ist als die mit der ASA-Spruchpraxis geschaffene Situation in Großbritannien, bedeutet das nicht, dass Werbende in Deutschland auch notwendig immer mit strengeren Regeln konfrontiert sind: Wie festgestellt, wendet der ASA Council bei objektiv beweisbaren Werbeaussagen sehr strikt das Beweisgebot aus cl. 3.1 und damit das Wahrheitsgebot gemäß cl. 3.1, 7.1 an, so dass unbewiesen gebliebene Garantieankündigungen zumindest aufgrund dieser Vorschriften i.V.m. cl. 18 häufig erfolgreich beanstandet werden.

XXI. Werbevergleiche, cl. 19 der Codes bzw. cl. 18, 19, 20.1 und 21.2 CAP Code

Im Advertising Code der zehnten Auflage der Codes war die vergleichende Werbung nur sehr knapp geregelt: Neben der Feststellung, Werbevergleiche seien im Interesse eines lebhaften Wettbewerbs und der Information der Öffentlichkeit erlaubt (cl. 19.1)[722], wurde lediglich angemahnt, dass Vergleiche klar und fair sein und dass die Auswahl der Vergleichsgegenstände nicht dem Werbenden einen künstlichen Vorteil verschaffen sollten (cl. 19.2). Daneben war den Codes ein sog. Addendum 1 angefügt, in dem die Voraussetzungen für die Zulässigkeit vergleichender Werbung gemäß Art. 3a (1) und, wenn auch kurz zusammengefasst, (2) der Richtlinie 97/55/EG und damit auch gemäß reg. 4A (1) und (2) der Control of Misleading Advertisements (Amendment) Regulations (CMA Regs) 2000[723] aufgelistet waren. Allerdings maß die ASA diesem Addendum 1 in ihren Entscheidungen nie eine Bedeutung bei, sondern urteilte über entsprechende Beschwerden ausschließlich anhand von cl. 19 und gegebenenfalls weiteren Klauseln der Codes.

Seit der Neufassung sind die genannten Bestimmungen der Richtlinie und die entsprechenden Vorschriften der CMA Regs in die General rules des CAP Code integriert und finden sich in cl. 18, 20 und 21.2:

---

722 Eine Ausnahme sah und sieht jedoch cl. 50.18 für die vergleichende Werbung für Arzneimittel bei Bezugnahme auf ein identifizierbares Konkurrenzprodukt vor: Hier ist es verboten zu behaupten, die Wirkungen des beworbenen Medikaments seien so gut wie oder besser als die des anderen Produkts.

723 Diese reg. 4A (1) und (2) übernimmt exakt den Wortlaut von Art. 3a (1) und (2) der Richtlinie 97/55/EG, wobei allerdings, wie oben (3. Abschnitt, B. II. 2. c) (v)) bereits gesagt, der Kriterienkatalog in reg. 4A (1), anders als der in Art. 3a (1) der Richtlinie, mit den Worten „... shall (...) be permitted **only** when the following conditions are met" eingeleitet wird.

Cl. 18 gilt gemäß seiner Überschrift für vergleichende Werbung, die Mitbewerber und bzw. oder deren Produkte identifiziert[724]. Cl. 18.1 übernimmt die bereits wiedergegebene Aussage der früheren cl. 19.1, wonach vergleichende Werbung aus den genannten Gründe erlaubt ist, und erklärt des Weiteren, dass Werbevergleiche nicht, auch nicht wahrscheinlich, irreführend sein sollten. Damit entspricht diese Bestimmung im Wesentlichen der Regelung in Art. 3a (1) a) i.V.m. Art. 2 (2) der Richtlinie zur vergleichenden Werbung sowie reg. 4A (1) (a) der britischen CMA Regs[725]. Die Bestimmungen in cl. 18.2 bis 18.5 geben – auch hier abgesehen von der Verwendung des Wortes „should" – wörtlich den Inhalt von Art. 3a (1) b), c), d) und f) der Richtlinie[726] und dementsprechend von reg. 4A (1) (b), (c), (d) und (f) der CMA Regs wieder[727]. Die in Art. 3a (1) e) getroffene Aussage der Richtlinie (vgl. reg. 4A (1) (e) CMA Regs)[728] findet sich in cl. 20.1, Satz 1, des neuen CAP Code wieder[729]. Der Inhalt von Art. 3a (1) g) der Richtlinie (reg. 4A (1) (g) CMA Regs)[730] taucht, allerdings nicht auf Werbevergleiche beschränkt, annähernd identisch in cl. 20.2 des neuen Code wieder auf[731], und Art. 3a (1) h) der Richtlinie (reg. 4A (1) (h) CMA Regs), entspricht die Regelung in cl. 21.2 des neuen CAP Code[732]. Die Vorschriften bezüglich Sonderangeboten in Art. 3a (2) der Richtlinie und in der entsprechenden reg. 4A (2) der britischen CMA Regs erscheinen in dem neuen Code hingegen nicht.

Cl. 19.1 des CAP Code enthält Regelungen über sonstige, d. h. nicht von cl. 18 erfasste Werbevergleiche. Diese sollten klar und fair und nicht, auch nicht wahrscheinlich, irreführend sein. Außerdem sollte die Auswahl der Vergleichsgegenstände nicht dem Werbenden einen künstlichen Vorteil verschaffen. Abgesehen von dem Irreführungsverbot entsprechen diese Regelungen demnach cl. 19.2 der bisherigen Codes.

---

724 Vgl. die ähnliche Definition der vergleichenden Werbung in Art. 2a der Richtlinie 97/55/EG und in dem dessen Umsetzung in Deutschland dienenden § 2 I UWG.

725 Allerdings übernimmt der CAP Code nicht deren Einleitungssatz („A comparative advertisement shall (...) be permitted ...") im Verbindung mit den strikt formulierten Voraussetzungen, sondern verwendet bei diesem wie auch bezüglich der folgenden Zulässigkeitskriterien die weichere Formulierung „should" bzw. „should not".

726 Vgl. die auf den Regelungen in Buchstaben b bis d beruhenden Vorschriften in § 2 II Nr. 1 bis 3 UWG.

727 Den Vorschriften bezüglich der Ursprungsbezeichnungen (Art. 3a (1) f) der Richtlinie) wurde in cl. 18.5 des CAP Code lediglich eine kurze Erläuterung dieses Begriffs vorangestellt.

728 Vgl. § 2 II Nr. 5 UWG.

729 Zu cl. 20.1 CAP Code s. u., unter XXII.

730 Vgl. § 2 II Nr. 4 UWG.

731 Eine sehr ähnliche Regelung wie diese war als cl. 21.1 bereits Bestandteil der bisherigen Codes; zu cl. 20.2 CAP Code s. u., unter XXIII.

732 Zu cl 21.2 CAP Code s. u., unter XXIV.

1. Die Umsetzung der Richtlinie 97/55/EG in Großbritannien

Die Bedeutung einer Gegenüberstellung der Regeln des CAP zur vergleichenden Werbung und deren Anwendung mit dem diesbezüglichen, auf der auch in Großbritannien umgesetzten Richtlinie 97/55/EG beruhenden deutschen Recht liegt darin, dass in der britischen Umsetzung die bereits erwähnte Subsidiarität eines an den Director General of Fair Trading gerichteten Antrags, sich mit einem Fall vergleichender Werbung überhaupt zu befassen, festgeschrieben wurde: Erst nach dem erfolglosen Verfahren vor einer anerkannten Stelle, insbesondere auch einer Selbstkontrollkörperschaft, wird der Director General die Beschwerde prüfen (reg. 4 (3) (a) CMA Regs 1988), und nur unter der weiteren Voraussetzung, dass er es für angemessen hält, wird er beim High Court eine Verfügung beantragen (s. 5 (1) CMA Regs 1988)[733]. Davon abgesehen stellt sich die Rechtslage bezüglich vergleichender Werbung in Deutschland und in Großbritannien jedoch annähernd gleich dar[734].

2. Die Spruchpraxis des ASA Council

Aus der Praxis des ASA Council zu vergleichender Werbung (u. a.) anhand von cl. 19 der bisher geltenden Codes werden im Folgenden solche Entscheidungen herausgegriffen, die, zumindest in Bezug auf das Ergebnis, auch unter der Neufassung der Vorschriften im CAP Code vorstellbar sind.

Sofern Werbevergleiche irreführende Angaben enthielten, zitierte der ASA Council in seinen bisherigen Entscheidungen cl. 19 zwar zumeist mit, stützt seine Beurteilungen aber häufig dennoch allein auf die Irreführungsvorschriften der cl. 3.1, 7.1. Auch in Entscheidungen, die sich explizit auf cl. 19.2 stützten (cl. 19.1 wurde in manchen Entscheidungen mitzitiert, ohne dass auf ihren Inhalt Bezug genommen wurde), stellte sich in fast jedem Fall die Frage nach einer durch dieselbe Werbeaussage verursachten Irreführung gemäß cl. 3.1 i.V.m. 7.1 oder nach cl. 7.1 allein. Daraus wird deutlich, dass nach der Konzeption der bisher geltenden Codes in der Interpretation des ASA Council die Regelungen zur

---

733 S. o., 3. Abschnitt, B. II. 2. c) (v), auch dazu, dass der Director General of Fair Trading sein Recht, eine gerichtliche Verfügung zu beantragen, nur sehr selten ausübt.

734 Insbesondere stimmt auch die Rechtslage in Großbritannien, wo, wie bereits oben, 3. Abschnitt, A. III. 2. b), Fn 130, und soeben unter XXI. festgestellt, der Zulässigkeitskatalog zugleich als Verbotskatalog in die entsprechende gesetzliche Regelung aufgenommen wurde, mit der in Deutschland herrschenden Meinung überein, dass der Kriterienkatalog für die Zulässigkeit vergleichender Werbung ein Verbotskatalog ist; zur diesbezüglichen Diskussion vgl. etwa *Eck/Ikas*, WRP 1999, 251 (255 f.) für die herrschende Ansicht; für die Gegenansicht eingehend *Sack*, WRP 2001, 327 (329 ff.), sowie *dens.* zu der insoweit unklaren Toshiba-Entscheidung des EuGH in WRP 2002, 363 (365 f.).

vergleichenden Werbung in cl. 19.2 als spezielle Irreführungsvorschriften zu betrachten waren.

So stand beispielsweise in dem Fall *Stena Line Ltd* vom 10.10.2001 im Zentrum jeder der drei Beschwerden ausschließlich die Frage, ob die Werbenden ihre als irreführend angegriffenen Behauptungen beweisen konnten (cl. 3.1, 7.1; cl. 19.1 und 19.2 wurden hier lediglich am Anfang mit angeführt, auf ihre Anforderungen ging der ASA Council jedoch mit keinem Wort ein): Der beschwerdeführende Konkurrent des werbenden Fährschiff-Unternehmens wandte sich gegen den Werbespruch: „Bei den niedrigsten Preisen, den schnellsten Schiffen und unserer preisgekrönten Leistung ist es kein Wunder, dass mehr Leute mit uns nach Irland fahren.“ Die Werbenden konnten nur belegen, dass ihnen von drei Organisationen Preise verliehen worden waren, nicht aber, dass sie die niedrigsten Preise verlangten und über die schnellsten Schiffe verfügten, weshalb die Beschwerde insofern aufrecht erhalten wurde. Die Frage, ob hier ein Vergleich vorlag, sprach der ASA Council mithin überhaupt nicht an.

Die in cl. 19.2, Satz 1, aufgestellte Bedingung, dass Vergleiche klar und fair sein sollen, war, neben cl. 3.1 i.V.m. 7.1, Beurteilungsgrundlage in dem Fall *Wessex Water Services Ltd* vom 13.03.2002. Er behandelte ein Werbeblatt für ein Angebot der Werbenden, Verbrauchern in der Gegend von Bath kostenlos den für sie günstigsten Strom- und Gasversorger zu ermitteln. In einem deutlich als bloßes Beispiel gekennzeichneten in der Werbung angeführten Fall eines (fiktiven) Kunden wurden mehrere Versorgungsunternehmen, darunter auch der Beschwerdeführer, aufgelistet. Für einen Wechsel des Kunden zu dem beschwerdeführenden Unternehmen wurden bei einer geschätzten Rechnung von 410 Pfund als einzusparender Betrag 20 Pfund angegeben, während die Rechnung eines Konkurrenzunternehmens mit 360 Pfund und der bei einem Wechsel zu diesem Anbieter einzusparende Betrag auf 70 Pfund geschätzt wurden. Auf die Beschwerde hin, die Werbung impliziere, dass der Konkurrent seine Leistungen in der Region generell billiger anbiete als der Beschwerdeführer, schloss sich der ASA Council der Auffassung der Werbenden an, wonach die Werbeschrift deutlich mache, dass die Einsparungen von den individuellen Umständen der Verbraucher abhingen und der aufgezeigte Fall lediglich ein Beispiel sei und dass sie daher nicht den Eindruck erwecke, dass das genannte Konkurrenzunternehmen generell günstiger sei als die anderen Versorgungsunternehmen. Der ASA Council sah den Vergleich als klar und fair an und stellte abschließend fest, dass die Werbung nicht irreführend sei.

Ein Beispiel für einen Warenkorb-Preisvergleich in einer Direktwerbung, den der ASA Council unter cl. 19.2, Satz 2, und unter cl. 3.1 i.V.m. 7.1 beurteilte, liefert der Fall *Tesco Stores* vom 08.11.2000. In dem Werbeschreiben der *Tesco*-Supermarktkette an Inhaber der Treuekarte ihres Unternehmens stellten die Werbenden ihre Preise für verschiedene Körperpflegeprodukte denen der beschwerdeführenden Drogeriemarkt-Kette *Boots* gegenüber, wobei sie darauf hinwiesen, dass Kunden bei dem Kauf der aufgeführten „family favourites" in einem ihrer Geschäfte anstatt bei *Boots* 9,69 Pfund sparen könnten. Da die ausgewählten Produkte nach Ansicht der Beschwerdeführer nicht typisch für die üblichen Einkaufsgewohnheiten einer Familie waren, beanstandeten sie die Werbung als irreführend, denn sie impliziere, dass *Tesco* generell niedrigere Preise biete als *Boots*. Die Werbenden wandten gegen diesen Vorwurf ein, sie hätten zum einen Produkte aus dem gesamten Körperpflegesortiment ausgewählt, zum anderen habe das Werbeschreiben nicht die Aussage enthalten, die Produktauswahl repräsentiere den typischen Inhalt eines Warenkorbs, und schließlich könnten sich in dem wöchentlichen Einkauf einer Familie realistischerweise drei verschiedene Sorten Zahncreme befinden. Der ASA Council wies dieses Vorbringen zurück. Seiner Ansicht nach erweckte die Gestaltung der Preisgegenüberstellung auf angeblichen Kassenbelegen den Eindruck, als handle es sich bei den ausgewählten Produkten um den typischen Inhalt eines Warenkorbs von Körperpflegeprodukten. Da die Produkte jedoch tatsächlich allein deshalb ausgewählt worden seien, weil sie vor Versendung der Direktwerbung bei *Tesco* billiger waren, erklärte der ASA Council die Werbung für irreführend und betonte, dass die Werbenden die Waren in unfairer Weise zu ihren Gunsten ausgewählt und dadurch das Ergebnis des Preisvergleichs ebenfalls unfair zugunsten ihres Unternehmens verschoben hätten.

Eine Beschwerde in dem Fall *easyEverything Ltd* vom 12.12.2001[735] enthielt ebenfalls den Vorwurf eines unfairen Werbevergleichs. In einer Zeitungsanzeige wurde für ein Internet-Café in der Weise geworben, dass der Internet-Zugang über dieses Café als neue und billigere Alternative zu einem Vertrag mit dem Beschwerdeführer *AOL* dargestellt wurde. Dieser hielt die Werbung unter anderem deshalb für unfair, weil das Angebot der Werbenden sich nur auf einen begrenzten Zugang zu einem Internet-Café beziehe, wohingegen der Service des Beschwerdeführers Internet-Zugang zu Hause oder am Arbeitsplatz ermögliche. Die Werbenden brachten dagegen vor, ihr Angebot und das des Beschwerdeführers zeichneten sich primär dadurch aus, dass beide Zugang zum Internet gewährten; die Unterschiede zwischen beiden, etwa hinsichtlich der Orte, an denen der Internet-Zugang eingeräumt werde, seien demgegenüber nebensächlich. Der ASA Council vertrat jedoch die Auffassung, der Ort der Internet-Nutzung sowie die Art und Weise der Erbringung der betreffenden Leistung seien nicht neben-

---

735 Es handelt sich hier um einen der seltenen Fälle, in denen eine (auch vom ASA Council bestätigte) auf cl. 19.2 gestützte Beanstandung nicht zugleich unter dem Aspekt der Irreführung nach cl. 3.1, 7.1 angegriffen bzw. untersucht wurde.

sächlich, sondern wesentlich für das Angebot als solches, weshalb er zu dem Schluss gelangte, dass der Vergleich den Werbenden künstlich einen Vorteil einräumen könne und als unfair zu bewerten sei. Unter den Regeln des CAP Code könnte dieselbe Entscheidung wohl auf cl. 18.3 gestützt werden.

Die Entscheidung *Daihatsu (UK) Ltd* vom 12.04.1999 beruhte wieder auf cl. 19.2 und cl. 3.1 i.V.m. 7.1. Eine Beschwerde von *Vauxhall Motors Ltd* richteten sich gegen eine Zeitungsanzeige für den Daihatsu Sirion 1.0+, die mit dem Satz überschrieben war: „Wenn Sie den auf der rechten Seite kaufen, brauchen Sie definitiv eine Brille." Darunter war auf der linken Seite ein Sirion abgebildet und rechts ein Vauxhall Corsa GLS. Unter beiden Fahrzeugen waren jeweils ihre Ausstattungsmerkmale – bei dem Corsa nur sechs – sowie der Preis aufgeführt, für den Sirion 9.515 Pfund und für den Corsa 10.770 Pfund. Eine Fußnote wies auf eine unabhängige Marktforschungsinstitution als Quelle für diese Informationen hin. Die Beschwerdeführer hielten die Anzeige für irreführend, da diese, im Gegensatz zu dem Bericht des Marktforschungsinstituts, 34 Ausstattungsmerkmale, die der Corsa, nicht aber der Sirion aufweise, nicht angeführt hätten. Das Vorbringen der Werbenden, sie hätten zum einen die Eigenschaften des Sirion, die der Corsa nicht aufweise, hervorheben und zum anderen die fünf Hauptmerkmale, die beide Autos hätten, aufzählen wollen, akzeptierte der ASA Council nicht. Er stufte den Werbevergleich als unfair ein, da sowohl die Aufmachung als auch die Überschrift der Anzeige den irreführenden Eindruck erweckten, dass der Corsa außer den genannten keine weiteren Ausstattungsmerkmale für den angegebenen Preis zu bieten habe.

In dem Fall *Avis Europe Ltd t/a yourautochoice.com* vom 05.09.2001 wies der ASA Council beide, auf cl. 3.1, 7.1 und auf cl. 19.2 gestützte, Beschwerden zurück. Diese richteten sich gegen eine Zeitungsanzeige für fast neue Gebrauchtwagen, deren Preise mit denen von Neuwagen anderer Anbieter verglichen wurden. In einer mit einem Sternchenhinweis deutlich erkennbar gemachten Fußnote stand, dass es sich bei ihren Autos um gebrauchte, bei denen der Konkurrenzunternehmer um neue Fahrzeuge handelte. Die Beschwerden, diese Basis des Preisvergleichs werde in der Anzeige nicht klar genug herausgestellt und die Preise für Importfahrzeuge eines Konkurrenten würden nicht berücksichtigt, wies der ASA Council mit den Erwägungen ab, dass die Werbenden auf die Vergleichsbasis gut sichtbar hingewiesen hätten und dass die Leser nicht erwarteten, dass die Preisgegenüberstellung auch die Preise für Importfahrzeuge enthalte. Daher beurteilte er den Preisvergleich insgesamt als fair.

3. Das deutsche Wettbewerbsrecht

Die in cl. 19.2 der bisher geltenden britischen Codes bezüglich vergleichender Werbung enthaltenen Regelungen, die, wie festgestellt, Bestimmungen zum Schutz vor Irreführungen sind, finden ihre Entsprechung (im weitesten Sinn) im deutschen Recht, folgt man der herrschenden Meinung bezüglich der in §§ 2 und 3 S. 2 UWG umgesetzten Vorgaben der Richtlinie 97/55/EG[736], in den Vorschriften des § 2 II Nr. 2 und des § 3 S. 2 UWG.

Für den hier durchzuführenden Vergleich der Wettbewerbssituation in Großbritannien mit der in Deutschland ist angesichts der Tatsache, dass die Richtlinie sowohl in Deutschland als auch in Großbritannien umgesetzt wurde, in erster Linie von Interesse, inwiefern das vereinheitlichte europäische Recht hinter den Anforderungen zurückbleibt, die die britischen Selbstkontrollregeln für Werbevergleiche aufstellen. Denn nur soweit diese Anforderungen strenger sind als die diesbezüglichen rechtlichen Vorgaben, können sich, über den schon mehrfach erwähnten, in Großbritannien vorgeschriebenen Vorrang der Verfahren vor den Trading Standards Departments sowie den Selbstkontrollorganisationen vor der Anwendung der entsprechenden gesetzlichen Regelungen hinaus[737], mehr als nur unwesentliche Unterschiede zwischen beiden Ländern ergeben.

Im Gegensatz zu cl. 19.2 der bisher geltenden britischen Codes[738] finden die Vorschriften bezüglich vergleichender Werbung in §§ 2 II, 3 S. 2 UWG gemäß § 2 I UWG nicht bei jedem denkbaren Werbevergleich Anwendung, sondern nur dann, wenn die Werbung unmittelbar oder mittelbar einen Mitbewerber oder die von einem Mitbewerber angebotenen Waren oder Dienstleistungen erkennbar macht. Als Mitbewerber ist anzusehen, wer in einem tatsächlichen oder potentiellen Wettbewerbsverhältnis zu dem werbenden Unternehmen steht, was sich danach beurteilt, ob die angebotenen Produkte aus der Sicht der angesprochenen Verkehrskreise austauschbar sind; entscheidend ist, ob ein durchschnittlich informierter, verständiger und aufmerksamer Durchschnittsverbraucher eine Substitution ernsthaft in Betracht zieht[739]. Dies verneinte der BGH, anders als die Vorinstanz, in dem Fall einer Werbung für die Zeitschrift „WirtschaftsWoche" mit der Abbildung eines Lottoscheins und der Zeile „Um Geld zu vermehren, empfehlen wir ein anderes Papier."[740].

---

[736] Vgl. Begr. Reg.-Entw., WRP 2000, 555 (560); *Gloy/Bruhn*, GRUR 1998, 226 (236); *Menke*, WRP 1998, 811 (823); *Sack*, WRP 2001, 327 (342); anders *Eck/Ikas*, WRP 1999, 251 (264), nach denen die Bestimmung des Art. 3a I a) der Richtlinie, die in § 3 S. 2 UWG umgesetzt wurde, allein den Irreführungsschutz abdeckt.

[737] S. hierzu oben, 3. Abschnitt, B. II. 2. c) (v).

[738] Bzw. künftig der „Auffangvorschrift" in cl. 19.1 des CAP Code.

[739] S. etwa BGH, WRP 2002, 973 (975) – Lottoschein; *Köhler/Piper*, § 2 Rn 24.

[740] BGH, WRP 2002, 973 (975) – Lottoschein; ebenso *Köhler/Piper*, § 2 Rn 24.

Das Kammergericht Berlin hatte über den Fall einer Preisvergleichswerbung eines Stromversorgungsunternehmens zu entscheiden[741]. Diese beurteilte es zum einen unter dem Aspekt des Objektivitäts- bzw. Sachlichkeitsgebots des § 2 II Nr. 2 UWG und zum anderen anhand von § 3 S. 2 UWG. In der Literatur wird das Erfordernis der Objektivität eines Vergleichs als regelmäßig dann erfüllt betrachtet, wenn die Auswahl der zu vergleichenden Eigenschaften und der Vergleich selbst vom Bemühen um Sachlichkeit und Richtigkeit getragen werden und geeignet sind, dem Verbraucher nützliche Informationen zu geben[742]. Diesbezüglich entschied das Kammergericht, dass der Werbende nicht alle wesentlichen Eigenschaften in den Vergleich einbeziehen und noch weniger alle auf dem Markt befindlichen Konkurrenzangebote bzw. sämtliche Produkte eines in dem Vergleich angeführten Mitbewerbers darstellen müsse[743]. Solange dem Kunden in einem Preisvergleich bezüglich der verglichenen Produkte wahre und vollständige Angaben geliefert würden, werde er über das Konkurrenzangebot nicht unrichtig informiert[744]. Einen Verstoß gegen § 3 UWG verneinte das Kammergericht, die Frage nach dem Vorliegen einer Irreführung offen lassend, da diese zumindest nicht wettbewerblich relevant wäre, denn der Preisvorsprung des Werbenden hätte selbst dann noch bestanden, wenn er auch den günstigsten Tarif des Konkurrenten aufgeführt hätte[745].

Bezüglich des Irreführungsschutzes der Richtlinie 84/450/EWG in Art. 3 a I a) entschied das OLG Düsseldorf sehr ähnlich, wenn auch in einem umgekehrten Fall: Hier hatte ein Telefondienstleistungsunternehmen in einer Preisgegenüberstellung mit Konkurrenzangeboten nur ein Preismodell seiner eigenen Angebotspalette mit dem Hinweis: „z. B. werktags um 19 Uhr abends" herausgestellt[746]. Das Gericht urteilte, den angesprochenen Verkehrskreisen sei geläufig, dass die Preise für Telefonleistungen je nach Tageszeit unterschiedlich, insbesondere abends, nachts und am Wochenende günstiger sein könnten als sonst[747].

Ebenfalls zu Art. 3 a I a) der Richtlinie i.V.m. § 1 UWG entschied das OLG Hamburg bezüglich eines Preisvergleichs eines Telekommunikationsdienstleistungsunternehmens für ISDN-Anschlüsse, dass bei einem Preisvergleich die

741 Urteil vom 23.10.2001 - 5 U 202/01, dargestellt und kommentiert von *Bullinger/Emmerich*, WRP 2002, 608 (609 ff.).

742 S. etwa *Bullinger/Emmerich*, WRP 2002, 608 (610).

743 Wiedergegeben und zust. kommentiert von *Bullinger/Emmerich*, WRP 2002, 608 (610 f.).

744 Wiedergegeben in *Bullinger/Emmerich*, WRP 2002, 608 (611).

745 Vgl. *Bullinger/Emmerich*, WRP 2002, 608 (613), die bereits eine Täuschung ablehnen, da aus der konkreten Bezeichnung eines Produkts des Konkurrenten („local classic") für die Verbraucher ersichtlich sei, dass dieser daneben noch weitere Preismodelle anbiete.

746 OLG Düsseldorf, NJW-RR 1999, 408.

747 OLG Düsseldorf, NJW-RR 1999, 408 (408 f.); gl. A. *Baumbach/Hefermehl*, § 1 UWG Rn 387.

Angabe von „Circa"-Preisen grundsätzlich zulässig sei, wenn es auf die genauen Zahlen nicht ankomme, dass jedoch eine Irreführung vorliege, wenn der Preis für ein Produkt des Werbenden mit einem aus den Preisen für zwei verschiedene Produkte gebildeten Durchschnittspreis eines Konkurrenten verglichen werde, ohne dass der Leser erkennen könne, dass unterschiedliche Leistungen gegenübergestellt würden; dem Verbraucher werde so kein zuverlässiger Preisvergleich ermöglicht[748].

Das OLG Frankfurt entschied zu denselben Vorschriften, dass als Korrektiv des Umstands, dass auch ein Vergleich zwischen nicht völlig identischen Produkten zulässig sei[749], die Produktunterschiede deutlich und unmissverständlich hervorgehoben werden müssten[750].

In die gleiche Richtung geht auch das „Speedw@y"-Urteil des OLG Hamburg, in dem es zu § 2 II Nr. 1 und § 3 UWG entschied, dass bei einem auf einen wesentlichen Aspekt beschränkten Werbevergleich zwischen nur teilfunktionsidentischen Produkten, hier bezüglich eines Internetzugangs, dann, wenn die verglichenen Produkte mehrere wesentliche Eigenschaften bündelten und wenn deren Vor- und Nachteile, wie Leistungsumfang, Geschwindigkeit, Kosten etc., im Rahmen eines „Gesamtpakets" je nach individueller Gewichtung der Nutzer unterschiedlich beurteilt werden könnten, von dem Werbenden eine irrtumsvermeidende Klarstellung zu verlangen sei[751].

Zuletzt soll noch darauf hingewiesen werden, dass entsprechend der Regelung in cl. 50.18 der britischen Codes auch nach § 11 II des deutschen HWG in der Werbung für Medikamente außerhalb von Fachkreisen nicht suggeriert werden darf, die Wirkung eines Mittels entspreche der oder übertreffe die eines anderen Mittels oder einer anderen Behandlung.

4. Fazit der Gegenüberstellung

Soweit die Linie der Rechtsprechung bezüglich der Gebote objektiver und nicht irreführender Werbevergleiche überhaupt schon erkennbar ist, lässt sich festhalten, dass sie der Spruchpraxis des ASA Council betreffend vergleichende Werbung – sogar aufgrund der bisher geltenden CAP-Regeln – sehr ähnlich ist. Keines der beiden Systeme verlangt, dass ein Werbender seine Kunden umfassend über die Angebote der Konkurrenz informiert; sofern er jedoch Angaben über seine oder die Produkte von Mitbewerbern macht, dürfen diese nicht, etwa in-

---

748 OLG Hamburg, NJWE-WettbR 2000, 109.

749 Für das Ausreichen von Funktionsidentität i. S. einer Substituierbarkeit aus der Sicht der angesprochenen Verbraucher s. zu Art. 3 a I b) der Richtlinie BGH, WRP 1999, 414 (415 f.) – Vergleichen Sie; ebenso etwa *Sack*, WRP 2001, 327 (341), mit weit. Nachw.

750 OLG Frankfurt, GRUR-RR 2001, 89 (90).

751 OLG Hamburg, GRUR-RR 2002, 169 (171) – Speedw@y.

folge von Auslassungen, irreführend sein. Das britische System von ASA und CAP und ihren Regeln ist jedoch insofern strenger als das Gesetzesrecht beider Länder, als der ASA Council relativ häufig statt oder in Ergänzung der Vorschriften in cl. 19.2 (künftig cl. 18 und 19.1 CAP Code) auf die Irreführungsbestimmungen in cl. 3.1, 7.1 zurückgreift; insbesondere das rigorose Beweiserfordernis in cl. 3.1 sowie der sehr weitreichende Irreführungsschutz durch cl. 7.1[752] führen dazu, dass die Situation werbender Unternehmen in Großbritannien in dieser Hinsicht schwieriger ist als in Deutschland.

XXII. Anschwärzung, cl. 20[753]

Regelungen zur Herabsetzung bzw. Anschwärzung („denigration") fanden sich bisher in cl. 20 des Advertising Code: Nach cl. 20.1, dessen Inhalt cl. 20.1, Satz 2, des neuen CAP Code übernimmt, sollten Werbende andere Unternehmen oder ihre Produkte nicht in unlauterer Weise angreifen oder in Misskredit bringen[754]. Cl. 20.1, Satz 1, des CAP Code untersagt es jetzt, im Rahmen identifizierender vergleichender Werbung die Produkte, Marken, Handelsnamen, andere Kennzeichen, Tätigkeiten oder Umstände der Mitbewerber zu diskreditieren oder anzuschwärzen[755].

Neben den Bestimmungen zur vergleichenen Werbung und den Irreführungsvorschriften in cl. 3.1, 7.1 findet cl. 20 gemäß der verfügbaren Spruchpraxis des ASA Council auch teilweise zusammen mit den Regeln zur Rufausbeutung (bisher cl. 21.1) Anwendung. Ferner bejaht der ASA Council nicht selten eine unlautere Herabsetzung dann, wenn sie auf einer irreführenden Aussage beruht.

1. Die Spruchpraxis des ASA Council

Die Entscheidung *ITV Digital* vom 17.10.2001 betraf eine Direktwerbung eines Digitalfernsehbetreibers, in der u. a. zu lesen war: „Jetzt können Sie die Sicht im Innern ihres Hauses verbessern, ohne seine Außenansicht zu ruinieren (...)". Darunter war auf einer Zeichnung eine strohgedeckte Hütte zu sehen. Auf deren einer Seite war an der Vorderfront eine Satellitenschüssel angebracht, und der Garten war verwahrlost; auf der anderen Seite waren in Fenstertrögen und im Garten viele verschiedenfarbige Blumen zu sehen. Neben einer, vom ASA

---

752 Zu beiden Vorschriften s. o., unter VII.

753 Im neuen CAP Code nur cl. 20.1.

754 Nach cl. 20.2 der bisher geltenden Regelung durften defekte oder entstellte Produkte eines anderen Unternehmens in der Werbung nur zur Illustrierung vergleichender Tests gezeigt werden, deren Quelle, Wesen und Ergebnisse klar erkennbar sein sollten; diese Bestimmung taucht im CAP Code nicht mehr auf.

755 Vgl. die dem zugrunde liegende Regelung in Art. 3a (1) e) der Richtlinie zur vergleichenden Werbung und die entsprechende reg. 4A (1) (e) der britischen CMA Regs.

Council aufrecht erhaltenen, Beschwerde wegen Irreführung (cl. 7.1) über die übliche Größe von Satellitenschüsseln an Wohnhäusern wandten sich die beiden beschwerdeführenden Satellitenfernsehbetreiber auch gegen die ihrer Ansicht nach in dem Werbetext und in dem Bild liegende Herabsetzung von Satellitenfernsehunternehmern. Die Werbenden trugen vor, sie hätten die Werbung an Personen geschickt, von denen sie annähmen, dass sie aus ästhetischen Gründen Vorbehalte gegen das Anbringen einer Satellitenschüssel an ihren Häusern hätten, und speziell für dieses Publikum sei ein entscheidender Grund gegen einen Vertrag mit einem Satellitenfernsehunternehmer gerade der Umstand, dass der Empfang die Verwendung einer Satellitenantenne voraussetze. Die Erwägungen des ASA Council lauteten wie folgt: Die von den Werbenden ausgewählten Verkehrskreise würden ebenso wahrscheinlich ästhetische Vorbehalte gegen eine Antenne wie gegen eine Satellitenschüssel haben, und die Installation einer Antenne auf dem Dach werde von Digitalfernsehbetreibern gerade empfohlen. Eine Antenne sei jedoch auf der Seite der Hütte, auf der, gemäß der Suggestion, das Digitalfernsehprodukt der Werbenden verwendet werde, nicht zu sehen. Aufgrund der demgegenüber in der Zeichnung dargestellten Größe der Satellitenschüssel sowie des Anblicks des Hauses und des Gartens auf der anderen Seite befand der ASA Council, die Werbung impliziere, dass Häuser mit Satellitenschüsseln unansehnlich seien, und daher erachtete er sie als herabsetzend gegenüber Satellitenfernsehunternehmen.

Gegen eine Zeitungsanzeige einer Fluglinie wandte sich das Eisenbahnunternehmen *Virgin Trains* in dem Fall *Easyjet Airline Co Ltd* vom 19.09.2001. Unter der Überschrift: „Don't get caught in the Great Train Robbery!" forderte das Unternehmen die Leser auf, die zehnprozentige Preiserhöhung für Geschäftsreisen bei *Virgin* nicht zu akzeptieren, und verwies auf seine eigenen Angebote. Da die Werbenden ihre Behauptung einer Preisanhebung um zehn Prozent nicht beweisen konnten, gab der ASA Council der hiergegen gerichteten Beschwerde gemäß cl. 3.1, 7.1 statt. Darüber hinaus beanstandete *Virgin* die Anzeige, insbesondere die Aussage „the Great Train Robbery", auch als herabsetzend. Dieser Ansicht war auch der ASA Council, wenn auch nicht mit der Begründung der Beschwerdeführer, die Werbenden hätten den Eindruck erweckt, ihre Preise für Geschäftsreisen seien günstiger als die von *Virgin*, sondern weil die beanstandete Titelaussage in Zusammenhang mit der unrichtigen Behauptung eines zehnprozentigen Preisaufschlags gemacht worden sei.

Die „Antwort" von *Virgin* auf diese Kampagne von *EasyJet* behandelt die Entscheidung *Virgin Rail Group Ltd* vom 12.07.2000. *EasyJet* beanstandete eine Zeitungsanzeige von *Virgin* mit der Überschrift „QueasyJet"[756] und einem oran-

---

[756] „Queasy" bedeutet „übel" oder „schlecht".

gefarbenen Hintergrund mit dem Text „London bis Manchester & Liverpool ab 5 Pfund je Strecke“ und darunter der Aussage: „Nicht jeder schätzt unsere niedrigen Fahrpreise.“ als verunglimpfend; die Werbung beleidige den Markennamen sowie die „corporate identity“ von *EasyJet*. Die Werbenden verteidigten die Anzeige als humorvolle Reaktion auf die vorausgegangene Kampagne der Beschwerdeführer, bei der sie weder deren Schriftart noch ihre wirkliche Unternehmensfarbe verwendet hätten. Angesichts des lebhaften Wettbewerbs in dem Markt und des humorvollen Tons der Anzeige befand der ASA Council, dass diese keine Verunglimpfung des Unternehmens der Beschwerdeführer enthielt.

Ein Fall, in dem neben cl. 20.1 (und 7.1) auch cl. 20.2 zum Tragen kommt, ist *Swiftcall Ltd* vom Februar 1996. *British Telecommunications* legte Beschwerde gegen die Zeitungsanzeige eines Telefondiensteanbieters ein, in der neben dem Satz: „Swiftcall möchte sich bei seinen Konkurrenten dafür entschuldigen, dass es so erfolgreich ist“ auf einer Photographie zwei öffentliche Telefonzellen, eine gegen die anderen gelehnt und beide mit einem Schild mit der Aufschrift „OUT OF ORDER“ versehen, zu sehen waren. Die Abbildung der Schilder setzte nach Ansicht der Beschwerdeführer ihre Telefonzellen als unzuverlässig herab. Die Werbenden hielten die Werbung nicht für herabsetzend. Mit der Begründung, die Werbenden hätten nicht dargelegt, dass die Telefonzellen der Beschwerdeführer unzuverlässig seien, hätten dies in ihrer Anzeige aber gleichwohl impliziert, gab der ASA Council der Beschwerde statt[757].

Die Entscheidung *Associated Newspapers Ltd t/a Daily Mail / Mail on Sunday* vom 29.08.2001 hatte u. a. eine persönliche Herabsetzung des Inhabers eines Konkurrenzunternehmens zum Gegenstand. Die Inhaber der Tageszeitung *Daily Express* richteten neben anderen eine Beschwerde wegen Herabsetzung gegen drei Werbungen. Die Inhaber der *Daily Mail* hatten zum einen eine Direktwerbung an Leser des *Daily Express* geschickt, in der sie diesen mitteilten, dass der *Daily Express* seine Arbeit im Nordwesten des Landes abbaue und in dieser Region beinahe alle seine Mitarbeiter entlasse. Demgegenüber habe die *Daily Mail* ihr Engagement im Norden ständig erhöht. Zum anderen war auf den Innenseiten einer ersten und letzten Seite – jeweils außen mit dem Titel „saubereres, helleres tägliches Lesen“ versehen – einer Zusatzausgabe der *Daily Mail* unter anderem zu lesen, der *Express* sei kürzlich von einer Person übernommen worden, die tief in dem Geschäft der Veröffentlichung von Pornographie verwurzelt sei, und infolge der Auflösung des gesamten Bereichs „Digitale Medien“ hätten sämtliche Mitarbeiter dort ihre Arbeit verloren. Diese letzten Aussagen fanden sich zum dritten auch in Werbezetteln, die an Einzelhändler geschickt wurden. Der ASA Council ging auf das von den Werbenden vorgebrachte Informations-

757 Es ist davon auszugehen, dass das Ergebnis dieses Falles unter dem neuen CAP Code, trotz des Wegfalls von cl. 20.2 a. F., nicht anders ausgefallen wäre.

interesse der Öffentlichkeit sowie ihre Aufgabe der Meinungsbildung nur insofern ein, als er feststellte, dass die Aussagen hinsichtlich der geschäftlichen Tätigkeit des *Express*-Inhabers sowie bezüglich der Schließung von Websites durchaus zutreffend sein könnten. Dennoch rechtfertigten diese Tatsachen nicht die implizite Aussage, der Inhalt des *Daily Express* sei anrüchig. Da die herabsetzende Art der Werbungen über einen bloß objektiven Vergleich hinausgehe, könnten diese nicht akzeptiert werden[758].

Zuletzt soll noch der Fall *British Telecommunications plc t/a Genie Mobile* vom 30.05.2001 vorgestellt werden, in dem der ASA Council eine unfaire Herabsetzung verneinte. *Virgin Mobile Telecoms Ltd* wandte sich gegen die Zeitungsanzeige eines Mobilfunkbetreibers mit der Überschrift: „10 p a message is virgin on the ridiculous" und dem Text: „(Nur bei GenieMobileTM ist SMS gratis)". Neben verschiedenen u. a. auf die Irreführungsvorschriften der cl. 3.1, 7.1 und 19.2 gestützten und auch erfolgreichen Beschwerden beanstandeten die Beschwerdeführer die Werbung auch als ihr Unternehmen herabsetzend. Die Werbenden trugen vor, die Unternehmensgruppe der Beschwerdeführer habe bereits in ähnlicher Weise geworben. Nach Ansicht des ASA Council war die Anzeige nicht herabsetzend, da sie, speziell im Kontext eines Marktes mit scharfem Wettbewerb, in einem humorvollen Ton abgefasst worden sei[759].

2. Das deutsche Wettbewerbsrecht

Im deutschen Wettbewerbsrecht sind herabsetzende Werbeäußerungen über Unternehmen oder deren Produkte, sofern sie im Rahmen eines Werbevergleichs i.S.d. § 2 I UWG fallen, unter § 2 II Nr. 5 UWG zu beurteilen[760], andernfalls unter § 1 UWG, und bei zur Geschäftsschädigung geeigneten Tatsachenbehauptungen können der Spezialtatbestand des § 14 UWG sowie eine Strafbarkeit nach § 15 UWG eingreifen.

a) Herabsetzungen im Rahmen vergleichender Werbung i.S.d. § 2 I UWG

Sofern eine Werbung unter die Definition in § 2 I UWG fällt, beurteilt sich eine in dem Vergleich liegende Herabsetzung oder Verunglimpfung der Waren, Dienstleistungen, Tätigkeiten oder persönlichen oder geschäftlichen Verhältnis-

---

758 Unter dem neuen CAP Code wäre dieser Fall voraussichtlich anhand von cl. 20.1, Satz 1, und zwar vermutlich im Ergebnis ebenso, zu entscheiden.

759 Auch diese Entscheidung würde unter dem CAP Code möglicherweise nach cl. 20.1, Satz 1, getroffen; allerdings lässt sich die Meinung des ASA Council zu der Frage des Erfordernisses eines (expliziten) Vergleichs noch nicht feststellen. Es ist aber auch für diesen Fall anzunehmen, dass sich am Tenor der Entscheidung nichts ändern würde.

760 Vgl. zu der nur nachrangigen Anwendbarkeit der entsprechenden gesetzlichen Regelungen in Großbritannien bereits oben, 3. Abschnitt, B. II. 2. c) (v).

se eines Mitbewerbers nach § 2 II Nr. 5 UWG[761]. Unklar ist insofern, ob für das Vorliegen einer vergleichenden Werbung erforderlich ist, dass die Werbung tatsächlich einen Vergleich enthält. Während der BGH dies bereits zu Art. 2 Nr. 2 a der Richtlinie 84/450/EWG für unerlässlich erklärt hat[762], erscheinen die diesbezüglichen Ausführungen des EuGH in der „Toshiba"-Entscheidung eher missverständlich: Nachdem er zunächst (in Rn 31) betont, auf einen Vergleich zwischen den vom Werbenden angebotenen Erzeugnissen und Dienstleistungen und denen des Mitbewerbers komme es nicht an, gelangt er, über eine Stellungnahme zu der Frage, ob die Kriterien in Art. 3 a der Richtlinie einen Verbotskatalog darstellen (Rn 33 bis 37)[763], zu der reichlich gekünstelt anmutenden Schlussfolgerung, ein Anbieter von Ersatzteilen und Verbrauchsmaterialien für die Produkte eines Geräteherstellers, der in seinem Katalog die Artikelnummern angibt, die der Gerätehersteller für die von ihm selbst vertriebenen Ersatzteile und Verbrauchsmaterialien verwendet, vergleiche seine Waren mit denen des Geräteherstellers (Rn 38 f.)[764].

In der Werbeaussage „Vergleichen Sie einmal mit dem Katalog von ..." sah der BGH einen Vergleich, da diese im Zusammenhang mit dem vorausgehenden Satz zu sehen sei, die Beklagte vertreibe „hochwertigen Designer-Modeschmuck zu akzeptablen Preisen", womit die Vorschriften der Richtlinie zur Anwendung kamen[765]. Zu Art. 3 a I e) der Richtlinie, der in § 2 II Nr. 5 UWG umgesetzt wurde, stellte er, in Übereinstimmung mit der Literatur[766], fest, dass nicht jede herabsetzende Wirkung, die einem kritischen Werbevergleich immanent sei, für die Annahme einer Herabsetzung ausreiche, was sich schon an der Gleichsetzung mit „Verunglimpfung" zeige, sondern es müssten besondere Umstände hinzutreten, die den Vergleich in besonderer Weise abfällig, abwertend oder un-

---

761 Soweit Art. 3 a I e) der Richtlinie 84/450/EWG auch die Herabsetzung oder Verunglimpfung von Marken und anderen Kennzeichen erfasst, wurde er in Deutschland in § 2 II Nr. 4 UWG umgesetzt (vgl. zur Auslegung dieser Norm etwa *Sack*, WRP 2001, 327 (345 f.)) und in Großbritannien in den CMA Regs wörtlich übernommen.

762 BGH, GRUR 1999, 1100 (1101) – Generika-Werbung; ebenso zu § 2 I UWG BGH, GRUR 2002, 75 (76) – „SOOOO ... BILLIG!"?; gl. A. *Köhler/Piper*, § 2 Rn 18; Reg.-Begr., WRP 2000, 555 (560); a. A. *Sack*, WRP 2001, 327 (335), allerdings mit dem Hinweis darauf, dass identifizierende Bezugnahmen in der Regel implizite Vergleiche enthalten.

763 Aus der m. E. eine Entscheidung gegen einen Verbotskatalogcharakter zu entnehmen sein könnte; a. A. *Sack*, WRP 2002, 363 (365).

764 EuGH, EWS 2001, 598 (600 f.) – Toshiba.

765 BGH, WRP 1999, 414 (415) – Vergleichen Sie.

766 Etwa *Gloy/Bruhn*, GRUR 1998, 226 (237); *Menke*, WRP 1998, 811 (816); *Plaß*, WRP 1999, 766 (770); *Sack*, GRUR Int. 1998, 263 (271 f.); *ders.*, WRP 2001, 327 (346); *Tilmann*, GRUR 1997, 790 (797).

sachlich erscheinen ließen[767]; solche Umstände sah der BGH in der vorliegenden Werbung nicht als gegeben an[768].

Einen Verstoß gegen § 2 II Nr. 5 UWG verneinte der BGH ferner in dem Fall einer Schaufensterwerbung mit dem Aushang einer Sonderangebotswerbung eines Konkurrenten und dem Hinweis, dass das dort beworbene Gerät in diesem Geschäft „normal“ (dies doppelt unterstrichen) zu einem angegebenen günstigeren Preis verkauft werde[769]. Der Verkehr ziehe aus dem gezeigten Einzelangebot nicht den Schluss, die Waren der Klägerin seien generell überteuert, und wenn er dies aufgrund der Hervorhebung des Wortes „normal“ doch tun sollte, müsse die Beklagte für die Richtigkeit dieser Schlussfolgerung als eines lediglich reflexhaften Effekts ihres nur auf einen Einzelfall bezogenen Preisvergleichs nicht einstehen[770]. Die Beklagte habe ihr besonders vorteilhaftes Angebot auch auffällig herausstellen dürfen, und auch in der verwendeten leichten Ironie liege angesichts der authentisch wiedergegebenen Werbung der Klägerin sowie des handschriftlichen Hinweises der Beklagten eine rein sachliche Gegenüberstellung, mithin keine Herabsetzung oder Verunglimpfung der Klägerin i.S.d. § 2 II Nr. 5 UWG[771].

b) Herabsetzungen außerhalb vergleichender Werbung i.S.d. § 2 I UWG

Nimmt ein Werbevergleich nicht auf einen oder mehrere Mitbewerber konkret Bezug, unterfällt er nicht § 2 I UWG.

Nach der Rechtsprechung des BGH sind dies Fälle, in denen die beanstandete Werbeaussage so allgemein gehalten ist, dass sich den angesprochenen Verkehrskreisen eine Bezugnahme auf Mitbewerber nicht aufdrängt, sondern diese sich nur reflexartig daraus ergibt, dass mit jeder Hervorhebung eigener Vorzüge in der Regel unausgesprochen zum Ausdruck gebracht wird, dass nicht alle Mitbewerber die gleichen Vorteile zu bieten haben[772]. Von einem solchen lediglich reflexartigen Effekt ging der BGH in dem Fall der Hervorhebung der künftig beabsichtigten Unterstützung der Arzneimittelforschung durch einen Generika-

---

767 BGH, WRP 1999, 414 (416) – Vergleichen Sie; ebenso, zu § 2 II Nr. 5 UWG, BGH, NJW 2002, 376 (378) – Preisgegenüberstellung im Schaufenster.

768 BGH, WRP 1999, 414 (416) – Vergleichen Sie; zust. *Eck/Ikas*, WRP 1999, 772 (775).

769 BGH, NJW 2002, 376 – Preisgegenüberstellung im Schaufenster.

770 BGH, NJW 2002, 376 (378); i. E. zust., aber unter Hinweis darauf, dass die Rechtsprechung bei durch eine Werbung mit besonders günstigen Einzelangeboten ohne die Kennzeichnung als Sonderangebote hervorgerufenen Schlussfolgerungen der Verbraucher bezüglich des Gesamtsortiments des Werbenden diesem, zu Recht, schon immer eine Einstandspflicht für deren Richtigkeit auferlegt habe, *Sack*, LM H. 1/2002 § 2 UWG Nr. 2.

771 BGH, NJW 2002, 376 (378 f.); krit. *Köhler/Piper*, § 1 Rn 231 a.

772 BGH, GRUR 1999, 1100 (1101) – Generika-Werbung; ähnl. auch BGH, WRP 2002, 1138 (1140) – DIE „STEINZEIT“ IST VORBEI!; gl. A. *Köhler/Piper*, § 2 Rn 19.

hersteller aus[773]. Ebenso verneint der BGH einen Werbevergleich i.S.d. § 2 I UWG in dem umgekehrten Fall, dass eine Bezugnahme auf den Werbenden selbst sich aus einer allgemein gehaltenen, Mitbewerber kritisierenden Werbeaussage sich den angesprochenen Verkehrskreisen nicht aufdrängt, sondern diese sich nur reflexartig daraus ergibt, dass mit jeder Kritik an Mitbewerbern in der Regel unausgesprochen zum Ausdruck gebracht wird, dass diese Kritik den Werbenden selbst nicht trifft[774]; von einer solchen Konstellation ging der BGH bei der Kritik auf der Schaufensterwerbung eines Fachhändlers an der Praxis der Werbung mit durchgestrichenen Preisen aus[775]. Im Unterschied zu dem letzten Urteil vertrat der BGH allerdings in der Entscheidung „Preisvergleichsliste II“[776] noch die Ansicht, der Vergleich müsse nicht zwingend auch eigene Leistungen des Werbenden einbeziehen[777].

Da Werbevergleiche, in denen nicht auf individualisierbare Mitbewerber Bezug genommen wird, nicht der Definition der vergleichenden Werbung in § 2 I UWG unterfallen, gilt für sie an sich auch nicht der Kriterienkatalog des § 2 II UWG. In der Literatur wurde jedoch verschiedentlich auf Wertungswidersprüche hingewiesen, die entstünden, wenn man die Kriterien des § 2 II UWG bei der Beurteilung solcher allgemein gehaltenen Vergleiche unter § 1 UWG völlig unbeachtet ließe; so dürften für Vergleiche ohne Bezug auf individualisierbare Mitbewerber, welche diese weniger beeinträchtigten als konkret gefasste Vergleiche, keine schärferen Anforderungen gelten als für einen § 2 I UWG unterfallenden Vergleich[778]. Demgegenüber wird in der Rechtsprechung in Fällen, in denen es um eine pauschale Herabsetzung ungenannter Mitbewerber geht, ganz überwiegend betont, auch nach Umsetzung der Richtlinie zur vergleichenden Werbung gälten die bisherigen unter § 1 UWG entwickelten Grundsätze, wonach zu fragen sei, ob sich die Werbeaussage noch in den Grenzen einer sachlichen Erörterung halte oder bereits eine pauschale Abwertung der fremden Erzeugnisse darstelle[779]. Allerdings wird dies, häufig sogar mit dem Verweis auf

---

773 BGH, GRUR 1999, 1100 (1101 f.) – Generika-Werbung.

774 Der Sache nach ebenso *Köhler/Piper*, § 2 Rn 18.

775 BGH, GRUR 2002, 75 (76 f.) – „SOOOO ... BILLIG!“?, mit Anm. *Jickeli*, LM H. 1/2002 zu § 1 UWG Nr. 854, der den Prämissen des BGH i. E. zustimmt, im konkreten Fall aber Zweifel hat und die Entscheidung zudem als unklar kritisiert.

776 BGH, GRUR 1999, 69 (70).

777 Ebenso auch *Köhler/Piper*, § 2 Rn 18.

778 *Köhler/Piper*, § 1 Rn 452; *Plaß*, WRP 1999, 766 (771); ebenso OLG Hamburg, GRUR-RR 2002, 169 (171) – Speedw@y, in einem obiter dictum.

779 BGH, GRUR 1999, 1100 (1102) – Generika-Werbung; BGH, GRUR 2001, 752 (753) – Eröffnungswerbung; BGH, WRP 2002, 973 (975) – Lottoschein; BGH, GRUR 2002, 75 (77) – „SOOOO ... BILLIG!“?; BGH, WRP 2002, 1138 (1140) – DIE „STEINZEIT“ IST VORBEI!; OLG Frankfurt, GRUR-RR 2001, 221 (221) – Systemvergleich.

die Entscheidung „Vergleichen Sie“[780], nur unter denselben Voraussetzungen angenommen, die auch im Rahmen vergleichender Werbung aufgestellt wurden, nämlich dann, wenn zu den mit jedem Werbevergleich verbundenen (negativen) Wirkungen für die Konkurrenz besondere Umstände hinzutreten, die den Vergleich in unangemessener Weise abfällig, abwertend oder unsachlich erscheinen lassen[781]. Lediglich hingewiesen werden soll darauf, dass nach den zuvor für diese Fälle maßgeblichen Kriterien, die unter dem Gebot der Sachlichkeit zusammengefasst wurden, eine Unzulässigkeit ebenfalls nicht besonders leicht zu begründen war[782].

Der BGH erblickte in der Werbeaussage eines Generikaherstellers, welche lediglich seine Unterstützung der Arzneimittelforschung herausstellte[783], ebenso wenig eine unzulässige pauschale Herabsetzung von Konkurrenzunternehmen wie in einer Anzeigenwerbung für die Neueröffnung eines Elektronik-Einzelhandelsgeschäfts, in der ausdrücklich dazu aufgefordert wurde, entsprechende Anschaffungen bis zum Eröffnungsdatum zurückzustellen, denn diese explizite Aussage sei unausgesprochen in jeder Eröffnungswerbung enthalten[784]. Desgleichen sah er in der Aufforderung auf einem Schaufensterplakat, mit durchgestrichenen Preisen beworbene Angebote misstrauisch auf Unseriositäten, Lockvögel, Ladenhüter und Finten zu überprüfen, nicht die Äußerung eines Verdachts gegen alle so werbenden Mitbewerber, sich unlauterer Werbemethoden zu bedienen, und damit keine unzulässige pauschale Herabsetzung[785]. Auch die Aussage in einer Anzeige für die Zeitschrift „WirtschaftsWoche“, unter der Abbildung eines Lottoscheins, „Um Geld zu vermehren, empfehlen wir ein anderes Papier.“ stelle das Lottospiel nicht als Geldverschwendung dar, sondern beruhe allein auf der Binsenwahrheit, dass die Geldvermehrung durch das Zufallsspiel Lotto weniger wahrscheinlich sei als durch Geldanlage anhand von fachkundiger Information; zudem wirke auch das auf dem Wort „Papier“ basierende Wortspiel verharmlosend und neutralisierend, und zuletzt bewirke auch die verwendete Ironie deshalb keine unzulässige Herabsetzung, weil der Verkehr die Aussage nicht ernst nehme[786]. Desgleichen betrachte auch der durchschnitt-

---

780 BGH, WRP 1999, 414 (416).

781 BGH, GRUR 1999, 1100 (1102) – Generika-Werbung; BGH, GRUR 2001, 752 (753) – Eröffnungswerbung; BGH, WRP 2002, 973 (975) – Lottoschein; BGH, GRUR 2002, 75 (77) – „SOOOO ... BILLIG!“?; OLG Frankfurt, GRUR-RR 2001, 221 (221) – Systemvergleich.

782 Vgl. etwa BGH, WRP 1996, 1097 (1098 f.) – Preistest, für die Bejahung eines Verstoßes gegen § 1 UWG, und BGH, GRUR 1997, 227 (228 f.) – Aussehen mit Brille, für dessen Verneinung.

783 BGH, GRUR 1999, 1100 (1102) – Generika-Werbung.

784 BGH, GRUR 2001, 752 (753) – Eröffnungswerbung.

785 BGH, GRUR 2002, 75 (77) – „SOOOO ... BILLIG!“?.

786 BGH, WRP 2002, 973 (976) – Lottoschein.

lich informierte und verständige Verbraucher den Werbeslogan „DIE ‚STEINZEIT' IST VORBEI!" für die Holzrahmen-Bauweise für Häuser infolge des verwendeten Sprachwitzes als humorvolles Wortspiel, das Aufmerksamkeit erwecken solle[787].

Eine nach § 1 UWG unzulässige pauschale Herabsetzung erblickte das OLG Frankfurt hingegen in einer Anzeige der Deutschen Bahn, auf der ein kreisendes Flugzeug und der Satz „Deutschlands Manager machen zu viele Überstunden." sowie ein Hinweis auf die Bahn als Werbenden zu sehen waren: Das Gericht wertete die Werbung als gegen das Sachlichkeitsgebot verstoßenden Systemvergleich zwischen den Verkehrsmitteln Flugzeug und Bahn, da sie die Unpünktlichkeit von Flugzeugen plakativ anprangerte, die bei der Bahn vergleichbar vorhandenen Nachteile aber verschweige, woran auch der Umstand nichts ändern könne, dass die Werbeaussage humorvoll-ironische Züge trage[788].

c) Unwahre, zur Geschäfts- oder Kreditschädigung geeignete Tatsachenbehauptungen

(i) Anschwärzung, § 14 UWG

Gemäß § 14 I 1 UWG haftet auf Schadensersatz, wer zu Zwecken des Wettbewerbs über das Erwerbsgeschäft, die Waren oder gewerblichen Leistungen eines anderen oder über die Person des Geschäftsinhabers oder -leiters unwahre Tatsachen[789] behauptet oder verbreitet, die geeignet sind, den Geschäftsbetrieb oder den Kredit des Inhabers zu schädigen[790]. Dabei ergibt sich aus der Gesetzesformulierung („sofern die Tatsachen nicht erweislich wahr sind"), dass der Verletzer die Wahrheit zu beweisen hat, um seine Haftung auszuschließen[791]; ferner ist kein Verschulden des Verletzers erforderlich[792]. Ein entsprechender Unterlassungsanspruch, der nach allgemeiner Meinung auch hier einen Beseitigungsanspruch einschließt[793], folgt aus § 14 I 2 UWG[794]. In dem Sonderfall einer ver-

---

787 BGH, WRP 2002, 1138 (1141) – DIE „STEINZEIT" IST VORBEI!.

788 OLG Frankfurt, GRUR-RR 2001, 221 (221 f.) – Systemvergleich.

789 Die erforderliche Abgrenzung zu bloßen Werturteilen erfolgt über die Frage nach der Nachprüfbarkeit mit den Mitteln des Beweises, wofür das Verständnis der Aussage in den angesprochenen Verkehrskreisen maßgeblich ist, s. BGH, GRUR 1993, 409 (410) – Illegaler Fellhandel; *Köhler/Piper*, § 14 Rn 4.

790 Auch für die Feststellung dieser Eignung ist die Wirkung auf die angesprochenen Verkehrskreise zugrunde zu legen; der BGH bejahte sie etwa bei der Behauptung fehlender Lieferfähigkeit (BGH, GRUR 1993, 572 (573) – Fehlende Lieferfähigkeit) und bei der Nennung in einer Liste von Unternehmen mit zweifelhafter Bonität (BGH, WRP 1995, 493 (494) – Schwarze Liste); s. auch *Köhler/Piper*, § 14 Rn 8.

791 S. nur *Köhler/Piper*, § 14 Rn 9.

792 S. *Köhler/Piper*, § 14 Rn 1.

793 Vgl. nur *Baumbach/Hefermehl*, § 14 UWG Rn 28; *Köhler/Piper*, § 14 Rn 11.

traulichen Mitteilung sowie eines berechtigten Interesses des Mitteilenden oder des Empfängers der Mitteilung gemäß § 14 II UWG muss der Kläger für einen Unterlassungsanspruch die Unwahrheit der Tatsachenbehauptung beweisen (§ 14 II 1), und der Schadensersatzanspruch setzt ein Verschulden des Mitteilenden voraus (§ 14 II 2). Schließlich folgt aus § 14 III UWG, dass im Fall einer Anschwärzung durch einen Angestellten gemäß § 13 IV UWG analog auch der Unternehmensinhaber auf Unterlassung haftet[795]; für den Schadensersatzanspruch gelten hingegen §§ 31, 831 BGB[796].

(ii) Geschäftliche Verleumdung, § 15 UWG

Der Straftatbestand des § 15 I UWG setzt kein Handeln zu Zwecken des Wettbewerbs voraus, ansonsten entsprechen seine Voraussetzungen im Wesentlichen denen des § 14 UWG mit dem Unterschied, dass hier zum einen der Nachweis der Unwahrheit erbracht werden und zum anderen der Täter wider besseres Wissen, d. h. mit sicherer Kenntnis und Überzeugung von der Unwahrheit handeln muss[797]. § 15 II UWG erweitert die Strafbarkeit auf den Betriebsinhaber und, nach überwiegender Ansicht, auch auf den Betriebsleiter, sofern sie von der Handlung eines Angestellten oder Beauftragten wussten; in der Literatur wird diese Erweiterung allerdings wegen Verletzung des Schuldgrundsatzes kritisiert[798]. Die Erfüllung des Tatbestands des § 15 UWG kann einen Abwehranspruch aus § 1004 BGB analog sowie einen Schadensersatzanspruch gemäß § 823 II BGB nach sich ziehen[799].

3. Fazit der Gegenüberstellung

Ein Unterschied zwischen den Regelungen der bisherigen britischen Codes und dem deutschen Recht zur unlauteren Herabsetzung liegt darin, dass die Vorschriften in cl. 20 (künftig cl. 20.1 CAP Code), im Gegensatz zu §§ 1 und 2 II Nr. 5 UWG[800], nicht auch die Anschwärzung eines Mitbewerbers als Person erfassen, sondern diese nur insofern untersagen, als damit das Unternehmen bzw. die Produkte verunglimpft werden[801]. Ansonsten fallen aber überwiegend Gemeinsamkeiten auf: Von cl. 20 in ihrer Anwendung durch den ASA Council

---

794 Nach BGH, GRUR 2002, 633 (635) – Hormonersatztherapie, ist § 14 I UWG auch auf geschäftsschädigende Handlungen im Rahmen vergleichender Werbung anwendbar.
795 S. etwa BGH, WRP 1995, 493 (494) – Schwarze Liste.
796 *Köhler/Piper*, § 14 Rn 14.
797 *Köhler/Piper*, § 15 Rn 2, 3.
798 S. zu § 15 II UWG *Baumbach/Hefermehl*, § 15 UWG Rn 8; *Köhler/Piper*, § 15 Rn 4.
799 S. hierzu *Baumbach/Hefermehl*, § 15 UWG Rn 9; *Köhler/Piper*, § 15 Rn 7, 8.
800 S. für § 2 II Nr. 5 UWG nur Reg.-Begr. zu § 2 I UWG, WRP 2000, 555 (559).
801 Nach dem Wortlaut von cl. 20.1, Satz 1, des neuen CAP Code wird diese Einschränkung für Anschwärzungen im Rahmen identifizierender vergleichende Werbung wohl künftig wegfallen.

werden, insbesondere da es sich bei den hierunter untersuchten Anschwärzungen zumeist zugleich um Werbevergleiche handelt, nur die Fälle erfasst, in denen das Unternehmen oder die Produkte von Konkurrenten mittels unwahrer oder irreführender, unsachlicher oder sonst als „unfair“ bezeichneter Aussagen oder Darstellungen herabgesetzt werden. Auch im deutschen Recht ist das Gebot der Sachlichkeit, gleich ob im Rahmen des § 1 UWG oder des § 2 II Nr. 5 UWG[802], und davon umfasst letztlich auch das Verbot der Herabsetzung mit unwahren bzw. sonst irreführenden Angaben und insbesondere Auslassungen von zentraler Bedeutung. Demnach sind die Voraussetzungen für die Erfüllung der jeweiligen Tatbestände in beiden Systemen ähnlich, was maßgeblich auch darauf beruht, dass hier wie dort Werbevergleiche grundsätzlich als zulässig erachtet werden. Die Unterschiede liegen hier daher primär im Bereich der Rechtsfolgen.

XXIII. Rufausbeutung, cl. 21.1[803]

Gemäß cl. 21.1 sollten Werbende nicht in unlauterer Weise von dem guten Ruf („goodwill“) der Marke, des Namens oder der Werbekampagne einer anderen Organisation Gebrauch machen. Der Schutz gegen unlautere Rufausbeutung setzt demnach keine Verwechslungsgefahr voraus[804]. Etwas umformuliert, nämlich weitgehend an die Vorschriften in Art. 3a (1) g) der Richtlinie zur vergleichenden Werbung (und die wortgleiche reg. 4A (1) (g) der britischen CMA Regs) angeglichen, ohne die Bestimmung jedoch auf Werbevergleiche zu beschränken, wurde diese Regelung in cl. 20.2 des neuen CAP Code übernommen: Danach sollten „marketers“ keinen unlauteren Vorteil aus dem guten Ruf von Marken, Handelsnamen oder anderen Kennzeichen von Organisationen oder der Ursprungsbezeichnung konkurrierender Produkte ziehen.

1. Die Spruchpraxis des ASA Council

Die cl. 21.1 betreffenden Entscheidungen des ASA Council haben häufig zugleich auch (cl. 3.1 i.V.m.) cl. 7.1, cl. 19.2 sowie cl. 20[805] zum Gegenstand.

In dem Fall *Selective Marketplace Ltd* vom 11.10.2000 wandte sich eine Vereinigung der Besteck- und Silberwarenindustrie gegen eine Anzeigenwerbung für ein rostfreies Besteck bester Qualität in einem der „klassischsten“ bzw. „beliebtesten“ „Sheffield designs“, welches, zu den ebenfalls angegebenen Preisen erhältlich, einen außergewöhnlichen Wert darstelle. Die erste, auf cl. 6.1, 7.1 be-

---

802 Und damit letztlich, infolge der insofern wörtlichen Umsetzung in Großbritannien, entsprechend im britischen Recht.

803 Im neuen CAP Code finden sich die entsprechenden Vorschriften in cl. 20.2.

804 Gegen Nachahmungen wenden sich die Regeln des CAP allein in Bezug auf Werbung, s. u., cl. 22.1 der Codes bzw. cl. 21.1 CAP Code.

805 Alle Klauselbezeichnungen beziehen sich auf die bisher geltenden Codes.

ruhende, Beschwerde wandte sich gegen den in der Anzeige erweckten irreführenden Eindruck, es handle sich bei dem Besteck um ein in Sheffield hergestelltes Produkt. Während die Werbenden dies bestritten und darauf verwiesen, sie hätten den Begriff „Sheffield" lediglich beschreibend in Bezug auf das Design verwendet, folgte der ASA Council der Ansicht der Beschwerdeführer und gab dieser Beschwerde demnach statt. Die zweite Beschwerde enthielt den Vorwurf, die Werbenden nutzten in unlauterer Weise den guten Ruf des Namens und der Marke „Sheffield" aus, da sie Besteck von, nach Ansicht der Beschwerdeführer, minderer Qualität importierten[806]. Der ASA Council gestand den Werbenden zwar zu, dass sie den Begriff „Sheffield" im Zusammenhang mit der Beschreibung des Designs des beworbenen Bestecks verwendet hätten, bemerkte aber dennoch, dass „Sheffield" in der Branche für exzellente Arbeit stehe und zudem eine eingetragene Marke sei. Da die Werbenden den Namen in der Anzeige unnötig betont hätten, sei darin eine unlautere Ausbeutung des guten Rufs des Namens und der Marke „Sheffield" zu sehen, womit auch diese Beschwerde Erfolg hatte.

Die Entscheidung *Eidos Interactive Ltd* vom 12.05.1999 behandelte unter anderem eine Beschwerde von *Nestlé* gegen eine Zeitschriftenanzeige für ein Computerspiel wegen Verunglimpfung und Ausbeutung des mit seiner „Black Magic"-Schokoladenmarke verbundenen guten Rufs. In der Anzeige war eine schwarze Schachtel mit der Aufschrift „Magic" zu sehen, die voll von tierischen Körperteilen wie Hühnerfüßen und Augen war. Der Text dazu lautete: „No ordinary BLACK MAGIC ... 'Akuji's looking like it might be very tasty, very sweet.'". Zwar wandten die Werbenden gegen die Beschwerde ein, die Anzeige beziehe sich auf das Übersinnliche, der ASA Council stellte jedoch fest, dass die abgebildete Schachtel der „Black Magic"-Schokoladenschachtel von *Nestlé* so ähnlich sei, dass sie dessen Produkte herabsetzen und daher den an der Marke haftenden guten Ruf in unlauterer Weise ausnutzen könne.

In *Lumina Ltd t/a BT Cellnet Lumina* vom 28.02.2001 beanstandete *One2One Personal Communications Ltd* einen Werbezettel für ein Mobiltelefonangebot, auf dessen Vorderseite der Text „UP 2 YOU" zu lesen und darunter das Logo der Werbenden abgebildet war, wegen Rufausbeutung, denn *One2One* verwendete „Up 2 You" seit 1997 als Mobilfunkmarke. Die Werbenden wiesen darauf hin, dass die Werbung nur zu ihren bereits existierenden Kunden geschickt worden sei, welche entweder mit dem *BT Cellnet-* oder dem *Vodafone*-Netzwerk verbunden seien. Dennoch befand der ASA Council, dass auch diese Personen wahrscheinlich Kenntnis von den Angeboten anderer Netzwerke sowie von der „Up 2 You"-Marke der Beschwerdeführer hätten. Er entschied daher, dass die

---

806 Diese Beschwerde stützte sich neben cl. 21.1 noch auf cl. 2.3, wonach Werbende die allgemein akzeptierten Grundsätze des fairen Wettbewerbs zu respektieren haben.

Werbenden mit diesem Schreiben den mit der Marke der Beschwerdeführer verbundenen guten Ruf in unlauterer Weise ausgenutzt hätten.

Die bereits oben im Zusammenhang mit cl. 19.2 genannte Entscheidung *Mazda Cars (UK) Ltd* vom 08.11.2000 betraf in der zweiten Beschwerde die Überschrift des Werbevergleichs zwischen dem Mazda Premacy und dem Renault Scenic, „How's this for a change of scenery", die auf die Zeile „change your scenery" in der Werbekampagne von *Renault* anspielte. Das beschwerdeführende Unternehmen *Renault* sah darin eine Ausbeutung seines guten Rufs. Die Werbenden trugen vor, die Überschrift habe als direkter und ironischer Hinweis auf die „Scenic"-Kampagne verstanden werden sollen, und sie mache in humorvoller Weise Gebrauch von der Fähigkeit der Verbraucher, sich Werbeslogans zu merken. Angesichts des harten Wettbewerbs im Automobilmarkt erachtete der ASA Council diese ironische Anspielung in der Anzeige weder als Verunglimpfung noch als unlautere Rufausnutzung gegenüber *Renault*.

2. Das deutsche Wettbewerbsrecht

In Fällen der Ausnutzung des guten Rufs eines fremden Kennzeichens kommt, je nachdem, ob die betreffende Aussage oder Darstellung der Definition der vergleichenden Werbung in § 2 I UWG unterfällt oder nicht, entweder ein Schutz über § 2 II Nr. 4 UWG oder über § 1 UWG in Betracht[807].

a) Rufausbeutung im Rahmen vergleichender Werbung i.S.d. § 2 I UWG

Gemäß § 2 II Nr. 4 UWG ist eine vergleichende Werbung sittenwidrig, wenn der Vergleich die Wertschätzung des Kennzeichens eines Mitbewerbers in unlauterer Weise ausnutzt. Überwiegend wird in der Literatur davon ausgegangen, dass diese Wertschätzung i.S. des „guten Rufs" keine Bekanntheit, wie sie §§ 14 II Nr. 3, 15 III MarkenG verlangen, voraussetzt[808]. Für die Bejahung einer unlauteren Ausnutzung des guten Rufs eines fremden Kennzeichens wird allgemein, über eine bloße Anlehnung im Rahmen des Vergleichs hinaus, das Vorliegen besonderer Umstände verlangt, die den Vorwurf der Unlauterkeit rechtfertigen[809]. Die Feststellung solcher Umstände erfordert danach eine Interessenabwägung: Ausgehend von dem Zweck der Richtlinie zur vergleichenden Wer-

---

807 Zu der diesbezüglichen Abgrenzung sowie dem Streit bezüglich des Erfordernisses eines (expliziten) Vergleichs s. bereits oben, XXII. 2. a) mit Nachw. in Fn 762; vgl. ferner *Köhler/Piper*, § 1 Rn 712 ff.

808 *Berlit*, BB 2000, 1305 (1308); *Köhler/Piper*, § 2 Rn 48; *Sack*, WRP 2001, 327 (345); a. A. *Plaß*, WRP 1999, 766 (770).

809 BGH, GRUR 1999 501 (503) – Vergleichen Sie; OLG Frankfurt, GRUR 2000, 621 (623) – Magentafarbener Pfeil; *Henning-Bodewig*, GRUR Int. 1999, 385 (388); *Köhler/Piper*, § 2 Rn 49; *Menke*, WRP 1998, 811 (825); *Sack*, GRUR Int. 1998, 263 (272); *ders.*, WRP 2001, 327 (345).

bung, diese im Interesse der Verbraucher zu fördern, wird teilweise darauf abgestellt, dass gemäß Erwägungsgrund 7 der Richtlinie vergleichende Werbung nur untersagt werden soll, wenn sie den Wettbewerb verzerrt, die Mitbewerber schädigt und die Entscheidung der Verbraucher negativ beeinflussen kann[810], und teilweise wird unter Hinweis darauf, dass nicht nur der Innovations- sondern auch der Imitationswettbewerb wettbewerbspolitisch erwünscht sei, der Verhältnismäßigkeitsgrundsatz herangezogen, wonach zu fragen sei, ob auch eine weniger rufausnutzende Werbeaussage die konkreten (positiven) Markttransparenzeffekte hätte[811]. Als Beispiel für eine denkbare unlautere Rufausnutzung wird eine Werbung angeführt, die den Eindruck erweckt, das beworbene Produkt sei eine Verbesserung eines bekannten Konkurrenzprodukts[812].

b) Rufausbeutung außerhalb vergleichender Werbung i.S.d. § 2 I UWG

Nach ständiger Rechtsprechung des BGH[813] hat der wettbewerbsrechtliche ergänzende Leistungsschutz sowie speziell der ergänzende Zeichenschutz[814] über § 1 UWG die Wertungen eines bestehenden Sonderrechtsschutzes hinzunehmen und darf über die bewusste Begrenzung der gewährten Ausschließlichkeitsrechte nicht hinausgehen. So wird in den Fällen, in denen die Voraussetzungen für einen zeichenrechtlichen Schutz bekannter Kennzeichen nicht erfüllt sind[815], ein ergänzender wettbewerbsrechtlicher Schutz nur in Betracht gezogen, wenn im Einzelfall zusätzliche Umstände gegeben sind, welche die Annäherung an ein fremdes Kennzeichen als unlauteres Wettbewerbshandeln erscheinen lassen[816].

---

810 *Sack*, WRP 2001, 327 (345).

811 *Menke*, WRP 1998, 811 (825); gl. A. *Köhler/Piper*, § 2 Rn 49.

812 *Köhler/Piper*, § 2 Rn 49 a. E.

813 Z. B. BGH, GRUR 1986, 454 (456) – Bob Dylan; s. auch BGH, GRUR 1997, 754 (755) – grau/magenta; ebenso die Literatur, s. etwa *Köhler/Piper*, § 1 Rn 593, 722; zum ergänzenden wettbewerbsrechtlichen Schutz bekannter Marken vgl. eingehend *Sack*, GRUR 1995, 81 (93 ff.).

814 Vgl. zu der Unterscheidung zwischen ergänzendem Leistungsschutz und ergänzendem Zeichenschutz *Sack*, ZHR 160 (1996), 493 (494).

815 So die h. M. bezüglich des Markengesetzes, s. etwa BGH, WRP 1998, 1181 (1182) – MAC Dog; BGH, WRP 1999, 931 (935) – BIG PACK; BGH, WRP 1999, 1279 (1283) – SZENE; BGH, WRP 2000, 529 (532) – ARD-1; *Althammer/Ströbele/Klaka*, MarkenG, § 14 Rn 61; *Ingerl/Rohnke*, MarkenG, § 14 Rn 523; *Sack*, GRUR 1995, 81 (93); nach a. A. (*Fezer*, MarkenR, § 14 Rn 411 a; *ders.*, WRP 2000, 863 (869 ff.)) soll zwischen dem markenrechtlichen und dem wettbewerbsrechtlichen Schutz bekannter Kennzeichen vollständige Anspruchskonkurrenz bestehen.

816 BGH, GRUR 1991, 465 (466) – Salomon; BGH, GRUR 1994, 732 (734) – McLaren; BGH, GRUR 1995, 57 (59) – Markenverunglimpfung II; BGH, GRUR 1997, 754 (755) – grau/magenta; gl. A. etwa *Köhler/Piper*, § 1 Rn 594, 723.

In dem bekannten „DIMPLE“-Fall[817], in dem warenzeichenrechtlicher Schutz der Marke „DIMPLE“ mangels Gleichartigkeit der Waren der Klägerin zu 2 (Whisky) und derer der Beklagten (beabsichtigte Verwendung des als Warenzeichen eingetragenen gleichen Zeichens für Herrenkosmetik) abgelehnt wurde, stellte der BGH zunächst zu dem für einen Anspruch aus § 1 UWG erforderlichen und in ständiger Rechtsprechung weit ausgelegten[818] konkreten Wettbewerbsverhältnis zwischen den Parteien fest, dass es ausreichen könne, wenn der Verletzer sich dadurch in Wettbewerb zu dem Betroffenen stelle, dass er sich durch eine ausdrückliche oder bildliche Gleichstellungsbehauptung an Ruf und Ansehen der fremden Ware anhänge und diese für den Absatz seiner Waren auszunutzen suche, sofern der Ruf so überragend sei, dass eine wirtschaftlich sinnvolle Verwertung dieses Rufes auch seitens seines Inhabers möglich sei[819]. Für die Feststellung eines so überragenden Rufes kommt es nach dem BGH entscheidend auf die Eigenart der Kennzeichnung selbst, auf die Art der unter der Kennzeichnung vertriebenen Waren, auf deren Qualität und Ansehen, auf einen etwa damit verbundenen Prestigewert und vor allen auf das Verhältnis dieser Waren zu denjenigen an, für die der Ruf der Kennzeichnung genutzt werden soll[820]. In Bezug auf die Sittenwidrigkeit des Verhaltens der Beklagten im „DIMPLE“-Fall urteilte der BGH, diese liege in der bewussten Ausnutzung des guten Rufs der Whiskymarke als Vorspann für die eigene Werbung, da vorliegend eine Übertragung des Rufes durch den Verkehr naheliegend sei[821].

In der „Salomon“-Entscheidung[822] verneinte der BGH die wirtschaftliche Verwertbarkeit (i.S. einer Übertragbarkeit) des guten Rufs des für Skiartikel eingetragenen klägerischen Warenzeichens „Salomon“ für die Tabakwaren der Beklagten, da es an der nötigen weitgehenden Deckung der Abnehmerkreise der beiden Warenbereiche fehlte. Zudem sei auch die Alleinstellung und die Eigenart der Kennzeichnung „Salomon“ nicht so deutlich ausgeprägt, dass der Verkehr mit diesem Begriff nur die ihm bekannte Firmen- oder Warenkennzeichnung verbinde, sondern ebenso auch an den gleichlautenden Eigennamen oder an den in der Bibel erwähnten König Salomon erinnert werden könne[823].

---

817 Zu beachten ist bei dieser und bei den folgenden Entscheidungen der heute in solchen Fällen eingreifende Schutz durch § 14 II Nr. 3 MarkenG.

818 S. etwa BGH, GRUR 1972, 553 (553) – Statt Blumen ONKO-Kaffee.

819 BGH, GRUR 1985, 550 (552) – DIMPLE.

820 BGH, GRUR 1991, 465 (466) – Salomon, unter Hinweis auf die „DIMPLE“-Entscheidung; s. auch BGH, GRUR 1991, 609 (612) – SL; BGH, GRUR 1991, 863 (865) – Avon.

821 BGH, GRUR 1985, 550 (552) – DIMPLE; s. auch BGH, GRUR 1983, 247 (248) – Rolls-Royce, wo warenzeichenrechtlicher Schutz am Fehlen einer zeichenmäßigen Benutzung scheiterte.

822 BGH, GRUR 1991, 465 (466 f.).

823 BGH, GRUR 1991, 465 (467).

Der BGH hielt in einem Fall, in dem kennzeichenrechtlicher Schutz mangels ausreichender Verkehrsgeltung nicht in Betracht kam, für entscheidend, dass die Kennzeichnung in den beteiligten Verkehrskreisen in gewissem Umfang bekannt geworden und ihrer Natur nach geeignet sei, durch die Benutzung als betriebliches Herkunftszeichen zu wirken, und dass die Anlehnung an eine solche Kennzeichnung ohne hinreichenden Grund in der verwerflichen Absicht vorgenommen werde, Verwechslungen herbeizuführen oder den Ruf des anderen wettbewerbshindernd zu beeinträchtigen oder auszunutzen[824].

Neben den genannten Fällen einer unmittelbaren Ausbeutung des guten Rufs eines fremden Kennzeichens zur Empfehlung der eigenen Ware mittels eines (beabsichtigten) Imagetransfers unterfallen § 1 UWG auch Kennzeichenverwendungen, durch die der hohe Bekanntheitsgrad und das Ansehen des fremden Zeichens zwar ebenfalls für den Absatz der eigenen Produkte ausgenutzt werden, mit denen aber zugleich und in besonderem Maße eine Beeinträchtigung der Werbewirksamkeit des Zeichens für die Waren des Zeicheninhabers oder die Belegung des Zeichens mit einem negativen Image und damit eine Behinderung des Zeicheninhabers verbunden sind[825].

Als Beispiel für eine Beeinträchtigung der Werbewirksamkeit des fremden Kennzeichens für die betreffenden Waren kann der „SL"-Fall[826] des BGH genannt werden: Neben dem Aspekt, dass der hohe Ruf und Prestigewert der für „Mercedes"-Luxussportwagen geschaffenen Marke „SL" in den angesprochenen Käuferkreisen bereits durch die markenmäßige Mitbenutzung derselben Bezeichnung für „FIAT Uno"-Kleinwagen mit niedrigeren Preisen möglicherweise ausreichend beeinträchtigt werden könnte, stellte das Gericht maßgeblich auf die Gefahr von Nachahmungen durch andere Kraftfahrzeughersteller ab, durch welche die Marke „SL" in ihrer wesentlichen Funktion als Kennzeichnung der Ware einer bestimmten Herstellerin bedroht und auf längere Sicht in ihrer Existenz gefährdet würde[827].

In den Entscheidungen „Markenverunglimpfung I" und „Markenverunglimpfung II", in denen es um die Verballhornung eines bekannten Werbeslogans für den „MARS"-Schoko-Riegel bzw. der Marke „NIVEA" auf Kondompackungen ging, hob der BGH als entscheidend die Gefahr hervor, dass der Verkehr den Schluss ziehe, die Zeicheninhaber selbst seien für diese Scherzartikel, als eine Form von Werbung, verantwortlich; die von möglicherweise nicht ganz unerheblichen Teilen des Verkehrs in diesen Artikeln gesehene Geschmacklosigkeit

---

824 BGH, GRUR 1997, 754 (755) – grau/magenta.

825 *Köhler/Piper*, § 1 Rn 417 ff., 724.

826 Dieser erging ebenfalls unter Geltung des Warenzeichengesetzes.

827 BGH, GRUR 1991, 609 (612) – SL; s. hierzu auch *Sack*, GRUR 1995, 81 (88), sowie *dens.*, allgemein zur Verwässerung bekannter Marken unter Geltung des Warenzeichengesetzes, in WRP 1985, 459 (465 ff.).

und Unangemessenheit könne den Zeicheninhabern, über die Beeinträchtigung der Werbewirksamkeit der Zeichen hinaus, zumindest bei Teilen des Verkehrs ein negatives Image verschaffen[828].

3. Fazit der Gegenüberstellung

Der gute Ruf von Kennzeichen wird durch die Regeln des britischen CAP mit cl. 21.1 (künftig cl. 20.2 CAP Code) ebenso wie durch die deutschen §§ 1 bzw. 2 II Nr. 4 UWG – außerhalb des Anwendungsbereichs der zeichenrechtlichen Vorschriften zum Schutz bekannter Kennzeichen – gegen unlautere Ausnutzung ebenso wie gegen seine Beeinträchtigung durch Belegung des Zeichens mit einem negativen Image geschützt. Soweit ersichtlich bleibt der Schutz unter dem System von ASA und CAP jedoch hinter dem in Deutschland gewährten im Bereich des Schutzes vor Verwässerung bekannter Zeichen zurück, woran voraussichtlich auch die Neuregelung in cl. 20.2 CAP Code nichts ändern wird.

XXIV. Nachahmung fremder Werbung, cl. 22.1[829]

Gemäß cl. 22.1 der Codes sollte keine Werbung einer anderen so ähnlich sein, dass sie irreführend ist oder Verwechslungen hervorruft. Die künftig geltende cl. 21.1 des neuen CAP Code modifiziert diese Bestimmung nur insofern, als, abgesehen von der Ersetzung des Begriffs „advertisement“ durch „marketing communication“, auch hier bereits die Wahrscheinlichkeit einer Irreführung genügt.

Zusätzlich enthält die neu hinzugefügte cl. 21.2 des neuen CAP Code eine annähernd identische Regelung wie die in Art. 3a (1) h) der Richtlinie zur vergleichenden Werbung (und damit auch die in reg. 4A (1) (h) CMA Regs).

1. Die Spruchpraxis des ASA Council

Aufgrund der in dieser Bestimmung, im Unterschied zu cl. 21.1 (künftig cl. 20.2 CAP Code), erforderlichen (wahrscheinlichen) Irreführung bzw. Verwechslung zitiert der ASA Council in Fällen zu cl. 22.1 der Codes (künftig cl. 21.1 CAP Code) auch zumeist die Irreführungsvorschrift der cl. 7.1 mit.

Unter cl. 22.1 behandelt er nicht nur die ihr unzweifelhaft unterfallenden Sachverhalte von Irreführungen durch Imitation fremder Werbung, sondern er legt diese Vorschrift erkennbar weit aus, um auch Fälle zu erfassen, in denen ein Werbender zwar nicht die Werbung eines Konkurrenten nachahmt, jedoch auf andere Weise den Eindruck erweckt, dass dieser die Werbung platziert habe.

---

828 BGH, GRUR 1994, 808 (811) – Markenverunglimpfung I; BGH, GRUR 1995, 57 (59) – Markenverunglimpfung II; krit. gegenüber den Begründungen des BGH *Deutsch*, GRUR 1995, 319 (319 ff.).

829 Im neuen CAP Code cl. 21.1.

Zu den zuerst genannten, im unmittelbaren Anwendungsbereich der Vorschrift liegenden Fällen gehört etwa *Markitec Ltd t/a TargetandMarket.com* vom 11.04.2001. Das beschwerdeführende Unternehmen wandte sich hier gegen ein an Betriebe gesandtes Werbefax eines Konkurrenten für ein Online-Branchenverzeichnis, in welchem sich dieser als offizielle Agentur von *www.192.com* bezeichnete, u. a. gestützt auf cl. 22.1 mit der Begründung, das Fax ähnele seiner eigenen Werbung für einen vergleichbaren Service. Die Werbenden trugen vor, die Ähnlichkeit zwischen den Werbungen beruhe teils auf der Gleichartigkeit der beworbenen Dienstleistungen und teils auf dem Umstand, dass die Beschwerdeführer, als sie sich dazu entschlossen hätten, unter der Firma *192enquiries.com* aufzutreten, die Werbung des Online-Unternehmens *192.com* imitiert hätten. Ohne auf dieses Vorbringen einzugehen, stellte der ASA Council fest, dass sowohl die Namen der Websites als auch die Faxe zwar ähnlich seien, dass diese Ähnlichkeit aber bei den Empfängern wahrscheinlich nicht zu Irreführungen oder Verwechslungen führe.

In der Entscheidung *Vogue Windows Doors & Conservatories* vom 11.04.2001 wandte der ASA Council cl. 22.1 (neben cl. 7.1) auf ein in einer Zeitungsanzeige für Fenster, Türen und Wintergärten verwendetes Firmenlogo (die Zeichnung eines Wintergartens mit den um sie herum geschriebenen Worten „Conservatory Specialists“ [= „Wintergarten-Spezialisten“]) der Werbenden an, welches nach Ansicht des beschwerdeführenden Berufsverbands seinem Logo in irreführender und verwechslungsfähiger Weise ähnlich war. Die Verteidigung der Werbenden, sie hätten ihr Logo nicht, wie die Beschwerdeführer, in rot-weiß, sondern in schwarz-weiß oder weiß-schwarz gehalten, und die bestehende Ähnlichkeit beruhe nicht auf einer bewussten Imitation des Zeichens des Verbands, wurde vom ASA Council nicht anerkannt; er entschied, bis auf das Wort „Logo“ statt „Werbung“ den Wortlaut von cl. 22.1 bezüglich Irreführung wiederholend, gegen die Werbenden.

Auch der Fall *Corin Tech* vom 08.12.1999 liegt nicht im unmittelbaren Anwendungsbereich von cl. 22.1 (neben der noch cl. 7.1 und 21.1 zitiert, aber nicht erkennbar angewendet wurden): Das Unternehmen *Menvier Hybrids Ltd* beanstandete eine von einem seiner Konkurrenten geschaltete Anzeige mit dem Text „An Exciting Offer For All Customers of Menvier Hybrids Ltd. Ring Freephone (...) For Full Details Now!“, da es impliziere, es sei seine eigene Werbung. Die Ansicht der Werbenden, sowohl der Text als auch die angegebene Telefonnummer machten deutlich, dass es sich nicht um eine Werbung der Beschwerdeführer handle, wies der ASA Council zurück und befand, die Anzeige erwecke den Eindruck, von den Beschwerdeführern zu stammen, und verwirre daher wahrscheinlich die Verbraucher. Zwar sei nicht zu beanstanden, dass die Werbenden die Kunden eines Konkurrenten angesprochen hätten, sie hätten dabei aber klar auf ihre Identität als Werbende hinweisen müssen.

2. Das deutsche Wettbewerbsrecht

Auch für Werbung kommt ergänzender wettbewerbsrechtlicher Leistungsschutz bzw. ergänzender Zeichenschutz nach § 1 UWG, wenn also kein urheber-, muster- oder zeichenrechtlicher Schutz besteht, gemäß den allgemeinen Grundsätzen in Betracht.

Zunächst ist festzuhalten, dass ein solcher Schutz nie einer bloßen Werbeidee, sondern nur deren konkreter Ausgestaltung gewährt wird[830]. In der Literatur wird diesbezüglich dafür plädiert, auch ein auf einer Werbeidee basierendes Gesamtkonzept einer Werbung mit einem einheitlichen Werbemotiv, Werbestil und Kern der Werbeargumente gegen eine Häufung und Kombination von Nachahmungshandlungen zu schützen[831].

Die demnach prinzipiell schutzfähigen Ausdrucksformen von Werbung sind unbegrenzt[832]. Allerdings ist die Nachahmung einer fremden Werbemaßnahme, für die kein Sonderrechtsschutz besteht, wettbewerbsrechtlich grundsätzlich nicht ohne weiteres unerlaubt, insbesondere wenn die nachgeahmte Werbung keinen neuen, eigenartigen und selbständigen Gedanken enthält[833]. Unzulässig ist eine solche Nachahmung nur dann, wenn, entsprechend den generellen Voraussetzungen für ergänzenden wettbewerbsrechtlichen Leistungsschutz (im weiteren Sinn), zum einen die Werbemaßnahme wettbewerbliche Eigenart besitzt und wenn zum anderen besondere Unlauterkeitsmerkmale hinzukommen[834].

Unter wettbewerblicher Eigenart ist die Eignung der zu schützenden Werbemaßnahme zu verstehen, als Hinweis auf die betriebliche Herkunft zu dienen oder besondere Gütevorstellungen zu wecken; da insofern lediglich die Eignung verlangt wird, ist keine bereits bestehende Verkehrsbekanntheit erforderlich[835]. Als Kriterien für diese Eigenart hat der BGH in Bezug auf einen Werbeslogan

---

830 BGH, GRUR 1955, 598 (601) – Werbeidee; OLG Düsseldorf, GRUR 1993, 128 (129) – Drei Musketiere; LG Frankfurt a.M., NJWE-WettbR 1997, 17 – Sternzeichenuhr; *Erdmann*, GRUR 1996, 550 (556); *Köhler/Piper*, § 1 Rn 613.

831 S. *v. Gamm*, WRP 1970, 125 (128 ff. 130); ähnl. *Erdmann*, GRUR 1996, 550 (556).

832 Vgl. nur *Baumbach/Hefermehl*, § 1 UWG Rn 520; *Köhler/Piper*, § 1 Rn 657.

833 BGH, GRUR 1961, 244 (245) – natürlich in Revue; OLG Karlsruhe, NJW-RR 1996, 298; *Baumbach/Hefermehl*, § 1 UWG Rn 522; s. auch *Erdmann*, GRUR 1996, 550 (555).

834 BGH, GRUR 1997, 308 (309) – Wärme fürs Leben; *Erdmann*, GRUR 1996, 550 (556 ff.).

835 BGH, GRUR 1997, 308 (309) – Wärme fürs Leben; *Erdmann*, GRUR 1996, 550 (556).

Originalität, gleichzeitige Einprägsamkeit und Aussagekraft genannt[836]. Bezüglich der Wortzusammenstellung „natürlich in ..." billigte der BGH die Ansicht der Vorinstanz, als völlig farblos und jeder Eigentümlichkeit entbehrend lasse deren Verwendung auf Plakaten der Klägerin eine Erinnerung beim Publikum nicht entstehen[837]. Allerdings stellte er in dem Fall „Wärme fürs Leben" fest, dass die ursprünglich geringe wettbewerbliche Eigenart dieses Slogans durch die Verwendung in der Werbung und eine daraus resultierende Bekanntheit erhöht worden sein könne[838].

Als darüber hinaus erforderliche besondere unlauterkeitsbegründende Umstände kommen in Frage[839]: das bewusste Ausnutzen eines bei der Kundschaft bestehenden Erinnerungsbilds der imitierten Werbung[840], die Ausnutzung der Wert- und Gütevorstellungen einer fremden Werbung für den Vertrieb eigener Waren, wofür die nachgeahmte Werbung einen erheblichen Bekanntheitsgrad und eine Ausstrahlungswirkung auf die Waren des Nachahmers aufweisen muss[841], die Verwässerung der Wirksamkeit fremder Werbung[842], das systematische Nachahmen jeder neuen Werbemaßnahme eines Mitbewerbers zu dem Zweck, dessen Werbung zu behindern und ihre Wirkung abzuschwächen[843], und zuletzt die Fallgruppen des Erschleichens und des Vertrauensbruchs[844].

Von § 1 UWG erfasst werden zudem auch Fälle, in denen die Wirkung einer fremden Werbung nicht durch deren Nachahmung ausgenutzt wird, sondern durch unmittelbares Anhängen an diese, so dass deren Effekte zumindest teilweise auf das eigene Geschäft umgeleitet werden[845]; als Beispiele können hier die bewusste und gezielte Durchführung einer Altwarensammlung einen Tag vor der mittels Ankündigung und Verteilung von Plastikbeuteln vorbereiteten Altkleidersammlung eines gemeinnützigen Vereins[846] oder der bewusste Vertrieb bestimmter Waren während bis zu zwei Wochen nach einem Zeitraum, in dem

---

836 BGH, GRUR 1997, 308 (310) – Wärme fürs Leben.

837 BGH, GRUR 1961, 244 (246) – natürlich in Revue.

838 BGH, GRUR 1997, 308 (310).

839 Die diesbezüglich bestehenden Fallgruppen sind nicht scharf voneinander abgegrenzt, sondern greifen zum Teil ineinander, vgl. *Erdmann*, GRUR 1996, 550 (557).

840 Fallgruppe der bewussten Herkunftstäuschung, s. BGH, GRUR 1961, 244 (245) – natürlich in Revue; *Erdmann*, GRUR 1996, 550 (557).

841 Fallgruppe der Rufausnutzung, s. *Erdmann*, GRUR 1996, 550 (557).

842 Als Beispiel kann die Abwandlung des *Esso*-Slogans „Pack den Tiger in den Tank" durch den Spruch „Pack Deinen Vorteil in den Tank und tank bei X ..." angeführt werden, s. LG Hamburg, MDR 1968, 848; s. auch *Baumbach/Hefermehl*, § 1 UWG Rn 531.

843 Fallgruppe des Behinderungswettbewerbs, BGH, GRUR 1961, 244 (246); *Baumbach/Hefermehl*, § 1 UWG Rn 529; *Erdmann*, GRUR 1996, 550 (558).

844 *Baumbach/Hefermehl*, § 1 UWG Rn 533; *Erdmann*, GRUR 1996, 550 (558).

845 *Baumbach/Hefermehl*, § 1 UWG Rn 530.

846 S. OLG Hamm, GRUR 1985, 144 (145 f.) – Altkleidersammlung.

ein Konkurrent für ein Einführungsangebot gleichartiger Waren eine Werbekampagne durchführt[847], genannt werden.

3. Fazit der Gegenüberstellung

Obwohl im deutschen Wettbewerbsrecht bezüglich Werbung der Grundsatz der Nachahmungsfreiheit gilt und nur Werbung von wettbewerblicher Eigenart bei Vorliegen besonderer Umstände gegen Nachahmung geschützt ist, stellt sich die Regelung in cl. 22.1 des britischen Regelwerks des CAP (im neuen CAP Code cl. 21.1) nicht als strenger dar, denn auch nach ihr ist eine Werbeimitation nur unzulässig, wenn sie (wahrscheinlich) irreführt oder Verwechslungen hervorruft. Insofern sind vielmehr umgekehrt die Grundsätze des deutschen Wettbewerbsrechts strenger, indem sie über Irreführungs- und Verwechslungsschutz hinaus eigenartige bzw. bekannte Werbung auch gegen Rufausnutzung, Verwässerung sowie Werbung generell auch gegen schmarotzerisches Anhängen schützen.

XXV. Getarnte Werbung, cl. 23[848]

1. Der Inhalt der Regelungen

Cl. 23.1 (künftig cl. 22.1, Satz 1, CAP Code) schreibt die Verpflichtung von Werbenden, Verlegern und anderen Medienunternehmen fest, Werbung so zu gestalten und zu präsentieren, dass klar erkennbar ist, dass es sich um Werbung handelt. Cl. 22.1, Satz 2, des neuen CAP Code schreibt zusätzlich vor, dass der Werbecharakter unverlangter Werbe-E-Mails ohne die Notwendigkeit des Öffnens klar erkennbar sein sollte.

Cl. 23.2 der Codes[849] hat sog. „advertisement features" zum Gegenstand. Danach sollten Beiträge, Ankündigungen und Verkaufsförderungsmaßnahmen, die gegen Bezahlung oder im Rahmen einer sonstigen gegenseitigen Abrede verbreitet werden, eindeutig als solche erkennbar sein und mit den Grundsätzen der Codes in Einklang stehen, sofern ihr Inhalt von den Werbenden kontrolliert wird.

Cl. 23.3 der Codes (cl. 22.2 CAP Code) sieht betreffend Werbung (bzw. „marketing communications") im Fernabsatzbereich verschiedene Identifikationspflichten der Werbenden (bzw. der „marketers") vor[850].

---

847 OLG Hamburg, NJW-RR 1990, 1261 (1262).

848 Im neuen CAP Code cl. 22 und 23.

849 Diese Vorschriften finden sich, nur unwesentlich umformuliert, in cl. 23.1 und 23.2 des CAP Code wieder.

850 Vgl. insoweit auch die detaillierten Regeln in cl. 52.2 der Specific Rules bzw. in cl. 42 des CAP Code, Anhang 1, S. 312, bzw. Anhang 2, S. 350 ff.

2. Die Help Note des CAP zu advertisement features

Eine Help Note des CAP vom Oktober 1995[851] erläutert anhand von Beispielen, wann ein advertisement feature i.S. von cl. 23.2 (künftig cl. 23.1 CAP Code) vorliegt[852]. Erforderlich sind hierfür, wie aus cl. 23.2 (cl. 23.1 CAP Code) ersichtlich, zwei Voraussetzungen, nämlich erstens die Leistung einer Vergütung im weitesten Sinne und zweitens die Ausübung von Kontrolle durch das Unternehmen. Wie sich aus den Ausführungen des CAP in der Help Note ergibt, ist zumindest das zweite Element zwingend; fehlt es an der Kontrolle über den Inhalt des Beitrags durch das Unternehmen, unterfällt dieser als redaktioneller Artikel nicht den Regeln des CAP[853].

Bezüglich des Kriteriums der Bezahlung bzw. eines sonstigen gegenseitigen Übereinkommens wird betont, dass oftmals keine direkte Vergütung geleistet würde, dass es aber ausreiche, wenn statt dessen eine sonstige Vereinbarung getroffen würde. So könne etwa ein Busunternehmen dafür, dass es in einer Zeitung werben dürfe, dieser im Gegenzug Werbeflächen auf seinen Bussen gewähren, oder ein Unternehmen könne eine ganzseitige Anzeigenwerbung kostenlos schalten, müsse sich jedoch verpflichten, später mit einer weiteren Anzeige gegen Bezahlung zu inserieren.

Ausschlaggebend hinsichtlich des Kriteriums der maßgeblichen Kontrolle des betreffenden Unternehmens über den Inhalt des Beitrags ist gemäß der Help Note, ob die Abfassung des Textes und die Auswahl der Bilder von der abschließenden Billigung des Unternehmens abhängt[854]: Als Beispiele werden zum einen ein Journalist, der auf der Basis von ihm von einem Unternehmen gelieferten Informationen einen Artikel schreibt, sowie zum anderen der Fall genannt, dass für die Veröffentlichung eines Bildes oder die Berichterstattung über ein Ereignis ein Entgelt verlangt wird. In beiden Konstellationen handle es sich bei dem betreffenden Artikel nicht um ein advertisement feature, sondern dies wäre nur dann der Fall, wenn dem Unternehmen die vollständige Kontrolle über den Beitrag überlassen wäre. Ebenso verhielte es sich in dem weiteren Beispielsfall eines Reisejournalisten, dem ein Reiseunternehmen die Unkosten einer Urlaubsreise in der Hoffnung zahle, dass dieser später einen vorteilhaften Artikel schreiben werde: Sofern es keine Abmachung hinsichtlich des Inhalts des Artikels gebe, würde dieser nicht als advertisement feature und damit als dem Anwendungsbereich der Regeln des CAP entzogen betrachtet, wenn er jedoch von der Billigung des Unternehmens abhängig sei, fiele er als advertisement feature unter die Bestimmungen des Regelwerks des CAP.

---

851 Help Note On Advertisement Features, zu finden unter www.cap.org.uk.

852 S. Help Note, a.a.O., S. 2.

853 S. Help Note, a.a.O., S. 1 und 2.

854 S. hierzu die Help Note, a.a.O., S. 2.

Falls es sich bei einem redaktionell gestalteten Beitrag um ein advertisement feature handelt, gilt für diesen (auch) die allgemeine Regel in cl. 23.1 (cl. 22.1 CAP Code). In der Help Note wird diesbezüglich ausgeführt, dass entsprechendes Material in Zeitungen oder Zeitschriften deutlich sichtbar als „Advertisement", „Advertisement Promotion" oder „Advertisement Feature" gekennzeichnet werden soll[855].

3. Die Spruchpraxis des ASA Council[856]

a) Die Pflicht, Werbung als solche erkennbar zu machen (cl. 23.1 der Codes)

Cl. 23.1 der Codes bezieht sich, im Unterschied zu cl. 23.2 der Codes und anders als man angesichts ihrer ausdrücklichen Erstreckung der Pflicht zur Kenntlichmachung von Werbung auch auf Medienunternehmen annehmen könnte, nicht nur auf redaktionelle Werbung[857], sondern stellt ein allgemeines Gebot dar.

Dies macht zum Beispiel der Fall *Danone Ltd* vom 09.05.2001 deutlich. Hier richtete sich eine Beschwerde gegen eine Werbewurfsendung für ein Joghurt-Getränk in der Aufmachung einer Glückwunschkarte in einem rosafarbenen Umschlag, auf den in einer an Handschrift erinnernden Schriftart „For My Valentine" (etwa: „Für meinen Schatz") gedruckt war. Der Vorwurf lautete, die Gestaltung des Umschlags erwecke den irreführenden Eindruck, dass dieser private Post enthalte. Der ASA Council beanstandete nicht die Werbeschrift an sich, obwohl diese auf den ersten Blick wie eine Glückwunschkarte wirke, befand jedoch, dass der Umschlag in seiner Farbe und Aufmachung in Verbindung mit der wie handschriftlich erscheinenden Aufschrift dieser Worte in irreführender Weise auf ein privates Schreiben hindeute, weshalb er der auf cl. 23.1 gestützten Beschwerde stattgab.

b) Advertisement features (cl. 23.2 der Codes)

Auf cl. 23.1 und 23.2[858] der neunten Auflage der Codes, d. h. auf den Bestimmungen zur redaktionellen Werbung, beruht die Entscheidung *Weston Financial Group Ltd* (= *Weston Financial Services Ltd*) vom 14.06.2000. Sie betraf zwei Zeitungsbeiträge im Stil von Leserfragen und Expertenantworten mit Hinweisen auf weitere Informationsmöglichkeiten bei Beratern von *Weston*; die Beschwerdeführer beanstandeten, dass aus den Beiträgen nicht klar hervorgehe, dass sie Werbung darstellten, während *Weston* vortrug, beide Beiträge seien eindeutig redaktionellen und nicht werbenden Charakters.

---

855 Help Note, a.a.O., S. 3; s. auch cl. 23.2 des neuen CAP Code.

856 Die Darstellung von Entscheidungen zu cl. 23.3 der Codes erübrigt sich hier, da sich deren Inhalt bereits unmittelbar aus den Bestimmungen selbst ergibt.

857 Dies war allerdings vor der zehnten Auflage der Codes noch der Fall.

858 Diese zweite Klausel hatte bereits den identischen Inhalt wie in der zehnten Auflage.

Zu dem ersten Beitrag erklärten die Verantwortlichen der Zeitung, dieser sollte den Service einer persönlichen Finanzberatung bieten, den sie mit ihren eigenen Mitteln nicht leisten könnten. Sie hätten die von *Weston* gelieferten Texte genau überprüft und redaktionell bearbeitet, und sie hätten sich das Recht vorbehalten, über ihre Veröffentlichung zu entscheiden; ferner habe *Weston* nicht für die Veröffentlichung gezahlt. Der ASA Council stellte fest, dass der Beitrag zwar für die Dienstleistungen von *Weston* geworben und dessen Telefonnummer und Adresse genannt habe, er wies jedoch darauf hin, dass der Name des Autors angegeben und dieser als Berater von *Weston* erkennbar gemacht worden sei. Daraus schloss er, dass es sich bei dem Beitrag um einen, wie die Leser verstehen würden, von einem *Weston*-Finanzberater verfassten redaktionellen Artikel handelte, womit er die Beschwerde hiergegen zurückwies.

Anders entschied der ASA Council hinsichtlich des zweiten Beitrags. Hier hatte *Weston*, bei ansonsten annähernd gleichem Sachverhalt, für die Veröffentlichung des Beitrags gezahlt, und auf Seiten der Zeitung habe keine ernsthafte redaktionelle Kontrolle stattgefunden. Deshalb befand der ASA Council hier, dass wegen des die Dienstleistungen von *Weston* bewerbenden Inhalts des Beitrags, dieser entsprechend mit „Advertisement Feature“ oder dem Hinweis „Sponsored by Weston Financial Group“ überschrieben werden sollte.

Um advertisement features ging es auch in dem Fall *Metrocrest Ltd t/a Coarse Fisherman* vom 11.10.2000. Die auf cl. 23.1 und 23.2 (in der zehnten Auflage der Codes) gestützte Beschwerde war gegen mehrere Beiträge in einem Anglermagazin gerichtet. In diesen wie redaktionelle Artikel gestalteten Texten wurden verschiedene Produkte für den Anglerbedarf namentlich genannt, und neben den Artikeln waren diverse Abbildungen solcher Produkte zu sehen. Auch hier wurde gerügt, dass Werbematerial nicht als solches gekennzeichnet worden sei. Die Unternehmensvertreter gaben an, sie hätten Journalisten mit Kenntnissen auf diesem Gebiet für die Abfassung der Beiträge bezahlt. Allerdings hätten sie an die Zeitschrift kein Entgelt für deren Veröffentlichung der Artikel gezahlt. Zudem ergab sich aus seitens der Zeitschrift vorgelegtem Material, dass deren Redakteure diese Beiträge inhaltlich überarbeitet hatten, indem sie etwa einzelne Produktnamen herausgestrichen und Bilder von Konkurrenzprodukten hinzugefügt hatten, um eine ausgewogene Darstellung zu gewährleisten. Sie hatten auch das endgültige Entscheidungsrecht über den Inhalt der Texte und die Auswahl der Bilder. Aufgrund dieser Umstände wies der ASA Council die Beschwerde zurück, da es sich nicht um advertisement features gehandelt habe.

4. Das deutsche Wettbewerbsrecht

a) Täuschung über den Werbecharakter einer Werbemaßnahme

Auch das deutsche Recht wendet sich gegen die Tarnung von Werbemaßnahmen. In Rechtsprechung und Literatur besteht Einigkeit darüber, dass es gegen das Wahrheitsgebot des Wettbewerbsrechts verstößt[859] und damit jedenfalls eine gemäß § 1 UWG wettbewerbswidrige Irreführung darstellt (die Frage nach der zusätzlichen Anwendbarkeit des § 3 UWG wird unterschiedlich beantwortet[860]), den Werbecharakter einer Werbemaßnahme dem Verkehr nicht erkennbar zu machen.

Begründet wird die Wettbewerbswidrigkeit solchen Verhaltens des Weiteren mit dem Gebot zur Achtung der Persönlichkeitssphäre, die nur dann nicht unzulässig angetastet werde, wenn der Umworbene den Werbezweck erkenne und seine Entscheidung bewusst auf der Grundlage dieser Kenntnis treffen könne[861].

b) Speziell: Redaktionell getarnte Werbung[862]

(i) Das presserechtliche Trennungsgebot und die ZAW-Richtlinien

In allen Landespressegesetzen ist die Verpflichtung der Verleger oder der Verantwortlichen periodischer Druckwerke festgeschrieben, entgeltliche Veröffentlichungen (soweit erforderlich) erkennbar zu machen, zumeist durch das Wort „Anzeige". Der Begriff des erforderlichen Entgelts wird dabei, dem Sinn der

---

859 BGH, GRUR 1995, 744 (747) – Feuer, Eis & Dynamit I; OLG Karlsruhe, WRP 1994, 194 (195) – Physikalische Wasserbehandlung; *Baumbach/Hefermehl*, § 1 UWG Rn 27; *Köhler/Piper*, § 1 Rn 12; speziell zur Fernsehwerbung bzw. zum Product Placement s. *Sack*, AfP 1991, 704 (713 f.); *ders.*, ZUM 1987, 103 (120 ff.).

860 Dafür BGH, GRUR 1998, 481 (482 f.) – Auto '94; *Baumbach/Hefermehl*, § 1 UWG Rn 38 a; *Henning-Bodewig*, GRUR 1985, 258 (262); *Sack*, AfP 1991, 704 (713), hinsichtlich Fernseh-Informationssendungen; s. auch die Nachweise bei *Sack*, ZUM 1987, 103 (120), Fn 170; dagegen, mangels „Angabe" i.S.d. § 3 UWG, OLG Karlsruhe, WRP 1994, 194 (195); *Henning-Bodewig*, GRUR Int. 1987, 538 (546); *dies.*, BB 1983, 605 (607), für die Werbung mit Prominenten; nach BGH, GRUR 1975, 75 (77) – Wirtschaftsanzeigen – public relations, bedarf es neben § 1 UWG der Anwendung des § 3 UWG nicht; gl. A. *Fuchs*, GRUR 1988, 736 (740); umgekehrt *Köhler/Piper*, § 1 Rn 13.

861 BGH, GRUR 1995, 744 (747) – Feuer, Eis & Dynamit I; *Baumbach/Hefermehl*, § 1 UWG Rn 27.

862 Da die Regeln des CAP insgesamt und damit auch cl. 23 der Codes (cl. 22 und 23 des CAP Code) sich nicht auf Rundfunk- und Fernsehwerbung erstrecken (vgl. cl. 1.1 d)), wird auch hinsichtlich des deutschen Rechts die Werbung in periodischen Druckwerken in den Mittelpunkt der Untersuchung gestellt.

Vorschriften entsprechend, weit ausgelegt, womit auch indirekt entgeltliche Veröffentlichungen, etwa bei sog. Gegengeschäften, erfasst werden[863].

Dasselbe Gebot einer deutlichen Kenntlichmachung entgeltlicher Anzeigen als solche („Anzeige") findet sich auch in den „Richtlinien für redaktionell gestaltete Anzeigen" des Zentralverbands der deutschen Werbewirtschaft (ZAW) vom 09.04.1964, die 1991 neugefasst wurden[864].

(ii) Das wettbewerbsrechtliche Verbot redaktionell getarnter Werbung

Die Begründung für die wettbewerbsrechtliche Anstößigkeit u. a. der redaktionell getarnten Werbung lautet, dass der Verkehr einer Werbemaßnahme, die als eine neutrale, objektive Unterrichtung durch eine unbeteiligte Person erscheine, erheblich größeres Gewicht beimesse als einer Eigenwerbung des Kaufmanns[865]. Daher gilt als Ausgangspunkt, dass eine – in Wettbewerbsabsicht[866] herausgebrachte – getarnte Werbung durch den Herausgeber eines Periodikums nach § 1 (bzw. auch nach § 3[867]) UWG wettbewerbswidrig ist[868]. Dieser wettbewerbsrechtliche Schutz geht u. a. insofern über das presserechtliche Trennungsgebot hinaus, als er nicht von einer Entgeltvereinbarung abhängig ist[869].

(a) Die Verantwortlichkeit der Verleger, Anzeigen- und Abteilungsleiter und Redakteure von Zeitungen und Zeitschriften

Um eine unzulässige getarnte Werbung handelt es sich nicht schon immer dann, wenn ein redaktioneller Beitrag Werbung (i. S. einer unvermeidlichen, als Nebenfolge in Kauf genommenen Werbewirkung[870]) enthält, sondern nur, wenn das betreffende Produkt in dem Beitrag in Wettbewerbsförderungsabsicht über das durch eine sachliche Information bedingte Maß hinaus werbend dargestellt

---

863 Vgl. Löffler/*Sedelmeier*, Presserecht, § 10 LPG Rn 17 ff.

864 Abgedruckt in *Baumbach/Hefermehl*, Anhang zu § 3 UWG, X.

865 BGH, GRUR 1975, 75 (77) – Wirtschaftsanzeigen – public relations; BGHZ 81, 247 (259 f.) – Getarnte Werbung I; BGH, GRUR 1993, 651 (652) – Produktinformation I; BGH, GRUR 1998, 481 (482) – Auto '94; OLG München, NJWE-WettbR 2000, 110 (110); *Baumbach/Hefermehl*, § 1 UWG Rn 27; *Köhler/Piper*, § 1 Rn 40 und § 3 Rn 165.

866 Diese ist bei redaktionellen Beiträgen nicht zu vermuten, sondern muss anhand besonderer Umstände festgestellt werden, s. etwa BGH, WRP 1994, 862 (864) – Bio-Tabletten; BGH, GRUR 1997, 912 (913) – Die Besten I; BGH, GRUR 1997, 914 (915) – Die Besten II; fehlt es bei einem Beteiligten an der Wettbewerbsabsicht, kommt nur eine Störerhaftung in Betracht, vgl. etwa BGH, GRUR 1994, 441 (443) – Kosmetikstudio, mit i. E. zust. Anm. *Büttner*, EWiR § 1 UWG 11/94, 491 (492).

867 So etwa BGH, GRUR 1998, 481 (482 f.) – Auto '94.

868 S. z. B. BGH, GRUR 1975, 75 (77) – Wirtschaftsanzeigen – public relations, mit zust. Anm. *Bauer*.

869 *Köhler/Piper*, § 1 Rn 42 a. E.

870 *Baumbach/Hefermehl*, § 1 UWG Rn 34, mit weit. Nachw.; *Köhler/Piper*, § 1 Rn 52.

wird, wobei es auf eine Gesamtwürdigung aller Umstände des Einzelfalls ankommt[871]. So wird auch eine wortgleiche Übernahme von Produktinformationen des Herstellers, ohne dass der Beitrag auf diesen Umstand hinweist, nur dann als unzulässig beanstandet, wenn das Produkt unzutreffend dargestellt oder übermäßig angepriesen wird[872]. Dies hat der BGH etwa auch in Bezug auf Beiträge angenommen, die trotz einer Vielzahl von Produkten der entsprechenden Art nur ein Erzeugnis (in besonderer Weise werblich hervorgehoben[873]) nannten[874]. In dem Fall der Vorstellung verschiedener Schlankheitspräparate in einer Zeitschrift, in der bewusst unzutreffende Behauptungen aufgestellt und die Produkte ohne nähere Begründung übermäßig herausgestellt wurden, ging der BGH zunächst von der Absicht, den Wettbewerb der Hersteller und bzw. oder den eigenen Wettbewerb des Verlags zu fördern, aus und erachtete den Beitrag auch als unzulässig gemäß §§ 1 und 3 UWG, da das Publikum bei empfehlender wie bei ablehnender Bewertung der erörterten Waren eine seriöse, sachliche Prüfung durch die Redaktion erwarte[875]. Ebenfalls mit dem Argument der Täuschung des Publikums durch die Presse darüber, journalistisch recherchiert zu haben, obwohl es sich tatsächlich um über das durch sachliche Information bedingte Maß hinausreichende werbende Darstellungen von Qualifizierungen (als „Die 500 besten Ärzte Deutschlands“ bzw. „Die 500 besten Anwälte“) handelte, die nicht auf aussagekräftigen, objektiven Kriterien beruhten, stufte der BGH die betreffenden Zeitschriftenbeiträge in den Entscheidungen „Die Besten I“ und „Die Besten II“ als gemäß § 1 UWG unzulässige getarnte Werbung ein[876].

In Bezug auf Preisrätsel mit ausgelobten Preisen in Zeitschriften gelten die Grundsätze zur redaktionell getarnten Werbung ebenfalls, allerdings insofern modifiziert, als positive Vorstellungen der ausgelobten Preise in den Grenzen des Normalen und seriöserweise Üblichen nach der Rechtsprechung des BGH zum Anreiz für die Beteiligung an dem Gewinnspiel und zu der davon erhofften Werbewirkung für den Absatz der Zeitschrift gehörten, was der Verkehr im Allgemeinen auch erkennen werde[877]. In einem dieser Fälle vertrat der BGH die

---

[871] So etwa BGH, GRUR 1993, 565 (566) – Faltenglätter; BGH, GRUR 1994, 441 (442 f.) – Kosmetikstudio, mit i. E. zust. Anm. *Büttner*, EWiR § 1 UWG 11/94, 491 (492).

[872] BGH, GRUR 1993, 565 (566); BGH, GRUR 1998, 481 (482) – Auto '94.

[873] BGH, GRUR 1997, 541 (543) – Produkt-Interview.

[874] BGH, GRUR 1993, 651 (652) – Produktinformation I; BGH, GRUR 1994, 819 (820 f.) – Produktinformation II, mit grundsätzlich zust. Anm. *Knöpfle*, EWiR § 1 UWG 23/94, 915 (916); BGH, GRUR 1996, 292 (393) – Aknemittel, mit zust. Anm. *Ulrich*, EWiR § 13 UWG 2/96, 89 (90).

[875] BGH, WRP 1994, 862 (864) – Bio-Tabletten.

[876] BGH, GRUR 1997, 912 (913 f.) – Die Besten I; BGH, GRUR 1997, 914 (915 f.) – Die Besten II; zust. etwa *Baumbach/Hefermehl*, § 1 UWG Rn 34.

[877] BGH, GRUR 1994, 821 (822) – Preisrätselgewinnauslobung I; BGH, GRUR 1994, 823 (824) – Preisrätselgewinnauslobung II.

Auffassung, dass aus Sicht des Verkehrs bei einer optischen und sprachlich lobenden Herausstellung des ausgelobten Produkts der Eigenwerbezweck zurückträte und statt dessen der Eindruck entstehe, die Redaktion habe in einem objektiven Auswahlverfahren ein qualitativ außerordentlich hochwertiges und daher vergleichbaren Produkten überlegenes Erzeugnis ausgesucht[878]. Daher stufte er diesen Beitrag als unzulässige redaktionell getarnte Werbung ein[879]. In der „Preisrätselgewinnauslobung II"-Entscheidung – und ebenso in dem Fall „Preisrätselgewinnauslobung IV"[880] – verneinte der BGH zunächst eine Überschreitung der Grenzen einer sachlichen Beschreibung der ausgelobten Produkte ohne hervorhebende Anpreisungen; seine Beurteilung des Preisrätselbeitrags als gemäß § 1 UWG unzulässig stützte er hier auf den Umstand, dass den Lesern nicht mitgeteilt worden sei, dass der Hersteller die Produkte dem beklagten Verlag unentgeltlich zur Verfügung gestellt habe, da nach der allgemeinen Lebenserfahrung ein nicht unbeachtlicher Teil des Verkehrs die Vorstellung habe, dass die Preise von den Redakteuren nach ihrem Belieben und ihrer Wertschätzung ausgewählt würden[881]. Entsprechend dieser Ansicht erachtete der BGH demnach auch in dem Fall „Preisrätselgewinnauslobung III" die Darstellung der ausgelobten Produkte, die er als sachlich und angemessen ansah, maßgeblich auch deshalb als zulässig, weil sie einen Hinweis darauf enthielt, dass die Waren von dem Hersteller zur Verfügung gestellt worden waren[882].

(b) Die Verantwortlichkeit des die Presse informierenden Herstellers

Die Entscheidung „Produktinformation I" des BGH beruhte auf dem Grundsatz, dass ein Unternehmen für die unsachliche und sein Produkt übermäßig werbend herausstellende Berichterstattung durch ein Presseorgan, welches von dem Unternehmen stammende, sachlich zutreffende Informationen übernehme, wettbewerbsrechtlich nicht verantwortlich sei; dies begründete das Gericht damit, dass die Gestaltung redaktioneller Beiträge im eigenen Verantwortungsbereich des Presseunternehmens liege[883]. Anders könne nur ausnahmsweise dann zu ent-

---

878 BGH, GRUR 1994, 821 (822 f.) – Preisrätselgewinnauslobung I; krit. zu diesen beiden Schlussfolgerungen des BGH *Ahrens*, GRUR 1995, 307 (313).

879 BGH, GRUR 1994, 821 (823).

880 BGH, GRUR 1997, 145 (147), mit zust. Anm. *Ulrich*, EWiR § 13 UWG 5/96, 1001 (1002).

881 BGH, GRUR 1994, 823 (824 f.) – Preisrätselgewinnauslobung II; gl. A. *Baumbach/Hefermehl*, § 1 UWG Rn 38 b; *Köhler/Piper*, § 1 Rn 58; abl. *Ahrens*, GRUR 1995, 307 (313); *Gröning*, WRP 1995, 181 (182 f.).

882 BGH, GRUR 1996, 804 (806) – Preisrätselgewinnauslobung III, mit zust. Anm. *Ulrich*, EWiR § 13 UWG 3/96, 811 (812).

883 BGH, GRUR 1993, 561 (562) – Produktinformation I; ebenso BGH, GRUR 1994, 819 (821) – Produktinformation II, mit grundsätzlich zust. Anm. *Knöpfle*, EWiR § 1 UWG 23/94, 915 (916).

scheiden sein, wenn ein Unternehmen seine Produktinformationen dem Presseorgan gezielt zur Veröffentlichung zukommen lasse oder sonst die Annahme nahe liege, dass in einem redaktionellen Beitrag über das Produkt berichtet werde, und wenn das Unternehmen aufgrund konkreter Umstände damit hätte rechnen müssen, dass seine zutreffende Information verfälscht und damit irreführend oder sonst wettbewerbswidrig, etwa als getarnte Werbung, in dem Presseorgan erscheinen werde: Dann sei das Unternehmen verpflichtet, sich eine Überprüfung des zu erwartenden Artikels vorzubehalten[884]. In der Entscheidung „Getarnte Werbung I" stellte ein Unternehmen den Redaktionen von Kurzeitungen einen wie beiläufig (nur) auf sein Produkt (coffeinfreier Kaffee) hinweisenden Artikel zur Verfügung: Der BGH begründete den in dem Versenden des Artikels liegenden Verstoß gegen § 1 UWG durch das Unternehmen damit, dass die Redakteure bei der Entscheidung über die daraufhin erfolgte, unveränderte Veröffentlichung des Artikels deshalb nicht unbeeinflusst und gemäß ihren redaktionellen Aufgaben eigenverantwortlich gewesen seien, weil das Unternehmen den Kurzeitungen auch Insertionsaufträge erteilt hatte, worauf die Verlage finanziell angewiesen gewesen seien; eine zusätzliche Unlauterkeit liege in der Spekulation des Unternehmens auf ein daraus resultierendes berufliches Fehlverhalten der Redakteure zugunsten einer weniger kritischen und wohlwollenderen Behandlung seiner Wünsche als Anzeigenkunde[885]. Desgleichen stellte der BGH in einem anderen Fall, unter Hinweis auf die Meinungsäußerungsfreiheit aus Art. 5 I S. 1 GG, fest, dass eine sachlich zutreffende Information der Presse durch ein Wirtschaftsunternehmen wettbewerbsrechtlich nicht zu beanstanden sei, wenn diese Information die Rechte der Mitbewerber nicht verletze und dem presserechtlich Verantwortlichen die freie und unbeeinflusste Entscheidung über die Verwertung der Information belassen werde[886].

5. Fazit der Gegenüberstellung

Der Vergleich der Bestimmungen des Regelwerks des britischen CAP mit denen des deutschen Rechts hinsichtlich – insbesondere: redaktionell – getarnter Werbung macht deutlich, dass in Deutschland wesentlich mehr solcher Fälle erfasst werden als durch das britische Selbstkontrollsystem: Nach dem Letzteren richtet sich das Gebot, Werbung auch als solche kenntlich zu machen, zwar nicht nur

---

884 BGH, GRUR 1993, 561 (562); der Entscheidung grundsätzlich zust. etwa *Gröning*, WRP 1993, 685 (693 f.); s. auch BGH, GRUR 1994, 819 (821), sowie BGH, GRUR 1996, 71 (72 f.) – Produktinformation III, mit zust. Anm. *Paefgen*, EWiR § 1 UWG 1/96, 85 (86), und *Ulrich*, LM H. 2/1996 § 1 UWG Nr. 698; BGH, GRUR 1997, 541 (543) – Produkt-Interview.

885 BGHZ 81, 247 (251 f.) – Getarnte Werbung I.

886 BGH, GRUR 1997, 139 (140) – Orangenhaut, mit zust. Anm. *Paefgen*, EWiR § 3 UWG 1/97, 89; s. auch BGH, GRUR 1994, 445 (446 f.) – Beipackzettel, mit i. E. zust. Anm. *Michalski*, EWiR § 1 UWG 19/94, 819.

an die betreffenden Unternehmen, sondern auch an Mediengesellschaften, dies allerdings, wie gesehen, nur insoweit, als – zusätzlich zu dem Erfordernis einer Entgeltleistung – das Unternehmen den Inhalt des redaktionellen Beitrags maßgeblich kontrolliert. Damit sind die Fälle, in denen allein oder zumindest entscheidend die Zeitungsredakteure verantwortlich für eine redaktionell getarnte Werbung sind, der Anwendbarkeit der cl. 23.1, 23.2 der Codes (künftig cl. 22, 23 CAP Code) entzogen. Umgekehrt stellt sich die Rechtslage in Deutschland dar: Da die Redakteure von Zeitungen und Zeitschriften hier als für Inhalt und Gestaltung ihrer Beiträge selbst verantwortlich betrachtet werden, weshalb eine Kontrollvorbehaltspflicht eines die Presse über ein Produkt informierenden Unternehmens nur ausnahmsweise bei Vorliegen konkreter Verdachtsmomente bezüglich eines zu erwartenden unlauteren Verhaltens seitens des Presseorgans angenommen wird, sind zumeist die Presseunternehmen und -redakteure die gemäß § 1 (und § 3) UWG Verantwortlichen, während die informierenden Unternehmen grundsätzlich nur haften, wenn ihre Informationen unrichtig sind.

C. Der Sales Promotion Code[887]

Gemäß den oben[888] bereits zum Inhalt des Sales Promotion Code (künftig die Sales promotion rules des CAP Code) getroffenen Feststellungen erübrigt sich hier eine Darstellung der diesbezüglichen Spruchpraxis des ASA Council.

D. Die Specific Rules, cl. 46 bis 56[889]

Aus den Specific Rules werden von den einzelnen Klauseln im Folgenden nur jeweils einige wesentliche Regelungen herausgegriffen, für die übrigen Vorschriften wird auf deren Abdruck in den Anhängen[890] verwiesen.

I. Alkoholische Getränke, cl. 46

Cl. 46 trifft Regelungen über die Werbung für und Verkaufsförderungsmaßnahmen betreffend alkoholische Getränke. Die in 13 Unterabsätzen enthaltenen Bestimmungen zielen, mittels teilweise sehr strikter Vorgaben, in erster Linie auf den Gesundheitsschutz (46.3), hier besonders von Kindern und Jugendlichen (cl. 46.4 bis 46.6), sowie darauf ab, dass in der Werbung nicht auf Situationen Be-

---

887 Im neuen CAP Code die Sales promotion rules.

888 3. Abschnitt, A. III. 3.

889 S. den Überblick oben, unter 3. Abschnitt, A. III. 4.; im neuen CAP Code finden sich diese Regeln in den Direct marketing rules und den Other specific rules, cl. 41.1 bis 43 und cl. 46 bis 55, wieder.

890 Anhang 1, S. 303 ff., bzw. Anhang 2, S. 354 ff.

zug genommen werden sollte, in denen Alkoholkonsum riskant bzw. unklug wäre (cl. 46.2 und 46.12). Auch sollte der Genuss von Alkohol nicht mit erstrebenswerten Fähigkeiten oder Eigenschaften in Zusammenhang gebracht werden (cl. 46.7 und 46.10).

1. Die Spruchpraxis des ASA Council

Die Entscheidung *Taking Liberties Ltd* vom 17.07.2002 betraf einen Werbezettel für einen Nachtclub mit der Aufschrift „THE UK'S LARGEST DRINKING CLUB! VODKA BRIGHTON THE BIGGEST AND WILDEST CLUB NIGHT EVERYS TUESDAY (...)" sowie Photographien von jungen Leuten in verschiedenen Posen. Der Beschwerdeführer beanstandete, die Werbung ermuntere zu exzessivem Alkoholkonsum (cl. 46.3, Satz 1), und er bezweifelte, dass die abgebildeten Personen über 25 waren (cl. 46.5). Der ASA Council gab der Beschwerde in beiden Punkten statt; er betrachtete die Aufschrift ebenfalls als Aufforderung zu übermäßigem Alkoholgenuss, und die gezeigten Personen, die jünger wirkten als 25, schienen zuvor Alkohol getrunken zu haben.

In dem Fall *Bordeaux Wine Bureau* vom 10.05.2000 wurde eine Zeitschriftenanzeige für Bordeaux-Weine beanstandet, in der eine Frau in roter Unterwäsche sich über einen Mann in Shorts lehnte, um ihn zu küssen. Worte wie „rot", „Samt", „Kerzenlicht", „Erröten", „tief" etc. waren über einem Glas Rotwein zu lesen, und der Text lautete: „Let the Mood Take You to Bordeaux". Die Beanstandung gemäß cl. 46.7 lautete, die Werbung verbinde den Genuss von Wein mit sexueller Aktivität. Die Werbenden führten aus, es handle sich bei dieser Anzeige um den Teil einer Kampagne, die Paare in bestehenden Beziehungen, nicht sexuelle Eroberungen zeige, was die Position und die Bekleidung der Modelle sowie das Ambiente auch deutlich machen sollten. Der ASA Council akzeptierte diese Verteidigung, riet den Werbenden aber, nicht zu suggerieren, dass der Wein der Hauptgrund für den Erfolg einer Partnerschaft sei.

Die Entscheidung *Soho Drinks Ltd* vom 14.08.2002 hatte eine Zeitschriftenanzeige für ein alkoholisches Getränk zum Gegenstand. Unter der Überschrift „Crack Ice Irish Potcheen 5.5% abv" war ein Fuchs mit Kleidung, Sonnenbrille und einer Flasche des beworbenen Getränks zu sehen, der an eine mit der Aufschrift „Tanzen ist ein senkrechter Ausdruck eines horizontalen Wunsches" besprühten Mauer lehnte. Darunter stand: „NOW BEING SOLD LEGALLY IN PUBS & CLUBS", und seitlich war zu lesen: „WARNING: THIS PRODUCT CONTAINS A SERIOUS ALCOHOL". Die Beschwerdeführer wandten sich u. a. gegen die „Warnung", da diese suggeriere, dass Personen, die das Getränk probierten, tapfer und mutig seien (cl. 46.10), sowie gegen die ihrer Ansicht nach übermäßige Betonung des starken alkoholischen Gehalts des Getränks (cl. 46.8). Hinsichtlich des ersten Punkts trugen die Werbenden vor, die Warnung solle lediglich verdeutlichen, dass das Produkt Alkohol enthalte. Der ASA Council befand jedoch, dass die meisten Leser der Anzeige die Warnung als nicht ernst gemeint auffassen und daher annehmen würden, dass das Probieren des Getränks von besonderem Mut zeuge, weshalb er der Beschwerde insofern stattgab. Zu dem zweiten Aspekt vertrat der ASA Council allerdings wie die Werbenden die Ansicht, dass der Hinweis auf den Alkoholgehalt nicht die Hauptaussage der Anzeige sei, weshalb er diese insoweit nicht beanstandete.

2. Die Situation in Deutschland

a) Das Werberecht[891]

Eine generelle Regelung der Werbung für alkoholische Getränke gibt es im deutschen Recht nicht.

(i) Spezielle Werbeverbote

Einen gesetzlichen Schutz vor Alkoholwerbung sieht das Jugenschutzgesetz (JuSchG) für Kinder und Jugendliche vor: Gemäß § 11 V JuSchG dürfen Werbefilme oder Werbeprogramme, die für (Tabakwaren oder) alkoholische Getränke werben, bei öffentlichen Filmveranstaltungen nur nach 18 Uhr gezeigt werden, und Verstöße gegen diese Vorschrift können nach § 28 I Nr. 14a JuSchG als Ordnungswidrigkeit geahndet werden. Ebenfalls dem Jugendschutz dient die teilweise in der Literatur vertretene analoge Anwendung des § 22 II Nr. 1 b) LMBG[892], der bezogen auf Tabakwerbung das Verbot enthält, Aussagen jedweder Art zu machen, die geeignet sind, Jugendliche oder Heranwachsende zum Rauchen zu veranlassen. Andere plädieren zwar nicht für eine Analogie, jedoch für eine Orientierung an dieser Vorschrift bei der Anwendung des § 1 UWG auf Alkoholwerbung in Bezug auf Jugendliche[893], teilweise unter dem Aspekt der Verführung Unerfahrener[894].

Lediglich hingewiesen werden soll noch auf den Vorschlag der EG-Kommission für eine Verordnung über Verkaufsförderung im Binnenmarkt vom 15.01.2002[895], dessen Art. 5 Nr. 3 die Abgabe alkoholischer Getränke als unentgeltliche Zuwendung an Personen unter 18 Jahren untersagt.

---

891 Nicht berücksichtigt werden hier, wie auch im Folgenden, entsprechend der Reichweite der britischen Codes, Bestimmungen bezüglich der Rundfunk- und Fernsehwerbung.

892 Gloy/*Strothmann*, Hdb. WettbewerbsR § 51 Rn 25.

893 *Brändel* in: FS v. Gamm, S. 9 (25).

894 *Baumbach/Hefermehl*, § 1 UWG Rn 198 a. E.

895 KOM (2001) 546 endg. – COD 2001/0227*/, ABlEG Nr. C 075 E vom 26.03.2002 S. 0011 – 0016.

(ii) §§ 1, 3 UWG

In der Rechtsprechung wurde Alkoholwerbung unter dem Aspekt der unzulässigen Gesundheitswerbung verboten: So untersagte der BGH die Angabe „Ein gesunder Genuß" in einer Werbung für einen Kräuterlikör als sittenwidrig gemäß § 1 UWG, da damit, als Vorspann für den Vertrieb von als alkoholisches Genussmittel angebotenen Spirituosen, pauschal auf gesundheitsfördernde oder gesundheitlich unbedenkliche Wirkungen von Alkoholgenuss hingewiesen werde[896]. Im Wesentlichen mit denselben Argumenten begründete er einen Verstoß gegen §§ 1 und 3 UWG durch die Bezeichnung „Topfit Boonekamp" für einen Magenbitter mit einem Alkoholgehalt von 40 Vol.%[897].

b) Der Deutsche Werberat

Die Verhaltensregeln des Deutschen Werberats über die Werbung und das Teleshopping für alkoholische Getränke in der Fassung von 1998[898] sind denen der britischen Codes sehr ähnlich: Die meisten Bestimmungen finden sich beinahe identisch in beiden Regelwerken, manche Vorschriften fehlen in den deutschen Richtlinien, andere finden keine Entsprechung in den britischen Codes. So enthalten die Regeln des Werberats etwa detaillierte Verbote von Hinweisen auf Mediziner, ärztliche Gutachten sowie Heilwirkungen von alkoholischen Getränken (Nr. 8 bis Nr. 10), und Nr. 14 richtet sich gegen abwertende Darstellungen von Enthaltsamkeit[899].

3. Fazit der Gegenüberstellung

Die Alkoholwerbung obliegt auch in Deutschland maßgeblich der Werbeselbstkontrolle; daher stellt sich die diesbezügliche Situation hier als mit der in Großbritannien gemäß cl. 46 der CAP-Vorschriften bestehenden sehr ähnlich dar. Der Grad der Durchsetzung der entsprechenden Regeln ist allerdings in Großbritannien weit höher als in Deutschland, da die dort geltenden Regelungen des CAP nicht nur unter den Gewerbetreibenden, sondern auch in der Bevölkerung viel mehr Bekanntheit und Achtung genießen als die Regeln des Werberats hier, mit der Folge, dass unter dem britischen System deutlich mehr Beschwerden aus dem Kreis der Verbraucher den ASA Council erreichen als in Deutschland den Werberat.

---

896 BGH, GRUR 1967, 592 (593 f.) – Gesunder Genuß, mit krit. Anm. *Lehmpfuhl*.

897 BGH, GRUR 1980, 797 (798 f.) – Topfit Boonekamp, mit abl. Anm. *Wild*.

898 Abrufbar unter www.interverband.com:8080/u-img/69392.

899 Für einen Beispielsfall zu diesen Regeln s. Jahrbuch Deutscher Werberat 2002, S. 41 f.

II. Kinder ansprechende oder darstellende Werbung bzw. Verkaufsförderungsmaßnahmen, cl. 47

In cl. 47 finden sich Vorschriften bezüglich Werbung oder Verkaufsförderungsmaßnahmen, die an Kinder gerichtet sind oder in denen Kinder gezeigt werden. Neben Regeln zum Schutz ihres körperlichen und geistigen Wohlbefindens wird in mehreren Einzelbestimmungen angemahnt, die kindliche Leichtgläubigkeit, Anhänglichkeit, Verletzlichkeit, Unerfahrenheit oder Hilfsbereitschaft nicht auszunutzen. Auch ist auf die zu erwartenden Interessen und finanziellen Möglichkeiten von Kindern Rücksicht zu nehmen. Zudem werden Werbende bzw. Veranstalter angehalten, Kinder nicht aktiv dazu zu ermutigen, ihren Eltern oder anderen Personen „auf die Nerven zu gehen“ (cl. 47.4 a))[900].

Eine weitere Vorschrift zum Schutz von Kindern enthält cl. 50.16[901], die bestimmt, dass Werbung für Arzneimittel nicht an Kinder gerichtet werden sollte.

1. Die Spruchpraxis des ASA Council

Der Fall *Barnardos* vom 09.02.2000 betraf eine Zeitungsanzeige für eine Kinderhilfsorganisation, die ein Kind zeigte, das, offenbar im Begriff hinunterzuspringen, am Rand des Daches eines hohen Gebäudes stand. Der begleitende Text wies darauf hin, dass eine unglückliche Kindheit hoffnungslose Zukunftsaussichten bedingen könne, was die Werbenden verhindern könnten. Die Beschwerde richtete sich gegen die Darstellung eines Kindes in einer gefährlichen Situation (cl. 47.2 b)). Da die Anzeige in Zeitungen erschien, die sich nicht an Kinder richteten, befand der ASA Council, es sei unwahrscheinlich, dass Kinder sie sehen und nachzuahmen angereizt werden könnten. Auch angesichts der wichtigen Botschaft der Werbung gab er der Beschwerde daher nicht statt.

Die Entscheidung *Atlas Editions UK Ltd* vom 15.09.1999 hatte ein an Kinder gerichtetes und diese auch in Form eines Briefes selbst ansprechendes Werbeschreiben für Karten über „Barbie“ zum Sammeln zum Gegenstand, das den Kindern direkt zugesandt wurde, wenn sie auf eine vorausgehende Werbung geantwortet und einen Sammelartikel für 99 pence bestellt hatten. Das Schreiben versprach acht „kostenlose Geschenke“, die das Kind für seine Geschenkgutscheine, ausdrücklich ohne das Erfordernis eines weiteren Erwerbs („NOTHING ELSE TO BUY!“), erhalten könne. Die beschwerdeführende Mutter eines Mädchens beanstandete, dass der Erhalt der Geschenke den Erwerb weiterer Produk-

---

[900] Ungleich sachlicher formuliert findet sich dieser Gedanke bereits in Art. 14, Social Value, b., des ICC advertising code, s. www.iccwbo.org, wie insgesamt cl. 47 der britischen Codes den relativ detaillierten Artikel 14 des ICC advertising code nur um einzelne Konkretisierungen ergänzt.

[901] Spezielle Regelungen bezüglich Arzneimitteln und Schönheitsprodukten, cl. 50, s. hierzu unten, unter V.

te für 5,20 Pfund voraussetzte, was dem Schreiben nur sehr schwer zu entnehmen sei; damit hätten die Werbenden die Leichtgläubigkeit von Kindern ausgenutzt (cl. 47.3). Der ASA Council stellte fest, dass der erste geschäftliche Kontakt zwar nur mit dem schriftlich erklärten Einverständnis eines Elternteils zustande gekommen sei, dass das daraufhin versandte Werbematerial jedoch an die Kinder selbst gerichtet war. Da die „kostenlosen Geschenke“ eigens hervorgehoben, die Bedingung eines weiteren Erwerbs jedoch verschleiert worden sei, könne ein Kind die Bedeutung des Schreibens nur schwer verstehen, womit der ASA Council der Beschwerde stattgab.

In dem Fall *Home Service Mail Order Ltd* vom November 1997 ging es um das Gebot in cl. 47.3. c), die beworbenen Produkte so darzustellen, dass Kinder leicht ihre Eigenschaften einschätzen und zwischen Phantasie und Wirklichkeit unterscheiden können. In der beanstandeten Zeitungsanzeige waren zwei Computerspielzeuge, virtuelle Haustiere, zu sehen. Die Qualität und die Auflösung der Darstellungen auf dem abgebildeten Monitor waren sehr hoch und diese selbst in der Art ansprechender Zeichnungen gehalten, und zudem fanden sich neben den „Haustieren“ jeweils mehrere Comics. In einer Fußnote wurde darauf hingewiesen, dass die Comics lediglich Illustrationszwecken dienten und dass die Bildschirmabbildungen in Wirklichkeit schwarzweiß seien. Die Beschwerdeführer trugen vor, dass die Bilder tatsächlich von wesentlich geringerer Qualität seien als in der Anzeige dargestellt und dass diese daher das Spielzeug nicht so darstellte, wie es wirklich sei, wobei auch der Fußnotenhinweis den falschen Eindruck nicht korrigieren könne. Die Werbenden erklärten sich daraufhin bereit, künftig Photographien der wirklichen Darstellungen in ihren Anzeigen zu verwenden, was der ASA Council begrüßte.

Ebenfalls auf cl. 47.3, daneben auf cl. 47.4 a) (das Gebot, Kinder nicht aktiv dazu zu ermutigen, ihren Eltern oder anderen Personen „auf die Nerven zu gehen“) und auf cl. 47.4 b) (u. a. das Gebot, einen direkten Kaufappell nur dann an Kinder zu richten, wenn das beworbene Produkt sie wahrscheinlich interessiert und wenn sie es vernünftigerweise bezahlen könnten) stützte sich die Beschwerde in dem Fall *Kids Kingdom Ltd* vom März 1996. In einer an einen Jungen geschickten Direktwerbung wurde dieser in Form eines Briefes angeschrieben und hinsichtlich seines bevorstehenden Geburtstags auf die Möglichkeit hingewiesen, diesen im *Kids Kingdom* zu feiern; sie wüssten, dass er dort jede Menge Spaß haben würde, wie er dem beigefügten Faltblatt entnehmen könne, und „ZUSÄTZLICH“ könnten er und alle seine Freunde „GRATIS“ einmal „Super Go-Kart“ fahren. Der ASA Council schloss sich der Ansicht des Beschwerdeführers an und befand, dass diese Werbung die kindliche Leichtgläubigkeit ausnutzen und ihre Erwartungen in unlauterer Weise in die Höhe schrauben könne, womit der den Werbenden aufgab, in dieser Form nur mit dem vorherigen Einverständnis der Eltern zu werben.

Zuletzt soll noch die Entscheidung *Safeway Stores plc* vom November 1996 erwähnt werden, die, eine Verkaufsförderungsmaßnahme betreffend, ebenfalls auf cl. 47.4. a) beruhte; hier entschied der ASA Council jedoch zugunsten des Unternehmens. Dieses hatte eine kostenlose „Summer fun pack"-Zeitschrift für Kinder herausgegeben, das 18 Gewinnspiele enthielt, von denen sechs in den Teilnahmebedingungen die Anweisung „Ask your Mum or Dad to purchase a ..." gaben. Verlangt wurde darin der Erwerb von jeweils einem bestimmten Lebensmittelartikel. Der Beschwerdeführer meinte, dass Kinder dadurch veranlasst würden, ihre Eltern unter Druck zu setzen, damit sie die angegebenen Produkte kauften. Seitens des Unternehmens wurde vorgebracht, ihrer Ansicht nach bräuchten Eltern für die Gewinnspiele nicht anders einzukaufen als sonst. Der ASA Council stellte fest, dass die genannten Artikel nicht teuer seien und befand abschließend, die Aktion ermuntere Kinder nicht dazu, in ungehöriger Weise Druck auf ihre Eltern auszuüben, und erklärte sie daher für akzeptabel.

2. Die Situation in Deutschland

a) Das Werberecht

(i) Spezielle Werbeverbote[902]

§ 5 I und II des Gesetzes über die Verbreitung jugendgefährdender Schriften und Medieninhalte (GjSM) enthält das grundsätzliche Verbot der Werbung für Schriften, die geeignet sind, Kinder oder Jugendliche sittlich zu gefährden.

Gemäß § 11 Nr. 12 HWG sind Werbemaßnahmen für Heilmittel, die sich ausschließlich oder überwiegend an Kinder unter 14 Jahren richten, untersagt.

(ii) § 1 UWG

Für die Beurteilung von Kinder ansprechender Werbung ist von nicht unwesentlicher Bedeutung, ob als potentielle Käufer Dritte, in der Regel die Eltern, oder die Kinder selbst unter Einsatz ihrer eigenen Mittel in Betracht kommen.

In der „Milky Way"-Entscheidung des OLG Düsseldorf, die eine Verkaufsveranstaltung zum Inhalt hatte, bei der gegen Vorlage von 12, 24 bzw. 36 Einwickelpapieren des von der Beklagten vertriebenen Schokoladenriegels drei verschiedene Spielzeuge erlangt werden konnten, stellte das Gericht zunächst, mit Blick auf die Wertungen der Zugabeverordnung, fest, dass angesichts der Zuläs-

---

[902] Zu den entsprechenden Werbebeschränkungen in Bezug auf Alkoholwerbung s. o., unter I. 2. a).

sigkeit der Zugabe von Spielzeugartikeln nach deren Vorschriften auch im Rahmen von § 1 UWG nicht allein die Ausnutzung des Spieltriebs von Kindern als unlauter angesehen werden könne[903]. Der entscheidende Unterschied zu dem zitierten Fall des BGH, der das hier vorliegende Verhalten als unlauter i.S.d. § 1 UWG erscheinen lasse, lag nach Ansicht des Gerichts darin, dass die Beklagte sich darüber hinaus auch noch die Unerfahrenheit und die mangelnde Beurteilungsfähigkeit von Kindern und Jugendlichen zunutze gemacht habe, denn hier richtete sich die Werbeaktion direkt an diese, und sie seien auch selbst nicht nur als Interessenten für das Spielzeug, sondern gerade auch als Käufer, soweit es ihr Taschengeld betroffen habe, und Verbraucher des Schokoladenriegels angesprochen worden[904]. Da Kinder und Jugendliche jedoch zu einer kritischen Beurteilung noch nicht ausreichend in der Lage seien, weniger auf die Güte und Preiswürdigkeit der Hauptware als eher oder sogar ausschlaggebend auf den in der Zugabe liegenden Vorteil achteten, könnten sie, zumal sie weniger verstandesgesteuert als von momentanem Begehren gelenkt handelten, durch unsachliche Momente leicht beeinflusst und damit zu unwirtschaftlichen Ausgaben und zu Anschaffungen über ihren Bedarf hinaus verleitet werden[905].

Zu unterscheiden von derartigen Sachverhalten sind die, bei denen durch die Umwerbung von Kindern oder Jugendlichen diese dazu gebracht werden sollen, ihre Eltern dazu zu bewegen, ihnen die beworbenen Produkte zu kaufen.

In dem Fall „Werbung in Schulen" des BGH ging es um Reklame für Jugendzeitschriften, welche die diese vertreibende Beklagte in der Weise betrieb, dass ihre Vertreter die Produkte im Einvernehmen mit Schulleiter und Lehrern in Schulklassen vorstellten und anschließend Prospekte mit Bestellscheinen an die Schüler verteilten, welche deren Eltern den Kindern „morgen" mitgeben oder der Beklagte zusenden sollten: Das Gericht widersprach hier der Ansicht der Vorinstanz, dass es mit den guten kaufmännischen Sitten nicht vereinbar sei, wenn ein Kaufmann bei der Kundenwerbung oder dem Absatz seiner Waren eine fremde Autorität einsetze, die auf die Entschlüsse der Umworbenen Einfluss nehmen könne; vielmehr sei für die Annahme von Sittenwidrigkeit gemäß § 1 UWG das Vorliegen besonderer Umstände erforderlich, die nicht schon in dem Umstand erblickt werden könnten, dass sich die Eltern auf die Sachkenntnis der Lehrer über den pädagogischen Wert der Zeitschriften verlassen würden, denn

903 OLG Düsseldorf, GRUR 1975, 267 (268) – Milky Way; ebenso schon BGH, GRUR 1957, 40 (44) – Puppenservice.

904 OLG Düsseldorf, GRUR 1975, 267 (268 f.).

905 OLG Düsseldorf, GRUR 1975, 267 (269); zust. hierzu etwa *Bülow* in: FS Piper, S. 121 (128); ebenso entschied auch das OLG München, zu der Werbung mit einer „Sammelschnitzel-Aktion" in Kinder-Comic-Heften, in WRP 1984, 46 (47); gl. A. *Brändel* in: FS v. Gamm, S. 9 (19 f.).

dies seien keine sachfremden Erwägungen[906]. Besondere, die Sittenwidrigkeit begründende Umstände könnten nach Auffassung des BGH etwa in einer ungehörigen Einflussnahme auf die Lehrer gesehen werden, wie zum Beispiel durch das Versprechen besonderer Vorteile für die Gestattung der Werbung, oder, bezogen auf die Aufforderung zur Bestellung, in einer Situation, in der die Eltern befürchten müssten, dass der Lehrer ihr Kind schlechter behandeln würde, wenn sie keine Bestellung tätigten[907]; für beides gab der Sachverhalt jedoch keine Anhaltspunkte her.

Anders lag der Sachverhalt hingegen in der Entscheidung „Kindergarten-Malwettbewerb"[908]: Hier versprach eine Spielzeugherstellerin, die einen Malwettbewerb an Kindergärten mit ihre Produkte darstellendem Material initiiert hatte, denjenigen Kindergärten Geschenke, die prozentual die meisten ausgemalten Bogen an sie zurückschickten. Der BGH ließ die Frage offen, ob eine Sittenwidrigkeit i.S.d. § 1 UWG bereits in der Einschaltung der Kindergärten und der Ausnutzung einer etwaigen Autorität der Erzieherinnen lag, und begründete die Unlauterkeit der Aktion damit, dass diese die Eltern in eine Lage gebracht habe, in der sie, um sich nicht dem Vorwurf mangelnder Hilfsbereitschaft und Solidarität mit der Gemeinschaft des Kindergartens auszusetzen, ihre Kinder, auch wenn sie dies an sich nicht wollten, mit den Werbemitteln des Unternehmens befassen und dadurch dessen Wettbewerb fördern müssten, da die intensive Beschäftigung der Kinder mit dessen Spielfiguren in diesen den nachhaltigen Wunsch erwecke, diese Figuren zu besitzen[909].

Erwähnt werden soll schließlich noch der Beschluss „LEGO-Hotline" des OLG Frankfurt: Hier rief eine Werbung Kinder im Grundschulalter dazu auf, die „LEGO-Hotline" anzurufen, um „Das Tollste von, mit und über LEGO-Spielzeug !" zu erfahren[910]. Das Gericht begründete die Sittenwidrigkeit gemäß § 1 UWG dieser „umgekehrten Telefonwerbung" zunächst mit der Ausnutzung der kindlichen leichten Beeinflussbarkeit, gefühlsmäßigen Entscheidungsfindungen, Spontaneität und leichten Verführbarkeit; hinzu kam noch das nach Ansicht des OLG besonders gravierende Unlauterkeitsmoment, dass das Unternehmen seine Werbekosten auf die Eltern der angesprochenen Kinder abgewälzt habe, denn die Verbindung war nicht gebührenfrei[911].

---

906 BGH, GRUR 1984, 665 (666) – Werbung in Schulen, mit zweifelnder Anm. *Volhard*.

907 BGH, GRUR 1984, 665 (667); krit. zu dieser Entscheidung auch *Brändel* in: FS v. Gamm, S. 9 (23 f.).

908 BGH, GRUR 1979, 157, mit zust. Anm. *Kicker*.

909 BGH, GRUR 1979, 157 (158); zust. *Brändel* in: FS v. Gamm, S. 9 (22), und *Bülow* in: FS Piper, S. 121 (128).

910 OLG Frankfurt, GRUR 1994, 522 (522 f.) – LEGO-Hotline.

911 OLG Frankfurt, GRUR 1994, 522 (523); zust. *Bülow* in: FS Piper, S. 121 (128); *Engels*, WRP 1997, 6 (13); grundsätzlich zust. auch *Timm*, EWiR § 1 UWG 1/95, 85 (85 f.).

b) Der Deutsche Werberat

Die Verhaltensregeln des Deutschen Werberats für die Werbung mit und vor Kindern in Hörfunk und Fernsehen, zuletzt in der Fassung von 1998, sind in ihrer Reichweite, wie ihrem Titel zu entnehmen ist, auf Radio- und Fernsehwerbung beschränkt[912]. Die darin enthaltenen Bestimmungen sind jedoch, wie die betreffend Alkoholwerbung, den entsprechenden Regeln des britischen CAP sehr ähnlich. Allerdings sind sie weniger detailliert als jene[913].

Schwerpunktmäßig war der Werberat im Jahr 2001 in Bezug auf Kinder betreffende Werbemaßnahmen mit Beschwerden befasst, die Darstellungen von Kindern wegen erotischer Anspielungen beanstandeten; der Werberat wies diese jedoch unter Hinweis auf die gewandelte Sexualmoral zurück[914].

3. Fazit der Gegenüberstellung

Die Situation der Werbenden bezüglich Kindern und Jugendlichen stellt sich in Großbritannien etwas strikter reglementiert dar als in Deutschland, denn im Unterschied zum deutschen Werbe- bzw. speziell Wettbewerbsrecht untersagen die Vorschriften in cl. 47 des Regelwerks des britischen CAP die Ausnutzung der Unerfahrenheit und Leichtgläubigkeit von Kindern in jedem Fall, unabhängig davon, ob sie selbst als potentielle Käufer der beworbenen Produkte in Betracht kommen oder ob sie dazu verleitet werden sollen, ihre Eltern dazu zu bewegen, ihnen die Waren zu kaufen. Hinsichtlich dieses zweiten Aspekts verlangt die deutsche Rechtsprechung zusätzliche besondere Umstände zur Begründung der Sittenwidrigkeit[915]. Die Spruchpraxis des Deutschen Werberats vermag diese Lücke ersichtlich nicht mit derselben Effizienz zu schließen, wie sie das System von ASA und CAP in Großbritannien auszeichnet.

III. Werbung für Kraftfahrzeuge, cl. 48

Die Regelungen in cl. 48 betreffen die Kraftfahrzeug-, Zubehör- und Kraftstoffwerbung. Neben der Vermeidung der Förderung sozialwidrigen Verhaltens (cl. 48.1) und verantwortungsloser Fahrweisen allgemein (cl. 48.4) dient diese Klausel in erster Linie der Wahrung der Verkehrssicherheit (cl. 48.4) mittels der Be-

---

912 Vgl. die „Verhaltensregeln des Deutschen Werberats für die Werbung mit und vor Kindern in Hörfunk und Fernsehen" in der Fassung von 1998, zu finden unter www.interverband.com:8080/u-img/69392.

913 S. Beispielsfälle in Jahrbuch Deutscher Werberat 2002, S. 39, 42 f. und 47.

914 Jahrbuch Deutscher Werberat 2002, S. 35 f.

915 Vgl. etwa *Timm*, EWiR § 1 UWG 1/95, 85 (86), der, die Frage selbst bejahend, darauf hinweist, dass das OLG Frankfurt in dem „LEGO-Hotline"-Fall offengelassen habe, ob das Verhalten der Spielzeugherstellerin auch dann als sittenwidrig zu beurteilen gewesen wäre, wenn die Aufforderung gebührenfreien Anrufen gegolten hätte.

achtung von Geschwindigkeitsbegrenzungen, indem in Werbungen insbesondere auf die Einhaltung eines angemessenen Tempos geachtet (cl. 48.3, 48.5) und nicht die Hauptaussage einer Werbung die bezüglich der Geschwindigkeit des Fahrzeugs sein sollte (cl. 48.2). Daneben finden sich ferner die Vorgaben, korrekte Preise anzugeben (cl. 48.7) und keine übertriebenen Behauptungen über die Sicherheit eines Fahrzeugs aufzustellen (cl. 48.8).

1. Die Spruchpraxis des ASA Council

Der Schwerpunkt der ASA-Entscheidungen bezüglich Kraftfahrzeugwerbung liegt auf cl. 48.1 bis 48.4. Die folgenden Beispiele zeigen, dass der ASA Council diesbezüglich vergleichsweise strikt urteilt.

Ein Beispiel für eine auf cl. 48.1 basierende Entscheidung ist *Daihatsu Vehicle Distributors Ltd* vom 11.04.2001. sie betraf eine Zeitungsanzeige für den „Daihatsu Sirion 1.3 SL“ mit der Überschrift „SCHNELL GENUG, EINEN 1,6-LITER-POLO GTi ZU VERABSCHIEDEN“, unter der der beworbeneWagen in Bewegung zu sehen war; der Hintergrund war teilweise verschwommen. Der Text wies darauf hin, dass das Fahrzeug 0-62 Stundenkilometer in 9,6 Sekunden erreiche. Die auf cl. 48.1, 48.2 und 48.3 gestützte Beschwerde lautete, die Anzeige ermuntere zu Wettfahrten auf öffentlichen Straßen. Der ASA Council schloss sich ohne Begründung dieser Einschätzung des Beschwerdeführers an und befand mithin, dass die Überschrift der Anzeige sozialwidriges Fahren fördere.

Cl. 48.1, 48.2, 48.3 und 48.4 wurden in dem Fall *Vauxhall Motors Ltd* vom 13.01.1999 zitiert: Die hier beanstandete Zeitungsanzeige warb für einen aus einem Rennwagen entwickelten PKW und enthielt neben einer Photographie des Fahrzeugs und den Luftaufnahmen dreier Landstraßen mit starken Kurven die Aussage, dass diese Straßen Verlängerungen von Autorennstrecken seien. Diese führte zu der Beschwerde, sie ermutige zu verantwortungslosem Fahren auf Landstraßen. Die Werbenden erklärten sich daraufhin bereit, die Anzeige zurückzuziehen, was der ASA Council begrüßte, da er die Ansicht des Beschwerdeführers teilte.

Die Entscheidungen *Hyundai Car (UK) Ltd* vom 19.12.2001 sowie *Mercedes-Benz (United Kingdom) Ltd* vom 15.09.1999 betrafen ein Poster bzw. eine Zeitschriftenanzeige, die Teile des beworbenen Fahrzeugs und den Hintergrund jeweils verschwommen zeigten; im zweiten Fall fanden sich zusätzlich Angaben zur Höchstgeschwindigkeit und zur Beschleunigungsleistung. Aufgrund, im ersten Fall, der Überschrift „VERSCHWINDET SCHNELLER ALS EINE DOT.COM COMPANY“ und im zweiten Fall „Stelle dir horizontales Bungee

Jumping vor“ beanstandeten die Beschwerdeführer jeweils, die Werbungen legten ein unangemessen großes Gewicht auf Geschwindigkeit. Der ASA Council gab den Beschwerden in beiden Fällen statt: Im ersten Fall folgte er der Auffassung der Beschwerdeführer, obwohl die Überschrift humorvoll gestaltet war, und im zweiten Fall kam er zu dem Schluss, dass Autofahrer zu unverantwortlichem Fahren verleitet werden könnten.

Wegen unangemessener Betonung der Geschwindigkeit und der Ermunterung zu verantwortungslosem Fahren gab der ASA Council auch den Beschwerden in dem Fall *Jaguar Cars Ltd* vom 09.02.2000 gegen eine Zeitschriftenanzeige für „Jaguar“-Wagen statt: Unter der Überschrift „SUDDENLY WEEKENDS ARE A BLUR AGAIN“ (etwa: „Plötzlich sind die Wochenenden wieder verschwommen“) war ein um eine Kurve fahrendes Fahrzeug zusehen; die Räder und die Landschaft waren verschwommen. Der Text lautete: „Ah, the excitement, the thrill, the uninhibited freedom of yesterday. (Not to mention the day after, and the day after that.)“. Als Unterschrift war zu lesen: „Jaguar – The era of performance“. Der ASA Council gelangte zu seiner Entscheidung primär unter Zurückweisung des Vorbringens der Werbenden und wies zudem darauf hin, dass diese nicht, wie er in einer früheren Entscheidung verlangt hatte, vor Schaltung der Anzeige diese dem CAP Copy Advice team zur Beurteilung vorgelegt hatte.

Zwei Entscheidungen, in denen der ASA Council zugunsten der Werbenden urteilte, sind *Honda UK Ltd* vom 06.02.2002 und *Hyundai Car (UK) Ltd* vom 01.05.2002. Die erste hatte ein Poster zum Gegenstand, das unter der Überschrift „Bye bye GTi“ einen stehenden Wagen zeigte, über den verschiedene technische Daten wie „Rennwagenaufhängung, 200 PS, 0-62 in 6,8 Sekunden“ etc. angegeben waren. Die Ansicht der Beschwerdeführer, dass die Werbung in unangemessener Weise die Betonung auf die Geschwindigkeit legte, teilte der ASA Council nicht, sondern verwies darauf, dass der abgebildete Wagen nicht in Bewegung dargestellt war und dass die Angaben am unteren Rand des Posters lediglich allgemeine Informationen über die Leistungen des Autos gaben. Die zweite Entscheidung betraf eine Zeitungsanzeige für den „Hyundai Coupé“, in der ein Wagen auf einer Küstenstraße leicht verschwommen zu sehen war. Der Text forderte den Leser, in bewusst humorvoller Anspielung auf Jogging, ironisierend auf, laufen zu gehen („GO FOR A RUN“), und empfahl, sich nach einem harten Arbeitstag ans Steuer des beworbenen Wagens zu setzten und den Zündschlüssel umzudrehen. Unter Berufung auf die Aussage eines Fachjournalisten fragte die Anzeige nach den Ursachen für dessen hohen Pulsschlag beim Ausprobieren des Fahrzeugs, wobei als mögliche Antworten die Motorleistung, die Höchstgeschwindigkeit, das Getriebe sowie der relativ niedrige Preis vorgeschlagen wurden. Die Beschwerde wurde damit begründet, dass die Anzeige wahrscheinlich sehr schnelles und verantwortungsloses Fahren fördere. Dies wies der ASA Council zurück, da zum einen die Abbildung nicht den Eindruck erwecke, dass der Wagen mit hoher Geschwindigkeit oder auf unverantwortliche Weise gefahren werde, und da zum anderen als Grund für die Begeisterung für den Wagen nicht die Erfahrung, ihn zu fahren, als solche, sondern seine große Leistungsfähigkeit genannt worden sei.

2. Die deutsche Werbeselbstkontrolle

Während es im deutschen Werberecht überhaupt keine Bestimmungen gibt, die denen in cl. 48 der britischen Selbstkontrollregelungen des CAP auch nur nahe kommen, hat der Deutsche Werberat zumindest eine Verlautbarung herausgegeben, deren Inhalt den Vorschriften in cl. 48.8 zumindest für einen Teilbereich ähnlich ist: So wie dort übertriebene, insbesondere nicht zu beweisende, Sicherheitsbehauptungen untersagt werden, wendet sich auch die genannte Verlautbarung zur Reifenwerbung vom November 1974[916] gegen Werbung für Autoreifen für Nässe, Eis und Schnee, die den Fahrer dazu verleiten, auf die bei entsprechenden Witterungs- und Straßenverhältnissen gebotene vorsichtige Fahrweise zu verzichten. Ein dort genanntes Beispiel für eine nach Ansicht des Werberats unzulässige Anzeigen-Schlagzeile lautet: „Auf den Anti-Aquaplaning-Radials von X sind Sie so sicher wie ein Fisch im Wasser." Als bedenklich werden danach ebenfalls etwa die Aussagen „Unsere Reifen sind die Unfallbremse." sowie „Unser Reifen ist ein Regenreifen." angesehen.

3. Fazit der Gegenüberstellung

Mit Ausnahme des gerade genannten untergeordneten Teilaspekts der Sicherheitsangaben finden die Regelungen in cl. 48 der britischen CAP-Bestimmungen zur Kraftfahrzeugwerbung weder im deutschen Werberecht noch in den Vorschriften des Deutschen Werberats eine Entsprechung.

IV. Umweltbezogene Aussagen, cl. 49

Die in cl. 49 enthaltenen Vorschriften über umweltbezogene Behauptungen in der Werbung betreffen in erster Linie das Erfordernis ausreichender Belege für Behauptungen zur Umweltverträglichkeit von Produkten sowie darüber hinaus die Gebote der Redlichkeit und Wahrheit, die hier bezüglich speziell umweltbezogener Werbeaussagen konkretisiert werden. Besonders wichtig sind die sehr

---

916 Zu finden unter www.interverband.com:8080/u-img/69392.

strengen Bestimmungen in cl. 49.2: Gemäß deren Satz 1 sollten Behauptungen wie „umweltfreundlich“ oder „vollständig biologisch abbaubar“ nicht ohne nähere Konkretisierung verwendet werden, es sei denn, die Werbenden können überzeugende Beweise dafür vorlegen, dass ihr Produkt keine Umweltschädigungen verursacht. Konkretisierte Aussagen sowie Vergleiche wie „grüner“ oder „freundlicher“ können nach Satz 2 zulässig sein, wenn die Werbenden beweisen können, dass ihr Produkt insgesamt in Bezug auf die Umwelt eine Verbesserung entweder gegenüber den Produkten ihrer Mitbewerber oder gegenüber ihren eigenen vorherigen Produkten darstellt.

1. Die Spruchpraxis des ASA Council

In der überwiegenden Zahl der Fälle involvieren Beschwerden, die sich auf die Bestimmungen in cl. 49 stützen, zugleich auch cl. 3.1, 7.1 und teilweise auch 6.1, was auf den oben genannten Umstand zurückzuführen ist, dass die Regeln in cl. 49 größtenteils Konkretisierungen dieser allgemeinen Irreführungsvorschriften darstellen.

Die Entscheidung *British Gas Trading Ltd* vom 12.05.1999 betraf einen Werbezettel für den Brennstoff „Liquefied Petroleum Gas“ (wörtlich: „verflüssigtes Mineralölgas“), der diesen unter anderem mit den Aussagen, er sei „umweltfreundlich und sauber“ bzw. „grün und sauber“, anpries. Der Beschwerdeführer wandte dagegen ein, es handle sich bei dem beworbenen Produkt um einen fossilen Brennstoff, der bei Verbrennung umwelt- und gesundheitsschädliche Gase produziere. Die Werbenden führten aus, die beanstandeten Aussagen seien so zu verstehen, dass bei der Verbrennung des beworbenen Stoffs im Vergleich zu Kohle und Öl weniger schädliche Gase entstünden, was sie auch mittels schriftlicher Dokumente belegten. Der ASA Council akzeptierte die Werbung jedoch nicht, da die Behauptungen nicht vergleichend, sondern absolut formuliert worden seien, womit sie wahrheitswidrig implizierten, dass bei der Verbrennung des Produkts überhaupt keine für die Atmosphäre schädlichen Gase freigesetzt würden; daher gab der ASA Council der Beschwerde statt.

In dem Fall *Eurocat* vom 12.05.1999 beanstandeten die Beschwerdeführer u. a. die Behauptung in einer Zeitschriftenanzeige für ein einen Katalysator enthaltendes Gerät, dieses reduziere nach dem Einbau in die Treibstoffzuleitung jedes Verbrennungsmotors um jeweils bis zu einem genau angegebenen Prozentsatz den Ausstoß bestimmter Schadstoffe sowie von Ruß und Staub. Der ASA Council vermochte dem ihm seitens der Werbenden vorgelegten, seiner Ansicht nach widersprüchlichen und unvollständigen Beweismaterial jedoch nicht zu entnehmen, dass diese Angaben zutreffend waren. Daher gab er den Verantwortlichen auf, diese nicht bewiesenen Aussagen nicht weiter aufzustellen.

Zuletzt soll noch auf die (gegen ein Unternehmen mit Sitz in Frankreich gerichtete) Entscheidung *Cogema* vom 05.04.2000 eingegangen werden. Hier richtete sich eine Beschwerde gegen die Aussagen in einer für Atomenergie werbenden Zeitungsanzeige, Atomenergie verschmutze nicht die Atmosphäre und trage nicht zu deren Erwärmung bei. Der ASA Council wertete das von dem Unternehmen vorgelegte Beweismaterial, Aussagen von internationalen und französischen nationalen Stellen, aus und stellte zunächst fest, dass die bei der Produktion von Atomstrom freigesetzten radioaktiven Gase zwar nicht die Erwärmung der Erdatmosphäre begünstigten, diese aber dennoch verschmutzten. In Hinblick darauf, dass die Werbeaussagen vermutlich als auf die Produktion von Atomstrom insgesamt bezogen verstanden würden, zog der ASA Council daraufhin die weitere Schlussfolgerung, dass diese Angaben auch deshalb wahrheitswidrig seien, weil die Herstellung von Atomstrom, beziehe man den Bau von Atomkraftwerken, den Transport und die Lagerung nuklearer Brennstoffe sowie deren Wiederaufbereitung mit ein, den Einsatz fossiler Brennstoffe erfordere und daher auch für den Ausstoß von Treibhausgasen verantwortlich sei. Zwar sei dieser Ausstoß nicht so bedeutend wie der bei der Energieerzeugung unter Einsatz fossiler Brennstoffe, da die Behauptungen aber dahin zu verstehen seien, dass die Herstellung von Atomstrom überhaupt keinen Ausstoß von Treibhausgase mit sich bringe, sei deren Aufstellung nicht zu akzeptieren.

2. Das deutsche Wettbewerbsrecht

Primär einschlägig bei den Sachverhalten, die cl. 49 der Regelungen des britischen CAP unterfallen würden, ist in Deutschland § 3 UWG; sofern dessen Voraussetzungen, insbesondere mangels des Vorliegens einer „Angabe“, nicht erfüllt sind, oder teilweise auch zusätzlich zu § 3, kommt § 1 UWG in Betracht.

a) Grundsätze der Rechtsprechung

Umweltbezogene Werbeaussagen werden, auch in Hinblick auf die Aspekte des Umweltschutzes und der Verbraucherinformation, für grundsätzlich zulässig erachtet[917]. Allerdings ist nach dem BGH die Werbung mit Umweltschutzbegriffen und -zeichen ähnlich wie die Gesundheitswerbung grundsätzlich nach strengen Maßstäben zu beurteilen[918], was er damit begründet, dass an den Umweltschutz anknüpfende Werbung zum einen besonders geeignet sei, emotional zu wirken, und dass zum anderen aufgrund der noch weitgehenden Unklarheit der

---

917 S. etwa BGH, GRUR 1996, 367 (367) – Umweltfreundliches Bauen.

918 Krit. gegenüber dieser Gleichbehandlung *Brandner* in: FS v. Gamm, S. 27 (30 ff.); zust. hingegen *Baumbach/Hefermehl*, § 1 UWG Rn 179 a; *Schnorbus*, GRUR 1994, 15 (19).

diesbezüglich verwendeten Begriffe die Irreführungsgefahr hier sehr groß sei; zudem seien die derart beworbenen Produkte in der Regel nicht insgesamt und in jeder Beziehung, sondern nur teilweise umweltschonender als andere Waren, weshalb in derartigen Fällen ein gesteigertes Aufklärungsbedürfnis der angesprochenen Verkehrskreise bestehe[919]. Um eine Irreführung des Verbrauchers auszuschließen, müsse daher bei der Verwendung des Begriffs der Umweltfreundlichkeit grundsätzlich der jeweilige Umweltvorzug konkret benannt werden[920]. Die an die zur Vermeidung einer Irreführung erforderliche Aufklärung zu stellenden grundsätzlich strengen Anforderungen sind danach gemäß der Art des Produkts und dem Grad und Ausmaß seiner „Umweltfreundlichkeit" im jeweiligen Einzelfall zu bemessen[921].

Ein in der Rechtsprechung wie in der Literatur annähernd[922] allgemein akzeptierter Grundsatz lautet, es gebe keine absolute Umweltfreundlichkeit bzw. Umweltverträglichkeit, was auch den angesprochenen Verkehrskreisen bekannt sei[923]; vielmehr verblieben auch bei weitgehender Berücksichtigung von Umweltschutzaspekten bei der Herstellung, Verwendung oder Entsorgung Restbelastungen der Umwelt[924].

b) Einzelne Fallgestaltungen in der Rechtsprechung

(i) Für zulässig erachtete Werbeangaben

In der „Unipor-Ziegel"-Entscheidung[925] erklärte der BGH die Werbeaussage „Bausteine für eine gesunde Welt" in einer Zeitschriftenanzeige für gemäß § 3 UWG[926] zulässig, da dem Verkehr die Selbstverständlichkeit bekannt sei, dass die Gewinnung der zur Herstellung der beworbenen Ziegel verwendeten Rohstoffe (Ton und Lehm) mit Eingriffen in die Natur verbunden sei; deshalb sei die

---

919 BGH, GRUR 1991, 546 (547) – ... aus Altpapier.

920 BGH, GRUR 1996, 367 (367 f.) – Umweltfreundliches Bauen; ebenso OLG Frankfurt, GRUR 1989, 358 (358) – biologisch düngen; OLG Nürnberg, GRUR 1989, 686 (686) – baubiologisch; OLG Düsseldorf, NJW-RR 1992, 678 (679) – Bio-Pack; zust. etwa Großkomm./*Lindacher*, § 3 UWG Rn 711.

921 BGH, GRUR 1991, 546 (547); ebenso OLG Köln, WRP 1992, 504 (505); zust. etwa *Michalski/Riemenschneider*, BB 1994, 1157 (1162).

922 Zu Ausnahmen in der Rechtsprechung s. u., unter b) (ii).

923 BGH, GRUR 1991, 548 (549) – Umweltengel; BGH, GRUR 1997, 666 (667) – Umweltfreundliche Reinigungsmittel; *Baumbach/Hefermehl*, § 1 UWG Rn 180 a; *Köhler/Piper*, § 1 Rn 362; s. auch *Brandner* in: FS v. Gamm, S. 27 (29).

924 BGH, GRUR 1997, 666 (667) – Umweltfreundliche Reinigungsmittel; ähnl. BGH, GRUR 1994, 828 (829) – Unipor-Ziegel; BGH, GRUR 1996, 985 (987 f.) – PVC-frei; KG, WM 1996, 1701 (1702 f.); s. auch *Rohnke*, GRUR 1988, 667 (671).

925 BGH, GRUR 1994, 828 (829).

926 Und auch gemäß § 1 UWG mangels einer unsachlichen Beeinflussung, BGH, a.a.O. (829 f.).

Annahme, ein nicht unerheblicher Teil der Leser erwarte, dass die Entscheidung für diese Ziegel überhaupt nicht, auch nicht bezüglich der Rohstoffgewinnung zu ihrer Herstellung, zu negativen Auswirkungen auf Natur und Umwelt beitrage, erfahrungswidrig.

Die Angabe „PVC-frei" auf Kunststoffverpackungen von Büro- und Schreibwaren erachtete der BGH mit den folgenden Erwägungen für nach §§ 3 und 1 UWG zulässig[927]: Aufgrund des Umstands, dass der Umweltbezug hier nur indirekt durch eine – zudem wahre – rein negative Beschaffenheitsangabe hergestellt worden sei und dass ferner die Gesundheits- und Umweltrisiken durch PVC in dieser Zeit verstärkt öffentlich diskutiert worden seien, stellte er zunächst fest, dass hier im Rahmen des § 3 UWG eine gegenüber dem Regelfall erhöhte Irreführungsquote zu verlangen und die Unzulässigkeit der Angabe im Wege einer Interessenabwägung festzustellen sei[928]. Von dieser ausgehend gelangte das Gericht zu dem Schluss, dass der rechtlich beachtliche Teil der umworbenen Verbraucher der Angabe entnehme, dass die Verpackung weder PVC noch mit diesem vergleichbare Kunststoffe mit denselben typischen PVC-Risiken enthalte, was auch der Wahrheit entsprach; demgegenüber könne die Angabe jedoch nicht so verstanden werden, dass die Verpackung auch keine sonstigen mit Kunststoffen, im Unterschied zu Pappe oder Papier, verbundenen Umweltbelastungen mit sich bringe, da für den Verkehr erkennbar sei, dass es sich um eine Kunststoffverpackung handelte[929]. An anderer Stelle wies das Gericht darauf hin, dass § 3 UWG grundsätzlich keine umfassende Aufklärung über alle Nachteile des eigenen Produkts verlange; die Vorschrift enthalte zwar ein Irreführungsverbot, begründe aber kein Informationsgebot[930]. Da die Angabe richtig war, kam zudem auch keine Unzulässigkeit gemäß § 1 UWG wegen unsachlicher wettbewerbswidriger Beeinflussung des Publikums in Betracht[931].

Hingewiesen werden soll noch auf eine Entscheidung des OLG Frankfurt[932], in der es die Bezeichnung als „umweltfreundlichere" CD-Verpackung für CD-Boxen als mit § 3 UWG vereinbar erachtete, welche insofern relativ umweltfreundlich waren, als ihre Herstellung mit einer nicht unerheblichen Materialersparnis verbunden war.

---

927 BGH, GRUR 1996, 985 – PVC-frei; i. E. zust. *Baukelmann*, EWiR § 3 UWG 3/96, 903 (904).

928 BGH, GRUR 1996, 985 (986 f.).

929 BGH, GRUR 1996, 985 (987).

930 BGH, GRUR 1996, 985 (987).

931 BGH, GRUR 1996, 985 (988).

932 Leitsatz in EWiR § 3 UWG 1/94, 189, mit zust. Anm. *Lindacher*, a.a.O. (189 f.).

(ii) Strengere Auffassungen in einzelnen Fällen

Allerdings finden sich in der Rechtsprechung in Einzelfällen auch strengere Beurteilungen, insbesondere auch durchaus im Sinne einer als absolut aufzufassenden Umweltfreundlichkeit der beworbenen Produkte[933]:

So bestätigte der BGH in der Entscheidung „Zaunlasur" die eine irreführende Angabe i.S.d. § 3 UWG begründende Ansicht der Vorinstanz, aufgrund der Werbeaussage „Vorbei sind die Zeiten, da der Zaunanstrich ... mit umweltgefährdenden Inhaltsstoffen verbunden war" erwarteten die angesprochenen Verkehrskreise, Endverbraucher von Zaunlasur, dass das beworbene Produkt keinerlei umweltgefährdende Inhaltsstoffe aufweise[934]; den Hinweis darauf, dass das Produkt lediglich „schadstoffarm" sei, betrachtete das Gericht als zu weit entfernt stehend von der beanstandeten Aussage, um diese wirksam korrigieren zu können[935].

Das OLG Hamburg vertrat in Bezug auf eine Werbung für eine Korrekturflüssigkeit mit der Behauptung, diese bringe durch Wegfall umweltbelastender, toxischer Lösungsmittel nur Vorteile, die Auffassung, der Verkehr entnehme dieser Aussage, dass der Artikel kein Lösungsmittel enthalte, das in irgendeiner Weise umweltbelastend sei, wobei umweltbewusste Verbraucher eine Gesamtbetrachtung anstellten; berücksichtigt würden von ihnen die Herstellung, der Transport, die Verarbeitung, der Verbrauch sowie die Entsorgung des Produkts[936]. Da die Flüssigkeit nicht in diesem umfassenden Sinn umweltneutral war, erachtete das Gericht die Werbeaussage demnach als gemäß § 3 UWG unzulässig[937].

In seinem Urteil „BIO GOLD" entschied das KG, die so lautende Bezeichnung für ein Waschmittel erwecke bei einem nicht unerheblichen Teil der Verbraucher den – unzutreffenden – Eindruck, dieses sei rein natürlich und enthalte keine chemischen Substanzen; aus diesem Grund bestätigte es das Verbot dieser Bezeichnung gemäß § 3 UWG[938].

Das OLG München stellte fest, dass nicht unerhebliche Teile des bei dem Vertrieb von Reinigungsmitteln angesprochenen Verkehrs angesichts der Bezeich-

---

933 S. hierzu auch *Michalski/Riemenschneider*, BB 1994, 1157 (1159).

934 BGH, GRUR 1991, 550 (550 f.) – Zaunlasur; zust. Großkomm./*Lindacher*, § 3 UWG Rn 710.

935 BGH, GRUR 1991, 550 (551).

936 OLG Hamburg, NJW-RR 1991, 939 (939 f.); gl. A. Großkomm./*Lindacher*, § 3 UWG Rn 710 a. E.

937 OLG Hamburg, a.a.O.

938 KG, GRUR 1993, 766 (766 f.) – BIO GOLD; ebenso schon das OLG Düsseldorf, GRUR 1988, 55 (57) – bio-FIX, für einen WC-Reiniger mit dieser Bezeichnung; gl. A. Großkomm./*Lindacher*, § 3 UWG Rn 714.

nung „Bioclean“ für ein Produkt davon ausgingen, dieses sei in jeder Hinsicht hundertprozentig positiv für die Umwelt; da dies nicht der Fall war, erklärte es die Verwendung dieser Bezeichnung für nach § 3 UWG unzulässig[939].

In dieselbe Richtung weist auch eine weitere Entscheidung des KG, in der es den Werbespruch eines Lebensmitteleinzelhandelsunternehmens „Schützt unsere Umwelt! Wie wir von ...“ für gemäß § 3 UWG irreführend erklärte, da dieser den Eindruck vermittle, sein Geschäftsbetrieb werde uneingeschränkt jedweden Anforderungen des Umweltschutzes gerecht, während das Unternehmen diesbezüglich tatsächlich nur Einzelaktionen durchführte, davon abgesehen aber die für den Geschäftsbetrieb typischen Umweltbelastungen verursachte[940].

In dem Fall „... aus Altpapier“ des BGH ging es zwar nicht um die Frage einer absoluten Umweltfreundlichkeit, jedoch urteilte das Gericht auch hier sehr streng, indem es von einer relevanten Irreführung der maßgeblichen Verkehrskreise durch die Angabe, das beworbene Toilettenpapier bestehe aus Altpapier, deshalb ausging, weil dieses, entgegen des hierdurch erweckten Eindrucks, nicht zu 100 Prozent, sondern nur zu 80 Prozent aus Altpapier hergestellt worden war[941].

(iii) Speziell: Werbung mit dem Umweltzeichen

Hinsichtlich einer Blickfangwerbung einer Einzelhändlerin mit der „Umweltfreundlichkeit“ der angebotenen Produkte neben der Darstellung des UN-Umweltzeichens (des „Blauen Engels“) auf Schildern an Regalen, in denen Produkte standen, denen aus verschiedenen Gründen, wie auf ihren Verpackungen angegeben („umweltfreundlich weil ...“), das Zeichen verliehen worden war, stellte der BGH fest, der Verkehr erwarte hier, dass die Waren bestimmte Eigenschaften und eine bestimmte Beschaffenheit aufwiesen, die sie konkret feststellbar von einem gleichartigen, aber nicht als umweltfreundlich eingestuften Warenangebot abhöben[942]. Das Gericht verlangte wegen des unklaren und emotionsbeladenen Begriffs der „Umweltfreundlichkeit“ eine eindeutige Aufklärung über die in Frage stehenden Eigenschaften in der Blickfangwerbung selbst: Zur Erfüllung dieser Aufklärungspflicht hätte die werbende Einzelhändlerin zumindest auf den Grund hinweisen müssen, aus dem das Zeichen dem jeweiligen Hersteller verliehen worden sei[943].

Zu demselben Aspekt entschied das OLG Köln, der Verbraucher sei zumindest immer dann näher über den Grund der Verleihung des Zeichens zu informieren,

---

939 OLG München, GRUR 1990, 290 (290 f.) – Bioclean.

940 KG, WRP 1991, 30 (31 f.).

941 BGH, GRUR 1991, 546 (547 f.) – ... aus Altpapier; gl. A. etwa Großkomm./*Lindacher*, § 3 UWG Rn 720.

942 BGH, GRUR 1991, 548 (549) – Umweltengel.

943 BGH, GRUR 1991, 548 (549); zust. *v. Gamm* in: FS Traub, S. 133 (140).

wenn der Verkehr über den konkreten Verleihungsgrund hinaus aufgrund weiterer naheliegender Gesichtspunkte von einer besonderen Umweltfreundlichkeit des Produkts ausgehen könne; das Gericht betrachtete den entsprechenden Hinweis im Fließtext des zu beurteilenden Werbeprospekts diesbezüglich als nicht deutlich genug und zudem der Angabe der Umweltzeichenverleihung weder räumlich noch sprachlich zugeordnet, womit es die Verurteilung aufgrund von § 3 UWG bestätigte[944].

Hinsichtlich des Hinweises in einer Werbung, das angebotene Produkt sei mit dem Umweltzeichen „ausgezeichnet" worden, stellte der BGH darauf ab, dass die Verleihung des Rechts, das Zeichen führen zu dürfen, nicht allein von der Zahlung einer Gebühr abhänge, sondern zudem von dem Ergebnis einer sachlichen Prüfung durch eine unabhängige, kompetente Jury[945]; sofern die Erlaubnis, das Zeichen zu führen, ordnungsgemäß erteilt worden sei, liege in der Werbung mit dieser „Auszeichnung" auch keine gemäß § 3 UWG unzulässige Alleinstellungsbehauptung[946].

(iv) Weitere Fälle

Das OLG Köln entschied in dem Fall einer Werbung mit der Aussage, das von ihr angebotene Einweggeschirr sei „recyclingfähig und damit umweltfreundlich", dass dadurch dem flüchtigen Verbraucher suggeriert werde, dass die benutzten Produkte auch der Wiederverwertung zugeführt würden, was jedoch tatsächlich nicht der Fall war; da mithin dem Verkehr mehr an Umweltfreundlichkeit versprochen als angeboten worden sei, sah das Gericht in der Angabe einen Verstoß gegen § 3 UWG[947].

Eine Werbung für eine Kapitalanlage mit den pauschalen Angaben „Für den Schutz der Lebensbedingungen auf der Erde", „Für den Schutz der Umwelt" und „gut für die Umwelt" mit der Erklärung, dass in „Elektrizitätswerk- und Umwelttechnik" und damit in „saubere Energieerzeugung" investiert werden solle, jedoch ohne eine diesbezügliche nähere Aufklärung, erklärte das KG nicht nur für unzulässig gemäß § 3 UWG, sondern sah in ihr zugleich einen Verstoß gegen § 1 UWG unter dem Aspekt der unsachlichen Kundenbeeinflussung mangels eines sachlichen Zusammenhangs zwischen der Werbung und der beworbenen Leistung[948].

---

944 OLG Köln, WRP 1992, 504 (505); grundsätzlich zust., jedoch im konkreten Fall a. A. *Lindacher*, JZ 1993, 101 (101 f.).

945 BGH, GRUR 1991, 550 (551 f.) – Zaunlasur.

946 BGH, GRUR 1994, 523 (524) – Ölbrennermodelle.

947 OLG Köln, NJW-RR 1993, 754; gl. A. etwa *Baumbach/Hefermehl*, § 1 UWG Rn 181 c.

948 KG, WM 1996, 1701 (1702 ff.); zust. bezüglich § 3 UWG, jedoch a. A. hinsichtlich der Beurteilung unter § 1 UWG *Kort*, WRP 1997, 526 (529 f.); auf die Entscheidung „Umweltwerbung" des OLG Saarbrücken, WRP 1992, 510, zu § 1 UWG bezüglich des Slo-

Zuletzt sei noch die Entscheidung „ASBESTFREI / INNOVATIV" des OLG Köln erwähnt: In dem einen weißen Baum vor einem grünen Hintergrund darstellenden Zeichen mit den grün geschriebenen Worten „ASBESTFREI" und „INNOVATIV" als Werbung für Bedachungsmaterial erblickte das Gericht deshalb einen Verstoß gegen § 3 UWG, weil durch den Gesamteindruck des Zeichens und insbesondere durch den Zusatz „INNOVATIV" ein Umweltbezug dahingehend hergestellt werde, dass der Verkehr über die Asbestfreiheit hinaus bezüglich der beworbenen Produkten – unzutreffend – weitere Umweltvorteile annähme[949].

3. Fazit der Gegenüberstellung

Als Fazit der Gegenüberstellung der Spruchpraxis des ASA Council und der Rechtslage in Deutschland bezüglich der Werbung mit Umweltargumenten lässt sich festhalten, dass das britische Selbstkontrollsystem sich insofern als strenger herausstellt, als es ersichtlich, im Unterschied zu der in der deutschen Rechtsprechung und Literatur zumindest grundsätzlich vertretenen Auffassung, Behauptungen absoluter Umweltfreundlichkeit in jedem Fall wörtlich nimmt und gerade nicht darauf abstellt, dass der Verkehr bestimmte unvermeidliche Restbelastungen immer in Rechnung stellt.

V. Werbung für Arzneimittel und Therapien sowie für Schönheits- und Schlankheitsprodukte, cl. 50, 51

Cl. 50 regelt ausführlich die Werbung für Arzneimittel, Therapien und Schönheitsprodukte. Auch hier finden sich Konkretisierungen der Erfordernisse, Werbebehauptungen belegen zu können, redlich und wahrheitsgemäß zu werben sowie auf die Gesundheit der Adressaten zu achten. Dasselbe gilt auch für cl. 51, die Vorschriften bezüglich der Werbung für Produkte und Methoden zur Gewichtsreduzierung enthält.

In beiden Klauseln an erster Stelle steht das Erfordernis, medizinische und wissenschaftliche Werbebehauptungen bzw. Wirksamkeitsaussagen, soweit es möglich ist, mittels an Testpersonen durchgeführten Untersuchungen zu beweisen (cl. 50.1, cl. 51.1); ähnliche Regeln bezüglich spezieller Aspekte enthalten cl. 50.4, 50.7, 50.26, 51.5 (künftig, inhaltlich weitgehend gleichbleibend, cl. 51.4 CAP Code) und 51.11.

---

gans „Damit Mensch und Natur eine Chance haben" wurde bereits oben, unter B. X. 2., im Zusammenhang mit der Angstwerbung hingewiesen.

949 OLG Köln, WRP 1993, 191 (193 ff.) – ASBESTFREI / INNOVATIV, mit abl. Anm. *Lambsdorff*.

Cl. 50.2 warnt vor Fehlleitungen von Verbrauchern, falls diese zur Selbstdiagnose kleinerer Beschwerden animiert werden. Gemäß cl. 50.3 sollte Heilmittelwerbung nicht von einer bei ernsthaften oder länger andauernden Erkrankungen notwendigen ärztlichen Behandlung abhalten.

Cl. 50.4 untersagt die Ermutigung zu exzessivem Gebrauch der beworbenen Produkte und verlangt, dass Werbende beweisen können, dass ihr Produkt oder ihre Therapie garantiert wirkt, absolut sicher oder frei von Nebenwirkungen ist, wenn sie dies behaupten. Cl. 50.5 wendet sich gegen die Implikation der Sicherheit oder Wirksamkeit eines Produkts allein aufgrund seiner „Natürlichkeit".

Werbung für die Behandlung unbedeutenderer Suchtzustände oder schlechter Angewohnheiten sollte die entscheidende Bedeutung der Willenskraft betonen (cl. 50.8).

Cl. 50.9 verbietet die Verwendung ungebräuchlicher wissenschaftlicher Bezeichnungen für allgemein bekannte Zustände.

Speziell hinsichtlich Arzneimittelwerbung weisen zunächst cl. 50.10 und 50.11 auf die Kontrolle durch staatliche Rechtsvorschriften und die deren Einhaltung überwachende Behörde hin. Auch ist cl. 50.12 zu nennen, die die Bewerbung verschreibungspflichtiger Medikamente gegenüber der Allgemeinheit verbietet. Weiterhin erscheint cl. 50.13 erwähnenswert, wonach Arzneimittelwerbung neben dem Namen und den Anwendungsgebieten des Produkts auch einen Text wie „Always read the label" und den allgemein verwendeten Namen des Wirkstoffs (sofern es nur einen gibt) enthalten sollte; ferner sollte nicht suggeriert werden, es handle sich um ein Lebensmittel oder um Kosmetik. Des Weiteren verbietet cl. 50.14 Werbung mit der Angst, und gemäß cl. 50.17 sollte für Medikamente weder mit Angehörigen eines Heilberufs noch mit Prominenten geworben werden. Bereits im Rahmen der Darstellung der Behandlung vergleichender Werbung wurde auf das Verbot hingewiesen, die Wirkungen eines Medikaments in einer Werbung als ebenso gut wie oder besser als ein identifizierbares Konkurrenzprodukt zu bezeichnen (cl. 50.18).

Speziell bezüglich der Werbung für Nahrungsergänzungsmittel bestimmen cl. 50.21 und 50.22, dass diese nicht suggerieren darf, dass mittels der Einnahme von Vitaminen und Mineralstoffen Krankheiten vermieden oder geheilt, die Stimmung gehoben oder die normale Leistungsfähigkeit gesteigert werden könnten; solche Nahrungsergänzungsmittel dürfen vielmehr nur Personengruppen angeboten werden, die das potentielle Risiko einer Unterversorgung aufweisen.

In Bezug auf Kosmetik bestimmt cl. 50.24, dass Werbeaussagen über die Wirkung eines Produkts zwischen dessen Zusammensetzung und der Art und Weise seiner Anwendung, wie etwa Massage, unterscheiden sollte. Cl. 50.25 erklärt die Werbung für entsprechende Mittel mit der vorübergehenden Verhinderung, Verzögerung oder Abdeckung der Anzeichen vorzeitiger Hautalterung aufgrund von Umwelteinflüssen für zulässig.

Interessante Regelungen bezüglich der Schlankheitswerbung enthalten etwa cl. 51.3 (im CAP Code cl. 51.2), wonach Fettleibigkeit eine ärztliche Behandlung erfordert, weshalb Mittel zu ihrer Bekämpfung nicht beworben werden dürfen, es sei denn, sie sollen unter ärztlicher Aufsicht eingesetzt werden, sowie cl. 51.4 (im CAP Code in cl. 51.3), nach der Werbung nicht implizieren soll, dass Untergewichtigkeit erstrebenswert ist. Hinzuweisen ist außerdem auf cl. 51.9 und 51.10 (im CAP Code cl. 51.8 und 51.9): Erstere verlangt, dass Werbung für diätunterstützende Produkte oder Methoden die Bedeutung der Diät deutlich herausstellen und nicht den Eindruck erwecken soll, dass die Verbraucher in jedem Fall Erfolg haben werden oder dass sie so viel essen können, wie sie wollen, und dennoch Gewicht verlieren werden. Cl. 51.10 enthält u. a. die Verbote, genau anzugeben, wie viel Gewicht die Verbraucher in einem bestimmten Zeitraum verlieren können, sowie zu behaupten, dass das Gewicht an bestimmten Stellen des Körpers reduziert werden kann.

1. Die Spruchpraxis des ASA Council

a) Cl. 50

Der Fall *Carnell Ltd* vom 15.09.1999 betraf u. a. eine Zeitungsanzeige für ein Mittel gegen Nikotinabhängigkeit und eine Direktwerbung für ein Buch, das eine Anleitung zur Selbstheilung auch ernsthafter Erkrankungen ohne Medikamente enthielt. Da die Werbenden die Aussagen in der Anzeige, welche überschrieben war mit „Nachdem ich 20 Jahre lang ein starker Raucher war, habe ich eine verblüffende Entdeckung gemacht, durch die mein Wunsch zu rauchen binnen neun Tagen verschwunden ist ... fast ohne dass ich es bemerkte und ohne jede Medizin oder eine Gewichtszunahme“, nicht beweisen konnten (cl. 50.1) und zudem die wesentliche Rolle der Willenskraft nicht erwähnt hatten (cl. 50.8), gab der ASA Council den hiergegen gerichteten Beschwerden statt. Hinsichtlich der Werbung für das Buch hielt der ASA Council die Beschwerden, die neben den fehlenden Beweisen dafür, dass Leser sich selbst behandeln könnten, auch damit begründet waren, dass die Leser ermutigt wurden, ihre ernsten Erkrankungen selbst zu diagnostizieren und zu behandeln (cl. 50.3), ebenfalls für begründet.

Neben den allgemeinen Irreführungsvorschriften auch gestützt auf cl. 50.1, 50.2 und 50.3 war die Beschwerde in dem Fall *Goldshield Healthcare Direct* vom 12.01.2000 gegen die Werbung in einer Broschüre für ein Video mit dem Titel „A Natural Solution For Arthritis" sowie der Nennung zweier Wirkstoffe darunter. Im Text hieß es, das Programm zeige mit einer Behandlung ohne Tabletten eine vorteilhafte und sicherere Alternative zu der traditionellen medikamentösen Arthritisbehandlung auf, welche gefährliche und möglicherweise lebensbedrohende Nebenwirkungen habe könne. Das Argument der Beschwerdegegner gegen die Beanstandung, dass die Werbung irreführend behaupte, die beiden Stoffe könnten Arthritispatienten helfen, es handle sich lediglich um ein „Informationsvideo", wies der ASA Council unter Hinweis auf die Aufmachung und die Aussagen in der Broschüre zurück; er bestätigte die Irreführung des direkt an Arthritispatienten gerichteten Appells, und darüber hinaus beanstandete er auch hier die Aufforderung an die Kranken, sich selbst zu behandeln.

Dieselben Gründe fehlender Beweise für die aufgestellten Behauptungen sowie Aussagen bezüglich der Behandlung einer ernsthaften Erkrankung, hier der saisonal abhängigen Depression („Winterdepression"), mittels Solariumsbesuchen führten auch in der Entscheidung *The Sun Spa Ltd t/a The Health Spa* vom 10.05.2000 zum Erfolg der Beschwerden: Der Text der Zeitungsanzeige lautete: „feeling S.A.D. (Seasonal Affective Disorder) – Tanning makes you HAPPY – FREE SUNBED" etc. Auch die weitere Beanstandung, dass Verbraucher leicht in Versuchung geführt werden könnten, zum Zweck der Behandlung ihres Zustands die Besuche auf der Sonnenbank zu lang auszudehnen (vgl. cl. 50.4), bestätigte der ASA Council und gab damit allen Beschwerden statt.

b) Cl. 51

Ein Beispiel für einen Fall von cl. 51 ist die Entscheidung *Health of the Nation (2000) Ltd* vom 10.01.2001. Die beanstandete Zeitschriftenanzeige warb für ein Schlankheitsmittel mit der Aussage „Verlieren Sie 9 Pfund in einem Monat – GARANTIERT! ... oder Ihr Geld zurück" sowie mit Photographien eines Mannes vor und nach der mehrmonatigen Einnahme des Produkts. Eine Beschwerde basierte auf cl. 51.3, wonach fettleibige Personen nur unter ärztlicher Aufsicht abnehmen sollen, und zwei weitere Beschwerden (von der ASA selbst) bezweifelten die Wirksamkeit des Produkts und wandten sich gegen die Aussage, der Verlust von neun Pfund in einem Monat werde garantiert. Der ASA Council gab allen Beschwerden statt, der zweiten mangels der Vorlage von Beweisen seitens der Werbenden und der dritten wegen des irreführenden Eindrucks, dass sie eine Erfolgsgarantie für eine Gewichtsreduzierung um neun Pfund in einem Monat geben könnten, denn sie hatten keine Beweise dafür vorgelegt, dass unzufriedene Kunden Geld zurückbekommen hätten.

Interessant ist auch die Entscheidung *Natural Nutrition Ltd* vom 14.06.2000, die eine Zeitschriftenanzeige für ein System zur Gewichtsreduzierung, bestehend aus drei Sorten von Pillen, zum Gegenstand hatte. Die erste Beschwerde bezweifelte die Wirksamkeit der Produkte mit den Bezeichnungen „Fat Trapper" (ein Mittel, das zur Verhinderung der Aufnahme von Fett in den Körper beitragen sollte), „Exercise in a Bottle" (ein Mittel, das, wie Sport, den Stoffwechsel anregen sollte) und „Dessert Avert" (dieses sollte den Appetit auf Süßigkeiten stoppen); das System wurde, neben Photographien „vorher" und „nachher", mittels eines Berichts beworben, in dem es hieß: „Ich habe immer Diäten gemacht ... aber jetzt darf ich mein Essen endlich genießen – ohne zuzunehmen ...". Die ASA beanstandete, in der zweiten Beschwerde, dass die Namen der Produkte implizite – und unbewiesene – Behauptungen enthielten. Der ASA Council gab beiden Beschwerden statt: Die Werbeaussagen seien nicht durch klinische Tests an Personen belegt worden, und auch die in den Produktnamen liegenden Behauptungen entbehrten jedes Beweises. Besonders streng fielen die Maßnahmen aus, die der ASA Council den Werbenden aufgab: Er gestattete ihnen lediglich, für die Produkte mit ihrer Verfügbarkeit zu werben, und darüber hinaus gab er ihnen auf, in künftigen Werbungen darauf hinzuweisen, dass der behauptete gewichtsreduzierende Effekt der Produkte bisher nicht bewiesen worden sei.

2. Das deutsche Werberecht

a) Heilmittelwerbung

Nach ständiger Rechtsprechung des BGH sind bei gesundheitsbezogener Werbung an die Richtigkeit, Eindeutigkeit und Klarheit der Aussagen besonders strenge Anforderungen zu stellen, was primär mit der auf dem hohen Stellenwert der eigenen Gesundheit in der Wertschätzung der Verbraucher beruhenden besonderen Wirksamkeit solcher Werbemaßnahmen und ferner mit den erheblichen Gefahren begründet wird, die irreführende gesundheitsbezogene Werbeangaben für das hohe Schutzgut der Gesundheit mit sich bringen können[950].

Neben Verstößen gegen die speziellen Werbeverbote in §§ 3[951] und 10 bis 12 HWG[952], § 8 I Nr. 2 AMG[953] sowie §§ 17 I Nr. 5[954] und 18 LMBG[955], die wegen

---

950 BGH, GRUR 2002, 182 (185) – Das Beste jeden Morgen; s. etwa auch BGH, GRUR 1973, 429 (431) – Idee-Kaffee I; BGH, GRUR 1980, 797 (799) – Topfit Boonekamp, mit abl. Anm. *Wild*; GRUR 1991, 848 (850) – Rheumalind; gl. A. etwa *Köhler/Piper*, § 1 Rn 354.

951 § 3 HWG enthält das heilmittelwerberechtliche Irreführungsverbot.

der Wertbezogenheit der Normen ohne das Vorliegen weiterer Umstände auch als Wettbewerbswidrigkeit i.S.d. § 1 UWG anzusehen sind[956], kann gesundheitsbezogene Werbung unabhängig davon auch Verletzungen der §§ 1 und 3 UWG enthalten.

(i) Verstöße gegen das Heilmittelwerbegesetz[957]

Ein Beispiel für einen Fall der irreführenden Werbung gemäß § 3 HWG ist die Entscheidung „Grippewerbung III". Der BGH erachtete die blickfangmäßig verwendete Bezeichnung „Kontragripp" für ein Medikament, das nur die Symptome, nicht aber die Ursachen von Grippe bekämpfte, als irreführend i.S.d. § 3 Nr. 1 HWG (und § 8 I Nr. 2 AMG), da ein nicht unerheblicher Teil der Verbraucher annähme, das Mittel bekämpfe auch die Ursachen von Grippe[958]. Ebenfalls aufgrund von § 3 Nr. 1 HWG i.V.m. § 1 UWG verbot der BGH die Werbeanzeige für ein Vitamin-E-Präparat, welche implizierte, dieses sei auch zur Linderung von Arthrose geeignet, was jedoch fachlich (noch) umstritten war[959].

Unter anderem um § 3 Nr. 2 a) HWG ging es in dem Fall „Vibrations-Massagekissen" des BGH: Er erblickte in dem Angebot eines Massagekissens für sechs Tage zur Probe eine gemäß dieser Vorschrift unzulässige fälschliche Suggestion, dass der Erfolg der Verwendung des Kissens – die Heilung und

---

952 § 10 II HWG und § 12 HWG i.V.m. Anlage A 1 verbieten die Werbung außerhalb der Fachkreise für Arzneimittel zur Behandlung bestimmter ernsthafter Erkrankungen.

953 Das Arzneimittelgesetz ist abgedruckt in *Baumbach/Hefermehl*, Anhang zu § 3 UWG, II.

954 Zu § 17 I Nr. 5 LMBG s. BGH, GRUR 2002, 182 (184 ff.) – Das Beste jeden Morgen.

955 § 18 LMBG untersagt gesundheitsbezogene Angaben in der Lebensmittelwerbung außerhalb der heilgewerblichen Fachkreise; s. zu § 18 I Nr. 6 LMBG bereits oben, B. X. 2. b).

956 BGH, GRUR 1970, 558 (559) – Sanatorium I, mit krit. Anm. *v. Falck*, zu den Vorgängerregelungen von § 11 Nr. 1 und 6 HWG; BGH, GRUR 1981, 831 (832) – Grippewerbung I; BGH, GRUR 1983, 333 (334) – Grippewerbung II; BGH, GRUR 1983, 595 (596) – Grippewerbung III; BGH, GRUR 1992, 874 (875) – Hyanit; BGH, GRUR 2002, 273 (275) – Eusovit; s. ferner, auch für weitere Rechtsprechungsnachweise, *Baumbach/Hefermehl*, § 1 UWG Rn 618, 621.

957 Die Vorschriften des Heilmittelwerbegesetzes sind abgedruckt in *Baumbach/Hefermehl*, Anhang zu § 3 UWG, I.; auf die Werbeverbote in § 11 Nr. 1 und 2 HWG wurde bereits oben, unter B. XVI. 2. a), im Zusammenhang mit der Werbung mit Anerkennungsschreiben und Untersuchungsergebnissen hingewiesen.

958 BGH, GRUR 1983, 595 (596) – Grippewerbung III; entsprechend urteilte der BGH in „Grippewerbung II" (GRUR 1983, 333 (334)) zu § 3 UWG in Bezug auf die Werbeaussage „bewährt auch bei Grippe und Erkältung"; dem zust. etwa Großkomm./*Lindacher*, § 3 UWG Rn 508.

959 BGH, GRUR 2002, 273 (274 f.) – Eusovit; gl. A. Großkomm./*Lindacher*, § 3 UWG Rn 503; *Köhler/Piper*, § 1 Rn 358.

Linderung verschiedenster Krankheiten – mit Sicherheit erwartet werden könne[960].

In dem Fall „Sauerstoff-Mehrschritt-Therapie“ lehnte der BGH das Vorliegen einer irreführenden Angabe über die Person, Vorbildung, Befähigung oder Erfolge des Erfinders der beworbenen Therapie gemäß § 3 Nr. 3 b) HWG ab, denn dessen angegebenen Professorentitel habe dieser berechtigterweise geführt, und die Tatsache, dass er Physiker und nicht Mediziner war, habe nicht zu einer generellen diesbezüglichen Irreführung des Verkehrs geführt bzw. eine etwaige Irreführung wäre nicht relevant gewesen[961].

Lediglich hingewiesen werden soll auf § 3 a HWG, nach dem Werbung für ein arzneimittelrechtlich zulassungspflichtiges, jedoch nicht zugelassenes Arzneimittel untersagt ist, sowie auf § 10 I HWG, der bestimmt, dass für verschreibungspflichtige Arzneimittel nur gegenüber Angehörigen der Fachkreise geworben werden darf.

Im Rahmen des § 11 HWG[962] hielt der BGH eine Prospektwerbung für eine Privatklinik mit Abbildungen von erkennbar einen Heilberuf ausübenden Personen für unzulässig gemäß § 11 Nr. 4 HWG, der auch auf Sanatoriumswerbung anwendbar sei, obwohl es sich bei den Abgebildeten ersichtlich nicht um Ärzte handelte[963]. Mit dem Verbot der Heilmittelwerbung mit Äußerungen Dritter, wie etwa Anerkennungsschreiben, gemäß § 11 Nr. 11 HWG befasste sich der BGH in der Entscheidung „Hyanit“ [964], welche eine Zeitschriftenanzeige für eine Hautsalbe gegen Schuppenflechte und Exzeme zum Gegenstand hatte: In dieser war eine Frau abgebildet, über deren Kopf in einer Sprechblase stand: „Hyanit hat meiner Haut geholfen!“. Das Gericht stellte zunächst klar, dass die verwendete Äußerung nicht von einer dritten, namentlich individualisierten Person abgegeben worden sein müsse, sondern dass sie lediglich geeignet sein müsse, bei einem nicht unerheblichen Teil des angesprochenen Verkehrs den Eindruck zu erwecken, ein Dritter habe sich entsprechend geäußert; diese Eignung sah der BGH als gegeben an und betonte in diesem Zusammenhang, dass hier bereits die

---

960 BGH, GRUR 1972, 663 (664) – Vibrations-Massagekissen, mit i. E. zust. Anm. *Höpker*.

961 BGH, GRUR 1995, 613 (614) – Sauerstoff-Mehrschritt-Therapie.

962 Verstöße gegen diese Vorschrift stellen gemäß § 15 I Nr. 7 HWG eine Ordnungswidrigkeit dar.

963 BGH, GRUR 1985, 936 (936 f.) – Sanatorium II; für zwei Entscheidungen zu den Vorgängerregelungen von § 11 Nr. 7 bzw. 9 HWG s. OLG Stuttgart, NJW 1962, 2064 (2064), mit krit. Anm. *Höpker*, und BGH, GRUR 1963, 536 (538) – Iris, mit weitgehend zust. Anm. *Pietzcker*.

964 BGH, GRUR 1992, 874.

Auffassung eines geringeren Teils der Verkehrskreise als bei einer Werbung ohne Gesundheitsbezug rechtlich beachtlich sei[965].

In seinen Entscheidungen „Grippewerbung I“ und „Grippewerbung II“ zählte der BGH die Grippe zu den gemäß § 12 I HWG i.V.m. Anlage A 1 meldepflichtigen Krankheiten und verbot die Anzeigen für Grippemittel demnach auch aufgrund von Sittenwidrigkeit gemäß § 1 UWG[966].

(ii) Verstöße gegen § 3 UWG[967]

Wie bereits oben[968] zu der Werbung mit fachlich umstrittenen Behauptungen ausgeführt, gilt im Zusammenhang mit Mitteln der Gesundheitspflege in besonderem Maße, dass ein Werbender, der eine fachlich umstrittene Aussage in der Werbung als objektiv richtig oder wissenschaftlich gesichert darstellt, die Verantwortung für ihre Richtigkeit übernimmt[969].

Ferner ist anerkannt, dass bei Werbung im Gesundheitsbereich Unklarheiten der verwendeten Worte zu Lasten des Werbenden gehen[970], dass jeglicher Zweifel an den Wirkungen des beworbenen Produkts zu einer Beschränkung der Werbeaussagen führen muss[971] und dass die Allgemeinheit nicht durch unklare oder missverständliche Werbebehauptungen dazu verleitet werden darf, auf Eigenschaften des angebotenen Produkts zu schließen, die ihm nicht zukommen[972]. Desgleichen sind wegen Irreführung unzulässig unzutreffend verallgemeinernde Werbebehauptungen[973]. Allerdings ist der Werbende grundsätzlich nicht verpflichtet, den Verkehr umfassend, auch hinsichtlich der weniger vorteilhaften Eigenschaften des eigenen Produkts, aufzuklären – dies ist nur der Fall, wenn das Publikum andernfalls in einem wesentlichen, die Kaufentscheidung zu be-

---

965 BGH, GRUR 1992, 874 (875 f.) – Hyanit.

966 BGH, GRUR 1981, 831 (832 f.) – Grippewerbung I, mit eher zust. Anm. *Kicker*; BGH, GRUR 1983, 333 (334) – Grippewerbung II; in BGH, GRUR 1983, 595 (597) – Grippewerbung III, ließ er die Frage allerdings offen, ob Grippe unter § 12 I HWG fällt.

967 Zu dem unter § 1 UWG beurteilten Fall „Angstwerbung“ des BGH, GRUR 1986, 902, s. bereits oben, unter B. X. 2. a).

968 Unter B. VII. 2. b).

969 S. nur BGH, GRUR 1971, 153 (155) – Tampax, mit insoweit zust. Anm. *Droste*; BGH, GRUR 1991, 848 (849) – Rheumalind II, mit zust. Anm. *Ulrich*, EWiR § 3 UWG 7/91, 921 (922); s. auch OLG Hamm, GRUR 1990, 639 – Biolarium; Großkomm./*Lindacher*, § 3 UWG Rn 503, 505.

970 BGH, GRUR 1969, 546 (547 f.) – med, mit teilw. krit. Anm. *v. Falck*; zust. Großkomm./*Lindacher*, § 3 UWG Rn 504, 510 mit Fn 674.

971 BGH, GRUR 1973, 429 (431) – Idee-Kaffee I, mit zust. Anm. *Fritze*.

972 BGH, GRUR 1973, 538 (539) – Idee-Kaffee II.

973 OLG Stuttgart, WRP 1980, 445 (447).

einflussen geeigneten Punkt getäuscht würde[974]. Auch braucht er in seiner Werbung nicht auf Konkurrenzprodukte hinzuweisen[975].

Weitere interessante Einzelfälle sind die Entscheidungen „Vitaminmangel" und „Professorenbezeichnung in der Arztwerbung III" des BGH:

In der Ersten bestätigte das Gericht die Auffassung der Vorinstanz, dass die Bewerbung eines Vitaminpräparats mit der Aussage, es stehe fest, dass eine normale Ernährung nicht ausreiche, um den Vitamin-H-Bedarf des Körpers zu decken, irreführend sei, denn bei normaler Ernährung würden dem Körper alle lebenswichtigen Stoffe zugeführt[976].

Die zweite Entscheidung betraf einen Krebstherapeuten, der bewusst unberechtigterweise behauptete, einen Professorentitel führen zu dürfen; da sich Kranke, insbesondere mit dem Tod konfrontierte krebskranke Personen, leicht verunsichern und durch werbemäßige Anpreisungen beeinflussen ließen und der Beklagte die irrtümliche Vorstellung der Patienten über seine wissenschaftliche Qualifikation in wettbewerbsrechtlich relevanter Weise zu seinem Vorteil ausgenutzt habe, wertete der BGH das Verhalten des Beklagten als Verstoß gegen § 3 UWG[977].

b) Kosmetikwerbung

Die Werbung für kosmetische Produkte unterliegt, neben § 3 UWG, der Spezialvorschrift des § 27 LMBG, der irreführende Angaben verbietet.

So untersagte der BGH, gestützt auf § 27 I Nr. 1 LMBG i.V.m. § 1 UWG, die Bezeichnung „Lifting Cream" für eine Hautcreme, die für die Zeit ihrer Anwendung die Tiefe von Hautfalten zu reduzieren geeignet war, da nicht unerhebliche Teile des Verkehrs aufgrund von Assoziationen an das operative Liften erwarteten, dass der Erfolg nicht spätestens 24 Stunden nach der Anwendung wieder verschwände, sondern von einer gewissen Dauerhaftigkeit sei[978].

Der EuGH erklärte es aufgrund einer Vorlagefrage des LG Köln für mit Art. 30, 36 EGV a. F. (Art. 28, 30 EG) und mit Art. 6 III der Richtlinie 76/768/EWG zur Angleichung der Rechtsvorschriften der Mitgliedstaaten über kosmetische Mittel vereinbar, die Einfuhr und den Vertrieb eines kosmetischen Mittels, dessen Bezeichnung das Wort „Lifting" enthält, zu untersagen, wenn im Einzelfall ein durchschnittlich informierter, aufmerksamer und verständiger Durchschnitts-

---

974 BGH, GRUR 2002, 182 (185) – Das Beste jeden Morgen; gl. A. etwa *Köhler/Piper*, § 3 Rn 103.

975 BGH, GRUR 2002, 182 (186).

976 BGH, GRUR 1998, 1052 (1053) – Vitaminmangel; zust. *Köhler/Piper*, § 3 Rn 268 a.

977 BGH, GRUR 1998, 487 (488 f.) – Professorenbezeichnung in der Arztwerbung III.

978 BGH, GRUR 1997, 537 (538 f.) – Lifting-Creme; gl. A., zusätzlich auch für einen Verstoß gegen § 3 UWG, *Köhler/Piper*, § 3 Rn 271.

verbraucher durch diese Bezeichnung zu der irrigen Annahme verleitet werde, diese schreibe dem Mittel bestimmte Merkmale zu, die es in Wirklichkeit nicht besitze, was festzustellen Aufgabe des nationalen Gerichts sei[979].

c) Schlankheitswerbung

Ein spezielles Verbot im Zusammenhang mit Schlankheitswerbung enthält § 6 I S. 1 der Nährwert-Kennzeichnungsverordnung vom 25.11.1994[980], wonach es verboten ist, in der Werbung für Lebensmittel Bezeichnungen, Angaben oder Aufmachungen zu verwenden, die darauf hindeuten, dass ein Lebensmittel schlankmachende, schlankheitsfördernde oder gewichtsreduzierende Eigenschaften besitzt. Damit sollen Angaben wie „Schlankmacher“[981] oder „für die schlanke Linie“ untersagt sein, nicht hingegen Hinweise wie „Du darfst“ oder „für Ernährungsbewusste“ und Ähnliches, zumindest sofern sich nicht aus den Umständen eine schlankmachende Bedeutung ergibt[982]. Die genannte Vorschrift gilt jedoch nur für die Bezeichnung von Lebensmitteln, dagegen nicht für entsprechende Angaben in Bezug auf einen Gesamtkostplan[983].

In der zuletzt zitierten Entscheidung erachtete das KG die Werbung für eine Diät mit Aussagen wie „Der sichere Weg zur schlanken Figur“ und „Jetzt können auch Sie in 10 Tagen bis zu 8 Pfund abnehmen. Ohne zu hungern ...“ für gerade noch innerhalb des im Rahmen von § 17 I Nr. 5 LMBG Erlaubten, da hier kein müheloses Abnehmen versprochen werde und zudem die angesprochene Sicherheit sich zum einen auf eine nur allmähliche Gewichtsreduzierung und zum anderen auf die Vermeidung gesundheitlicher Risiken beziehe[984].

In dieser Entscheidung grenzte das Gericht seine Rechtsprechung – in tatsächlicher Hinsicht – von einem vorausgegangenen Urteil ab, in dem es die Werbung für eine Schlankheits-Methode für gemäß § 3 UWG unzulässig erachtet hatte, die „Müheloses Abnehmen in 30 Tagen“, „gesund und sicher“, versprach und den Verbrauchern einen „Abmagerungs-Garantie-Schein“ anbot[985]. Der BGH bestätigte desgleichen die Beurteilung durch das KG als Vorinstanz in dem Fall

---

979 EuGH, WRP 2000, 289 (292) – Lifting-Creme.

980 BGBl. I S. 3526, zuletzt geändert durch Verordnung vom 05.05.1999, BGBl. I S. 924, 936.

981 Eine Werbung für verschiedene Lebensmittel mit dieser Bezeichnung untersagte das OLG Frankfurt gestützt auf die inhaltsgleiche Vorschrift des § 7 I S. 1 der Vorgänger-Verordnung und zugleich auf § 1 UWG; s. hierzu Großkomm./*Lindacher*, § 3 UWG Rn 514.

982 Vgl. *Köhler/Piper*, § 3 Rn 270; Großkomm./*Lindacher*, § 3 UWG Rn 513.

983 KG, WRP 1990, 173 (174); gl. A. Großkomm./*Lindacher*, § 3 UWG Rn 514.

984 KG, WRP 1990, 173 (174 ff.); zust. Großkomm./*Lindacher*, § 3 UWG Rn 514.

985 KG, WRP 1987, 108 (109 f.); gl. A. Großkomm./*Lindacher*, § 3 UWG Rn 514; für einen weiteren Fall der Werbung mit einer Erfolgsgarantie, die ebenfalls mit § 3 UWG untersagt wurde, s. OLG Hamm, GRUR 1984, 140 (141 f.) – Gewichtsreduzierung.

einer ähnlichen Werbung für ein Schlankheitsmittel mit der sinngemäß aufgestellten Behauptung, mit diesem könne man abnehmen, ohne sich beim Essen wesentlich einzuschränken, welche das KG als Verstoß gegen § 3 UWG sowie gegen § 17 I Nr. 5 LMBG erachtet hatte[986]. Demgegenüber erblickte das OLG Frankfurt in der Werbung für eine Abmagerungskur keinen Verstoß gegen § 1 oder § 3 UWG, in welcher die reklamehafte Erfolgsaussage sich nur auf die abgebildete Person bezog, hingegen nicht behauptet wurde, dass die angebotene Schlankheitsmethode überhaupt wirke[987].

3. Fazit der Gegenüberstellung

Die Regelungen der Heilmittelwerbung sowie der Werbung für Kosmetik und Schlankheitsmittel bzw. -methoden des britischen CAP und das diesbezügliche deutsche Werberecht sind weitgehend vergleichbar. Allerdings ist das deutsche Recht hinsichtlich der Heilmittelwerbung insofern strenger, als es jegliche Werbung außerhalb der Fachkreise mit Gutachten und sonstigen fachlichen Veröffentlichungen (§ 11 Nr. 1 HWG), mit Angaben zu fachlichen Empfehlungen, mit Krankengeschichten, mit bildlichen Darstellungen der Veränderungen des menschliche Körpers durch Krankheiten oder die Wirkung eines Arzneimittels sowie des Wirkungsvorgangs selbst und zuletzt mit Dank-, Anerkennungs- oder Empfehlungsschreiben untersagt (§ 11 Nr. 1 bis 3, Nr. 5 und Nr. 11 HWG). Andererseits enthalten cl. 50 und 51 der Vorschriften des britischen CAP einige Bestimmungen, die das deutsche Recht nicht aufweist. Hierzu zählen etwa die genannten generell gültigen rigorosen Beweiserfordernisse sowie Vorschriften, die primär auf den Gesundheitsschutz abstellen (s. etwa cl. 51.4, 51.6, 51.8 der Codes, cl. 51.3, 51.5, 51.7 des CAP Code), während im deutschen Recht der Gesundheitsschutz nicht als solcher Schutzgegenstand der Wettbewerbsnormen ist, sondern zumeist nur im Rahmen der Begründung einer Irreführungsgefahr als Argument herangezogen wird.

VI. Fernabsatz, Datenbanken, Arbeitsangebote, Finanzprodukte und Werbung für Wett- und Spieleinrichtungen, cl. 52 bis cl. 56[988]

Auf die Regelungen in cl. 52 bis cl. 56 im Detail einzugehen erscheint deshalb für die Zwecke dieser Arbeit nicht geboten, weil sie fast ausschließlich nicht wettbewerbsbezogenen Charakters sind, sondern sich auf Informationspflichten

---

986 BGH, GRUR 1994, 454 (455) – Schlankheitswerbung.

987 OLG Frankfurt, NJW-RR 1991, 1395 (1396).

988 Im neuen CAP Code finden sich die – neugefassten – Vorschriften zum Fernabsatz und zur Behandlung von Datenbanken, wie bereits gesagt, als Direct marketing rules in cl. 41 bis 43; die weiteren genannten Spezialregelungen wurden, inhaltlich größtenteils gar nicht oder nur geringfügig verändert, unter anderen Nummern wieder aufgenommen.

sowie die Durchführung der jeweils angestrebten Verträge oder etwa den Jugendschutz beziehen. Sofern tatsächlich Werbemaßnahmen als solche behandelt werden, stellen sie sich lediglich als Konkretisierungen insbesondere der allgemeinen Irreführungsvorschriften der CAP-Regeln für sehr spezielle Fälle dar:

Cl. 52 der Codes[989] regelt detailliert die Werbung für sowie die Durchführung des Vertriebs von Produkten im Wege des Fernabsatzes. Es handelt sich hierbei um Informationspflichten sowie um die Vertragsdurchführung betreffende Bestimmungen, wie beispielsweise die etwaige Pflicht zur Erstattung von gezahlten Beträgen.

Cl. 53 der Codes[990] betrifft generell die Pflichten aller Beteiligten an der kommerziellen Nutzung von Datenbanken, die Informationen über Personen enthalten, und ergänzt so in erster Linie die staatlichen datenschutzrechtlichen Vorschriften.

In cl. 54 der Codes[991] sind Stellenanzeigen und die Ankündigung sonstiger Arbeitsangebote geregelt; hier liegt der Schwerpunkt auf der zu verlangenden Wahrheit der Werbeaussagen. Gleiches trifft auch auf die Bestimmungen über die Werbung für Finanzprodukte und -dienstleistungen, cl. 55 der Codes[992], zu[993].

Zuletzt behandelt cl. 56 der Codes[994] Werbungen und Verkaufsförderungen mit Bezug auf Wetten und Gewinnspiele einschließlich der Werbung für Casinos. Die diesbezüglichen Regeln dienen der Vorbeugung von Spielabhängigkeit und insbesondere dem Schutz von Kindern und Jugendlichen.

VII. Hinweise zur Tabakwerbung

In Anbetracht des bereits erwähnten gesetzlichen Tabakwerbeverbots vom Februar 2003 und der daraufhin – vorläufig, vgl. cl. 55, zweiter Absatz, des neuen CAP Code – erfolgten ersatzlosen Aufhebung des bisher geltenden Cigarette Code (cl. 66 der Codes)[995] erscheint es wenig instruktiv, an dieser Stelle noch auf Entscheidungen des ASA Council zu dessen Vorschriften einzugehen.

---

989 Im CAP Code cl. 42.

990 Im CAP Code cl. 43.

991 Im CAP Code cl. 52.

992 Im CAP Code cl. 53.

993 Zu nach cl. 7.1 i.V.m. cl. 55.2 beurteilten Fällen hinsichtlich Preis- bzw. Kostenangaben s. bereits oben, unter B. XVII. 1. a).

994 Im CAP Code cl. 54.

995 S. o., 3. Abschnitt, A. III. 5., und unten, Anhang 1, S. 317 ff., und, für cl. 55 des CAP Code, Anhang 2, S. 366 f.

E. Gesamtergebnis der Gegenüberstellungen

Vor der abschließenden Bewertung des Ergebnisses des oben stehenden Vergleichs ist noch einmal auf die beiden einschränkenden Prämissen hinzuweisen, unter denen dieser durchgeführt wurde: Zum einen klammert er, zumindest weitestgehend, das englische Recht aus, und zum anderen beschränkt er sich im Rahmen der Darstellung der Situation in Deutschland auf Grundsätze, die solche Verhaltensweisen betreffen, die auch in den Vorschriften des britischen CAP eine Regelung erfahren haben, was daran liegt, dass dieses Regelwerk als Ausgangspunkt für den Vergleich gewählt wurde.

Gleichwohl kann festgestellt werden, dass die Werbesituation für Gewerbetreibende in Großbritannien, die sich an die Anforderungen der Regeln des Systems von ASA und CAP halten, in nicht wenigen Bereichen der deutscher Werbender zumindest sehr ähnlich ist. Der diesbezüglich entscheidende Unterschied, der darin liegt, dass die Werbenden in Deutschland an das in den meisten Fällen allein, ohne größere Relevanz der Werbeselbstkontrolle, maßgebliche Recht gebunden sind, ob sie das wollen oder nicht, die werbenden Unternehmen in Großbritannien sich den Regeln der Werbeselbstkontrolle hingegen – gegebenenfalls – freiwillig unterwerfen mit der Konsequenz, dass bei Verstößen auch nur entsprechend abgeschwächte Sanktionen zum Einsatz gelangen können, wirkt sich demgegenüber längst nicht so stark aus, wie man zunächst annehmen würde, denn wie gesehen erreichen ASA und CAP hinsichtlich ihrer Selbstkontrollregeln im Schnitt eine Befolgungsrate zwischen 97 und 98 Prozent.

5. Abschnitt: Schlussbemerkungen

In Anknüpfung an die in der Einführung gestellte Frage danach, wie sich das deutsche Werberecht im Vergleich zu der Situation in Großbritannien darstellt, ist demnach zu antworten, dass Letztere, bezieht man die Kontrolle der Werbung durch die Organisation von ASA und CAP mit ein, keineswegs als so „regellos" bezeichnet werden kann, wie man geneigt sein könnte, betrachtete man allein das englische Recht. Zwar tauchen einige Tatbestände des deutschen Wettbewerbsrechts weder im englischen Recht noch in den Regeln von ASA und CAP auf, allerdings finden sich in diesen Vorschriften doch nicht wenige Bestimmungen, die, nicht selten in ihrer Strenge dem deutschen Recht vergleichbar, Bereiche abdecken, die das englische Recht weitgehend bis völlig außer Acht lässt. Wie festgestellt, sind die Bestimmungen des britischen Selbstkontrollregelwerks von ASA und CAP sogar in so zentralen Gebieten auch gerade des häufig als besonders streng bewerteten deutschen Wettbewerbsrechts wie der Irreführung teilweise sogar rigoroser als dieses.

Vielleicht können diese Erkenntnisse dazu beitragen, eine künftige Vereinheitlichung des Wettbewerbsrechts auf europäischer Ebene gerade auch in Hinblick auf Großbritannien zumindest als nicht ganz so problematisch erscheinen zu lassen, wie sie sich insbesondere infolge einer Gegenüberstellung allein der Rechtslage in Deutschland und der Großbritanniens darstellt.

Anhang 1: British Codes of Advertising and Sales Promotion (10. Auflage)

The Codes

This tenth edition of the British Codes of Advertising and Sales Promotion came into force on 1st October 1999, with Addendum 1 added on 23 April 2000. It replaces all previous editions.

THE CODES

Introduction

1.1 – The Codes apply to:

a) advertisements in newspapers, magazines, brochures, leaflets, circulars, mailings, fax transmissions, catalogues, follow-up literature and other electronic and printed material

b) posters and other promotional media in public places

c) cinema and video commercials

d) advertisements in non-broadcast electronic media

e) viewdata services

f) marketing databases containing consumers' personal information

g) sales promotions

h) advertisement promotions

i) advertisements and promotions covered by the Cigarette Code.

1.2 – The Codes do not apply to:

a) broadcast commercials, which are the responsibility of the Independent Television Commission or the Radio Authority

b) the contents of premium rate telephone calls, which are the responsibility of the Independent Committee for the Supervision of Standards of Telephone Information Services; advertising for these services is covered by the Code

c) advertisements in foreign media

d) health-related claims in advertisements and promotions addressed only to the medical, dental, veterinary and allied professions

e) classified private advertisements

f) statutory, public, police and other official notices

g) works of art exhibited in public or private

h) private correspondence

i) oral communications, including telephone calls

j) press releases and other public relations material

k) the content of books and editorial communications

l) regular competitions such as crosswords

m) flyposting

n) packages, wrappers, labels, tickets and price lists unless they advertise another product, a sales promotion or are visible in an advertisement

o) point of sale displays except those covered by the Sales Promotion Code and the Cigarette Code

p) political advertisements as defined in clause 12.1.

1.3 – The following definitions apply to the Codes:

a) a product encompasses goods, services, ideas, causes, opportunities, prizes or gifts

b) a consumer is anyone who is likely to see a given advertisement or promotion

c) the United Kingdom rules cover the Isle of Man and the Channel Islands (except for the purposes of the Cigarette Code)

d) a claim can be implied or direct, written, spoken or visual

e) the Codes are divided into numbered clauses.

1.4 – The following criteria apply to the Codes:

a) the ASA Council's interpretation of the Codes is final

b) conformity with the Codes is assessed according to the advertisement's probable impact when taken as a whole and in context. This will depend on the medium in which the advertisement appeared, the audience and their likely response, the nature of the product and any additional material distributed to consumers.

c) the Codes are indivisible; advertisers must conform with all appropriate rules

d) the Codes do not have the force of law and their interpretation will reflect their flexibility. The Codes operate alongside the law; the Courts may also make rulings on matters covered by the Codes

e) an indication of the statutory rules governing advertising and promotions is given in the Legislation section; professional advice should be taken if there is any doubt about their application

f) no spoken or written communications with the ASA or CAP should be understood as containing legal advice

g) the Codes are primarily concerned with advertisements and promotions and not with terms of business, products themselves or other contractual matters

h) the rules make due allowance for public sensitivities but will not be used by the ASA to diminish freedom of speech

i) the ASA may decide that it is not qualified to judge advertisements and promotions in languages other than English

j) the ASA does not arbitrate between conflicting ideologies.

ADVERTISING CODE

Principles

2.1 – All advertisements should be legal, decent, honest and truthful.

2.2 – All advertisements should be prepared with a sense of responsibility to consumers and to society.

2.3 – All advertisements should respect the principles of fair competition generally accepted in business.

2.4 – No advertisement should bring advertising into disrepute.

2.5 – Advertisements must conform with the Codes. Primary responsibility for observing the Codes falls on advertisers. Others involved in preparing and publishing advertisements such as agencies, publishers and other service suppliers also accept an obligation to abide by the Codes.

2.6 – Any unreasonable delay in responding to the ASA's enquiries may be considered a breach of the Codes.

2.7 – The ASA and CAP will on request treat in confidence any genuinely private or secret material supplied unless the Courts or officials acting within their statutory powers compel its disclosure.

2.8 – The Codes are applied in the spirit as well as in the letter.

Substantiation

3.1 – Before submitting an advertisement for publication, advertisers must hold documentary evidence to prove all claims, whether direct or implied, that are capable of objective substantiation.

Relevant evidence should be sent without delay if requested by the ASA. The adequacy of evidence will be judged on whether it supports both the detailed claims and the overall impression created by the advertisement.

3.2 – If there is a significant division of informed opinion about any claims made in an advertisement they should not be portrayed as generally agreed.

3.3 – Claims for the content of non-fiction books, tapes, videos and the like that have not been independently substantiated should not exaggerate the value, accuracy, scientific validity or practical usefulness of the product.

3.4 – Obvious untruths or exaggerations that are unlikely to mislead and incidental minor errors and unorthodox spellings are all allowed provided they do not affect the accuracy or perception of the advertisement in any material way.

Legality

4.1 – Advertisers have primary responsibility for ensuring that their advertisements are legal.

Advertisements should comply with the law and should not incite anyone to break it.

Decency

5.1 – Advertisements should contain nothing that is likely to cause serious or widespread offence.

Particular care should be taken to avoid causing offence on the grounds of race, religion, sex, sexual orientation or disability. Compliance with the Codes will be judged on the context, medium, audience, product and prevailing standards of decency.

5.2 – Advertisements may be distasteful without necessarily conflicting with 5.1 above.

Advertisers are urged to consider public sensitivities before using potentially offensive material.

5.3 – The fact that a particular product is offensive to some people is not sufficient grounds for objecting to an advertisement for it.

Honesty

6.1 – Advertisers should not exploit the credulity, lack of knowledge or inexperience of consumers.

Truthfulness

7.1 – No advertisement should mislead by inaccuracy, ambiguity, exaggeration, omission or otherwise.

Matters of opinion

8.1 – Advertisers may give a view about any matter, including the qualities or desirability of their products, provided it is clear that they are expressing their own opinion rather than stating a fact. Assertions or comparisons that go beyond subjective opinions are subject to 3.1 above; also see 12.1 below.

Fear and distress

9.1 – No advertisement should cause fear or distress without good reason. Advertisers should not use shocking claims or images merely to attract attention.

9.2 – Advertisers may use an appeal to fear to encourage prudent behaviour or to discourage dangerous or ill-advised actions; the fear likely to be aroused should not be disproportionate to the risk.

Safety

10.1 – Advertisements should not show or encourage unsafe practices except in the context of promoting safety. Particular care should be taken with advertisements addressed to or depicting children and young people.

10.2 – Consumers should not be encouraged to drink and drive. Advertisements should, where appropriate, include a prominent warning on the dangers of drinking and driving and should not suggest that the effects of drinking alcohol can be masked.

Violence and anti-social behaviour

11.1 – Advertisements should contain nothing that condones or is likely to provoke violence or anti-social behaviour.

Political advertising

12.1 – Any advertisement, whenever published, whose principal function is to influence voters in local, regional, national or international elections or referendums is exempt from the Codes but advertisers are urged to make their identity clear.

12.2 – There is a formal distinction between government policy and that of political parties.

Advertisements by central or local government, or those concerning government policy as distinct from party policy, are subject to all the Codes' rules.

Protection of privacy

13.1 – Advertisers should not unfairly portray or refer to people in an adverse or offensive way.

Advertisers are urged to obtain written permission before:

a) referring to or portraying members of the public or their identifiable possessions; the use of crowd scenes or general public locations may be acceptable without permission

b) referring to people with a public profile; references that accurately reflect the contents of books, articles or films may be acceptable without permission

c) implying any personal approval of the advertised product; advertisers should recognise that those who do not wish to be associated with the product may have a legal claim.

13.2 – Prior permission may not be needed when the advertisement contains nothing that is inconsistent with the position or views of the person featured.

13.3 – References to anyone who is deceased should be handled with particular care to avoid causing offence or distress.

13.4 – Members of the Royal Family should not normally be shown or mentioned in advertisements without their prior permission. Incidental references unconnected with the advertised product, or references to material such as books, articles or films about members of the Royal Family, may be acceptable.

13.5 – The Royal Arms and Emblems should be used only with the prior permission of the Lord Chamberlain's office. References to Royal Warrants should be checked with the Royal Warrant Holders' Association.

Testimonials and endorsements

14.1 – Advertisers should hold signed and dated proof, including a contact address, for any testimonial they use. Unless they are genuine opinions taken from a published source, testimonials should be used only with the written permission of those giving them (but see 14.5 below).

14.2 – Testimonials should relate to the product being advertised.

14.3 – Testimonials alone do not constitute substantiation and the opinions expressed in them must be supported, where necessary, with independent evidence of their accuracy. Any claims based on a testimonial must conform with the Codes.

14.4 – Fictitious testimonials should not be presented as though they are genuine.

14.5 – References to tests, trials, professional endorsements, research facilities and professional journals should be used only with the permission of those concerned. They should originate from within the European Union unless otherwise stated in the advertisement.

Any establishment referred to should be under the direct supervision of an appropriately qualified professional.

Prices

15.1 – Any stated price should be clear and should relate to the product advertised. Advertisers should ensure that prices match the products illustrated.

15.2 – Prices quoted in advertisements addressed to the public should normally include VAT and other non-optional taxes and duties imposed on all buyers. In some circumstances, for example where advertisements are likely to be read mainly by businesses able to recover VAT, prices may be quoted exclusive of VAT or other taxes and duties, provided prominence is given to the amount or rate of any additional costs.

15.3 – If the price of one product is dependent on the purchase of another, the extent of any commitment by consumers should be made clear.

15.4 – Price claims such as 'up to' and 'from' should not exaggerate the availability of benefits likely to be obtained by consumers.

Free offers

16.1 – There is no objection to making a free offer conditional on the purchase of other items. Consumers' liability for any costs should be made clear in all material featuring the offer. An offer should be described as free only if consumers pay no more than:

a) the current public rates of postage

b) the actual cost of freight or delivery

c) the cost, including incidental expenses, of any travel involved if consumers collect the offer.

Advertisers should make no additional charges for packing and handling.

16.2 – Advertisers must not attempt to recover their costs by reducing the quality or composition or by inflating the price of any product that must be purchased as a pre-condition of obtaining another product free.

Availability of products

17.1 – Advertisers must make it clear if stocks are limited. Products must not be advertised unless advertisers can demonstrate that they have reasonable grounds for believing that they can satisfy demand. If a product becomes unavailable, advertisers will be required to show evidence of stock monitoring, communications with outlets and swift withdrawal of advertisements whenever possible.

17.2 – Products which cannot be supplied should not normally be advertised as a way of assessing potential demand unless it is clear that this is the purpose of the advertisement.

17.3 – Advertisers must not use the technique of switch selling, where their sales staff criticise the advertised product or suggest that it is not available and recommend the purchase of a more expensive alternative. They should not place obstacles in the way of purchasing the product or delivering it promptly.

Guarantees

18.1 – The word 'guarantee' should not be used in a way that could cause confusion about consumers' legal rights. Substantial limitations should be spelled out in the advertisement.

Before commitment, consumers should be able to obtain the full terms of the guarantee from advertisers.

18.2 – Advertisers should inform consumers about the nature and extent of any additional rights provided by the guarantee, over and above those given to them by law, and should make clear how to obtain redress.

Comparisons

19.1 – Comparisons can be explicit or implied and can relate to advertisers' own products or to those of their competitors; they are permitted in the interests of vigorous competition and public information.

19.2 – Comparisons should be clear and fair. The elements of any comparison should not be selected in a way that gives the advertisers an artificial advantage.

Denigration

20.1 – Advertisers should not unfairly attack or discredit other businesses or their products.

20.2 – The only acceptable use of another business's broken or defaced products in advertisements is in the illustration of comparative tests, and the source, nature and results of these should be clear.

Exploitation of goodwill

21.1 – Advertisers should not make unfair use of the goodwill attached to the trade mark, name, brand, or the advertising campaign of any other organisation.

Imitation

22.1 – No advertisement should so closely resemble any other that it misleads or causes confusion.

Identifying advertisers and recognising advertisements

23.1 – Advertisers, publishers and owners of other media should ensure that advertisements are designed and presented in such a way that it is clear that they are advertisements.

23.2 – Features, announcements or promotions that are disseminated in exchange for a payment or other reciprocal arrangement should comply with the Codes if their content is controlled by the advertisers. They should also be clearly identified as such (see clause 41).

23.3 – Distance selling advertisements with written response mechanisms (eg postal, fax or e-mail) and advertisements for one day sales, homework schemes and the like should contain the name and address of the advertisers. Distance selling advertisements with telephone response mechanisms and advertisements for business opportunities should contain the name and contact details of the advertisers. Unless required by law, other advertisers are not normally obliged to identify themselves (see also clause 52.2).

SALES PROMOTION CODE

Introduction

26.1 – The Sales Promotion Code should be read, where appropriate, in conjunction with the rules in the Advertising and Cigarette Codes. The Specific rules and the sections headed Introduction, Legislation and How the system works are common to both Codes.

26.2 – The Sales Promotion Code is designed primarily to protect the public but it also applies to trade promotions and incentive schemes and to the promotional elements of sponsorships.

26.3 – The Sales Promotion Code regulates the nature and administration of promotional marketing techniques. These techniques generally involve providing a range of direct or indirect additional benefits, usually on a temporary basis, designed to make goods or services more attractive to purchasers.

Principles

27.1 – All sales promotions should be legal, decent, honest and truthful.

27.2 – All sales promotions should be prepared with a sense of responsibility to consumers and to society; they should be conducted equitably, promptly and efficiently and should be seen to deal fairly and honourably with consumers. Promoters should avoid causing unnecessary disappointment.

27.3 – All sales promotions should respect the principles of fair competition generally accepted in business.

27.4 – No promoter or intermediary should bring sales promotion into disrepute.

27.5 – Sales promotions must conform with the Codes. The onus for observing the Codes falls on promoters, who have ultimate responsibility for all aspects of a promotion. Intermediaries and agents also accept an obligation to abide by the Codes.

27.6 – Any unreasonable delay in responding to the ASA"s enquiries may be considered a breach of the Codes.

27.7 – The ASA and CAP will on request treat in confidence any genuinely private or secret material supplied unless the Courts or officials acting within their statutory powers compel its disclosure.

27.8 – The Codes are applied in the spirit as well as in the letter.

Public interest

28.1 – Sales promotions should not be designed or conducted in a way that conflicts with the public interest. They should contain nothing that condones or is likely to provoke violent or anti-social behaviour, nuisance, personal injury or damage to property.

Substantiation

29.1 – Promoters must be able to demonstrate that they have complied with the Codes by submitting documentary evidence without delay when asked by the ASA. The adequacy of evidence will be judged on whether it supports the detailed claims, on the way in which the sales promotion is administered and on the overall impression created by the promotion.

Legality

30.1 – Promoters have primary responsibility for ensuring that what they do is legal. Sales promotions should comply with the law and should not incite anyone to break it.

Honesty

31.1 – Promoters should not abuse consumers" trust or exploit their lack of knowledge or experience.

Truthfulness

32.1 – No sales promotion should mislead by inaccuracy, ambiguity, exaggeration, omission or otherwise.

Protection of consumers by promoters

33.1 – Promoters should make all reasonable efforts to ensure that their promotions, including product samples and adventurous activities, are safe. In sampling promotions, every effort should be made to avoid harming consumers or their property. Special care should be taken when sales promotions are addressed to children or when products intended for adults may fall into the hands of children. Literature accompanying promotional items should give any necessary safety warnings.

33.2 – Promotions should be designed and conducted in a way that respects the right of consumers to a reasonable degree of privacy and freedom from annoyance.

33.3 – Consumers should be told before entry if participants may be required to become involved in any of the promoters' publicity or advertising, whether it is connected with the sales promotion or not. Prizewinners should not be compromised by the publication of excessively detailed personal information.

33.4 – Promoters and others responsible for administering sales promotions should ensure that the way they compile and use personal information about consumers conforms to the Specific rules on Database practice.

Suitability

34.1 – Promoters should make every effort to ensure that unsuitable or inappropriate material does not reach consumers. Neither the sales promotions themselves nor the promotional items should cause offence. Promotions should not be socially undesirable to the audience addressed by encouraging either excessive consumption or inappropriate use.

34.2 – Alcoholic drinks and tobacco products should not feature in sales promotions addressed to people who are under 18 and tobacco promotions should be addressed only to existing smokers (see Cigarette Code and Specific rules on Alcoholic drinks).

Availability

35.1 – Promoters should be able to demonstrate that they have made a reasonable estimate of likely response and that they are capable of meeting that response. This applies in all cases except prize promotions, where the minimum number of prizes available to be awarded should be made clear to participants. Any significant limitations should also be made clear.

35.2 – Phrases such as 'subject to availability" do not relieve promoters of the obligation to take all reasonable steps to avoid disappointing participants. Capping of collector schemes or free mail-ins requiring a purchase is not acceptable.

35.3 – If promoters are unable to supply demand for a promotional offer because of an unexpectedly high response or some other unanticipated factor outside their control, products of a similar or greater quality and value or a cash payment should normally be substituted.

Children

36.1 – For the purposes of the Sales Promotion Code, a child or young person is someone under the age of 16. Where appropriate, sales promotions should conform with the Specific rules on Children.

Participation

37.1 – Sales promotions should specify before participation:

a) how to participate, including any conditions and costs

b) the promoters' full name and business address in a form that can be retained by consumers, unless this is obvious from the context

c) a prominent closing date if applicable; where the final date for purchase of the promoted product differs from the closing date for the submission of claims or entries, this should be made clear to participants

d) any proof of purchase requirements

e) where it is not obvious, if there is likely to be a limitation on the availability of promotional packs in relation to any stated closing date of the offer

f) where applicable, geographical or personal restrictions, including whether permission is needed from an adult

g) any other factor likely to influence consumers" decisions or understanding about the promotion

h) that any deadline for responding to an undated mailing will be calculated from the date the mailing was received by consumers

i) if a promotion appears on packaging, the information required under a-g above should be clearly visible on the outside. It should be emphasised, for example by using bold type, by separating it from other text or by using a different colour.

Administration

38.1 – Sales promotions should be conducted under proper supervision and adequate resources should be made available to administer them. Promoters and intermediaries should not give consumers any justifiable grounds for complaint.

38.2 – Promoters should allow ample time for each phase of the promotion: notifying the trade, distributing the goods, issuing rules where appropriate, collecting wrappers and the like, judging and announcing the results.

38.3 – Promoters should fulfil applications within 30 days unless:

a) participants have been told in advance that it is impractical to do so

b) participants are informed promptly of unforeseen delays and are offered another delivery date or an opportunity to recover any money paid for the offer.

38.4 – When damaged or faulty goods are received by consumers, promoters should ensure that they are either replaced without delay or that a refund is sent immediately. The full cost of replacing damaged or faulty goods should fall on promoters. If an applicant does not receive goods, promoters should normally replace them free of charge.

Free offers and promotions where consumers pay (read rules 37 & 38 first)

39.1 – In the case of free offers and offers where a payment is required, consumers should be informed if any other conditions apply.

39.2 – There is no objection to making a free offer conditional on the purchase of other items. Consumers' liability for any costs should be made clear in all material featuring the offer. An offer should only be described as free if consumers pay no more than:

a) the current public rates of postage

b) the actual cost of freight or delivery

c) the cost, including incidental expenses, of any travel involved if consumers collect the offer.

Promoters should make no additional charges for packing and handling.

39.3 – Promoters must not attempt to recover their costs by reducing the quality or composition or by inflating the price of any product that must be purchased as a pre-condition of obtaining a free item.

39.4 – Promoters should provide a cash refund, postal order or personal cheque promptly to consumers participating in 'try me free' offers or those with a money-back guarantee.

Promotions with prizes (read rules 37 & 38 first)

40.1 – Promotions with prizes including competitions, free draws and instant win offers are subject to legal restrictions. Promoters should take legal advice before embarking on such schemes.

40.2 – Before making a purchase, participants should be informed of:

a) the closing date for receipt of entries

b) any geographical or personal restrictions such as location or age

c) any requirements for proof of purchase

d) the need to obtain permission to enter from an adult or employer

e) the nature of any prizes.

40.3 – Before or at the time of entry, participants should be informed:

a) of any restrictions on the number of entries or prizes

b) if a cash alternative can be substituted for any prize

c) how and when winners will be notified of results

d) how and when winners and results will be announced

e) of the criteria for judging entries

f) where appropriate, who owns the copyright of the entries

g) whether and how entries will be returned by promoters

h) of any intention to use winners in post-event publicity.

40.4 – Complex rules should be avoided and promoters should not need to supplement conditions of entry with additional rules. If further rules cannot be avoided, participants should be informed how to obtain them; the rules should contain nothing that would have influenced consumers against making a purchase or participating. Participants should always be able to retain entry instructions and rules.

40.5 – The closing date for entry to a prize promotion should not be changed unless circumstances outside the reasonable control of the promoters make it unavoidable.

40.6 – Extending the closing date for a promotion will not be acceptable unless the promoter can show that unforeseen factors apply and that existing participants will not be disadvantaged in any way. Withholding prizes can only be justified if competitors have not met clear criteria set out in the promotional rules.

40.7 – Promoters must either publish or make available on request details of the name and county of major prizewinners and their winning entries. In the case of instant win promotions, verification can take the form of an independently audited statement that prizes have been distributed. Promotional material should make clear how this will be done.

40.8 – Unless otherwise stated in advance, prizewinners should receive their prizes no more than six weeks after the promotion has ended.

40.9 – If the selection of winning entries is open to subjective interpretation, an independent judge, or a panel including one member who is independent of the competition's promoters and intermediaries, should be appointed. Those appointed to act as judges should be competent to judge the subject matter of the competition. The identity of judges should be made available on request.

40.10 – Promoters should ensure that tokens, tickets or numbers for instant win and similar promotions are allocated on a fair and random basis. An independent observer should supervise prize draws to ensure that participants have an equal opportunity of winning.

40.11 – Participants in instant win promotions should get their winnings at once or should know immediately what they have won and how to claim it without delay, unreasonable costs or administrative barriers.

40.12 – When prize promotions are widely advertised, promoters should ensure that entry forms and any goods needed to establish proof of purchase are widely available.

40.13 – The distinction between a prize and a gift should always be clear to consumers. Gifts offered to all or most participants in a promotion should not be described as prizes. If promoters offer a gift to all or most entrants in addition to giving a prize to those who win, particular care is needed to avoid confusing the two.

40.14 – Promoters should not mislead consumers about the likelihood of winning a prize.

Advertisement promotions

41.1 – Advertisement promotions, sometimes referred to as 'advertorials', should be designed and presented in such a way that it is clear that they are advertisements.

41.2 – Features, announcements or promotions that are disseminated in exchange for a payment or other reciprocal arrangement should comply with the Codes if their content is controlled by the promoters.

41.3 – Publishers announcing reader promotions on the front page or cover should ensure that consumers know whether they will be expected to buy subsequent editions of the publication. Major qualifications that may influence consumers significantly in their decision to purchase the publication should appear on the front page or cover.

Charity-linked promotions

42.1 – Promotions claiming that participation will benefit registered charities or causes should:

a) name each charity or cause that will benefit, and be able to show the ASA the formal agreement with those benefiting from the promotion

b) when it is not a registered charity, define its nature and objectives

c) specify exactly what will be gained by the named charity or cause and state the basis on which the contribution will be calculated

d) state if the promoters have imposed any limitations on their own contribution

e) not limit consumers' contributions. If an amount is stated for each purchase, there should be no cut-off point for contributions. If a target total is stated, any extra money collected should be given to the named charity or cause on the same basis as contributions below that level

f) be able to show that any targets set are realistic, and should not exaggerate the benefit to the charity or cause derived from individual purchases of the promoted product

g) if asked, make available to consumers a current or final total of contributions made

h) take particular care when appealing to children (see 47.4e).

Trade incentives

43.1 – Incentive schemes should be designed and implemented to take account of the interests of everyone involved and should not compromise the obligation of employees to give honest advice to consumers.

43.2 – Promoters should secure the prior agreement of employers or of the manager responsible if they intend to ask for assistance from, or offer incentives to, any other company's employees. Promoters should observe any procedures established by companies for their employees, including any rules for participating in promotions. In the case of a trade incentive scheme that has been generally advertised rather than individually targeted, employees should be asked to obtain their employer's permission before participating.

43.3 – It should be made clear to those benefiting from an incentive scheme that they may be liable for tax.

SPECIFIC RULES

ALCOHOLIC DRINKS

46.1 – For the purposes of the Codes, alcoholic drinks are those that exceed 1.2% alcohol by volume.

46.2 – The drinks industry and the advertising business accept responsibility for ensuring that advertisements contain nothing that is likely to lead people to adopt styles of drinking that are unwise. The consumption of alcohol may be portrayed as sociable and thirst-quenching. Advertisements may be humorous, but must still conform with the intention of the rules.

46.3 – Advertisements should be socially responsible and should not encourage excessive drinking. Advertisements should not suggest that regular solitary drinking is advisable. Care should be taken not to exploit the young, the immature or those who are mentally or socially vulnerable.

46.4 – Advertisements should not be directed at people under 18 through the selection of media, style of presentation, content or context in which they appear. No medium should be used to advertise alcoholic drinks if more than 25% of its audience is under 18 years of age.

46.5 – People shown drinking should not be, nor should they look, under 25. Younger models may be shown in advertisements, for example in the context of family celebrations, but it should be obvious that they are not drinking.

46.6 – Advertisements should not feature or portray real or fictitious characters who are likely to appeal particularly to people under 18 in a way that might encourage them to drink.

46.7 – Advertisements should not suggest that any alcoholic drink can enhance mental, physical or sexual capabilities, popularity, attractiveness, masculinity, femininity or sporting achievements.

46.8 – Advertisements may give factual information about the alcoholic strength of a drink or its relatively high alcohol content but this should not be the dominant theme of any advertisement. Alcoholic drinks should not be presented as preferable because of their high alcohol content or intoxicating effect.

46.9 – Advertisements should not portray drinking alcohol as the main reason for the success of any personal relationship or social event. A brand preference may be promoted as a mark of the drinker's good taste and discernment.

46.10 – Drinking alcohol should not be portrayed as a challenge, nor should it be suggested that people who drink are brave, tough or daring for doing so.

46.11 – Particular care should be taken to ensure that advertisements for sales promotions requiring multiple purchases do not actively encourage excessive consumption.

46.12 – Advertisements should not depict activities or locations where drinking alcohol would be unsafe or unwise. In particular, advertisements should not associate the consumption of alcohol with operating machinery, driving, any activity relating to water or heights, or any other occupation that requires concentration in order to be done safely.

Low alcohol drinks

46.13 – Low alcohol drinks are those that contain between 0.5% - 1.2% alcohol by volume. Advertisers should ensure that low alcohol drinks are not promoted in a way that encourages their inappropriate consumption and should not depict activities that require complete sobriety.

CHILDREN

47.1 – The way in which children perceive and react to advertisements is influenced by their age, experience and the context in which the message is delivered. The ASA will take these factors into account when assessing advertisements.

47.2 – Advertisements and promotions addressed to or featuring children should contain nothing that is likely to result in their physical, mental or moral harm:

a) they should not be encouraged to enter strange places or talk to strangers. Care is needed when they are asked to make collections, enter schemes or gather labels, wrappers, coupons and the like

b) they should not be shown in hazardous situations or behaving dangerously in the home or outside except to promote safety. Children should not be shown unattended in street scenes unless they are old enough to take responsibility for their own safety. Pedestrians and cyclists should be seen to observe the Highway Code

c) they should not be shown using or in close proximity to dangerous substances or equipment without direct adult supervision. Examples include matches, petrol, certain medicines and household substances as well as certain electrical appliances and machinery, including agricultural equipment

d) they should not be encouraged to copy any practice that might be unsafe for a child.

47.3 – Advertisements and promotions addressed to or featuring children should not exploit their credulity, loyalty, vulnerability or lack of experience:

a) they should not be made to feel inferior or unpopular for not buying the advertised product

b) they should not be made to feel that they are lacking in courage, duty or loyalty if they do not buy or do not encourage others to buy a particular product

c) it should be made easy for them to judge the size, characteristics and performance of any product advertised and to distinguish between real-life situations and fantasy

d) adult permission should be obtained before they are committed to purchasing complex and costly goods and services.

47.4 – Advertisements and promotions addressed to children:

a) should not actively encourage them to make a nuisance of themselves to parents or others

b) should not make a direct appeal to purchase unless the product is one that would be likely to interest children and that they could reasonably afford.

Distance selling advertisers should take care when using youth media not to promote products that are unsuitable for children

c) should not exaggerate what is attainable by an ordinary child using the product being advertised or promoted

d) should not actively encourage them to eat or drink at or near bedtime, to eat frequently throughout the day or to replace main meals with confectionery or snack foods

e) should not exploit their susceptibility to charitable appeals and should explain the extent to which their participation will help in any charity-linked promotions.

47.5 – Promotions addressed to children:

a) should not encourage excessive purchases in order to participate

b) should make clear that adult permission is required if prizes and incentives might cause conflict. Examples include animals, bicycles

c) should clearly explain the number and type of any additional proofs of purchase needed to participate, tickets for outings, concerts and holidays

d) should contain a prominent closing date

e) should not exaggerate the value of prizes or the chances of winning them.

MOTORING

48.1 – Advertisements for motor vehicles, fuel or accessories should avoid portraying or referring to practices that encourage anti-social behaviour.

48.2 – Advertisers should not make speed or acceleration claims the predominant message of their advertisements. However it is legitimate to give general information about a vehicle's performance such as acceleration and mid-range statistics, braking power, roadholding and top speed.

48.3 – Advertisers should not portray speed in a way that might encourage motorists to drive irresponsibly or to break the law.

48.4 – Vehicles should not be depicted in dangerous or unwise situations in a way that would encourage irresponsible driving. Their capabilities may be demonstrated on a track or circuit provided it is clearly not in use as a public highway.

48.5 – Care should be taken in cinema advertisements and those in electronic media where the moving image may give the impression of exceptional speed. In all cases where vehicles are shown in normal driving circumstances on the public road they should be seen not to exceed UK speed limits.

48.6 – When making environmental claims for their products, advertisers should conform with the Specific rules on Environmental claims.

48.7 – Prices quoted should correspond to the vehicles illustrated. For example, it is not acceptable to feature only a top-of-the-range model alongside the starting price for that range.

48.8 – Safety claims should not exaggerate the benefit to consumers. Advertisers should not make absolute claims about safety unless they hold evidence to support them.

ENVIRONMENTAL CLAIMS

49.1 – The basis of any claim should be explained clearly and should be qualified where necessary. Unqualified claims can mislead if they omit significant information.

49.2 – Claims such as 'environmentally friendly' or 'wholly biodegradable' should not be used without qualification unless advertisers can provide convincing evidence that their product will cause no environmental damage. Qualified claims and comparisons such as 'greener' or 'friendlier' may be acceptable if advertisers can substantiate that their product provides an overall improvement in environmental terms either against their competitors' or their own previous products.

49.3 – Where there is a significant division of scientific opinion or where evidence is inconclusive this should be reflected in any statements made in the advertisement. Advertisers should not suggest that their claims command universal acceptance if it is not the case.

49.4 – If a product has never had a demonstrably adverse effect on the environment, advertisements should not imply that the formulation has changed to make it safe. It is legitimate, however, to make claims about a product whose composition has changed or has always been designed in a way that omits chemicals known to cause damage to the environment.

49.5 – The use of extravagant language should be avoided, as should bogus and confusing scientific terms. If it is necessary to use a scientific expression, its meaning should be clear.

HEALTH & BEAUTY PRODUCTS AND THERAPIES

General

50.1 – Medical and scientific claims made about beauty and health-related products should be backed by evidence, where appropriate consisting of trials conducted on people. Where relevant, the rules will also relate to claims for products for animals. Substantiation will be assessed by the ASA on the basis of the available scientific knowledge.

50.2 – Advertisers inviting consumers to diagnose their own minor ailments should not make claims that might lead to a mistaken diagnosis.

50.3 – Advertisers should not discourage essential treatment. Medical advice is needed for serious or prolonged ailments; advertisers should not offer advice on or diagnosis or treatment for them unless it is conducted under the supervision of a suitably qualified health professional.

50.4 – Consumers should not be encouraged to use products to excess and advertisers should hold proof before suggesting their products or therapies are guaranteed to work, absolutely safe or without side-effects.

50.5 – Advertisements should not suggest that any product is safe or effective merely because it is 'natural' or that it is generally safer because it omits an ingredient in common use.

50.6 – Advertisers offering individual treatments, particularly those that are physically invasive, may be asked by the media and the ASA to provide full details together with information about those who will supervise and administer them. Where appropriate, practitioners should have relevant and recognised qualifications. Advertisers should encourage consumers to take independent medical advice before committing themselves to significant treatments, including those that are physically invasive.

50.7 – References to the relief of symptoms or the superficial signs of ageing are acceptable if they can be substantiated. Unqualified claims such as 'cure' and 'rejuvenation' are not generally acceptable.

50.8 – Claims made for the treatment of minor addictions and bad habits should make clear the vital role of willpower.

50.9 – Advertisers should not use unfamiliar scientific words for common conditions.

Medicines

50.10 – The Medicines Act 1968 and its regulations, as well as regulations implementing European Community Directive 92/28/EEC, govern the advertising and promotion of medicines and the conditions of ill health that they can be offered to treat. Guidance on the legislation is available from the Medicines Control Agency (MCA).

50.11 – Medicines must have a marketing authorisation from the MCA before they are advertised and any claims made for products must conform with the authorisation. Unauthorised products should not make medicinal claims. Advertisements should refer to the MCA, the authorisation or the EC only if required to do so by the MCA.

50.12 – Prescription-only medicines may not be advertised to the public. Health-related claims in advertisements and promotions addressed only to the medical, dental, veterinary and allied professions are exempt from the Codes.

50.13 – Advertisements should include the name of the product, an indication of what it is for, text such as 'Always read the label' and the common name of the active ingredient if there is only one. There should be no suggestion that any medicine is either a food or a cosmetic.

50.14 – Advertisers must not use fear or anxiety to promote medicines or recovery from illness and should not suggest that using or avoiding a product can affect normal good health.

50.15 – Illustrations of the effect or action of any product should be accurate.

50.16 – Advertisements for medicines should not be addressed to children.

50.17 – Advertisers should not use health professionals or celebrities to endorse medicines.

50.18 – Advertisements for any medicine should not claim that its effects are as good as or better than those of another identifiable product.

50.19 – Homeopathic medicinal products must be registered in the UK. Any product information given in the advertisement should be confined to what appears on the label. Advertisements should include a warning to consult a doctor if symptoms persist. Advertisements for unauthorised products should not make any medicinal or therapeutic claims or refer to any ailment.

Vitamins, Minerals and other food supplements

50.20 – Advertisers should hold scientific evidence for any claim that their vitamin or mineral product or other food supplement is beneficial to health. In assessing claims the ASA will bear in mind recommendations made by bodies such as the Department of Health.

50.21 – A well-balanced diet should provide the vitamins and minerals needed each day by a normal, healthy individual. Advertisers may offer vitamin and mineral supplements to certain groups as a safeguard to help maintain good health but should not imply that they can be used to prevent or treat illness, elevate mood or enhance normal performance. Without well-established proof, no advertisement should suggest that there is widespread vitamin or mineral deficiency or that it is necessary or therapeutic to augment a well-balanced diet. Individuals should not be encouraged to swap a healthy diet for supplementation.

50.22 – Only certain groups of people are potentially at risk of deficiency and may be safeguarded by vitamin and mineral supplementation. Products must be appropriate and advertisements should specify which group they are addressing when claiming or implying that health may be maintained. The groups include:

a) people who eat nutritionally inadequate meals

b) the elderly

c) children and adolescents

d) convalescents

e) athletes in training or others who are physically very active

f) women of child-bearing age

g) lactating and pregnant women

h) people on restricted dietary regimes

i) people on restricted food/energy diets (eg vegans).

50.23 – Serious vitamin and mineral depletion caused by illness should be diagnosed and treated by a doctor. Self-medication should not be promoted on the basis that it will influence the speed or extent of recovery.

Cosmetics

50.24 – Claims made about the action that a cosmetic has on or in the skin should distinguish between the composition of the product and any effects brought about by the way in which it is applied, such as massage. Scientific evidence should also make this distinction.

50.25 – Some cosmetics have an effect on the kind of skin changes that are caused by environmental factors. Advertisements for them can therefore refer to temporarily preventing, delaying or masking premature ageing.

Hair and Scalp

50.26 – Advertisers should be able to provide scientific evidence, where appropriate in the form of trials conducted on people, for any claim that their product or therapy can prevent baldness or slow it down, arrest or reverse hair loss, stimulate or improve hair growth, nourish hair roots, strengthen the hair or improve its health as distinct from its appearance.

SLIMMING

51.1 – A slimming regime in which the intake of energy is lower than its output is the main self-treatment for achieving weight loss. Any claims made for the effectiveness or action of a slimming method or product should be backed where appropriate by rigorous practical trials on people; testimonials that are not supported by trials do not constitute substantiation.

51.2 – Advertisements for any slimming regime or establishment should neither be directed at, nor contain anything that will appeal particularly to, people who are under 18.

51.3 – Obesity is a condition in which the subject's weight is more than 20% above the ideal range for their height or whose Body Mass Index is more than 30. Obesity requires medical intervention and treatments for it should not be advertised to the public unless they are to be used under qualified supervision.

51.4 – Advertisements should not suggest that it is desirable to be underweight.

51.5 – Before claims are made that weight or inch loss can be achieved by expelling water, speeding up the metabolism, using mechanical devices, wearing garments or applying substances to the skin they must be substantiated with scientific evidence of the method's effect on people. Combining a diet with an unproven weight loss method does not justify making slimming claims for the method.

51.6 – Advertisers should be able to show that their diet plans are nutritionally well-balanced. This will be assessed in relation to the kind of subjects who would be using them.

51.7 – Vitamins and minerals do not contribute to weight loss, but may be offered to slimmers as a safeguard against any shortfall when dieting.

51.8 – Advertisers promoting Very Low Calorie Diets and other diets that fall below 800 calories a day should do so only for short term use and should encourage users to take medical advice before embarking on them.

51.9 – Advertisements for diet aids should make clear how they work. Prominence must be given to the role of the diet and advertisements should not give the impression that dieters cannot fail or can eat as much as they like and still lose weight.

51.10 – Advertisements should not contain general claims that precise amounts of weight can be lost within a stated period or that weight can be lost from specific parts of the body. Claims that individuals have lost exact amounts of weight should be compatible with good medical and nutritional practice, should give details of the time period involved and should not be based on unrepresentative experiences.

51.11 – Both physical and passive exercise improve muscle tone slowly and this can have an effect on body shape. An improvement in posture may also benefit the figure. Advertisers should be able to substantiate any claims that such methods used alone or in conjunction with a diet plan can lead to weight or inch loss. Advertisements for intensive exercise programmes should encourage users to check with a doctor before starting.

51.12 – Short-term loss of girth may be achieved by wearing a tight-fitting garment. This should not be portrayed as permanent, nor should it be confused with weight loss.

DISTANCE SELLING

52.1 – Distance selling normally involves offering goods or services to consumers without the buyer and seller meeting face-to-face. Advertisers, promoters and all others involved in handling responses must observe the Codes.

52.2 – Distance selling advertisements with written response mechanisms (eg postal, fax or e-mail) should state the full name and address of the advertisers outside the coupon or other response mechanism so that it can be retained by consumers. A separate address for orders may also be given; this need not be a full address but could, for example, be a Freepost address or PO Box number. Advertisements containing a telephone response mechanism need only state the full name and telephone number; consumers calling the number should be told the full address on request.

52.3 – Unless obvious from the context, advertisements should include:

a) the main characteristics of the product or service

b) the amount and number of any transport charges

c) any VAT payable, unless the advertisement is addressed exclusively to the trade

d) a statement that goods can be returned, if applicable

e) any limitation on the offer and any conditions that affect its validity

f) the estimated delivery time; consumers should be advised if orders cannot be fulfilled within 30 days. Those who have paid in advance should be offered a refund but if they prefer to wait they should be given a firm despatch date or fortnightly progress reports.

52.4 – Advertisers should take no longer than 30 days to fulfil orders except:

a) where security is provided for purchasers' money through an independent scheme

b) for goods such as plants and made-to-measure products where the estimated time of delivery should be made clear

c) where the advertisers make clear that they do not intend to begin production unless a sufficient response is received

d) where a series of goods is sent at regular intervals after the first 30 days.

52.5 – Before goods or services are supplied and accepted advertisers should, where appropriate, provide consumers with written information on:

a) payment arrangements, including credit and instalment terms

b) how to exercise their right to withdraw

c) the cancellation of open-ended contracts

d) other terms and conditions, including guarantees

e) the most appropriate address to contact them.

52.6 – Advertisers must refund money promptly when:

a) consumers have not received their goods or services; alternatively advertisers may, if asked, provide a replacement

b) goods are returned because they are damaged when received, are faulty or are not as described, in which case the advertisers must bear the cost of transit in both directions

c) unwanted goods are returned undamaged within 7 working days of being received by the purchaser; consumers should assume they can try out goods unless the advertisement states otherwise. It should be made clear if consumers have to pay the return postage. Advertisers are not required to bear the cost of transit on unwanted goods that are returned unless the goods were unsolicited

d) an unconditional money-back guarantee is given and the goods are returned within a reasonable period

e) goods that have been returned are not received back, provided consumers can produce proof of posting.

52.7 – Advertisers do not have to provide a full refund on:

a) perishable, personalised or made-to-measure goods so long as all contractual obligations to consumers are met

b) high value products, or those to be delivered abroad, where an administration fee may be charged; this should be made clear to consumers before they are committed

c) goods that can be copied unless they fall under 52.6a, b or d.

52.8 – If advertisers intend to call on respondents personally this should be made clear in the advertisement or in a follow-up mailing. To allow consumers an adequate opportunity to refuse a personal visit, advertisers should provide a reply-paid postcard or Freephone telephone contact instructions.

52.9 – Advertisers should take particular care when packaging products that may fall into the hands of children.

DATABASE PRACTICE

53.1 – Database owners, brokers and users should:

a) ensure that their databases for rental are accurate and up-to-date and have been run against the most appropriate and recent suppression file operated by the appropriate Preference Service

b) be able to identify anyone who has objected in the last 5 years, or who has not had an opportunity to object, to their inclusion on any database that is to be disclosed to others

c) avoid duplication

d) act promptly to correct personal information

e) ensure that anyone who has been notified as dead is not contacted again and, where appropriate, should refer the notifier to the relevant suppression service

f) comply with the provisions of any current data protection legislation.

53.2 – Database users should:

a) ensure, where possible, that those approached are not inappropriate for the offer

b) not use databases or selections from them that are more than a maximum of 6 months old unless they have been updated

c) inform the database owner of any requested corrections within 60 days

d) if asked, give the sources of names on their database promptly to anyone listed or to the ASA.

53.3 – Database owners should:

a) satisfy themselves, and obtain an assurance from users, that any literature used in an offer complies with the Codes

b) make corrections or suppressions themselves, or ensure that their users do, if a mailing is delayed by more than 6 months

c) require their users to inform them of requests for correction within 60 days

d) be able to demonstrate their compliance with this Code regarding database rental.

53.4 – Except where it is obvious from the context, or where individuals already know, consumers should be informed at the time when personal information is collected:

a) who is collecting it

b) why it is being collected

c) if it is intended to disclose the information to third parties, including associated companies, or put the information to some other significantly different use, in which case an opportunity to object should be given in advance.

53.5 – If, after collection, it is decided to put information to a use that is significantly different from the one originally intended, consumers must first be advised and given 30 days to object. A significantly different use includes:

a) the disclosure of personal information to third parties for direct marketing purposes

b) the use or disclosure of personal information for any purpose substantially different from that which consumers could reasonably have foreseen and to which they might have objected.

53.6 – The extent and detail of personal information held for any purpose should beadequate and relevant, and should not be excessive for that purpose.

53.7 – Personal information must always be held securely and should be safe-guarded against unauthorised use, disclosure, alteration or destruction.

53.8 – Individuals are entitled to have their names removed from a company's database. However, if individuals wish to reduce all unsolicited contact, they should be advised to enter their names on all relevant suppression databases.

53.9 – Individuals who have asked for information about them to be suppressed should not be contacted again for a minimum of 5 years from the date of their request, unless they ask to be reinstated.

53.10 – Businesses are permitted to use any published information that is generally available provided the individual concerned is not listed on any suppression file.

EMPLOYMENT AND BUSINESS OPPORTUNITIES

54.1 – Advertisers should distinguish clearly between offers of employment and business opportunities. Before publication, media normally require full details of the advertisers and any terms and conditions imposed on respondents.

54.2 – Employment advertisements must correspond to genuine vacancies and potential employees must not be asked to send money for further details. Living and working conditions should not be misrepresented. Quoted earnings should be precise; if a forecast has to be made this should not be unrepresentative. If income is earned from a basic salary and commission, commission only, or in some other way, this should be made clear.

54.3 – An employment agency must make clear in advertisements that it is an employment agency.

54.4 – Homework schemes require participants to make articles, perform services or offer facilities at or from home. Before committing themselves, consumers should be given:

a) the full name and address of the advertisers

b) a clear description of the work; the support available to homeworkers should not be exaggerated

c) an indication of whether participants are self-employed or employed by a business

d) the likely level of earnings, but only if this can be supported with evidence of the experience of current homeworkers

e) no forecast of earnings if the scheme is new

f) details of any required investment or binding obligation

g) details of any charges for raw materials, machines, components, administration and the like

h) information on whether the advertisers will buy back any goods made

i) any limitations or conditions that might influence consumers prior to their decision to participate.

54.5 – Advertisements for business opportunities should contain:

a) the name and contact details of the advertisers

b) where possible, a clear description of the work involved and the extent of investors" commitments, including any financial investment; the support available should not be exaggerated

c) no unrepresentative or exaggerated earnings figures.

54.6 – Advertisements for vocational training and other instruction courses should make no promises of employment unless it is guaranteed. The duration of the course and the level of attainment needed to embark on it should be made clear.

54.7 – Advertisements for the sale of directories giving details of employment or business opportunities should indicate plainly the nature of what is being offered.

FINANCIAL SERVICES AND PRODUCTS

55.1 – The rules that follow provide only general guidance. Advertisers, their agencies and the media must also comply with the numerous statutes that govern financial services and products including issuing advertisements, investment opportunities, credit facilities and the provision of financial information.

55.2 – Offers of financial services and products should be set out in a way that allows them to be understood easily by the audience being addressed. Advertisers should ensure that they do not take advantage of people"s inexperience or gullibility.

55.3 – Advertisements should indicate the nature of the contract being offered, any limitations, expenses, penalties and charges and the terms of withdrawal. Alternatively, where an advertisement is short or general in its content, free explanatory material giving full details of the offer should be readily available before a binding contract is entered into.

55.4 – The basis used to calculate any rates of interest, forecasts or projections should be apparent immediately.

55.5 – Advertisements should make clear that the value of investments is variable and, unless guaranteed, can go down as well as up. If the value of the investment is guaranteed details should be included in the advertisement.

55.6 – Advertisements should specify that past performance or experience does not necessarily give a guide for the future. Any examples used should not be unrepresentative.

BETTING AND GAMING

56.1 – The gaming industry and the advertising business accept responsibility for ensuring that advertisements contain nothing that is likely to lead people to adopt styles of gambling that are unwise.

56.2 – Advertisements and promotions should be socially responsible and should not encourage excessive gambling.

56.3 – Care should be taken not to exploit the young, the immature or those who are mentally or socially vulnerable.

56.4 – Advertisements should not be directed at people under 18 through the selection of media, style of presentation, content or context in which they appear. No medium should be used to advertise betting and gaming if more than 25% of its audience is under 18 years of age.

56.5 – People shown gambling should not be, nor should they look, under 25.

Casinos

56.6 – Licensed casinos can only use classified advertisements to advertise to the public. Such advertisements should be restricted to the name, logo, address, telephone and fax numbers of the premises, factual information about ownership, the facilities provided, those who may be admitted and how to apply for membership.

56.7 – Advertising material other than classified may be sent only to the members of such casinos.

CIGARETTE CODE

Introduction

66.1 – The Cigarette Code is exceptional in that it is the outcome of discussions between the UK Departments of Health (DoH), the manufacturers and importers of cigarettes (represented by the Tobacco Manufacturers Association and the Imported Tobacco Products Advisory Council respectively) and the Advertising Standards Authority (ASA). It runs in parallel with, and its rules are applied in addition to, those imposed elsewhere in the British Codes of Advertising and Sales Promotion.

66.2 – The ASA is the final arbiter of the meaning of the Cigarette Code"s rules. The ASA deals with complaints about advertisement content and also supervises the advisory and the mandatory pre-clearance procedure for cigarette advertisements operated by the Committee of Advertising Practice (CAP).

66.3 – The Cigarette Code governs the content of advertisements. It is one part of a wider voluntary agreement between the DoH and the tobacco industry. This agreement also covers advertising expenditure, media selection, health warnings and promotions. There is a separate agreement on sports sponsorship between the Department for Culture, Media and Sport, on behalf of HM Government, and the tobacco industry. This includes a provision encouraging advertisers of sponsored sporting events to follow the Cigarette Code. Complaints relating to breaches of these two agreements should be addressed to the Committee for Monitoring Agreements on Tobacco Advertising and Sponsorship (COMATAS).

66.4 – The rules are not intended to hamper fair competition. Advertisers of cigarettes and hand-rolling tobacco are free to attract attention to their products, provided both the spirit and the letter of the Codes are observed.

Scope

66.5 – The Cigarette Code applies to advertisements for:

a) cigarettes and their components such as tobacco and tobacco substitutes

b) hand-rolling tobacco

c) cigarette papers, filters and wrappings

d) any product if the advertisement concerned features a cigarette or pack design of a recognisable brand available in the UK

e) teasers

f) special offers, competitions and other sales promotions

g) products displaying the colours, livery, insignia or name of a cigarette brand in a way that promotes smoking rather than these other branded products.

66.6 – The Cigarette Code does not apply to advertisements for:

a) cigars, cheroots, cigarillos, pipe tobacco or snuff

b) herbal cigarettes and tobaccos

c) cigarette holders, matches, lighters and the like except when covered by 66.5 above

d) schemes, events or activities sponsored or supported financially by manufacturers of products listed in 66.5 above, even where such advertisements are for sports sponsorship and are required by the voluntary agreement on sports sponsorship to carry a health warning

e) advertisements and promotions addressed to the trade in media not targeted at the public.

General Principles and Procedures

66.7 – The rules which follow in clauses 66.13-66.26 should be observed in the spirit as well as in the letter.

66.8 – Claims encompass statements and visual presentations and can be direct or indirect. Claims which the ASA or CAP regard as eroding or diminishing the effectiveness of the rules will be judged contrary to the spirit of the Code; humour is acceptable provided it is used with care and is not likely to have a particular appeal to the young.

66.9 – Advertisements for cigarettes or hand-rolling tobacco should have a signed, dated and numbered certificate of clearance from CAP before being displayed or published.

66.10 – Certificates will be valid for advertisements in current campaigns after which time the copy must be re-certified. Clearance can be universal or may be media-specific in that certain advertisements might only be acceptable for publication in a limited circulation medium. Certificates will be endorsed accordingly.

66.11 – Point of sale material featuring themes or elements already cleared in general media advertisements should normally need no additional clearance from CAP. However, the acceptability of extracted themes or elements will depend on the context and spirit in which they are used. These must not differ from the original advertisements. Whenever new treatments or developments of existing themes are introduced they should be checked with CAP to ascertain whether a certificate is needed.

Rules

66.12 – CAP clearance does not automatically protect advertisements against complaints to the ASA Council which acts as the final arbiter of the meaning of the Code"s rules.

66.13 – No advertisement should incite people to start smoking.

66.14 – Advertisements should not encourage smokers to increase their consumption or smoke to excess. Smokers should not be encouraged to buy or stock large quantities of cigarettes.

66.15 – Advertisements for coupon brands should not feature products unless these can be obtained through the redemption of coupons collected over a reasonable period of average consumption.

66.16 – Advertisements should never suggest that smoking is safe, healthy, natural, necessary for relaxation and concentration, popular or appropriate in all circumstances. Cigarettes should not be shown in the mouth and advertisements should not associate smoking with healthy eating or drinking.

66.17 – No more than half of those shown in groups should be smoking; smoking should not be shown in public places where it is usually not permitted.

66.18 – People can be shown smoking while engaged in work or leisure activities provided that the advertisement does not illustrate inappropriate smoking situations.

66.19 – Smoking should not be associated with social, sexual, romantic or business success and advertisements should not be sexually titillating, though the choice of a particular brand may be linked to taste and discernment. In particular, advertisements should not link smoking with people who are evidently wealthy, fashionable, sophisticated or successful or who possess other attributes or qualities that may reasonably be expected to command admiration or encourage emulation.

66.20 – Advertisements should not contain actual or implied testimonials or endorsements from well-known people, famous fictitious characters or people doing jobs or occupying positions which are generally regarded as admirable.

66.21 – No heroic figure, personality cult, pastime or fashion trend should be featured in advertisements in a way that would appeal to those who are adventurous or rebellious, particularly the young.

66.22 – No advertisement should play on the susceptibilities of those who are physically or emotionally vulnerable, particularly the young or immature. Advertisements should therefore avoid employing any approach which is more likely to attract the attention or sympathy of those under the age of 18.

66.23 – Anyone shown smoking should always be, and clearly be seen to be, over 25.

66.24 – No advertisement should exaggerate the pleasure of smoking or claim that it is daring or glamorous to smoke or that smoking enhances people"s masculinity, femininity, appearance or independence.

66.25 – Advertisements that employ outdoor locations or those that depict people or animals should avoid any suggestion of a healthy or wholesome style of life. Any locations, people and objects depicted should not have undue aspirational, historical or cultural associations.

66.26 – Advertisements should not associate smoking with sport or with active or outdoor games. Advertisements for sports sponsorship are governed by a separate voluntary agreement with the Department for Culture, Media and Sport, on behalf of HM Government, and the tobacco industry.

LEGISLATION

67 – The following list of statutes and regulations affecting advertising and promotions relates to England and Wales and is not exhaustive; a considerable amount of legislation is always in the pipeline and cannot therefore be included.

Many of these statutes are also applicable to Scotland and Northern Ireland which have their own additional legislation. In some instances EC Directives are also relevant.Businesses have primary responsibility for ensuring that everything they do is legal. The law on matters such as contract, negligence, libel and intellectual property should also be observed.

[Liste der Vorschriften nicht abgedruckt; abrufbar unter www.asa.org.uk oder unter www.cap.org.uk.]

HOW THE SYSTEM WORKS

The self-regulatory system

68.1 – The self-regulatory system comprises three bodies: the Advertising Standards Authority, the Advertising Standards Board of Finance and the Committee of Advertising Practice. Their work is described below.

68.2 – The strength of the system depends on the long-term commitment of all those involved in commercial communications. Practitioners in every sphere share an interest in seeing that advertisements and promotions are welcomed and trusted by their audience; unless they are accepted and believed they cannot succeed. If they are offensive or misleading they discredit everyone associated with them and the industry as a whole.

68.3 – The ASA and CAP update their websites every month. The Codes and all ASA rulings together with ASA and CAP guidance on a wide range of topics are available at http://www.asa.org.uk and http://www.cap.org.uk. The Secretariat also provides an information hotline between 9.00am and 5.30pm Mon - Fri on 020 7580 5555. For copy advice from CAP ring 020 7580 4100 / fax 020 7580 4072 / e-mail copyadvice@cap.org.uk.

The Advertising Standards Authority

68.4 – The ASA was established in 1962 to provide independent scrutiny of the newly created self-regulatory system set up by the industry. Its chief tasks are to promote and enforce high standards in advertisements, to investigate complaints, to identify and resolve problems through its own research, to ensure that the system operates in the public interest and to act as the channel for communications with those who have an interest in advertising standards.

68.5 – The ASA is a limited company, and is independent of both the Government and the advertising business. A majority of the current 12 member Council appointed by the Chairman to govern the ASA is unconnected with the advertising business. Council members sit as individuals and are selected, as far as possible, to reflect a diversity of background and experience.

68.6 – The ASA investigates complaints from any source against advertisements and promotions in non-broadcast media. Advertisers are told the outcome of the ASA Council"s rulings and, where appropriate, are asked to withdraw or amend their advertisements or promotions. The adjudications reached by the Council at its monthly meetings, as well as editorial guidance on current topics, are published in the ASA's Monthly Report. This is distributed free of charge to the media, libraries, government departments, politicians, businesses, consumer bodies and the public.

68.7 – The ASA gives equal emphasis to conducting a substantial research and monitoring programme by reviewing issues, advertisements and promotions that fall within its scope. Particular media and product categories are also selected for scrutiny. In this way the ASA can identify trends and prevent future problems.

The Advertising Standards Board of Finance

68.8 – Publicising the ASA's policies and actions is essential to sustaining wide acceptance of the system"s integrity. A comprehensive programme of seminars and speeches, advertising, leaflets, briefing notes on a wide range of topics, a video targeted at consumers and educational establishments, articles written for professional journals, newspaper, magazine, TV and radio coverage all augment the ASA's extensive media presence.

68.9 – The Advertising Standards Board of Finance sets the framework for industry policy making and is responsible for the Committee of Advertising Practice and for funding the self-regulatory system.

68.10 – The whole system is funded principally by surcharges on advertising and direct marketing expenditure. These are collected by ASBOF. This separation of operation and responsibilities helps to ensure that the independent judgement of the ASA is not compromised.

68.11 – ASBOF's members are advertisers and promoters, their agencies, the media and the trade and professional organisations of the advertising and sales promotion businesses.

The Committee of Advertising Practice

68.12 – CAP's role is to ensure that advertisements and sales promotions within the Codes' remit that are commissioned, prepared, placed or published in the UK conform with the rules in the British Codes of Advertising and Sales Promotion. CAP reports to ASBOF.

68.13 – CAP co-ordinates the activities of its members to achieve the highest degree of compliance with the Codes. It devises, reviews and amends the Codes; administers the mandatory pre-clearance of cigarette advertising; prior to publication, gives advice to advertisers and promoters, their agencies, the media and others that is free and confidential from competitors; produces Help Notes and Ad Alerts for the industry and co-ordinates the sanctions operated by its members. Favourable pre-publication advice does not automatically protect advertisers or promoters from complaints being investigated by the ASA.

68.14 – The Codes establish a standard against which advertisements can be assessed. Additional codes exist in many other sectors; where appropriate these require practitioners to conform with the CAP Codes.

68.15 – The Chairman of CAP works on a part-time basis and is appointed for an agreed period and remunerated by ASBOF. The Chairman consults ASBOF in the appointment of a part-time Vice Chairman.

68.16 – CAP actively encourages participation in the self-regulatory system. Suggestions for improving the Codes" rules or modifying their application should be sent in writing to the Chairman. If changes are adopted by CAP their introduction is normally deferred for a short time to give advertisers an adequate opportunity to amend their advertisements.

68.17 – Much of the detailed work of CAP is done by its two standing Panels, which meet regularly, or by one of its ad hoc Working Groups. The General Media Panel concentrates on all advertising, media and issues other than those relating to sales promotions, direct marketing and distance selling. The Sales Promotion and Direct Response Panel, as its name suggests, is responsible for these sectors. Each Panel is composed of industry experts together with one ASA Council member.

The Panels guide the Secretariat and help the ASA, ASBOF and CAP to produce advice for the industry and to interpret the Codes both in individual cases and on broad issues.

The Panels also provide a forum to reassess recommendations and advice given by the Secretariat. The Panels can be asked to look at an issue by the parties to a complaint before the ASA Council has adjudicated; Council will take account of the Panels' opinions. Council's judgement on the interpretation of the Codes is final. Anyone directly affected by copy advice given by the Secretariat on behalf of CAP can ask for it to be considered by the relevant Panel. The Panel Chairman can reject such a request and will do so if it appears that the Panel is being used to hamper the effective running of the self-regulatory system.

68.18 – Working Groups are convened for limited periods to address specific issues arising out of the self-regulatory process.

68.19 – An up-to-date dossier of Help Notes is available from CAP; they give detailed advice in sectors where specific guidance exists.

The administration of the system

68.21 – The ASA and CAP share a joint Secretariat whose duties are organised to recognise the distinct functions of the two bodies. The Secretariat carries out the day-to-day work of the system and acts as a channel of communication, ensuring that industry expertise, specialist advice and the decisions of the ASA Council are co-ordinated and disseminated. The ASA and CAP form an independent judgement on any matter reported to them after they have considered the Secretariat's recommendations.

68.22 – Advertisers and promoters bear principal responsibility for the advertisements and promotions they produce and must be able to prove the truth of their claims to the ASA; they have a duty to make their claims fair and honest and to avoid causing offence. Advertising and sales promotion agencies have an obligation to create advertisements and promotions that are accurate, ethical and do not mislead or offend. Publishers and media owners recognise that they should disseminate only those advertisements that conform with the Codes. This responsibility extends to any other agent involved in producing, placing or publishing advertisements or promotions. They accept the rulings of the ASA Council as binding.

68.23 – Claims that are judged by the ASA Council to be offensive, or that are not or cannot be verified, will be deemed to be contrary to the Codes. Everyone responsible for commissioning, preparing, placing and publishing an advertisement or promotion containing such claims will be asked to act promptly to amend or withdraw it.

The law

68.24 – Since the first Codes were published the number of laws designed to protect consumers has greatly increased. There are directives emanating from the European Community as well as more than 100 UK statutes, orders and regulations affecting advertising and promotions (see clause 67). The ASA maintains a rapport with those responsible for initiating or administering any laws that have a bearing on advertising or promotions. The system is reinforced by the legal backup provided for the work of the ASA by the Control of Misleading Advertisements Regulations 1988 (see 68.40 below).

68.25 – The Codes, and the self-regulatory framework that exists to administer them, were designed and have been developed to work within and to complement these legal controls. They provide an alternative, and in some instances the only, means of resolving disputes about advertisements and promotions. They also stimulate the adoption of high standards of practice in areas such as taste and decency that are extremely difficult to judge in law but that fundamentally affect consumer confidence in advertising and promotions.

68.26 – There are also some important spheres that are governed by legislation enforced by local authority trading standards and environmental health officers. These include product packaging (except for on-pack promotions), weights and measures, statements on displays at point of sale, and the safety of products.

68.27 – Many government departments and agencies administer consumer protection legislation that ranges far wider and deeper than could be enforced through self-regulatory codes of practice. In some instances, advertisers who break the law risk criminal prosecution or civil action. The Codes require advertisers and promoters to ensure that all their advertisements and promotions are legal, but the ASA is not a law enforcement body. Any matter that principally concerns a legal dispute will normally need to be resolved through law enforcement agencies or the Courts.

Media prerogative

68.28 – The fact that an advertisement or promotion conforms to the Codes does not guarantee that every publisher will accept it. Media owners can refuse space to advertisements that break the Codes and they are also under no obligation to publish every advertisement offered to them.

Investigations

68.29 – Complaints are investigated free of charge. They must be made in writing, normally within three months of the advertisement's appearance, and should be accompanied by a copy of the advertisement or a note of where and when it appeared. Individual members of the Secretariat and those connected with the decision-making bodies of the ASA and CAP do not make formal complaints about advertisements. However, collectively and as part of its routine research and monitoring, the ASA may identify, investigate and publish details of its independent investigations.

68.30 – The identities of individual members of the public who complain are neither published nor revealed by the ASA to advertisers without their express permission. Only the Courts or officials acting within their legal powers can compel the ASA to disclose to them information received in confidence. The identities of groups and of industry complainants such as competitors are disclosed and they must agree to the publication of their identities before their complaints can be pursued.

68.31 – Equal weight is given to the investigation of all complaints irrespective of their source but the likely impact on, and consequent response of, those who may see the advertisement will be taken into account. The Codes require industry complainants, wherever possible, to endeavour to resolve their differences between themselves or through their trade or professional organisations.

68.32 – Members of the public who complain may be asked by the ASA for a formal, written assurance that they have no commercial or other interest in registering a complaint. If they do have an interest, this will be disclosed to the advertiser and will normally be included in the ASA's published report.

68.33 – Complaints are not normally pursued if the point at issue is the subject of simultaneous legal action. In certain cases it may be more appropriate for an investigation to be undertaken by other consumer protection bodies. If so, the ASA will provide information or will try to redirect the complainant to the most appropriate qualified source of assistance.

68.34 – Complaints about advertisements and promotions that obviously conflict with the Codes are given priority. Other complaints fall into four broad categories: those that concern matters outside the scope of the Codes; those where the complainant"s interpretation of either the advertisement, the promotion or the Codes does not correspond with that of the ASA; those that indicate that the advertiser or promoter needs to make some minor modification; and those that make out a well-founded case for investigation. If the Council has previously ruled on the same or a similar advertisement or promotion the complainant is notified of its judgement. A leaflet describing the full complaints procedure is available on request.

68.35 – The Secretariat conducts a fact-finding investigation into those complaints that are pursued; most are dealt with within six weeks, some are fast-tracked and completed within 48 hours while others are given priority. Where necessary, the Secretariat takes advice from expert external consultants before producing a recommendation based on its findings for the ASA Council. Recommendations made by the Secretariat can, at its own request or the request of those affected, be considered by a CAP Panel. The Council will take into account the Panel's opinions. The final decision on complaints and on interpretation of the Codes rests with the Council.

68.36 – The Secretariat is authorised by the Council and CAP to ask advertisers or promoters to take interim action to amend or withdraw a misleading or offensive advertisement or promotion if it appears necessary to avoid further harm.

In exceptional circumstances, Council can be asked to reconsider its adjudication. Written requests for a review should be sent within 14 days of notification of the adjudication to the Independent Reviewer of ASA Adjudications,

Bloomsbury House, 74-77 Great Russell Street, London, WC1B 3DA. They should come only from the complainant or from the advertiser's or industry complainant's Chairman, Chief Executive or equivalent.

There are two grounds on which such a request can be made:

- Where additional evidence becomes available.

- Where a substantial flaw in Council's adjudication can be demonstrated.

No review will proceed if the point at issue is the subject of simultaneous or contemplated legal action between anyone directly involved.

The Independent Reviewer will decide whether there are grounds to proceed:

The Independent Reviewer will evaluate the substance of the request with advice from two Assessors. The two Assessors are the Chairman of ASBOF (or nominee) and the Chairman of the ASA.

If it is decided to proceed, the Independent Reviewer will conduct an investigation of the file and will compile a report and recommendation for the ASA Council.

Council's adjudication on reconsidered cases is final.

68.37 – Members of the Secretariat are normally willing to discuss complaints with anyone directly involved subject to the obligations of confidentiality (see clause 2.7 above). The ASA may send confidential evidence to its external consultants, who are obliged not to disclose it to anyone else; the names of the ASA's consultants are available from the Secretariat to those directly involved. The ASA Council's adjudications on individual dvertisements, promotions or issues may be circulated to interested parties, including the media.

68.38 – The Codes require advertisers and promoters to produce documentary evidence to substantiate their claims. All evidence submitted by advertisers must be in English. No provision is made for oral hearings.

Sanctions

68.39 – A number of sanctions exist to counteract advertisements and promotions that conflict with the Codes: the media, contractors and service providers may withhold their services or deny access to space; adverse publicity, which acts as a deterrent, may result from rulings published in the ASA's Monthly Report; pre-vetting or trading sanctions may be imposed or recognition revoked by the media's, advertiser's, promoter's or agency's professional association or service provider and financial incentives provided by trade, professional or media organisations may be withdrawn or temporarily withheld.

68.40 – The ASA is recognised by the Government as an effective means of controlling advertisements and promotions. Under the Control of Misleading Advertisements Regulations 1988, if a misleading advertisement or promotion continues to appear after the Council has ruled against it, the ASA can refer the matter to the Director General of Fair Trading, who can seek an undertaking from anyone responsible for commissioning, preparing or disseminating it that it will be discontinued. If this is not given or is not honoured, the OFT can seek an injunction from the Court to prevent its further appearance. Anyone who defaults can be found to be in contempt of court, and is liable to be penalised accordingly.

Europe

68.41 – Most member states of the European Union, and many non-EU European countries, have self-regulatory processes that are broadly similar to the system in the UK. The ASA is a founder member of the European Advertising Standards Alliance, the organisation that draws together all these interests from Europe and beyond. The Alliance is located in Brussels and meets regularly to co-ordinate the promotion of self-regulation at a European level. Among its wide range of operations, it acts as a focal point for cross-border complaints investigated by individual members; consumers need only complain to their own self-regulatory body, no matter where the advertisement or promotion originated. The Alliance is a source of advice and information on self-regulation. It also helps in the development and establishment of self-regulatory organisations, principally in Europe but also internationally. Additional information on the EASA's objectives, activities and publications, including the Alliance Update and order forms for The Blue Book containing an analysis of self-regulation in 20 European countries, is available from the EASA and the ASA.

ADDENDUM 1

Comparative Advertisements

On 23 April 2000 the Control of Misleading Advertisements (Amendment) Regulations 2000 came into force, amending the Control of Misleading Advertisements Regulations 1988(c) and implementing Directive 97/55/EC on Comparative Advertising.

The requirements of the Regulations must be incorporated into these Codes, and therefore from 23 April 2000 clauses 4.1, 8.1,19.2, 20.1, 20.2, 21.1, 22.1, 30.1 and 37.1c should be read in conjunction with this Addendum. Revised clauses will be produced in due course.

The Directive makes it clear that comparative advertising is permissible, in the interests of competition and public information, but it and the Regulations (at Regulation 4A) require that comparative advertising (which is defined to mean any advertising which "explicitly or by implication" ... "identifies a competitor or goods or services offered by a competitor") shall, as far as the comparison is concerned, be permitted only when the following conditions are met:

(a) it is not misleading;

(b) it compares goods or services meeting the same needs or intended for the same purpose;

(c) it objectively compares one or more material, relevant, verifiable and representative features of those goods and services, which may include price;

(d) it does not create confusion in the market place between the advertiser and a competitor or between the advertiser's trade marks, trade names, other distinguishing marks, goods or services and those of a competitor;

(e) it does not discredit or denigrate the trade marks, trade names, other distinguishing marks, goods, services, activities or circumstances of a competitor;

(f) for products with designation of origin, it relates in each case to products with the same designation;

(g) it does not take unfair advantage of the reputation of a trade mark, trade name or other distinguishing marks of a competitor or of the designation of origin of competing products;

(h) it does not present goods or services as imitations or replicas of goods or services bearing a protected trade mark or trade name.

The Directive also states that:

"Any comparison referring to a special offer shall indicate in a clear and unequivocal way the date on which the offer ends."

Anhang 2: The British Code of Advertising, Sales Promotion and Direct Marekting (11. Auflage)

PREFACE

In the UK, the British Code of Advertising, Sales Promotion and Direct Marketing (the Code) is the rule book for non-broadcast advertisements, sales promotions and direct marketing communications (marketing communications). The Code is primarily concerned with the content of marketing communications and not with terms of business or products themselves. Some rules, however, go beyond content, for example those that cover the administration of sales promotions, the suitability of promotional items, the delivery of products ordered through an advertisement and the use of personal information in direct marketing. Editorial content is specifically excluded from the Code, though it might be a factor in determining the context in which marketing communications are judged.

The Committee of Advertising Practice (CAP) is the self-regulatory body that creates, revises and enforces the Code. CAP's members include organisations that represent the advertising, sales promotion, direct marketing and media businesses. Through their membership of CAP member organisations, or through contractual agreements with media publishers and carriers, those businesses agree to comply with the Code so that marketing communications are legal, decent, honest and truthful and consumer confidence is maintained.

Some CAP member organisations, for example the Direct Marketing Association and the Proprietary Association of Great Britain, also require their members to observe their own codes of practice. Those codes may cover some practices that are not covered in this Code.

The Code supplements the law, fills gaps where the law does not reach and often provides an easier way of resolving disputes than by civil litigation or criminal prosecution. In many cases, self-regulation ensures that legislation is not necessary. Although advertisers, promoters and direct marketers (marketers), agencies and media may still wish to consult lawyers, compliance with the Code should go a long way to ensuring compliance with the law in areas covered by both the Code and the law.

By creating and following self-imposed rules, the marketing community produces marketing communications that are welcomed and trusted. By practising self-regulation, it ensures the integrity of advertising, promotions and direct marketing.

The value of self-regulation as an alternative to statutory control is recognised in EC Directives, including those on misleading and comparative advertising (Directives 84/450 and 97/55 EC), and self-regulation is accepted by the Department of Trade and Industry and the Office of Fair Trading as a first line of control in protecting consumers.

The Advertising Standards Authority (ASA) is the independent body that endorses and administers the Code, ensuring that the self-regulatory system works in the public interest. The ASA's activities include investigating and adjudicating on complaints and conducting research. A leaflet describing the ASA's complaints procedure is available on request and full information is available on www.asa.org.uk.

The vast majority of advertisers, promoters and direct marketers comply with the Code. Those that do not may be subject to sanctions. Adverse publicity may result from the rulings published by the ASA weekly on its website. The media, contractors and service providers may withhold their services or deny access to space. Trading privileges (including direct mail discounts) and recognition may be revoked, withdrawn or temporarily withheld. Pre-vetting may be imposed and, in some cases, non-complying parties can be referred to the Office of Fair Trading for action, where appropriate, under the Control of Misleading Advertisements Regulations.

The system is structured so that it does not operate in an unfair or anti-competitive manner or restrict free speech unjustifiably. ASA decisions are subject to independent review, including in exceptional cases by the Administrative Division of the High Court.

MEMBERS OF THE COMMITTEE OF ADVERTISING PRACTICE

Advertising Association

Broadcast Advertising Clearance Centre

Cinema Advertising Association

Direct Marketing Association

Direct Selling Association

Incorporated Society of British Advertisers

Institute of Practitioners in Advertising

Institute of Sales Promotion

Interactive Advertising Bureau

Mail Order Traders Association

Newspaper Publishers Association

Newspaper Society

Outdoor Advertising Association

Periodical Publishers Association

Proprietary Association of Great Britain

Radio Advertising Clearance Centre

Royal Mail

Scottish Daily Newspaper Society

Scottish Newspaper Publishers Association

INTRODUCTION

1.1 – The Code applies to:

a) advertisements in newspapers, magazines, brochures, leaflets, circulars, mailings, e-mails, text transmissions, fax transmissions, catalogues, follow-up literature and other electronic and printed material

b) posters and other promotional media in public places, including moving images

c) cinema and video commercials

d) advertisements in non-broadcast electronic media, including online advertisements in paid-for space (eg banner and pop-up advertisements)

e) viewdata services

f) marketing databases containing consumers' personal information

g) sales promotions

h) advertisement promotions

1.2 – The Code does not apply to:

a) broadcast commercials, which are the responsibility of the Independent Television Commission or the Radio Authority (soon to be incorporated into OFCOM)

b) the contents of premium rate services, which are the responsibility of the Independent Committee for the Supervision of Standards of Telephone Information Services; marketing communications that refer to these services are covered by the Code

c) marketing communications in foreign media. Direct marketing that originates outside the UK but is targeted at UK consumers will be subject to the jurisdiction of the relevant authority in the country where it originates so long as that authority operates a suitable cross-border complaint system. If it does not, the ASA will take what action it can. All members of the European Union, and many non-European countries, have self-regulatory organisations that are members of the European Advertising Standards Alliance (EASA). EASA co-ordinates the cross-border complaints system for its members (which include the ASA).

d) Health-related claims in marketing communications addressed only to the medical, dental, veterinary and allied professions

e) classified private advertisements, including those appearing online

f) statutory, public, police and other official notices/information, as opposed to marketing communications, produced by public authorities and the like

g) works of art exhibited in public or private

h) private correspondence, including correspondence between companies and their customers about existing relationships or past purchases

i) oral communications, including telephone calls

j) press releases and other public relations material, so long as they do not fall under 1.1 above

k) editorial content, for example of the media and of books

l) regular competitions such as crosswords

m) flyposting (most of which is illegal)

n) packages, wrappers, labels, tickets, timetables and price lists unless they advertise another product, a sales promotion or are visible in a marketing communication

o) point of sale displays, except those covered by the sales promotion rules

p) election advertisements as defined in clause 12.1

q) website content, except sales promotions and advertisements in paid-for space

r) sponsorship; marketing communications that refer to sponsorship are covered by the Code

s) customer charters and codes of practice.

1.3 – These definitions apply to the Code:

a) a product encompasses goods, services, ideas, causes, opportunities, prizes or gifts

b) a consumer is anyone who is likely to see a given marketing communication, whether in the course of business or not

c) the United Kingdom rules cover the Isle of Man and the Channel Islands

d) a claim can be implied or direct, written, spoken or visual

e) the Code is divided into numbered clauses

f) a marketing communication includes all forms of communication listed in 1.1

g) a marketer includes an advertiser, promoter or direct marketer

h) a supplier is anyone who supplies products that are sold by distance selling marketing communications (and may also be the marketer)

i) a child is anyone under 16.

1.4 – These criteria apply to the Code:

a) the ASA Council's interpretation of the Code is final

b) conformity with the Code is assessed according to the marketing communication's probable impact when taken as a whole and in context. This will depend on the medium in which the marketing communication appeared, the audience and its likely response, the nature of the product and any additional material distributed to consumers

c) the Code is indivisible; marketers must conform with all appropriate rules

d) the Code does not have the force of law and its interpretation will reflect its flexibility. The Code operates alongside the law; the Courts may also make rulings on matters covered by the Code

e) an indication of the statutory rules governing marketing is given on www.cap.org.uk; professional advice should be taken if there is any doubt about their application

f) no spoken or written communications with the ASA or CAP should be understood as containing legal advice

g) the Code is primarily concerned with the content of advertisements, promotions and direct marketing communications and not with terms of business or products themselves. Some rules, however, go beyond the content, for example those that cover the administration of sales promotions, the suitability of promotional items, the delivery of products ordered through an advertisement and the use of personal information in direct marketing. Editorial content is specifically excluded from the remit of the Code (see 1.2k), although it might be a factor in determining the context in which marketing communications are judged (see 1.4b)

h) the rules make due allowance for public sensitivities but will not be used by the ASA to diminish freedom of speech unjustifiably

i) the ASA does not arbitrate between conflicting ideologies.

GENERAL RULES

Principles

2.1 – All marketing communications should be legal, decent, honest and truthful.

2.2 – All marketing communications should be prepared with a sense of responsibility to consumers and to society.

2.3 – All marketing communications should respect the principles of fair competition generally accepted in business.

2.4 – No marketing communication should bring advertising into disrepute.

2.5 – Marketing communications must conform with the Code. Primary responsibility for observing the Code falls on marketers. Others involved in preparing and publishing marketing communications such as agencies, publishers and other service suppliers also accept an obligation to abide by the Code.

2.6 – Any unreasonable delay in responding to the ASA's enquiries may be considered breach of the Code.

2.7 – The ASA and CAP will on request treat in confidence any genuinely private or secret material supplied unless the Courts or officials acting within their statutory powers compel its disclosure.

2.8 – The Code is applied in the spirit as well as in the letter.

Substantiation

3.1 – Before distributing or submitting a marketing communication for publication, marketers must hold documentary evidence to prove all claims, whether direct or implied, that are capable of objective substantiation.

Relevant evidence should be sent without delay if requested by the ASA or CAP. The adequacy of evidence will be judged on whether it supports both the detailed claims and the overall impression created by the marketing communication. The full name and geographical business address of marketers should be provided without delay if requested by the ASA or CAP.

3.2 – If there is a significant division of informed opinion about any claims made in a marketing communication they should not be portrayed as generally agreed.

3.3 – Claims for the content of non-fiction books, tapes, videos and the like that have not been independently substantiated should not exaggerate the value, accuracy, scientific validity or practical usefulness of the product.

3.4 – Obvious untruths or exaggerations that are unlikely to mislead and incidental minor errors and unorthodox spellings are all allowed provided they do not affect the accuracy or perception of the marketing communication in any material way.

Legality

4.1 – Marketers have primary responsibility for ensuring that their marketing communications are legal. Marketing communications should comply with the law and should not incite anyone to break it.

Decency (ie avoiding serious or widespread offence)

5.1 – Marketing communications should contain nothing that is likely to cause serious or widespread offence. Particular care should be taken to avoid causing offence on the grounds of race, religion, sex, sexual orientation or disability. Compliance with the Code will be judged on the context, medium, audience, product and prevailing standards of decency.

5.2 – Marketing communications may be distasteful without necessarily conflicting with 5.1 above. Marketers are urged to consider public sensitivities before using potentially offensive material.

5.3 – The fact that a particular product is offensive to some people is not sufficient grounds for objecting to a marketing communication for it.

Honesty

6.1 – Marketers should not exploit the credulity, lack of knowledge or inexperience of consumers.

Truthfulness

7.1 – No marketing communication should mislead, or be likely to mislead, by inaccuracy, ambiguity, exaggeration, omission or otherwise.

Matters of opinion

8.1 – Marketers may give a view about any matter, including the qualities or desirability of their products, provided it is clear that they are expressing their own opinion rather than stating a fact. Assertions that go beyond subjective opinions are subject to 3.1 above (also see 12.1 below).

Fear and distress

9.1 – No marketing communication should cause fear or distress without good reason. Marketers should not use shocking claims or images merely to attract attention.

9.2 – Marketers may use an appeal to fear to encourage prudent behaviour or to discourage dangerous or ill-advised actions; the fear likely to be aroused should not be disproportionate to the risk.

Safety

10.1 – Marketing communications should not condone or encourage unsafe practices. Particular care should be taken with marketing communications addressed to or depicting children (see section 47).

10.2 – Consumers should not be encouraged to drink and drive. Marketing communications should, where appropriate, include a prominent warning on the dangers of drinking and driving and should not suggest that the effects of drinking alcohol can be masked.

Violence and anti-social behaviour

11.1 – Marketing communications should contain nothing that condones or is likely to provoke violence or anti-social behaviour.

Political Advertising

12.1 – Any advertisement or direct marketing communication, whenever published or distributed, whose principal function is to influence voters in local, regional, national or international elections or referendums is exempt from the Code.

12.2 – There is a formal distinction between Government policy and that of political parties. Marketing communications (see clauses 1.1 and 1.2) by central or local government, as distinct from those concerning party policy, are subject to the Code.

Protection of privacy

13.1 – Marketers should not unfairly portray or refer to people in an adverse or offensive way. Marketers are urged to obtain written permission before:

a) referring to or portraying members of the public or their identifiable possessions; the use of crowd scenes or general public locations may be acceptable without permission

b) referring to people with a public profile; references that accurately reflect the contents of books, articles or films may be acceptable without permission

c) implying any personal approval of the advertised product; marketers should recognise that those who do not wish to be associated with the product may have a legal claim.

13.2 – Prior permission may not be needed when the marketing communication contains nothing that is inconsistent with the position or views of the person featured.

13.3 – References to anyone who is deceased should be handled with particular care to avoid causing offence or distress.

13.4 – Members of the Royal Family should not normally be shown or mentioned in marketing communications without their prior permission. Incidental references unconnected with the advertised product, or references to material such as books, articles or films about members of the Royal Family, may be acceptable.

13.5 – The Royal Arms and Emblems should be used only with the prior permission of the Lord Chamberlain's office. References to Royal Warrants should be checked with the Royal Warrant Holders' Association.

Testimonials and endorsements

14.1 – Marketers should hold signed and dated proof, including a contact address, for any testimonial they use. Unless they are genuine opinions taken from a published source, testimonials should be used only with the written permission of those giving them.

14.2 – Testimonials should relate to the product being advertised.

14.3 – Testimonials alone do not constitute substantiation and the opinions expressed in them must be supported, where necessary, with independent evidence of their accuracy. Any claims based on a testimonial must conform with the Code.

14.4 – Fictitious testimonials should not be presented as though they are genuine.

14.5 – Unless they are genuine statements taken from a published source, references to tests, trials, professional endorsements, research facilities and professional journals should be used only with the permission of those concerned.

14.6 – Marketers should not refer in marketing communications to advice received from CAP or imply any endorsement by the ASA or CAP.

Prices (see CAP Help Notes on Lowest Price Claims and Price Promises and on Retailers' Price Comparisons)

15.1 – Any stated price should be clear and should relate to the product advertised. Marketers should ensure that prices match the products illustrated (see 48.7).

15.2 – Prices quoted in marketing communications addressed to the public should include VAT and other non-optional taxes and duties imposed on all buyers. In some circumstances, for example where marketing communications are likely to be read mainly by businesses able to recover VAT, prices may be quoted exclusive of VAT or other taxes and duties, provided prominence is given to the amount or rate of any additional costs.

15.3 – If the price of one product is dependent on the purchase of another, the extent of any commitment by consumers must be made clear.

15.4 – Price claims such as 'up to' and 'from' should not exaggerate the availability of benefits likely to be obtained by consumers.

15.5 – A recommended retail price (RRP), or similar, used as a basis of comparison should be genuine; it should not differ significantly from the price at which the product is generally sold.

Availability of products

16.1 – Marketers must make it clear if stocks are limited. Products must not be advertised unless marketers can demonstrate that they have reasonable grounds for believing that they can satisfy demand. If a product becomes unavailable, marketers will be required to show evidence of stock monitoring, communications with outlets and swift withdrawal of marketing communications whenever possible.

16.2 – Products which cannot be supplied should not normally be advertised as a way of assessing potential demand unless it is clear that this is the purpose of the marketing communication.

16.3 – Marketers must not use the technique of switch selling, where their sales staff criticise the advertised product or suggest that it is not available and recommend the purchase of a more expensive alternative. They should not place obstacles in the way of purchasing the product or delivering it promptly.

Guarantees (see CAP Help Note on Lowest Price Claims and Price Promises)

17.1 – Guarantees may be legally binding on those offering them. The word 'guarantee' should not be used in a way that could cause confusion about consumers' legal rights. Substantial limitations on the guarantee should be spelled out in the marketing communication. Before commitment, consumers should be able to obtain the full terms of the guarantee from marketers.

17.2 – Marketers should inform consumers about the nature and extent of any additional rights provided by the guarantee, over and above those given to them by law, and should make clear how to obtain redress.

17.3 – Marketers should provide a cash refund, postal order or personal cheque promptly to those claiming redress under a money-back guarantee.

Comparisons with identified competitors and/or their products

18.1 – Comparative claims are permitted in the interests of vigorous competition and public information. They should neither mislead nor be likely to mislead.

18.2 – They should compare products meeting the same needs or intended for the same purpose.

18.3 – They should objectively compare one or more material, relevant, verifiable and representative features of those products, which may include price.

18.4 – They should not create confusion between marketers and competitors or between marketers' products, trade marks, trade names or other distinguishing marks and those of competitors.

18.5 – Certain EU agricultural products and foods are, because of their unique geographical area and method of production, given special protection by being registered as having a 'designation of origin'. Products with a designation of origin should be compared only with other products with the same designation.

Other comparisons

19.1 – Other comparisons, for example those with marketers' own products, those with products of others who are not competitors or those that do not identify competitors or their products explicitly or by implication, should be clear and fair. They should neither mislead nor be likely to mislead. The elements of comparisons should not be selected in a way that gives the marketers an artificial advantage.

Denigration and unfair advantage

20.1 – Although comparative claims are permitted, marketing communications that include comparisons with identifiable competitors and/or their products should not discredit or denigrate the products, trade marks, trade names, other distinguishing marks, activities or circumstances of competitors. Other marketing communications should not unfairly attack or discredit businesses or their products.

20.2 – Marketers should not take unfair advantage of the reputation of trade marks, trade names or other distinguishing marks of organisations or of the designation of origin of competing products.

Imitation

21.1 – No marketing communication should so closely resemble any other that it misleads, is likely to mislead or causes confusion.

21.2 – Marketers making comparisons with identifiable competitors and/or their products should not present products as imitations or replicas of products bearing a protected trade mark or trade name.

Recognising marketing communications and identifying marketers

22.1 – Marketers, publishers and owners of other media should ensure that marketing communications are designed and presented in such a way that it is clear that they are marketing communications. Unsolicited e-mail marketing communications should be clearly identifiable as marketing communications without the need to open them (see also clause 43.4c).

22.2 – Distance selling marketing communications that require payment before products are received and have written response mechanisms should contain the full name and geographical address of the marketers (and the suppliers if different) (see also clause 42.2a).

Sales promotions and marketing communications for one day sales, homework schemes, business opportunities and the like should contain the full name and geographical address of the marketers.

Other unsolicited e-mail marketing communications, marketing communications for employment agencies and distance selling marketing communications that require payment before products are received and have telephone response mechanisms only should contain the full name and contact details of the marketers.

Distance selling marketing communications that do not require payment before products are received should state the full name of the marketers (and suppliers if different).

The law requires marketers to identify themselves in some other marketing communications. Marketers should take legal advice.

Advertisement features (see CAP Help Note on Advertisement Features)

23.1 – Advertisement features, announcements or promotions, sometimes referred to as "advertorials", that are disseminated in exchange for a payment or other reciprocal arrangement should comply with the Code if their content is controlled by the marketers rather than the publishers.

23.2 – Marketers and publishers should make clear that advertisement features are advertisements, for example by heading them "advertisement feature".

Free offers

24.1 – See clauses 32.1 to 32.3.

SALES PROMOTION RULES

Introduction

27.1 – The sales promotion rules must be read in conjunction with the general rules, direct marketing rules and other specific rules, if relevant.

27.2 – The sales promotion rules are designed primarily to protect the public but they also apply to trade promotions and incentive schemes and to the promotional elements of sponsorships. They regulate the nature and administration of promotional marketing techniques. Those techniques generally involve providing a range of direct or indirect additional benefits, usually on a temporary basis, designed to make goods or services more attractive to purchasers. The rules do not apply to the routine, non-promotional, distribution of products or to product extensions, for example the suitability of one-off editorial supplements (be they in printed or electronic form) to newspapers and magazines.

27.3 – Promoters are responsible for all aspects and all stages of promotions.

27.4 – Promotions should be conducted equitably, promptly and efficiently and should be seen to deal fairly and honourably with consumers. Promoters should avoid causing unnecessary disappointment.

Protection of consumers, safety and suitability

28.1 – Promoters should make all reasonable efforts to ensure that their promotions, including product samples, are safe and cause no harm to consumers or their property. Literature accompanying promotional items should give any necessary warnings and any appropriate safety advice.

28.2 – Promoters should make every effort to ensure that unsuitable or inappropriate material does not reach consumers. Promotions should not be socially undesirable to the audience addressed by encouraging excessive consumption or inappropriate use and should be designed and conducted in a way that respects the right of consumers to a reasonable degree of privacy and freedom from annoyance.

28.3 – No promotion or promotional item should cause serious or widespread offence to the audience addressed.

Children

29.1 – Special care should be taken when promotions are addressed to children (people under 16) or when products intended for adults may fall into the hands of children.

29.2 – Alcoholic drinks should not feature in promotions directed at people under 18.

Availability

30.1 – Promoters should be able to demonstrate that they have made a reasonable estimate of likely response and that they were capable of meeting that response.

30.2 – Phrases such as "subject to availability" do not relieve promoters of the obligation to take all reasonable steps to avoid disappointing participants.

30.3 – Promoters should not encourage consumers to make a purchase or series of purchases as a precondition to applying for promotional items if the number of those items is limited.

30.4 – If promoters are unable to supply demand for a promotional offer because of an unexpectedly high response or some other unanticipated factor outside their control, they should offer refunds or substitute products in accordance with clause 42.5a.

30.5 – When prize promotions are widely advertised, promoters should ensure that entry forms and any goods needed to establish proof of purchase are widely available.

Administration

31.1 – Promotions should be conducted under proper supervision and adequate resources should be made available to administer them. Promoters and intermediaries should not give consumers justifiable grounds for complaint.

31.2 – Promoters should allow adequate time for each phase of the promotion: notifying the trade, distributing the goods, issuing rules if relevant, collecting wrappers and the like, judging and announcing results.

31.3 – Promoters should normally fulfil applications within 30 days in accordance with 42.4 and refund money in accordance with 42.5a.

Free offers and free trials

32.1 – A free offer may be conditional on the purchase of other items. Consumers' liability for costs should be made clear in all material featuring the offer. An offer should be described as free only if consumers pay no more than:

a) the minimum, unavoidable cost of responding to the promotion, eg the current public rates of postage, the cost of telephoning up to and including the national rate or the minimum, unavoidable cost of sending an e-mail or SMS text mesage

b) the true cost of freight or delivery

c) the cost, including incidental expenses, of any travel involved if consumers collect the offer.

Promoters should not charge for packing, handling or administration.

32.2 – Promoters must not try to recover their costs by reducing the quality or composition or by inflating the price of any product that must be bought as a pre-condition of obtaining the free item.

32.3 – Promoters should not describe an individual element of a package as "free" if the cost of that element is included in the package price.

32.4 – Promoters should not use the term "free trial" to describe "satisfaction or your money back" offers, "buy one get one free" offers or other offers where a non-refundable purchase is required. If appropriate, promoters should provide a cash refund, postal order or personal cheque promptly to free trial participants.

Prize promotions and the law (see CAP Help Note on Promotions with Prizes)

33.1 – Promotions with prizes including competitions, prize draws and instant win offers are subject to legal restrictions.

33.2 – Promoters usually seek to avoid running illegal lotteries by running skill-based prize competitions (often using tiebreakers to identify the winners) or by offering free entry if the chance-based prize promotion might encourage purchase. Promoters should take legal advice before embarking on such promotions.

Significant conditions for promotions (see CAP Help Note on Promotions with Prizes)

34.1 – Promotions should specify clearly before any purchase (or before or at the time of entry/application, if no purchase is required):

a) How to participate

how to participate, including significant conditions and costs, and any other major factors reasonably likely to influence consumers' decisions or understanding about the promotion

b) Start date

the start date, in any comparison referring to a special offer if the special offer has not yet begun

c) Closing date

a prominent closing date, if applicable, for purchases and submissions of entries/claims. Prize promotions and promotions addressed to or targeted at children always need a closing date. Some others do not, for example: comparisons that refer to a special offer (whether the promoter's previous offer or a competitor's offer), so long as they are and are stated to be "subject to availability"; promotions limited only by the availability of promotional packs (eg gifts with purchase, extra volume packs and reduced price packs); and loyalty schemes run on an open-ended basis. Promoters must be able to demonstrate that the absence of a closing date will not disadvantage consumers. Promoters should state if the deadline for responding to undated promotional material will be calculated from the date the material was received by consumers. Closing dates should not be changed unless circumstances outside the reasonable control of the promoter make it unavoidable. If they are changed, promoters should take all reasonable steps to ensure that consumers who participated within the original terms are not disadvantaged.

d) Proof of purchase

any proof of purchase requirements. Prize promotions that might encourage, but do not require, purchase should state clearly that no purchase is necessary and should explain the free entry route

e) Prizes

the minimum number and nature of any prizes, if applicable. Promoters should state if prizes are to be awarded in instalments or are to be shared among recipients

f) Restrictions

geographical, personal or technological restrictions such as location, age or the need to have access to the Internet. Promoters should state any need to obtain permission to enter from an adult or employer

g) Availability of promotional packs

where it is not obvious, if there is likely to be a limitation on the availability of promotional packs in relation to a stated closing date of the offer

h) Promoter's name and address

the promoter's full name and business address, unless this is obvious from the context. Promotions by newspapers and magazines in their publications need not state the name and address if those can easily be found elsewhere in the publication

Participants should be able to retain the above conditions or have easy access to them throughout the promotion. Advertisements for promotions should specify all of the significant conditions above that are applicable.

Other rules for prize promotions (see CAP Help Note on Promotions with Prizes)

35.1 – Promoters should not claim that consumers have won a prize if they have not. The distinction between prizes and gifts should always be clear. Gifts offered to all or most consumers in a promotion should not be described as prizes. If promoters offer gifts to all or most consumers in addition to giving prizes to those who win, particular care is needed to avoid confusing the two. In such cases, it should be clear that consumers "qualify" for the gifts but have merely an opportunity to win the prizes. If promoters include a gift that consumers have qualified for in a list of other prizes, they should distinguish clearly between the two.

35.2 – Promoters should not overstate consumers' chances of winning prizes. If promoters include consumers who have not won prizes in lists of those who have won prizes, they should distinguish clearly between the two.

35.3 – Promoters should not claim that consumers are luckier than they are. They should not use terms such as "finalist" or "final stage" in a way that implies that consumers have progressed, by chance or skill, to an advanced stage of promotions if they have not.

35.4 – Promoters should not claim that consumers must respond by a specified date or within a specified time if they need not.

35.5 – Complex rules should be avoided and only very exceptionally will it be considered acceptable to supplement conditions of entry with additional rules. If extra rules cannot be avoided, participants should be informed how to obtain them; the rules should contain nothing that could reasonably have influenced consumers against making a purchase or participating.

35.6 – Withholding prizes can be justified only if participants have not met clear criteria set out in the promotional rules or if promoters have told consumers at the outset that insufficient entries or entries of insufficient quality will lead to the withholding of prizes.

35.7 – Promoters of prize draws should ensure that prizes are awarded in accordance with the laws of chance and under the supervision of an independent observer.

35.8 – Participants in instant win promotions should get their winnings at once or should know immediately what they have won and how to claim without delay, unreasonable costs or administrative barriers. Instant win tickets, tokens or numbers should be awarded on a fair and random basis and verification should take the form of an independently audited statement that all prizes have been distributed, or made available for distribution, in that manner.

35.9 – Prize promotions should specify before or at the time of entry:

a) any restriction on the number of entries

b) whether or not a cash alternative can be substituted for any prize

c) when prizewinners will receive their prizes if later than six weeks after the closing date

d) how and when winners will be notified of results

e) how and when winners and results will be announced. Promoters should either publish or make available on request the name and county of major prizewinners and, if applicable, their winning entries. Prizewinners should not be compromised by the publication of excessively detailed personal information

f) in a competition, ie a game of skill or judgement, the criteria for judging entries (eg the most apt and original tiebreaker). If the selection of winning entries is open to subjective interpretation, an independent judge, or a panel including one member who is independent of the competition's promoters and intermediaries, should be appointed. Those appointed to act as judges should be competent to judge the subject matter of the competition. The full names of judges should be made available on request

g) if relevant, who owns any copyright in the entries

h) if applicable, how entries will be returned by promoters

i) any intention to use winners in post-event publicity

Participants should be able to retain the above conditions or have easy access to them throughout the promotion.

Front page flashes (see CAP Help Note on Front Page Flashes)

36.1 – Publishers announcing reader promotions on the front page or cover should ensure that consumers know whether they will be expected to buy subsequent editions of the publication. Major conditions that might reasonably influence consumers significantly in their decision to buy the publication should appear on the front page or cover.

Charity-linked promotions (see CAP Help Note for Voluntary Sector Advertisers)

37.1 – Promotions run by third parties (eg commercial companies) claiming that participation will benefit registered charities or causes should:

a) name each charity or cause that will benefit and be able to show the ASA or CAP the formal agreement with those benefiting from the promotion

b) if it is not a registered charity, define its nature and objectives

c) specify exactly what will be gained by the named charity or cause and state the basis on which the contribution will be calculated

d) state if the promoter has imposed a limit on its contributions

e) not limit consumers' contributions. If an amount is stated for each purchase, there should be no cut-off point for contributions. If a target total is stated, extra money collected should be given to the named charity or cause on the same basis as contributions below that level

f) be able to show that targets set are realistic

g) not exaggerate the benefit to the charity or cause derived from individual purchases of the promoted product

h) if asked, make available to consumers a current or final total of contributions made

i) take particular care when appealing to children (see clause 47.4e).

Trade incentives

38.1 – Incentive schemes should be designed and implemented to take account of the interests of everyone involved and should not compromise the obligations of employees to give honest advice to consumers.

38.2 – If promoters intend to ask for help from, or offer incentives to, another company's employees, they should require those employees to obtain their employer's permission before participating. Promoters should observe any procedures established by companies for their employees, including any rules for participating in promotions.

38.3 – Incentive schemes should make clear to those benefiting that they may be responsible for paying tax.

DIRECT MARKETING RULES

Introduction

41.1 – The direct marketing rules must be read in conjunction with the general rules, sales promotion rules and other specific rules, if relevant. Moreover, the Direct Marketing Association also requires its members to observe the DMA Code of Practice. That code covers some practices (eg telemarketing) that are not covered in this Code.

Distance Selling

42.1 – For the purposes of the Code, distance selling marketing communications are the final written advertised stage in the process that allows consumers to buy products without the buyer and seller meeting face-to-face. Marketers should comply with the Consumer Protection (Distance Selling) Regulations 2000. Guidance on the legislation is available from www.dti.gov.uk. These clauses should be observed in conjunction with the legislation; they do not replace it.

42.2 –Distance selling marketing communications should include:

a) for those communications that require payment before products are received and have written response mechanisms (eg postal, fax or e-mail), the full name and geographical address of the marketers (and suppliers if different) outside the coupon or other response mechanism so that it can be retained by consumers. A separate address for orders may also be given; this need not be a full address but could, for example, be a Freepost address or a PO Box number. Communications containing a telephone response mechanism only need merely state the full name and telephone number but consumers calling the number must be told the geographical address (and see 42.3d). Communications that do not require payment before products are received should state the full name of the marketers (and the suppliers if different)

b) the main characteristics of the products

c) the price, including any VAT or other taxes payable (see 15.2), and payment arrangements

d) the amount and number of any delivery charges

e) the estimated delivery/performance time (see 42.4) and arrangements

f) a statement that, unless inapplicable (see 42.6), consumers have the right to cancel orders for products. Marketers of services must state that the right to cancel will be lost once services have begun with the consumer's agreement, if they wish to limit consumers' cancellation rights in this way. They should, however, make it clear when the services will begin

g) any telephone, postal or other communication charges calculated at higher than the basic rate (eg where a premium rate call is required)

h) any other limitation on the offer (eg period of availability) and any other conditions that affect its validity

i) a statement as to whether marketers intend to provide substitute products (of equivalent quality and price) if those ordered are unavailable, and that they will meet the cost of returning substitute products on cancellation

j) the minimum duration of open-ended contracts; ie where goods are supplied or services performed permanently or recurrently.

42.3 – At the latest by the time that goods are delivered or services begin, marketers should give consumers written information on:

a) unless inapplicable (see 42.6 below), how to exercise their right to cancel. Marketers should allow at least 7 clear working days after delivery (or after the conclusion of service contracts) for consumers to cancel

b) in the case of goods, whether the consumer has to return the goods to the suppliers on cancellation and, if so, who is to bear the cost of return or recovery of the goods (though see 42.2i for substitute goods)

c) any other after-sales services and guarantees

d) the full geographical address of the suppliers for any consumer complaints

e) the conditions that apply to the cancellation of open-ended contracts.

42.4 – Marketers should fulfil orders within 30 clear days from the day consumers send their orders unless they meet one of the following criteria and state the longer delivery time in the marketing communication: a longer delivery time might be given for products such as plants and made-to-measure products; marketers might make clear that they do not intend to begin production unless a sufficient response is received; or a series of products might be sent at regular intervals after the first 30 days.

42.5 – Marketers must refund money promptly (and at the latest within 30 days of notice of cancellation being given) if:

a) consumers have not received products. If consumers prefer to wait they should be given a firm dispatch date or fortnightly progress reports. Alternatively marketers may, if asked or if stated before purchase, provide a substitute of equivalent quality and price

b) products are returned because they are damaged when received, are faulty or are not as described, in which case the marketers must bear the cost of transit in both directions

c) consumers cancel within seven clear working days after delivery (see 42.3a above). Consumers should assume they can try out products but should take reasonable care of them before they are returned (though see 42.6d). Consumers must return the products and pay the costs of doing so providing the marketers made this clear at the latest at the time the products were delivered (though see 42.2i for substitute goods)

d) an unconditional money-back guarantee is given and the products are returned within a reasonable period

e) products that have been returned are not received back, provided consumers can produce proof of posting.

42.6 – So long as all contractual obligations to consumers are met, marketers do not have to provide a refund on:

a) services that have already begun, where 42.2f has been complied with

b) products the price of which is dependent on fluctuations in the financial market that are outside the control of the suppliers

c) perishable, personalised or made-to-measure products

d) audio or video recordings or computer software if unsealed by the consumer

e) newspapers, periodicals or magazines

f) betting, gaming or lottery services.

42.7 – If marketers intend to call on respondents personally, this should be made clear in the marketing communication or in a follow-up mailing. To allow consumers an adequate opportunity to refuse a personal visit, marketers should provide a reply-paid postcard or Freephone telephone contact instructions.

42.8 – Marketers should take particular care when packaging products that might fall into the hands of children.

Database practice

43.1 – Marketers should comply with all relevant data protection legislation. Guidance on this legislation is available from the Office of the Information Commissioner. Although data protection legislation has a wide application, these clauses relate only to databases used for direct marketing purposes. The clauses should be observed in conjunction with the legislation; they do not replace it.

43.2 – Marketers should take all necessary steps to ensure that:

a) marketing communications are suitable for those targeted

b) marketing communications are not sent unsolicited to consumers if explicit consent is required (see 43.4)

c) marketing communications are not sent to consumers who have asked not to receive them (see 43.9) or who have not had the opportunity to object to receiving them, if appropriate (see 43.3c). Those consumers should be identifiable

d) databases are accurate and up-to-date and, if rented, bought, etc, have been run against the most relevant suppression file operated by the relevant Preference Service. Reasonable requests for corrections to personal information should be acted upon within 60 days

e) anyone who has been notified as dead is not mailed again and the notifier is referred to the relevant Preference Service

f) if asked in writing, consumers or the ASA (with consumers' consent) are given any information available on the nature and source of their personal details

Responsibility for complying with the above sub-clauses may not rest directly with marketers but with other data controllers. Those responsible will be expected to comply.

43.3 – Except if it is obvious from the context, or if they already know, consumers should be informed at the time when personal information is collected:

a) who is collecting it (and the representative for data protection queries, if different)

b) why it is being collected

c) if it is intended to disclose the information to third parties, including associated but legally separate companies, or put the information to a use significantly different from that for which it is being provided, in which case an opportunity to prevent this should be given.

43.4 – The explicit consent of consumers is required before:

a) processing sensitive personal data, including information on racial or ethnic origin, political opinion or religious or other similar beliefs, trade union membership, physical or mental health, sex life or any criminal record or allegation of criminal activity

b) marketing by fax

c) marketing by e-mail or SMS text transmission, save that marketers may market their similar products to their existing customers without explicit consent so long as an opportunity to object to further such marketing is given on each occasion.

43.5 – If after collection it is decided to use personal information for a purpose significantly different from that originally communicated, marketers should first get the explicit consent of consumers. Significantly different purposes include:

a) the disclosure of personal information to third parties for direct marketing purposes

b) the use or disclosure of personal information for any purpose substantially different from that which consumers could reasonably have foreseen and to which they might have objected.

43.6 – The extent and detail of personal information held for any purpose should be adequate and relevant and should not be excessive for that purpose.

43.7 – Personal information must always be held securely and should be safe-guarded against unauthorised use, disclosure, alteration or destruction.

43.8 – Personal information should not be kept for longer than is necessary for the purpose or purposes for which it was obtained.

43.9 – Consumers are entitled to have their personal information suppressed. Enough information should be held by companies, though not for direct marketing purposes, to ensure that no further marketing communications are sent as a result of information about those consumers being re-obtained through a third party. If they want to reduce all unsolicited contact, consumers should register their names and contact details on all relevant suppression files.

43.10 – Consumers who have asked for personal information about them to be suppressed may be contacted again if they ask to be reinstated.

43.11 – Marketers are permitted to use published information that is generally available provided the consumer concerned is not listed on a relevant suppression file.

43.12 – Any proposed transfer of a database to a country outside the European Economic Area should be made only if that country ensures an adequate level of protection for the rights and freedoms of consumers in relation to the processing of personal information or if contractual arrangements are in place to provide that protection.

OTHER SPECIFIC RULES

ALCOHOLIC DRINKS

46.1 – For the purposes of the Code, alcoholic drinks are those that exceed 1.2% alcohol by volume.

46.2 – The drinks industry and the advertising business accept responsibility for ensuring that marketing communications contain nothing that is likely to lead people to adopt styles of drinking that are unwise. The consumption of alcohol may be portrayed as sociable and thirst-quenching. Marketing communications may be humorous but must still conform with the intention of the rules.

46.3 – Marketing communications should be socially responsible and should neither encourage excessive drinking nor suggest that drinking can overcome boredom, loneliness or other problems. Care should be taken not to exploit the young, the immature or those who are mentally or socially vulnerable.

46.4 – Marketing communications should not be directed at people under 18 through the selection of media, style of presentation, content or context in which they appear. No medium should be used to advertise alcoholic drinks if more than 25% of its audience is under 18 years of age.

46.5 – People shown drinking should not be, nor should they look, under 25. Younger models may be shown in marketing communications, for example in the context of family celebrations, but it should be obvious that they are not drinking.

46.6 – Marketing communications should not feature or portray real or fictitious characters who are likely to appeal particularly to people under 18 in a way that might encourage them to drink.

46.7 – Marketing communications should not suggest that any alcoholic drink has therapeutic qualities or can enhance mental, physical or sexual capabilities, popularity, attractiveness, masculinity, femininity or sporting achievements.

46.8 – Marketing communications may give factual information about the alcoholic strength of a drink or its relatively high alcohol content but this should not be the dominant theme of any marketing communication. Alcoholic drinks should not be presented as preferable because of their high alcohol content or intoxicating effect.

46.9 – Marketing communications should not portray drinking alcohol as the main reason for the success of any personal relationship or social event. A brand preference may be promoted as a mark of the drinker's good taste and discernment.

46.10 – Drinking alcohol should not be portrayed as a challenge, nor should it be suggested that people who drink are brave, tough or daring for doing so.

46.11 – Particular care should be taken to ensure that marketing communications for sales promotions requiring multiple purchases do not actively encourage excessive consumption.

46.12 – Marketing communications should not depict activities or locations where drinking alcohol would be unsafe or unwise. In particular, marketing communications should not associate the consumption of alcohol with operating machinery, driving, any activity relating to water or heights, or any other occupation that requires concentration in order to be done safely.

Low alcohol drinks

46.13 – Low alcohol drinks are those that contain between 0.5% - 1.2% alcohol by volume. Marketers should ensure that low alcohol drinks are not promoted in a way that encourages their inappropriate consumption and should not depict activities that require complete sobriety.

CHILDREN

47.1 – For the purposes of the Code, a child is someone under 16. The way in which children perceive and react to marketing communications is influenced by their age, experience and the context in which the message is delivered; marketing communications that are acceptable for young teenagers will not necessarily be acceptable for young children. The ASA will take these factors into account when assessing marketing communications.

47.2 – Marketing communications addressed to, targeted at or featuring children should contain nothing that is likely to result in their physical, mental or moral harm:

a) they should not be encouraged to enter strange places or talk to strangers. Care is needed when they are asked to make collections, enter schemes or gather labels, wrappers, coupons and the like

b) they should not be shown in hazardous situations or behaving dangerously in the home or outside except to promote safety. Children should not be shown unattended in street scenes unless they are old enough to take responsibility for their own safety. Pedestrians and cyclists should be seen to observe the Highway Code

c) they should not be shown using or in close proximity to dangerous substances or equipment without direct adult supervision. Examples include matches, petrol, certain medicines and household substances as well as certain electrical appliances and machinery, including agricultural equipment

d) they should not be encouraged to copy any practice that might be unsafe for a child.

47.3 – Marketing communications addressed to, targeted at or featuring children should not exploit their credulity, loyalty, vulnerability or lack of experience:

a) they should not be made to feel inferior or unpopular for not buying the advertised product

b) they should not be made to feel that they are lacking in courage, duty or loyalty if they do not buy or do not encourage others to buy a particular product

c) it should be made easy for them to judge the size, characteristics and performance of any product advertised and to distinguish between real-life situations and fantasy

d) adult permission should be obtained before they are committed to purchasing complex and costly products.

47.4 – Marketing communications addressed to or targeted at children:

a) should not actively encourage them to make a nuisance of themselves to parents or others and should not undermine parental authority

b) should not make a direct appeal to purchase unless the product is one that would be likely to interest children and that they could reasonably afford. Distance selling marketers should take care when using youth media not to promote products that are unsuitable for children

c) should not exaggerate what is attainable by an ordinary child using the product being marketed

d) should not actively encourage them to eat or drink at or near bedtime, to eat frequently throughout the day or to replace main meals with confectionery or snack foods

e) should not exploit their susceptibility to charitable appeals and should explain the extent to which their participation will help in any charity-linked promotions.

47.5 – Promotions addressed to or targeted at children:

a) should not encourage excessive purchases in order to participate

b) should make clear that adult permission is required if prizes and incentives might cause conflict. Examples include animals, bicycles, tickets for outings, concerts and holidays

c) should clearly explain the number and type of any additional proofs of purchase needed to participate

d) should contain a prominent closing date

e) should not exaggerate the value of prizes or the chances of winning them.

MOTORING

48.1 – Marketing communications for motor vehicles, fuel or accessories should avoid portraying or referring to practices that encourage or condone anti-social behaviour.

48.2 – Marketers should not make speed or acceleration claims the predominant message of their marketing communications. However it is legitimate to give general information about a vehicle's performance such as acceleration and mid-range statistics, braking power, road-holding and top speed.

48.3 – Marketers should not portray speed in a way that might encourage motorists to drive irresponsibly or to break the law and should not condone irresponsible driving.

48.4 – Vehicles should not be depicted in dangerous or unwise situations in a way that might encourage or condone irresponsible driving. Their capabilities may be demonstrated on a track or circuit provided it is clearly not in use as a public highway.

48.5 – Care should be taken in cinema commercials and those in electronic media where the moving image may give the impression of excessive speed. In all cases where vehicles are shown in normal driving circumstances on public roads they should be seen not to exceed UK speed limits.

48.6 – When making environmental claims for their products, marketers should conform with the rules on Environmental Claims.

48.7 – Prices quoted should correspond to the vehicles illustrated. For example, it is not acceptable to feature only a top-of-the-range model alongside the starting price for that range.

48.8 – Safety claims should not exaggerate the benefit to consumers. Marketers should not make absolute claims about safety unless they hold evidence to support them.

ENVIRONMENTAL CLAIMS (See CAP Help Note on Claims for Organic Food)

49.1 – The basis of any claim should be explained clearly and should be qualified where necessary. Unqualified claims can mislead if they omit significant information.

49.2 – Claims such as 'environmentally friendly' or 'wholly biodegradable' should not be used without qualification unless marketers can provide convincing evidence that their product will cause no environmental damage when taking into account the full life cycle of the product. Qualified claims and comparisons such as 'greener' or 'friendlier' may be acceptable if marketers can substantiate that their product provides an overall improvement in environmental terms either against their competitors' or their own previous products.

49.3 – Where there is a significant division of scientific opinion or where evidence is inconclusive this should be reflected in any statements made in the marketing communication. Marketers should not suggest that their claims command universal acceptance if that is not the case.

49.4 – If a product has never had a demonstrably adverse effect on the environment, marketing communications should not imply that the formulation has changed to make it safe. It is legitimate, however, to make claims about a product whose composition has changed or has always been designed in a way that omits chemicals known to cause damage to the environment.

49.5 – The use of extravagant language should be avoided, as should bogus and confusing scientific terms. If it is necessary to use a scientific expression, its meaning should be clear.

HEALTH & BEAUTY PRODUCTS AND THERAPIES

(see CAP Help Notes, particularly those on: Substantiation for Health, Beauty and Slimming Claims; Health, Beauty and Slimming Advertisements that Refer to Ailments; and Use of Experts by the ASA and CAP)

General

50.1 – Medical and scientific claims made about beauty and health-related products should be backed by evidence, where appropriate consisting of trials conducted on people. Where relevant, the rules will also relate to claims for products for animals. Substantiation will be assessed by the ASA on the basis of the available scientific knowledge.

50.2 – Marketers inviting consumers to diagnose their own minor ailments should not make claims that might lead to a mistaken diagnosis.

50.3 – Marketers should not discourage essential treatment. They should not offer specific advice on, diagnosis of or treatment for serious or prolonged conditions unless it is conducted under the supervision of a doctor or other suitably qualified health professional (eg one subject to regulation by a statutory or recognised medical or health professional body). Accurate and responsible general information about such conditions may, however, be offered.

50.4 – Consumers should not be encouraged to use products to excess and marketers should hold proof before suggesting their products or therapies are guaranteed to work, absolutely safe or without side-effects.

50.5 – Marketing communications should not suggest that any product is safe or effective merely because it is 'natural' or that it is generally safer because it omits an ingredient in common use.

50.6 – Marketers offering individual treatments, particularly those that are physically invasive, may be asked by the media and the ASA to provide full details together with information about those who will supervise and administer them. Where appropriate, practitioners should have relevant and recognised qualifications. Marketers should encourage consumers to take independent medical advice before committing themselves to significant treatments, including those that are physically invasive.

50.7 – References to the relief of symptoms or the superficial signs of ageing are acceptable if they can be substantiated. Unqualified claims such as 'cure' and 'rejuvenation' are not generally acceptable.

50.8 – Marketers should hold proof before claiming or implying that minor addictions and bad habits can be treated without effort from those suffering.

50.9 – Marketers should not use unfamiliar scientific words for common conditions.

Medicines

50.10 – The Medicines Act 1968 and its regulations, as well as regulations implementing European Community Directive 92/28/EEC, govern the advertising and promotion of medicines and the conditions of ill health that they can be offered to treat. Guidance on the legislation is available from the Medicines Control Agency (MCA).

50.11 – Medicines must have a marketing authorisation from the MCA before they are marketed and any claims made for products must conform with the authorisation. Medicinal claims should not be made for unauthorised products. Marketing communications should refer to the MCA, the authorisation or the EC only if required to do so by the MCA.

50.12 – Prescription-only medicines may not be advertised to the public. Health-related claims in marketing communications addressed only to the medical, dental, veterinary and allied professions are exempt from the Code.

50.13 – Marketing communications should include the name of the product, an indication of what it is for, text such as 'Always read the label' and the common name of the active ingredient if there is only one. There should be no suggestion that any medicine is either a food or a cosmetic.

50.14 – Marketers must not use fear or anxiety to promote medicines or recovery from illness and should not suggest that using or avoiding a product can affect normal good health.

50.15 – Illustrations of the effect or action of any product should be accurate.

50.16 – Marketing communications for medicines should not be addressed to children.

50.17 – Marketers should not use health professionals or celebrities to endorse medicines.

50.18 – Marketing communications for any medicine should not claim that its effects are as good as or better than those of another identifiable product.

50.19 – Homeopathic medicinal products must be registered in the UK. Any product information given in the marketing communication should be confined to what appears on the label. Marketing communications should include a warning to consult a doctor if symptoms persist. Marketing communications for unauthorised products should not make any medicinal or therapeutic claims or refer to any ailment.

Vitamins, minerals and other food supplements

50.20 – Marketers should hold scientific evidence for any claim that their vitamin or mineral product or other food supplement is beneficial to health. In assessing claims the ASA and CAP will bear in mind recommendations made by bodies such as the Department of Health and the Food Standards Agency.

50.21 – A well-balanced diet should provide the vitamins and minerals needed each day by a normal, healthy individual. Marketers may offer vitamin and mineral supplements to certain groups as a safeguard to help maintain good health but should not imply that they can be used to prevent or treat illness, elevate mood or enhance normal performance. Without well-established proof, no marketing communication should suggest that there is widespread vitamin or mineral deficiency or that it is necessary or therapeutic to augment a well-balanced diet. Individuals should not be encouraged to swap a healthy diet for supplementation.

50.22 – People who are potentially at risk of deficiency may be safeguarded by vitamin and mineral supplementation. Products must be appropriate and marketing communications should specify the group they are addressing when claiming or implying that health may be maintained. Indicative groups include:

a) people who eat nutritionally inadequate meals

b) the elderly

c) children and adolescents

d) convalescents

e) athletes in training or others who are physically very active

f) women of child-bearing age

g) lactating and pregnant women

h) people on restricted food or energy diets

i) people with Asian ancestry from the Indian sub-continent

j) people who smoke.

50.23 – Serious vitamin and mineral depletion caused by illness should be diagnosed and treated by a doctor. Self-medication should not be promoted on the basis that it will influence the speed or extent of recovery.

Cosmetics

50.24 – Claims made about the action that a cosmetic has on or in the skin should distinguish between the composition of the product and any effects brought about by the way in which it is applied, such as massage. Scientific evidence should also make this distinction.

50.25 – Some cosmetics have an effect on the kind of skin changes that are caused by environmental factors. Marketing communications for them can therefore refer to temporarily preventing, delaying or masking premature ageing.

Hair and scalp

50.26 – Marketers should be able to provide scientific evidence, where appropriate in the form of trials conducted on people, for any claim that their product or therapy can prevent baldness or slow it down, arrest or reverse hair loss, stimulate or improve hair growth, nourish hair roots, strengthen the hair or improve its health as distinct from its appearance.

WEIGHT CONTROL (see CAP Slimming Guidelines for Press Advertisements)

51.1 – A weight reduction regime in which the intake of energy is lower than its output is the most common self-treatment for achieving weight reduction. Any claims made for the effectiveness or action of a weight reduction method or product should be backed if appropriate by rigorous trials on people; testimonials that are not supported by trials do not constitute substantiation.

51.2 – Obesity in adults is defined by a Body Mass Index (BMI) of more than 30 kg/m2. Obesity is frequently associated with medical conditions and treatments for it should not be advertised to the public unless they are to be used under suitably qualified supervision.

51.3 – Marketing communications for any weight reduction regime or establishment should neither be directed at, nor contain anything that will appeal particularly to, people who are under 18 or those in whom weight reduction would produce a potentially harmful body weight (BMI of less than 18.5 kg/m2). Marketing communications should not suggest that it is desirable to be underweight.

51.4 – Marketers must show that weight reduction is achieved by loss of body fat before claims are made for a weight reduction aid or regimen. Combining a diet with an unproven weight reduction method does not justify making weight reduction claims for that method.

51.5 – Marketers should be able to show that their diet plans are nutritionally well-balanced (except for producing a deficit of energy) and this should be assessed in relation to the kind of person who would be using them.

51.6 – Vitamins and minerals do not contribute to weight reduction but may be offered to slimmers as a safeguard against any shortfall when dieting.

51.7 – Marketers promoting Very Low Calorie Diets and other diets that fall below 800 calories a day should do so only for short term use and should encourage users to take medical advice before embarking on them. Marketers should also have regard to the voluntary code of practice in the COMA report "The Use of Very Low Energy Diets" (1987).

51.8 – Marketing communications for diet aids should make clear how they work. Prominence must be given to the role of the diet and marketing communications should not give the impression that dieters cannot fail or can eat as much as they like and still lose weight.

51.9 – Marketing communications should not contain claims that people can lose precise amounts of weight within a stated period or that weight or fat can be lost from specific parts of the body.

51.10 – Claims that individuals have lost exact amounts of weight should be compatible with good medical and nutritional practice, should state the period involved and should not be based on unrepresentative experiences. For those who are normally overweight, a rate of weight loss greater than 2 lbs (just under 1 kg) per week is unlikely to be compatible with good medical and nutritional practice. For those who are obese, a rate of weight loss greater than 2 lbs per week in the early stages of dieting may be compatible with good medical and nutritional practice.

51.11 – Resistance and aerobic exercise can improve muscular condition and tone; this can improve body shape and posture. Marketers should be able to substantiate any claims that such methods used alone or in conjunction with a diet plan can lead to weight or inch reduction. Marketing communications for intensive exercise programmes should encourage users to check with a doctor before starting.

51.12 – Short-term loss of girth may be achieved by wearing a tight-fitting garment. This should not be portrayed as permanent, nor should it be confused with weight or fat reduction.

EMPLOYMENT AND BUSINESS OPPORTUNITIES

52.1 – Marketers should distinguish clearly between offers of employment and business opportunities. Before publication, media normally require full details of the marketers and any terms and conditions imposed on respondents.

52.2 – Employment marketing communications must correspond to genuine vacancies and potential employees must not be asked to send money for further details. Living and working conditions should not be misrepresented. Quoted earnings should be precise; if a forecast has to be made this should not be unrepresentative. If income is earned from a basic salary and commission, commission only, or in some other way, this should be made clear.

52.3 – An employment agency must make clear in marketing communications its full name and contact details and, if the name does not disclose that fact, that it is an employment agency.

52.4 – Marketing communications for homework schemes requiring participants to make articles, perform services or offer facilities at or from home should contain:

a) the full name and geographical address of the marketers

b) a clear description of the work; the support available to homeworkers should not be exaggerated

c) an indication of whether participants are self-employed or employed by a business

d) the likely level of earnings, but only if this can be supported with evidence of the experience of current homeworkers

e) no forecast of earnings if the scheme is new

f) a statement of any required investment or binding obligation

g) a statement of any charges for raw materials, machines, components, administration and the like

h) information on whether the marketers will buy back any products made

i) any limitations or conditions that might influence consumers prior to their decision to participate.

Marketers may include that information in follow-up literature made available to all consumers before commitment but the initial marketing communication should state if a financial outlay is required.

52.5 – Marketing communications for business opportunities should contain:

a) the full name and geographical address of the marketers

b) a clear description of the work involved and the extent of investors' commitments, including any financial investment; the support available should not be exaggerated

c) no unrepresentative or exaggerated earnings figures.

Marketers may include that information in follow-up literature made available to all consumers before commitment but the initial marketing communication should normally state if an investment is required.

52.6 – Marketing communications for vocational training and other instruction courses should make no promises of employment unless it is guaranteed. The duration of the course and the level of attainment needed to embark on it should be made clear.

52.7 – Marketing communications for the sale of directories giving details of employment or business opportunities should indicate plainly the nature of what is being offered.

FINANCIAL PRODUCTS

53.1 – Marketers must have regard to the Financial Services and Markets Act 2000 and the Financial Services and Markets Act 2000 (Financial Promotion) Order 2001, both enforced by the Financial Services Authority (FSA), and also to other rules and relevant guidance issued by the FSA. The scope of that legislation and guidance extends to marketing communications for: investments and investment advice; deposit taking (eg banking); general insurance and pure protection policies (eg term assurance). The FSA will, probably in 2004, become responsible for the regulation of first charge mortgage lending and selling, as well as certain secured loans and general insurance intermediaries (eg motor, home and travel insurers). Pre-publication advice for authorised firms on proposed financial marketing communications is available from the FSA's Conduct of Business Standards Division (see www.fsa.gov.uk).

The OFT will continue to regulate other consumer loans under the Consumer Credit Act 1974 (as amended).

The rules that follow apply to financial marketing communications that are not regulated by the FSA or OFT. All financial marketing communications are, however, subject to Code clauses that cover "non-technical" elements of communications, eg serious or widespread offence, social responsibility and the truthfulness of claims that do not relate to specific characteristics of financial products.

53.2 – Offers of financial products should be set out in a way that allows them to be understood easily by the audience being addressed. Marketers should ensure that they do not take advantage of people's inexperience or credulity.

53.3 – Marketing communications should state the nature of the contract being offered, any limitations, expenses, penalties and charges and the terms of withdrawal. Alternatively, if a marketing communication is short or general in its content, free explanatory material giving full details of the offer should be readily available before a binding contract is entered into.

53.4 – The basis used to calculate any rates of interest, forecasts or projections should be apparent immediately.

53.5 – Marketing communications should make clear that the value of investments is variable and, unless guaranteed, can go down as well as up. If the value of the investment is guaranteed, details should be included in the marketing communication.

53.6 – Marketing communications should make clear that past performance or experience does not necessarily give a guide for the future. Any examples used should not be unrepresentative.

BETTING AND GAMING

54.1 – The gaming industry and the advertising business accept responsibility for ensuring that marketing communications contain nothing that is likely to lead people to adopt styles of gambling that are unwise.

54.2 – Marketing communications should be socially responsible and should not encourage excessive gambling.

54.3 – Care should be taken not to exploit the young, the immature or those who are mentally or socially vulnerable.

54.4 – Marketing communications should not be directed at people under 18 through the selection of media, style of presentation, content or context in which they appear. No medium should be used to advertise betting and gaming if more than 25% of its audience is under 18 years of age.

54.5 – People shown gambling should not be, nor should they look, under 25.

Casinos

54.6 – Licensed casinos can only use classified advertisements to advertise to the public. Such advertisements should be restricted to the name, logo, address, telephone and fax numbers of the premises, factual information about ownership, the facilities provided, those who may be admitted and how to apply for membership.

54.7 – Marketing material other than classified may be sent only to the members of such casinos.

TOBACCO, ROLLING PAPERS AND FILTERS

55.1 – The previous edition of this Code contained strict rules (The Cigarette Code) that applied to marketing communications for tobacco products (cigarettes and hand-rolling tobacco), rolling papers and filters. The Cigarette Code was exceptional in that it was the outcome of discussions between the Department of Health, the manufacturers and importers of cigarettes (represented by the Tobacco Manufacturers' Association and the Imported Tobacco Products Advisory Council respectively) and the ASA. It ran in parallel with, and its rules were applied in addition to, those imposed elsewhere in the Codes.

The Tobacco Advertising and Promotion Act 2002 now prohibits the advertising of tobacco products. It does not, however, cover advertisements for rolling papers or filters and does permit certain tobacco advertising at point of sale. Self-regulatory rules and procedures for these categories are under review and will be published on www.cap.org.uk when finalised.

HOW THE SYSTEM WORKS

The self-regulatory system

60.1 – The self-regulatory system comprises three bodies: the Advertising Standards Authority (ASA), the Advertising Standards Board of Finance (ASBOF) and the Committee of Advertising Practice (CAP). Their work is described below.

60.2 – The strength of the system depends on the long-term commitment of all those involved in advertising, sales promotions and direct marketing (marketing). Practitioners in every sphere share an interest in seeing that marketing communications are welcomed and trusted by their audience; unless they are accepted and believed they cannot succeed. If they are offensive or misleading they discredit everyone associated with them and the industry as a whole.

60.3 – The Code and all ASA rulings together with ASA and CAP guidance on a wide range of topics are available on www.asa.org.uk and www.cap.org.uk. The ASA and CAP update their websites regularly.

The Executive provides an information hotline between 9.00am and 5.30pm Mon - Fri on 020 7580 5555. For copy advice from CAP ring 020 7580 4100 / fax 020 7580 4072 / e-mail copyadvice@cap.org.uk / visit www.cap.org.uk.

The Advertising Standards Authority (ASA)

60.4 – The ASA was established in 1962 to provide independent scrutiny of the newly created self-regulatory system set up by the industry. Its chief tasks are to promote and enforce high standards in marketing communications, to investigate complaints, to identify and resolve problems through its own research, to ensure that the system operates in the public interest and to act as the channel for communications with those who have an interest in marketing communication standards.

60.5 – The ASA is a limited company and is independent of both the Government and the marketing business. The Chairman of the ASA is appointed by ASBOF and is unconnected with the marketing business. A majority of the current 12 member Council appointed by the Chairman to govern the ASA is also unconnected with the marketing business. All Council members sit as individuals and are selected, as far as possible, to reflect a diversity of background and experience. Vacancies for independent members of Council are publicly advertised. Members serve for a maximum of two three year terms.

60.6 – The ASA investigates complaints from any source against marketing communications in non-broadcast media. Marketers are told the outcome of the ASA Council's rulings and, where appropriate, are asked to withdraw or amend their marketing communications. The adjudications reached by the Council are published weekly on www.asa.org.uk.

60.7 – The ASA gives equal emphasis to conducting a substantial research and monitoring programme by reviewing issues and marketing communications that fall within its scope. Particular media and product categories may be identified for scrutiny. In this way the ASA can identify trends and prevent future problems.

60.8 – Publicising the ASA's policies and actions is essential to sustaining wide acceptance of the system's integrity. A comprehensive programme of seminars and speeches, advertising, leaflets, briefing notes on a wide range of topics, a video targeted at consumers and educational establishments, articles written for professional journals, newspaper, magazine, TV and radio coverage all augment the ASA's extensive media presence.

The Advertising Standards Board of Finance (ASBOF)

60.9 – The Advertising Standards Board of Finance sets the framework for industry policy making and is responsible for the Committee of Advertising Practice and for funding the self-regulatory system.

60.10 – The self-regulatory system is funded principally by a levy on advertising and direct marketing expenditure collected by ASBOF. This separation of operation and responsibilities helps to ensure that the independent judgement of the ASA is not compromised.

60.11 – ASBOF's members are advertisers, promoters and direct marketers, their agencies, the media and the trade and professional organisations of the advertising, sales promotion and direct marketing businesses.

The Committee of Advertising Practice (CAP)

60.12 – CAP's role is to ensure that marketing communications within the Code's remit that are commissioned, prepared, placed or published in the UK conform with the rules in the British Code of Advertising, Sales Promotion and Direct Marketing.

60.13 – CAP co-ordinates the activities of its members to achieve the highest degree of compliance with the Code. It creates, reviews and amends the Code. From time to time, it produces for the industry Help Notes that give detailed guidance on specific sectors or subjects that are covered only generally in the Code. It oversees the sanctions operated by its members. It operates a website, www.cap.org.uk, to provide information and guidance to the industry, including access to all Help Notes and relevant Ad Alerts. It convenes ad hoc Working Groups for limited periods to address specific subjects arising out of the self-regulatory process.

60.14 – The Code establishes a standard against which marketing communications are assessed. Additional codes exist in many other sectors; where appropriate these require practitioners to conform with the CAP Code.

60.15 – The Chairman of CAP works on a part-time basis and is appointed for an agreed period and remunerated by ASBOF.

60.16 – CAP actively encourages participation in the self-regulatory system. Suggestions for improving the Code's rules or modifying their application should be sent in writing to the Chairman. If changes are adopted by CAP their introduction is normally deferred for a short time to give marketers an adequate opportunity to amend their marketing communications.

The CAP Copy Advice team

60.17 – The CAP Copy Advice team gives advice to marketers, their agencies, the media and others on the likely conformity with the Code of marketing communications before they are published or distributed. In addition, it checks marketing communications produced by marketers subject to mandatory pre-vetting (for example, those subject to the poster pre-vetting sanction).

Copy advice is free and confidential from competitors. The vast majority of written enquiries are dealt with within 24 hours although lengthy submissions may take longer, particularly those that include detailed evidence that needs to be reviewed by external expert consultants. Favourable pre-publication advice does not automatically protect marketers from complaints being investigated and upheld by the ASA. It is, however, a highly authoritative guide to what is likely to comply with the Code.

Advice on the most common issues is available by accessing the AdviceOnline database on www.cap.org.uk. AdviceOnline is updated regularly by the Copy Advice team.

The CAP Compliance team

60.18 – The CAP Compliance team ensures that marketing communications conform with the Code to protect consumers and ensure a level playing-field. It enforces ASA decisions in individual cases and when a decision has ramifications for a whole sector. It takes action against marketers who persistently break the Code. In exceptional cases where a clear breach of the Code is evident, for example if a marketing communication contains claims that are blatantly misleading, the team takes immediate compliance action to stop the obviously problematic marketing communications from reappearing. On occasion, that compliance action is taken while an ASA investigation proceeds (see 60.35 and 61.3).

The team co-ordinates the sanctions operated by the Executive and by CAP members; in particular it issues Ad Alerts to CAP members, including the media, advising them to withhold their services from non-compliant marketers or deny those marketers access to advertising space.

Information on compliance is available on www.cap.org.uk. Companies that are members of a CAP trade association or professional body can access a database of relevant Ad Alerts on a secure section of the CAP website.

The CAP Panels

60.19 – Much of the detailed work of CAP is done by its two Panels. The Sales Promotion and Direct Response Panel concentrates on sales promotions and direct marketing. The General Media Panel concentrates on all other marketing, media and related issues. Each Panel is composed of industry experts together with one ASA Council member.

The Panels guide the Executive and help the ASA and CAP to produce advice for the industry and to interpret the Code both in individual cases and on general issues.

The Panels also provide a forum to reassess recommendations and advice given by the Executive. The Panels can be asked to look at an issue by the parties to a complaint before the ASA Council has adjudicated; Council will take account of the Panels' opinions. Council's judgement on the interpretation of the Code is, however, final. Anyone directly affected by copy advice given by the Executive on behalf of CAP can ask for it to be considered by the relevant Panel. The Panel Chairmen can reject requests and will do so if it appears that the Panels are being used to hamper the effective running of the self-regulatory system.

The administration of the system

60.20 – The ASA and CAP share a joint Executive whose duties are organised to recognise the distinct functions of the two bodies. The Executive carries out the day-to-day work of the system and acts as a channel of communication, ensuring that industry expertise, specialist advice and the decisions of the ASA Council are co-ordinated and disseminated. The ASA Council and CAP form an independent judgement on any matter reported to them after they have considered the Executive's recommendations.

60.21 – Marketers bear principal responsibility for the marketing communications they produce and must be able to prove the truth of their claims to the ASA; they have a duty to make their claims fair and honest and to avoid causing serious or widespread offence. Agencies have an obligation to create marketing communications that are accurate, ethical and neither mislead nor cause serious or widespread offence. Publishers and media owners recognise that they should disseminate only those marketing communications that conform with the Code. This responsibility extends to any other agent involved in producing, placing or publishing marketing communications. They accept the rulings of the ASA Council as binding.

60.22 – The ASA Council judges whether marketing communications are contrary to the Code. Everyone responsible for commissioning, preparing, placing and publishing a marketing communication that breaches the Code will be asked to act promptly to amend or withdraw it.

The law

60.23 – Marketers, agencies and publishers have primary responsibility for ensuring that everything they do is legal. Since the first Code was published the number of laws designed to protect consumers has greatly increased. There are directives emanating from the European Community as well as more than 200 UK statutes, orders and regulations affecting marketing (see www.asa.org.uk or www.cap.org.uk for a non-exhaustive list). The ASA maintains a rapport with those responsible for initiating or administering any laws that have a bearing on marketing communications. The system is reinforced by the legal backup provided for the work of the ASA by the Control of Misleading Advertisements Regulations 1988 (as amended) (see 61.10 below).

60.24 – The Code, and the self-regulatory framework that exists to administer it, was designed and has been developed to work within and to complement these legal controls. It provides an alternative, and in some instances the only, means of resolving disputes about marketing communications. It also stimulates the adoption of high standards of practice in areas such as taste and decency that are extremely difficult to judge in law but that fundamentally affect consumer confidence in marketing communications.

60.25 – There are also some important spheres that are governed by legislation enforced by local authority trading standards and environmental health officers. These include product packaging (except for on-pack promotions), weights and measures, statements on displays at point of sale and the safety of products.

60.26 – Many Government agencies administer consumer protection legislation that ranges far wider and deeper than could be enforced through self-regulatory codes of practice. Marketers who break the law risk criminal prosecution or civil action. The Code requires marketers to ensure that all their marketing communications are legal, but the ASA is not a law enforcement body. Any matter that principally concerns a legal dispute will normally need to be resolved through law enforcement agencies or the Courts.

Media prerogative

60.27 – The fact that a marketing communication conforms to the Code does not guarantee that every publisher will accept it. Media owners can refuse space to marketing communications that break the Code and they are also under no obligation to publish every marketing communication offered to them.

Investigations

60.28 – Complaints are investigated free of charge. They must be made in writing, within three months of the marketing communication's appearance (in exceptional circumstances, complaints about older marketing communications will be considered) and should be accompanied by a copy of the marketing communication or a note of where and when it appeared. The ASA may add challenges to those made by complainants and, as part of its routine research and monitoring, may also identify, investigate and publish results of its independent actions.

60.29 – The identities of individual members of the public who complain are neither published nor revealed by the ASA to marketers without the complainants' express permission. Only the Courts or officials acting within their legal powers can compel the ASA to disclose to them information received in confidence. The identities of groups and of industry complainants such as competitors are disclosed and they must agree to the publication of their identities before their complaints can be pursued.

60.30 – Equal weight is given to the investigation of all complaints irrespective of their source but the likely impact on, and consequent response of, those who may see the marketing communication will be taken into account. The Code requires industry complainants, wherever possible, to endeavour to resolve their differences between themselves or through their trade or professional organisations. To deter tit-for-tat disagreements, competitor complainants may be required to justify their complaints to the ASA.

60.31 – Members of the public who complain may be asked by the ASA for a formal, written assurance that they have no commercial or other interest in registering a complaint. If they do have an interest, this will be disclosed to the marketer and will normally be included in the ASA's published ruling.

60.32 – Complaints are not normally pursued if the point at issue is the subject of simultaneous legal action. In certain cases it may be more appropriate for an investigation to be undertaken by other consumer protection bodies. If so, the ASA will provide information or will try to redirect the complainant to the most appropriate qualified source of assistance.

60.33 – Complaints generally fall into four broad categories: those that concern matters outside the scope of the Code; those where the complainant's interpretation of either the marketing communication or the Code does not correspond with that of the ASA (in some cases, these decisions are taken by the ASA Council); those that indicate that the marketer needs to make some modification that can be dealt with informally; and those that make out a case for a formal investigation. If the Council has previously ruled on the same or a similar marketing communication the complainant is notified of its judgement. Typical deadlines for responding to ASA investigations are available on www.asa.org.uk.

60.34 – The Executive conducts an investigation into those complaints that are pursued; most are dealt with within six to 12 weeks (depending on the complexity of the matter), some are fast-tracked and completed within as little as 48 hours and others are given priority. Where necessary, the Executive takes advice from external expert consultants before producing a recommendation based on its findings for the ASA Council. Recommendations made by the Executive can, at its own request or the request of those affected, be considered by a CAP Panel. The Council will take into account the Panel's opinions. The final decision on complaints and on interpretation of the Code rests with the Council. Each week on www.asa.org.uk, the ASA publishes its adjudications on formally investigated complaints and a summary of complaints resolved informally and of those involving fulfilment, refund and database concerns.

60.35 – The Executive is authorised by the Council and CAP to take interim action to ensure that marketing communications that break the Code are amended or withdrawn if it appears necessary to avoid further harm.

60.36 – Members of the Executive are normally willing to discuss complaints with anyone directly involved subject to the obligations of confidentiality (see clause 2.7 above). The ASA may send confidential evidence to its external consultants, who are obliged not to disclose it to anyone else; the names of the ASA's consultants are available from the Executive to those directly involved. The ASA Council's adjudications on complaints may be circulated to interested parties, including the media.

60.37 – The Code requires marketers to produce documentary evidence to substantiate their claims. All evidence submitted by marketers must be in English. No provision is made for oral hearings.

The Independent Review procedure

60.38 – In exceptional circumstances, the ASA Council can be asked to reconsider its adjudication (including a Council decision not to investigate a complaint). Requests for a review should contain a full statement of the grounds, be in writing and be addressed to the Independent Reviewer of ASA Adjudications, Bloomsbury House, 74-77 Great Russell Street, London, WC1B 3DA. They should be sent within 21 days of the date on the ASA's letter of notification of an adjudication. The Independent Reviewer may waive this 21 day time limit if he judges it fair and reasonable to do so.

Requests should come only from the complainant(s) or marketer. Those from the marketer or from an industry complainant should be signed by the Chairman, Chief Executive or equivalent; requests made only by their solicitor or agency will not be accepted. All dealings with the Independent Reviewer must be in writing.

There are two grounds on which such a request can be made:

- Where additional relevant evidence becomes available (an explanation of why it was not submitted previously, in accordance with clause 3.1, will be required).

- Where there is a substantial flaw in the Council's adjudication or in the process by which that adjudication was made.

No review will proceed if the point at issue is the subject of simultaneous or contemplated legal action between anyone directly involved. Requests for review should make plain that no such action is underway or is contemplated.

The ASA will not delay publication of the relevant adjudication pending the outcome of a review save in exceptional circumstances (on the authorisation of the ASA Director General).

The Independent Reviewer will evaluate the substance of the request with advice from two Assessors (apart from requests about a Council decision not to investigate a complaint). The two Assessors are the Chairman of ASBOF (or nominee) and the Chairman of the ASA.

If the Independent Reviewer decides not to accept the request (in whole or in part) because he considers that it does not meet either of the two grounds set out above he will inform the person making the request accordingly.

If he decides to accept the request (in whole or in part) he will undertake, either by himself or with assistance from the ASA Executive or any other source of help or advice, such further investigation as he thinks appropriate. He will also inform the other parties to the case that a request for review has been accepted and will invite their comments on the submission made by the party requesting the review. At the conclusion of his investigation, he will make a recommendation to the ASA Council.

The Council's adjudication on reviewed cases is final.

The Independent Reviewer will inform all parties of the Council's decision. Adjudications that are revised following a review will be published on www.asa.org.uk.

Europe

60.39 – All member states of the European Union, and many non-EU European countries, have self-regulatory organisations (SROs) that are broadly similar to the system in the UK. Together with organisations representing the advertising industry in Europe, those SROs are members of the European Advertising Standards Alliance (EASA), the single voice of the advertising industry in Europe on advertising self-regulation. The ASA is a founder member of EASA. EASA is located in Brussels and meets regularly to co-ordinate the promotion and development of self-regulation at a European level.

Among its wide range of operations, EASA acts as a focal point for cross-border complaints investigated by individual members; consumers need complain only to the SRO in their country, no matter where the marketing communication originated.

EASA has published a statement of common principles, the core values that underpin each of its constituent SROs, and recommended standards for operating best practice in self-regulation that all SROs should seek to achieve. Both are available on www.easa-alliance.org.

EASA is a source of information and research on self-regulation. It also helps in the development and establishment of SROs in Europe and corresponds internationally.

Additional information on the EASA's objectives, activities and publications, including the Alliance Update and order forms for The Blue Book containing an analysis of self-regulation in 22 European countries, is available from the EASA website on www.easa-alliance.org.

SANCTIONS

Introduction

61.1 – The compliance figures published from time to time by the ASA have demonstrated that the vast majority of marketing communications comply with the Code. By providing advice, guidance and, in some cases, pressure, media owners, agencies and other intermediaries play a crucial role in ensuring compliance. If marketing communications break the Code, the marketers responsible are told by the ASA to amend or withdraw them. Most willingly undertake to do so. If they do not, sanctions are applied.

61.2 – The ASA and CAP do not adopt a legalistic attitude towards sanctions and they ensure that sanctions are proportionate to the nature of the breach. They are, however, effective in the vast majority of cases. They focus on ensuring that non-compliant marketing communications are amended, withdrawn or stopped as quickly as possible.

61.3 – The ASA and CAP are not restricted to applying sanctions only against marketers who have been subject to a formal investigation. If marketing communications are obviously misleading or offensive, the ASA and CAP may take compliance action in the absence of complaints or while an investigation proceeds (see 60.18 and 60.35).

Adverse publicity

61.4 – Publicising the ASA's rulings is essential to sustaining wide acceptance of the system's integrity and the principle sanction available to the ASA is the unwelcome publicity that may result from the rulings it publishes weekly on www.asa.org.uk. Adverse publicity is damaging to most marketers and serves to warn the public. Anyone who is interested can access ASA rulings quickly and easily on the website and can set up a profile-specific account so they are automatically notified by e-mail of relevant rulings as soon as they are published. ASA rulings receive a substantial amount of media coverage in international, national, regional and local newspapers, magazines and specialist journals, on national and regional TV and on national and local radio.

61.5 – An adverse ASA ruling may have consequences for compliance with other codes or legal requirements. For example, personal data gathered as a result of a misleading marketing communication might not comply with the fair processing requirement in the first data protection principle of the Data Protection Act 1998.

Ad Alerts

61.6 – CAP may issue Ad Alerts to its members, including the media, advising them to withhold their services from non-compliant marketers or deny the latter access to advertising space. Ad Alerts are issued at short notice, are carefully targeted for greatest impact, are sent electronically and, once issued, are available on a secure section of www.cap.org.uk to those who may need to consult them. They contain the name and contact details of the non-compliant marketer, a description of the compliance problem and, if possible, a scanned image of the marketing communication in question.

Trading privileges and recognition

61.7 – Many CAP trade associations and professional bodies offer their members, and others, recognition and trading privileges. They may revoke, withdraw or temporarily withhold those. For example, agency recognition offered by the print media members of CAP may be withdrawn or the substantial direct mail discounts offered by the Royal Mail on bulk mailings withheld. In exceptional cases of non-compliance, CAP members may expel companies from membership.

Pre-publication vetting

61.8 – The ASA and CAP may require persistent offenders to have some or all of their marketing communications vetted by the CAP Copy Advice team until the ASA and CAP are satisfied that future communications will comply with the Code.

61.9 – The poster industry members of CAP operate a poster pre-vetting sanction to deter abuse of the medium. If the ASA rules against a poster on the grounds of serious or widespread offence or social irresponsibility, the poster advertiser becomes a candidate for mandatory pre-vetting. If the poster industry members of CAP and the CAP Executive believe that the advertiser either is incapable of complying with the Code or seems to have deliberately flouted the

Code with the intention of generating complaints, PR and subsequent notoriety, they will compel the advertiser to check future posters with the CAP Copy Advice team for a fixed period (usually two years).

Legal backstop

61.10 – The ASA/CAP system is recognised by the Government, the Office of Fair Trading (OFT) and the Courts as one of the "established means" of consumer protection in non-broadcast marketing communications. Under the Control of Misleading Advertisements Regulations 1988 (as amended), if a misleading marketing communication, or one containing an impermissible comparison, continues to appear after the Council has ruled against it, the ASA can refer the matter to the OFT. The OFT can seek an undertaking that it will be stopped from anyone responsible for commissioning, preparing or disseminating it. If that is not given or is not honoured, the OFT can seek an injunction from the Court to prevent its further appearance. Anyone not complying can be found to be in contempt of court and is liable to be penalised accordingly.

61.11 – The ASA and CAP maintain a rapport with the OFT and with other bodies that have a responsibility for creating, administering or enforcing laws that have a bearing on marketing communications. If necessary, they may notify those bodies of non-compliant marketers and work with them to ensure that unacceptable marketing communications are amended, withdrawn or stopped.

61.12 – The OFT and other "qualified entities", such as Trading Standards Authorities, can use the Stop Now Orders (EC Directive) Regulations 2001 to enforce several existing consumer laws, including the Control of Misleading Advertisements Regulations 1988 (as amended). The ASA has agreed Case Handling Principles with the OFT to ensure that the Stop Now Orders bring about consumer protection without undermining the "established means".

Cross-border marketing communications

61.13 – The Code does not apply to marketing communications in foreign media. If marketing communications appear in media based in countries that have self-regulatory organisations (SROs) that are members of EASA or if direct marketing originates from countries that have SROs that are members of EASA, EASA will co-ordinate cross-border complaints so the SRO in the country of origin of the marketing communication has jurisdiction; consumers need complain only to their SRO. If not, the ASA will take what action it can. The SROs with jurisdiction will be formally responsible for applying any sanctions, though the ASA and CAP will, whenever they can, adopt a pragmatic approach to ensure that consumers are protected.

61.14 – The ASA and CAP work increasingly closely with CAP trade associations and professional bodies, Trading Standards officers, Government departments, the OFT and other UK regulators, EASA and overseas SROs and statutory authorities to stop unacceptable marketing communications, particularly misleading and offensive mailings sent direct to UK consumers from overseas. That work has achieved some success, but the ASA, CAP and other authorities, whether statutory or self-regulatory, experience particular difficulties in enforcing the Code and laws against companies based overseas. The Stop Now Orders referred to above, however, empower "qualified entities" to take action to ensure compliance with the Control of Misleading Advertisements Regulations 1988 (as amended) throughout the European Union.

61.15 – To clarify what can and cannot be done, the ASA and CAP have produced a fact sheet, "Overseas Mailings", to explain how they tackle unacceptable mailings that originate outside the UK and to warn consumers to treat those mailings with the utmost caution. That fact sheet is available on www.cap.org.uk.

HISTORY OF SELF-REGULATION

Self-regulation is nothing new. Medieval guilds practiced self-regulation in that they inspected markets and measures, judged the quality of merchandise and laid down rules for their trade.

In advertising and marketing, self-regulation can be traced back to the poster industry in the 1880s. The first Code of advertising was launched in 1925 by the Association of Publicity Clubs. And systematic scrutiny of advertising claims operated from 1926, when the newly established Advertising Association set up an advertising investigation department to "investigate abuses in advertising and to take remedial action."

In 1937, the International Chamber of Commerce developed an international code of advertising practice, the first of several international marketing codes which have provided a benchmark for many national systems of self-regulation.

The Committee of Advertising Practice (or the Code of Advertising Practice Committee, as it then was) came into existence in 1961 and was responsible for the first British Code of Advertising Practice and all subsequent Codes including this one. The Code covered all non-broadcast advertising and in 1962 an independent body, the ASA, was established to administer it.

In 1974, a new improved funding mechanism for self-regulation was introduced in the form of the Advertising Standards Board of Finance. The new system brought an automatic levy of 0.1% on all display advertising to fund the system. With it came an increased emphasis on public awareness of self-regulation and increased staffing to facilitate pre-vetting and monitoring.

Also in 1974, the first Code of Sales Promotion Practice was agreed, a recognition of the need to expand the role of the system to encompass promotional marketing.

Since 1962, advertising self-regulation has grown in stature. It now has all-party support and enjoys a widespread acceptance of its role in the protection of consumers. This acceptance led to the 1984 European Directive on Misleading Advertising being implemented in such a way as to allow the ASA to remain the principal regulator for misleading advertising in non-broadcast media, but with statutory reinforcement through the OFT.

Today, the system covers non-broadcast advertising, sales promotion and many aspects of direct marketing. It is supported by a range of other self-regulatory initiatives, including the various preference services run by the Direct Marketing Association, The Quality Standard for Mail Production and its recognition system and admark, a safe harbour scheme covering advertising on the internet.

Yet the purpose of self-regulation remains as it was in the beginning: to maintain, in the best and most flexible way possible, the integrity of marketing communications in the interests of both the consumer and the trade.

LEGISLATION

The following list of statutes and regulations affecting advertising and promotions relates to England and Wales and is not exhaustive; a considerable amount of legislation is always in the pipeline and cannot therefore be included. Many of these statutes are also applicable to Scotland and Northern Ireland which have their own additional legislation. In some instances EC Regulations and Directives are also relevant.Businesses have primary responsibility for ensuring that everything they do is legal.The law on matters such as contract, negligence, libel and intellectual property should also be observed. [Liste der Vorschriften nicht abgedruckt]

Literaturverzeichnis

Ackermann, Brunhilde Kommentar zu dem BGH-Urteil „Handy-Endpreis“, BB 1998, 2544 – 2545

Ahrens, Hans-Jürgen Redaktionelle Werbung – Korruption im Journalismus, GRUR 1995, 307 – 318

Althammer, Werner / Ströbele, Paul / Klaka, Rainer Markengesetz, 6. Aufl., Köln, Berlin, Bonn, München, 2000 (zit.: *Althammer/Ströbele/Klaka*, MarkenG)

Amann, Joachim / Lambsdorff, Hans-Georg Graf (Hrsg.) RWW, Kommentar zum Wettbewerbs- und Werberecht, Stuttgart, München, Hannover, Berlin, Weimar, Dresden, 1982 (zit.: *Bearbeiter* in RWW)

Bainbridge, David J. Intellectual Property, 2nd edition, London, 1994 (zit.: *Bainbridge*)

Bauer, Kurt Anmerkung zu dem BGH-Urteil „Wirtschaftsanzeigen – public relations“, GRUR 1975, 77 – 78

Baukelmann, Peter Kurzkommentar zu dem BGH-Urteil „PVC-frei“, EWiR § 3 UWG 3/96, 903 – 904

Baumbach, Adolf / Hefermehl, Wolfgang Wettbewerbsrecht, 22. Aufl., München, 2001 (zit.: *Baumbach/Hefermehl*)

Berlit, Wolfgang Gesetzentwurf der Bundesregierung zur vergleichenden Werbung und zur Änderung wettbewerbsrechtlicher Vorschriften, BB 2000, 1305 – 1310

Berlit, Wolfgang Auswirkungen der Aufhebung des Rabattgesetzes und der Zugabeverordnung auf die Auslegung von § 1 UWG und § 3 UWG, WRP 2001, 349 – 354

Blackshaw, Ian S. Product Placement on Television, [1993] Business Law Review 8 – 21

Blackshaw, Ian S. / Hogg, Gillian Going 'Green': An Advertisers Dream?, [1992] International Media Law 44 – 46

Blackshaw, Ian S. / Hogg, Gillian — The Dis-United Colours of Benetton: Some Unanswered Questions, [1992] Business Law Review 145 – 146

Blackshaw, Ian S. / Hogg, Gillian — Comparative advertising and product disparagement, [1992] Media Law & Practice 294 – 297

Bodewig, Theo / Henning-Bodewig, Frauke — Rabatte und Zugaben in den Mitgliedstaaten der Europäischen Union, WRP 2000, 1341 – 1365

Booz, Martin — Typenbezeichnungspflicht in Druckschriften bei der Werbung für Elektrogeräte, WRP 1982, 313 – 316

Bork, Reinhard — Product Placement und Wettbewerbsrecht – Zu den Grenzen „medialer" Fernsehwerbung, GRUR 1988, 264 – 272

Boyle, Martin — Das Recht des unlauteren Wettbewerbs in Großbritannien, WRP 1990, 159 – 165

Brändel, Oliver C. — Jugendschutz im Wettbewerbsrecht, in: Festschrift für Otto-Friedrich Frhr. v. Gamm, hrsg. von Willi Ermann, Hans-Kurt Mees, Henning Piper, Otto Teplitzky, Wolfgang Hefermehl, Peter Ulmer, Köln, Berlin, Bonn, München, 1990, S. 9 – 25 (zit.: *Brändel* in: FS v. Gamm)

Brandmair, Lothar — Die freiwillige Selbstkontrolle der Werbung, Köln, Berlin, Bonn, München, 1978 (zit.: *Brandmair*)

Brandner, Hans Erich — Beiträge des Wettbewerbsrechts zum Schutz der Umwelt, in: Festschrift für Otto-Friedrich Frhr. v. Gamm (s. o. bei *Brändel*), S. 27 – 38 (zit.: *Brandner* in: FS v. Gamm)

Bülow, Peter — Werbung gegenüber Kindern und Jugendlichen – nationales und europäisches Recht, in: Festschrift für Henning Piper, hrsg. von Willi Erdmann, Wolfgang Gloy, Rolf Herber, München, 1996, S. 121 – 131 (zit.: *Bülow* in: FS Piper)

Büttner, Hermann — Kurzkommentar zu dem BGH-Urteil „Kosmetikstudio", EWiR § 1 UWG 11/94, 491 – 492

Bullinger, Winfried / Emmerich, Susanne	Irreführungsgefahr durch selektive Produktauswahl bei Preisvergleichen, WRP 2002, 608 – 614
Circus, Philip	Advertising Self-regulation; Two Milestone Decisions, [1990] Business Law Review 3 – 5
Circus, Philip	All Change at The Advertising Standards Authority, [2000] Business Law Review 82, 85
Cornish, William Rodolph	Unlauterer Wettbewerb und Verbraucherschutz in England, GRUR Int. 1973, 679 – 686
Cornish, William Rodolph	Intellectual Property: Patents, Copyright, Trade Marks and Allied Rights, Fourth Edition, London, 1999 (zit.: *Cornish*)
Dehlfing, Thomas	Das Recht der irreführenden Werbung in Deutschland, Großbritannien und Frankreich, Frankfurt, Berlin, Bern, New York, Paris, Wien, 1999 (zit.: *Dehlfing*)
Deutsch, Volker	Zur Markenverunglimpfung, GRUR 1995, 319 – 321
Doepner, Ulf	Anmerkung zu den BGH-Urteilen „incl. MWSt. I“, „incl. MwSt. II“ und „incl. MwSt. III“, GRUR 1990, 1030 – 1032
Droste	Anmerkung zu dem BGH-Urteil „Tampax“, GRUR 1971, 155 – 156
Eck, Matthias / Ikas, Klaus	Neue Grenzen vergleichender Werbung, WRP 1999, 251 – 273
Eck, Matthias / Ikas, Klaus	„Vergleichen Sie“, WRP 1999, 772 – 775
Engels, Stefan	Wettbewerbsrechtliche Grenzen der Fernsehwerbung für Kinder, WRP 1997, 6 – 15
Erdmann, Willi	Schutz von Werbeslogans, GRUR 1996, 550 – 558
von Falck	Anmerkung zu dem BGH-Urteil „med“, GRUR 1969, 548

von Falck — Anmerkung zu dem BGH-Urteil „Sanatorium I", GRUR 1970, 561 – 563

von Falck — Anmerkung zu dem BGH-Urteil „Haus auf Teneriffa", GRUR 1971, 418 – 419

Fezer, Karl-Heinz — Markenrecht, 3. Aufl., München, 2001 (zit.: *Fezer*, MarkenR)

Fitzgerald, Darren — Self-regulation of Comparative Advertising in the United Kingdom, [1997] 7 Entertainment Law Review 250 – 252

Fritze — Anmerkung zu dem BGH-Urteil „Idee-Kaffee I", GRUR 1973, 431 – 433

Fritze, Ulrich — Anmerkung zu dem BGH-Urteil „Lieferbereitschaft", GRUR 1987, 838 – 839

Fuchs, Andreas — Die wettbewerbsrechtliche Beurteilung redaktioneller Werbung in Presseerzeugnissen unter besonderer Berücksichtigung der Kopplung von entgeltlicher Anzeige und redaktioneller Berichterstattung, GRUR 1988, 736 – 744

Gaedertz — Anmerkung zu dem BGH-Urteil „Luxus-Ferienhäuser", GRUR 1979, 554 – 555

Gamm, Otto-Friedrich Frhr. von — Wettbewerbs- und kartellrechtliche Fragen im Bereich der Abfallwirtschaft, in: Festschrift für Fritz Traub zum 65. Geburtstag, hrsg. von Ulrich Loewenheim und Thomas Raiser in Gemeinschaft mit Claus Dietrich Asendorf, Jürgen Dembowski, Jürgen Maruhn, Helmut Weiss, Frankfurt am Main, 1994, S. 133 – 140 (zit.: *v. Gamm* in: FS Traub)

von Gierke, Cornelie — Zur Irreführung durch Angaben über den Warenvorrat, GRUR 1996, 579 – 585

Girth, Peter / Sack, Rolf — Die Werbung mit der Inflation, WRP 1974, 181 – 185

Glass, David — Misleading advertisements – the law responds!, [1989] New Law Journal 1643 – 1644

Gloy, Wolfgang (Hrsg.) — Handbuch des Wettbewerbsrechts, 2. Aufl., München, 1997 (zit.: Gloy/*Bearbeiter*, Hdb. WettbewerbsR)

Gloy, Wolfgang / Bruhn, Dirk — Die Zulässigkeit von Preisvergleichen nach der Richtlinie 97/55/EG – Kehrtwende oder Kontinuität?, GRUR 1998, 226 – 239

Haller, Thomas — Die Werbung mit dem Zusatz „inkl. MWSt.", WRP 1989, 5 – 11

Henning-Bodewig, Frauke — Wettbewerbsrechtliche Probleme der Werbung mit Prominenten, BB 1983, 605 – 610

Henning-Bodewig, Frauke — Das „PRESSEPRIVILEG" in § 13 Abs. 2 Nr. 1 UWG, GRUR 1985, 258 – 268

Henning-Bodewig, Frauke — Die Trennung von Werbung und Programm im deutschen und europäischen Rundfunk- und Wettbewerbsrecht, GRUR Int. 1987, 538 – 550

Henning-Bodewig, Frauke — Schockierende Werbung, WRP 1992, 533 – 539

Henning-Bodewig, Frauke — Neue Aufgaben für die Generalklausel des UWG? – Von „Benetton" bis „Busengrapscher", GRUR 1997, 180 – 191

Henning-Bodewig, Frauke — Vergleichende Werbung – Liberalisierung des deutschen Rechts?, GRUR Int. 1999, 385 – 394

Höpker — Anmerkung zu dem BGH-Urteil „Vibrations-Massagekissen", GRUR 1972, 664 – 665

Höpker, J. — Anmerkung zu dem Urteil des OLG Stuttgart vom 03.04.1962 – 6 U 26/62, NJW 1962, 2064 – 2065

Hörle, Steffen — Werbeselbstdisziplin in Deutschland – 10 Jahre Deutscher Werberat, WRP 1982, 504 – 510

Ingerl, Reinhard / Rohnke, Christian	Markengesetz, München, 1998 (zit.: *Ingerl/Rohnke*, MarkenG)
Jacobs, Rainer	Die PreisangabenVO bei Immobilienanzeigen, GRUR 1983, 619 – 524
Jacobs, Rainer / Lindacher, Walter F. / Teplitzky, Otto (Hrsg.)	UWG Großkommentar, 5. Lieferung: §§ 2 – 6e, Berlin, New York, 1992 12. Lieferung: § 1 Abschnitt A, Berlin, New York, 2000 (zit.: Großkomm./*Bearbeiter*)
Jauernig, Othmar (Hrsg.)	Bürgerliches Gesetzbuch, 9. Aufl., München, 1999 (zit.: Jauernig/*Bearbeiter*)
Jickeli, Joachim	Anmerkung zu dem BGH-Urteil „,SOOOO ... BILLIG!'?", LM H. 1/2002 zu § 1 UWG Nr. 854
Kicker	Anmerkung zu dem BGH-Urteil „Kindergarten-Malwettbewerb", GRUR 1979, 159
Kicker	Anmerkung zu dem BGH-Urteil „Grippewerbung I", GRUR 1981, 833
Kießling, Erik / Kling, Michael	Die Werbung mit Emotionen, WRP 2002, 615 – 627
Kisseler, Marcel	Das deutsche Wettbewerbsrecht im Binnenmarkt, WRP 1994, 1 – 15
Klaka	Anmerkung zu dem BGH-Urteil „Preisgarantie I", GRUR 1975, 554 – 555
Knöpfle, Robert	Kurzkommentar zu dem BGH-Urteil „Produktinformation II", EWiR § 1 UWG 23/94, 915 – 916
Köhler, Helmut	Die Beteiligung an fremden Wettbewerbsverstößen, WRP 1997, 897 – 902
Köhler, Helmut	Rabattgesetz und Zugabeverordnung: Ersatzlose Streichung oder Gewährleistung eines Mindestschutzes für Verbraucher und Wettbewerber?, BB 2001, 265 – 272

Köhler, Helmut — Zum Anwendungsbereich der §§ 1 und 3 UWG nach Aufhebung von RabattG und ZugabeVO, GRUR 2001, 1067 – 1079

Köhler, Helmut / Bornkamm, Joachim / Henning-Bodewig, Frauke — Vorschlag für eine Richtlinie zum Lauterkeitsrecht und eine UWG-Reform, WRP 2002, 1317 – 1328

Köhler, Helmut / Piper, Henning — Gesetz gegen den unlauteren Wettbewerb, 3. Aufl., München, 2002 (zit.: *Köhler/Piper*)

Kort, Michael — Zur wettbewerbsrechtlichen Beurteilung gefühlsbetonter Werbung, WRP 1997, 526 – 531

Kroher, Jürgen — Die neuere Entwicklung der Passing off-Klage im englischen Recht, GRUR Int. 1982, 92 – 102

Lambsdorff, Hans Georg Graf — Anmerkung zu dem Urteil „ASBESTFREI / INNOVATIV“ des OLG Köln, WRP 1993, 196 – 197

Lawson, Richard — Trading Law Digest, [1990] Business Law Review 180 – 194

Lawson, Richard — The Media Advertising Codes: Their Status and Operation, [1991] Business Law Review 318 – 321

Lawson, Richard — Regulating the advertising regulators, [1993] Solicitors Journal 366 – 367

Lawson, Richard — Commercial Reporter, [1997] Solicitors Journal 68 – 69

Lawson, Richard — Commercial Reporter, [1997] Solicitors Journal 259 – 261

Lawson, Richard — Commercial Reporter, [1999] Solicitors Journal 1192 – 1193

Lawson, Richard — Challenging the Advertising Standards Authority, [2001] New Law Journal 526 – 527

Lehmpfuhl — Anmerkung zu dem BGH-Urteil „Gesunder Genuß“, GRUR 1967, 594 – 595

Leible, Stefan / Sosnitza, Olaf	§ 17 LMBG nach „Darbo", WRP 2000, 610 – 616
Lindacher, Walter F.	Anmerkung zu dem Urteil des OLG Köln vom 21.02.1992 – 6 U 100/91, JZ 1993, 101 – 102
Lindacher, Walter F.	Kurzkommentar zu dem Urteil des OLG Frankfurt/M. vom 30.09.1993 – 6 U 14/93, EWiR § 3 UWG 1/94, 189 – 190
Löffler, Martin	Presserecht, hrsg. von Karl Egbert Wenzel, Klaus Sedelmeier, 4. Aufl., München, 1997 (zit.: Löffler/Bearbeiter, Presserecht)
Löhr, H. Dieter	Anmerkung zu dem BGH-Urteil „Schloß Tegel", WRP 1975, 523 – 525
Marx, Thomas	Anmerkung zu dem BGH-Urteil „Preisgarantie II", WRP 1991, 567
Menke, Burkhart	Die vergleichende Werbung in Deutschland nach der Richtlinie 97/55/EG und der BGH-Entscheidung „Testpreis-Angebot", WRP 1998, 811 – 826
Michaels, Amanda	Passing Off by False Endorsement – But What's the Damage?, [2002] E.I.P.R. 448 – 449
Michalski, Lutz	Kurzkommentar zu dem BGH-Urteil „Beipackzettel", EWiR § 1 UWG 19/94, 819 – 820
Michalski, Lutz / Riemenschneider, Markus	Irreführende Werbung mit der Umweltfreundlichkeit von Produkten, BB 1994, 1157 – 1162
Micklitz, Hans W. / Kessler, Jürgen	Europäisches Lauterkeitsrecht, GRUR Int. 2002, 885 - 901
Mills, Belinda	Own Label Products and the 'Lookalike' Phenomenon: A Lack of Trade Dress and Unfair Competition Protection?, [1995] 3 E.I.P.R. 116 – 132
Mischke, Winfried	Anmerkung zu dem BGH-Urteil „Herstellergarantie", BB 1998, 447

Nacken, Gert — Die Angabe der Typenbezeichnung in der Werbung, WRP 1981, 79 – 82

Newell, Cora S. — Advertising standards in court, [1989] New Law Journal 1161 – 1162

Ohly, Ansgar — Richterrecht und Generalklausel im Recht des unlauteren Wettbewerbs, Köln, Berlin, Bonn, München, 1997 (zit.: *Ohly*, Richterrecht)

Ohly, Ansgar / Spence, Michael — Vergleichende Werbung: Die Auslegung der Richtlinie 97/55/EG in Deutschland und Großbritannien, GRUR Int. 1999, 681 – 698

Paefgen, Thomas Christian — Kurzkommentar zu dem BGH-Urteil „Produktinformation III", EWiR § 1 UWG 1/96, 85 – 86

Paefgen, Thomas Christian — Kurzkommentar zu dem BGH-Urteil „Orangenhaut", EWiR § 3 UWG 1/97, 89 – 90

Pauly, Holger — Zur Problematik der Alleinstellungswerbung unter besonderer Berücksichtigung von BGH WRP 1996, 729 – Der meistverkaufte Europas, WRP 1997, 691 – 696

Pietzcker — Anmerkung zu dem BGH-Urteil „Iris", GRUR 1963, 539

Piper, Henning — Zu den Auswirkungen des EG-Binnenmarktes auf das deutsche Recht gegen den unlauteren Wettbewerb, WRP 1992, 685 – 691

Plaß, Gunda — Die EG-Richtlinie Vergleichende Werbung, WRP 1999, 766 – 771

Pluskat, Sorika — Zur Zulässigkeit von Kopplungsgeschäften (zugleich Besprechung des BGH-Urteils „Kopplungsangebot I"), WRP 2002, 1381 – 1391

Rebmann, Kurt / Säcker, Franz Jürgen / Rixecker, Roland (Hrsg.) — Münchener Kommentar zum Bürgerlichen Gesetzbuch, Band 5, 3. Aufl., München, 1997 (zit.: MünchKomm/*Bearbeiter*)

Reger, Gerald	Der internationale Schutz gegen unlauteren Wettbewerb und das TRIPS-Abkommen, Köln, 1999 (zit.: *Reger*)
Rogers, Daniel	Complaints Chaos At The ASA?, Pg. 22, November 8, 2001, war abrufbar bei http://web.lexis-nexis.com/professional
Rohnke, Christian	Werbung mit Umweltschutz, GRUR 1988, 667 – 671
Ruess, Peter	Werbung zwischen Meinung, Markt und Menschenwürde, WRP 2002, 1376 – 1381
Ruess, Peter / Voigt, Sebastian	Wettbewerbsrechtliche Regelung von diskriminierenden Werbeaussagen – Notwendigkeit oder abzulehnende Geschmackszensur?, WRP 2002, 171 – 177
Sack, Rolf	Die eigenmächtige Werbung mit fremden Namen als Delikt, WRP 1984, 521 – 535
Sack, Rolf	Die „Verwässerung" bekannter Marken und Unternehmenskennzeichen, WRP 1985, 459 – 467
Sack, Rolf	Zur wettbewerbsrechtlichen Problematik des Product Placement im Fernsehen, ZUM 1987, 103 – 128
Sack, Rolf	Neue Werbeformen im Fernsehen – rundfunk- und wettbewerbsrechtliche Grenzen, AfP 1991, 704 – 715
Sack, Rolf	Sonderschutz bekannter Marken, GRUR 1995, 81 – 98
Sack, Rolf	Irreführende Werbung mit wahren Angaben, in: Festschrift für Reinhold Trinkner, hrsg. von Friedrich Graf von Westphalen und Otto Sandrock, Heidelberg, 1995, S. 293 – 320 [= (aktualisiert) GRUR 1996, 461 – 471] (zit.: *Sack* in: FS Trinkner)
Sack, Rolf	Nachahmen im Wettbewerb, ZHR 160 (1996), 493 – 508
Sack, Rolf	Die Bedeutung der EG-Richtlinien 84/450/EWG und 97/55/EG über irreführende und vergleichende Werbung für das deutsche Wettbewerbsrecht, GRUR Int. 1998, 263 – 272

Sack, Rolf Die Beurteilung irreführender Werbung für Importfahrzeuge aus EG-Staaten nach EG-Recht, WRP 2000, 23 – 33

Sack, Rolf Vergleichende Werbung nach der UWG-Novelle, WRP 2001, 327 – 349

Sack, Rolf Anmerkung zu dem BGH-Urteil „Preisgegenüberstellung im Schaufenster", LM H. 1/2002 § 2 UWG Nr. 2

Sack, Rolf Die Toshiba-Entscheidung des EuGH zur vergleichenden Werbung, WRP 2002, 363 – 367

Schmid, Gregor Neuordnung des Wettbewerbsrechts – Recht des unlauteren Wettbewerbs und Verbraucherschutz im Wandel, GRUR Int. 1998, 475 – 493

Schmieder, Hans-Heinrich Anmerkung zu dem BGH-Urteil „Schloß Tegel", NJW 1975, 1164 – 1165

Schnorbus, York Werbung mit der Angst, GRUR 1994, 15 – 26

Schricker, Gerhard Die Bekämpfung der irreführenden Werbung in den Mitgliedstaaten der EG, GRUR Int. 1990, 112 – 121

Schricker, Gerhard Die europäische Angleichung des Rechts des unlauteren Wettbewerbs – ein aussichtsloses Unterfangen?, GRUR Int. 1990, 771 – 777

Schricker, Gerhard Deregulierung im Recht des unlauteren Wettbewerbs?, GRUR Int. 1994, 586 – 594

Schricker, Gerhard (Hrsg.) / *Ohly, Ansgar* Recht der Werbung in Europa, Band II, Vereinigtes Königreich von Großbritannien und Nordirland, Baden-Baden, 1995 (zit.: Schricker/*Ohly*)

Schulze zur Wiesche, Jörg Anmerkung zu dem BGH-Urteil „Gratis-Sehtest", GRUR 1987, 918 – 919

Schwanhäusser Anmerkung zu dem BGH-Urteil „Kaminisolierung", GRUR 1976, 147 – 148

Semler, Franz-Jörg	Zur werbemäßigen Verwendung der Äußerungen Dritter, WRP 1979, 524 – 526
Seydel	Anmerkung zu dem BGH-Urteil „Federkernmatratzen", GRUR 1958, 457 – 458
Shears, Peter	Sales promotions disasters, Part 1, [1995] New Law Journal 1682 – 1684
Soergel, Hs. Th.	Bürgerliches Gesetzbuch, hrsg. von W. Siebert, Jürgen F. Baur, Band 5/2, 12. Aufl., Stuttgart, Berlin, Köln, 1998 (zit.: Soergel/*Bearbeiter*)
Sosnitza, Olaf	Anmerkung zu dem Urteil „naturrein" des OLG Köln, ZLR 2001, 181 – 184
Steinbeck, Anja	Das Bild der Frau in der Werbung, ZRP 2002, 435 – 438
Tilmann, Winfried	Richtlinie vergleichende Werbung, GRUR 1997, 790 – 799
Timm, Wolfram	Kurzkommentar zu dem Beschluss „LEGO-HOTLINE" des OLG Frankfurt/M., EWiR § 1 UWG 1/95, 85 – 86
Ulmer, Eugen (Hrsg.) / *von Westerholt, Hartwig*	Das Recht des unlauteren Wettbewerbs in den Mitgliedstaaten der Europäischen Wirtschaftsgemeinschaft, Band VI, Vereinigtes Königreich von Großbritannien und Nordirland, München, Köln, 1981 (zit.: Ulmer/*von Westerholt*)
Ulrich, Gustav-Adolf	Kurzkommentar zu dem BGH-Urteil „Rheumalind II", EWiR § 3 UWG 7/91, 921 – 922
Ulrich, Gustav-Adolf	Anmerkung zu dem BGH-Urteil „Produktinformation III", LM H. 2/1996 § 1 UWG Nr. 698
Ulrich, Gustav-Adolf	Kurzkommentar zu dem BGH-Urteil „Preisrätselgewinnauslobung III", EWiR § 13 UWG 3/96, 811 – 812
Ulrich, Gustav-Adolf	Kurzkommentar zu dem BGH-Urteil „Preisrätselgewinnauslobung IV", EWiR § 13 UWG 5/96, 1001 – 1002

Vogel, Friedrich	Blickfangwerbung, GRUR 1979, 511 – 512
Volhard, Rüdiger	Anmerkung zu dem BGH-Urteil „Werbung in Schulen", GRUR 1984, 667 – 668
Whincup, Michael	Advertising – moral and social standards – soft law – Advertising Standards Authority's new code of practice, [1995] Consumer Law Journal CS23
Wild, Gisela	Anmerkung zu dem BGH-Urteil „Topfit Boonekamp", GRUR 1980, 800
Zweigert, Konrad / Kötz, Hein	Einführung in die Rechtsvergleichung, 3. Aufl., Tübingen, 1996 (zit.: *Zweigert/Kötz*)

Quellenverzeichnis

Entwurf eines Gesetzes zur vergleichenden Werbung und zur Änderung wettbewerbsrechtlicher Vorschriften – Regierungsentwurf vom 23. Februar 2000, WRP 2000, 555 – 562

Gutachten des Gutachterausschusses für Wettbewerbsfragen, WRP 1982, 669 – 670

Interview mit dem Hauptgeschäftsführer der Zentrale zur Bekämpfung unlauteren Wettbewerbs e. V., *Reiner Münker*, Mit Sachkompetenz für ein faires Wettbewerbsrecht, Markenartikel 1996, 88 – 94

Websites:

Advertising Standards Authority (ASA): www.asa.org.uk

Committe of Advertising Practice (CAP): www.cap.org.uk

International Chamber of Commerce (ICC): www.iccwbo.org

Independent Television Commission: www.itc.org.uk

Radio Authority: www.radioauthority.org.uk

European Advertising Standards Alliance (EASA): www.easa-alliance.org

Office of Fair Trading (OFT): www.oft.gov.uk

admark: www.admark.org.uk

Deutscher Werberat: www.interverband.com:8080/u-img/69392

Organisation Werbungtreibende im Markenverband (OWM): www.owm.de

SPIEGEL ONLINE: www.spiegel.de

LexisNexis Professional: http://web.lexis-nexis.com/professional

FSC
www.fsc.org
MIX
Papier | Fördert gute Waldnutzung
FSC® C083411

Kolibri 360 GmbH
Ferdinand-Jühlke-Straße 7
99095 Erfurt, Deutschland
produktsicherheit@kolibri360.de

Druck:
CPI Druckdienstleistungen GmbH
im Auftrag der
Kolibri 360 GmbH
Ferdinand-Jühlke-Str. 7
99095 Erfurt